信息时代阅读马克思

ROUTLEDGE
Taylor & Francis Group

从媒体和传播视角
解读《资本论》第1卷

[英] 克里斯蒂安·福克斯（Christian Fuchs） 著
燕连福 赵莹 田佳禾 译

Reading Marx in the Information Age:

A Media and Communication Studies Perspective
on Capital Volume 1

江苏人民出版社

图书在版编目（CIP）数据

信息时代阅读马克思/（英）克里斯蒂安·福克斯著；
燕连福，赵莹，田佳禾译. --南京：江苏人民出版社，
2025. 6. — ISBN 978 - 7 - 214 - 28745 - 8

Ⅰ. A81

中国国家版本馆 CIP 数据核字第 2024UZ4890 号

江苏省版权局著作权合同登记号：图字 10 - 2019 - 004 号

书　　　名	信息时代阅读马克思
著　　　者	（英）克里斯蒂安·福克斯
译　　　者	燕连福　赵　莹　田佳禾
责 任 编 辑	汪意云
装 帧 设 计	刘葶葶
责 任 监 制	王　娟
出 版 发 行	江苏人民出版社
地　　　址	南京市湖南路 1 号 A 楼，邮编：210009
照　　　排	江苏凤凰制版有限公司
印　　　刷	苏州工业园区美柯乐制版印务有限责任公司
开　　　本	718 毫米×1000 毫米　1/16
印　　　张	34.25　插页 4
字　　　数	530 千字
版　　　次	2025 年 6 月第 1 版
印　　　次	2025 年 6 月第 1 次印刷
标 准 书 号	ISBN 978 - 7 - 214 - 28745 - 8
定　　　价	128.00 元（精装）

（江苏人民出版社图书凡印装错误可向承印厂调换）

目 录

第七部分 资本的积累过程

第八部分 所谓原始积累

导读

我为什么要读马克思？我宁愿上脸书找点乐子

读者或许会疑惑：阅读《资本论》第 1 卷对我有何意义？它与当今的传播领域有何关联？诚然，马克思并非在数字时代挥毫，他未曾拥有笔记本电脑，更别提博客、脸书或推特。然而，这些社交媒体已深深融入我们的日常，无论是工作、政治还是日常生活，它们都无处不在。这些平台的共通之处在于，它们作为营利性的企业而存在，这正是马克思所阐述的"资本积累"现象的一种表现。更重要的是，它们赋予了我们即时获取信息、与外界沟通交流以及维护社交联系的能力。信息、传播与社交构成了这些媒体的"使用价值"，这一术语在马克思的理论中用于描述商品如何满足人们的实际需求。

传媒公司并不总是强调它们是以利润为导向的，它们更强调自己的使用价值。例如，脸书网站宣称，它是连接你我、分享生活的桥梁；推特则表示它可以帮助你和你的朋友以及其他一些你想要认识的人建立联系。这些说法诚然有其真实之处，却只是冰山一角。马克思透过表象，直指本质：他认为传媒公司如此高调宣扬使用价值，实则是一种意识形态的巧妙包装，或可称之为"物神化"，旨在巧妙地将公众的视线从冰冷的交换价值——即对利润的追求——上移开，从而掩盖了传媒公司欲攫取巨额利益的真实企图。马克思的理论贡献至今依旧举足轻重，其原因在于我们身处一个资本主义主导的传播环境之中，众多传播媒介不仅承载着意识形态的传播任务，还普遍采取了营利性企业的组织架构。相较于马克思所生活的 19 世纪，当今的资本主义形态已发生了显著变迁——其全球化特征愈发凸显，金融、技术、交通、消费文化以及广告等诸多要素在经济社会中扮演着更为关键的角色。然而，马克思凭借其深邃的洞察力，早已洞悉了这些纷繁复杂现象背后的本质规律，并预见到了它们在未来社会发展中的影响。他强调，社会是具有历史性的：资本主义不断发展并获得新的特质和间断性，以再生产其潜在的基础结构，即资本积累的结构。同时，马克思对伦理与政治问题也给予了高度关注。他坚信，我们所生活的世界并非尽善尽美，因此有必要不断探索并寻求资本主义的替代方案。在此背景下，马克思可能对当代资本主义媒体的社会属性持开放态度，但同时也主张对其进行必要的改革，以使我们能够超越其资本主义的设计和使用方式。他坚信，通过斗争与变革，我们有望构建一个更加美好的世界。

因此，马克思的理论对于解读当代传播现象具有极高的相关性。若要深入理解诸如笔记本电脑、智能手机、推特、脸书等现代通信工具及其背后的社会动态，我们就必须深入探究马克思的思想体系，他对于批判性地理解信息时代与互联网时代具有不可或缺的重要性。马克思与诸如脸书之类的社交媒体平台并非处于相互排斥的地位。没有马克思的理论基础，我们难以全面且深刻地理解脸书等现代通信工具的本质与影响，马克思的理论则为我们提供了一个批判性审视这些现代通信工具的独特视角。本书旨在成为读者获取此类理解的得力助手，它如同一本循序渐进的指南，引导读者从媒体与传播研究的视角深入研读《资本论》第1卷。

为什么要从媒体和传播的视角来阅读《资本论》？

自1867年第一版问世以来，关于马克思《资本论》第1卷的入门书籍屡见不鲜。至于哪一本入门书籍更为实用、更有助益，这完全取决于读者个人的判断。而本书则有着与众不同的目的，它并非又一本泛泛而谈的入门书籍或辅助指南，而是旨在为阅读马克思《资本论》第1卷的读者提供帮助，引导他们思考媒体、信息、通信、计算机以及互联网在资本主义中所扮演的角色。对于对媒体与传播研究感兴趣的人来说，本书既是一本入门书籍，也是一本辅助阅读《资本论》第1卷的指南，同时也是对基于媒体、信息与传播的政治经济学批判的一份贡献。

为何我们需要这样一部著作？为何我们应当从媒体与传播的视角，并以此为核心来研读马克思的《资本论》？那些宣称我们已步入信息、知识或网络经济与社会的论断往往过于夸张，它们推崇一种观点，即我们所处的经济与社会形态与马克思所剖析的 19 世纪的资本主义毫无共通之处。此类论断往往旨在传达：在资本主义体系下，新技术为每个人创造了巨大的经济契机，且资本主义生产方式蕴含着民主、财富、自由与稳定的内在潜能。然而，资本主义的历史实则是一部充斥战争、不平等、控制与危机的历史。资本主义的现实状况对自由主义意识形态构成了挑战，并引发了对其的质疑。对于信息社会的狂热追捧显得片面且缺乏批判性，因此，我们应对此保持审慎与怀疑的态度。

对于信息社会所引发的狂热情绪，轻视乃至忽视信息、媒体及传播在资本主义体系中所扮演的角色，无疑是一种失之偏颇的反应。当我们深入剖析那些揭示全球顶尖跨国公司盈利、营收、资本资产及股市估值的统计数据时，便会发现，众多此类企业均植根于广告、广播电视与有线电视、通信设备、计算机硬件、文化娱乐与休闲、计算机服务、计算机存储设备、电子产品、互联网平台、印刷出版、半导体、软件以及电信等经济领域与分支之中。诚然，信息经济或许尚未成为资本主义的主导板块，但其重要性却不容小觑，与诸多其他资本主义产业一道，共同构成了理解资本主义不可或缺的一环。当代资本主义不仅表现为金融资本主义、帝国主义资本主义、危机资本主义以及高度工业化的资本主义（尤其是化石燃料与交通产业的显赫地位）等多重形态，同时也彰显出其作为信息资本主义的特质。资本主义作为一种多维度交织的经济与社会形态，信息无疑是其中不可或缺的一个维度。因此，深入探究信息在资本主义体系中的作用机制及其内在矛盾，是批判性社会理论不可或缺的一个重要维度。

基于媒体与传播的政治经济学批判

基于媒体和传播视角的政治经济学批判的内容是媒体与传播研究的一个分支领域，它有一个重要的学术基础结构，其中包括：

入门教材（Mosco 2009；Hardy 2014）；

学者学术网络（国际媒介与传播研究学会①的政治经济学分会）；

手册（Wasko, Murdock, and Sousa 2011）；

期刊（triple C: Communication, Capitalism & Critique②：官方网站为 http：//www. triple-c. at；The Political Economy of Communication③：官方网站为 http：//www. polecom. org）；

初学者阅读材料（Mattelart and Siegelaub 1979，1983；Golding and Murdock 1997）；

尤为重要的是，这里汇聚了一个充满活力的学者社群，他们不仅怀揣着对构建更美好世界的政治理想，还秉持着对探究资本主义与传播本质的学术追求。我深感荣幸，能够在这个社群中与众多学者相伴并交流讨论，从中汲取了丰富的知识与见解，对此我心存无比的感激。该社群在维护并推动媒体与传播的政治经济学批判领域的发展上展现出了非凡的执着与创造力，这不仅意义重大，更给人以深刻的鼓舞与启示。

格雷厄姆·默多克（Graham Murdock）和彼得·戈尔丁（Peter Golding）在他们1973年开创性的《论大众传播的政治经济学》（*For a Political Economy of Mass Communications*）中指出，对传播的政治经济学批判意味着对资本主义和传播进行批判性研究："大众传播政治经济学的明显出发点是认识到大众媒体首先且主要是生产和分配商品的工业和商业组织。"（Murdock and Golding 1973，205－206）"然而，除了生产和分配商品外，大众媒体还传播关于经济和政治结构的思想。正是大众媒体生产的这一第二种意识形态的维度赋予了它重

---

① 国际媒体与传播研究学会：International Association for Media and Communication Research（IAMCR）于1957年在联合国教科文组织总部创设，是一国际学术组织。该协会是媒介和传播研究人员的全球专业协会。该协会促进世界各地的媒介和传播研究，解决社会政治、技术、政策和文化进程。其成员包括来自各大洲100多个国家的个人和机构。——译者注

② 该期刊是一个专注于通信、资本主义与批判的学术出版物。它致力于探讨资本主义背景下通信的角色和影响，以及数字通信和数字媒体在其中所扮演的重要角色。期刊特别关注马克思主义理论在这一领域的应用，并致力于推动批判性理论和实践哲学的发展。——译者注

③ 该期刊源自国际媒体与传播研究协会（IAMCR）的政治经济部分支，是一个专注于传播政治经济学的学术出版物。它致力于展示学者们的原创研究和当代媒体相关议题的评论，尤其关注传播政治经济学作为不断演变的知识探究领域的发展。——译者注

要性和核心地位，并且这要求我们不仅从经济学的角度，而且从政治学的角度来研究它。"（同上，206—207）

对于默多克和戈尔丁而言，资本主义制度中媒体扮演着双重角色，即既促进（a）商品化，又促进（b）意识形态的传播。这一分析与马克思在《资本论》第1卷中指出的两个重要方面相呼应，这两个方面对于批判资本主义的政治经济学至关重要：

（a）商品的逻辑："资本主义生产方式占统治地位的社会财富，表现为'庞大的商品堆积'，单个的商品表现为这种财富的元素形式。因此，我们的研究就从分析商品开始。"（125）[①] 在媒体传播视角下的政治经济学批判中提出了关于商品形象如何塑造传播以及与之相关的矛盾及斗争等问题。

（b）商品拜物教：意识形态会呈现诸如商品是无穷无尽的，并且对人类生活是绝对必需的之类的现象，它们忽略了社会现象是由人与人之间的社会关系塑造的，并可能会因此而改变的。在资本主义媒体这一关键领域中，意识形态不仅被构建与传播，还经历着再生产、质疑及争夺的过程。

> 这只是人们自己的一定的社会关系，但它在人们面前采取了物与物的关系的虚幻形式。因此，要找一个比喻，我们就得逃到宗教世界的幻境中去。在那里，人脑的产物表现为赋有生命的、彼此发生关系并同人发生关系的独立存在的东西。在商品世界里，人手的产物也是这样。我把这叫做拜物教。（Marx 1867，165）

文森特·莫斯可（Vincent Mosco）在他的开创性入门书《传播政治经济学》（*The Political Economy of Communication*）中将这一领域定义为"对由资源（包括传媒资源）的生产、分配和消费相互作用并构成的社会关系，特别是权力关系的研究"（Mosco 2009，2）。珍妮特·瓦斯科（Janet Wasko 2014，260）强调，对媒体及传播的政治经济学批判，关键在于媒体传播背景下"资本

[①] 全书括注的数字均指英文企鹅版《资本论》第1卷的页码；本书导读及第1—6章的中译文，除了专门标注出处，均参照人民出版社2009年版《马克思恩格斯文集》第五卷。

主义社会内的资源分配"，并特别关注其所有权、控制权、权力、阶级结构不平等、矛盾、抵制和干预等问题。默多克与戈尔丁指出，传播政治经济学批判的研究路径深入剖析了"那些广泛存在且塑造着日常行为的结构，着重探讨媒体产业的经济架构如何作用于意义的产生与传播，以及个体在宏观经济构型中的位置如何影响其消费与使用观念的形成"（Murdock and Golding 2005，61）。该研究"以社会关系网络及权力运作为起点，致力于揭示社会关系的结构性不平等是如何在各个层面上塑造意义的创造与理解的"（同上，62）。"政治经济学批判的独到之处在于，它不仅关注具体行为，更超越于此，去揭示特定微观环境是如何受到宏观经济动态及其所支撑的更广泛社会结构的影响与塑造的。"（同上，62）

莫斯可（Mosco 2009）认为，传播的政治经济学批判尤其关注三个研究方面：

1. 商品化："将有用处的物品转化为可销售的产品的过程，这些产品的价值取决于其交换所得。"（同上，2）在媒体的领域中，不乏内容、听众、劳动力、用户、访问和技术的商品化等现象。

2. 空间化："克服地理空间限制的过程，其中包括大众媒体和通信技术。"（同上，2）这一维度与媒体的商业化、私有化、自由化和国际化有关。（同上，15）

3. 结构化："创建社会关系的过程，主要是围绕社会阶层、性别和种族群体组织的过程。"（同上，2）在阶级、性别、种族等相互融合的背景下，现代媒体的传播发挥着很大的作用。

莫斯可（同上，2 - 4，26 - 36）和默多克、戈尔丁（Murdock and Golding 2005）强调政治经济学批判尤其侧重于四个方法论原则：

1. 历史维度：它主要是对经济和社会的历史发展、资本主义的动态和变化、媒体的历史、公民、社会、商品以及国家等这些不同的维度交叉来进行深入研究的。

2. 社会总体维度："政治经济学历来秉持一种宏观的社会视角，认为社会构成了一个错综复杂的总体图景。……政治经济学家致力于探究权力与财富的内在联系，以及这两者如何进一步与文化和社会生活交织在一起。而传播领域的政治经济学家则专注于剖析这些广泛的社会因素如何作用于我们的大众传媒、信息系统及娱乐产业，并反过来受到它们的影响。"（Mosco 2009，4）

3. 道德哲学维度：政治经济学倾向于"将民主扩展到社会生活的各个方面"（同上），涵盖政治、经济、地区文化、日常生活以及传媒领域。它提出了"正义、公平和公共利益的基本道德问题"（Murdock and Golding 2005，61）。在当代学术语境下，"主流经济学家在其经济论述中逐渐减少对道德语言的排斥。……而真正承担起道德关怀重任的，主要是那些深植于政治经济学的非正统思想流派。……无论是马克思主义还是制度主义传统，都深陷于关于道德哲学地位的深入辩论之中"（Mosco 2009，34）。

4. 社会实践维度：此领域深切关注于研究并指引那些旨在变革世界、构建更美好社会的实践活动。

对媒体与传播的政治经济学批判是一种"马克思主义传播理论"（Smythe 1994，258），并且具有"广泛的马克思主义化"特征（Murdock and Golding 2005，61）。珍妮特·瓦斯科（Wasko 2014，260）写道，媒体与传播的政治经济学最常用的是"马克思主义/新马克思主义理论框架"。她在总结21世纪该领域的研究时指出："正如让-保尔·萨特所言，'马克思主义仍然是我们时代的哲学，因为我们尚未超越孕育它的环境'。对于媒介政治经济学的研究，也可以提出类似的论点。"（同上，268）

格雷厄姆·默多克认为马克思和我们是同一个时代的，并且"要对当代资本主义的文化景观进行恰当的批判性分析，就必须从马克思著作中的三个核心主题——商品化、矛盾化和全球化入手"（Murdock 2006，3）。默多克（2014b，125）还补充说，这样的分析应该"从全面研读马克思的著作开始"。

文森特·莫斯可（2012）认为，马克思的著作在多重维度上对批判性地理解传播具有深远意义。具体而言，在理解全球传播的语境下，

> 《资本论》中的马克思及其政治经济学理论显得尤为重要。然而，还存在一个与这一视角相辅相成，却又不失独立性的马克思形象——他在《德意志意识形态》《1844年经济学哲学手稿》及青年时期的其他著作中，对

文化和意识形态的深刻剖析，为文化研究领域的分析与批判提供了灵感源泉。因此，可以断言，政治经济学语境下的马克思与文化研究语境下的马克思，共同构筑了批判性传播研究的两大核心支柱。……此外，除了政治经济学与文化研究领域的马克思之外，我们还应关注那位因《政治经济学批判大纲》这一著名（同时颇具争议）的笔记以及作为专业记者的身份而闻名的马克思。事实上，马克思虽一生致力于新闻工作，但《政治经济学批判大纲》及其最杰出的新闻作品，却巧妙地连接了他职业生涯早期与晚期的关键时期。（Mosco 2012，571）

媒体与传播领域的政治经济学批判，在推动该领域的研究进程中占据了举足轻重的地位，并深入剖析了媒体与传播在资本主义体系中所扮演的角色。马克思的著作对此有着重大影响。本书将沿着这个方向继续研究。

传播：马克思主义研究的盲点

媒体与传播领域的政治经济学批判对与文化、信息、传播、媒体和互联网的作用和矛盾有关的各个方面进行了批判分析。然而，在马克思主义理论中，这些方面往往没有得到足够的重视。它们被视为上层建筑的附属品，次要的、非生产性的元素，仅仅是通过流通和消费环节的组成部分，由经济基础决定或过度决定的、非物质的、纯粹的思想观念，具有依附性，并构成了剥削的支撑结构等。这种对信息领域的边缘化与贬低，正是加拿大媒体政治经济学家达拉斯·W. 斯麦兹（Dallas W. Smythe）于 1977 年提出"传播乃西方马克思主义研究的盲点"这一论断的重要缘由。他明确指出："在欧洲及大西洋盆地文化中，大众传播媒体以及与广告、市场研究、公共关系、产品和包装设计等相关机构，构成了马克思主义理论中的一个显著盲点。"（Smythe 1977，1）这一缺失同样促使英国马克思主义文化理论家雷蒙德·威廉斯（Raymond Williams）在同一年（即斯麦兹发表其《传播：西方马克思主义的盲点》一文的同年）于《马克思主义与文学》一书中提出了"文化唯物主义"的概念，以强调"文化工作与活动并非……上层建筑的简单反映"（Williams 1977，111）。当前，文化产业、信息经济及信息工作的重要性日益凸显，充分证明了文化与传播不仅具有实质性意义，而

且已成为资本主义生产经济不可或缺的一部分。(Fuchs, 2015)

我一生中参加过太多马克思主义和批判性的研究会议和会谈，在这些会议和会谈中，媒体与传播往往被边缘化，甚至完全缺席。在此，我举一个例子便足以说明问题。2013 年 5 月 31 日，知名学者大卫·哈维在伦敦举办的"危机时代的危险思想"论坛上发表了题为"从叛逆的城市到城市革命"的专题演讲。尽管演讲场地相对狭小，却吸引了数百名热切的听众，场面热闹非凡。在随后的讨论环节中，我提出了一个引人深思的问题：鉴于社会空间唯有在并经由人类传播活动中方能存在，且这种传播活动既受社会空间的制约，又不断地塑造和再生产着社会空间，为何在哈维的马克思主义空间理论乃至众多马克思主义理论中，传播却成了一个被忽视的盲点？遗憾的是，哈维在回应时并未直接触及空间与传播之间的深刻关联，而是转而指出媒体与传播领域普遍被过度强调，他声称"阿拉伯之春"并非源于脸书的革命，而是实实在在发生在街头巷尾和广场之上的民众运动。哈维的这一回应，实际上重蹈了马克思主义研究中一个屡见不鲜的误区：因为非马克思主义者可能高估了传播在资本主义社会中的作用，便草率地排斥了对传播现象的深入分析。

在我的学术生涯中，我涉猎了众多马克思主义著作与论文，遗憾地发现，其中媒体与传播往往被置于边缘地位，甚至完全被忽视。正是基于这一观察，我与马里索尔·桑多瓦尔（Marisol Sandoval）共同担任《传播、资本主义与批判》（*triple C：Communication，Capitalism & Critique*）（官方网址为：http：//www. triple-c. at）期刊的编辑时，致力于打造一个平台，旨在发表和探讨那些深受马克思著作影响或启迪的、针对资本主义中传播现象的批判性分析。《传播、资本主义与批判》并非一本泛泛的媒体与传播研究期刊，亦非马克思主义理论的普通刊物。它聚焦于马克思主义/批判理论与媒体、传播及互联网研究交汇融合的领域，致力于挖掘并呈现这一交叉领域的独特价值与深刻洞见。

什么是信息、媒体和传播？

"信息""媒体""传播"这几个术语并非不言自明，人们往往倾向于将它们分开理解，这导致了诸如信息科学、媒体研究和传播研究等专业的产生。在我看来，对这些现象的研究不能也不应该被分开。任何试图将这些本质上会一起出现、属于一体的现象分离的行为都是人为的、撕裂性质的。物质是具有过程性的，它是一种自因（causa sui），即一种自身原因：物质可以产生和组织自身，并且有能力创造新的存在层次。基于这一假设，就没有必要依赖宗教、唯心主义或神秘主义的关于世界存在的假设，即假定世界或者世界的创造者存在于物质之外。假设信息是非物质的或存在于物质之外，违反了哲学充足理由律，即每一个现象都必须有充足的理由和基础这一哲学规律。如果世界由两种实体构成——物质和信息/精神，那么就有两种现象没有根基，这违背了充足理由律。若进一步假设一种精神力量——神——创造了物质，那么这意味着一种外部的精神力量被视为世界的基础，并且它从虚无中创造了万物。然而，对于谁创造了神这一根本性问题，却无法给出理性的答案。因此，唯心主义和唯灵论也是没有基础的，违反了哲学规律。信息是物质世界的一部分，它是运动中的物质，至少是两个物质系统的相互作用。这种相互作用之所以具有生产力，是因为它们有助于重建物质系统，创造这些系统的新的内部特性，并为世界从现有物质系统的相互作用中出现的新的物质系统提供可能性。

人类作为社会性生物，寓于社会之中，而社会则是由人类不断创造与维系的。从物质组织的层级视角来看，社会构成了其中一个不可或缺的层面。在此框架内，社会中的信息流动实质上是人类间社会互动过程的直接体现。人类，作为兼具工作与思考能力的生命体，不仅具备预测未来的能力，还能进行伦理判断，并不断地创造与重塑社会结构。人类的大脑作为认知信息的精密储存库，通过复杂而多元的方式，不仅映射出世界的真实状态，还深刻反映出人类对世界的独到解读以及政治与道德层面的评估。在沟通与交流的过程中，个体的部分认知信息被编码为符号形式，进而传递给至少一个其他个体。而当这种交流呈现出双向性时，即存在互惠交流时，那些接收到信息的个体也会将他们自己对世界的理解部分地回馈给最初的交流者，从而形成一个动态、互动的信息交流循环。

一旦信息被识别，交流就会引发他人认知信息的变化——通过交流产生新的意义、解释和判断。认知信息和传播都是物质的，它们改变了大脑神经网络的状态和激活模式。我们不能触摸和感觉信息，因为它是无形的、没有物理形态的。然而，这并不意味着它是非物质的。我们可以观察到信息过程的结果，以及它如何改变世界的含义和解释。传播是借助媒介进行的，如传递声音的空气、互联网、电视、广播、书籍和其他印刷材料、电子书、海报、贴纸、绘画、艺术品等。只要有传播，必有媒介存在。

媒介是组织和实现交流的结构，它们在人类之间起到中介作用，使人类能够进行沟通。人类的交流既可以是非常短暂和偶然的，也可以是以更规范化的方式进行的。所有的交流都会改变思维方式。此外，持续的交流还可能创造新的社会系统，或在现有的社会系统基础上增加新的特点。在这种情况下，人类不仅仅是进行认知和交流，他们还在进行合作：共同创造出新的社会系统或社会系统的新结构特质。因此，信息是认知、交流和合作的三重嵌套过程。（Hofkirchner 2013）

解读马克思的《资本论》

马克思主义关于信息、媒体和传播的理论和分析，主要着重于在资本主义社会中这些现象的矛盾作用。阅读马克思的《资本论》有助于我们理解它们所发挥的作用，理解现代信息的矛盾性。马克思是用德语写作的，对于非德语使用者这一占世界大多数的群体来说，问题在于应该选择哪种翻译版本。《资本论》无疑是一本难懂的书。你可以将本书作为对马克思《资本论》第1卷中媒体与传播探索的阅读指南。我建议你阅读马克思的英文原著，同时手头也要准备一本你的母语的译本，这会有所帮助。我的母语是德语，但我读过德语和英语版本的马克思著作。然而，我并不用德语来写关于马克思的内容，因为这将把我的指南受众限制在少数对媒体和传播感兴趣的德语圈的批判学者中。不幸的是，以德语为母语的人往往不愿意读英语，因为他们以一种文化帝国主义的方式期望一切都应该翻译成德语。有时候，这种态度掩盖了这样一个事实，即他们中的许多人在说英语和阅读英语方面存在问题，因为他们的教育体系没能提供良好的外语实践支持，而且缺乏与非德语使用者的实际接触。然而，只要付出一些努力，即使是讲德语的人也能看懂这本书。

本书以企鹅出版社出版的《资本论》第1卷为参考，在我看来这个版本尽管有缺陷，却是目前最好的版本。同时，本书也遵循了该版本的篇章结构，我逐章地对《资本论》进行了解读（除第八部分外，这部分由几个简短的章节组成，在德语版中合并为一章）。我还增加了另外一章即马克思的附录（《直接生产过程的结果》）以及另外两个附录，其中讨论了托马斯·皮凯蒂（Thomas Piketty）在传播方面备受争议的书籍《21世纪资本论》（附录1），并讨论了知识和技术在《资本论》初稿《政治经济学批判大纲》中的作用（附录2）。在阅读关于《资本论》的导论和辅助读物时，我总是对那些不遵循马克思章节结构的书籍感到不满。它们不遵循马克思思想的结构和顺序，这样会使读者难以把握马克思思想的结构和逻辑。大多数读者会从头到尾按照顺序逐章对马克思的著作进行阅读。因此，逐章的指南是最为合适的。

这是一本关于马克思而非马克思主义的书。要理解马克思的理论已足够复杂，因此我倾向专注于解释他的论点，而不深入阐述马克思主义理论中特定概念接受史的内容。后者是关注马克思主义理论史的书籍的任务，例如《马克思主义历史批判词典》（*Historical-Critical Dictionary of Marxism*）。我解释了马克思的论点与媒体、技术、文化和传播领域的联系，为此，我还参照了与这些研究领域相关的思想家。然而，本书的任务是紧密聚焦马克思的文本，并提供将文本与传播和媒体联系起来的解释性说明。它并没有对马克思在媒体和传播的政治经济学领域中所扮演的重要角色的历史进行深入探讨。在这一方面，本书不涉及一些重要的历史时刻以及当前的发展。但是，我强烈建议对本书中所述问题感兴趣的读者关注国际媒体与传播研究学会（IMACR）政治经济学分会的讨论，并关注和参与当前的辩论（例如，查阅《传播、资本主义与批判》期刊 和《传播政治经济学》（*The Political Economy of Communication*）期刊。

通信现象日新月异，而传播资本主义在历经动态变迁以及连续性与非连续性的辩证过程中，于最本质的层面上维持着恒定。鉴于此，本书既无法亦无意对当前通信领域的全部发展态势进行详尽阐述。在本书撰写之际，通信领域正经历着诸多显著变革，诸如大数据、云计算、爱德华·斯诺登所揭露的大规模政府监控行动、创客文化、移动广告、社交媒体、定向在线广告、量化自我运动以及共享经济等。此类现象转瞬即逝，相比之下，资本主义、通信及其内在矛盾则拥有着更为深远的历史渊源。本书致力于提供一个更为长远的视角，以期在未来30年乃至50年间仍能保持其学术价值。书中不仅援引了跨越数千年的历史例证，同时也撷取了 19 世纪、20 世纪乃至 21 世纪社会的诸多现实案例。

本书的章节也有相关的练习，帮助读者更深入地理解马克思的思想。它们位于每个章节的末尾。分为两种类型：

• 小组练习（G）旨在促进阅读《资本论》第 1 卷的群体讨论，其设计简洁明了，不会占用过多时间，非常适合小组讨论时使用。

• 项目练习（P）则更具挑战性，耗时较长。它鼓励读者或读者小组基于马克思的理论视角，对传播现象展开深入剖析与研究。

英文版的马克思的《资本论》

我们可以看到英文企鹅版《资本论》第 1 卷有 33 章，然而最常见的德文版（MEW① 23）只有 25 章。因此，英文版和德文版的章节编号也不同。1867 年的德文原版只有 6 章。1872 年的版本中马克思编写了 25 章。摩尔（Moore）、埃夫林（Aveling）和恩格斯在 1887 年发表首个英文版本时改变了《资本论》的章节结构。企鹅出版社的版本保留了这一修改后的结构。表 0.1 显示了英文版中的章节与德文版中的章节是如何一一对应的。

马克思《资本论》第 1 卷的写作历程

马克思提出对资本主义政治经济进行系统批判的原因之一可能是 1857 年的金融恐慌和经济危机（Wheen 2006，27）。他在 1857—1858 年之间闲下来，开始写《1857—1858 年经济学手稿》。之后以《政治经济学批判大纲》发表并且成为《资本论》的初稿。《政治经济学批判大纲》在 1939—1940 年之间第一次在德国出版，但在 1953 年一个更流行的版本出来之前，该书并不被人们熟知。

表 0.1：英文版与德文版《资本论》的各个章节对比

《资本论》第 1 卷各个章节（英文企鹅版）	《资本论》各个章节（德文版）②
第一部分：商品和货币	第一节：商品和货币
第 1 章：商品	1. 商品
第 2 章：交换过程	2. 交换过程

---

① MEW 指《马克思恩格斯全集》；MECW 指《马克思恩格斯选集》。
② 中译文参照《马克思恩格斯全集》中文第 2 版第 42 卷。

续表

《资本论》第1卷各个章节（英文企鹅版）	《资本论》各个章节（德文版）
第3章：货币或商品流通	3. 货币或商品流通
第二部分：货币转化为资本	第二节：货币转化为资本
	4. 货币转化为资本
第4章：资本的总公式	4.1. 资本的总公式
第5章：总公式的矛盾	4.2. 总公式的矛盾
第6章：劳动力的买和卖	4.3. 劳动力的买和卖
第三部分：绝对剩余价值的生产	第三节：绝对剩余价值的生产
第7章：劳动过程和价值增殖过程	5. 劳动过程和价值增殖过程
第8章：不变资本和可变资本	6. 不变资本和可变资本
第9章：剩余价值率	7. 剩余价值率
第10章：工作日	8. 工作日
第11章：剩余价值率和剩余价值量	9. 剩余价值率和剩余价值量
第四部分：相对剩余价值的生产	第四节：相对剩余价值的生产
第12章：相对剩余价值的概念	10. 相对剩余价值的概念
第13章：协作	11. 协作
第14章：分工和工场手工业	12. 分工和工场手工业
第15章：机器和大工业	13. 机器和大工业
第五部分：绝对剩余价值和相对剩余价值的生产	第五节：绝对剩余价值和相对剩余价值的生产
第16章：绝对剩余价值和相对剩余价值	14. 绝对剩余价值和相对剩余价值
第17章：劳动力价格和剩余价值的量的变化	15. 劳动力价格和剩余价值的量的变化
第18章：剩余价值率的各种公式	16. 剩余价值率的各种公式
第六部分：工资	第六节：工资
第19章：劳动力的价格或价值转化为工资	17. 劳动力的价值或价格转化为工资
第20章：计时工资	18. 计时工资
第21章：计件工资	19. 计件工资
第22章：国家工资差异	20. 工资的国民差异

《资本论》第 1 卷各个章节（英文企鹅版）	《资本论》各个章节（德文版）
第七部分：资本的积累过程	第七节：资本的积累过程
第 23 章：简单再生产	21. 简单再生产
第 24 章：剩余价值转化为资本	22. 剩余价值转化为资本
第 25 章：资本主义积累的一般规律	23. 资本主义积累的一般规律
第八部分：所谓原始积累	24. 所谓原始积累
第 26 章：原始积累的秘密	24.1. 原始积累的秘密
第 27 章：对农民居住土地的剥夺	24.2. 对农民居住土地的剥夺
第 28 章：15 世纪末以来惩治被剥夺者的血腥立法。压低工资的法律	24.3. 15 世纪末以来惩治被剥夺者的血腥立法。压低工资的法律
第 29 章：资本主义租地农场主的产生	24.4. 资本主义租地农场主的产生
第 30 章：农业革命对工业的反作用。工业资本的国内市场的形成	24.5. 农业革命对工业的反作用。工业资本的国内市场的形成
第 31 章：工业资本家的产生	24.6. 工业资本家的产生
第 32 章：资本主义积累的历史趋势	24.7. 资本主义积累的历史趋势
第 33 章：现代殖民理论	25. 现代殖民理论
附录：直接生产过程的结果	

在 1858 年，经由费迪南德·拉萨尔的引荐，马克思与总部位于柏林的敦克尔出版社建立了联系，并着手规划一部 6 卷本资本主义政治经济学批判巨著（Wheen 2006，29）。然而，由于经济拮据以及马克思本人及其家庭成员的健康问题，原定于 1858 年秋季提交的首部手稿的出版进程被延期至 1859 年（Wheen 2006，29 - 31），这一年，敦克尔出版社成功推出了《政治经济学批判》① (*Zur Kritik der politischen Ökonomie*) 的德文原版。随后，马克思在着手撰写《政治经济学批判》的续篇（即后来的《资本论》第 1 卷）时，遭遇了多重挑战：与卡尔·福格特（Karl Vogt）的学术论战、回归德国的计划受挫、持续的经济压力、频繁的访客打扰、个人健康状况的恶化，以及他积极参与国际

---

① 1859 年完成出版的《政治经济学批判》是马克思 15 年（1844—1859）经济学研究成果的第一次公开问世。

工人协会（即第一国际）的工作，这些因素共同影响了马克思的写作进度和学术生涯。(Wheen 2006，31 – 35)

因此，马克思是在贫困和疾病（如肝病、疖子和痈，这些疾病使他难以坐着写作）的困扰下完成了《资本论》第 1 卷的写作（Wheen 1999，294；2006，35）。马克思身上的一些疖子不得不由外科医生切除，他甚至自己用剃刀切除了一些（McLellan 2006，311）。1866 年 2 月 20 日，他向恩格斯写信提到了这一情况：

> 至于痈，情况是这样的：上边那个，我根据自己的长期的实践曾对你说过，一般地说来，应当切开。今天（星期二）接到你的信后，我拿起锐利的刮脸刀（亲爱的鲁普斯的纪念品）亲手切开了这个坏家伙。（我不能让医生来动生殖器的地方。另外，艾伦证明，我最好是动手术。我始终承认必要性。）(MECW 42，231)

这一段不仅是马克思和恩格斯著作中比较晦涩的一段，而且表明马克思在出现严重的健康问题时写了《资本论》第 1 卷。

萨姆·舒斯特（Sam Shuster）是纽卡斯尔大学皮肤病学教授，他分析了马克思通信中讨论健康问题的段落。一般的假设是马克思有肝病和疮，他的死因是肺结核。舒斯特总结说，马克思很可能患有化脓性汗腺炎。他说，马克思在写《资本论》时，"他的化脓性汗腺炎正处于最严重的阶段"（Shuster 2008，3）。

化脓性汗腺炎（又称为反常性痤疮）是一种皮肤疾病，使人长期疼痛，会导致皮肤上出现脓肿和瘢痕，通常在腹股沟、臀部、乳房和腋窝周围……它会导致皮肤出现红色疖状的肿块、黑头、囊肿、瘢痕和渗出脓液……有些肿块可能被细菌感染，需要用抗生素治疗这些感染。化脓性汗腺炎非常疼痛。[1]

这种疾病会导致严重的疼痛和开放性伤口，伤口不会或很难愈合，甚至会

---

[1] NHS：化脓性荨麻疹。http：//www. nhs. uk/conditions/hidratinis-suppurativa/pages/introduction. ASPX.（访问时间：2014 年 7 月 7 日）

导致死亡。如果舒斯特的解释是正确的，那么这意味着卡尔·马克思忍受着一种罕见疾病所带来的巨大痛苦写下了《资本论》。因此，他能够在如此痛苦的情况下创作出这样一部具有高分析性和文学性的杰作，就更加令人钦佩了。

马克思经常对他所写的东西不满意，因此会反复修改（McLellan 2006，308）。1867 年 4 月，他亲自将第 1 卷的手稿交给了位于汉堡的出版商迈斯纳（Wheen 1999，295）。马克思于 1865 年 3 月与迈斯纳签订了合同。1867 年 9 月，迈斯纳出版了 1000 本《资本论》第 1 卷第 1 版。（McLellan 2006，316）

《资本论》与黑格尔的辩证哲学体系

在阐述马克思的范畴时，我在这本书中频繁引用黑格尔的辩证哲学体系，就是为了显示它是如何影响马克思的思想的。体系辩证法的代表，如克里斯托弗·亚瑟（Christopher Arthur 2004）、托尼·史密斯（Tony Smith 1990）和宇野弘藏（Kozo Uno）及其追随者（Sekine 1998），试图将黑格尔的《逻辑学》与马克思的《资本论》进行比较（见表 0.2）。

亚瑟和宇野弘藏对黑格尔与《资本论》平行化提出了完全不同的解释，人们可能会怀疑，马克思是否真的有意按照黑格尔《逻辑学》的框架来构建《资本论》第 1 卷。然而，可以肯定的是，马克思确实受到了黑格尔的影响，他使用了特定的黑格尔辩证范畴来解释资本主义的某些方面，并基于黑格尔的辩证法作为分析资本主义本体的方法，发展了自己分析资本主义的范畴。亚历克斯·卡利尼科斯（Callinicos 2014，129）认为马克思"从《逻辑学》中提取新的范畴，并且使其以一种相当务实的方式发挥作用"。

表 0.2：黑格尔的《逻辑学》与马克思的《资本论》的比较

黑格尔的《逻辑学》	亚瑟：马克思的《资本论》	宇野弘藏和关根友彦：马克思的《资本论》
I. 存在	商品	循环
a. 质	商品的交换	商品
b. 量	商品交换的数量	货币
c. 度	商品的交换价值	资本

黑格尔的《逻辑学》	亚瑟：马克思的《资本论》	宇野弘藏和关根友彦：马克思的《资本论》
II. 本质	货币	生产
a. 本质	价值本身	资本的生产
b. 现象	价值的形式	资本的循环
c. 现实	货币	再生产
III. 概念	资本	分配
a. 主观概念	价格表	价格，利润
b. 客观概念	货币与商品的本质	租金
c. 理念	自我增殖	利率

（资料来源：Sekine 1998；Arthur 2004，108-109；Bidet 2005，122）

然而，正如卡利尼科斯（2014，157）所言，马克思并没有逐渐远离黑格尔，相反，他一生都受到黑格尔辩证哲学的影响，因此在《资本论》中，他以辩证的方式关联了构成资本主义本体的范畴，使它们不是独立存在的，而是以辩证的方式相互联系的。托尼·史密斯（1990）在他的著作《马克思〈资本论〉的逻辑》(*The Logic of Marx's Capital*)中提出了用相互联系的黑格尔正—反—合三段论来解释马克思是如何分析资本主义的辩证本体论的，但他并没有试图将《资本论》的结构精确地映射到黑格尔的《逻辑学》结构上。史密斯指出，"马克思在任何地方都没有暗示他是通过从《逻辑学》中取出一个范畴并直接将其转化为经济范畴来得出其理论的具体内容的。如果他的程序真的与此类似，那么他很可能在某个地方提到过这一点"（Smith 1990，44）。史密斯与卡利尼科斯一样（2014，115）认为，马克思从黑格尔那里汲取了以系统和联系的方式发展范畴的辩证方法：

　　以一种辩证的方式来解读《资本论》，就是要把握这一范畴的特殊性及其联系。必须允许内容的逻辑可以在该理论中发展。……《资本论》也是一部关于范畴的系统理论。尽管马克思与黑格尔之间存在着深刻的分歧，但从这个角度来看，《资本论》仍然可以被称为一种"黑格尔式"理论。

（Smith 1990，45）

黑格尔和马克思都坚持一个系统的辩证理论必须由被考察的"内在本质"或"客体的灵魂"所支配。除非黑格尔和马克思的项目在某些关键方面是同一个项目，否则两个系统性进展的每一步都有一对一的映射，那将是一个惊人的巧合。这种观点的捍卫者对于这种"关键方面"可能是什么存在分歧。（Smith 2014a，36）

只要资本主义还活着，马克思就活着……

《资本论》第 1 卷是被讨论最多、被认为过时最多，也是被重新出版最多的书籍之一。有人一再声称马克思的分析有问题。然而，持续的兴趣和一波又一波的阅读活动显示了马克思这本书的现实意义。危机、剥削和不平等仍然是现代社会持续性的特征。只要这些问题存在，人们就会对马克思关于资本主义的分析感兴趣，因为人们正在寻找解释和方法来解决他们所面临的问题。在这一背景下，媒体、信息和传播显得十分重要，因为它们形成了资本主义的一个特定产业，而文化则是一种公共传播意识形态的手段，这种意识形态既有利于资本主义进行剥削和支配，也有利于对资本主义的批判。从媒体学与传播学的角度解读马克思的《资本论》，有助于我们理解和批判资本主义媒体，并为争取建立一种不受资本主义公司控制而由人民自己控制的替代性民主传播体系提供指导。

第一部分　商品和货币

1 序言、跋和第 1 章：商品

《资本论》是关于什么的？

马克思主义理论家欧内斯特·曼德尔（Ernest Mandel，1923－1995）在企鹅版《资本论》第 1 卷中，开篇就着重介绍了这本书的目的、方法及其写作计划。该计划的第 1 卷，包括马克思的劳动价值论、剩余价值论、资本、资本积累、工资、货币和资本的命运。

前言之后是马克思和恩格斯写的序言和跋，马克思为第一版撰写的序言，为第二版撰写的跋，以及他为法文第一版撰写的序言和跋，恩格斯为第三版和第四版撰写的前言，还有马克思为第一版英文版撰写的序言。

马克思对《资本论》的写作目的定义如下："我要在本书研究的，是资本主义生产方式以及和它相适应的生产关系和交换关系。"（90）在马克思看来，生产方式是生产力与生产关系的辩证统一，生产关系是组成经济的社会关系，生产力是劳动力和生产资料（自然力量、技术、基础设施、资源）组合的具体模式。劳动力本身就是最重要的生产资料，所以马克思倾向于用一种特殊的方式来对待它。马克思在《资本论》中所考察的社会关系是工人与资本家之间的阶级关系。阶级关系也支配着其他阶级社会，如封建社会和奴隶社会。对于马克思来说，问题是资本主义中阶级关系和生产力的具体特征是什么。"交往行为"（Verkehrsverhältnisse）指的是组成社会关系的不同方式，诸如互联网、电话、电报、书籍、电视、广播和邮政等通信工具组成了人类的符号互动，它们是建立信息社会关系的符号交往形式。因此，我们可以说，研究资本主义条件下的信息和传播手段是《资本论》的任务之一。

辩证分析法

马克思在第二版跋中明确指出，他在《资本论》中运用了对黑格尔辩证法的唯物主义解释来分析资本主义。辩证分析识别并研究现实两个维度之间的矛盾是如何运作的，两个现象如何既是同一的又是不同的，它们如何相互排斥又相互需要，这样的矛盾如何导致危机和斗争，以及矛盾如何被扬弃（德语为"aufgehoben"：同时被消除、保留和提升；对应的名词是"Aufhebung"：扬弃），从而催生出新的体系。

> 辩证法在对现存事物的肯定的理解中同时包含对现存事物的否定的理解，即对现存事物的必然灭亡的理解。辩证法对每一种既成的形式都是从不断的运动中因而也是从它的暂时性方面去理解，辩证法不崇拜任何东西，按其本质来说，它是批判的和革命的。（103）

辩证法对马克思来说具有客观结构维度和主观能动性/阶级斗争的维度。马克思认识到资本主义的结构性矛盾，即资本主义的客观性。这些矛盾导致了危机。"使实际的资产者最深切地感到资本主义社会充满矛盾的运动的，是现代工业所经历的周期循环的各个变动，而这种变动的顶点就是普遍危机。"（103）

对于马克思来说，辩证法的主观维度与那些质疑资本主义利益的阶级斗争有关。他在第二版的跋中指出，《资本论》不仅仅是对资本主义运作方式及其客观矛盾的分析，而且是一种革命理论，是符合工人阶级利益并希望为其提供反对资本主义的阶级斗争的思想武器。反对资本主义"就这种批判代表一个阶级而论，它能代表的只是这样一个阶级，这个阶级的历史使命是推翻资本主义生产方式和最后消灭阶级。这个阶级就是无产阶级"（98）。

唯物主义

马克思认为黑格尔的辩证法是唯心主义的，是对黑格尔所谓的"理念"或"精神"的盲目崇拜。对于黑格尔来说，世界是一种精神力量的展开，一种精神的组织，最终形成绝对理念。绝对理念是艺术、宗教和哲学的统一（Hegel

1830b，§§ 553－577）。对于黑格尔来说，基督教是精神的启示。他认为，理念
或精神建立在宗教之上，因为"上帝的灵性就是基督教的教诲"（Hegel 1830b，
§384）。马克思质疑辩证法将焦点放在上帝、宗教、艺术和哲学——即理念世
界——上的这种做法：

> 在黑格尔看来，思维过程，即甚至被他在观念这一名称下转化为独立
> 主体的思维过程，是现实事物的创造主，而现实事物只是思维过程的外部
> 表现。我的看法则相反，观念的东西不外是移入人的头脑并在人的头脑中
> 改造过的物质的东西而已。（102）

马克思对黑格尔的辩证法印象深刻，同时对其对精神和宗教的关注持怀疑
态度。对他而言，人类赖以生存的经济是社会的一个重要方面。马克思从物质
出发，黑格尔从精神出发。马克思认为意识是物质世界在人脑中的反映并不意
味着他认为思想是"非物质的"或在物质之外。他表达了思维和意识是物质的
形式：人类是物质世界的一部分，它与其他人类和自然相互作用。因此，人类
之外的世界以一种复杂的方式被感知并映射到思想模式上。鉴于人类本身就是
物质和物质世界的一部分，因此思想和意识也是物质的形式。

1.1 商品的两个因素：使用价值和价值（价值实体，价值量）

《资本论》著名的开篇句为："资本主义生产方式占统治地位的社会的财富，
表现为'庞大的商品堆积'，单个的商品表现为这种财富的元素形式。"（125）
马克思用这句著名的句子开始了《资本论》第 1 卷。同样在第一版的序言中，
马克思认为"对于资产阶级社会来说，劳动产品的商品形式，或者商品的价值
形式，就是经济的细胞形式"（90）。

货币的起源：公元前 5 世纪的吕底亚

商品是资本主义的重要基础。但资本主义社会并不是唯一的商品生产社会：
吕底亚是安纳托利亚（土耳其）的一个地区，从公元前 2000 年到公元前 546

年，当时阿契美尼德帝国（第一波斯帝国）的统治者居鲁士大帝征服了吕底亚帝国。第一位历史学家希罗多德以下列方式描述了吕底亚人：

> 吕底亚人的习俗就像希腊人一样，除了他们让自己的女孩子做妓女。他们是（我们所知道的）第一个创造和使用黄金和白银货币的人，也是首批进行零售交易的人。而且，根据他们自己的说法，他们和希腊人现在使用的娱乐工具/方式是由吕底亚人发明的。他们说，这些逍遥时光是在他们殖民第勒尼安时发明的。（Herodotus 1920，123）

吕底亚人使用铸造金币和交易货物，所以他们早在基督教诞生之前就已经使用货币和商品了。资本主义的具体特征是什么？它似乎不是商品、市场或货币，因为所有这些现象早在资本主义之前就已经存在了。

什么是资本主义？

资本主义是一种普遍的商品生产形式：商品是财产组织的主要形式。工人被迫生产出售的商品，以便资本家可以积累更多的资本——追求自我增殖的货币。资本主义是许多要素的统一体——货币、商品、劳动力的剥削、生产资料、商品生产和资本。这种功能统一体具有涌现性，因此这些元素的总和要多于元素的简单组合。资本积累是由所有这些元素组成的，但与其他经济形态相比，它本身就是资本主义社会的新特质。商品是资本主义的细胞之一，资本的积累则是其整体。资本是一个试图通过让劳动生产在市场上出售商品来增加其规模的实体，从而实现资本增长。

如何（不）定义资本主义

马克思在《资本论》第3卷中指出，资本主义的一般定义，即其基本性质，是普遍的商品生产与剥削创造剩余价值的劳动的结合，以便资本积累。

> 从一开始，资本主义生产方式就具有两个典型特征。
> 第一。它生产的产品是商品。使它和其他生产方式相区别的，不在于生产商品，而在于，成为商品是它的产品的占统治地位的和决定的性质。

这首先意味着，工人自己也只是表现为商品的出售者，因而表现为自由的雇佣工人，这样，劳动就表现为雇佣劳动。……这种性质，即1. 产品作为商品和2. 商品作为资本产品的性质，已经包含着一切流通关系……

但是，即使撇开这点不说，从上述两种性质，即产品作为商品的性质，或商品作为资本主义生产的商品的性质，就会得出全部价值决定和得出全部生产由价值来进行调节。在这个十分独特的价值形式上，一方面，劳动只作为社会劳动起作用；另一方面，这个社会劳动的分配，它的产品的互相补充，它的产品的物质变换，它的从属和加入社会运转机构，却听任各个资本主义生产者个人偶然的、互相抵销的冲动去摆布。因为这些人不过作为商品占有者互相对立，每个人都企图尽可能以高价出售商品（甚至生产本身似乎也只是由他们任意调节的），所以，内在规律只有通过他们之间的竞争，他们互相施加的压力来实现，正是通过这种竞争和压力，各种偏离得以互相抵销。在这里，价值规律不过作为内在规律，对各个当事人作为盲目的自然规律起作用，并且是在生产的各种偶然变动中，维持着生产的社会平衡。……

资本主义生产方式的第二个特征是，剩余价值的生产是生产的直接目的和决定动机。资本本质上是生产资本的，但只有生产剩余价值，它才生产资本。在考察相对剩余价值时，进而在考察剩余价值转化为利润时，我们已经看到，在这上面怎样建立起一种为资本主义时期所特有的生产方式。这是劳动社会生产力发展的一个特殊形式，不过，这种劳动社会生产力是作为与工人相对立的资本的独立力量，因而直接与工人本身的发展相对立。这种为了价值和剩余价值而进行的生产，像进一步的说明所已经指出的那样，包含着一种不断发生作用的趋势，要把生产商品所必需的劳动时间，也就是把商品的价值，缩减到当时的社会平均水平以下。力求将成本价格缩减到它的最低限度的努力，成了提高劳动社会生产力的最有力的杠杆，不过在这里，劳动社会生产力的提高只是表现为资本生产力的不断提高。……只是由于劳动采取雇佣劳动的形式，生产资料采取资本的形式这样的前提，——也就是说，只是由于这两个根本的生产要素采取这种独特的社会形式，——价值（产品）的一部分才表现为剩余价值，这个剩余价值才表现为利润（地租），表现为资本家的赢利，表现为可供支配的、归他所有的追加的财富。但也只是由于一部分价值这样表现为他的利润，那种用来扩大再生产并形成一部分利润的追加生产资料，才表现为新的追加资本，并且整个再生产过程的扩大，才表现为资本主义的积累过程。（Marx 1885，1019‑1021）

制度经济学家熊彼特（Joseph A. Schumpeter）明确反对马克思对资本主义的定义，他将其定义为"一种私有制经济形态，其特征在于通过借贷资金来推动创新活动，这一过程虽然普遍存在，但并非逻辑上的必然结果，通常伴随着信贷的创造"（Schumpeter 1939，216）。在熊彼特的阐释中，资本主义被构想为一个系统，其中"创造性破坏构成了其核心要素"（Schumpeter 1943/2003，83）。因此，他将资本主义视为一种体系，在这个体系中，企业家基于信贷将创新带入市场，从而使经济在危机之后实现增长。这个定义在理论上摒弃了"劳动""阶级"和"剩余价值"等概念，从而以方法论个人主义的方式将资本主义简化为个人企业家精神，这种精神被奉为创新和价值的源泉。

对于马克思而言，资本主义是以 M（货币）‑C（商品）.. P（生产）.. C′‑（新商品）‑M′（增殖后的货币）的形式进行资本扩大再生产的制度。在这一制度中，资本家使用货币 M 购买商品 C（劳动力和生产资料），以便劳动力在生产过程中创造出包含剩余价值的新商品 C′。这种新商品在市场上出售后，实现了利润 p，使得投入的资本 M 获得增殖，并允许资本进行积累和新的投资。对于马克思来说，资本主义将劳动力和生产资料转化为积累资本这一最终目的的生产工具，即"货币是这种交换的起点和终点"（Marx 1885，160）。

使用价值

马克思《资本论》第 1 卷的 1.1 分析了商品的维度：商品具有质的规定性（使用价值）和量的规定性（交换价值）。"商品首先是一个外界的对象，一个靠自己的属性来满足人的某种需要的物。这种需要的性质如何，例如是由胃产生还是由幻想产生，是与问题无关的。"（125）"物的有用性使物成为使用价值。"

(126) "使用价值同时又是交换价值的物质承担者。"(126)

对于马克思来说，使用价值是满足人类需求的东西。马克思说，这些需求可能来自胃或想象。通过这种表述，他指出，使用价值不仅仅是我们可以触摸和感受的物质事物，例如满足营养需求的食物，还包括人类心智创造的无形产品——满足人类理解世界和彼此所需的信息。在《资本论》第 1 卷的 1.1 中，马克思提到的使用价值包括：铁、玉米、钻石、手表、亚麻、小麦、鞋油、丝绸、金、铅、银、桌子、房子、纱线、织物、糖、咖啡、碳、砖、空气、土壤、草地、森林。除了空气，这些都是你可以触摸的东西。这一点反映了马克思写作时实物商品主导生产的情况。人们还可以添加信息使用价值，如书籍、电脑游戏、音乐会、教育课程、互联网网站、报纸、杂志、手机应用程序、电影、在线社区、操作系统、电话、广播节目、软件、歌曲、电视节目、戏剧等。对于马克思来说，使用价值构成了财富的物质内容。信息也是物质的一种，是人类财富物质内容的一部分。

威廉·莫里斯："使用价值"的一些破坏性特征

术语"使用价值"具有"有用"的含义。然而，有一些使用价值可以满足特殊需求，但具有破坏性，比如核电站提供的能源，或者核武器和生物武器用于杀敌，又或是纳粹德国时期用于消灭犹太人和共产党人的毒气室。很明显，有一些使用价值能够摧毁、根除消灭人类、社会和自然。这些使用价值不仅无用，反而是有害的。

英国社会主义者和艺术家威廉·莫里斯（William Morris，1834–1896）质疑"所有工作是都是有用的"这一观点（Morris 1884，98）。假设"所有劳动本身都是好的"，这是一种保守的意识形态（同上，98）。有的工作是诅咒，应该被拒绝（同上，98）并废除。莫里斯区分了不必要/无用的劳动、有害的劳动、有用的劳动和愉快的劳动。相应地，还存在不必要的、有害的和有用的使用价值或商品。

目前有不必要的、无用的劳动力（浪费人力），以及劳动力可以实现自动化的劳动。不必要的劳动是对于人类生存并非必需，且创造出不必要的商品和服务的劳动。例如，它包括控制劳动力和私有财产的劳动，例如管理人员、董事、首席执行官、保安和安保人员、职业介绍所的工作；确保国家垄断暴力的劳动力，例如律师、法官、检察官、警察、狱警、士兵；组织货币经济的劳动，例如会计师、经纪人、证券和金融交易员、保险代表、银行人员、收债员、房地产经纪人、收银员、销售人员和供应商。废除金钱和生产资料的私人占有的社会可以废除或大幅度减少许多这些职业，因为届时货币将不再作为经济的媒介；不再需要控制和监督任何工资收入者，不再需要保障和保护私有财产，并且与财产有关的冲突和犯罪也可能减少。

今天无用的劳动伴随着一些在自由社会中不再存在的无用的娱乐形式，特别是那些直接关乎金钱输赢的娱乐形式，例如赌博和彩票。还有其他一些使人麻木的活动，比如阅读小报和测星座运势，也可能会消失。因为小报是高度商业化媒体的产物，而星座运势则如同任何宗教一样，是一种有组织的非理性行为。但这并不意味着有益的娱乐形式，如音乐、电影、非竞争性体育等，在自由社会中就不应存在，而是说以金钱为媒介的和意识形态化的文化可能会不复存在。许多形式的有组织和管理的体育运动反映了民族主义、父权制、种族主义、个人主义和竞争的意识形态，竞争主义以及法西斯对体力强壮的理想化崇拜暗含着对弱者的漠视。自由主义者对此观点的标准反驳是：且慢，还有女子足球队、反民族主义和反种族主义的足球迷俱乐部、残奥会等等。这些现象就像淡啤酒：它们是为了安慰批评者而创造的，但那些热衷于意识形态化体育、视其为"正宗"的人，会明里暗里取笑那些观看女子足球或残奥会的人，这反而更加坚定了那些本应被自由主义现象削弱的意识形态。但是，如果管理下的竞技体育本身就带有种族主义、法西斯主义、父权制和民族主义的色彩呢？那么我们将不得不在新社会中重塑体育运动。

有害劳动是损害人类生存能力的劳动，这些劳动要么破坏人类、自然和社会，要么创造破坏性的使用价值。它包括例如士兵的杀戮，核电厂和化石燃料发电站的运作，涉及健康风险的所有形式的工作（如增加肺癌风险的煤炭开采工作；在有毒工作场所进行劳动等），以化石燃料为动力的汽车的生产，以及负责制裁失业人员的就业中心工作人员的工作等。

还有重复性的、艰苦的和耗费精力的劳动，这些劳动可通过节省劳力的技术而减少。例如清洁工、垃圾处理工、机器操作工、装配工、金属工人、建筑工人、矿工和采石工人、农业工人、林业工人、服务员、管家、邮递员、仓库工人、运输工人、秘书、数据录入员、呼叫中心客服等所从事的劳动。机器人和自动化可以减少社会中重复、艰苦且体力消耗大的工作量，但是不可能完全废除这类工作。为了构建一个理想的自由社会工作模式，我们可以设想并探索，在传统观念中被视为最底层且最不受欢迎的工作，将如何在一个更加公正、合理的框架下被有效且有序地重新安排和组织。

威廉·莫里斯（同上，87）强调快乐工作的重要性，工人应享有"休息的希望，产品的希望，工作本身的乐趣希望；以及这些希望也能丰富且高质量地实现"。这些希望成为现实的前提是"阶级掠夺被废除"（同上，99），并建立了"平等社会"（Morris 1893，265）。莫里斯设想了一种后资本主义时代，在这种时代下，节省劳动力的技术减少了艰苦的劳动，人类可以从事创造性和艺术性工作，从而创造出作为大众艺术（Morris 1884，113）的"生活的装饰"（同上，116）以及"一个美丽的居住环境"（Morris 1885，25）。

使用与满足理论：一种关于媒体使用价值的有限理论

使用和满足理论是一种媒体理论，涉及媒体对受众和用户的使用价值。卡茨、布鲁姆勒和古列维奇（Katz, Blumler & Gurevitch 1973，517）认为，媒体可以让个人缓解紧张和冲突，关注社会情况和问题，补充或替代"贫乏的现实生活机会"，确认或加强道德价值观，并支持群体归属感和熟悉感。卡茨、古列维奇和哈斯（同上，1973）确定了受众在使用媒体时可能寻求并得到满足的五类需求：认知需求（信息、知识、理解），情感需求（美学、愉悦、情感），综合需求（信誉、信心、稳定、地位），社会需求（与家人、朋友、世界联系），逃避或紧张释放（为了减弱与自己以及所扮演的社会角色的联系）。丹尼斯·麦奎尔（Denis McQuail 2010，427）列出了以下 16 种用户和受众可以从媒体中寻求和获取的可能的满足感：信息、教育、指导、建议、消遣、放松、社交联系、增值、文化满足、情绪释放、身份形成、身份认同、生活方式表达、安全感、性唤起、打发时间。

识别媒体的使用价值很重要，但在资本主义社会中，使用价值往往只能通过交换价值来获得。使用和满足理论遗漏了交换价值的各个方面——政治经济如何塑造、限制和约束媒体的使用价值的问题。例如，在高度商业化的媒体系统中，娱乐节目往往压倒性地占据优势，相较之下教育节目则显得黯然失色（Smythe 1954；Williams 1974/1990，78-86），这一现状导致受众更易于满足娱乐需求，而可能较少接触到教育类节目，从而反映出资本主义体系下对某种需求及其满足的偏好。该理论也没有太多讨论意识形态和权力在满足信息和社会需求方面的作用。也就是说，权力集团、普通民众和少数群体在定义和塑造能满足人类需求的信息方面拥有何种程度的控制权，以及这些为满足需求而提供的信息是否真实反映了现实，抑或只是扭曲的镜像。尽管用户和受众热衷于有意识地积极寻找符合自身需求的信息，但权力不对称和资本主义对媒体的掌控往往导致意识形态内容泛滥，而批判性内容稀缺，使得信息需求的满足面临诸多不对称性挑战。多种文化研究路径均着重指出，媒体文本具有开放性，允许多样化的解读、挪用及解码方式。然而，此路径的一个核心难题在于其相对主义倾向，该倾向易于忽视一个事实：当媒体环境被某些特定类型的文本（尤其是那些高度商业化、侧重于娱乐与商品消费逻辑的文本）所主导时，并非所有解码与解读形式均具有同等发生的可能性。若仅将受众的权力视为唯一相关要素，那么便无需再对资本主义媒体所有权提出质疑，因为在这种理论框架下，即便存在信息扭曲，也可确信受众能够通过某种颠覆性的阅读方式来加以应对。由此，文化研究中那些倾向于颂扬受众能动性的观点，往往低估了媒体所有者与生产者的实际影响力。近年来，有观点提出社交媒体使每个人都成为了内容生产者，但现实情况却表明，在这些产销合一者所创造的产品中，只有少数能够获得显著的关注与曝光，而最受欢迎的社交媒体内容往往出自名人及大型企业之手。

只要我们生活在资本主义和阶级社会中，媒体的使用价值就必须与其交换价值相结合，媒体作为将内容、访问权限、受众、技术和用户作为商品出售的系统，以满足资本积累利润和广告商对行销商品的需求。

在阶级、剥削与统治占据主导地位的社会背景下，若理论过分聚焦于信息及其他使用价值，则可能忽视了一个关键事实：使用价值的潜能实际上受到了他律性现实条件的严格制约。在一个消极的社会环境中，缺乏批判性维度的实证理论往往仅仅是对现状的确认与接受。因此，我们必须深刻洞察到，在资本主义体系内，使用价值与交换价值之间存在着一种内在的、辩证且对立的关系。

交换价值

"交换价值首先表现为一种使用价值同另一种使用价值相交换的量的关系或比例。"（126）商品的本质决定了，唯有通过与其他物品的交换，我们才能获取它。这种基于数量的交换关系，构成了人们获取使用价值的方式：x 量商品 A = y 量商品 B。在商品形式中，使用价值从属于交换价值。如果不进行定量交换关系，就无法获得商品化的使用价值。因此，交换价值是商品量性特征的核心体现。

马克思曾深刻探究，究竟何种共性潜藏于一切商品之中。试问，作为商品流通的歌曲与 1 品脱啤酒，它们之间有何共通之处？显然，歌曲与啤酒在使用价值上大相径庭——歌曲是心智活动的结晶，而啤酒则是酿造工艺的产物。然而，在歌曲的创作过程中，不仅心智参与其中，身体的全方位投入亦不可或缺，如书写、演奏乐器等。同样地，研发一款新啤酒亦需心智的创造性努力。由此可见，体力劳动与信息工作相互依存、相辅相成，前者以后者为前提并受其调控，后者亦然。歌曲与啤酒皆能触动人心，引发欢愉或哀愁。然而，歌曲无法使人沉醉如酒，啤酒则能；你可以在心中哼唱歌曲，却无法"哼唱"啤酒。

鉴于这些差异，啤酒和歌曲有什么共同之处？马克思的答案是，它们都是人类工作的产物。"如果把商品体的使用价值撇开，商品体就只剩下一个属性，即劳动产品这个属性。"（128）商品具有"同一的幽灵般的对象性"、"无差别人类劳动"（128）。在这里，马克思引入了第三个术语，它描述了"交换价值中表现出来的共同的东西"（128）：价值。"可见，使用价值或财物具有价值，只是因为有抽象人类劳动对象化和物化在里面。"（129）交换价值是价值的表现形式（128）。劳动是价值的实现（129）。价值的衡量尺度是劳动时间："那么，它的价值量是怎样计量的呢？是用它所包含的'形成价值的实体'即劳动的量来计量。劳动本身的量是用劳动的持续时间来计量的，而劳动时间又是用一定的时

间单位如小时、日等做尺度。"(129)

价值

商品具有单独的价值，即生产它所需的特定分钟数。接 1 品脱啤酒有时需要 1 分钟，有时只需半分钟。创作 1 首新歌对艺术家而言，有时需要 1 个小时，有时则需要 1 个月。马克思指出，平均生产时间是一个决定性的经济现象，它决定了公司在经济中的生存能力。在此背景下，马克思提到了社会必要劳动时间，即生产某种特定商品所需的平均时间："社会必要劳动时间是在现有的社会正常的生产条件下，在社会平均的劳动熟练程度和劳动强度下，制造某种使用价值所需要的劳动时间。"(129) 因此，价值具有个人和社会维度。决定性的是商品的平均种类 ——"单个商品是当做该种商品的平均样品"(130) ——以通常平均分钟数产生。

尽管歌曲和啤酒作为使用价值截然不同，但如果平均而言，写 1 首歌和接 1 品脱啤酒都各需要 2 分钟，那么这首歌和这品脱啤酒就"具有相同的价值量"，因为它们"含有相同的劳动量"(130)。然而，在现实中，我们都知道平均而言，写一首歌的时间要比接 1 品脱啤酒长得多。

知识和技术对商品的价值有着重要的影响：商品的价值量由"工人的平均熟练程度，科学的发展水平和它在工艺上应用的程度，生产过程的社会结合，生产资料的规模和效能，以及自然条件"(130) 决定。相较于拥有 20 年娴熟技艺的酒保，初次尝试接啤酒的人往往会显得慢许多。而专为大型活动设计、旨在高效快速接取大量啤酒的机器，其速度甚至可能超越一位优秀的酒保。马克思在这段论述中意在阐明，科学进步与教育能够促使商品的平均价值降低。鉴于科学进步推动生产率不断提升的历史趋势，众多商品的平均价值已呈现出下降的态势。

马克思指出，"一个物可以是使用价值而不是价值。在这个物并不是由于劳动而对人有用的情况下就是这样。例如，空气、处女地、天然草地、野生林等等"(131)。但如果有人将草地圈起来，并派保安把守，从而实现对这片草地的垄断，那么他便能设定入场费，让这片草地拥有交换价值：你如今需支付 5 英镑，才能与你的孩子或其他人一起来享受草地上的花朵、小溪和蝴蝶。

信息是一种特殊的使用价值

信息作为一种使用价值，具备诸多独特属性：它在被消费时不会损耗；它并非稀缺资源；能够轻松、廉价且无限次地被共享与复制；同时，还能供多人同时使用。当你饮尽 1 品脱啤酒，啤酒便不复存在，他人无法再享。然而，聆听 1 首歌曲，并不会让音乐消失，他人依旧能够聆听，无需艺术家重新录制。创作信息的原型、首版或首个样本，往往需要大量的劳动投入，且成本不菲。根据"沉没成本法则"，信息的初始生产成本及劳动时间均颇为高昂：大量成本被投到信息之中。但与此同时，对于特定信息是否会有巨大需求，以及人们是否会对其产生兴趣，却充满了不确定性。因此，信息商品成了高风险商品，这便是信息的"无人预知"法则。为了规避这一风险，文化企业会尝试推出多样化的文化商品。举例来说，唱片公司或出版社可能每年会推出 1 000 张新专辑或 1 000 本新书，其中或许仅有 5 部能成为"热门"，但这就足以让公司盈利。这便是信息的"热门法则"。另一种策略是，媒体公司会将产品投向不同渠道（这一过程也被称为"窗口化"）：在电影院观影、在 iTunes 下载、购买 DVD 或在电视上观看，每种方式的价格都各不相同。

公共物品理论将信息视为一种公共物品，这主要归因于其消费的非竞争性和非排他性特征。与啤酒等实体物品不同，歌曲在消费过程中并不会被消耗。当人们聆听歌曲时，他们并不会相互争夺资源。试想，若全球仅存 1 瓶啤酒，其所有者便能轻易地阻止他人享用；然而，歌曲却能轻松地被复制与分享，使得阻止他人聆听变得异常艰难。即便某一歌曲仅有 2 份拷贝，其中 1 份的持有者也能迅速复制出百份，并分发给 10 位朋友，而这些朋友又会继续将拷贝传递给另外 10 人，如此往复。因此，那些试图限制歌曲传播范围的人，终将发现难以阻挡他人对歌曲的欣赏与消费。

信息是一种商品和交换价值

然而，我们认为实体物品必须或应该始终是商品而信息不是商品这种观点是错误的。啤酒和歌曲都能够被出售，虽然歌曲比啤酒更容易成为人人可用的公共产品。但是对于任何产品来说，包括啤酒，假如人们都不为该产品支付货币，该商品不进行交易，那么它将会很容易进入公共领域。公共物品理论形成一种危险的看法：它倾向于将实物产品自然地视为商品。在马克思描述的共产主义社会里，大多数物品都是人人可得的，它们是共有物品。在共产主义中，没有商品的存在。

信息相较于其他实体商品，更难被简单地归类于商品范畴之内。因此，在信息领域中，必须采取一系列独特且精细的资本积累策略。这些策略涵盖多个方面：首先，建立并维护对信息分发具有控制力的垄断实体；其次，充分利用版权、知识产权等法律手段来保障信息的专有性；再次，通过广告模式实现受众与广告商之间的价值交换，同时为受众提供免费的信息内容；此外，将信息重新编排至新兴的传播渠道或媒体格式中，以便进行二次销售；同时，对访问信息分发渠道的权限进行收费；还有，持续不断地更新信息内容，以确保用户为了获取最新资讯而不得不进行重复消费（例如，新闻内容的实时更新使得人们不再满足于观看如 1962 年版的《诺博士》这样的旧作，而是追求最新的邦德电影）；最后，通过技术迭代使旧的媒体产品逐渐淘汰（例如，由于当前计算机和操作系统不再支持 MSWord 1.0，用户不得不转向使用更新版本的软件）。

"一个物可以有用，而且是人类劳动产品，但不是商品。"（131）马克思深刻地指出，世间万物并非皆可简单归结为商品，非商品亦大量存在。资本主义体系天生具有一种倾向，即不遗余力地将人类生活的诸多层面纳入商品的范畴。然而，现实中亦不乏那些我们坚决认为不应被商品化的事物，以及那些与商品逻辑显然格格不入的生活场景。试想这样一幕：一对恋人共度良宵，他们在家中亲手烹制晚餐，共享美食，畅谈未来，举杯共饮，随后共赴爱河。然而，欢愉之后，其中一方竟起身，在床头留下 50 英镑，轻描淡写地说："真是美妙至极，为此我要付你 50 英镑！"另一方开始尖叫："你疯了吗？我不是妓女！我以为我们是相爱的，有着共同的未来！"这一例子生动地揭示了，在某些情境和社会现象中，商品逻辑显得格格不入，甚至令人反感，我们渴望与之保持距离。若将社会视为一种普遍的相互关怀与合作体系，那么，那种促使人们相互竞争、排斥、分裂、孤立并个体化的商品逻辑，或许不仅不适用于恋爱关系，同样也不适用于整个社会。商品形式往往导致人与人之间的疏离，使一部分人通过牺牲另一部分人来谋取私利。因此，一个真正全面且和谐的社会，必须建立在超越商品逻辑的基础之上。

政治经济学中信息和媒体的三种类型

格雷厄姆·默多克（2011，18）在其 2011 年的著作中提出，媒体政治经济学的架构可归纳为三种模式：一是资本所有制，即通信以商品形式存在；二是国家所有制，体现通信的公共服务属性；三是公民社会所有制，将通信视为礼品或公共资源。他进一步阐述，文化与传播同商品文化之间存在着三重关联（Murdock 2011，20）：

1. 媒体产品是一种商品；

2. 媒体是一种广告平台；

3. 媒体传播颂扬商品文化的意识形态。

信息的商品化指信息内容、技术、信息工作者的劳动力、受众/用户作为商品出售，在资本主义社会，信息商品化是很重要的。然而，这并不是组织信息唯一的可能方式。BBC 等公共服务媒体倾向于拒绝这种商品化的逻辑，他们依靠国家力量来收取许可费和部分税款，以资助其运营。与此同时，由民间社会团体运营的替代性、公民性和社区性媒体，例如开放频道、免费电台、独立报刊或替代性互联网平台，它们并不认同商品逻辑，而是选择拒绝。这些媒体通常不愿将内容、技术和受众作为商品出售。由于它们拒绝交换价值的原则，若想在资本主义体系内立足，就必须探寻其他资金来源，如自愿无偿劳动、国家资助、社会捐赠以及基金会资助等。表 1.1 展示了（a）资本主义媒体、（b）公共服务媒体、（c）公民社会媒体三者之间的区别：

表 1.1　从两个方面分析信息的三种政治经济学

	资本主义媒体	公共服务媒体	公民社会媒体
经济（所有权）	公司	州立机构	公民控制
文化（思想的共同循环）	包括处理人类在各种社会角色中的作用并创造人类的意义	包括解决人类在各种社会中的角色并创造人类的意义	包括解决人类在社会中的角色并创造人类意义

这些媒体分别依赖于（a）商品化信息，（b）信息共享，（c）作为公共产品的信息。信息以特定的方式获取，并具有特定的文化作用，它使人类能够了解信息、交流和组织社会系统。

在公共服务与替代性媒体同资本主义媒体之间，存在着显著的矛盾。资本主义以其扩张性、帝国主义特质及殖民倾向，力图将万物纳入商品形式的桎梏之中，并摧毁那些不遵循商品逻辑的生活领域。因此，在资本主义框架下，公共媒体与公民社会媒体的存续面临着严峻挑战。然而，通过社会斗争的推动，媒体、信息以及其他商品与服务亦可实现去商品化，进而转变为公共物品或共有资源。商品逻辑的强势推行，无疑加剧了公共服务与公民社会媒体生存的艰难；反之，若此逻辑受到制约，则这些替代性组织形式将更有可能蓬勃发展。在共产主义社会愿景中，资本主义媒体将不复存在，信息亦将摆脱商品形式的束缚。

使用价值、价值和交换价值之间的关系

图 1.1 精炼地概括了马克思在 1.1 中阐述的商品的三大核心维度：首先，商品承载着其固有的质的规定性，即使用价值，这是其本质属性。其次，商品的生产需耗费特定的平均时间，这一时间成本构成了商品量的价值维度。在资本主义体系下，众多使用价值（但需注意的是，并非全部使用价值，因为还存在共有与公共物品）均通过交换价值来实现其流通。然而，资本主义中却潜藏着使用价值与交换价值之间的深刻矛盾：我们唯有通过市场交换，方能获取那些以商品形态存在的使用价值。一旦我们缺乏交换所需的对价（通常体现为货币），便会被这一体系所排斥。商品之间的关联，正是在交换的过程中得以构建。在交换的舞台上，价值均一化的机制悄然运作。我们常言，某商品的一定数量可等同于另一商品的特定数量，诸如：x 量商品 A 等值于 y 量商品 B；iTunes 上的一首歌曲标价 0.99 英镑；一块巧克力售价 0.99 英镑，皆是此类例证。商品的共性在于，它们均为特定平均劳动量的结晶与体现。商品价值通过揭示其中蕴含的相等、可比较或不同量的劳动，巧妙地抹平了商品间的质量差异。劳动时间，作为一种抽象的衡量标准，为我们量化、对比及交换性质各异的商品提供了可能。而交换价值，则是资本主义商品交换的核心组织原则。它允许我们设定特定数量的商品及其内含的劳动量为等值，从而以量的形式实现了质量上截然不同的商品 A 与 B 之间的均等化：x 量商品 A 等同于 y 量商品 B。交换价值，作为商品量的规定性，巧妙地将商品的量与质两个维度融为一体。

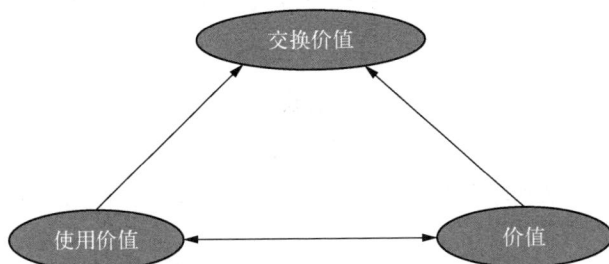

图 1.1 商品使用价值、交换价值、价值的辩证统一

1.2 体现在商品中的劳动的二重性

在 1.2 中，马克思将他对资本主义的分析从商品层面转向了劳动层面。在 1.1 中，马克思是从商品的产出角度来分析资本主义的；而在 1.2 中，则是从生产过程的角度来看的。劳动是一种活动，而商品是劳动的产品。

黑格尔：主体和客体的辩证

黑格尔（1830a）深入探讨了主体与客体之间的辩证关联：主体的存在根基在于一个既赋予其可能性又施加限制的外部客观环境，这一环境实质上界定了主体的存在条件。主体通过其活动能够对外在环境产生变革。正是主体与客体的这种相互作用，孕育出了一种崭新的现实——黑格尔将这一相互作用的结果精炼地概括为"主体—客体"。如图 1.2 所示，黑格尔所构建的"主体""客体""主体—客体"概念，共同构成了一个辩证的三角框架。

黑格尔（1991）将"主体"概念描述为形式的（§162）、有限的、知性所确定的、一般的观念（§162）、"完全具体的"（§164）。他将"主体"（§164）定义为"在其区别中诸环节的被设定的未分离性"（§164）。客观性则是总体性（§193）、"外部客观性"（§208）、"对他物而言是外部的"（§193）、"一般的客观世界"（§193），它"在内部瓦解为［一种］未规定的多样性"（§193）、"直接的存在"（§194）、"对于区别的漠不关心"（§194）、"目的的实现"（§194）、"有目的的活动"（§206）、"手段"（§206）。理念是"主体—客体"

（§162）、绝对的真理（§162）、主观与客观的统一（§212）、"概念与客观性的绝对统一"（§213），"主体—客体"被理解为"理想与现实、有限与无限、灵魂与肉体的统一"（§214）。黑格尔还说，"理念本质上是过程"（§215）。

这些定义或许初听之下显得颇为深奥。然而，黑格尔的核心观点在于：主体是一种具体而实在的现象，而客体则独立于主体之外存在。主体与客体之间存在着相互依存、相互影响的关系。而"主体—客体"，正是主体与客体通过它们之间生动的辩证过程所达成的统一状态。

世界是辩证统一的

在辩证哲学的理论框架下，世界可被阐释为主体与客体间的一种辩证关系。于任意给定系统之内，存在着一个主体，该主体与另一作为其客体之主体发生相互作用；而从后者的视角观之，前者亦同样扮演了客体的角色。此番辩证互动，构筑了主体与客体间的一种内在矛盾，而当此矛盾经由辩证的扬弃过程后，便能催生出新的品质（即主客体融合的新形态）或孕育出全新的系统结构。

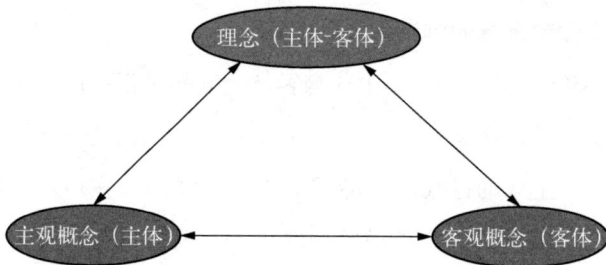

图 1.2　主体-客体、主体、客体三者的辩证关系

以人类交流为例：个体 S_1 作为信息的发送者，向另一个体 S_2 传递信息。在此交互过程中，S_2 扮演着 S_1 信息传达的客体角色，因为 S_1 所传达的符号性内容需经由 S_2 的解读方能获得意义，进而引发 S_2 认知结构的调整与变化。换言之，S_1 的信息在 S_2 的认知框架内被赋予了客观性。若 S_2 对 S_1 的信息作出反馈，则双方的主体与对象身份发生逆转，S_2 转变为信息的发送者（主体），而 S_1 则成为信息的接收者（客体），负责理解和诠释 S_2 的回应。这一动态转换揭示了主体与对象身份的相对性和流动性，以及在此互动中可能孕育出的新特质和系统。长期且深入的交流往往促使双方发现共同的兴趣点或目标，进而可能促成新的社会结构或关系的形成，如友谊的建立、兴趣小组的组建或专业组织的诞生。反之，交流也可能揭示出双方的分歧与对立，导致竞争甚至敌对关系的产生，这种负面涌现同样体现了主体与客体互动中的复杂性。在极端情况下，如两国间的战争，主体与客体的交互以破坏性的形式展现，其"涌现"的结果非但不是新事物的创造，反而是现有社会秩序与价值的摧毁，即一种"隐没"或"消失"的现象。奥地利信息哲学家沃尔夫冈·霍夫基希纳（2013）对此进行了深刻的哲学阐释，他将信息世界中的主体与客体关系视为一个包含认知、交流和合作三个维度的动态过程。霍夫基希纳的这一理论框架不仅适用于人类社会，更被其扩展至整个宇宙的广阔范畴，揭示了主体与客体辩证法在宇宙层面的普遍性与深刻性。

什么是工作？

在《资本论》第 1 卷的 1.2 中，马克思深入剖析了商品与劳动之间的辩证关系，指出商品不仅具备使用价值和交换价值（亦可理解为价值）的双重属性，而且创造这些商品的劳动过程同样展现出一种辩证的特性。具体而言，劳动既包含了一个具体地创造使用价值的维度，也蕴含了一个抽象地生成价值的层面。马克思在此从主体的视角出发，对资本主义进行了深刻的剖析，而在此之前的 1.1 中，他已对商品的客体维度进行了详尽的阐述。更确切地说，我们可以认为，商品的逻辑核心在于其客体性，以及资本主义生产过程中客体—主体的相互关系：劳动力在雇佣劳动的制度下，自身也被商品化，成为一种特殊的客体。在这一过程中，商品与资本作为主体—客体的统一体被共同生产出来。资本家所购买的，不仅仅是劳动力这一特殊的商品，还包括了诸如自然资源、技术等其他生产要素，这些要素在生产过程中均作为劳动的客体，发挥着不可或缺的作用。

在德文原版《资本论》中，马克思使用了 Arbeit 一词来表示"劳动"，而在企鹅出版社的英文译本中，"劳动"一词通常被译作 labour。值得注意的是，在英语语境下，labour 与 work 虽常被视作近义，实则拥有截然不同的词源背景及内涵。马克思在用德文写作时，亦不时以 Werktätigkeit 一词替换 Arbeit，以强调某种特定的创作性活动。Werktätigkeit 一词，其核心聚焦于作品的创造过程。在德语语境中，Werk 特指工作活动的成果，即一件具体的作品。①

马克思（1844 年）在《1844 年经济学哲学手稿》中，也使用了 Werktätigkeit 一词来描述人类的本质，该词表达了人类在实践中创造作品（Werk = 作品，Tätigkeit = 实践，Werktätigkeit = 创造作品的实践）的观点："正是在改造对象世界的过程中，人才真正地证明自己是类存在物。这种生产是人的能动的类生活。通过这种生产，自然界才表现为他的作品和他的现实。因此，劳动的对象是人的类生活的对象化：人不仅像在意识中那样在精神上使自己二重化，而且能动地、现实地使自己二重化，从而在他所创造的世界中直观自身。"（Marx 1844 [German]，MEW 40，517）

这段文章已经被翻译成英文："It is just in the working-up of the objective world, therefore, that man first really proves himself to be a species being. This production is his active species life. Through and because of this production, nature appears as his work and his reality. The object of labour is, therefore, the objectification of man's species life: for he duplicates himself not only, as in consciousness, intellectually, but also actively, in reality, and therefore he contemplates himself in a world that he has created."（Marx 1844 [English]，77）。werktätig 一词在此被两次译为"能动的"，然而此译法并不十分贴切，极易对英语读者产生误导。更为精确的翻译或许是"工作的类存在"，以对应原文中的"能动的类生活"。马克思进一步阐述，正是通过这种类存在，自然得以呈现为人的 Werk 与 Wirklichkeit。而"作品和现实"这一译法，并未能全面捕捉原文的深层含义。马克思在此特意选用了 Werk 与 Wirklichkeit 这两个词汇，原因在于它们之间存在着紧密的关联。Wirklichkeit 源自德语动词 wirken，其含义可理解为"对现实产生转变与变革效果的创造性工作"。值得注意的是，wirken 与 werken 在语义上相互关联：人类通过工作来改造现实——即人类的工作在现实世界中发挥着作用（das menschliche Werken wirkt in der Wirklichkeit）。

---

① 此外，德语中还有 werken 一词，专门用来描述工作的进行过程。马克思对这些术语的灵活运用，不仅体现了他对劳动与创作活动的深刻理解，也为我们提供了从不同角度审视资本主义生产方式下劳动本质的契机。

工作（work）与劳动（labour）的区别

在探讨"工作（work）"（Werktätigkeit）与"劳动（labour）"（Arbeit）的语源差异时，德国媒体与文化研究学者布里吉特·温加特（1997）为我们揭示了这两个概念在词源上的深刻区别。她指出，德语中的 Arbeit 源自古老的日耳曼语词汇 arba，其本意指向"奴隶"的身份。相比之下，英语中的 work 则源于中古英语的 weorc，这一词汇巧妙地融合了古英语中的 wyrcan（意为创造）与 wircan（意为对某物产生影响），从而赋予了"工作"以创造并引领社会变革的深层含义。进一步地，weorc 与德语中的 Werk 及 werken 紧密相连，它们均源自更为古老的印欧语系词根 uerg，意指行动或做事。在德语语境下，werken 至今仍被广泛使用，强调创造的行为本身，其词源与 Arbeit 截然不同，后者更多地与奴役和劳作相关联。而 werken 所产出的成果，即被称为 Werk，这两个词均蕴含着创造性和艺术性的深刻内涵。哲学家汉娜·阿伦特（1906 - 1945）在其著作中（1958，80 - 81）也确认了这一词源上的区分，她对比了两组词汇：一组是 ergazesthai（希腊语）、facere 或 fabricari（拉丁语）、work（英语）、werken（德语）以及 ouvrer（法语），它们共同指向创造性的工作；另一组则是 ponein（希腊语）、laborare（拉丁语）、labour（英语）、arbeiten（德语）以及 travailler（法语），这些词汇则更多地与体力劳动或劳作相关联。

马克思主义文化理论家雷蒙德·威廉斯（1921 - 1988）在其著作中（1983，176 - 179）指出，labour（劳动）一词源自法语 labor 和拉丁语 laborem，大约在 1300 年左右首次出现在英语中。彼时其内涵与艰辛劳作、痛苦及困扰相关联。到了 18 世纪，labour 一词获得了在资本主义条件下与资本构成阶级对立关系的劳动形态的含义。而 work（工作）一词则源自古英语 weorc，是"表示做某事的最通用词汇"（Williams 1983，334）。威廉斯（同上，334 - 337）指出，在资本主义社会背景下，work 一词的含义虽在某种程度上与 labour 趋同，即均指代有偿的职业活动，但另一方面也保留了其原本更广泛的含义。为精准把握工作这一概念所蕴含的双重历史性与本质特征，对 labour 与 work 进行语义层面的细致区分显得尤为必要。

鉴于 work（工作）与 labour（劳动）在词源上的差异，前者通常指创造性的实践活动，后者则指艰辛且异化的劳作，我认为在翻译马克思对 Arbeit 一词的使用时，将其在具体创造使用价值方面的含义译为 work，而将其在抽象生产价值方面的含义译为 labour，是最为恰当的。然而，在企鹅版《资本论》中，却使用了"具体劳动"和"抽象劳动"这两个术语。尽管"抽象劳动"这一术语是准确的，但"具体工作"比"具体劳动"更为贴切。因此，每当我从企鹅版的《资本论》中引用"具体劳动"这一术语时，我都会将其替换为"具体工作"。

马克思在"工作"（原始翻译中的"劳动"）中使用"有用的工作""有用的劳动"一词，"由自己产品的使用价值或者由自己产品是使用价值来表示自己的有用性的劳动，我们简称为有用劳动。从这个观点来看，劳动总是联系到它的有用效果来考察的"（132）。他论证说，存在质量上各不相同的工作和劳动形式，从而产生质量上各不相同的商品，这一现象以社会分工为前提（132）。具体工作是"包含着一定的有目的的生产活动"（133）。

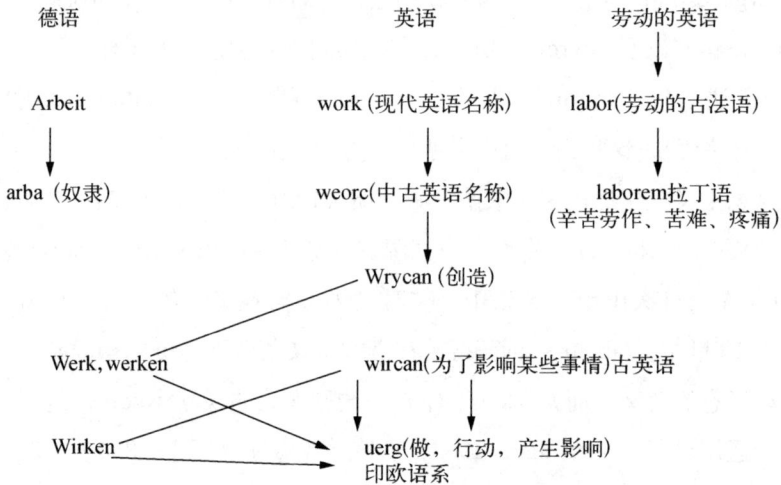

图1.3 work、labour 和 Arbeit 这三个词的词源

"工作"（最初翻译为"劳动"）作为使用价值的创造者，作为有用"工作"（最初翻译为"劳动"），是不以一切社会形式为转移的人类生存条件，是人和自然之间的物质变换即人类生活得以实现的永恒的自然必然性。

上衣、麻布等等使用价值，简言之，种种商品体，是自然物质和劳动这两种要素的结合。①（133）

在这段文字中，很明显，对于马克思来说，产生使用价值的工作不仅仅是资本主义和阶级社会的一个方面，而且是所有社会的特性。他写道，工作调节人类和自然的物质变换，并且改变了自然提供的物质。如果我们以制作桌子的木匠为例，这个定义就变得清晰起来：木匠取用木材 —— 一种由自然界所提供的材料，进行加工，最终制作出一张桌子。这样，他就把原材料转化成了一种新的物质形态的使用价值。但是，相较于一个学术作家——他借鉴其他作家的观点和研究成果，对世界的某些地方进行分析，并参照以前的观点和分析写下结果。他创造了新的系统思想，分析世界各地的现状，主要的输入是思想，主要的输出也是思想，这些思想是对自然和社会的反映和表述。一个作家，他的思想同样涉及自然和社会，但主要不是描述它们的现状，而是描述它们可能的样子，或者我们在虚构世界中想象的样子。

思想的生产劳动：人与自然的物质变换，抑或/兼具人类文化活动之属性？

那么，思想作为资源，是否可被视为"自然赋予的物质"，而思想作为产出，又是否构成了"人与自然间物质代谢"的一环？人类与社会本身即蕴含自然属性，例如，人类作为生物系统，与动物界共享诸如性冲动、关怀与攻击性等基本驱动力。然而，人类亦展现出与动物截然不同的特质——他们能够作出道德评判，区分善恶；凭借预见与想象力，预见社会与自然的未来状态及其行为可能带来的后果；并据此规划自身将采取何种行动与工作，以及哪些应予避免。人类既是劳作的主体，亦是文化的载体。文化，作为人类与社会对物质的一种独特组织方式，与创造关于世界的社会意义与判断紧密相关。部分学者提出，文化堪称人类的"第二自然"。倘若文化并非文化唯物主义者所设想的那样

---

① 马克思在《资本论》中是这样描述的："上衣、麻布以及任何一种不是天然存在的物质财富要素，总是必须通过某种专门的、使特殊的自然物质适合于特殊的人类需要的、有目的的生产活动创造出来。因此，劳动作为使用价值的创造者，作为有用劳动，是不以一切社会形式为转移的人类生存条件，是人和自然之间的物质变换即人类生活得以实现的永恒的自然必然性。"参见《马克思恩格斯全集》第 42 卷，人民出版社 2016 年版，第 29 页。——译者注

非物质化，那么它便是物质组织的一种特殊形态。自然是物质形态动态自组织与自我生成的过程。因此，文化与社会作为物质组织的特定形式，使得这些系统有别于由动物、植物、细胞、分子、基因、行星、岩石、粒子等构成的非人类世界。

我们之前看到，马克思认为包括信息在内的所有使用价值都构成了"财富的物质内容"（126）。信息工作调节着人与人之间的社会关系，这可以说是一种人与人之间的社会变换。因此，在文化语境下，"人与自然之间的变换"表现为人与其他人之间的符号互动。作为信息工作输入要素的思想，实则是由文化所提供的物质资源。鉴于文化是物质与自然组织的一种独特形态，它同样可被视作"自然赋予的物质"。考虑到信息工作在当今的重要性，我们可通过以下论述使马克思的定义更为具象：工作借助自然与文化所提供的资源，创造满足人类需求的使用价值，进而调节人与自然之间的变换关系以及人与人之间的社会关系。这一补充并非旨在割裂自然与文化，而是强调文化作为社会中物质与自然组织特定形态的重要性。马克思曾言"劳动是财富之父，土地是财富之母"①（134），这里既涵盖了人类活动，也蕴含了自然要素。同样，思想也是一种物质财富，而文化是自然组织的一种特殊表现形式。

大脑和身体之于工作的辩证关系

作为使用价值的上衣和麻布是有一定目的的生产活动同布和纱的结合，而作为价值的上衣和麻布不过是同种劳动的凝结，同样，这些价值所包含的劳动之所以算作劳动，并不是因为它们同布和纱发生了生产上的关系，而只是因为它们是人类劳动力的耗费。（这里使用"工作 work"，最初翻译为"劳动 labour"）（134）

同样在《资本论》1.3②中，马克思写道，创造使用价值的工作"实质上都是人的脑、神经、肌肉、感官等等的耗费"（164）。

---

① 这句话实际上是英国经济学家威廉·配第的名言，马克思在《资本论》中引述了配第的观点。——译者注

② 这里作者指的是英文企鹅版的《资本论》。该内容参见中文第二版《马克思恩格斯全集》第 42 卷第一章：商品和货币中"第一部分：商品"。

马克思在此段论述中清晰地阐明了，任何工作本质上都是大脑与人体其他部分，特别是肌肉与双手之间辩证的统一体。裁缝或木匠在制作衣物或桌子时，不仅依赖双手的技艺，还需发挥想象力，预先构想作品的最终形态，并不断比对实际制作与心中构想是否一致。同样，作家在创作过程中，不仅动脑构思，还需动手书写、打字，甚至通过口头交流与他人探讨书中的思想。裁缝与木匠的劳动成果是具体的实物，而作家的产出则是抽象的信息。为了信息的传播，这些信息会被物理地存储在诸如计算机存储设备、网络服务器、纸张或电子阅读器等媒介之中。体力工作与信息工作的区分主要在于其最终产品的形态差异。然而，正如马克思所强调的，无论是哪种形式的工作，都离不开人类大脑与身体其他部分的协同作用。

马克思对简单平均劳动与复杂劳动进行了明确区分。他指出，"任何具备平均技能的普通人"（135）都能胜任简单劳动。而复杂劳动则是"自乘的或不如说多倍的简单劳动，因此，少量的复杂劳动等于多量的简单劳动"（135）（原文中使用 work 表示"劳动"，但最初的译文中用的是 labour 一词。）相较于简单劳动，复杂劳动具有更高的生产效率：它能在更短的时间内创造出数量更多的商品。这种效率的提升可能源于劳动技能的提升、知识水平的增加，或是新的科学方法或技术的应用。因此，由复杂劳动所生产的单一商品，其价值相较于由简单劳动所生产的同类商品而言，通常会更低。

劳工

在探讨劳动创造价值的层面时，马克思强调，不论是制造桌椅、缝制衣物、构思创意还是其他任何形式的活动，所有劳动均将"凝聚了大量的同质劳动"（135—136）。劳动在时空的架构中被有序安排，并跨越特定的时间跨度。作为价值构成基础的劳动，其核心在于生产商品所需的平均时长。价值是对工作和使用价值的具体内容的抽象。因此，马克思将价值创造活动称为"抽象劳动"。虽然具体工作是"如何"和"什么"（工作质量）的问题，但抽象劳动"是劳动多少，劳动时间多长的问题。既然商品的价值量只是表示商品中包含的劳动量，那么在一定的比例上，各种商品应该总等量的价值"（136）。这意味着，不同性质但数量明确的各类劳动，其价值是等价的。举例而言，若制作 1 张桌子平均耗时 6 小时，而创作 1 首诗则需 3 小时，那么在此框架下，1 张桌子的价值等同于 2 首诗的价值，也即，木匠制作 1 张桌子所投入的抽象劳动量，与 2 位诗人各自创作 1 首诗或 1 位诗人创作 2 首诗的抽象劳动量相等。

"然而随着物质财富的量的增长，它的价值量可能同时下降。这种对立的运动来源于劳动的二重性。"（137）财富和价值之间存在矛盾：社会生产力越高，每小时创造的财富就越多。但是，每个财富单位，如桌子，其价值都比以前低。随着财富的增加，商品的平均价值下降。同一劳动"在同样的时间内提供的价值量总是相同的。但它在同样的时间内提供的使用价值量是不同的，生产力提高时就多些，生产力降低时就少些。因此，那种能提高劳动成效从而增加劳动所提供的使用价值量的生产力变化，如果会缩减生产这个使用价值量所必需的劳动时间的总和，就会减少这个增大了的总量的价值量。反之亦然"（137）。

商品所内含的使用价值与价值之间的对立（即商品作为由具体劳动创造的使用价值和由抽象劳动创造的价值这一双重属性），在交换价值的形式中得到了辩证的统一与超越。具体而言，这种统一是通过商品价值在交换过程中，借由与另一商品使用价值的对比关系而得以体现来实现的。价值，作为这一核心概念，同时蕴含着客观存在形式与社会关系形式的双重维度。

黑格尔论质、量、度的区别

对于黑格尔（1830a，§90）而言，质意味着"具有规定性的存在……当这种规定性反映在自身中时，存在物便是那存在着的某物"。量则衡量"众多个体如何成为同一，即统一性"（Hegel 1830a，§100）。"量，因其本质上所包含的排他性规定，而被设定为定量或有限量。……如此，定量便被确定为数"（Hegel 1830，§101）。定量涉及"多少"的问题。量与质的辩证统一被称为度。"度是质的定量；起初，作为直接的［度］，它是定量，与某种存在物或质相结合"（Hegel 1830a，§107）。"例如，我们测量不同振动弦的长度，以区分由振动产生的不同声音。同样，在化学中，我们计算结合物质的量，以便了解这些结合所依赖的度——换言之，即发现决定特定质的量。在统计学中也是如此，我们所关注的数字之所以有意义，仅仅是因为它们所决定的质性结果。"（Hegel

1830a，§106）度是量与质的辩证统一。图 1.4 直观展示了质、量和度的辩证
关系。

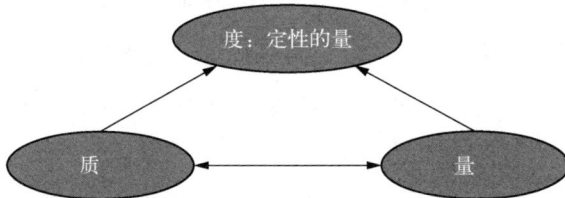

图 1.4　质和量的辩证法

具体劳动与抽象劳动的辩证关系

我们已经在 1.1 中讨论商品中看到了马克思如何使用质和量的辩证法：他
描述了商品的质（使用价值）、量（价值）和度（交换价值使得性质不同的商品
均一化了，交换中 x 量商品 A＝y 量商品 B）。在 1.2 中，这种辩证法在工作和
劳动方面也很重要：具体劳动生产具有不同性质的使用价值。抽象劳动生产的
商品具有相同质即人类劳动的质的抽象量的表达。因此，商品的价值以平均劳
动时间来衡量。劳动生产率是其度，它结合了定量和定性方面：更高的生产率
意味着价值变化的度：具有特定质量的更多商品是在特定的时间段内生产的。
图 1.5 显示了工作和劳动过程的量和质的辩证关系。

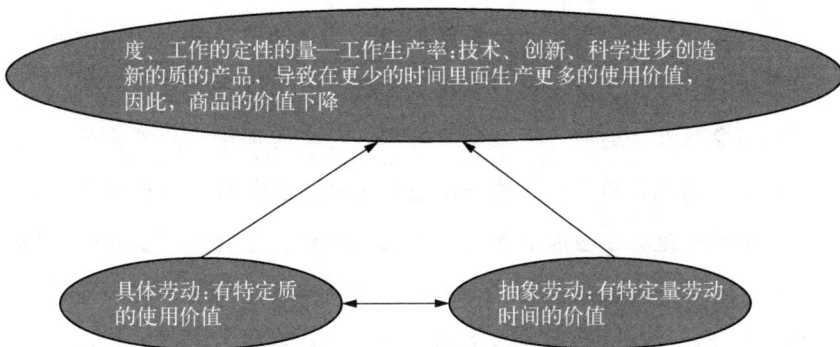

图 1.5　工作中质和量的辩证关系

劳动和时间的辩证法

马克思主义理论学者莫伊舍·普殊同（Moishe Postone）在其 1995 年的著作

中（1995，193）指出："平均生产力的变动，并不会影响在相同时间跨度内所创造的总价值量。"以1970年为例，当时有10万名工人，他们每周共计工作400万小时，并在此期间生产出了400万件商品。假设到了1990年，生产力实现了一倍的增长，而工人数量保持不变，那么工人每周的总工作时长依然维持在400万小时。在这一时期，部分企业已成功提升至新的生产力水平，而另一部分企业则仍维持在原有的生产力水平上。具体而言，高生产力企业每小时能生产 x 件商品，而低生产力企业的产量仅为前者的一半，即 x/2。然而，值得注意的是，这两类企业均需向相同数量的工人支付报酬。

首家企业遵循的是商品生产所需新的社会必要劳动时间标准，而另一家企业则依旧维持着较高的劳动时间水平进行生产。因此，在初期阶段，首家企业能够获取超额利润。相比之下，第二家企业由于必须以与首家企业相同的价格出售其产品，导致其利润相对较低。面对这一境遇，第二家企业要么选择采纳新的、更高的生产力水平，要么将面临破产的严峻风险。随着时间的推移，新的生产力水平将逐渐确立为行业新规范，并深刻影响资本主义的时间标准：在此语境下，抽象时间发生了变迁，具体表现为每小时所能生产的单位数量显著提升，即相同的一小时劳动现在能产出比过去更多的产品单位。

> 生产力的提升会促使每单位时间内所创造的价值量相应增加，这一趋势持续至该生产力水平在全社会范围内得到广泛普及；在此之后，由于价值量的抽象性及普遍的时间决定性特征，特定时间段内所产出的价值总量将重新回归到先前的水平。这一动态变化促使我们对社会劳动小时以及基础生产力水平进行了全新的界定。由此，一种关于转变与重构的辩证法应运而生：社会普遍的生产力水平与社会必要劳动时间的量化规定性虽历经变迁，但这些变化同时又重塑了起始点，即社会劳动小时与基础生产力水平的新的基准状态。（Postone 1993，289 - 290）

在资本主义框架下，劳动与时间的辩证法体现为一种劳动时间标准的动态转换机制，以及这些新标准作为生产范式重构的逻辑过程。具体而言，资本主义体系内蕴含着抽象时间与具体时间的深刻辩证关系：一方面，1 小时的劳动恒定为 60 分钟内人类体能的稳定消耗；另一方面，这 60 分钟内所能产出的商品单位数却随生产力水平及工作节奏的变化而波动。具体时间维度具有鲜明的历史性与变动性，而抽象时间则保持其恒定不变的特质。具体时间紧密关联于具体劳动活动，抽象时间则与抽象劳动概念相契合。抽象劳动作为价值创造的源泉，意味着 1 小时的劳动恒等于 60 分钟内人体物理与精神能量的综合支出。相对地，具体劳动则在物质与象征的双重维度上塑造着使用价值。遵循劳动与时间的辩证逻辑，从历史上看，1 小时的抽象劳动往往伴随着该时段内具体劳动所创造的使用价值量的增长，而这些产品的价值量却趋于下降。劳动与时间辩证法的深远影响，在于推动了生产过程的技术化水平不断提升，以及知识劳动在生产活动中地位的日益凸显。

马克思对 1.2 的简短概括

马克思用以下文字总结了 1.2 的主要成果：

> 一切劳动，一方面是人类劳动力在生理学意义上的耗费；就相同的或抽象的人类劳动这个属性来说，它形成商品价值。一切劳动，另一方面是人类劳动力在特殊的有一定目的的形式上的耗费；就具体的有用的劳动这个属性来说，它生产使用价值。(137)

1.3　价值形式或交换价值

总体而言，生产活动普遍包含客体与主体两个维度。在《资本论》第 1 卷 1.1 与 1.2 中，马克思分别从客体（即商品，1.1 节）与主体（即劳动与工作，1.2 节）的视角对资本主义进行了深入剖析。他揭示出，在商品的生产过程中，无论是客体还是主体，均展现出数量与质量之间的辩证关系：具体劳动负责创造使用价值，而抽象劳动则生成价值。进入 1.3 节，马克思的笔触转向了那个将商品的使用价值与价值相统一，并进而扬弃其内在辩证法的度。价值形式的分析，实质上是对交换价值作为社会关系逻辑的一种深刻阐释。关于这一分析的性质，学界存在分歧：有观点认为它同时兼具历史阐述的特质，而另一些人则主张其更侧重于逻辑层面的呈现。在 1.1 中，马克思明确指出，"研究的进程会使我们再把交换价值当做价值的必然的表现方式或表现形式来考察，但现在，我们应该首先不管这种形式来考察价值"（131）。随后，在 1.3 中，他通过对交换价值多种组织形式的剖析，深入探讨了价值的社会形式。这一分析路径使马克思再次聚焦于资本主义的客体层面，深入剖析了使用价值与价值在交换价值这一社会形式中的辩证统一。交换价值作为资本主义特有的社会组织形式，不仅解决了使用价值与价值的矛盾，还使得众多使用价值唯有通过交换方能获得，同时确保了在市场交换中，不同商品所蕴含的劳动量被视为等价物。在现代社会背景下，生产活动已不再局限于满足个体需求，而是更多地服务于他人：交换关系成为主导生产方式的关键因素。因此，在 1.3 中，马克思的研究视角从商品生产的内部关系与组织层面，转向了商品在市场上的交换关系，即商品如何在市场中实现交易的过程。

价值形式

交换价值及其所呈现的各种价值形式，并非商品在孤立审视时所固有的属性，而是"只有同第二个不同种的商品发生价值关系或交换关系时，它才具有这种形式"（152）。交换价值作为一种社会关系，将商品及其内部所物化的劳动紧密相连，构成了它们之间的相互关系。更进一步地，在资本主义体系下，交换价值成为组织商品与服务分配的主导机制，深刻影响着社会经济活动的运行与资源的配置。

在当代社会中，我们不再直接进行物物交换，如以桌子换取书籍，而是将桌子与书籍均折算为货币进行交易。价值形式理论深入阐释了作为交换中介的一般等价物是如何产生的。交换价值作为一种度，构建了这样一种关系框架：它明确了不同质商品之间应按照何种特定数量比例进行交换。以"1 台电脑等价于 500 欧元"这一等式为例，其中蕴含了经济体系中的两种质性要素（即电脑与货币），它们各自以特定的数量形态（1 台电脑与 500 货币单位）呈现。在交换过程中，我们实际上是在度量两种商品间的关联，即一种商品的一定数量

（即其价值）通过另一种商品的使用价值来体现。度，本质上是质与量的辩证法体现。图 1.6 生动展现了黑格尔关于商品中质、量与度的辩证关系，其中商品被解构为使用价值、价值与交换价值三个维度。这一图示再次凸显了黑格尔将度作为质与量辩证统一体的深刻洞见：在"x 量商品 A = y 量商品 B"的交换价值形式中，它精确地度量了不同质的使用价值是按照何种数量比例进行交换的。

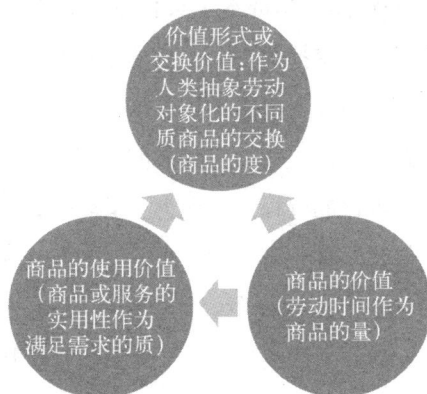

图 1.6　商品的质与量的辩证关系是价值形式中使用价值和价值的辩证扬弃

四种形式的价值

马克思在 1.3 中区分了四种价值形式：

A. 简单的、孤立的偶然的价值形式（139—154）

　　x 量商品 A = y 量商品 B

B. 总和的或扩大的价值形式（154—157）

　　z 量商品 A = u 量商品 B = v 量商品 C = w 量商品 D = x 量商品 E……

C. 一般价值形式（154—162）

　　u 量商品 B = z 量商品 A，v 量商品 C = z 量商品 A，w 量商品 D = z 量商品 A，x 量商品 E = z 量商品 A

D. 货币形式（162—163）

　　1 盎司黄金 = z 量商品 A，1 盎司黄金 = u 量商品 B，1 盎司黄金 = v 量商品 C，1 盎司黄金 = w 量商品 D，1 盎司黄金 = x 量商品 E……。

一个重要的公式：x 量商品 A＝y 量商品 B

在商品交换的语境下，那些满足人类多样化需求的具体使用价值被设定为等价物。尽管这些使用价值因其满足不同人类需求而各具特色，但通过设定等价关系（x 量商品 A＝y 量商品 B；或：x 量商品 A＝a 单位货币；y 量商品 B＝a 单位货币），我们抽象出了它们之间的差异，转而关注其共通性。这种等价关系的建立，是基于不同商品数量间交换关系的确立，从而构造出一种等同性，即被视为承载相同价值量的商品等同性。在资本主义体系中，货币的介入作为普遍等价物，进一步组织和促进了这种交换关系，它构建了一种在多样性中寻求统一性的机制，即商品各异的使用价值在交换中实现了统一。在此过程中，商品被还原至其共有属性——价值，这一属性成为所有商品的共同特征。商品间的交换，实质上是特定数量商品价值均等化的过程，表现为 x 量商品 A 与 y 量商品 B 之间的等价交换。因此，交换不仅是一种经济活动，更是一种社会关系，其中物化于商品中的特定劳动量被视为具有等价的社会价值。商品均等化的这一过程的特点是，它使得"私人劳动成为它的对立面的形式，成为直接社会形式的劳动"(151)。

价值以某种客观形态存在，这一形态体现为平均而言，一定量的抽象人类劳动被固化于商品之中。此种客观性根植于社会性与社会结构之中，原因在于所有商品均为社会组织化的人类劳动的产物，而生产过程本质上亦属于社会过程的一部分。然而，价值的属性不仅限于其客观性及其由此派生出的社会性，更在于其作为交换关系本身所蕴含的社会性：在 x 量商品 A＝y 量商品 B 的交换逻辑中，商品 A 的价值通过商品 B 的使用价值得以彰显，反之亦然，商品 B 的价值则通过商品 A 的使用价值来体现。

商品所固有的价值与使用价值之间的矛盾（即商品作为使用价值与由具体劳动及抽象劳动共同塑造的价值这一双重属性），在交换价值这一形式中得到了辩证统一。具体而言，商品的价值借由交换关系，在另一种商品的使用价值中找到了其表现形式。因此，价值不仅具备客观的形态，同时还蕴含着深刻的社会性维度。

商品主体作为商品价值的镜像反映

马克思将价值形式描述为使用价值、价值和交换价值之间的辩证法。在等式"1 台笔记本电脑＝2 部手机"中，电脑的价值通过手机的使用价值来体现。如果我们颠倒这个等式，变成"2 部手机＝1 台笔记本电脑"，那么 2 部手机的价值则通过笔记本电脑的使用价值来体现。因此，商品 A 的"价值"通过商品 B 的"物体来表现"，即"一个商品的价值表现在另一个商品的使用价值上"（143）。

> 可见，通过价值关系，商品 B 的自然形式成了商品 A 的价值形式，或者说，商品 B 的物体成了反映商品 A 的价值的镜子。商品 A 同作为价值体，作为人类劳动的化身的商品 B 发生关系，就使 B 的使用价值成为表现 A 自己的价值的材料。在商品 B 的使用价值上这样表现出来的商品 A 的价值，具有相对价值形式。（144）

> 这样，潜藏在商品中的使用价值和价值的内部对立，就通过外部对立，即通过两个商品的关系表现出来了，在这个关系中，价值要被表现的商品只是直接当作使用价值，而另一个表现价值的商品只是直接当作交换价值。所以，一个商品的价值形式，就是该商品中所包含的使用价值和价值的对立的简单表现形式。（153）

马克思巧妙地运用了镜像隐喻，以深刻揭示使用价值与交换价值间的辩证关系：在商品交换的等式 x 量商品 A＝y 量商品 B 中，商品 A 的价值仿佛被映射或折射于商品 B 的使用价值之上。然而，需注意的是，这一镜像过程可能伴随着模糊与扭曲。当两种商品因货币等价而交换时，我们假定它们具有等同的价值。但实际上，由于商品所凝结的平均劳动时间可能差异显著，这种等价更多地体现为一种社会关系和文化习俗，其在一定范围内具有可变性和相对性。例如，电脑相较于牙刷往往价格更高，这归因于前者在生产过程中投入的劳动和组件远超后者。因此，在平均意义上，电脑的价值显著高于牙刷。尽管我们能够知晓生产特定电脑所需的平均劳动时间，但这并不直接等同于我们能够精确计算出其市场价格。我们可以合理推测其价格将高于众多其他商品，但实际情况可能是，尽管生产 1 台苹果笔记本电脑和 1 台华硕笔记本电脑所需时间相同，但由于苹果凭借其品牌声誉能够以更高价格出售其产品，因此苹果的价格可能高达 840 英镑，而华硕则仅为 289.99 英镑。华硕由于缺乏苹果那样的品牌优势，不得不通过降低价格以促进销量，从而实现盈利。尽管两者的生产成本和劳动时间可能相近，但华硕需销售更多产品才能达到苹果销售较少产品所实现的盈利水平。在理论上，我们可以计算出某一行业内笔记本电脑的平均生产时间和价格，进而判断苹果和华硕等生产商的生产效率是高于、低于还是等于行业平均水平。换言之，我们可以评估它们的商品个别价值是高于、低于还是等于社会平均价值，以及它们的售价是高于、低于还是等于平均市场价格。价格与劳动时间之间确实存在关联，但这种关联并非简单的线性关系，而是呈现出复杂的特征。在马克思主义理论中，商品劳动时间与价格之间的这种复杂关系被称为"转形问题"。

沟通即反射

马克思在介绍反映商品价值的商品本身这一隐喻时，在脚注中提到了与人类社会关系相平行的现象：

> 在某种意义上，人很像商品。因为人来到世间，既没有带着镜子，也不像费希特派的哲学家那样，说什么我就是我，所以人起初是以别人来反映自己的。名叫彼得的人把自己当做人，只是由于他把名叫保罗的人看做是和自己相同的。因此，对彼得来说，这整个保罗就以他保罗的肉体成为人这个物种的表现形式。（144）

沟通是人类以一种象征性的方法来相互联系的方式，其目的是为了解释社会世界、理解彼此，构建共同的意义并改造社会现实。沟通是一个复杂的、非线性的反映过程。这并不意味着 A 的思想被复制进 B 的脑袋里。相反，A 向 B 传达某些信息，而 B 则根据自己的经验、规范以及 A 与 B 之间社会关系的特质，以特定的、非预定的方式对 A 传达的思想进行解读。无论如何，B 的思维模式都会发生变化：他会对 A 的话语进行解释。这种结构性的认知变化包括理解、误解、同意、部分同意、不同意等可能性。所以 A

的想法在 B 的脑海中会有一定的反映，但在多大程度上存在同一性、变异性、扭曲性、模糊性等，这取决于很多因素。

作为反射过程的世界辩证法

黑格尔著作《逻辑学》（1830a，xxv‑xxvi）的译者认为，对于黑格尔来说，德语词汇 Schein 和 erscheinen 两词含有三层含义：第一，Erscheinung（外观）是 "高度发展" 的意思（xxv）；第二，the physical analogy（xxvi）意为光的照耀与镜子的反射；第三，Schein 意为欺骗——"它看起来是如此，但实际上并不是"（xxvi）。黑格尔对反射的一种解释是外观（Schein）与显示（erscheinen）过程的联系。英语中的 reflection 和德语中的 Reflexion 都具有双重含义：第一，光（如在镜子中）、声音和热量的反射；第二，沉思。

黑格尔清楚地表明，所有这些反射的含义都有共同点，那就是在两个系统或现象之间存在中介，存在一种关系。因此，"反射" 最普遍的含义是事物是相关的，并且存在相互的主客体关系，这种关系产生了区别：

> "反射" 一词主要是指光线直线传播时，照射在镜面上并被镜面反射回来。所以我们在这里可以得到一些双重含义：首先，直接的东西，存在的东西；第二，与中介的或假定的东西相同。当我们对一个物体进行反思或者 "思考一下" 时（正如我们经常说的那样）就是这种情况。在这里，我们所讨论的不是客体的直接形式，而是客体作为中介性的形式。我们通常认为哲学的任务或目的在于认识事物的本质。由此我们明白，事物不应停留在它们的直接状态中，而应以别的事物为中介或基础加以表现。（Hegel 1830a，addition to §112）

黑格尔把他的哲学定性为思辨哲学。译者解释了他如何使用 "推测" 的概念，这种使用与反思或镜像思维的观念有关：

> "镜像"（窥镜＝"镜子"）对于黑格尔来说并不是指头脑中的现实或自然。它发生在对于知性来说是根本对立的，甚至互相矛盾的思想规定的

共同思考中。在思辨思维中，它们互相"镜像"，只有这样才能真正理解。（同上，352）

镜像、思辨和反思不仅有词源上的联系，对于黑格尔而言，它们还是辩证法的各个方面。他没有在无根据的假设思想的日常意义中使用"思辨"和"思辨性"这两个术语，而是在理解辩证关系的意义上使用它们：

思辨的或肯定的理性的东西认识到这两个规定的对立的统一性，认识到这两个规定的扬弃和过渡所包含的肯定。（同上，§82）

在日常生活中，"投机"一词往往是以一种非常模糊的、同时又是次要的意义来使用——例如，当人们谈论婚姻或商业投机时。这里的意思是，一方面，直接存在的东西必须被超越，另一方面，无论这些思辨的内容是什么，尽管它最初只是主观的东西，但它不应该停留在主观的东西上，而应该被实现或转化为客观的东西。（同上，addition to §82）

思辨思维致力于探究在辩证关系中，一事物如何侵入或掌握（übergreifen）另一事物的过程。"黑格尔用 übergreifen 一词，旨在表达扬弃（Aufhebung）过程中的积极方面。经由思辨性'理解'（begreifen）所形成的概念，会回溯并'掌握'其在辩证发展阶段中由思维所产生的各个对立瞬间。"（同上，xxvi）举例来说，黑格尔曾表示："思维既是它自身，也是其对立面，它掌握着其对立面，且无一物能逃脱其掌握。"（同上，§20）

当黑格尔和马克思使用诸如商品、人类、思想或概念之类的表述相互反映或相互映射的提法时，他们就表达了两个时刻之间存在辩证关系，在这两个时刻中，两者既具有同一性，又相互区别，彼此交融，从而使得它们之间的矛盾关系促使一方在另一方中、另一方在这一方中发生某种形式的变化。它们并不意味着一个时刻机械地决定了一个或另一个时刻的变化。反映是一种基本的互动过程，它以辩证的方式连接物质单位。

劳动是商品和价值的灵魂

马克思认为，价值和交换价值并不是显而易见的："同商品体的可感觉的粗糙的对象性正好相反，在商品体的价值对象性中连一个自然物质原子也没有。因此，每一个商品不管你怎样颠来倒去，它作为价值物总是不可捉摸的。"(138) 如果你看一下你买的商品，比如 iPhone，那么你就会发现你看不到投入它的劳动力以及支撑它的阶级关系。假设你的手机是由中国工人组装生产的，那么他们工作的时间有多长，挣的钱有多少，仅仅通过手机本身是看不到这些社会关系的。你必须进行信息搜索或详细分析，才能更多地了解支撑商品的社会关系。作为价值实体的人类劳动和组织劳动的阶级关系使价值成为"纯粹是社会的"(139，149)。然而，商品的社会性对消费者和生产者来说并不是一眼就能看出来的。这一点只有在消费者和生产者需要为商品支付特定金额时才显现出来。因此，交换价值是价值的表现形式。商品是"价值承担者"（143）。在交换中，储存在商品中的累积人类劳动被设定为等价物。劳动是"自己同宗族的美丽的价值灵魂"（143）。作为商品灵魂的劳动，在商品中并不可见，但构成了其实质。

价值的等价和相对价值形式

在等式 1 台笔记本电脑 = 2 部手机中，2 部手机的价值相当于 1 台电脑的价值。正如马克思所说，手机处于等价形式（"2 部手机的价值相当于 1 台笔记本电脑的价值"）。笔记本电脑的价值与手机的价值有关；马克思还指出，这两者之间具有一种相对价值形式（"1 台笔记本电脑值 2 部手机"）。"相对价值形式和等价形式是同一价值表现的互相依赖、互为条件、不可分离的两个要素，同时又是同一价值表现的互相排斥、互相对立的两端即两极。"(140)

鉴于相对价值形式和等价形式既相互依存又存在差异，相对价值形式同时也就是等价形式，而等价形式也同样是相对价值形式。事实上这种关系可以逆转：2 部手机 = 1 台笔记本电脑。2 部手机的价值处于相对价值形式中（"2 部手机值 1 台笔记本电脑的价值"），而笔记本电脑的价值则处于等价形式中（"1 台笔记本电脑的价值等同于 2 部手机的价值"）。"要相对地表现上衣的价值，我就必须把等式倒过来，而一旦我这样做，成为等价物的就是麻布，而不是上衣了。可见，同一个商品在同一个价值表现中，不能同时具有两种形式。不仅如此，这两种形式是作为两极互相排斥的。"相对价值形式和等价形式同时是"互相排斥、互相对立的两端即两极"，也是"互相依赖、互为条件、不可分离的两个要素"(140)。

黑格尔的"一与多"辩证法：吸引与排斥

马克思的价值形式理论可借助黑格尔关于"一"与"多"及"吸引"与"排斥"的辩证法进行深入阐释（参阅图 1.7 与 1.8）。排斥，按照黑格尔的阐述，意指"一从自身中的分离，即一的自我排斥"，"由此设定出众多的一"（Hegel 1830a，§97）。换言之，"一将自身从内在统一性中驱离，其所设定的结果便是多样性"（同上）。随后，排斥转化为吸引："一在自我排斥中设定自身为多样；然而，这多样中的每一个个体均为一，正因其如此运作，这种全面的排斥随即翻转为其对立面——吸引。"（同上）黑格尔进一步指出："但这些多样的个体，每一个都是其他个体所是的那个一，它们各自既是一，也是多中的一员；因此，它们在本质上是同一的。或者，当从排斥本身来考察时，作为多个一之间相互的否定性关系，它本质上也是它们之间的相互关联；并且，由于一在排斥时所面对的是其他的一，因此，在与它们相关联时，它实际上是在与自身相关联。于是，排斥在本质上同样包含了吸引；而那个排斥性的一，或自为的存在，则在这一过程中实现了自我超越。"（同上，§98）

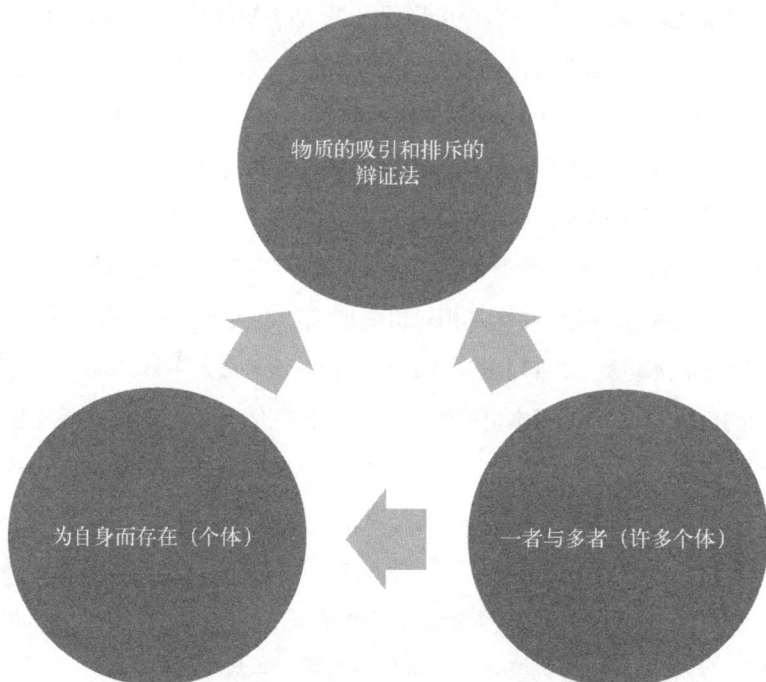

图 1.7 一与多、排斥与吸引的辩证法

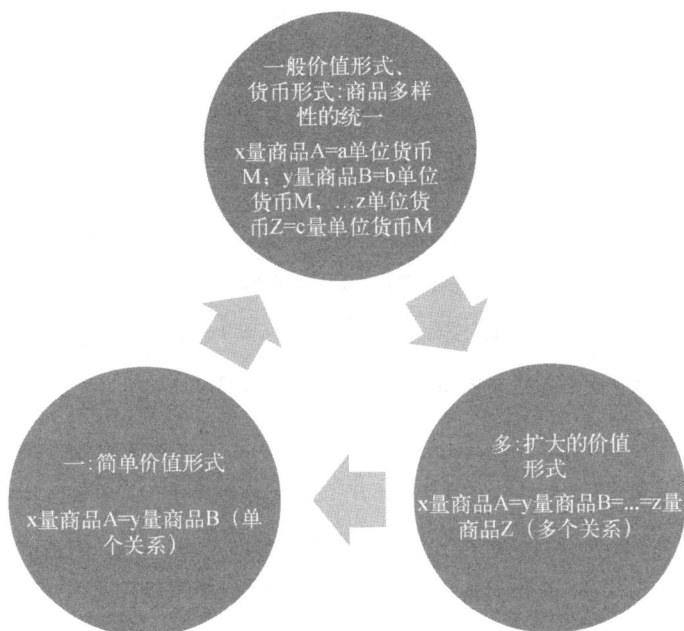

图 1.8 价值形式的辩证法是"一"与"多"的辩证法

商品的吸引与排斥

马克思在价值形式的分析中表明，商品相互吸引和相互排斥。它们相互排斥，是因为它们具有不同的自然形态、性质、制作材料和使用价值，于是，生活中有许多不同的商品。但抽象劳动在生产过程中使它们相等，货币（或其他一般等价物）在交换过程中使它们相等：它们都包含了一定量的人类劳动，因此都是价值的物化形式，在交换过程中被评估为代表等量的人类劳动。这些在质上各不相同、相互排斥的商品，在交换过程中通过一般等价物而相互吸引。价值的一般形式构成了商品多样性的统一。马克思把价值的一般形式描述为"就是该商品中所包含的使用价值和价值的对立的简单表现形式"。因为存在"个别商品"作为交换的一般等价物，于是存在一种"有等价形式"，每次交换都使用"个别商品"也就是一般等价物。(157)

在第 3 章的论述中，马克思回到了商品吸引力的问题，并说明商品的度量功能具有吸引其他商品的作用："商品作为使用价值满足一种特殊的需要，构成物质财富的一种特殊的要素。而商品的价值则衡量该商品对物质财富的一切要

素的吸引力的大小，因而也衡量该商品占有者的社会财富。"（230）

一般价值形式和货币形式

在一般价值形式和货币形式中，有一般的交换等价物——表达所有其他商品价值的商品。历史上，黄金和货币已经扮演了一般等价物的角色。"一个商品所以获得一般的价值表现，只是因为其他商品同时也用同一个等价物来表现自己的价值，而每一种新出现的商品都要这样做。"（159）"在商品世界起一般等价物的作用就成了它特有的社会职能，从而成了它的社会独占权。"（162—163）"或者 x 量商品 A = y 量商品 B。因此，简单的商品形式是货币形式的胚胎。"（163）

在公元前 9 000 年至公元前 6 000 年的时期，许多社会将牛和谷物作为一般等价物使用。[①]大约在公元前 1 200 年，中国开始使用贝币作为货币。到了公元前 1 000 年至公元前 500 年期间，铲、锄和刀等工具在中国逐渐成为了通用等价物。公元前 640 年左右，吕底亚人首次用金银合金（electrum）铸造了硬币。而大约在公元前 600 年至公元前 300 年，中国开始流通贱金属硬币。吕底亚人还在公元前 550 年左右率先制作了金币和银币。相比之下，罗马人采纳硬币的时间相对较晚，大约在公元前 269 年，银币取代了铜条成为主要货币。大约在公元前 118 年，中国开始使用皮革作为货币，到了公元 960 年左右，又开始发行纸币。欧洲人是在公元 1275 年至 1292 年间，通过马可·波罗的中国之旅得知了中国纸币的存在。然而，直到 17 世纪，欧洲才开始引入银行券作为货币。在 1690 年，弗吉尼亚州开启了长达 200 年的以烟草作为货币的历史。在现代社会中，银行凭借其信贷机制成为资本运作的关键所在。金本位制，即纸币可以兑换成黄金的制度，在现代社会中占据了重要地位。二战后，布雷顿森林协议确立了各国货币的固定汇率制度。然而，这一制度在 1973 年崩溃，美国也随之废除了金本位制。

上面的讨论表明，货币在历史上并不是交换的唯一的一般等价物——牛、谷物、贝壳、工具、皮革和烟草都曾被用作交换价值。货币虚拟化的进程包括信

---

① 货币史上一些事件的简要概述基于以下来源：货币比较史：从古至今的货币史：http：// projects. exeter. ac. uk/RDavies/arian/amser/chronol - 18.

贷、贷款、抵押贷款、股票、债券、信贷衍生品、借记卡和信用卡，以及电子银行，**PayPal** 等电子支付系统，以及去中心化的电子/虚拟/数字/加密货币（如比特币、瑞波币、莱特币和狗狗币）等的发展。

当马克思在 1.3 中讨论商品交换时，他提到了许多实物商品：铁、亚麻、玉米、外套、咖啡、糖、床、房屋、茶和黄金等。他使用了 20 码亚麻布 = 1 件大衣的例子来解释价值的形式。但是，人们也可以交换信息产品，在现代社会中，这主要是借助货币来完成的。例如，**iTunes** 上的 1 首歌曲 = 0.99 英镑，1 张 **CD** = 14.99 英镑，1 本书 = 12.91 英镑，1 个操作系统 = 69.99 英镑，1 个软件应用程序 = 70.18 英镑。生产一辆宝马需要特定的小时数。生产第二辆宝马平均需要相同的小时数。制作一首歌曲、专辑、书籍、操作系统或软件应用程序的初始版本可能需要数小时，但制作一个或多个副本与制造宝马轿车相比只需要很少的时间。信息是一种特殊的商品，因此在这里，马克思的劳动价值论必须采用特定的形式。因为这些商品的第一个版本具有高价值，而副本则价值低廉。信息商品的价格往往并不反映复制所需的小时数，而是反映了初始生产所需的大量时间以及创建更新、新版本和客户提供支持所需的时间。副本制作时间的微小价值并不是决定信息商品价格的关键因素。相反，这类商品的价格往往高于平均复制/再生产时间的货币等值。信息商品面临的高风险（没有人知道一个特定的信息将是"成功"还是"失败"，信息产品还面临被"盗版"的风险、过期的风险，等等）会部分抵消销售信息商品时其价格高于平均复制时间的货币等价物的那部分。关于信息商品在马克思劳动价值论中的讨论，特别是自 20 世纪末和 21 世纪以来开始变得非常重要，因为人们开始谈论信息经济的存在。其原因在于所谓"信息时代"的出现，在这个时代，信息生产在劳动力、增加值和经济增长中占据了重要份额。

1.4 商品的拜物教性质及其秘密

商品拜物教

马克思认为，商品是一种"古怪的"（163）、"形而上学"（163）、"神学"

（164）且"怪诞"（164）的东西，因为其价值"超感觉"（163），以至于商品"用头倒立着"（163），并且关于商品本质的"神秘性质"（163）可能会由此产生。

商品生产者不直接相互关联，而只是以交换形式关联为 x 量商品 A＝a 单位货币 M，y 量商品 B＝b 单位货币 M。因此"生产者的劳动的那些社会规定借以实现的生产者关系，取得了劳动产品的社会关系的形式"（164）。人与人之间的社会关系具有"物与物关系的虚幻形式"（165）。马克思明确强调了货币在商品拜物教的重要作用："但是，正是商品世界的这个完成的形式——货币形式，用物的形式掩盖了私人劳动的社会性质以及私人劳动者的社会关系，而不是把它们揭示出来。"（169）

货币拜物教是商品拜物教的一种特殊形式。工人劳动之间的社会关系"不是表现为人们在自己劳动中直接的社会关系，而是表现为人们之间的物的关系和物与物之间的社会关系"（166）。马克思把这种现象称为"劳动产品一旦作为商品来生产，就带上拜物教性质，因此拜物教是同商品生产分不开的"（165）。他用以下内容总结了商品拜物教性质的成因：

> 使用物品成为商品，只是因为它们是彼此独立进行的私人劳动的产品。这种私人劳动的总和形成社会总劳动。由于生产者只有通过交换他们的劳动产品才发生社会接触，因此，他们的私人劳动的特殊的社会性质也只有在这种交换中才表现出来。（165）

商品的使用价值和价值的矛盾

商品拜物教的核心在于商品的使用价值和价值之间的矛盾。

拜物教是商品的一种客观属性，源于生产商品的劳动在交换过程中变得不可见的事实。在拜物教中，商品的社会现实和本质表现为一种物化的、非人格化的、非社会化的形式。但拜物教与人类主体之间存在着一种关系，商品的外在表现——即其拜物教性质——对人类主体产生着一定的影响。商品交换意味着人们在将货币交换为商品时，将各自的劳动价值等同起来，而他们并未自觉意识到这一点，因为在交换过程中劳动时间和阶级关系都是不可见的。因此，"他们没有意识到这一点（将劳动时间等同）"，以至于"价值没有在额上写明它是什么"，商品成为一种"社会的象形文字"（167）。鉴于商品是一种难以自我解释的现象，人们尝试以不同的方式去理解它们。商品拜物教性质所表现出的复杂性使得这种解读容易陷入意识形态之中。这并不意味着对资本主义、货币和商品的每一种解释都必然是错误的。但马克思记录了对这些现象进行意识形态解释的例子。

什么是意识形态？

马克思主义的批判性和意识形态理论是马克思主义分析方法的复杂分支。如何定义意识形态，目前还没有一个整体的共识，但马克思主义理论家特里·伊格尔顿（1991，28—31）已经注意到意识形态概念的六个核心要点：

（a）意识形态是"社会生活中思想、信仰和价值观的一般物质过程"（28）。

（b）连贯地"象征某一特定群体或阶级的条件和生活经历"的想法（29）。

（c）"面对对立的利益，促进一个集团或阶级的利益并使之合法化"（29）。

（d）"促进并合法化"（29）占统治地位的社会群体的利益而"统一社会形态"（30）。

（e）"通过扭曲和掩饰来使统治集团或阶级的利益合理化"的思想与信念（30）。

（f）"虚假或欺骗性的信仰"产生于"整个社会的物质结构"（30）。

所有这些对意识形态的定义都与在社会中传播的社会观念有关。只有从定义（c）开始，意识形态的定义才是特定于阶级社会的。马克思主要将"意识形态"一词理解为阶级和统治的合法化策略。商品拜物教是商品的一种欺骗性表象。问题在于，商品拜物教本身是否已经是资本主义社会形式中产生的一种意识形态，还是它通过在人类主体中创造拜物教观念而成为意识形态。伊格尔顿的定义（a）包含了创造意识形态的物质过程，而定义（c）到（f）则侧重于意识形态对人类主体性可能产生的影响。意识形态具有社会基础，如商品形式或苦难，这些既是意识形态本身的一部分，也对人类主体性产生特定影响。

一个批判性概念"意识形态"

一个批判性的"意识形态"概念需要在真实和虚假的信仰及实践之间做出规范性的区分。它将意识形态理解为思想、实践、观念、言语、概念、短语、句子、文本、信仰体系、意义、表征、人工制品、制度、系统或其组合，这些通过误传、片面呈现或歪曲现实中的象征性表征，来代表并证明一个群体或个人对其他群体或个人的权力、统治或剥削的合理性。意识形态是那些其主张与现实不符，或将人类存在中历史性的、可变的方面呈现为永恒不变的实践与思维模式。在此语境下，统治意味着存在一个系统，使得一方能够牺牲他方利益来获取优势，并维持这种状态。它是一种常态化、制度化的不对称权力形式，其中一方有机会塑造和控制社会结构（如财富的生产与控制、政治决策、公共讨论、集体观念、规范、规则、价值观），而另一方则没有这些机会，并面临不利处境或被排除在他方的机会之外。剥削是统治的一种特殊形式，其中剥削阶级通过控制经济资源和强制手段，以迫使被剥削阶级生产新的使用价值（这些使用价值由剥削阶级控制），从而获取财富优势。意识形态预设了"这样的社会结构：不同的群体和冲突的利益在其中行动，并努力将其利益强加给整个社会，作为社会的普遍利益。简而言之，意识形态的产生和传播是阶级社会的一般特征"（Lukacs 1986，405，从德语版翻译而来）。

以商品拜物教为前提的作为意识形态的古典政治经济学

一个拜物教思想在商品和资本主义的解释中发挥着重要作用的思想领域是古典政治经济学，马克思认为，"我所说的古典政治经济学，是指从威·配第以来的一切这样的经济学，这种经济学与庸俗经济学相反，研究了资产阶级生产关系的内部联系"（174—175，脚注33）。他明确提到，大卫·李嘉图（David Ricardo）、特拉西（Destutt de Tracy）、让-巴蒂斯特·萨伊（Jean-Baptiste Say）、亚当·斯密、弗雷德里克·巴师夏（C. F. Bastiat）和塞缪尔·贝利（Samuel Bailey）的方法，对他们来说，商品、货币和资本"成了不言而喻的自然必然性"（175）。

马克思对亚当·斯密和大卫·李嘉图的著作深表钦佩，并从中汲取了丰富的知识。举例来说，他从亚当·斯密1776年发表的《国富论》（1776, 32）中，采纳了商品的使用价值和价值（斯密称之为交换价值）这两个核心维度。而马克思的劳动价值理论，尤其是其关于劳动是价值的本质的深刻见解，则深受大卫·李嘉图（1819）所著《政治经济学及赋税原理》的启发。李嘉图在该书中明确指出："商品的价值，或它能交换的任何其他商品的数量，均取决于生产该商品所需的相对劳动量。"（Ricardo 1819，11）

然而，马克思也对这两位自由主义经济学家试图将资本主义辩护为最佳且自然而然的人类秩序的做法提出了深刻的批判。以亚当·斯密为例，他声称交换是人类的一种自然本能。斯密阐述道："人类天性中存在着一种以物易物的倾向……即用一种物品交换另一种物品的倾向。……这是人类独有的特性，在其他任何动物种族中都未曾发现，它们似乎既不了解这种契约，也不了解任何其他形式的契约。"（Smith 1776，18）而李嘉图则将资本和货币视为人类经济中自然而然且恰如其分的工具。他拓展了资本的概念，举例来说，他提到了"猎人的资本，即武器"（Ricardo 1819，23），并将货币描绘为"所有文明国家间通用的交换媒介"（同上，48）。由于资本和货币被赋予了自然属性，李嘉图进一步推断，追求盈利同样是人类的一种天然倾向："在每个人都能自由地将资本投往心仪之处的情况下，他自然会寻求最为有利的用途；如果他能通过转移资本获得15%的利润，那么他自然不会对10%的利润感到满足。"（同上，88—89）

斯密将交换价值视为自然而然，而李嘉图则对资本、货币以及资本的积累和利润的追求进行了自然化的阐述。斯密认为，交换深植于人类的本质之中。李嘉图首先为所有社会宽泛地界定了"货币"与"资本"的概念，并在此基础上，将追求利润视为一种自然行为。对于这两位思想家来说，一个不存在交换、资本和货币的共产主义社会是难以构想的，它并不属于他们的理论框架。他们忽略了支撑交换、资本和货币的阶级关系，这导致了一种商品拜物教的观念——即交换关系看似自然而然——在意识形态层面上深刻影响了斯密和李嘉图的思想，促使他们试图将资本主义论证为一种自然且文明的制度。

马克思评价李嘉图的政治经济学"已是最好的"（《资本论》第1卷，173，脚注33），同时也批评他没有看穿商品拜物教："李嘉图，最终（并且有意识地）把阶级利益，工资和利润，利润和地租的对立作为他研究的起点，天真地将这种对立认为是一种自然的社会法则。"（96）

作为拜物教和意识形态的宗教

马克思通过指出商品和货币拜物教与宗教意识形态相似之处，称它们为资本主义的宗教。他将商品拜物教比作"微妙和神学的怪诞"（163），并且用宗教做了一个对比：

> 要找一个比喻，我们就得逃到宗教世界的幻境中去。在那里，人脑的产物表现为赋有生命的、彼此发生关系并同人发生关系的独立存在的东西。在商品世界里，人手的产物也是这样。（165）

商品拜物教与宗教的共通之处，在于它们都通过塑造一种表象——即某个特定的想象或真实现象（诸如上帝或商品）是自然而然且永恒存在的——来使现实自然化、神秘化并扭曲其本质。在资本主义的语境下，金钱与商品便成了世俗化上帝的两种表现形式。

在早期的著作中，年轻的马克思（1843b，250）在《〈黑格尔法哲学批判〉导言》中的一段著名文字里对宗教进行了描述：

> 最主要的是宗教与颠倒了的世界的关系，因为这样一种关系直接表明了宗教和世界的基本关联。……宗教里的苦难既是现实苦难的表现，又是对这种现实苦难的抗议。宗教是被压迫生灵的叹息，是无情世界的感情，正像它是没有精神的制度一样。（Marx 1843b，250）

马克思在这里将意识形态视为一种颠倒：宗教就像商品拜物教一样，使世界"颠倒"（163）。宗教将世界解释为由上帝创造和统治的。它将上帝的观念设定为绝对的，并将其视为永恒的存在。商品拜物教则使商品显得绝对且永恒。宗教和商品拜物教的共同之处在于，它们都神秘化了支撑社会的社会关系。

商品拜物教并不存在于各种社会形态中

马克思认为，在个体（例如鲁滨逊·克鲁索独自在岛上的情况）或家庭自给自足生产、奴隶制社会、封建社会和共产主义社会（170—174）中，商品拜物教并不存在，因为在这些经济体系中，商品交易并不是普遍的社会形式。然而，所有阶级社会都可能受到宗教或其他意识形态的影响，以至于……

只有当实际日常生活的关系，在人们面前表现为人与人之间和人与自然之间极明白而合理的关系的时候，现实世界的宗教反映才会消失。只有当社会生活过程即物质生产过程的形态，作为自由联合的人的产物，处于人的有意识有计划的控制之下的时候，它才会把自己的神秘的纱幕揭掉。(173)

但意识形态作为拜物教关系和思想的普遍形式能在"一个自由人联合体，他们用公共的生产资料进行劳动，并且自觉地把他们许多个人劳动力当做一个社会劳动力来使用"(171)。马克思等人将这样的社会称为"共产主义"，因为在这样的社会中，生产资料和其他权力结构由受其影响的人们共同拥有和控制。

黑格尔关于本质与存在的辩证法

黑格尔对世界的本质和存在进行了区分。他的《逻辑学》分为三个部分：存在、本质和概念。其中，第二部分又进一步分为三个小部分：A. 本质、B. 现象、C. 现实性。

在这里，事物的直接存在被表现为一种外壳或帷幕，其背后隐藏着本质。当我们进一步说所有事物都有其本质时，我们的意思是，它们并非真正是它们直接呈现出来的那样。仅仅是从一种性质跳跃到另一种性质，或者仅仅是从性质向数量再回归性质的简单推进，并不是最终的结论；相反，事物中有某种持久不变的东西，而这首先就是它们的本质。(Hegel 1830a，§112)

"存在的本质即是真理"；它如同一种"背景"，"构筑了存在的真理之基"(Hegel1812/1833，337)。本质通过特定的外在形式得以展现。本质必然显露；它熠熠生辉，化为具体存在。作为事物内在维度的本质，会以外在维度的形态呈现：

闪耀，作为决心的体现，使得本质超越了单纯的存在状态，而成为本质自身；而当闪耀发展至极致，便呈现为（闪耀的显现，亦即）外观。故而，本质并不潜藏于外观之后，亦非凌驾于外观之上；相反，由于本质即构成存在，因此存在本身便是外观。(Hegel 1830a，§131)

对于黑格尔而言，并非所有存在之物都是现实的。现实性反而是与其本质相对应的存在，是现象的真理："现实是本质与实存或内与外所直接形成的统一。"（Hegel 1830a，§142）

本质是一个现象的根基和隐藏的现实。它以特定的形式出现，这些形式在一定程度上与本质相对应或偏离。与本质相对应的存在是真正的存在，即现实性。图 1.9 展示了本质、现象和现实性之间的辩证关系。

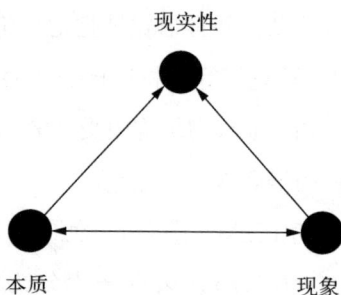

图 1.9　黑格尔关于本质、现象和现实性的辩证法

马克思拜物教一章的本质、现象和现实性的辩证逻辑

图 1.10 深刻揭示了黑格尔关于本质、表象与现实性的辩证法在《资本论》第 1 卷 1.3 中的重要应用。

人类经济的核心本质，乃是在社会关系中通过具体劳动创造使用价值。然而，在资本主义的框架下，经济却披上了一层特定的外衣，表现为商品、交换价值和抽象劳动。这导致生产者的社会关系被物化为物品间的关系，具体劳动被抽象化，使用价值则被交换价值所掩盖。要建立共产主义社会，就必须消除这种经济本质与其意识形态表象之间的尖锐对立。

媒体与文化，包括现场娱乐、电视、电影、广播、报刊、杂志、电话、互联网平台、应用以及社交媒体等，均具备双重特性：

（a）它们以特定的经济模式运营（如商品交易、公共财政资助、民间社会的志愿服务与捐赠等）。

（b）它们承担着向公众传递信息的重任。

在阶级分明的社会中，媒体不仅是传播意识形态的工具，也是解构意识形态的利器，更是这两者交织融合的产物。它们能够以意识形态化的方式展现世界的某些侧面，使得经济的本质与媒介所呈现的表象产生偏差；也能以一致性的方式呈现，让表象与本质紧密相连；还能以解构的方式，对真实或虚假的描绘提出质疑；甚至以混合的形式，将上述多种方式融为一体，呈现出复杂多样的信息世界。

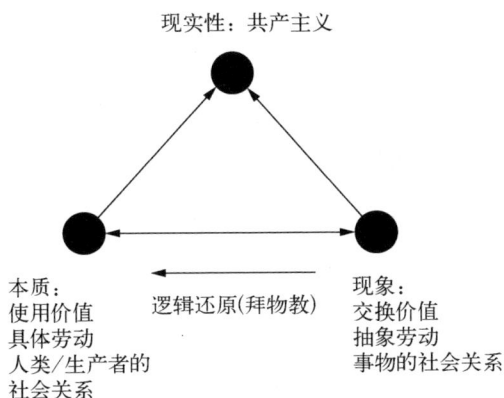

现实性：共产主义

本质：
使用价值
具体劳动
人类/生产者的
社会关系

逻辑还原（拜物教）

现象：
交换价值
抽象劳动
事物的社会关系

图 1.10 马克思拜物教一章中本质、现象和现实性的辩证逻辑关系

广告是资本主义媒体世界中积累资本的重要手段之一，也是商品拜物教与媒体关系的一个绝佳例证。商品拜物教使商品失去了其内在意义。商品是在社会劳动关系中生产出来的，但在交换关系中，其源于人类劳动的社会属性被隐藏起来，因此商品似乎成了物与物之间关系的自然结果。消费者无法真正理解商品的意义和价值，因为他们无法见到生产这些商品的人。同样，生产者大多也不认识参与生产同一商品的其他生产者，他们都是社会分工的一部分。这种情况导致了一个信息真空，即商品的空洞性。然而，广告却发现了这种空洞，并试图填补由商品拜物教所造成的符号无意义和空虚感。它创造出虚幻的意义，并将其赋予商品，以期提高商品的销售量。广告是一种纯粹的意识形态，因为它往往采用复杂且潜移默化的手段，试图说服观众和用户购买和消费特定的商品。为此，它运用了一系列特定的广告策略。

广告策略本身便带有拜物教的色彩：它们试图营造出一种印象，即某种特定商品是不可或缺的，该商品只有正面特质，没有这种商品生活就无法继续，或者拥有这种商品生活将大大改善。广告忽略了所展示商品的潜在负面影响或维度，不提供关于生产这些商品的工作条件的信息，也不提及这些商品可能对人类健康、环境、社会等造成的负面影响。一个真正的共产主义社会将废除货币、商品、劳动和交换，从而也废除了剥削。因此，它也将摆脱所有资本主义媒体。共产主义不需要商品拜物教和意识形态，它将人类从资本、拜物教和意识形态的枷锁中解放出来，因此也将人类从资本主义媒体和商品拜物教的束缚中解脱出来。

马克思在英文企鹅版《资本论》第1卷附录中的《直接生产过程的结果》一文中讨论了资产阶级经济学家如何在其作品中反映出商品拜物教的具体例子。对于初次阅读的人来说，第1章中关于拜物教的部分往往难以理解。因此，为了提供生动的例证，我建议读者参考《直接生产过程的结果》以及本书27.1中的讨论。

第1章练习

小组练习（G）

项目练习（P）

1.1

关键词：使用价值，价值，交换价值

练习1.1（G）

小组作业：列出不同的信息商品和服务，并尝试为所有商品和服务的使用价值给出精确的定义。分析这些信息使用价值之间的共同点和差异。利用媒体和信息在资本主义、公共和民间组织之间的区别，对你所确定的所有信息使用价值进行分类。思考商品和货币在这些使用价值中各自扮演的角色：是否存在商品？如果存在，那么商品是什么，又是如何交易的？货币是否参与这些使用价值生产的组织？如果参与，它发挥了什么作用？

1.2

关键词：劳动，劳动力，具体劳动，抽象劳动，措施

练习1.2（G）

小组作业：列出在信息、媒体、数字、文化和艺术领域中可以找到的典型工作形式。思考以下问题：这些工作形式与其他工作形式相比，究竟有何独特

之处？是什么让这些工作对许多人来说具有吸引力和趣味性？

练习 1.3（P）

小组作业：马克思在 1.2 中指出，抽象劳动创造了商品的价值，这与劳动时间有关。请在社会科学引文索引（Social Sciences Citations Index）、传播与大众媒体全集（Communication and Mass Media Complete）、Scopus、Google Scholar 以及开放获取期刊目录（Directory of Open Access Journals）等数据库中，搜索一篇分析媒体/文化/信息/数字产业中某一特定工作类型的劳动条件和劳动时间的文章。

尝试找出这项工作的典型周劳动时间，以及生产力的高低——即通常每周、每月或每年能创造出多少信息商品或服务。你也可以考虑咨询如 glassdoor.com 等平台，或采访一些信息专业人士来收集这些信息。尝试计算你所分析的工作中，通过抽象劳动所创造的典型商品的平均价值（以劳动小时衡量）。

1.3

关键词：价值形式，简单/孤立/偶然的价值形式，总的/扩张的价值形式，普遍价值形式，货币形式，辩证法，吸引力，排斥

练习 1.4（P）

小组作业：马克思给出的价值形式例子主要集中在实体商品上。本练习的任务是创建一系列信息商品的一般价值形式。请列出价格大致相同的信息商品。查看在线零售商的报价，以便在你的列表中找出至少 5 种价格相同的不同信息商品实例。这样，你就可以以下列格式制定一个一般性和货币形式的价值：a 量商品 A = b 量商品 B = c 量商品 C = d 量商品 D = e 量商品 E = ... = x 元。尝试查找信息或进行估算，了解平均而言生产这些信息商品的新版本通常需要多长时间，以及复制或再现它们需要多长时间。

劳动时间的货币表现（MELT）是一种度量标准，它可以将劳动时间转换为货币单位，也可以将货币单位转换为劳动时间。MELT 是整个经济中货币与劳动时间的比率。它是一个平均度量标准，告诉我们平均每个工作小时能产生多少货币价值。它以每小时货币单位（例如，元/小时）来衡量。商品的价值既可以用劳动时间单位（小时）来衡量，也可以用货币（货币单位）来衡量。

MELT = 经济体的国内生产总值 / 经济体中工作总小时数

尝试为你所在的国家查找关于国内生产总值（以本国货币计）和经济体中工作总小时数的数据。你可以咨询国家统计局和/或数据库，如国际劳工组织的ILOSTAT、欧盟的年度宏观经济数据库、经济合作与发展组织统计（OECD.Stat）、国际货币基金组织的统计、世界银行的统计等。如果你无法找到你所在国家的数据，那么请切换到另一个国家，并通过查找选定国家中这些商品的价格数据来调整信息商品的价格数据。

基于所有获得的数据，计算 MELT。然后，基于 MELT，通过将价格与MELT 相乘来计算你的信息商品所代表的平均劳动小时数（价值）：平均工作小时数 = 价格 × MELT。将平均工作小时数与你获得的关于生产信息商品初始版本和复制它所需劳动时间的信息进行比较。生产初始版本和复制它们的平均个别劳动时间是否与通过 MELT 获得的信息商品价格所代表的社会必要劳动时间相对应？高于还是低于？尝试解释结果。

同时，反思信息的特殊性，并讨论它们如何影响信息商品的劳动时间（劳动价值）和价格（货币价值）之间的关系。

1.4

关键词：拜物教，意识形态

练习 1.5（G 或者 P）

小组作业：请各小组成员分工合作，深入搜集并细致阅读商业媒体（诸如《金融时报》《经济学人》《华尔街日报》《国际商业时报》《彭博商业周刊》等权威刊物）中探讨资本主义整体状况及互联网与计算机在资本主义体系中角色的文章、专栏评论与读者反馈。你们的任务是，对这些文本进行深度剖析，重点关注其中如何描绘资本主义与企业形象，并努力挖掘出那些因商品拜物教而催生出的意识形态表述段落。

练习 1.6（P）

小组作业：每一个小组选择一个特定的信息商品，娱乐或者其他媒体公司，并且从杂志社、线上、电视上收集广告。讨论以下问题，然后每组展示其分析：

广告对谁有吸引力/发言权？对谁没有呢？

它传达了什么意思？它想让观众怎么想？

它是如何传递这些含义的？

它有意识地或不经意地处理和吸引了哪些道德价值观？它包括了哪些道德价值观？

本练习的详细指南

尝试获取更多关于你分析广告的那家公司的信息：它还拥有哪些其他媒体？公司的所有者是谁？公司在哪些国家运营？它是规模较小还是较大的公司（员工数量、利润等）？你分析的广告是哪家公司投放的？你选择的公司销售哪些产品（通过浏览其网站列出产品清单）？它只在一个行业活跃还是多个行业？它在哪些行业中活跃？公司的年利润和广告预算有多大（参见公司网站、公司年报、美国证券交易委员会提交的 10 - K 表格、10 - Q 表格、媒体报道）？

你分析的广告面向哪个群体？它没有面向/排除哪些群体？广告所吸引的群体具有哪些典型的社会人口特征［性别、阶层、收入、年龄、教育程度、工作、居住地、住房情况（如是否拥有房产）、出身/种族、生活方式、消费行为、流动性，以及该群体所拥有的和感兴趣的典型商品等］？

广告宣传的是哪种产品或服务？这种产品或服务在社会中扮演什么角色？

广告的主要信息是什么？它使用了哪些视觉和文字元素及策略来传达这一信息？广告中是否使用了以特定形式呈现的隐喻、符号和隐含意义？如果是，是哪些？它们在视觉和文字形式中是如何表达的？

信息提示：广告中具有特定意义的典型元素可能包括：展示人物的特征（发色、发型、发长、眼色、面部表情、体型、年龄、性别、出身、种族、肢体语言、妆容、服装、眼镜、耳环、身体装饰）、场景、或明或暗的社会关系、个人或群体之间权力关系、空间性、教育水平标志、职业标志、展示的物品、活动、背景、光线、声音、音乐、颜色、文本中的字体、设计、使用的词汇、提出的问题、文本隐喻、联想、文本中的否定使用、文本中的肯定使用、论点、呼吁、口号、标题、悖论、文本的语调和风格、与读者/观众/听众的交流方式、照片和视频的角度等。

列出你认为对生活和社会重要的五个道德价值观。广告中是否表达了任何特定的价值观（如个人主义、个性、性欲望、嫉妒、努力工作、爱国主义、民族主义、成功、权力、高品位等）？这些价值观是如何表达的？为什么表达它们，它们传达了怎样的社会形象？将广告中的价值观与你之前列出的价值观进行比较，有哪些共同点/差异？广告中是否存在任何神话、偏见、意识形态或刻板印象？如果有，是哪些？

公司在这则广告中表达了怎样的社会形象？它是如何在广告中呈现社会的？你是否同意这种对现实的呈现？它是否对社会现状的现实描绘？是否有重要的社会维度被遗漏？如果有，是哪些？

广告是否吸引了任何特定的人类意识或潜意识中的愿望、欲望或幻想？如果是，是如何吸引的？

尝试找出你分析的公司对社会、人类或环境产生的负面影响。为此，你可以查阅新闻媒体和企业监督网站的网页。你看到的广告是否涉及了这些关注点？如果没有，你认为这是为什么？在这个背景下，商品拜物教扮演了什么角色？

监督网站的例子

公司监视报告：http：//www. corpwatch. org

跨国伦理评级：http：//www. transnationale. org

企业观察项目：http：//www. corporatewatch. org

多国监察员：http：//www. multinationalmonitor. org

负责购物者：http：//www. greenamerica. org/programs/responsiblesshopper/

公司罚款终局数据库：http：//www. endgame. org/corpfines. html

欧洲公司天文台：http：//www. corporatecritic. org

劳工泄漏：http：//www. labourleaks. org/

维基解密：http：//wikileaks. org/

学生反对公司行为不当：http：//sacom. hk

中国劳工观察：http：//www. chinalaborwatch. org

媒体和民主中心的公关观察：http：//www. prwatch. org

练习 1.7（G）

观看娜奥米·克莱恩的电影《NO LOGO：颠覆品牌全球统治》(2003)。分组讨论以下问题：

- 是什么让品牌产品对某些人具有吸引力？你会购买特定品牌吗？为什么？有没有你永远不会购买的品牌？如果有，为什么？

- 什么是生活方式品牌化？尝试列举一些生活方式品牌化的例子，并描述它们所呈现的生活方式以及呈现方式。

- 品牌化的实际或可能产生的负面影响是什么？在新闻故事和监督平台上（参见练习 1.6 中提供的列表）搜索有关特定品牌产品对人类、社会或环境产生负面后果的信息。

- 品牌化与商品拜物教有何关系？

练习 1.8（G）

- 小组讨论：

- 广告和商品拜物教是如何联系在一起的？

- 商品拜物教在广告中如何发挥作用？

- 讨论一个例子。

2 交换过程

马克思在《资本论》第一版序言中写道："万事开头难，每门科学都是如此。所以本书第1章，特别是分析商品的部分，是最难理解的。"（89）第1章篇幅较长且颇具挑战性。如果你已经读到这里，并且基本理解了第1章的内容，那么你已经打下了坚实的基础，后续章节对你来说应该不会太难。

相比之下，第2章比第1章要短一些。马克思在第1章对交换和货币的分析基础上，做了一些补充评论。本章从第1章对商品的分析过渡到第3章对货币的详细分析。

代理机构和资本主义的结构

马克思指出，商品是"不能自己到市场去，不能自己去交换"（178）的物品。买卖是人类在社会关系中组织起来的一个过程。为了组织私有财产所有者之间商品的交换，人类必须"彼此承认对方是私有者"，这需要一种"具有契约形式的（不管这种契约是不是用法律固定下来的）法的关系"（178）。因此，一个以普遍商品生产和交换为基本社会组织形式的经济体，必然要求有国家机构和法律来规范、保护和捍卫私有财产和市场。

资本主义这类社会体制对人类行为构成了限制。在资本主义社会中，缺乏金钱与交换手段将难以立足。资本、市场及商品的结构驱使人们置身于资本主义体系之中，并在其社会关系的框架内行事。马克思因此指出，资本主义社会中"在经济舞台上……人们扮演的经济角色不过是经济关系的人格化"，同时也是"这种关系的承担者"（179）。这并非意味着经济结构机械地决定了人的行为与思想，而是说它们为人的行为设定了框架、施加了压力，并限定了可能的选择范围。我们大多数人在一定程度上可以自由选择成为工资劳动者（包括自由职业者），或是努力创业，成为管理者（他们往往也是股东，并秉持资产阶级的价值观）。然而，由于资本主义迫使我们必须在阶级关系中定位自己并据此行动，因此很难完全摆脱这两种身份。同时，我们也难以轻易实现财富自由，从而免于劳作，因为财富的积累往往与继承、家庭关系及纯粹的运气紧密相连。资本主义体制在既定框架内赋予人们相对的行为自由，但同时又限制了人们为生存而组织起来的可行路径。

资本主义的社会结构使得商品所有者彼此之间交换各自的商品，因为"商品占有者的商品对他没有直接的使用价值。否则，他就不会把它拿到市场上去。他的商品对别人有使用价值"（179）。在交换关系中，若 x 量商品 A＝y 量商品 B，那么出售商品的所有者 A 为了获得使用价值（货币或另一种商品），会以交换的角度换出对他来说没有使用价值的东西。拥有另一种商品或货币，同时购买了 A 的商品的所有者 B 从使用价值的角度看待他想要获得的东西，并将他的商品（货币或另一种使用价值）视为非使用价值。在交换过程中，A 的非使用价值转化为 B 的使用价值，B 的交换价值转化为 A 的使用价值。历史上，黄金和白银通过"社会的行动……成为一般等价物"（180）——货币。

Entäußerung 和 Äußerung

马克思认为，商品原则上是可以交换的，因为它们存在于人类之外；它们是人类的身外之物（182）。在第 2 章中，德语术语 veräußerlicht 和 Veräußerung（MEW 23，102）可以被理解为"可让渡的"和"异化"（182）。还有一个相关的德语术语是 Entäußerung，这些术语都没办法被准确地翻译出来。"异化"这一翻译也并不准确，因为它也是马克思主义术语中 Entfremdung 的翻译。马克思用这一术语来描述人类不具备生产资料和劳动产品的阶级关系。而 Entäußerung 则是指由内向外，以一种高效的方式向外翻转。劳动力使人的内在潜能外化，是一种能量的消耗，从而获利。因此，也许将 Entäußerung 翻译成"外化"更合适，而不是"异化"。Äußerung 在德语中也意味着"话语"，这是信息象征性的外化。在交际过程中，内在被象征性地外化了。

在《1844 年经济学哲学手稿》中，马克思将 Arbeit（劳动）描述为 "Ausdruck der menschlichen Tätigkeit innerhalb der Entäußerung, der Lebensäußerung als Lebensentäußerung"（MEW 40, 557）。这段话被翻译为："因为劳动不过是人的活动在外化范围内的表现，不过是作为生命外化的生命表现"（Marx 1844 [English], 128）。在这里，Äußerung（表现）和 Entäußerung（外化）都被翻译为 alienation（异化），这给人一种印象，即社会的某种历史特征成了所有社会的永恒且本质特征。因此，这种特定的翻译本身就是一种拜物教的形式。更恰当的翻译是："劳动只是外化过程中人类活动的一种表现，是生命作为生命外化的表达。"这段听起来复杂的文字实际上意味着，马克思将工作视为一种外化的形式，生命通过人的工作，在满足人类需求的商品和服务中将自己外化，从而实现自身的再生产。马克思在此是从普遍的人类学视角出发进行论述，而非局限于特定的历史阶级社会层面。将工作理解为生命的表达，即生命借以外化自身的观点，蕴含了深刻的内涵。这种外化既体现在物质层面，也体现在象征层面。

表达：作为象征性 "Äußerung" 的交流

人类最主要的象征性表达方式是通过语言进行的交流。马克思的论述深刻地指出，作为象征性生命展现的人类交流，本质上也是一种劳动——它是人类思想的外化过程，旨在满足社会意义构建与理解创造的需求。在阶级分明的社会中，物质与象征性的外化逐渐演化为异化，工作也随之转变为劳动：我们失去了对劳动手段与产品的控制权和所有权。而在资本主义体系下，这些被外化的产品更是成了私有财产，以商品的形式被买卖。这一规律不仅适用于实体商品（例如桌椅），也同样适用于作为商品出售的信息产品（如软件）。进一步探讨意识形态领域，我们可以观察到，在阶级社会中，当统治阶层成功地通过意识形态扭曲并操控现实表征时，那些被动接受这些意识形态的被统治者，在表达自我时便已不再是真实的自己。他们的表达（表现）成为异化的表达和外化，与他们的真实利益背道而驰。

货币的作用之一：作为商品价格的象征

货币作为普遍商品是"商品价值的表现形式"（184）。或是"抽象的因而等同的人类劳动的化身"（184）。"由于货币在某些职能上可以用它本身的单纯的符号来代替，又产生了另一种误解，以为货币是一种单纯符号"（185），这是"人随意思考的产物"（186）。例如，特定重量的黄金或其他金属被铸造成硬币，或特定的纸币，都象征性地代表了一定价值的商品（如10英镑）。马克思指出，像"1台电脑＝500英镑"这样的货币交换关系并非主观臆断，而是反映了人们普遍认为1台电脑所包含的劳动量和材料价值。货币价格，实质上是市场上获取特定商品所需成本的信息体现。然而，这一信息同时也是对构成商品价值本质的潜在劳动的符号化表达。与其他信息一样，价格信息并非虚无缥缈、随心所欲的，而是物质现实本身的组成部分，是物质和物质关系的一种特定且复杂的符号表征。

马克思概括了符号在交换经济中的作用：不仅货币是一种符号，而且每种商品也是一种符号："从这个意义上说，每一个商品都是一个符号，因为它作为价值只是耗费在它上面的人类劳动的物质外壳。"（185）商品不仅仅是你可以感官体验的使用价值，也具有超感官的社会价值，"习惯把它们作为价值量固定下来"（182）。每种商品都象征着一定量的平均劳动。这种符号化以复杂、非线性的方式转化为另一种符号：商品的价格。

第2章练习

小组练习（G）

项目练习（P）

关键词：交换，货币，外化，符号

练习2.1（P）

小组合作：搜索并记录有关交换和货币历史的历史和当代学术出版物。每个小组可以专注于一个特定的时间段（例如，公元前、公元元年—1000年、1000—1700年、1700—1900年、1900—2000年、2000年以来的发展）。展示搜索结果。思考马克思所指出的交换、货币和符号之间的关系。

练习2.1（G）

以"x量商品A＝y量商品B"或"x量商品A＝m单位货币M"的形式

表现的交换价值，并非一种普遍的经济状况，而是特定社会的特定历史特征。社会往往存在利他主义、互助和馈赠的方面，在这些方面，人们并不期望得到任何回报。

　　小组作业：搜索并记录历史和当代的实例，其中信息不是被视为交换价值，而是作为无需回报的礼物。思考为什么这些信息是礼物而不是商品。支持信息转变为礼物的信息特性有哪些独特之处？资本主义公司究竟是如何将信息转化为商品的？

3 货币或商品流通

第3章聚焦于货币。货币是商品的辩证对立面：讨论货币不能脱离其与商品的关系，而商品也与货币有着内在的联系。因此，马克思在第3章中实际描述的是货币与商品之间的关系。（图3.1）

货币的第一个职能：货币是衡量商品经济价值的尺度

马克思指出了货币的三个特点。第一个特点体现在它是衡量商品经济价值的尺度："金的第一个职能是为商品提供表现其价值的材料，或者说，把商品价值表现为同名的量。"（188）货币也可以用货币单位来表示商品的价值，例如：x 量商品 A = y 量货币的商品。

货币不仅是价值的计量单位，而且"作为规定的金属重量，它是价格标准"（192）。每一种有价格的商品都表示为特定数量的货币，而货币又表示特定数量的黄金。"要使金充当价格标准，必须把一定重量的金固定为计量单位。"（192）马克思假设了一个系统，在这一系统中全部的流通货币都与黄金储备挂钩。

当今货币与黄金之间的联系，已与马克思撰写《资本论》之时的情形大不相同。大约在 1880 年左右，全球多数国家开始采纳金本位制度，并不再依赖白银来支撑其货币价值。然而，在第一次世界大战的硝烟中，金本位制度轰然倒塌。随后的 1925 年至 1931 年间，金汇兑本位制度应运而生，在这一制度下，仅有美国与英国以黄金为货币后盾，而其他国家则选择黄金、美元或英镑作为储备资产。《布雷顿森林协议》（1944—1971）的实施，进一步确立了美元作为主要黄金支撑货币的地位，其他货币则与美元保持固定的汇率关系。在该协议框架下，35 美元等值于 1 金衡盎司（约 0.031 103 476 8 千克）的黄金。然而，随着贸易逆差的累积、越南战争军事投资引发的公共债务以及通货膨胀的加剧，以黄金全面支撑美元的价值变得愈发艰难。1971 年，美国宣布取消美元兑换黄金的条款。至此，美元转变为一种法定货币，其价值主要源自政府或中央银行颁布的法规。布雷顿森林体系的终结，也标志着金本位制度的落幕。取而代之的是一个采用浮动汇率的法定货币体系。如今广泛流通的主要货币，如美元、欧元、英镑和日元，均属于法定货币范畴。这些货币中，仅有极少部分能够直接以黄金储备为后盾。

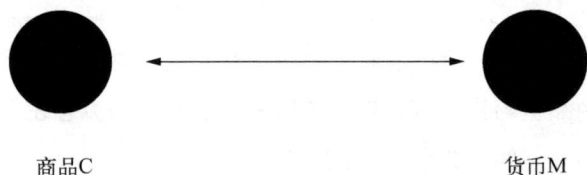

商品C   货币M

图 3.1　《资本论》第 1 卷第 3 章的主题：货币与商品的关系

没有货币或其他一般等价物的交换，就不可能有价格。货币使商品价格得以存在。"价格是对象化在商品内的劳动的货币名称。"（195—196，另见 202）。马克思指出，价格和劳动价值是"必然的关系"（196），但这种关系并不是固定、可计算或确定的。价格可能等于、高于或低于商品的平均价值。"可见，价格和价值量之间的量的不一致的可能性，或者价格偏离价值量的可能性，已经包含在价格形式本身中。"（196）马克思认为，有些东西"例如良心、名誉等等"（197）虽然可以卖出价格，但这些价格并不具有劳动价值，因为它们中没有物化的人类劳动，"在这里，价格表现是虚幻的"（197）。

货币的第二个职能：货币作为流通手段

货币的第二个职能是它作为流通手段。在关系 C‐M（商品—货币）中，"作为使用价值的商品同作为交换价值的货币对立着"（199）。无论是出售的商品还是为之支付的货币，都具有使用价值和交换价值。商品是为了使用而生产的，但必须采取交换形式才能成为被消费的使用价值。货币是为了交换而创造的，但采取了组织交换的一般等价物的形式，这是流通过程中的使用价值。马克思描述了商品和货币的这种辩证关系：

> 交换过程造成了商品分为商品和货币这种二重化，即造成了商品得以表现自己的使用价值和价值之间的内在对立的一种外部对立。在这种外部对立中，作为使用价值的商品同作为交换价值的货币对立着。另一方面，对立的双方都是商品，也就是说，都是使用价值和价值的统一。但这种差别的统一按相反的方向表现在两极中的每一极上，并且由此同时表现出它们的相互关系。商品实际上是使用价值，它的价值存在只是观念地表现在价格上，价格使商品同对立着的金发生关系，把金当作自己的实际的价值形态。反之，金这种物质只是充当价值化身，充当货币。因此金实际上是交换价值。金的使用价值只是观念地表现在相对价值表现的系列上，金通过这个相对价值表现的系列，同对立着的商品发生关系，把它们当作自己的实际使用形态的总和。商品的这些对立的形式就是它们的交换过程的实际的运动形式。(199)

货币使商品流通成为可能。商品所有者在流通中出售他的商品，从而获得购买另一种商品的钱：C－M－C，即商品—货币—商品（200）——"为买而卖"（200）。这个过程包括两个部分：（a）C－M——商品的出售或商品的第一次变形（200—205），以及（b）M－C——另一商品的购买或商品的第二次/最终变形（205—209）。

马克思指出，为买而卖的过程之所以存在，是因为社会分工的存在。在社会分工中，并不是每个人都能生产出自己生存所需的全部商品，而只能生产特定的商品，这就必然产生了经济关系。社会分工的"纤维在商品生产者的背后交织在一起，而且继续交织下去"（201）。

商品与货币的辩证关系

商品和货币的辩证关系意味着商品在进行 C－M 销售过程的同时也在进行 M－C 的购买过程：

　　因此，商品价格的实现，或商品的仅仅是观念的价值形式的实现，同时就是货币的仅仅是观念的使用价值的实现。商品转化为货币，同时就是货币转化为商品。这一个过程是两方面的，从商品占有者这一极看，是卖；从货币占有者这另一极看，是买。或者说，卖就是买。(203)

　　商品的两种形式，"商品形式和货币形式，同时存在着，只不过是在对立的两极上，所以，对同一个商品占有者来说，当他是卖者时，有一个买者和他对立着，当他是买者时，有一个卖者和他对立着"(206)。

　　在"C-M-C"的过程中，"没有人买，也就没有人能卖。但谁也不会因为自己已经卖，就得马上买。流通之所以能够打破产品交换的时间、空间和个人的限制"(209)。C-M不会自动导致M-C。如果人们愿意用他们拥有的钱购买特定的商品，商品是否可以被出售的不确定性会导致C-M和M-C两个过程的"外部的对立中"，这可能会让自己"强制地通过危机显示出来"(209)。这类危机被称为生产过剩（商品生产出来却卖不出去）或消费不足（人们不买市场上能买到的商品）危机。

　　在这个过程中，不仅商品在流通，货币也在流通。"货币……留在流通领域，不断地在那里流动。"(213)马克思以一个特定的销售链为例："有1夸特小麦、20码麻布、1本圣经、4加仑烧酒同时出售。"(215)在这个例子中，总价值为8英镑，涉及4个买卖环节：小麦、亚麻布、《圣经》以及白兰地均以2英镑的价格成交。值得注意的是，每位卖家同时也是买家，他们会将前一次销售所得的全部金额，通过购买与自己销售额等值的商品，重新投入市场流通。唯一的特殊情况是酿酒商，他在售出白兰地并获得2英镑后，并未进行后续的购买行为。

流通货币的数量

马克思基于这个例子给出了以下公式：

$$流通的货币量 = \frac{商品价格总和}{货币流通次数}$$

　　在这个例子中，流通的货币量＝8/4＝2英镑，这意味着流通中所需要的货币总量为 2 英镑。

流通中所需要的货币量取决于商品价格的总和、价格的稳定程度以及销售和购买的次数（217—218）。由于这三个因素是可变的，所以在特定时期内投入使用的货币总量会随着这些影响因素的大小而变化。

硬币、纸币和政府的作用

马克思讨论了象征商品价值的两种货币的具体形式：硬币和纸币。此外，政府在这方面也发挥了作用，因为它可以定义 1 枚硬币或 1 张纸币所代表的黄金或白银的数量，从而定义价格标准的度量（222）。政府需要"可以用其他材料做的记号或用象征来代替金属货币执行铸币的职能"（223）。历史上，纸币就承担了这一角色。"因此，相对地说没有价值的东西，例如纸票，就能代替金来执行铸币的职能。……国家把印有一镑、五镑等等货币名称的纸票从外部投入流通过程。"（223—224）事实上，完全有可能用"没有任何价值的符号"（226）来取代黄金，作为货币流通。

马克思探讨了硬币与纸币这两种至今仍存在的重要历史货币形态。货币的发展历程同时也是一部物质形态逐渐淡化的历史：起初，硬币由银或金铸就；随后，这一进程演变为减少硬币中的金银含量，转而采用其他材料（例如铜或纸）来象征特定量的黄金；接着，又涌现出诸如信用、贷款、抵押、股票、债券、衍生品等面向未来的货币形式；1971 年，金本位制被废除；此后，塑料货币（包括借记卡、现金卡和信用卡）、电子银行以及电子货币相继问世。

国家同样有权决定其发行货币所采用的单位及其细分单位。以英镑为范例进行说明①：

在 1971 年之前，1 英镑由 20 先令构成，而 1 先令则等同于 12 便士。然而，到了 1971 年，这一体系得到了革新，新的制度下，1 英镑被划分为 100 便士。追溯旧体系的起源，我们不难发现，它源自一个硬币价值由其重量决定的年代：彼时，240 便士合计为 1 英镑，其重量恰好相当于 1 磅白银。因此，"磅"这一

---

① 有关详细的历史，请参阅维基百科关于英镑的词条 http://en. wikipedia. org/wiki/Pound sterling。（访问时间：2015 年 7 月 28 日）

术语，最初乃是用来衡量货币重量的。历经数百年岁月，硬币中白银的实际含量逐步缩减，取而代之的是铜材。14 世纪时，金币开始流通，但银币依然占据着重要地位。直至 17 世纪末，英格兰银行方才推出了纸币。

货币的第三个职能：货币作为囤积、信贷和世界贸易的手段

货币的第三类职能在于，它不仅组织着商品的流通，还额外承担着诸多职能，诸如促进囤积、推动信贷以及助力国际贸易等。

囤积是指"卖之后没有继之以买，货币就会停止流动"（227）。囤积与货币"作为物质财富的普遍代表，可以直接转换成任何商品"的特点有关（230—231）。货币凭借其普适性在现代社会中占据着举足轻重的地位。故而，若有人声称，用户在诸如脸书等社交媒体企业平台上所付出的劳作——这些劳作产生的数据被作为商品兜售给广告商，以便后者向用户精准投放广告——并非无偿，因为用户以享受社交和通信服务作为"报酬"，这种说法显然难以令人信服。毕竟，这种社交"报酬"无法用来购买食物或其他任何商品，而货币却能购买所有商品。这表明，与货币相比，这种"报酬"并不具备同等的普遍适用性，因此不能被视为一种货币形式。

货币也使信贷得以存在，这是一种卖方"出售现有商品"，买方是"未来交付货币"的制度。因此"买方成为债务人"（233），欠着债权人的钱，并作出"买方付款的承诺"（234）。在现代社会债权人与债务人的关系中，国家通过法律强制履行这一承诺，如果债务人在部分债务到期的特定时间无法向债权人偿还债务，国家就将剥夺债务人的权利。

经济全球化引发了世界市场的贸易现象，使得货币和商品不局限于国家这一流通领域。为此，需要一种有助于组织世界贸易的"世界货币"（240—244）形式。"在世界贸易中，商品普遍地展开自己的价值。因此，在这里，商品独立的价值形态，也作为世界货币与商品相对立。"（240）马克思指出黄金和白银在历史上作为"世界货币"在世界贸易中扮演的重要角色（243）。"世界货币执行一般支付手段的职能、一般购买手段的职能和一般财富的绝对社会化身的职能。"（242）

作为世界货币的西班牙银元、美元和欧元

在 18 至 19 世纪，西班牙银元在全球贸易中广泛流通，扮演着世界货币的重要角色。随着金本位制度的崛起，世界贸易开始探索以多种货币进行结算的可能性，这些货币均与黄金保持着特定的兑换比例。布雷顿森林体系时期，美元稳固地确立了其作为世界货币的地位。然而，在浮动汇率制度的背景下，世界贸易的命运则随着货币汇率的起伏而波动。以欧元的历史为例，这一货币于2002 年 1 月 1 日正式以硬币和纸币的形式亮相，其初衷便是挑战美元在全球货币体系中的霸主地位。在欧元问世之初，其与美元和英镑的汇率分别为：1 欧元兑换 0.886 321 765 2 美元和 0.609 365 256 3 英镑。然而，时光荏苒，仅仅过了 12 年有余，这些汇率已发生了翻天覆地的变化。截至 2014 年 7 月 13 日，1欧元已能兑换 1.360 738 608 9 美元和 0.794 800 741 2 英镑。

设想某人在 2002 年 1 月 1 日手头有 10 000 欧元。彼时，这些欧元能兑换成约 8 863 美元或 6 094 英镑，足以在美国 iTunes 上以每首 0.99 美元的价格购入8 952 首歌曲，或在英国 iTunes 上以每首 0.99 英镑的价格买下 6 155 首。但假使他选择耐心等待 12 年，到 2014 年再进行兑换，那么手中的欧元便能换成约13 607 美元或 7 948 英镑。假定 iTunes 的歌曲价格始终未变，仍为每首 0.99 美元和 0.99 英镑，此时他便能在美国 iTunes 上购得 13 744 首歌曲，在英国iTunes 上买下 8 028 首，与 2002 年相比，分别多出了 4 792 首和 1 873 首。这一案例生动地揭示了浮动汇率制度给世界贸易带来的不确定性。

在全球市场中，各类在不同生产条件下制造的商品展开了激烈的竞争。那些掌握高效生产技术的国家和企业，能够迅速生产出某一商品的单件，而相比之下，在低生产率国家和企业中，类似商品的生产则需投入更多的劳动力。正因如此，前者商品的价值往往低于后者。发达国家凭借其先进的科学技术，通常拥有更高的生产效率，并有能力主导世界市场上的平均价值与定价。然而，对于发展中国家那些生产效率较低的企业和生产者来说，他们若想在竞争中立足，唯有按照世界市场既定的平均价格来销售产品。这意味着他们不得不以低于自身成本的价格出售商品，并压低工资水平以维持竞争力。在全球市场的竞技场上，他们面临着根深蒂固的不平等条件。正因如此，世界体系理论的学者们曾指出，这种不平等贸易实质上导致了价值从资本主义世界体系的边缘向中心转移。(Amin 1974, 13)

托尼·史密斯对第 3 章的辩证阐释

黑格尔-马克思主义哲学家托尼·史密斯（Smith 1990，83－97）对《资本论》第 1 卷第 3 章进行了深刻的辩证解读。他指出："马克思所构建的系统框架，首先是从'货币作为价值尺度'出发，进而发展到'货币作为流通手段'（C－M－C），并最终升华至'货币作为交换的终极目的'（M－C－M）"（同上，85）。这一辩证过程包含三个紧密相连的逻辑环节：

首先，为了实现交换，每种商品都必须被赋予一个明确的价格。因此，辩证法的第一步就是为商品定价：例如，x 量商品 A＝y 量货币 M，w 量商品 B＝z 量货币 M，依此类推。

接着，在第二步中，货币扮演了组织商品流通的关键角色，使得商品能够被出售以换取其他商品：即 C－M－C 的循环。然而，马克思深刻揭示出，C－M（商品到货币）和 M－C（货币到商品）这两个环节并非自然而然地紧密相连。因为人们在出售商品后，完全有可能选择不进行后续的购买，这正是生产过剩和消费不足危机的一个重要根源。

最后，在第三个逻辑环节中，货币"跃升成为交换行为的终极目的"（同上，89）。商品出售者将货币视为一种终极追求，他们囤积、积累货币，或是为了支付未来的账单，或是为了进行投机活动，或是为了在全球市场上获取投资收益。货币作为终极目的的存在，构成了 M－C－M 的循环模式。

货币的辩证法

图 3.2 精炼地展现了货币的辩证发展过程。在首个逻辑阶段，货币以一种同一性的形态出现——即价格，它为在这一阶段具有独立存在属性的商品确立了价值尺度。进入第二个逻辑阶段，商品得以在 C－M－C 的社会交换模式中流通。此时，货币超越了单纯的价格形式，成为商品交换的媒介，并承载着除价格之外的另一层社会意义——即促进商品间的交换，实现了"为交换而存在的货币"。值得注意的是，在 C－M－C 的循环中，商品售出（C－M）与商品购入（M－C）之间的衔接并非自然而然，因为个体在出售商品并获得货币后，并无强制购买其他商品的义务。这种买卖之间的辩证张力，在货币进化为 M－C－M 社会形式中的自为目的时得到了升华，达到了一个新的逻辑高度。在 M－C－M

模式下，货币不仅融合了价格形式的同一性，还包容了不同商品交换与流通中的差异性，展现了货币角色多样性的辩证统一：货币既为商品定价，又促进商品流通，这两者是货币作为同时兼具同一性与差异性、体现角色多样性的统一。

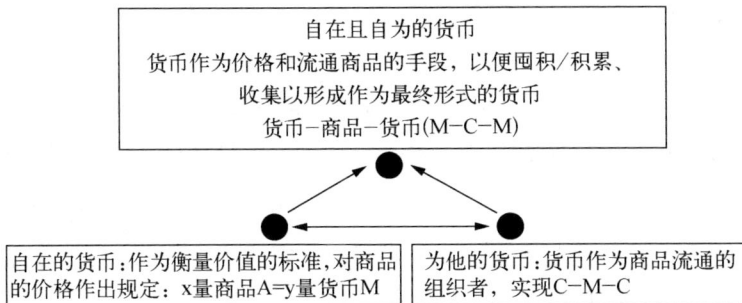

图 3.2 《资本论》第 1 卷第 3 章中的货币辩证法

费鲁乔·罗西-兰蒂对沟通和交换价值/货币之间的类比

意大利马克思主义符号学家费鲁齐奥·罗西-兰迪（1921—1985）思考了语言与经济之间的联系。他的成就在于将传播解释为一种工作过程，从而质疑了工作与传播、经济与文化之间的分离。对于罗西-兰迪而言，语言和传播的作用是产生词语、句子、相互关联的句子、论点、演讲、论文、讲座、书籍、代码、艺术品、文学、科学、群体、文明以及作为整体的语言世界（Rossi-Landi 1983，133-136）。由于"词语和信息并不存在于自然界中"（同上，36），它们必须是人类工作的产物，这些产物具有使用价值。它们之所以是使用价值，是因为它们满足了人类表达、传播和社交的需求（同上，37）。"与其他人类工作的产物一样，词语、表达和信息在满足需求时具有使用价值或效用，在这种情况下，满足的是表达和与周围历史上不断变化的社会阶层进行交流的基本需求。"（同上，50）

然而，罗西-兰迪在尝试应用马克思对资本主义政治经济学的批判时走得太远了，他试图在语言与资本主义的特定要素（如价值、交换价值、资本、商品和货币）之间寻找同性。他在人类语言和资本主义之间建立了同源性。例如，他认为"x 量商品 A ＝ y 量商品 B"对应于诸如"上帝是全能的存在"这样的语言陈述，其中"上帝"是通过"将其与'全能存在'的使用价值相关联"来"衡量"的（同上，60）。他还引入了"语言货币"概念，意指语言是"一种普遍交换的手段。会说话的人可以对任何人说话，可以说任何事情——同样地，口袋里有钱的人可以进入任何商店购买任何商品"（同上，162）。"语言货币是语言的那一方面，它允许并确实促进了与任何人的交流，这种交流除了劳动分工中出现的需求之外，还超越了这些需求。"（同上，164）

马克思在第 3 章中表明，货币是商品价值的尺度，是组织以"x 量商品 A = y 量货币 M"形式进行交换的商品流通的手段，并且使囤积、信贷和世界贸易成为可能。罗西-兰迪在资本主义和语言之间建立的同源性是有问题的，因为前者是历史特征，而后者是社会的人类学特征。将历史特征和人类学特征视为同源可能会给人留下这样的印象：资本主义像语言一样，是社会的永恒特征。因此，罗西-兰迪论点的问题在于，他的同源性将资本主义物化了。当我们造句或与他人交谈时，我们并不会以量化的方式对一个词或句子进行衡量，并将其与另一个词或句子进行比较。货币的作用是表达和代表商品中物化的平均劳动量，以便它们可以进行交换。它量化了商品的价值。人类语言与货币在根本上是不同的，它首先具有定性的特征；它具有数百年来由习俗约定俗成的一些一般规则（句法），通过符号组合的意义进行运作（语义），并在与意义相互作用的特定语境中使用（语用学）。它是语言形式与结构、社会解释和社会效应的结合。德国马克思主义信息科学家和科学哲学家克劳斯·福克斯-基托夫斯基在此背景下指出："信息是关系性的：信息是在（信息）形成、意义和评价的多阶段过程中产生和使用的形式（句法）、内容（语义）和效应（语用学）的三元组。"（Fuchs-Kittowski 2014, 53 - 54）

为什么人类不是计算机

计算机能够模仿人类语言的纯句法结构，即将符号组合成词汇，再将词汇编织成句子（例如，谷歌翻译等翻译工具便是如此）。然而，它们在理解信息的语义深度与语用背景方面却力不从心，这往往导致句法层面的误译（比如，计算机在跨语言翻译时，因无法领悟语境及词汇和句子的深层含义，而频繁出错）。我们在思考与表达时，并不会像"一个 A 词等价于两个 B 词"这样去量化语言。在人际交往中，我们同样不会以"A 说的一句话等于 B 说的两句话"来计量对话。社会的运转并不依赖于对字母、词汇、句子乃至互动的精确计量。人类与计算机截然不同，后者永远无法替代前者的智慧。人类的语言与思维，其复杂性远超计算所能及。

黑格尔对数学中纯定量计算的逻辑提出了质疑。在探讨哲学与数学的关系时，他流露出对"将数量奉为绝对范畴"这一数学做法的疑虑，指出诸如"自由、法律、伦理生活，乃至上帝本身"（黑格尔，1830a，对第 99 条的注解）等关乎人类思想的形而上学概念，是无法被度量和计算的。他强调，"在数学领域，数字缺乏概念内涵，其意义仅限于等式或不等式，即仅限于外在关系；无论是其自身还是相互联系中，它们都不构成思想"（黑格尔，1812/1833，第 32 页）。计算机无法理解善恶、形而上学或政治规范，它仅是对量化操作的纯粹计量与组合。而哲学、人类语言乃至更广泛的交流，却都深深植根于意义、伦理与政治的探讨之中，这是计算机永远无法触及的领域。

以家庭与婴儿为例：家人用语言与婴儿沟通，但婴儿长时间内无法用同样的语言回应。然而，家人并不会计较他们投入了多少时间照顾婴儿，也不会计算婴儿何时开始说话所需的时间。他们并不期待因投入时间与婴儿交流而获得某种具体的回报。正是这种超越计量的无私之爱，让语言得以传承，也让父母能够成功地将语言传递给下一代。

再来看两个朋友的对话：若其中一人心情低落，他们便会谈论此事。或许 A 会倾诉 2 个小时的烦恼，而 B 仅回应 5 分钟。但 A 并不会因此要求 B 再额外说上 1 个小时 55 分钟以"平衡"对话时间。因为他们的友谊超越了计量的界限。B 可以期待 A 在自己需要时倾听，但如果他们是真正的朋友，那么彼此的倾听与帮助便不是一场计量的游戏，而是一种源自同情与归属感的自愿付出。

作为商品的语言产品

语言并不遵循"x 量商品 ＝ y 单位货币 M"的逻辑。其本质在于它是定性的，超越了计量的逻辑。然而，这并不意味着语言和交流的产品不能被转化为商品。在商品生产社会中，语言产品的获取当然可以商品化，进而产生如下的交换关系和计量方式：

- 1 小时心理咨询 = 60 英镑
- 1 小时财务咨询 = 100 英镑
- 1 小时营养咨询 = 40 英镑
- 1 小时学生私人辅导 = 30 英镑
- 1 小时的私人儿童照护服务 = 20 英镑
- 观赏一场戏剧演出的入场券 = 12.50 英镑
- 德语至英语的文本翻译服务，按词计费 = 0.1 英镑/1 个词
- 书籍或文章的校对服务，按词计费 = 0.05 英镑/1 个词
- 撰写一部 8 万字的小说（代笔服务）= 10 000 英镑

罗西-兰迪未能准确把握人类语言的根本属性与资本主义框架下语言和交流的组织形式之间的界限。交流作为一种行为，本质上与商品形态相悖，但在资本主义社会中，它往往被生硬地套入诸如"1 个语言单位等价于 y 英镑"的量化框架内。语言和交流构成了社会的基石，对于人类的生存至关重要，如同食物、水源、居所、关爱、亲近自然、教育以及休息等一般不可或缺。这些维系人类生活的基础要素，亦被称作"共有资源"，它们是所有社会共有的特征，也是所有人类赖以生存的共同需求。交流，作为象征性的共有行为，促进了信息的共享与传播，以及社会意义的共同塑造。在交流过程中，我们依托共同的语言体系与语言技能，力求达成对社会的共识。

鉴于社会福祉、自然接触以及交流共有资源（即获取交流工具的途径）对于人类生存具有举足轻重的地位，从规范层面而言，它们理应免于被商品化的命运。

一旦这些共有资源被转化为商品，人类生活的基本要素便沦为少数有能力支付者的专属，从而可能滋生不平等。试想这样一个社会：医疗手术与就医咨询均需付费。富人能够轻松承担医疗费用，而众多贫困者则可能因无力支付治疗费用，死于本可治愈的疾病。同理，若交流亦需付费，类似的不平等现象亦将浮现。举例来说，若孩子的教育需自费，那么经济条件更优渥的家庭往往能为子女提供更优质的教育资源。

第 3 章练习

小组练习（G）

项目练习（P）

关键词：货币、价格、共有资源、信息共享

练习 3.1（p）

语言与交流在本质上与金钱及资本截然不同。然而，在资本主义的框架下，它们却能够被商品化。

请列举一系列作为商品进行交易的交流服务和语言产品（可与本书章节末尾我所提供的示例相提并论）。

小组合作任务：每个小组需专注于一项特定的交流服务或语言产品，并努力搜集其价格信息（以你所在国家为范围）。你们可以通过互联网搜索、实地走访或致电当地的服务提供商，并告知对方你们正在进行一项研究练习，以此来询问价格等相关信息。

每个小组应至少从 10 家不同的提供商处获取价格信息，并据此计算出平均价格。

随后，请在课堂上分享你们的研究成果。对比各组的平均价格：哪些服务最为昂贵，哪些又相对便宜？这些价格差异背后可能有哪些原因？

练习 3.2（G 或 P）

小组合作任务指南：

请各组共同搜索包含"共有资源"（commons）关键词的书籍、章节及学术文章。通过深入阅读和对比分析这些文献资料，形成你们对共有资源的独到理解和综合定义。接下来，展开讨论，阐述为何交流应被视为一种共有资源，并深入探讨交流作为共有资源与作为商品两种形态之间的核心差异。

第二部分　货币转化为资本

4 资本总公式

第 4 章篇幅不长但很重要，因为马克思在这一章中引入了"资本"和"剩余价值"的概念。毕竟，他将自己的作品命名为《资本论：政治经济学批判》，这表明"资本"对马克思来说必然是一个重要的理论概念。通过第 4 章我们能够了解马克思所说的"资本"的确切含义。

马克思使用过"资本主义"这个概念吗？

鉴于"资本"是马克思的一个关键范畴，人们不禁要问，他是否也用"资本主义"这一如今相当普遍的术语来描述一个资本主义生产方式占据主流的社会或经济体。从《资本论》第 1 卷的英译本来看，他似乎经常使用这个词。他说的"资本主义使用机器"① ［德文版为： "kapitalistischen Anwendung der Maschinerie"（MEW 23，416）］②，"对妇女劳动和儿童劳动进行资本主义剥削所造成的精神摧残"③ ［ "kapitalistischen Exploitation der Weiber-und Kinderarbeit"（MEW 23，421）］， "那些辩护士"④ ［ "jene Apologeten"（MEW 23，

---

① 英文版为 "the application of machinery under capitalism"，中译引自《马克思恩格斯全集》第 44 卷，人民出版社 2001 年版，第 427 页。

② 这一部分中作者同时引用了英文版和德文版进行比较，为便于对比，此处在正文部分使用中文版，并在脚注中注明英文原文。

③ 英文版为 "moral degradation which arises out of the exploitation by capitalism of the labour of women and children"，中译引自《马克思恩格斯全集》第 44 卷，人民出版社 2001 年版，第 460 页。

④ 英文版为 "the apologists for capitalism"，中译同上书，第 505 页。

462）〕，"通向资本主义生产方式的过渡"① 〔"Übergang" zur "kapitalistische [n] Produktionsweise"（MEW 23，533）〕，"资本主义……所产生的一切自由幻觉"② 〔"Mystifikationen der kapitalistischen Produktionsweise, alle ihre Freiheitsillusionen"（MEW 23，562）〕，"所以，货币的相对价值在资本主义生产方式较发达的国家里，比在资本主义生产方式不太发达的国家里要小"③ 〔"relative Wert des Geldes wird also kleiner sein bei der Nation mit entwickelterer kapitalistischer Produktionsweise als bei der mit wenig entwickelter"（MEW 23，584）〕，"在……资本主义时期"④ 〔"in der kapitalistischen Periode"（MEW 23，613）〕，"这个规律在不是工人使用劳动资料，而是劳动资料使用工人的资本主义的基础上"⑤ 〔"auf kapitalistischer Grundlage, wo nicht der Arbeiter die Arbeitsmittel, sondern die Arbeitsmittel den Arbeiter anwenden"（MEW 23，674）〕，"在资本主义下"⑥ 〔"kapitalistisch"（MEW 23，798）〕，"这种风险每一种生产过程都会遇到，不仅资本的生产过程才会遇到"⑦ 〔"jedem Produktionsprozess, nicht nur dem des Kapitals, eigen ist"（Marx 1863/1864，80）〕，"处于资本关系的奴役之下"⑧ 〔"unter der Knechtschaft des Kapitalverhältnisses"（Marx 1863/1864，86）〕，"资本的活命血液"⑨ 〔"Lebensblut des Kapitals"（Marx 1863/1864，106）〕，"现代资本关系就是部分地从这种形式中发展起来的"⑩ 〔"Form, woraus sich zum Teil das moderne Kapitalverhältnis entwickelt

---

① 英文版为 "the transition to capitalism"，中译引自《马克思恩格斯全集》第 44 集，人民出版社 2001 年版，第 583 页。
② 英文版为 "capitalism's illusions about freedom"，中译同上书，第 619 页。
③ 英文版为 "money will therefore be less in the nation with a more developed capitalist mode of production than in the nation with a less developed capitalism"，中译同上书，第 645 页。
④ 英文版为 "in the period of capitalism"，中译同上书，第 677 页。
⑤ 英文版为 "the basis of capitalism, a system in which the worker does not employ the means of production, but the means of production employ the worker"，中译同上书，第 743 页。
⑥ 英文版为 "under capitalism"，中译同上书，第 743 页。
⑦ 英文版为 "a feature of every process of production and not merely that of capitalism"，中译引自《马克思恩格斯全集》第 38 卷，人民出版社 2019 年版，第 69 页。
⑧ 英文版为 "enslaved by the relationships of capitalism"，中译同上书，第 74 页。
⑨ 英文版为 "the life-blood of capitalism"，中译同上书，第 93 页。
⑩ 英文版为 "the soil from which modern capitalism has grown"，中译同上书，第 107 页。

hat"（Marx 1863/1864，124）]，"向直接的资本关系过渡"① ［"the transition to capitalism proper"（Marx 1863/1864，124）]"资本观点"② ［"Standpunkt des Kapitals"（Marx 1863/1864，146）]，"还不从属于这种生产方式的关系"③ ［"von ihr（der herrschenden Produktionsweise）noch nicht subsumierten"（Marx 1863/1864，150）]，"资本主义生产的观点本身"④ ［"Standpunkt der kapitalistischen Produktion"（Marx 1863/1864，154）]，"能给资本带来利润的人数"⑤ ［"nur die für das Kapital profitable Menschenzahl"（Marx 1863/1864，158）]，"资本主义观点"⑥ ［"vom kapitalistischen Standpunkt"（Marx 1863/1864，160）]，"资本关系"⑦ ［"Kapitalverhältnis"（Marx 1863/1864，162）]，"资本主义生产方式"⑧ ［"die kapitalistische Produktionsweise"（Marx 1863/1864，164）]，"资本的生产力"⑨ ［"Produktivkräfte des Kapitals"（Marx 1863/1864，165）]，"资本主义联系"⑩ ［"kapitalistischen Zusammenhang"（Marx 1863/1864，166）]，"这种发展首次……出现在资本主义生产方式中"⑪ ［"zuerst …… in der kapitalistischen Produktionsweise diese Entwicklung stattfindet"（Marx 1863/1864，170）]，"特殊资本主义生产方式"⑫ ［"der spezifisch kapitalistischen Produktionsweise"（Marx 1863/1864，173）]，"资本主义生产方式这个对立形式"⑬ ［"die gegensätzliche Form der kapitalistischen Produktions-

---

① 英文版为 "the transition to capitalism proper"，中译引自《马克思恩格斯全集》第 38 卷，人民出版社 2019 年版，第 107 页。
② 英文版为 "the standpoint of capitalism"，中译同上书，第 124 页。
③ 英文版为 "subjugated by capitalism"，中译同上书，第 128 页。
④ 英文版为 "the standpoint of capitalism itself"，中译同上书，第 131 页。
⑤ 英文版为 "the number of people profitable to capitalism"，中译同上书，第 135 页。
⑥ 英文版为 "the standpoint of capitalism"，中译同上书，第 137 页。
⑦ 英文版为 "the relations of capitalism"，中译同上书，第 139 页。
⑧ 英文版为 "in capitalism"，中译同上书，第 140 页。
⑨ 英文版为 "the productive forces of capitalism"，中译同上书，第 141 页。
⑩ 英文版为 "the framework of capitalism"，中译同上书，第 141 页。
⑪ 英文版为 "this development first occurs in capitalism"，中译同上书，第 145 页。
⑫ 英文版为 "the mode of production specific to capitalism"，中译同上书，第 148 页。
⑬ 英文版为 "the contradictory form of capitalism"，中译同上书，第 156 页。

weise"（Marx 1863/1864，177）]。

方括号中的德国原始提法表明，英文版的翻译相当马虎，马克思使用了 kapitalistisch（资本主义）、kapitalistisch Produktionsweise（资本主义生产方式）、kapitalistisch periode（资本主义时期）、kapital（资本）、kapitalverhaltnis（资本关系）、herrschende produktionsweise（主导生产方式）、kapitalistischer zusammenhang（资本主义背景）等术语。实际上马克思没有在《资本论》第 1 卷使用 kapitalismus（资本主义）。然而，这个词却经常在英译本和欧内斯特·曼德尔的引言中出现，这表明被马克思的分析所说服的人们似乎热衷于使用它。鉴于马克思在《资本论》第 1 卷中使用了 330 多次 kapitalistisch 和 kapitalistische /capitalist 来描述他所分析的制度和生产方式，人们可以推测他不会介意使用 kapitalismus 和 capitalism 作为与他所使用术语的同源替代，因为这些词正对应于 kapitalistisch 和 capitalist。

当然，"资本主义生产方式"和"资本主义"有一定的区别。前者更加侧重于经济方面，而后者可以同时代表经济和社会的组织模式。可以说，资本主义的经济生产方式塑造了整个现代社会：现代社会是一种由经济资本、政治权力和文化名誉的积累为主导的社会形式。这些形式的积累都是相互关联的。经济以积累逻辑的形式塑造了现代社会及其子系统，这些子系统一方面具有相对自主的特定形式，另一方面彼此之间又能够相互塑造。因此，社会的子系统是相同的，同时又是不同的。

翻译马克思的困难

当我开始写这本书的时候，我不得不作出一个选择，那就是我要参考马克思的《资本论》的英文译本。这部著作最常被阅读的两个英文版本分别是由本·福凯斯翻译，欧内斯特·曼德尔作序的企鹅版和出版于 1887 年由赛米尔·穆尔、爱德华·艾威林翻译，弗里德里希·恩格斯编辑的英文第一版。穆尔/艾威林版已在《马克思恩格斯选集》英文版（MECW）的第 35 卷中出版。我不怀疑福凯斯的译本是更好的，所以我用企鹅版的《资本论》作为这本书的基础。福凯斯在译者的前言中指出，自 19 世纪以来，英语已经发生了变化，恩格斯试图使马克思著作的翻译尽量通俗易懂，这导致了译文的简单化。按照福克斯的说法，没有必要再为了减少读者的阅读难度而简化《资本论》（无论如何，读者通常是被书的篇幅而不是阅读的难度所阻扰）。因此，只要英语能够让被遮掩着的理论难题重见天日，那些被恩格斯简化的句子就能全部恢复其应有之义。这一评论首先指的就是马克思在《资本论》和其他著作中反复使用的德国哲学术语。在翻译这些著作时，我并没有预先判断哲学问题，即马克思与黑格尔的关系问题，以及马克思的哲学与政治经济学之间的关系问题，而是试图呈现一篇能够让读者形成自己观点的文本。(87—88)

一个翻译实例及其问题

让我们来看两个例子，这是阅读最广泛的德文版（MEW）：

MEW 23，558 + Urfassung 版①，1867，521："Von diesen Widersprüchen abgesehn, würde ein direkter Austausch von Geld, d. h. vergegenständlichter Arbeit, mit lebendiger Arbeit entweder das Wertgesetz aufheben, welches sich grade erst auf Grundlage der kapitalistischen Produktion frei ent wickelt, oder die kapitalistische Produktion selbst aufheben, welche grade auf der Lohnarbeit beruht."②

MECW 35，536 中的翻译："Apart from these contradictions, a direct exchange of money, i.e., of realised labour, with living labour would either do a-way with the law of value which only begins to develop itself freely on the basis of capitalist production, or do away with capitalist production itself, which rests directly on wage labour."③

企鹅出版社版第 676 页中的翻译："Apart from these contradictions, a direct exchange of money, i.e., of objectified labour, with living labour would ei-

---

① 《资本论》Urfassung 版指的是《资本论》的德文第一版，1980 年由德国 Gerstenberg 出版社重新出版。

② 此处引用 MEW 版/《资本论》Urfassung 版，中译为"撇开这些矛盾不说，货币即对象化劳动同活劳动的直接交换，也会或者消灭那个正是在资本主义生产的基础上才自由展开的价值规律，或者消灭那种正是以雇佣劳动为基础的资本主义生产本身"，见《马克思恩格斯全集》第 44 卷，人民出版社 2001 年版，第 614 页。——译者注

③ 此处引用 MECW 版，中译同上。

ther supersede the law of value, which only begins to develop freely on the basis of capitalist production, or supersede capitalist production itself, which rests directly on wage labour. "①

在我看来，更好的翻译如下：

Apart from these antagonisms, a direct exchange of money—that is, objectified labour—with living labour would either sublate the law of value that just now develops itself freely on the basis of capitalist production, or sublate capitalist production itself that precisely rests on wage-labour. ②

黑格尔的术语 Aufhebung 在德语中有三个意思：消除、保留和提升超越。"放弃"（do away）不是一个好的翻译。"取代"（supersede）要好一些。然而，最常见的翻译是"扬弃"（Sublate）。

另一个翻译示例

MEW, 791："Die aus der kapitalistischen Produktionsweise hervorgehende kapitalistische Aneignung sweise, daher das kapitalistische Privateigentum, ist die erste Negation des individuellen, auf eigne Arbeit gegründeten Privateigentums. Aber die kapitalistische Produktion erzeugt mit der Notwen digkeit eines Naturprozesses ihre eigne Negation. Es ist Negation der Negation. Diese stellt nicht das Privateigentum wieder her, wohl aber das individuelle Eigentum auf Grundlage der Errungen schaft der kapitalistischen Ära: der Kooperation und des Gemeinbesitzes der Erde und der durch die Arbeit selbst produzierten Produktionsmittel. "③

---

① 此处引用企鹅出版社 1976 年版《资本论》，中译见《马克思恩格斯全集》第 44 卷，人民出版社 2001 年版，第 614 页。

② 此处为作者进行的翻译，中译同上。

③ 此处引用 MEW 版，中译为"从资本主义生产方式产生的资本主义占有方式，从而资本主义的私有制，是对个人的、以自己劳动为基础的私有制的第一个否定。但资本主义生产由于自然过程的必然性，造成了对自身的否定。这是否定的否定。这种否定不是重新建立私有制，而是在资本主义时代的成就的基础上，也就是说，在协作和对土地及靠劳动本身生产的生产资料的共同占有的基础上，重新建立个人所有制"。见《马克思恩格斯全集》第 44 卷，人民出版社 2001 年版，第 874 页。本章的《资本论》第 1 卷引文的翻译都参照此版本，但代表商品和货币的英文字母还是用 C 和 M。——译者注

Urfassung 版，1867，744 – 745："Die kapitalist ische Produktions-und Aneign-ungsweise, daher das kapitalistische Privateigenthum, ist die erste Negation des indiv-iduellen, auf eigene Arbeit gegründeten Privateigenthums. Die Negation der kapitalis-tischen Produktion wird durch sie selbst, mit der Nothwendigkeit eines Naturprozess-es, producirt. Es ist Negation der Negation. Diese stellt das individuelle Eigentum wieder her, aber auf Grundlage der Errungenschaft der kapitalistischen Aera, der Co-operation freier Arbeiter und ihrem Gemeineigenthum an der Erde und den durch die Arbeit selbst producirten Produktionsmitteln."[1]

MECW，751 中的翻译："The capitalist mode of appropriation, the result of the capitalist mode of produc tion, produces capitalist private property. This is the first negation of individual private property, as founded on the labour of the proprietor. But capitalist production begets, with the inexorability of a law of Nature, its own negation. It is the negation of negation. This does not re-es-tablish private property for the producer, but gives him individual property based on the acquisition of the capitalist era: i. e., on cooperation and the possession in common of the land and of the means of production."[2]

企鹅出版社版第 929 页中的翻译："The capitalist mode of appropriation, which springs from the capitalist mode of production, produces capitalist private property. This is the first negation of individual private prop erty, as founded on the labour of its proprietor. But capitalist production begets, with the inexorabil ity of a natural process, its own negation. This is the negation of the negation. It does not re-establish private property, but it does indeed establish individual property on the basis of the achievements of the capitalist era: namely co-operation and the possession in common of the land and the means of production produced by labour itself."[3]

---

① 此处引用《资本论》Urfassung 版，中译见《马克思恩格斯全集》第 44 卷，人民出版社 2001 年版，第 874 页。
② 此处引用 MECW 版，中译同上。
③ 此处引用企鹅出版社 1976 年版《资本论》，中译同上。

考虑到 MEW 版和《资本论》Urfassung 版的提法，我认为更好的英语翻译如下：

The capitalist mode of appropriation emerging from the capitalist mode of production, hence capitalist private property, is the first negation of private property founded on an individual's own labour. But capitalist production produces with the necessity of a natural process its own negation. It is the negation of the negation. This does not reestablish private property, but indeed individual property on the basis of the capitalist era's attainments: the cooperation of free labourers, their common possession of the Earth, and the means of production produced by labour itself. ①

"自然法则"（a law of Nature）和"自然过程"（a natural process）是有区别的。第二种翻译更接近马克思的原始表述。企鹅出版社出版的福凯斯译本有其自身的精确之处，它是我认为最好的英文翻译版本，能为每一个从事阅读《资本论》第 1 卷的人提供良好的基础。然而，毫无疑问，即使是福凯斯的翻译也有待很大的改进，新的翻译也是应该做到如此。

资本的先决条件

马克思把资本的产生描述为两个逻辑前提：过程 C－M－C－"为买而卖"（247）以及 M－C－M－"为卖而买"（248）。他描述了这两个过程的共同点和不同点。

但是，C－M－C 和 M－C－M 这两个循环从一开始就不同，是由于同样两个对立的流通阶段具有相反的次序。简单商品流通以卖开始，以买结束；作为资本的货币的流通以买开始，以卖结束。作为运动的起点和终点的，在前一场合是商品，在后一场合是货币。在整个过程中起中介作用的，在前一形式是货币，在后一形式则是商品。

C－M－C 由 C－M 和 M－C 组成，M－C－M 由 M－C 和 C－M 组成。所以

---

① 此处为作者进行的翻译，中译见《马克思恩格斯全集》第 44 卷，人民出版社 2001 年版，第 874 页。

这两个部分具有相同的成分，但同时它们也是相反的，因为它有不同的起点和终点。C-M-C从商品开始，以消费的使用价值结束；而M-C-M以货币开头，以货币结束，"因此，这一循环的动机和决定目的是交换价值本身"（250）。对于C-M-C和M-C-M有两种逻辑可能。在循环C-M-C中，商品C获得货币M后可以购买另一种商品C_2或同一商品C。在循环M-C-M中，商品C的买方可以以相同的金额M或不同的金额M_2卖出它。买卖（M-C-M）的一种选择是以购买价格出售商品，这似乎是一种既"无目的"又很"荒唐的"活动，因为货币拜物教推进了个人主义、利己主义和囤积倾向。

资本循环：商品、货币和资本流通的辩证法

C-M-C和M-C-M相互联系的过程形成了一个循环，这是两者的辩证统一：M-C-M′。

> 例如，用100镑买的棉花卖100镑+10镑，即110镑。因此，这个过程的完整形式是M-C-M′。其中的M′=M+ΔM，即等于原预付货币额加上一个增殖额。我把这个增殖额或超过原价值的余额叫作剩余价值（surplus value）。可见，原预付价值不仅在流通中保存下来，而且在流通中改变了自己的价值量，加上了一个剩余价值，或者说增殖了。正是这种运动使价值转化为资本。（251）

M-C-M′意味着购买以更高的价格出售。如果在商品线M-C-M′中，货币变成资本，商品C以大于M的价格出售，并且由此产生的剩余再投资，再次购买以便出售。资本旨在增加自身的资金，为卖而买以便获得更多资金，并且为了再次购买再次出售以便积累更多资金的商品而出售。两个过程M-C和C-M构成商品C-M-C和货币M-C-M的简单流通。在资本循环M-C-M′中融入了这么一个动态累积过程：

$$M-C-M' = M + \Delta M - C' - M'' = M' + \Delta M' - C'' - M''' = M''$$
$$+ \Delta M'' - C''' - M'''' = M''' + \Delta M''' - \cdots\cdots$$

资本循环 M - C - M′：为了以更高的价格出售而买 = 资本的总公式

$$M - C - M' = M + \Delta M - C' - M'' = M'' + \Delta M'' - C'' -$$

$$M''' = M'' + \Delta M'' - C''' - M'''' = M''' + \Delta M''' - \cdots$$

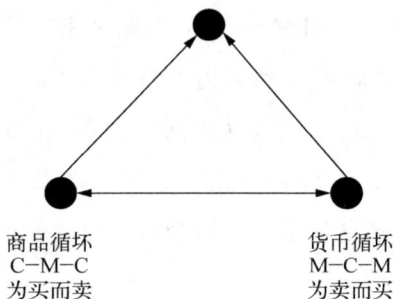

商品循坏
C-M-C
为买而卖

货币循环
M-C-M
为卖而买

图 4.1　《资本论》第 1 卷第 4 章商品、货币和资本循环的辩证法

什么是资本？什么是资本家？

马克思将资本描述为"价值增殖"（253），"本身就是目的"（253），"无限"（253），"货币贮藏者……所谋求的无休止的价值增殖……不断地把货币重新投入流通而实现了"（254—255），"自行增殖"（255），价值作为"主体……它至少会生金蛋"，获得"创造价值的奇能"（256），"把货币变成更多的货币"的过程，"价值……表现为一个……自行运动的实体"，"价值成了处于过程中的价值，成了处于过程中的货币"，"在流通中保存自己，扩大自己，扩大以后又从流通中返回来，并且不断重新开始同样的循环"（256），"生出货币的货币"（256），"为了贵卖而买"的过程（256），"等于更多货币的货币，比本身价值更大的价值"（257）。重点在于，资本家的目标是通过投资和再投资资金，以及以高于投资成本的价格买卖商品，来不断增加资本。

马克思在第 4 章中也引入了"资本家"的概念——作为 M - C - M′"这一运动的有意识的承担者"，"他这个人，或不如说他的钱袋，是货币的出发点和复归点"（254），"只有在越来越多地占有抽象财富成为他的活动的惟一动机时，他才作为资本家或作为人格化的、有意志和意识的资本执行职能……资本家是理智的货币贮藏者"（254）。

资本家面临着资本、积累和竞争的结构。他们当然可以选择不做资本家，而是以赚取工资的工人身份为生，但是因为商品拜物教的意识形态影响，他们不太可能这样做。作为资本家，他们不能因为竞争的压力而拒绝积累。他们必须设法增加资本，让工人生产得更多，继而以高于投资成本等价格出售的商品来剥削工人。否则，其企业将崩溃，这可能意味着他们的个人财富和生存的终结。资本是一种迫使资本家在阶级关系和竞争关系中行动的结构。

剩余价值：一个关键范畴

马克思在第 4 章中使用了"剩余价值"概念，即作为货币增量，超过了投资金额 $M : M' = M + \Delta M$。需要注意的是，他后来在阐述资本的过程中引入了"利润"一词来对应剩余价值。剩余价值在劳动时间层面也发挥着作用。商品有一定的投资成本，并产生货币利润。它是在一定的平均生产时间内生产的。此生产时间可分为代表投资成本的一部分和代表利润的另一部分。代表利润的劳动时间是无报酬的劳动时间或过剩的劳动时间。马克思还在"工作日"的这一章使用了"剩余价值"概念。

阿根廷-墨西哥马克思主义哲学家恩里克·杜塞尔（Enrique Dussel）在关于《政治经济学批判大纲》的研究中指出，马克思是在 1857 年 12 月第一次发现了"剩余价值"这一范畴（Dussel 2008，77）。《政治经济学批判大纲》（Marx 1857/1858）是马克思写作《资本论》最早的手稿。马克思在《政治经济学批判大纲》的段落中明确指出，他引入"剩余价值"这个概念，不仅仅意味着货币利润，还有资本家从工人那里得到的无偿劳动时间。这种劳动时间在商品中客观化，这是商品销售时的利润基础：

> 资本在生产过程结束时具有的剩余价值，——这种剩余价值作为产品的更高的价格，只有在流通中才得到实现，但是，它同一切价格一样，它们在流通中得到实现，是由于它们在进入流通以前，已经在观念上成为流通的前提了，已经决定了，——按照交换价值的一般概念来说，表示对象化在产品中的劳动时间或者说劳动量（就静止状态来说，劳动量的大小表现为空间的量，就运动状态来说，劳动量的大小只能用时间来计量）大于

资本原有各组成部分所包含的劳动量。(Marx 1857/1858，321)

> 这种情况也可以表述如下：如果工人只需花费半个工作日就能生活一整天，那么，他要维持他作为工人的生存，就只需要劳动半天。后半个工作日是强制劳动动；剩余劳动。在资本方面表现为剩余价值的东西，正好在工人方面表现为超过他作为工人的需要，即超过他维持生命力的直接需要的剩余劳动。(Marx 1857/1858，324 - 325)

同样明显的是他在考虑如何将工作时间转化为货币价格的过渡问题，这里没有简单的方法来计算劳动力过剩和其他方面的实际利润。因为并非所有商品都能出售，因此并非所有商品都能产生利润。而过剩劳动作为超值的物质，在商品生产过程中已经在商品中凝结和物化。

资本作为货币和商品的辩证法

资本作为自我增殖的货币而流通，其形式 $M - C - M' - C'' - M'' - C''' - M'''\cdots$ 是货币与商品的辩证法：货币投资于购买商品和生产新商品；这些新的商品是以更高的价格出售的，这样就实现了更多的资金，再次投资于购买商品并生产新商品；这些钱又变成了一笔更大的钱等。图 4.2 将资本作为货币和商品的辩证统一体现出来了。该图还显示了马克思如何在《资本论》第 1 卷中逻辑地展开这一辩证法：他首先在第 1 章中讨论了商品，然后在第 3 章中转向货币，并在第 4 章中引入了资本作为商品和货币辩证法的概念。

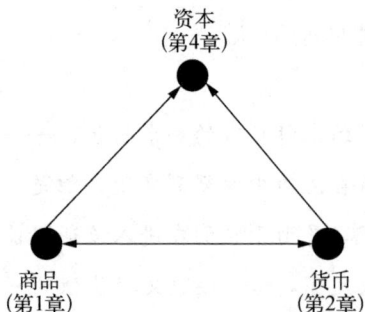

图 4.2　资本作为商品与货币的辩证法及其在《资本论》第 1 卷中辩证法的逻辑展开

第 4 章练习

小组练习（G）

项目练习（P）

关键词：资本，剩余价值

练习 4.1（G 或 P）

《福布斯全球 2000 强企业》每年都会公布世界上最大的跨国公司的名单。

分组工作：看看目前《福布斯全球 2000 强企业》名单。每组选择一个活跃在信息领域的公司——即属于以下生产领域之一的公司：广告、广播、通信设备、计算机硬件、计算机服务、计算机存储设备、消费电子、互联网服务、印刷和出版、半导体、软件和编程、电信。

查看您所选择的公司的年度财务报告和《福布斯全球 2000 强企业》公布的本年度和前几年的数字，以便为这家特定公司确定过去 10 年的以下数据（P）或者过去一年的数据（G）：

1. 公司的总资本（资本资产）有多大，过去 10 年（P）或过去 1 年（G）是如何发展的？

2. 公司的货币利润有多大，过去 10 年（P）或过去一年（G）的发展情况如何？

3. 公司在过去一年过去 10 年（P）中每年向雇员支付的工资金额有多大？与资本资产和利润的增长相比，工资是如何发展的？

4. 谁是公司的主要股东，他们持有的股份和投票权比例是多少？在过去的一年里（G）或过去的 10 年（P）里，公司的主要股东及其股份和投票权的百分比是如何发展起来的？

5. 谁是公司董事会的成员（G）？他们的薪酬有多高？在过去 10 年（P）中，董事会成员是如何发展起来的？（P）在过去的 10 年（P）里，董事会个别成员的报酬是如何发展的（P）？

借助图形和表格，可视化并总结结果。

注：在财务报告中，利润通常被称为净收入或净利润。在大多数国家，公司——即股票交易公司——有义务发布年度财务报告。对于美国，这些数据可

在美国证券交易委员会（SEC）数据库中在线查阅，它们被称为 SEC 文件。与获得这项工作的数据特别相关的是 SEC 申请 10 - K（年度报告）和年度代理声明。对于非美国公司，我建议您查看这些公司、网站，以便寻找财务报告。此类报告通常可以在具有"投资者关系"或"财务状况"等网站中找到部分。

5 资本总公式的矛盾

简单商品生产

马克思将资本总公式与商品的简单再生产 C - M - C 区分开来，"两个商品占有者彼此购买对方的商品，并到支付日结算债务差额时，总是出现这种形式：彼此所欠的金额相等"（259）。这意味着在简单商品生产过程中没有创造利润。资本循环公式 M - C - M′ 与简单商品生产的区别在于"同样两个对立过程（卖和买）的次序相反"（258）：首先是购买 M - C，然后是销售 C - M′。"作为资本家，我从 A 手里购买商品，再把商品卖给 B；作为简单的商品所有者，我把商品卖给 B，然后从 A 手里购买商品。"（258）马克思指出简单商品生产是一种"等价物的交换"，没有"形成剩余价值"（262）。

生产和交换

马克思批评了诸如孔狄亚克（Condillac，1714 - 1780）、塞缪尔·菲利普斯·纽曼（Samuel Phillips Newman，1797 - 1842）和罗伯特·托伦斯（Robert Torrens，1780 - 1864）等古典政治经济学家的假设，"商品流通"和商业是"剩余价值的源泉"（261）。这样的尝试"大多是把使用价值和交换价值弄混了、混淆了"（261）。马克思指出"剩余价值的形成，从而货币转化为资本，既不能用卖者高于商品价值出卖商品来说明，也不能用买者低于商品价值购买商品来说明"（263）。带来利润的决定性因素和剩余价值对于马克思而言不是货币，而是某种不同的东西。

马克思想要提出的一点是"流通或商品交换不创造价值"（266）。M - C -

M′在其纯粹版本的形式上只是商人资本，即假设商品已经生产出来。但是，人们也必须考虑到这一点，是劳动生产了商品，这个过程中不仅有货币流通，而且有商品的产生。"有某种在流通中看不到的情况发生在流通的背后。"（268）对于马克思来说，创造剩余价值和利润的并不是货币，而是劳动力。马克思想要提出的观点是资本家购买商品（劳动力，资源）不是为了转售它们，而是为了让劳动力生产出含有剩余价值和剩余产品的新商品：

> 商品占有者能够用自己的劳动创造价值，但是不能创造自行增殖的价值。他能够通过新的劳动给原有价值添加新价值，从而使商品的价值增大，例如把皮子制成皮靴就是这样。这时，同一个材料由于包含了更大的劳动量，也就有了更大的价值。因此，皮靴的价值大于皮子的价值，但是皮子的价值仍然和从前一样。它没有增殖，没有在制作皮靴时添加剩余价值。可见，商品生产者在流通领域以外，也就是不同其他商品占有者接触，就不能使价值增殖，从而使货币或商品转化为资本。（268）

一家制靴公司，如 Doc Martens，Frye Company，Red Wing 或 Timberland 不买卖皮革，它更喜欢购买皮革并销售靴子。靴子从皮革中出现不是通过魔法，而是因为工人投入了特定的时间，利用他们的劳动力将皮革变成靴子。因此皮靴含有皮革和特定的平均劳动时间。马克思在第 5 章中暗示了这一点，事实上，大多数商品生产比 M - C - M′ 更复杂，而 M - C - M′ 只是 M - C . . P . . C′ - M′ 的缩写：资本家购买劳动力、技术和资源作为商品。工人们获取资源并通过消耗特定数量的能源时间创造一种新的商品 C′。新商品 C′ 相比商品 C 以及生产 C′ 所投入的原材料具有新品质和更多价值：$C' = C + \Delta C$。靴子制造公司通过销售靴子实现的利润 ΔM 并非因为转售皮革的价格高于或低于其价值，而是因为劳动力创造了一种新的商品 C′ 并以 M′ 的价格出售；该价格高于投入商品的购买价格 M。利润 ΔM 是剩余价值和剩余产品的货币表达式，ΔC 在商品中包含 $C' = C + \Delta C$。商品 C′ 包含着人们可以消费的经验丰富的产品或服务，以满足人们的需求并具有经济价值的客观化了的一定数量的人类劳动。与 C 相比，C′

包含剩余产品和剩余劳动。M′和 ΔM 来自剩余劳动，而非高价出售。对于马克思，销售将剩余劳动和剩余价值转化为货币利润。他说出售"实现"商品 C′中包含的剩余价值。剩余价值不是来自货币，而是来自劳动。

流通劳动

C′-M′的流通过程也需要特定的劳动形式：为了拥有特定的品牌形象，推销和宣传靴子；靴子从工厂被运送到零售商，并由鞋店的店员出售。积累一双靴子的资本所需的总劳动力包括鞋匠的劳动力、营销和公关工作者的劳动力、运输工人和售货员的劳动力。马克思在第 5 章中没有讨论流通过程中工人的作用，而是在《资本论》第 2 卷的第 6 章"流通费用"（Marx 1885，207 - 299），和《资本论》第 3 卷的第 4 部分"商品资本和货币资本转化为商品经营资本和货币经营资本（商人资本）"（ch. 16 - 18；Marx 1894，379 - 455）中讨论。

与流通过程中的劳动有关的问题是，什么样的劳动是生产性的，是创造剩余价值的劳动？广告、运输和销售劳动是不是一种生产劳动？我在拙著《社交媒体时代的文化与经济》一书第 5 章"社交媒体和生产劳动"中详细讨论这些问题和马克思对此的看法（Fuchs 2015）。马克思主义理论家们用不同的方式解释了马克思在这个问题上所写的内容，并没有统一的观点。

巴兰和斯威齐谈广告

保罗 A. 巴兰（1909—1964）和保罗 M. 斯威齐（1910—2004）是美国两位马克思主义经济学家。他们参与建立和编辑社会主义期刊《每月评论》并发展了垄断资本主义理论。他们最著名的书是《垄断资本：论美国经济和社会秩序》（Baran and Sweezy 1966）。他们解释了形成资本主义垄断的原因，并表明资本主义经济并不是始终竞争性的，而是由竞争逐渐变成垄断。

巴兰和斯威齐认为，垄断资本主义有增加剩余价值的趋势，这些剩余价值被奢侈品、广告和促销、增加军费开支以及金融扩张所吸收。所有这些支出都将是非生产性的，因此进一步导致了生产力停滞不前和资本主义爆发危机的倾向。巴兰和斯威齐将广告定位为一种在销售工作中的操纵形式。广告和广告劳动将成为垄断的非生产性因素，"垄断资本主义的产物"（同上，122），某种形式的"食利者"（同上，127）和"单纯的吸收剩余的形式"（同上，141）。

欧内斯特·曼德尔论广告

欧内斯特·曼德尔（1923—1995）是马克思主义理论家，也是第四国际领导人之一。第四国际是一个国际共产主义组织，聚集了列夫·托洛茨基的追随者。他最著名的书籍是《晚期资本主义》（Mandel 1978），他的论文让他于1972年获得了柏林自由大学的博士学位。曼德尔结合了马克思主义危机理论和马克思主义的经济长波理论。晚期资本主义对他来说是资本主义发展的一个特定阶段，第三次工业革命促成了大规模自动化、跨国资本、新殖民主义、永久性军火经济、服务业扩张和大众消费（"消费社会"）。曼德尔称赞巴兰和斯威齐对销售、分配和管理的分析"非常出色"（同上，399，footnote 48）。利润率的趋势会导致资本家的"未投资剩余资本"（同上，387）试图通过"渗透到非生产性领域"来抵消（同上，388）。

广告、市场研究和消费者信贷将是"晚期资本主义日益增长的实现困难的明确无误的表达"（同上，399），企图更快地销售更多商品来减少资本周转时间。与此同时，服务诸如运输、剧院和电影等服务将被汽车、电视机和录像带等商品取代（同上，406）。"因此，晚期资本主义的逻辑必然是将闲置资本转换为服务资本，同时用生产资本取代服务资本，换句话说，用商品代替服务"（同上，406）。服务业会没有成效："资本主义服务业是从生产资本创造的剩余价值中扣除，而不是补充。"（同上，407）

达拉斯·W. 斯麦兹论广告

达拉斯·W. 斯麦兹（1907—1992）是一位加拿大政治经济学家，对该国信息、媒体和传播的政治经济学批判领域的发展影响很大（Mosco，2009）。他认为许多马克思主义者并不认真对待沟通领域，将其简化为上层建筑，并且不希望看到商业大众媒体的重要性：不仅仅是操纵需求的领域，也是观众和广告工人的劳动领域。他在著名的文章《传播：西方马克思主义的盲点》中（Smythe 1977）指出巴兰和斯威齐以理想主义的方式将广告简化为一种操纵形式的研究。他批评他们"认为流通费用不产生剩余价值并加以排斥"（Smythe 1977，14），并得出结论认为"否认广告的生产性是不必要且分散注意力的：这是从垄断资本主义前的发展阶段衍生出来的一个死胡同，是一种虽尽职尽责但既不成功也不恰当的与资本和解的尝试"（同上，16）。

欧内斯特·曼德尔暗示了这两个立场的真正差异。他说，人类"首先必须保证吃、喝、住、穿，这样才有盈余可以去看医生、修鞋子或者去度假"（Mandel 1978，407）。像巴兰、斯威齐和曼德尔这样的思想家认为吃、喝、穿、住以及能源是经济的核心，而文化和沟通是次要的上层建筑，这一假设是根据曼德尔的表述"首先，在……之前"得出的。巴兰和斯威齐（1966，8）认为"剩余价值的利用方式，是连接社会经济基础与马克思所说的政治、文化及意识形态上层建筑之间不可或缺的机制"。这种表述暗示文化是非经济的，这忽视了音乐、电影、游戏、娱乐、软件、广告、公共关系、艺术、文学、科学、体育、互联网通信等形式。在信息资本主义中，它们并不在经济和商品形式之外，而是在一定程度上成为资本主义文化产业的一部分，在这个产业中，信息工作者生产文化商品并进行销售，以便资本家积累利润。

文化唯物主义的马克思主义思想家，如斯麦兹和雷蒙德·威廉姆斯相反，强调沟通和文化不是次要的或上层建筑的，而是人类存在的基础，并已成为资本主义产业，其中劳动力被消耗，资本家剥削工人，资本积累。关于生产性和非生产性的问题，是生产的主要领域和次要领域的问题，是哪些工人有能力通过罢工或拒绝工作来推翻资本主义生产的问题。

雷蒙德·威廉姆斯的文化唯物主义

雷蒙德·威廉姆斯（1921—1988）是威尔士马克思主义文化理论家、小说家和文学评论家，他在接受《新左派评论》采访时以下列方式回答了关于在资本主义中文化重要性的问题：

> 《新左派评论》：即使是资产阶级的自由主义者也会反思，如果所有的小说家都在英格兰停止写作一年，结果几乎不会像所有汽车工人停止劳动一样。为您的论点提供更相关的示例，完全停止主要通信工业——电视、广播和新闻——将严重影响任何现代资本主义社会的生活，但其效果无法与码头、矿山或发电站的重大罢工相提并论。工人在这些行业中有能力破坏社会生活的整体结构，因此他们的生产活动具有决定性的重要性。（Wil-

liams 1979，354）

雷蒙德·威廉姆斯：…… 我不愿意说等级序列的顶端是生产性工业，然后是政治机构或大众传播手段，再然后是哲学家或小说家的文化活动。并不是说不会有这样的等级，而是现代资本主义经济的本质日益表明，第一等级从不可或缺的需求滑向了这种秩序的再生产或在这种秩序中维持生命的能力的可有可无的条件。我们可以想象，人类可以通过以不同的方式生活来适应一种非常困难的类型。这些等级，一般来说，从满足基本生理需要的活动到那些你至少可以否定地说，如果不进行这些活动，人类的生命不会立即受到威胁的活动，都是按照一条线来划分的，但标准不是一成不变的。毕竟，电力或石油的停工现在将使生活在很短的时间内变得几乎不可能，从历史上看，很明显我们的社会直到最近才拥有它们，因此，生命可以通过其他方式来维持。举个例子：据估计，最先进的资本主义国家美国，有一半以上的就业人口现在在从事涉及各种信息处理和包装工作。如果是这样的话，那么信息罢工将呼吁维持人类的生命，在那个社会秩序中很快就会受到质疑。（同上，355）

威廉姆斯强调，文化工作，例如广告工作，不是上层建筑或非生产性的，而是已成为资本主义的重要领域。

马克思把生产和交换之间的矛盾视为总公式的核心 $M - C - M'$ 或 $M - C..P..C' - M'$。资本不能只在交换中存在，但也不能独立于交换而存在："因此，资本不能从流通中产生，又不能不从流通中产生。它必须既在流通中又不在流通中产生。"（268）

第 5 章练习

小组练习（G）

项目练习（P）

关键词：资本，流通，交换，剩余价值

练习 5.1（P）

阅读以下四个文本：

1. 保罗·A. 巴兰，和保罗·M. 斯威齐：《垄断资本：论美国的经济和社会秩序》，第 5 章"剩余的吸收：销售努力"，纽约：每月评论出版社 1966 年版。

2. 欧内斯特·曼德尔：《晚期资本主义》，第 12 章"服务部门的扩展，'消费社会'，以及剩余价值的实现"，伦敦：沃索出版社 1978 年版。

3. 达拉斯·W. 斯麦兹：《传播：西方马克思主义的盲点》，《加拿大华人政治和社会理论杂志》1977，1（3）：1—27。

4. 雷蒙德·威廉姆斯：《政治与文学：新左派评论访谈》，第 5 章"马克思主义与文学"，伦敦：沃索出版社。

分组讨论并展示结果：巴兰、斯威齐和曼德尔对文化、广告、销售和流通的理解方式的共同点是什么？在斯威齐和威廉姆斯对这些现象的理解中哪些是相同的？巴兰、斯威齐和曼德尔与斯麦兹和威廉姆斯的主要区别是什么？对于文化和传播在整个社会，特别是在当代资本主义中所起的作用，你是如何定位的？

6　劳动力的买和卖

在第6章开头，马克思总结了第5章的主要观点——不是货币资本创造价值和利润，而是劳动：

> 要转化为资本的货币的价值变化，不可能发生在这个货币本身上，因为货币作为购买手段和支付手段，只是实现它所购买或所支付的商品的价格，而它如果停滞在自己原来的形式上，它就凝固为价值量不变的化石了。……要从商品的使用上取得价值，我们的货币所有者就必须幸运地在流通领域内即在市场上发现这样一种商品，它的使用价值本身具有成为价值源泉的特殊属性，因此，它的实际使用本身就是劳动的物化，从而是价值的创造。货币所有者在市场上找到了这种特殊商品，这就是劳动能力或劳动力。（270）

劳动力，劳动能力

第6章涉及"劳动力"的概念。马克思将"劳动力"或"劳动能力"定义为"一个人的身体即活的人体中存在的、每当他生产某种使用价值时就运用的体力和智力的总和"（270）。

这个定义表明，体力工作和信息工作之间无法做出严格区分：所有工作都需要并利用人类的精神和身体能力，即大脑和四肢。人类只是大脑和身体其他部分的结合。信息工作利用人的心理和身体能力来创造信息产品，而体力劳动则利用这些能力创造一个物理产品。信息和物理产品都是在社会上物质的表现形式。写这句话时，我同时使用我的大脑和手指。我的大脑创造了关于马克思的书的想法，我写下来，而我的大脑协调我的手指，他们按我笔记本电脑上特定的键，这样就可以在我笔记本电脑上运行的文字处理器中创建句子。在工作过程中，"耗费人的一定量的肌肉、神经、脑等等"（274）。

劳动者和奴隶

马克思认为资本主义需要劳动两方面的条件作为前提：（1）劳动者是他们自己的劳动力的所有者，（2）为了生存，他们被迫为他人工作。

在讨论第一个条件时，马克思区分了奴隶和雇佣劳动。雇佣工人"必须能够支配它，从而必须是自己的劳动能力、自己人身自由的所有者"（271）。该工人的身心构成他的人，不是资本家的财产，而奴隶整个人是奴隶主的财产。奴隶主可以选择杀死奴隶而不必担心法律后果，因为奴隶是奴隶主的财产。在这方面，奴隶更像是某人拥有的东西——他是不自由的。在现代社会中，法律和人权保障了人的自由。《世界人权宣言》第 3 条和第 4 条具体说明如下："第 3 条：人人享有生命、自由和人身安全的权利"；"第 4 条：任何人不得使为奴隶或奴役；一切形式的奴隶制度和奴隶买卖，均应予以禁止"。

在资本主义中的非自由私有财产

然而，马克思认为，在资本主义中，这种人的自由已经变成另一种形式的不自由。鉴于不是每个人都拥有生产资料，在现代社会中，大多数人为了谋生而被迫为他人工作。私有财产和商品生产的法律结构迫使人类进入阶级关系，在这个阶级关系中，他们的劳动被剥削，并创造出由他人拥有的商品。因此，马克思谈到了现代社会劳动力的双重自由：

> 可见，货币占有者要把货币转化为资本，就必须在商品市场上找到自由的工人。这里所说的自由，具有双重意义：一方面，工人是自由人，能够把自己的劳动力当作自己的商品来支配，另一方面，他没有别的商品可以出卖，自由得一无所有，没有任何实现自己的劳动力所必需的东西。（272—273）

《世界人权宣言》第17条规定了私有财产权："（1）人人得有单独的财产所有权以及同他人合有的所有权。"它也定义了工资——劳动是一项人权："第23条：（1）人人有权工作、自由选择职业，享有公正和合适的工作条件并享受免于失业的保障。（2）人人有同工同酬的权利，不受任何歧视。"宣言没有排除生产资料集体所有的可能性（"与其他人联合"）。然而，它同等定义了拥有生产资料的个人财产权和以雇佣工人身份工作的权利。因此，它同时对资本主义进行了具体和微妙的质疑。

自由主义意识形态中的私有财产

古典自由主义思想家将私有财产的自由解释为资本家拥有他们想要的尽可能多的东西的权利。例如，英国政治经济学家约翰·斯图尔特·穆勒（1806—1873）宣扬了一种个人主义，赋予人类用自己的方式追求自己利益的权利：

> 任何一个社会，若是上述自由不受尊重，那就不算自由，不论其政府形式怎样；任何一个社会，若是上述自由不是绝对的，没有规限的，那就不算完全自由。唯一名副其实的自由，是以我们自己的方式追求我们自身之善的自由，只要我们没有企图剥夺别人的这种自由，也不去阻止他们追求自由的努力。（Mill 1859，17）

自由主义意识形态假设公民个人自由与个人拥有私人财产的权利相关联，而这种私有财产高于对社会经济平等的考量。马克思在这种背景下，对古典自由主义提出的个人主义导致的利己主义进行了批判，认为这会损害公众利益。拥有私有生产资料和随意积累资本的权利，在这个过程中会损害共同体和社会中其他个体的利益。青年马克思在他的论文《论犹太人问题》中对此进行了批判："这就是说，私有财产这一人权是任意地（à son gré）、同他人无关地、不受社会影响地享用和处理自己的财产的权利；这一权利是自私自利的权利。"（Marx 1843a，236）"可见，任何一种所谓的人权都没有超出利己的人，没有超出作为市民社会成员的人，即没有超出作为退居于自身，退居于自己的私人利益和自己的私人任意，与共同体分隔开来的个体的人。"
（同上，236－237）

自由、平等、所有权和边沁

马克思坚信建立在私有财产的自由和社会正义（社会自由）的对立之上，这使资本主义成为一个不公正和不自由的社会。在《资本论》第1卷的第6章，他将现代自由形式中的不自由表述为双重自由劳动：现代劳动是自由的，因为它比奴隶更好（尽管奴隶制仍继续存在于全球资本主义中），但它也是不自由的，因为它迫于被资本剥削并且必须进入阶级关系才能生存。

马克思将资本主义（非）自由定义为"自由、平等、所有权和边沁"的统一（280）。在资本主义中，自由把自己简化为买卖自由，平等等同于规范交换的合同的平等，财产等同于私有财产。杰里米·边沁（1748—1832）是一位英国哲学家，他的功利主义哲学认为"当一个事物倾向于增大一个人的快乐总和时，或同义地说倾向于减小其痛苦总和时，它就被说成促进了这个人的利益，或为了这个人的利益"和"当一项行动增大共同体幸福的倾向大于它减小这一幸福的倾向时，它就可以说是符合功利原理，或简言之，符合功利"[1]（Bentham 1781，15）。

对于马克思来说，功利主义是支撑现代社会资本积累的一个原则。这在亚当·斯密的"看不见的手"的原则中变得更加明显，据此，资本家追求他自己的利益，结果是最好的一般财富形式。他认为富人天然是自私的，"是由一只看不见的手引导的……增进了社会利益"[2]（Smith 1790，215）。他认为私人财产是基本人权和"最神圣的正义法则"之一（同上，101），是"保护个人财产和所有权"[3]（同上，102）。

马克思在第6章末尾通过加入"边沁"来阐述他对自由主义"自由、平等、所有权"的批判："边沁！因为双方都只顾自己。使他们连在一起并发生关系的唯一力量，是他们的利己心，是他们的特殊利益，是他们的私人利益。正因为

---

① （英）边沁：《道德与立法原理导论》，时殷弘译，商务印书馆2000年版，第59页。
② （英）亚当·斯密：《道德情操论》，蒋自强等译，商务印书馆2003年版，第230页。
③ 同上书，第103页。

人人只顾自己，谁也不管别人"（280）。资本主义的不自由将导致资本家和工人之间的阶级关系。

马克思论自由

马克思有一个不同的"自由"概念。他把共产主义看作一个自由的王国，"在必要性和外在目的规定要做的劳动终止的地方"（Marx 1894，959），其中"工作日的缩短是根本条件"（同上，959）。这是一个王国，其中由高生产力水平保证的"个人的全面发展"，"集体财富的一切源泉都充分涌流"，社会在其旗帜上写下了以下原则："各尽所能，按需分配！"（Marx 1875，87）。共产主义对马克思来说是真正的自由，在这样一个社会中，辛劳已经结束，人们不被迫为他人工作，每个人都自愿地做他想要做的事情，每个人都得到了他所需求的生存资料而不必支付或不得不为此交换任何东西。高生产力水平将是这种自由的先决条件。

在第 24 章中，马克思在脚注中提出了对边沁功利主义理论的明确批评："他幼稚而乏味地把现代的市侩，特别是英国的市侩说成是标准的人。凡是对这种标准的人和他的世界有用的东西，本身就是有用的。他还用这种尺度来评价过去、现在和将来。"（759，footnote 51）

马克思写道，边沁"用这种废话写出了堆积如山的书"和他是"资产阶级蠢才中的一个天才"（同上）。

劳动力的价值

每种商品都有一个特定的价值，即生产它所需的平均时间。鉴于劳动力作为商品出售，它也必须有价值。马克思在第 6 章中回答了劳动力的价值是什么。

> 同任何其他商品的价值一样，劳动力的价值也是由生产从而再生产这种特殊物品所必需的劳动时间决定的。…… 假设个体已经存在，劳动力的生产就是这个个体本身的再生产或维持。活的个体要维持自己，需要有一定量的生活资料。因此，生产劳动力所需要的劳动时间，可化为生产这些生活资料所需要的劳动时间，或者说，劳动力的价值，就是维持劳动力所有者所需

要的生活资料的价值。但是，劳动力只有表现出来才能实现，只有在劳动中才能发挥出来。……劳动力所有者今天进行了劳动，他应当明天也能够在同样的精力和健康条件下重复同样的过程。因此，生活资料的总和应当足以使劳动者个体能够在正常生活状况下维持自己。(274—275)

马克思在第 6 章中提到了维持劳动力的生存资料：食品、衣服、住房、生育，家庭的生存，以及婴儿教育与训练的相关物品。一个工人的再生产方式包括他自己的生活费用、家庭开支、育儿费用、获得技能的教育费用和维护自身身体和精神状态可以继续工作所需要的医疗保健费用。从历史上看，主要是家庭中的妇女组织和生产生活资料。因此，马克思主义女权主义者引入了"生育劳动"的概念，以强调劳动力的价值是由另一种劳动形式创造的，这种劳动形式在家庭经济中运作，主要由妇女进行。这种劳动将是无偿的，由于家务工作者的无偿活动，资本家不必为再生产劳动力买单，而可以日复一日地再生产、重建和更新劳动力。

马克思指出，生存手段不是固定的，而是历史的，并且"多半取决于一个国家的文化水平"(275)。"劳动力的价值可以归结为一定量生活资料的价值。因此，它也随着这些生活资料的价值即生产这些生活资料所需要的劳动时间量的改变而改变。"(276) 劳动力的价值"在它进入流通以前就已确定，因为在劳动力的生产上已经耗费了一定量的社会劳动"(277)。劳动力的使用价值在于随后的运用劳动力创造满足人类需求和价值的使用价值，满足人们需要的资本积累。

家务劳动和再生产劳动

马克思主义女权主义者强调，家务劳动不是外部的、次要的或非生产性的形式活动，恰恰相反，它对资本主义的存在而言是中心的、首要的和生产性的劳动。马克思在《资本论》第 1 卷第 1 章说，商品是资本主义的细胞形式。因此，所有人生产商品的活动都是为资本主义的存在进行的关键劳动。家务劳动和再生产劳动者生产和再生产劳动力商品，他们是对资本主义生存至关重要的商品生产者。资本剥削的不仅仅是雇佣工人，还有家务劳动者和再生产劳动者。

马克思主义女权主义者达拉·科斯特和谢尔玛·詹姆斯参与了国际家务劳动工资运动并合著了女权主义经典《妇女的力量和社区的颠覆》（Dalla Costa and James 1972），她们认为生育工作在资本主义社会是生产劳动。她们说"家务劳动不仅仅产生使用价值，而且是对剩余价值的生产至关重要的"，并且"工资奴隶制的生产力"是"基于无工资的奴隶制"（同上，31）。

女权主义政治理论家齐拉·爱森斯坦编纂了马克思主义女权主义的经典合集《资本主义父权制与社会主义女权论》。在这本选集中，她认为性别分工保证了"免费劳动力资源"和"廉价劳动力资源"（Eisenstein 1979，31）。

德国马克思主义——女权主义社会学家玛丽亚·米斯写了一篇关于分析资本主义爱国者的分析文章，题为"世界范围内的父权制与资本积累"。她认为女性在三重意义上受到剥削："她们被男人剥削；她们作为家庭主妇被资本剥削；如果她们是雇佣劳动者，她们也以雇佣劳动者的身份被剥削。"（Mies 1986，37）资本主义生产将基于：

> 对非雇佣劳动者（女性、殖民地、农民）进行过度剥削（superexploit-ation），然后才有可能对雇佣劳动进行剥削。我把他们的剥削定义为过度剥削，因为它不是基于（资本家）对超出"必要"劳动时间的时间和劳动（即剩余劳动）的占有，而是基于对人们自己生存或生计生产所需的时间和劳动的占有。它不是由工资来补偿的。（同上，48）

意大利女权主义者利奥波丁娜·弗尔图纳蒂（1995）在她的著作《再生产的奥秘：家务、卖淫、劳动和资本》中提出，生育劳动是生产性的，因为它"将个体作为一种商品进行生产和再生产"（70），通过"生产和再生产劳动力"（70）而创造"劳动力的使用价值"（69）。

这些马克思主义女权主义方法的共同之处在于它们强调资本主义所要求它的存在无偿和低收入的领域受到高度剥削。马克思主义理论家罗莎·卢森堡（1871—1919），与卡尔·李卜克内西一起创立了斯巴达克斯同盟（Spartakusbund），其在 1919 年成为德国共产党（KPD）。卢森堡提出，资本主义要求对非资本主义的环境进行利用："资本从这些组织的废墟中汲取养分，尽管非资本主义的环境对于资本积累至关重要，但资本积累的过程却会以消耗这一环境为代价，逐渐将其吞噬。"（Luxemburg 1913/2003，363）

在资本主义中的奴隶制

阶级社会的共同点是，一个阶级控制着另一个阶级强迫工作的经济体系，它创造出由统治阶级控制的剩余产品。统治阶级剥削被统治阶级，从而占有后者的剩余劳动和剩余产品。马克思在第 6 章开始就描述了现代"双重自由"的工人和作为奴隶主财产的非自由奴隶之间的区别。奴隶制并没有随着资本主义的崛起而终结，而是继续存在于资本主义之中。根据全球奴隶指数报告估计，2014 年全球有 3000 万奴隶。[①]众所周知，锡、钨和钽等所谓的"冲突矿物"就是一个例子。这些矿物从非洲的奴隶那里买来，用于生产笔记本电脑、手机和MP3 播放器等电子产品。[②]

所以奴隶制是一种比资本主义制度更古老的阶级关系，且仍然存在于资本主义内部。父权制也比资本主义古老，但是资本主义父权制是在资本主义之下并得以延续的产物。从历史上看，绝大多数的低薪、不稳定和无薪的劳动都是由妇女从事的。在奴隶制和父权制同时存在的地方，妇女是性奴役、强迫婚姻、强奸、割礼等的受害者。马克思在第 6 章中指出，需要通过生产和消费生活资料来再生产劳动力。马克思主义女权主义在这一背景下扩展了马克思的分析，认为资本主义父权制是资本主义内部的一种生产方式，是在家庭中组织起来的，在家庭中，生育工人重新创造和生产劳动力，这样劳动力就可以一次又一次地被资本剥削。因此，资本家不仅剥削雇佣工人，而且剥削维持雇佣劳动的生殖劳动。

资本主义是一种生产方式，资本家通过出售商品和剥削生产商品的劳动力来积累资本。资本家不能停止剥削劳动力，因为为了使他们的企业生存下去，

---

① 数据来源于：http：//www. globalslaveryindex. org.（访问时间：2015 年 7 月 8 日）

② http：//en. wikipedia. org/wiki/Conflict resource，https：/www. freetheslaves. net/.（访问时间：2015 年 7 月 28 日）

他们必须扩大资本，赚取利润，并试图超越其他资本。因此，资本主义的梦想是，企业不必支付任何工资，这将允许它们实现利润最大化。在法西斯形式的资本主义中，基本的公民自由被废除，资本家可能会让工人自己工作到死，并用活着的工人代替死去的工人。这种制度是建立在极端暴力的基础上的，它压迫工人阶级、工会和社会主义运动，并把奴隶制作为资本主义阶级关系的核心。

工资：劳动力的价格

劳动力的价格（工资）取决于政治上规定的工作条件，这是资本和劳动力之间阶级斗争的实际、暂时和动态变化的结果。工人阶级的斗争、罢工和工会活动旨在提高工资，这总是意味着利润的减少和资本危机倾向的增加。资本有一种固有的法西斯主义倾向，它试图压制工人的权利，并将工资降低到绝对的最低水平，甚至低于最低工资水平，即低于劳动力的价值。

相比之下，工人阶级对争取自身权力并最大限度提升工资抱有固有的兴趣。绝对的最大值是废除资本主义，由工人接管经济，这样，在共产主义经济中，自我管理的公司就出现了。资本和劳动的辩证法，说到底是法西斯主义和共产主义的利益斗争。支持无产阶级一方的成功阶级斗争赋予工人权力，并允许他们提高劳动力价格。工人们有一个客观的利益，那就是劳动力的价格要尽可能地高于它的价值，对于这个利益，最大的限度是工资总额永久地包括所有的利润，这意味着工人们拥有他们工作的公司。相反，资本家的利益是尽可能减少工资总额，以实现利润最大化。劳动力价格围绕其价值波动，是资本和劳动力之间阶级斗争的结果。

工资斗争和无偿的受众劳动

在资本主义追求利润最大化的驱动下，资本寻求降低工资成本的机会。一种方法是创造无薪、不稳定和低薪的劳动力群体。媒体与传播的政治经济学家达拉斯·W. 斯麦兹（1977，1981）强调，在商业、广告资助的媒体中，资本利用无偿的受众劳动力，创造出一种受众商品，媒体公司将其出售给广告商。斯麦兹描述了资本主义中另一种形式的无偿劳动。随着 21 世纪初脸书、推特、谷歌或微博等所谓"社交媒体"平台的出现，受众商品的概念获得了新的相关性

（Fuchs 2014a，2014c）。这些媒体使用资本积累模型，将用户的个人数据（个人资料数据、浏览和兴趣数据、交流内容、社交网络数据）转化为数据商品，出售给广告客户；作为回报，广告客户可以在用户的个人资料上单独呈现有针对性的广告。

虽然大众媒体上的受众商品依赖于受众统计数据来估计哪种社交群体构成特定媒体或特定媒体内容的受众，但社交媒体平台对其用户的了解相对完整，因为对他们的所有社交媒体活动都有实时监控。基于广告的社交媒体利用了用户的无薪数字劳动，它们是资本主义内部组织的一种特定形式的无偿劳动的表现。

外包及跨国公司

降低劳动力成本的一种方法，尤其是跨国公司使用的方法，是将劳动力外包到世界上工资较低、劳动力保护薄弱的地区。这使得这些公司能够在低工资条件下生产商品，并实现利润最大化。特别是在 20 世纪 90 年代，有很多关于全球化的讨论。正如马克思所知，全球化并不是什么新鲜事，因为长期以来，资本主义一直以殖民地为基础，将其作为廉价原材料和劳动力的来源，以及销售大宗商品和倾倒垃圾的目的地。在第 4 章中，马克思强调"世界贸易和世界市场在 16 世纪揭开了资本的现代生活史"（247）。

全球化是一个貌似无害的范畴，它掩盖了这样一种情况，即在 20 世纪的最后四分之一出现了一种新形式的帝国主义，其中跨国公司利用新的国际分工，以便将发展中国家的劳动力剥削到极高水平，以最大化他们的利润。

以在线外包为形式的众包

在互联网经济中，一种特定的外包形式已经出现：众包。众包是互联网的外包劳动：对它的追寻发生在线上，通常是以分布式或合作的方式进行的，鉴于互联网的全球性，它主要是不受监管的（没有对众包劳动力所设的全球最低工资）、无报酬或低报酬的。众包是资本主义的内部殖民，资本通过这种方式试图将劳动力成本最小化，以实现利润最大化。

资本主义殖民地的共同点是，它们都是从事低薪、不稳定或无偿劳动的场所，这些劳动被资本剥削，以实现利润最大化。控制这些殖民地的镇压和暴力的形式各不相同：对奴隶的镇压是通过直接的暴力进行的。对家务工人的控制是一种复杂的组合，它包含了积极的情感，比如爱、归属感和责任感；身体和性的家庭暴力。对社交媒体上的观众劳动和数字劳动的控制，在意识形态和社会层面上更为有效，因此，劳动和剥削表现为娱乐、社交和消遣。众包通过粉丝对名人和品牌的承诺，在意识形态上表现为资本主义的民主化（"参与式文化"），以及作为自由职业者或其他形式的挣扎的知识工作者的不稳定生活所带来的沉闷的强迫行为。为了维持生计，不稳定的劳动力必须承担众包工作。

隐蔽的生产场所

货币与商品的交换——也就是流通领域——对我们所有人来说都是可见的。生产领域则相反，因为消费者和工人不直接参与其中，他们看不到商品拜物教。这就是马克思所说的"隐蔽的生产场所"（279）。我们已经在这章中看到，资本主义的场所不仅仅是办公室和工厂，还包括父权家庭、发展中国家、奴隶制、商业媒体和资本主义互联网等领域，这些都是完全不同的阶级关系，但它们都以相同的高度剥削维系着资本主义。

第1章表明马克思将质、量和度确定为商品的三个方面：使用价值、价值和交换价值。在第6章中，马克思认为资本主义社会中的劳动力也具有以上三个特征，因此它也是一种商品。图6.1显示了劳动力的使用价值、价值和交换价值的辩证关系。劳动力的交换价值是它作为商品的销售，以及它作为双重"自由"的特征，它不仅是奴隶，同时也是资本主义枯燥的强制力所行使的一种胁迫和不自由的形式，迫使工人进入阶级关系，以便在一个由市场、商品形式和私有财产支配的社会中生存。因此，它是一种新的奴隶制形式，在性质上不同于古代和封建的奴隶制。为了将劳动力作为商品出售（劳动力的交换价值），劳动力需要通过创造和重新创造劳动力价值的再生产劳动力进行再生产。在这里，资本主义父权制和对妇女家务劳动的剥削在历史上发挥了重要作用。劳动力对资本（价值的生产）、社会（使用价值的生产）和工人本身（从来自他方劳动的绝对痛苦到来自自主愉快工作的绝对快乐的连续统一体）也有特定的使用价值。

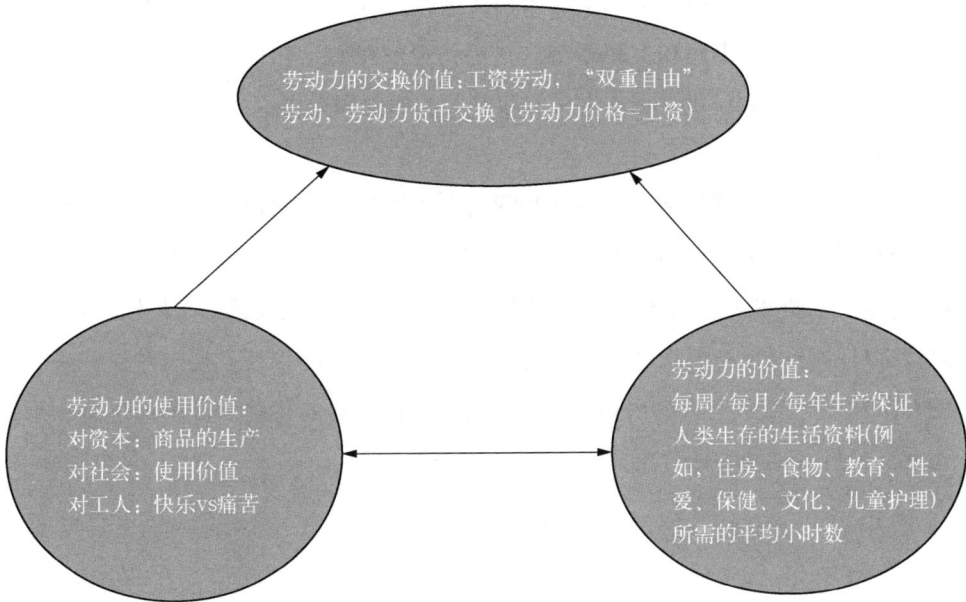

图6.1 劳动力的使用价值、价值和交换价值的辩证关系

第6章练习

小组练习（G）

项目练习（P）

关键词：劳动力，劳动能力，双重自由劳动，奴隶制，再生产，劳动力价值，生活资料

练习6.1（P）

小组作业：每个小组阅读一份全球奴隶制指数报告中的一部分，该报告描述了当代世界奴隶制的存在。另外，在互联网和报纸上进行搜索，以查明你所读到的这些国家的奴隶劳动产品是否在国际分工内的媒体、娱乐、文化或信息产品或服务的创造中发挥作用。记录你的结果。

练习6.2（P）

马克思用他的"再生产"和"劳动力价值"的概念，以及生存资料的范畴，指出了资本主义父权制在资本主义中的重要性。在当代资本主义社会中，妇女继续从事大量的生育、低薪和无偿劳动。

小组作业：搜索研究信息、媒体和文化产业中妇女工作条件的报告、特点、分析、学术文章、书籍和书籍章节。讨论、记录并展示你分析的具体案例中妇女的工作条件。如何用"资本主义父权制"的概念来分析这些工作条件？

练习 6.3（G）

分组工作：尝试找到一个在互联网帮助下组织起来的众包劳动或无酬数字化劳动的例子。记录该劳动如何产生，生产什么样的商品，它是否获得酬金（如果是，工资水平怎么样），什么规则（使用条款、隐私政策），以及在线平台以什么样的意识形态组织这些形式的劳动并证明它们的存在。搜索对这些平台的 CEO、经理或所有人的采访，了解他们所说的平台的优势。试图通过意识形态批判分析（批判话语分析）来解构他们所说的话。

第三部分　绝对剩余价值的生产

7 劳动过程和价值增殖过程

在第7章中，马克思继续他在1.2"商品的劳动二重性"中开始的关于劳动和劳动力的理论探讨，他将具体劳动和抽象劳动区分为商品所体现的两种人类活动形式。马克思更系统地概述了（具体劳动和抽象劳动）这两种活动形式的组成部分。本章分为两节，一节侧重于劳动过程，另一节侧重于价值增殖过程。

7.1 劳动过程

我在1.2的讨论中已经指出，黑格尔认为世界是主体和客体之间的辩证关系，这种定义对理解劳动过程很重要。

在7.1中，马克思论述了劳动过程"首先要撇开各种特定的社会形式来加以考察"(283)[①]，并将其定义为：

> 劳动首先是人和自然之间的过程，是人以自身的活动来中介、调整和控制人和自然之间的物质变换的过程。人自身作为一种自然力与自然物质相对立。为了在对自身生活有用的形式上占有自然物质，人就使他身上的自然力——臂和腿、头和手运动起来。当他通过这种运动作用于他身外的

---

① 《马克思恩格斯全集》第42卷，人民出版社2016年版，第168页。本书第7—11章的《资本论》引文翻译，除了专门标注出处，均参照此版本。

自然并改变自然时，也就同时改变他自身的自然。他使自身的自然中蕴藏着的潜力发挥出来，并且使这种力的活动受他自己控制。（283）

身体和大脑在劳动中的作用

人的身体及作为身体部分的人脑都是物质系统。通过它们之间的辩证相互作用，人类得以产生、构成并重塑自身。人类是大脑与身体其他部分相互作用的扬弃。[1]马克思通过上述定义不仅描述了农业劳动，也涵盖了工业劳动和信息劳动。在所有的人类劳动中，人们都会使用大脑和四肢。无论是著书立说还是在煤矿工作，都是如此。在写作时，大脑活动主要通过手指得到增强。

一个例外是使用语音识别软件来打字，而非手指或其他肢体，但这种方法存在缺陷，因为计算机无法理解语义，也就是说，它无法领会词语的含义。另一个例外是通过芯片直接接入人类大脑，将思维模式转化为数字文本。如果这种技术在现实中可行，那么在资本主义社会中，其影响将极为危险。强大的团体、公司或国家可能会试图分析所有人的思想。他们可能会声称，这样做是为了帮助人们更好地在互联网上找到自己感兴趣的信息，或是通过思维模式来识别实际或潜在的恐怖分子。然而，这将侵犯个人隐私和思想自由，导致极权社会的出现。

写作和挖矿：大脑和身体的作用

在煤矿开采中，工人们不仅使用他们的胳膊、腿和身体，他们还必须用大脑协调他们的动作，并且必须不断地监控他们所做的事情，因为那里相当黑暗，他们的劳动是高度危险的。写作和采矿的不同之处在于，后者在体力上更为消耗，需要更多的体力。你在写作的时候不太可能大量出汗（除非你在沙滩上、桑拿浴室或日光浴室里写作），而在采煤的时候很可能汗流浃背。所以在劳动过程中身体能量的消耗程度是有差异的。

自然和文化

马克思写道，人类在劳动过程中占有自然物质材料，作用于外部自然，并

---

[1] 此处作者用"扬弃"概念，表达了人类不仅仅是大脑和身体简单相加的结果，而是在它们相互作用的基础上，通过扬弃旧有的限制和矛盾，实现了更高层次的整体性。——译者注

改变自然。人类是物质系统，通过交往形成社会系统。人类和社会是具有特殊性质的物质系统。人类通过社会关系和交往创造了一种第二自然——文化和社会。在特定形式的信息和交流工作中，如教学或表演，人类也作用于外部对象，但在这种情况下，这些对象是其他人类。他们在这些工作过程中改变了一种特殊的物质形态——文化和社会。满足人类特定需求的使用价值产生于人类的劳动。这些使用价值可以具有不同的性质：它们可以是大自然的一部分，例如由园丁管理的公园；可以是工业品，如从石油中提炼出来的汽油；也可以是文化商品，如摇滚音乐会、演讲、戏剧、书籍、软件代码、电影等。

对马克思来说，劳动"是人和自然之间的物质变换的一般条件，是人类生活的永恒的自然条件，因此，它不以人类生活的任何形式为转移，倒不如说，它是人类生活的一切社会形式所共有的"（290）。劳动的这种普遍性质同样适用于组织和协调人与人之间"符号交换"的信息与交往工作，即通过交往实现社会再生产。交往是一种所有社会都普遍存在的符号性和文化性活动。没有交流，我们就不能成为真正的人。

马克思说，人通过劳动改变自己的本质。对于任何工作，人类都需要获得特定的技能。虽然原则上任何人都可以从事许多形式的工作，但实际上一个人无法从事所有工作，因为人的一生中没有足够的时间来学习所有必要的技能。在现代社会，一个人学习并从事一项工作已经成为一种习惯。为了谋生而从事几种完全不同形式的工作是极其困难的。在共产主义社会中，必要的工作将在很大程度上实现自动化，人类可以不必辛苦劳作，从而有更多的时间（如果他们想并且有兴趣的话）去学习、实践和从事各种形式的工作。由此，一个人只从事一项工作的分工就可以结束了。人类获得技能意味着他们以特定的方式实现和发展自己的能力。劳动对人的身心都有影响，这些影响可能是积极的，也可能是消极的。例如，煤矿工人晚年很可能患上呼吸系统疾病。如果某人在工作中遭遇恶劣条件和不良管理待遇，他可能会以特定方式作出反应——例如，通过政治觉悟认识到资本主义是一种应被废除的剥削形式。当马克思说人在劳动过程中改变自己的本性时，他指的是劳动对人的心灵和身体都产生了影响。

人类的创造力：为什么人类劳动与蜘蛛和蜜蜂的活动不同

在第 7 章的著名段落中，马克思指出了人类劳动与动物活动的不同之处：

> 蜘蛛的活动与织工的活动相似，蜜蜂建筑蜂房的本领使人间的许多建筑师感到惭愧。但是，最蹩脚的建筑师从一开始就比最灵巧的蜜蜂高明的地方，是他在用蜂蜡建筑蜂房以前，已经在自己的头脑中把它建成了。劳动过程结束时得到的结果，在这个过程开始时就已经在劳动者的表象中存在着，即已经观念地存在着。他不仅使自然物发生形式变化，同时他还在自然物中实现自己的目的，这个目的是他所知道的，是作为规律决定着他的活动的方式和方法的，他必须使他的意志服从这个目的。(284)

当人类以特定的方式改变社会和自然时，他们可以在脑海中预测未来会是什么样子。他们不仅是有预见性的，而且是有道德的，他们能够区分他们想要的和不想要的，好的和坏的。建筑师有特定的品位，对他设计的建筑有特定的要求，这些考虑让他在实际开始建造之前作出特定的选择和建造模型。例如，作者在开始写作之前，会预料到自己想写什么；他会决定这是一本小说，一本艺术的书，还是一本社会科学的书，小说的背景是什么，这本书涵盖了什么样的艺术，或者社会科学研究应该涵盖社会的哪一部分。相比之下，蜜蜂的行为更受本能和直接需求的驱使。创造力、自我意识、同理心和道德感是人类本质的关键组成部分，它们也影响着人类的劳动过程。

劳动过程的主客体辩证法

马克思系统地发展和描述了劳动过程的各个环节："劳动过程的简单要素是：有目的的活动或劳动本身，劳动对象和劳动资料。"（284）在任何劳动过程中，我们都会发现一个或多个人类主体，他们通过使用其他物体①来改变某个对象，从而产生一个新的主客体——即满足人类特定需求的劳动产品，也就是使用价值。图 7.1 可视化了劳动过程中主客体的辩证关系。

生产力

劳动过程，即人类利用技术从自然或文化中创造新的使用价值的劳动过程，

---

① 如劳动工具等。——译者注

也就是马克思所说的生产力。在劳动过程中，人们与他人处于特定的社会关系中，因为在正常情况下，他们并不像鲁滨逊一样孤身一人。马克思把人们在经济活动中产生的社会关系称为"生产关系"。阶级关系是在阶级社会中组织起来的特定的生产关系：一个阶级占有生产资料和创造的产品，而另一个阶级没有财产，他们为了生存被迫为有产阶级工作。

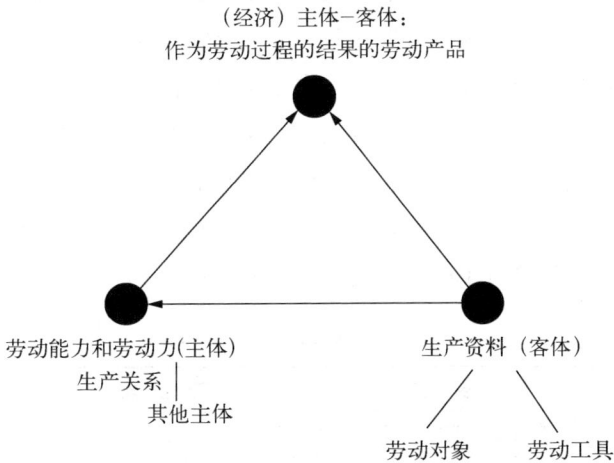

（经济）主体−客体：
作为劳动过程的结果的劳动产品

劳动能力和劳动力(主体)　　　　生产资料（客体）
生产关系 |
其他主体　　　　　　　劳动对象　　劳动工具

图 7.1　劳动过程的主客体辩证法

马克思区分了两种劳动对象：（a）"现成的生活资料供给人类"（284），如鱼、水、木材、矿石；以及（b）"已经被以前的劳动可以说滤过的劳动对象"的原材料（284），例如用于工业生产的开采矿物。马克思在这里特别提到了源自自然的商品。在文化工作领域中也可以找到自发和非自发的区别：小说是根据作者自己的生活经历和自发的思想来创作的。如果他基于自己的生活经历和自发想法分几部来写一部小说，那么从第二部开始，前面的部分就成了原材料。它们定义了一个故事情节，小说家在此基础上创作更多故事主线。

马克思把劳动工具定义为"劳动者置于自己和劳动对象之间、用来把自己的活动传导到劳动对象上去的物或物的综合体（在原文的翻译中是'劳动'），劳动者利用物的机械的、物理的和化学的属性，以便把这些物当作发挥力量的手段，依照自己的目的作用于其他的物"（285）。马克思支持本杰明·富兰克林关于人是"制造工具的动物"（A Toolmaking Animal）的假设（286）。他认为，各种经济时代的区别，不在于生产了什么，而在于怎样生产以及用什么劳动工具生产 (286)。这种情况的一个表现就是石器时代（约公元前 340 万年至公元前 2000 年)[1]，青铜器时代（公元前 4000 年至公元前 1000 年)[2]和铁时代（大约公元前 1000 年至公元 400 年)[3]之间的区别。这三个时代分别使用了不同的材料来制造工具。

三种生产力组织方式

劳动工具可以是人类的大脑和身体、机械工具和复杂的机器系统，它们还包括时空的特定组织，即在特定时间段内运行的生产场所。在资本主义中，时间最重要的角色是必要劳动时间，这取决于生产力的水平。[4]在社会层面上，必要劳动时间是指每年为确保社会生存所需的劳动时间。劳动的对象和产品可以是自然资源、工业或信息资源，也可以是它们的组合。

生产力是创造使用价值的生产系统。生产力的组织方式有多种，如农业生产力、工业生产力和信息生产力。表 7.1 给出了概述。

表 7.1　三种生产力组织方式

生产力组织方式	劳动工具	劳动对象	劳动产品
农业生产力	身体、大脑、工具、机器	自然	基础产品
工业生产力	身体、大脑、工具、机器	基础产品、工业产品	工业产品
信息生产力	身体、大脑、工具、机器	经验、观点	信息产品

表 7.2　认知、沟通、合作信息工作的主体、客体和主客体

	主体	劳动对象	劳动工具	劳动产品
认知 = 人脑工作	个人	经历	大脑	思想，认知模式，观念
沟通 = 人群工作	人群	思想	大脑、嘴、耳朵	意义
合作 = 人群协作工作	人群	意义	大脑、嘴、耳朵、身体	具有共享和共同创造意义的信息产品

---

[1] http//：en. wikipedia. org/wiki/Stone _ Age.

[2] http//：en. wikipedia. org/wiki/Bronze _ Age.

[3] http//：en. wikipedia. org/wiki/Iron _ Age.

[4] 这句话强调了生产力对劳动时间的影响，在资本主义体系下，提高生产力可以缩短必要劳动时间，从而增加剩余价值，这是资本主义经济中的一个核心要素。——译者注

作为生产过程的信息

借助马克思在7.1中引入的主客体辩证法，我们可以将信息内容的生产概念化为一个三重的过程：即认知、沟通和合作（Hofkirchner 2003）。[①] 表7.2概述了信息工作的认知维度、沟通维度和合作维度（Fuchs 2014a，2015）。[②]

从表7.2可以看出，这三个过程辩证地联系在一起，共同构成了信息的过程。认知、沟通和合作这三种行为都是一个工作过程：认知是人类大脑的工作；沟通和合作是人类群体的工作。沟通基于认知，并使用认知的产物——观念——作为其工作的对象。合作基于沟通，并使用沟通的产物——意义——作为其工作的对象。信息处理是一个工作过程，其中认知工作创造观念，沟通工作创造意义，合作工作则共同创造具有共享和共创意义的信息产品。信息是一个人类工作的辩证过程，其中认知、沟通和合作是辩证地相互联系的。这三个过程每一个都构成了一个工作过程，本身都具有自己的主客体辩证法。

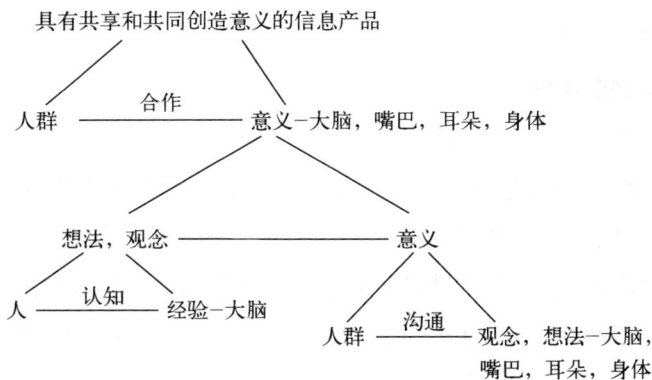

图7.2 作为生产过程的信息处理

运用黑格尔—马克思主义的工作过程三角模型，我们可以认为马克思所指出的发展可以形式化如下：S－O > SO···S－SO > SSO···S－SSO > SSSO，依此类推。辩证工作三角形的客体位置从上一个三角形的结果，即主客体（S－O）开始，依此类推。这种思维方式的优点是，在理论中永远不会完全失去对客体

[①] （奥）沃尔夫冈·霍夫基希纳在《涌现信息：统一信息理论纲要》一书中探讨了信息系统功能的三C模型，即认知、沟通和合作。——译者注

[②] 参见作者另一部著作《数字劳动与卡尔·马克思》。——译者注

以及最终对自然的参照。因此，它避免了主体与客体之间的二元对立，例如，交流和工作之间的二元论。辩证思维能够提供一种关于人类活动的综合理论。

例如：一个人喜欢阅读有关园艺的书籍，通过阅读更多的书籍，并将这些知识应用到园艺中，他就会逐渐建立起关于如何创建和维护一个美观的公共花园的精湛知识。这种创造出来的知识是一种使用价值，因为它帮助他以一种美观的方式创建公共花园。他遇到了另一个知识相当的人，他们开始就园艺交换想法。在这一过程中，一个人的共享知识形成了另一个人解读的对象，从而形成意义——即对世界某些部分的解释，反之亦然。因此，双方都创造了作为使用价值的意义；彼此都对对方有了一定的了解。经过不断的交谈和相互学习，两位爱好园艺的人决定写一本关于园艺的开放获取的书。他们通过讨论和分享经验，产生了新的想法，从而产生了协同效应、新的经验和新的园艺方法。在书中，他们描述了这些新方法，这些方法已在公共花园中付诸实践。以书籍形式呈现的共同经验和共创方法的表述，不仅对他俩具有使用价值，而且对其他人来说也同样具有使用价值。

生产性消费和媒体

马克思认为所有的劳动都因为有一个"结果，产品"（287）而是生产性的。所有的劳动都是富有创造性和生产力的，因为它是建立在创造产品的人类的预期和自觉的思考之上的。马克思在脚注（287，脚注8）中指出，要理解资本主义经济，还需要对什么是生产性劳动进行进一步的规范。他在第五部分"绝对剩余价值的生产和相对剩余价值的生产"中提供了这样的分析，在这里他回顾了第7章（643）。

在第7章中，马克思还引入了"生产性消费"的概念，即劳动在劳动过程中消费"其对象和工具"，使其成为"新使用价值、新产品形成的要素"（290）。自20世纪晚期以来，"生产性消费"这一概念又获得了另一层含义，即商品或服务的生产和消费是同时发生的，因此消费也是生产。美国未来学家阿尔文·托夫勒（Alvin Toffler）在其著作《第三次浪潮》（*The Third Wave*）中引入了"产消者"（prosumer）的概念，以描述这一现象：

最重要的是，正如我们将看到的，第三次浪潮文明开始弥合生产者和消费者之间的历史裂痕，产生了未来的"产消者"经济学。正因为如此，在许多人中，只要我们给予一些智慧的帮助，它就能成为有史以来第一个真正的人类文明。（Toffer 1980，11）[1]

随着实践的发展，消费者越来越融入生产者中间，以至于我们越来越难以分辨谁是真正的消费者，谁又是真正的生产者。（同上，185）

我们可以看到生产者和消费者的界限逐渐模糊，产消合一者的重要性在不断上升。（同上，267）

托夫勒指出，资本主义将消费者看作是生产价值的产消者并没有什么可惊讶的："消费者自己动手已不再是新鲜事，这就是经济学家所谓的'转嫁劳动力成本'。自助式超级市场也是基于同一道理。"（同上，270）还有宜家家居、自助加油站、快餐店等例子。

托夫勒强调产消者在其成为"第三次浪潮"的时期已经变得尤为重要——信息社会即第三次浪潮（第一次浪潮是农业社会，第二次浪潮是工业社会）。他同样认为产消合一推动了经济民主化，因此，促进信息技术和媒体的（"第三次浪潮：媒体"）文化民主化：

德国诗人兼社会评论家汉斯·马格努斯·恩岑斯贝格尔（Hans Magnus Enzensberger）曾说，昨日大众传播"机械化地将传送者和接收者一分为二，显示出社会对生产者和消费者的区别看待"。第二次浪潮时代，专业传播人员为大众制造消息，大众无法和消息传送者直接联络。

相对地，新传播方法最具革命性的特色就是，每个使用者除了可以从外界接收消息外，还可以制造或传送消息。双向无线电、录像带、便宜的复印机和录音机等使得个人可以掌握传播方法。（同上，390）

在油管、脸书、推特、Pinterest 等类似的互联网平台上，用户不仅仅是观众，还可以是产消者——即他们既可以消费数字内容，也可以创造和共同创建

---

[1] （美）阿尔文·托夫勒：《第三次浪潮》，黄明坚译，中信出版社 2018 年版，第 201 页。

数字内容。然而，一些文化理论者的主张恰恰相反，他们认为，这些资本主义的互联网平台并没有带来所谓的"参与式文化"。因为参与不仅仅意味着在多个维度上的参与，还意味着所有权民主，而这些互联网平台是私人所有的，他们通过剥削用户的数字劳动来积累资本。

托夫勒将"产消合一"时代描述为一种新型经济与政治民主、自主劳动、劳动自治、本地生产及自主自产的到来。但他忽略了，在资本主义社会，产消合一被用来将工作外包给那些没有报酬或报酬很低的用户和消费者。因此，企业降低了投资成本和劳动力成本，工作岗位减少，而那些免费工作的消费者受到极端剥削。他们生产的剩余价值被企业占有并转化为利润，而企业却无需支付工资。

阿尔文·托夫勒保守的产消合一观念的影响

1996年，艾瑟·戴森（Esther Dyson）、乔治·吉尔德（George Gilder）、乔治·凯沃思（George Keyworth）和阿尔文·托夫勒出版了《知识时代大宪章》。他们主张网络空间和电信领域的商业化、去监管化和商品化。他们的《知识时代大宪章》揭示了托夫勒在《第三次浪潮》中所指出的新型"自由"实质上是私有财产尽可能积累资本的"自由"。因此，万维网已主要变成了一个巨大的购物中心和资本积累机器。

> 与第二次浪潮的公共知识不同——"公共产品"知识对每个人都有用，因为大多数人的信息需求是标准化的——第三次浪潮的定制知识本质上是一种私人产品。如果这种分析是正确的，那么对知识（或至少多种形式的知识）的版权和专利保护就不再是没有必要的了。（Dyson，Gilder，Keyworth，and Toffler 1996/2004，34）

> 界定网络空间的产权，或许是政府信息政策中最紧迫、最重要的一项任务。这是一项复杂的任务，因为每一个关键领域——电磁波谱、知识产权、网络空间本身（包括隐私权）——都面临着独特的挑战。（同上，39）

这些段落的含义是，托夫勒及其同事倾向于将促进文件共享的人定为犯罪，因为他们认为点对点平台威胁了网络空间中的财产权。他们主张保护网络空间中的知识产权。反对网络空间知识产权的一种观点认为，知识是人类认知、交流和繁荣的基础，让所有人都免费获得知识将促进人类和社会的发展。如果知识和交流是人类生存的基本资源，那么在知识时代，为了促进人类的发展，获取网络空间和知识应该是免费的。知识总是在已有知识的基础上产生的，它是在与他人的社会交往中产生的。因此，在拥有和出售知识的过程当中，很难去证明知识的创造者应该拥有知识产权。在大多数情况下，当知识（例如一本书或一首歌）被分发给大众时，主要受益者并不是文化的创造者，而是将知识作为商品出售的大型媒体公司。

工人的异化

在 7.1（291—292）的最后，马克思阐述了资本主义劳动的两个特征：(1)"工人在资本家的监督下劳动，他的劳动属于资本家"（291）；(2)"产品是资本家的所有物，而不是直接生产者工人的所有物"（292）。"劳动过程是资本家购买的各种物之间的过程，是归他所有的各种物之间的过程。因此，这个过程的产品归他所有，正像他的酒窖内处于发酵过程的产品归他所有一样。"（292）

在马克思看来，工人不占有生产资料（劳动工具和劳动对象）和劳动产品是资本主义的重要特征。马克思还指出，工人与生产资料和他们的劳动产品相异化。为了生存，工人不得不面对被资本家剥削，这意味着他们无法完全掌控自己的生活，而是面临着迫使他们做事的异己力量——即为资本家工作——这是他们本不会自愿选择的事情。在第 28 章中，马克思将市场和资本主义的暴力称为"经济关系的无声强制"，而这"强制保证资本家对工人的统治"（899）。"超经济的直接的暴力固然还在使用，但只是例外地使用"（899）。

《1844 年经济学哲学手稿》中的"异化"

马克思在《1844 年经济学哲学手稿》"论异化劳动"一节中首次详细地使用了"异化"概念，他认为异化有四种形式：

1. 工人同自己的劳动产品相异化；

2. 工人同自己的劳动相异化（Marx 1844，74）；

3. 人同自己的类本质相异化 ["这样一来，异化劳动导致：(3) 人的类本质无论是自然界，还是人的精神的类能力变成对人来说是异己的本质，变成维持他的个人生存的手段。异化劳动使人自己的身体，同样使在他之外的自然界，使他的精神本质，他的人的本质同人相异化。"］（同上，77-78）

4. 人同人相异化。

一方面，《1844 年经济学哲学手稿》对异化的论述不如《政治经济学批判大纲》和《资本论》那样系统。另一方面，马克思在其早期作品中更多关注的是异化的人学向度，运用了"类存在"的概念。他在《1844 年经济学哲学手稿》中阐述了"异化"概念的基础，并在后来系统而详细地阐述了异化的经济基础。

奴隶与异化：电影《被解放的姜戈》

异化不仅是资本主义的特征，也是所有阶级社会的特征。阶级社会的决定性特征是，被统治阶级不占有生产资料和劳动产品，并被迫进入阶级关系，在其中受到统治阶级的剥削。在奴隶社会中，奴隶并不占有自己劳动的对象和产品。资本主义社会和奴隶社会的一个不同之处是，奴隶就像机器一样，是奴隶主的物质财产。奴隶所面临的强迫并不是市场带来的无形的压力，而是如鞭子和枪支所带来的肉体暴力，正如史蒂夫·麦奎因（Steve McQueen）的《为奴十二载》或昆汀·塔伦蒂诺（Quentin Tarantino）的《被解放的姜戈》所展示的那样。

在《被解放的姜戈》中，前奴隶姜戈和赏金猎人金·舒尔茨（King Schultz）与种植园主卡尔·坎迪（Calvin Candie）打斗。姜戈的妻子布鲁姆希尔达（Broomhilda）在坎迪的种植园做家仆。在一个场景中，卡尔文·坎迪说："你看，根据奇克索县①的法律，布鲁姆希尔达是我的财产。我可以选择用我的财产去做任何我想做的事情。"他威胁说要把锤子砸在布鲁姆希尔达的头上，然后大喊："我要做的就是……拿着这把该死的锤子把她打死！就在你俩的面前！然后我们可以检查一下布鲁姆希尔达头骨里的三个凹痕。"

这一场景以其对奴隶现实的残酷写照，清楚地表明了奴隶是不自由的，因

---

① 奇克索是美国密西西比州东北部的一个县。——译者注

为他们是奴隶主的财产，如果奴隶主愿意，可以随意杀死他们，而不用承担任何法律后果。马克思在《资本论》第1卷第7章中写道："劳动者在这里只是会说话的工具，牲畜是会发声的工具，无生命的劳动工具是无声的工具，它们之间的区别只在于此。"（303，脚注18）奴隶对于奴隶主来说是一种东西、一种工具，奴隶主可以任由主人处置和虐待。

路易·阿尔都塞对马克思"异化"概念的反对

路易·阿尔都塞（1918—1990）是法国结构主义哲学家。他认为马克思的"异化"概念是"他的早期作品"中使用的一种"意识形态概念"（Althusser 1969，249）[1]。然而，在他的后期作品中，这个概念却很少出现（同上，249）。阿尔都塞提到了"认识论的断裂"，"将马克思的思想分为两个重要的长期阶段：前期的'意识形态'阶段和1845年以后的科学阶段"（同上，34）。这意味着阿尔都塞认为"异化"概念以及类似《1844年经济学哲学手稿》等著作是深奥难懂的。我个人的观点是，马克思并没有放弃"异化"概念，他不仅仅在早期作品中首次提出了"异化"概念，而且在其主要著作中仍然保留了它。《资本论》第1卷7.1的最后几段就是一个很好的例子，它们表明马克思一生都认为"异化"概念至关重要。

马克思在第23章中谈到的"异化"

在第23章（"简单再生产"）中，还有另一段话表明了"异化"概念（被理解为非所有和剥夺）在《资本论》中的重要性：

> 生产过程不断地使货币转化为资本，使生产资料转化为价值增殖手段。另一方面，工人不断地像进入过程时那样又走出这个过程。因为在他进入过程以前，他自己的劳动就同他相异化而为资本家所占有，并入资本中了，所以在过程中这种劳动不断对象化在为他人所有的产品中。因为生产过程同时就是资本家消费劳动力的过程，所以工人的产品不仅不断地转化为商

---

[1] 该书的译文，参照（法）路易·阿尔都塞《保卫马克思》，顾良译，商务印书馆2010年版，第242页。

品，而且也转化为资本，转化为吮吸创造价值的力的价值，转化为购买人身的生活资料，转化为使用生产者的生产资料。（5）可见，工人本身不断地把客观财富当做资本，当做同他相异己的、统治他和剥削他的权力来生产，而资本家同样不断地把劳动力当做主观的、同它本身对象化在其中和借以实现的资料相分离的、抽象的、只存在于工人身体中的财富源泉来生产，一句话，就是把工人当做雇佣工人来生产。（6）工人作为雇佣工人的这种不断再生产或永久化是资本主义生产的必不可少的条件。（716）

马克思在这里认为，在资本主义中，劳动力是被异化的劳动力，因为工人为了生存必须将这种能力作为商品出售，而资本主义导致工人不能占有其劳动创造的产品，并面临着一种阶级关系，在这种关系中，工人被一种异己的力量所支配和剥削。

阿尔都塞打趣马克思的方式

在阅读《资本论》中的这些段落时，人们不禁疑惑，阿尔都塞怎么能声称"异化"是一个晦涩的概念，而马克思在后来的"科学"著作中不再使用它。阿尔都塞在他的自传中写道，他只知道"马克思的少数几段话"（Althusser 1993, 165），并且他了解哲学的方法是"全靠道听途说"："我从比我聪明的雅克·马丁那里学习，从朋友们那里偶然听到一些短语，最后从研讨会论文和我自己的学生论文中学习。最终，我自然地把这当作一种荣誉，并吹嘘说'我是靠道听途说学习的'。这让我与那些比我知识渊博得多的大学朋友们截然不同。"（同上，166）他形容自己"只是一个骗子，仅此而已，一个对哲学史或马克思几乎一无所知的哲学家"（同上，148）。人们不禁要问，一个几乎没读过马克思的人怎么能够成为最受尊敬的法国"马克思主义"理论家之一呢？阿尔都塞关于马克思使用"异化"一词的说法表明，他确实没有理解马克思，也没有读过马克思的著作。

异化和广告

在文化产业（如出版社、唱片公司、电影制作公司、软件和互联网公司以及计算机硬件生产商）所属企业中领取工资的人们，同样经历着所有资本主义产业中都存在的典型的异化形式，如图7.3所示。

对于依赖广告收入的媒体来说，情况略有不同，在这些媒体中，不仅领工资的员工创造价值，观众也通过观看、收听或阅读（即关注内容）来创造价值，从而使商业媒体能够将观众的注意力作为商品出售给广告商。依赖广告收入的媒体的观众也被异化了，因为他们不拥有媒体本身，即他们不占有生产资料和销售收入。人们渴望了解社会动态，而在现代社会，媒体是获取信息的重要渠道。没有人被迫阅读某一家特定的报纸，如默多克的《太阳报》。人们也可以选择以左翼新闻博客作为主要信息来源，而忽略《太阳报》。然而，媒体消费者不是一个主权消费者，因为市场往往会变得集中，导致某些特定媒体占据市场主导地位，从而使得更多人倾向于购买和阅读《太阳报》，而不太可能发现并阅读像 AlterNet. org 这样的左翼新闻网站上的文章。

因此，市场集中和大型媒体公司的市场影响力通过边缘化其他信息来源，降低了受众选择关注其他信息源的可能性，从而使受众作为人类主体被异化。尤其是小报媒体，很可能以一种有偏见的、一维的和简单化的形式来呈现新闻，扭曲现实的复杂性，试图在意识形态上操纵受众。在这种情况下，受众也会被意识形态和歪曲的内容所异化：他们与现实的真实面貌，即真正的现实相异化。在这个语境下，"异化"意味着媒体呈现了一个异己的世界，一个与真实世界格格不入的媒体世界。意识形态内容使人类异化，并不意味着他们一定会被这些内容所操纵。他们可能足够聪明，能够看透并解构意识形态。然而，关键在于（媒体）在客观上就有传播意识形态和歪曲内容的企图。

异化与社交媒体

问题在于，对于油管或脸书等资本主义互联网平台，用户可以自己创作内容，这种情况下异化又是如何体现的呢？用户并不拥有这些互联网平台，也不享有这些公司获得的货币利润。他们与物品和产品的所有权相异化。他们使用这些平台并不是受到市场或者身体暴力的强迫，而是由于这些平台的主导地位，以及如果不注册脸书或不观看油管视频可能遭受的社会歧视。如果你不在脸书上，可能就不会被邀请参加朋友的聚会。如果你不观看油管上的视频，可能就不知道朋友们在谈论哪些视频，这可能会让他们觉得你是个不酷、消息不灵通的外人。不使用这些平台会使人面临被视为局外人并因此遭受社会歧视的风险。这种使人异化并试图强迫他们使用资本主义互联网平台的强迫力，本质上是社会性的。资本主义互联网公司会让人们觉得，如果不使用特定的平台，就会与自己的社会本性相异化，错过社交机会，并被视作局外人。

奴隶不能停止工作，否则主人可能会杀了他。领工资的劳动者不能轻易拒绝工作，否则可能会饿死、流落街头等。阅读《太阳报》的人受到默多克集团市场力量的胁迫，无法获得其他信息来源。该报带有偏见的报道使读者无法接触到复杂而真实的世界信息。如果许多朋友都在使用脸书，用户就不能简单地拒绝使用该平台，否则可能会被排挤。存在着不同形式的暴力——身体暴力、结构暴力、意识形态暴力和社会暴力——迫使人们为资本工作和被资本剥削。他们个人无法真正逃脱剥削，只有作为团结一致的阶级，组织罢工、抗议、运动和替代方案，才能摆脱剥削。

7.2 价值增殖过程

马克思在第二篇中把注意力转向商品生产的资本主义过程，即"劳动过程和价值形成过程的统一"（293）。资本家的目标是"他要生产具有交换价值的使用价值"；"他要使生产出来的商品的价值，大于生产该商品所需的各种商品……的价值总和"（293）。在这里，马克思从价值的角度分析劳动：资本家的目标"仅要生产使用价值，而且要生产交换价值，不仅要生产价值，而且要生产剩余价值"（293）。

马克思关于价值增殖过程的例子

马克思以一家棉纺厂为例，工人们用纺锤和织布机把棉花纺成纱。他在本节中使用的其他例子有：钻孔、采煤、采油、珠宝制作、麻布裁剪、砖瓦铺设和织锦等。这些都是马克思所处的工业时代的典型例子。如今，人们可以添加信息劳动，如新闻工作、软件工程、表演、唱歌、跳舞、写作、秘书、接待员、呼叫中心等在资本主义生产关系下进行的劳动。马克思在7.2中所分析的价值层面上，所有这些创造商品（资本家为了积累资本而出售的商品）的劳动，都是创造价值、剩余价值和交换价值的抽象劳动，进而使货币利润成为可能。

剩余价值：一个重要范畴

马克思指出，在一个工作日的一部分时间里，工人创造的商品包含了对象化的生产资料（劳动对象、劳动工具）的部分价值，工人创造了他们工资的等价物（必要劳动时间）；而在工作日的另一部分时间里，他们创造的是无偿的剩余价值。这种无偿劳动的形式隐藏着资本主义的谜团，即资本积累的原因：资本家剥削工人，而工人并不拥有他们创造的使用价值、剩余价值和货币利润。无论资本家让工人们创造软件、书籍、电影、纺线、大炮还是乐谱，他们总是在剥削创造剩余价值的劳动力，这种剩余价值以货币利润的形式实现。马克思给出了一个具体的例子，即一半的工作日用于生产相当于工资的价值，而另一半则是无偿的剩余劳动：

> 劳动力维持一天只费半个工作日，而劳动力却能劳动一整天，因此，劳动力使用一天所创造的价值比劳动力自身一天的价值大一倍。(301)

马克思认为，价值增殖发生在生产过程中，但货币转化为资本既需要商品流通（购买劳动力和生产资料，出售新商品），也需要生产中的价值增殖过程。(302)

价值增殖是一种创造凝结在商品中的价值的常规劳动过程。然而，它已经超出了劳动再生产等同于工资和劳动力价值的界限，从而产生了剩余劳动和剩余价值：

> 如果我们现在把价值形成过程和价值增殖过程比较一下，就会知道，价值增殖过程不外是超过一定点而延长了的价值形成过程。如果价值形成过程只持续到这样一点，即资本所支付的劳动力价值恰好为新的等价物所补偿，那就是单纯的价值形成过程。如果价值形成过程超过这一点而持续下去，那就成为价值增殖过程。(302)
> 作为劳动过程和价值形成过程的统一，生产过程是商品生产过程；作为劳动过程和价值增殖过程的统一，生产过程是资本主义生产过程，是商

品生产的资本主义形式。（304）

价值增殖过程的各个方面

劳动是一个创造具体使用价值的实际过程，价值增殖是创造特定数量价值和剩余价值的劳动（302）。剩余价值"来自数量上的劳动过剩，来自同一劳动过程的延长"，不管这种劳动在具体层面上是否创造了珠宝、纱线、软件、情感、音乐或教育。图7.3可视化了马克思在7.2中讨论的价值增殖的维度。

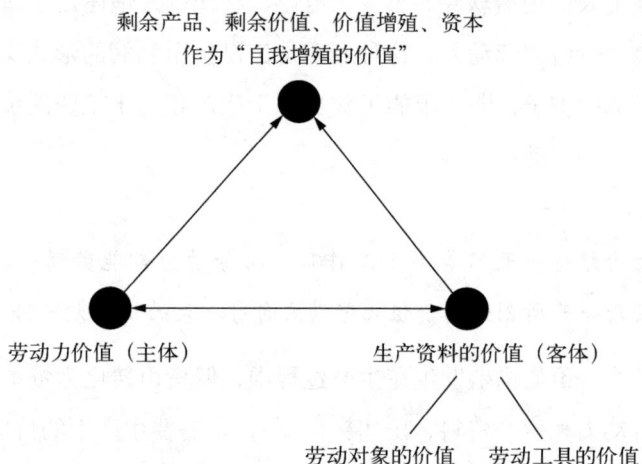

剩余产品、剩余价值、价值增殖、资本
作为"自我增殖的价值"

劳动力价值（主体）　　　　　生产资料的价值（客体）

劳动对象的价值　　劳动工具的价值

图7.3　价值增殖过程的各个方面

马克思在《资本论》第1卷第6章中详细分析了价值增殖的主体方面，即劳动力的价值。他指出，劳动力的价值就是生产人类生存所必需的生活资料所需的平均时间。在此背景下，劳动力的再生产①和家务劳动尤为重要（见本书第6章的讨论）。此外，劳动工具和劳动对象——价值增殖的客观方面——也具有价值。在劳动过程中，工人利用他们的劳动力，把生产资料的部分价值转移到新产品中，不仅创造出新的使用价值，还创造出新的价值，即剩余价值，这种价值在销售过程中转化为货币利润。剩余价值也是资本主义再生产和资本积累的基础。

---

① 即劳动者的生育与繁衍。——译者注

第 7 章练习

小组练习（G）

项目练习（P）

关键词：劳动过程，劳动对象，劳动工具，劳动产品，生产消费，价值增殖，剩余价值

练习 7.1（G）

小组作业：找出一家在你居住的国家中很重要的资本主义媒体公司。讨论劳动主体、劳动对象、劳动工具和劳动产品是什么，以及它们是如何组织的。

展示小组作业的结果。

练习 7.2（G）

小组作业：每个小组选择一个特定的资本主义媒体公司。讨论在你的案例中，劳动主体的异化，与劳动对象、劳动工具和劳动产品的异化是怎样的。试着找出是否有不同形式的异化。试分析传媒公司的有偿劳动与观看、阅读、聆听、创造内容的劳动的区别及其异化。讨论以下问题：一个非异化的媒体世界会是什么样子？如何做到这一点？为了克服异化，你能做些什么？

展示小组作业的结果。

练习 7.3（G）

小组作业：每个小组选择一个特定的资本主义媒体公司。讨论这家公司的价值增殖过程是如何运作的。反思公司如何让员工创造剩余价值，什么是包含剩余价值的商品，哪些员工创造了剩余价值，以及他们如何创造商品及其剩余价值。

展示小组作业的结果。

8 不变资本和可变资本

在第 8 章中，马克思进一步讨论了劳动力的价值和生产资料价值的相关内容，基本观点是"生产资料的价值……转移到了产品上"和工人"把新价值加到劳动对象上"（307）。

价值的保存与创造

在生产过程中，作为劳动对象的"使用价值的旧形式消失了，但只是为了以新的使用价值形式出现"（308），即一种新的产品，重新出现。具体劳动创造了新的使用价值。同时，它也是抽象劳动，通过它创造新的价值并凝结在产品中（308）。

> 因此，纺纱工人的劳动，就它的抽象的一般的属性来说，作为人类劳动力的耗费，把新价值加到棉花和纱锭的价值上；而就它的具体的特殊的有用的属性来说，作为纺纱的过程，把这些生产资料的价值转移到产品上，从而把这些价值保存在产品中。由此就产生了劳动在同一时间内所得出的结果的二重性。（308—309）

劳动同时创造并保存价值。没有价值的保存就不可能创造新的价值："工人不保存旧价值，就不能加进新劳动，也就不能创造新价值，因为他总是必须在一定的有用的形式上加进劳动；而他不把产品变为新产品的生产资料，从而把它们的价值转移到新产品上去，他就不能在有用的形式上加进劳动。"（315）

"当劳动通过它的有目的的形式把生产资料的价值转移到产品上并保存下来的时候，它的运动的每时每刻都形成追加的价值，形成新价值。"（316）

马克思与信息的物质性

马克思在一段附言中提到，"人本身单纯作为劳动力的存在来看，也是自然对象，是物，不过是活的有意识的物，而劳动本身则是这种力在物上的表现"（301）。从信息的角度来看，马克思把人看做是物质组织的一种特殊形式，这一点至关重要。他强调意识作为人类物质形式的一个特别重要的方面。原版德语如下："Der Mensch selbst, als bloßes Dasein von Arbeitskraft betrachtet, ist ein Naturgegenstand, ein Ding, wenn auch lebendiges, selbstbewußtes Ding, und die Arbeit selbst ist eine dingliche Äußerung jener Kraft"（MEW 23，217）。这段德语表明，马克思所说的是"有自我意识的事物"（ selbstbewußtes Ding），而不仅仅是有意识的事物。人类不仅仅会思考，他们还会反思自己及自己在世界中的角色，并定义自己的身份。

"劳动是这种力量的物质表现"这一翻译并不准确，因为马克思使用的是 Dingliche Äußerung，这个词被翻译为"物质的外化或表达"可能更为贴切。马克思想要强调的是，劳动创造了一种产品，并在其中实现自身对象化。将 Dinglich 翻译为"物质的"可能会让人误解劳动只能创造有形的物质产品，而无法创造非物质的东西，比如信息。然而，在黑格尔的哲学中，一切存在通常都被称为"物"（Ding），因此在黑格尔的理论中，信息也被视为一种"物"。同样，马克思想表达的并不是劳动只能创造我们可以触摸和感知的东西，而是指它能创造各种物质和非物质的产品。因此，一个更好的翻译可能是"物质外化或表达"。在唯物主义哲学中，无论是信息还是有形的物理事物，都是物质的。

德语词 Äußerung 有两层含义：（a）指内在之物向外转化（外化）；（b）指某物的表达或发出。因此，它既有一般意义，也与信息和沟通相关。Dingliche Äußerung 既可指言说或表达导致外部世界的变化（即产生积极结果），也可指某项活动产生了外部结果。

信息：一种特殊的商品

马克思认为，生产资料在劳动过程中会失去其原有的使用价值，并成为新使用价值的一部分（310）。它们也会失去交换价值，因为一旦物化到新产品中，就不再能单独交换，而只能作为新使用价值的一部分（311）。马克思写道，"原材料和辅助物质"如煤炭或石油，"会失去它们进入劳动过程时所具有的独立形式"（311）。当信息作为生产资料进入生产过程时，情况则有所不同，因为信息是一种特殊的商品，它在使用过程中不会消耗殆尽，也不会磨损，而且不需要重建所有组件就可以无限地复制。例如，在将我当前正在编写的名为"8_Chapter8"的文件复制到闪存驱动器上时，我无需重新编写构成文件文本的所有字符、单词和句子。相比之下，如果我烧掉了一块煤炭，要想再获得一块，就需要有人去开采。信息一旦创建，就可以进入多个生产过程，而无需重新创建。如果我写了一本书，那么其中的一章可以通过重印在另一本书中重复使用，而无需我重新撰写这一章。然而，如果要复制一辆特定的老式汽车的车身以制作复制品，就不能使用原车的车身而不破坏原车；必须将额外的金属板投入生产过程。同一个想法可以存在于多本书中，但同一块金属板不能存在于两个不同的产品中。

有些生产资料没有价值，也就是说，它们不是由人类创造的，马克思举例说，土地、风和水（312）。风车将风能转化成能量。风是劳动的对象，由自然提供和产生。大自然形成的风没有任何价值，它作为一种免费资源进入能源生产过程。

马克思认为，生产资料的某些部分可能作为废料"整体进入价值增殖过程，尽管它们只是逐片进入劳动过程"（313）。例如，用布料裁剪出一条特殊的裤子时，布料会被裁剪成合适的比例，而部分布料则会成为废料。这些废料不足以制作另一条裤子，因此对裁缝来说是无用的，会被丢弃。然而，裁缝必须为整块布料付费，而不仅仅是他用于制作裤子的那部分。

不变资本与可变资本的定义

劳动其实并不能将生产工具的全部价值转移到单一产品上，因为工具在生产周期中持续使用时间较长，且能用于生产多种产品："假定这种劳动资料的使用价值在劳动过程中只能持续6天，那么它平均每个工作日丧失它的使用价值的1/6，因而把它的价值的1/6转给每天的产品。"（312）劳动工具或者机械设备以其全部使用价值反复进入生产过程，"但只是部分地进入价值增殖过程"（312）。

　　劳动力具有特定的价值，它是通过支付一笔"工资"来计算的。劳动是"发挥作用的劳动力"（315），在这一过程中，它不仅将价值转移到新的使用价值上，还创造了新价值，即剩余价值。相比之下，生产资料本身并不创造价值，劳动只是将其部分价值转移到产品中。基于这一分析，马克思引入了"不变资本"和"可变资本"的概念，用货币形式来表示资本主义生产过程中客观因素和主观因素的价值。

　　　　可见，转变为生产资料即原料、辅助材料、劳动资料的那部分资本，在生产过程中并不改变自己的价值量。因此，我把它称为不变资本部分，或简称为不变资本。

　　　　相反，转变为劳动力的那部分资本，在生产过程中改变自己的价值。它再生产自身的等价物和一个超过这个等价物而形成的余额，剩余价值。这个剩余价值本身是可以变化的，是可大可小的。这部分资本从不变量不断转化为可变量。因此，我把它称为可变资本部分，或简称为可变资本。资本的这两个组成部分，从劳动过程的角度看，是作为客观因素和主观因素，作为生产资料和劳动力相区别的；从价值增殖过程的角度看，则是作为不变资本和可变资本相区别的。（317）

　　若技术进步或科学发展使得生产资料能更快更廉价地生产出来，其价值就会发生变化（318—319）。在这种情况下，一台旧机器"要或多或少地贬值，因而转移到产品上去的价值也要相应地减少"（318）。

不变资本和可变资本的辩证关系

　　图8.1直观地展示了可变资本与不变资本的辩证关系。

价值增殖=价值转移和新价值的创造：新产品的货币价值 $V=c+v+s$ （主体-客体）

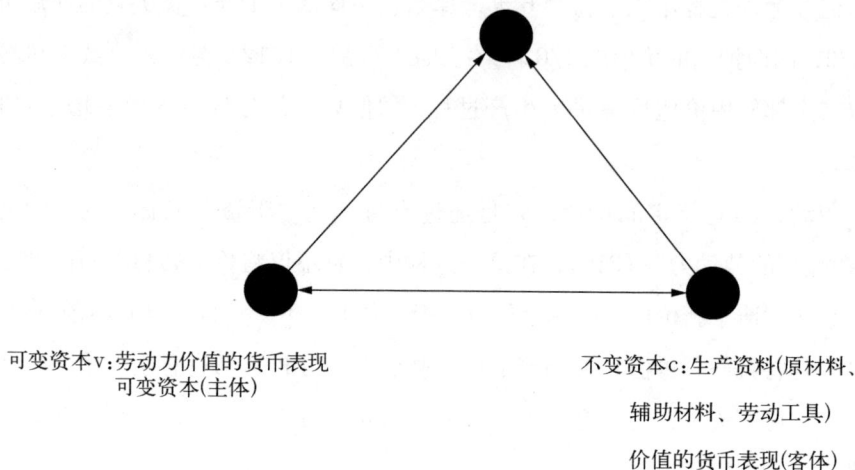

可变资本v:劳动力价值的货币表现
可变资本(主体)

不变资本c:生产资料(原材料、

辅助材料、劳动工具)

价值的货币表现(客体)

图8.1 不变资本与可变资本的辩证关系

在资本主义生产过程中，资本家购买劳动力和生产资料。在实际劳动过程中，人类将生产资料和劳动力的价值转移到一种新产品中。然而，劳动还创造了新的价值，从而产生了剩余价值和剩余产品。新产品的价值 $V=c+v+s$ （不变资本＋可变资本＋剩余价值）。只有劳动才能创造新的价值，因此马克思将劳动力价值的货币表现称之为"可变资本"。

第8章练习

小组练习（G）

项目练习（P）

关键词：价值保存，价值增殖，可变资本，不变资本

练习8.1（G）

小组合作：每个小组选择一种熟悉的资本主义媒体产品。讨论其中可以发现哪些不变资本和可变资本的要素。思考信息作为劳动的对象或劳动工具是否起着特定的作用，它与非信息化的生产资料有何不同。

查找有关所选媒体产品的工资水平（可变资本）及不变资本各要素成本的信息源。

展示并比较小组作业的结果。

9 剩余价值率

9.1 劳动力的剥削度

利润作为剩余价值的货币表现

马克思在 9.1 中解释了资本价值在资本主义生产过程中的变化。预付资本的货币价值为 $C = c + v$（不变资本 + 可变资本）。在资本主义生产过程中，会产生一种新的商品 C'，它具有之前不存在的、由劳动创造的新的使用价值和价值。新商品的价值是 $C' = c + v + s$（不变资本 + 可变资本 + 剩余价值）。

马克思在这一章和其他章节中谈到了货币术语中的剩余价值，例如"90 英镑的剩余价值"（320）。值得注意的是，马克思在第 1 章中首次引入"价值"概念时，就明确指出劳动是价值的实体，劳动时间是价值的尺度。价值可以用平均劳动时间和货币单位来衡量。在《资本论》第 1 卷中，马克思假定"价格 = 价值"（329，脚注 9），但同时（他）指出情况更为复杂，这就是马克思在《资本论》第 3 卷中讨论的转形问题（也就是将劳动价值转化为价格）（见 329，脚注 9）。利润是剩余价值的货币表现，剩余价值也表现为一定数量的未支付①的平均工作时间。公式 $C' = c + v + s$ 中 s 表示剩余价值，但我们应该记住马克思所说的货币表达式，这就是为什么这个公式也可以写成

① 即必要劳动时间之外的剩余劳动时间工人未获得薪酬。——译者注

$C' = c + v + p$，其中 p 代表利润。

马克思理论很重要的一点是，"在生产过程中实际新生产的价值产品，……是和这个过程中得到的产品价值不同的"（321）。以不变资本表示的生产资料的货币价值不是新价值，而是劳动在过去就已经创造的价值，它的价值转移到新的产品 C' 上，而不是新创造的。不变资本是在生产资料中客观存在的死价值。劳动力是一种活价值，在实际劳动中将价值 c 转移到新产品 C' 中。它还创造了劳动力自身的价值，该价值以工资的形式表现，并产生出以利润形式表现的剩余价值。"因此只有 v 是变化的"（322）。不变资本是固定的，而劳动力（即可变资本）是"流动的、创造价值的"（323）。

必要劳动时间、必要劳动、剩余劳动、剩余劳动时间

基于这些假设，马克思引入了"必要劳动时间""必要劳动""剩余劳动""剩余劳动时间"的概念：

> 我们已经知道，工人在劳动过程的一段时间内，只是生产自己劳动力的价值，就是说，只是生产他必需的生活资料的价值。……我把进行这种再生产的工作日部分称为必要劳动时间，把在这部分时间内耗费的劳动称为必要劳动。这种劳动对工人来说所以必要，是因为它不以他的劳动的社会形式为转移。这种劳动对资本和资本世界来说所以必要，是因为工人的经常存在是它们的基础。
>
> 劳动过程的第二段时间，工人超出必要劳动的界限做工的时间，虽然耗费工人的劳动，耗费劳动力，但并不为工人形成任何价值。这段时间形成剩余价值，剩余价值以从无生有的全部魅力引诱着资本家。我把工作日的这部分称为剩余劳动时间，把这段时间内耗费的劳动称为剩余劳动。（324—325）

马克思写道："使各种社会经济形态例如奴隶社会和雇佣劳动的社会区别开来的，只是从直接生产者身上，劳动者身上，榨取这种剩余劳动的形式。"（325）剩余劳动力不是资本主义特有的，而是存在于所有阶级社会中，如奴隶制、封建主义和资本主义。统治阶级以不同的方式对被统治阶级的劳动进行剥削。马克思在第 10 章第 2 节 "对剩余劳动的贪欲。工厂主和领主" 中再次讨论了这个问题。

剩余价值率：剥削程度

马克思定义了剩余价值率，他也称其为剥削程度，如下：

$$剩余价值余率 = \frac{s}{v} = \frac{剩余劳动}{必要劳动}$$

他举了两个例子，一个是用工时计算的（326，脚注 7），另一个是用英镑计算的（327），这表明，对马克思来说，价值既具有劳动时间维度，也具有货币维度。[①]

1) 必要劳动 = 5 小时，剩余劳动 = 5 小时；⇒ 工作日 = 10 小时；rs = 5/5 = 100%

2) c = 410 英镑，v = 90 英镑，p = 90 英镑，C = c + v + p = 590 英镑；rs = 90/90 = 100%

马克思使用 "剥削程度" 一词表明，他的理论不仅超越了古典政治经济学，是一种新的分析性政治经济学，而且是一种高度政治化的理论，它站在工人阶级的立场上，维护工人阶级的利益，反对资产阶级和资本主义。这是对资本主义政治经济学的批判。"剥削" 一词是一个道德和政治术语，它永远不会有积极含义，而是暗示着某些事情是错误的、不光彩的、不公正的，应当被废除。资产阶级使工人阶级的劳动超出了必要劳动时间，从而出现了资本家所占有的剩余价值。剩余价值率是资本主义的一个重要维度，因为它决定了单位时间内能创造多少利润。马克思将剩余价值率也称为剥削程度，把政治斗争和伦理道德的维度纳入他的分析。因此，他的理论不仅是科学的和分析性的，也是伦理性的。

什么是剥削？剥削有什么错？马克思是不是伦理思想家或者说伦理学始终是阶级道德的一种形式？

这是马克思在第 13 章中就如何使用 "剥削" 一词所举的例子："资本主义生产

[①] 即马克思对价值的讨论，既考虑了价值的生产方面——劳动时间，也考虑了价值的交换和表现方面——货币。——译者注

过程的动机和决定目的，是资本尽可能多地自行增殖，也就是尽可能多地生产剩余价值，因而也就是资本家尽可能多地剥削劳动力。"(449) 马克思在这里指出，对劳动力的剥削是资本得以存在的绝对需要。同时，他刻意选择了"剥削"这个词是为了说明资本主义在道德上是不可接受的，应该被废除，而且必须被废除，才能让所有人过上真正的人类生活。

伦理和道德通常被视为理想主义的，是一种纯粹观念的领域，最具代表性的就是近代宗教意识形态。恩格斯在《反杜林论》中提出"在阶级社会中，道德始终是阶级的道德：它或者为统治阶级的统治和利益辩护"：

> 从动产的私有制发展起来的时候起，在一切存在着这种私有制的社会里，道德戒律一定是共同的：切勿偷盗。……相反，我们断定，一切以往的道德论归根到底都是当时的社会经济状况的产物。而社会直到现在是在阶级对立中运动的，所以道德始终是阶级的道德，它或者为统治阶级的统治和利益辩护，或者当被压迫阶级变得足够大时，代表被压迫者对这个统治的反抗和他们的未来利益。没有人怀疑，在这里，在道德方面也和人类认识的所有其他部门一样，总的说是有过进步的。但是我们还没有越出阶级的道德。(Engels 1878，87‑88)。

马克思主义者有时争辩说，马克思的方法是科学的，而非伦理的。然而，这种对立观点意味着，作为文化组成部分的道德在经济中不发挥任何特殊作用，而是由经济发展决定或过度决定的。资本主义在矛盾中运动并通过矛盾而发展，但仅靠经济矛盾并不会导致革命。革命往往发生在客观危机的情境下，但仅凭这样的危机并不足以导致社会崩溃。革命需要一种集体性的主观因素，即一种关于特定统治应被废除的集体认识。一个人是加入革命力量还是反对革命力量，并非仅仅由其阶级地位决定，而是由其一生中在所有社会关系（包括经济、政治、家庭、个人关系等）中的全部经历总和所决定。政治信仰和道德信仰是物质性的，它们产生于人们在这些社会关系以及各种群体归属和关系（包括阶级关系）中的经历。具有相似群体归属的人更可能共享政治和道德世界观，但他们并不一定会这样做，因为经历是复杂且多维的。因此，文化、道德和意识形态并非简单的上层建筑，而是社会的重要物质维度。革命性的社会主义理论必然是分析性的和伦理性的：它分析阶级社会的构成和矛盾，并解释了为什么阶级社会是人类存在的错误形式，应当被废除。

恩格斯也谈到了共产主义中真正的人类道德："只有在不仅消灭了阶级对立，而且在实际生活中也忘却了这种对立的社会发展阶段上，超越阶级对立和超越对这种对立的回忆的、真正的人的道德才成为可能。"（同上，88）道德价值不会在共产主义社会中消亡，而是呈现出不同于阶级道德的具体形态。

马克思对康德伦理学的批评

伦理学是一种道德理论，一种关于辨别善恶的原则的理论。德国哲学家康德（1724—1804）被认为是所谓义务论伦理学的重要代表。义务论伦理学根据具体法则对人的每一个行为进行判断。康德认为意志的自主性（1785，109）[①]是"道德至上原则"。他的自律原则的结果是作为绝对命令的"道德律"："你要这样行动，就像你行动的准则应当通过你的意志成为普遍的自然法则一样。……要把你的行为准则看作是你要成为普遍的自然法则的意志。……你要这样行动，把不论是你的人格中的人性，还是任何其他人的人格中的人性，任何时候都同时用做目的，而绝不只是用做手段。"（Kant 1785，71，87）。德国批判理论家尤尔根·哈贝马斯（Habermas 2008，140）认为，康德的绝对命令反映在他的洞察力中，即自由只受他人自由的限制。哈贝马斯（Habermas 2011，14）认为康德的自律原则及其绝对命令的思想体现在《人权宣言》第一条中："人人生而自由，在尊严和权利上一律平等。"

马克思批判自由主义是高度个人主义的，并且自由主义的自由为私有财产的自由辩护，这与社会自由——即平等——以及每个人过上美好生活的权利相矛盾。在这样的背景下，他写道，康德强调自主性和人的意志作为个体原则，并且因此认为解放是通过个人理性而非社会阶级解放来实现的。"康德只谈'善良意

---

① 该书译文参见（德）康德《道德形而上学奠基》，杨云飞译、邓晓芒校，人民出版社 2013 年版。

志'，哪怕这个善良意志毫无效果他也心安理得，他把这个善良意志的实现以及它与个人的需要和欲望之间的协调都推到彼岸世界。康德的这个善良意志完全符合德国市民的软弱、受压迫和贫乏的情况，他们的小眼小孔的利益始终不能发展成为一个阶级的共同的民族的利益，因此他们经常遭到所有其他民族的资产阶级的剥削。"[1]（Marx and Engels 1845，208）

马克思的绝对命令：道德作为反对阶级社会的阶级斗争的政治

马克思在《〈黑格尔法哲学批判〉导言》中提出了自己的伦理原则，这是一个与康德的绝对命令不同的绝对命令。它基于"人是人的最高存在"这一原则，从这个原则出发，马克思推导出"推翻所有使人堕落、奴役、被遗弃、卑鄙的关系的绝对命令"（MECW3，182）。马克思强烈地反对所有阶级社会，因为他认为阶级是非常不公平的，不符合人类能成为或者应该成为的样子。同时，他认为为了建立一个自由社会，需要高度发达的技术，以便将人类从劳役中解放出来。"剥削率"概念是分析资本主义的重要工具，同时也是马克思关键的绝对原则的一种表达，是对资本主义和阶级是错误的并且应该被废除的伦理判断的表达。

9.2 产品价值在产品相应部分上的表现

19 世纪英国的重量和货币度量衡

读者们可能会发现马克思的一些示例计算难以理解。导致这种情况的一个原因是，不是每个人都熟悉他所使用的重量、长度、面积、容量和货币的计量单位。例如，在 9.2 中，他谈到了成磅（lb）的棉花和纱线以及先令（s）。这些重量和货币单位在 19 世纪的英国是常见的，它们构成了《资本论》的历史背景。今天，磅仍然是美国常用的重量度量单位。英联邦国家同时使用千克和磅来度量，而世界上大多数其他国家已经采用了千克来度量。与磅不同的是，千克是基于公制系统的重量度量单位。今天的 1 磅等于 0.453 592 37 千克。在

---

[1]《马克思恩格斯全集》第 3 卷，人民出版社 1960 年版，第 211—212 页。

马克思的时代，使用的是不同的磅的定义，即金衡磅。1 金衡磅等于 0.372 242 千克。

从 1707 年到 1971 年，英国使用了这样一种货币度量方法，其中 1 英镑由 20 先令组成，而 1 先令由 12 便士组成。因此，1 英镑相当于 240 便士，这意味着英镑的度量单位不是十进制的。此外，还使用了 6 便士（也称为半先令或坦纳）的单位。1 个便士（也称为 "penny"）被细分为 4 枚硬币。

对于当代读者来说，将马克思的例子中的磅转换为千克、先令转换为便士会更容易理解。在转换了度量单位后，马克思在 9.2 中的例子提到了生产 7.4 千克的纱线，总货币价值为 1.5 英镑。总价值由以下几部分组成：不变资本 c = 1.2 英镑，可变资本 v = 0.15 英镑，剩余价值 p = 0.15 英镑。马克思指出，在 7.4 千克的纱线中，1.2 英镑的不变资本代表了 80% 的纱线重量（5.92 千克），可变资本占 10% 的纱线重量（0.74 千克），剩余价值也占 10% 纱线重量（0.74 千克）。马克思假设平均需要 12 小时来纺 7.4 千克的纱线。在这个例子中，可变资本等于剩余价值。因此，剩余价值率 rs = 0.15 英镑/0.15 英镑 = 100%。这意味着必要劳动时间是 6 小时，剩余劳动时间也是 6 小时，所以 rs = 6 小时/6 小时 = 100%。

例：美国的信息经济

为了说明剩余价值的比率，让我们讨论一个来自媒体和信息世界的例子。表 9.1 显示了 2010 年美国信息经济的一些宏观经济数据。

经合组织（OECD）在数据库使用了行业分类（国际标准产业分类 4.0 版本）作为数据来源，将出版、音像和广播、电信、信息技术（IT）和其他信息服务视为形成信息部门的行业，这当然是可以商榷的。因为有人可能会说，硬件、电子设备、半导体、艺术、娱乐、科学、教育和广告也应归入其中。为便于统计，使我们能够计算货币形式的剩余价值率，我们沿用了数据库的假设。该表还显示了信息产生及其各子行业在美国经济总量中所占的比例。2010 年，整个信息经济占美国增加值的 5.6%，员工占 3.2%，员工薪酬占 5.1%，税前利润占 6.5%。

表 9.1　2010 年美国信息经济宏观经济数据（数据来源：OECDSTAN 数据库）FTE＝全职等效

	增加值 （百万美元）	FTE 员工数 （1000 人）	员工报酬 （百万美元）	总经营剩余 （百万美元）	剩余价值率
信息与 通信	807 753 （5.6%）	3 904 （3.2%）	4 0471 （5.1%）	361 087 （6.5%）	89.2%
出版	143 519 （1.0%）	1 063 （0.9%）	81 783 （1.0%）	59 607 （1.0%）	72.9%
音像和 广播	58 445 （0.4%）	753 （0.6%）	27 811 （0.3%）	27 597 （0.5%）	99.2%
电信	347 282 （2.4%）	1 168 （1.0%）	107 202 （1.3%）	208 430 （3.8%）	194.4%
IT 及其他 信息服务	258 027 258 507 （1.8%）	1 673 1 673 （1.4%）	187 916 （2.4%）	65 453 （1.2%）	34.8%
合计	14 526 547	120 921	7 980 612	5 549 257	69.5%

　　计算税前利润与员工薪酬的比例，可以估算出 2010 年这些行业的剩余价值率。2010 年，美国经济总量的增值约为 70%，而整个信息经济的增值率约为 90%。不仅信息技术（IT）和其他信息服务行业，所有信息行业的剩余价值率都明显高于美国整体经济。IT 工作者（如软件工程师）的薪酬往往较高，因此该行业的剩余价值率（35%）明显低于美国整体经济。

　　根据行业全职等效员工的数据，我们可以计算出必要劳动时间和剩余劳动时间。例如，根据表格中的数据，2010 年美国信息经济的利润与薪酬之比为 47.2% 至 52.8%。因此，我们可以假设，在 390.5 万余名全职等效员工中，2 064 624 名代表必要的劳动时间，1 840 801 名代表无报酬的剩余劳动时间。如果计算 2010 年美国信息经济的剩余劳动时间与必要劳动时间的比例（1 840 801/2 064 624），那么剩余价值率又是 89.2%，与基于利润和员工薪酬货币单位计算的结果相同。

马克思对资产阶级经济学家价值观念的批判

　　马克思认为，资产阶级经济学家经常混淆这样一个事实，即新价值并不等于产品的价值，他们假设不变资本也是新价值。但是人类劳动在过去已经（将不变资本）作为价值和使用价值被生产出来了（并不是新价值），因此，这种混淆导致了对已存在事物的重复计算。马克思指出，这些经济学家出于意识形态上的原因，故意进行这种重复计算，因为他们"在实际上关心价值的增殖过程，但在理论上又有意曲解"（332）。

在 9.3 中，马克思讨论了这样一种关于新价值的意识形态解释："西尼尔的'最后一小时'"。

9.3　西尼尔的"最后一小时"

谁是西尼尔？

纳索·威廉·西尼尔（Nassau William Senior，1790 - 1864），英国经济学家，牛津大学德拉蒙德政治经济学教授。马克思解释说，西尼尔应曼彻斯特的制造商请求，帮助他们公开反对每天工作时间应限制在 10 小时以内的政治要求。1833 年的《工厂法》将允许 14 至 18 岁的工人每天在纺织厂工作的时间限制在 12 小时。19 世纪 30 年代，"10 小时运动"兴起，要求青少年的工作时间应限制在每天 10 小时以内。西尼尔教授试图提出一个名为"最后一小时"的论据，用来反对这样的削减。他在 1837 年出版的《关于〈工厂法〉对棉纺织业的影响的书信》中阐述了这一观点，因为它影响到了棉花生产。马克思指出，资产阶级对 10 小时工作制的论调一再引用了西尼尔的论点。

西尼尔的"最后一小时"论证

马克思引用了西尼尔书中的一整页的内容（333—334）来解释"最后一小时"的论点。这一段的数学很难理解，因为正如马克思所说，"西尼尔的陈述是混乱的"（334，脚注 10）。马克思在 334 页脚注 10 中用更简单的术语解释了这个论点。其内容如下：

一家制造商投资资本为 100 000 英镑。其中在机器上投资 80 000 英镑，在工资和原材料上投资 20 000 英镑。每年的利润率为 15%，所以利润 p = 15 000 英镑/年。西尼尔认为，年销售额 115 000 万英镑的形成方式如下：

- 100 000 英镑的投资资本代表价值的 100/115 = 20/23（87.0%），因此全

年每天工作 10 小时（11.5 小时中的 20/23）。

• 机器每年磨损 5 000 英镑，这意味着 5/115 = 价值的 1/23（4.3%），因此全年每天工作半小时（11.5 小时的 1/23）。

• 每年 15 000 英镑的利润将通过机器贬值而降低，这样，剩下的 10 000 英镑净利润就相当于价值的 10/115 = 2/23，因此全年每天工作 1 小时（11.5 小时中的 2/23）。因此，利润将在工作日的最后一小时内产生。

• 将每天的工作时间从 11.5 小时减少到 10 小时，利润将降至零，并摧毁纺织业。

• 相比之下，将工作日从 11.5 小时增加到 13 小时，利润将增加一倍以上。

西尼尔方法的问题

西尼尔假设的一个错误是，他认为所有的商品价值都是新的，包括不变资本的价值。这种看法源于他的假设，即资本是生产性的，也就是说，创造财富的决定性因素是资本，而不是劳动力。这个假设是荒谬的，因为在只有货币而没有商品的经济中，无人能够生存。相比之下，在一个不存在货币，但创造并分配给所有人商品的劳动构成的经济中，每个人都能生存。一个纯粹由货币构成的经济是无法存续的。一个纯粹由商品生产构成、没有货币和交换的经济可以存续。这一思想实验表明，劳动比货币和交换更为根本。劳动创造财富。货币不能用来吃、睡和与人交流，但是劳动创造的食物、房子和媒体却可以用来吃、住和交流。

西尼尔还错误地认为机器的全部价值是由一年的劳动所决定。然而，生产商购买的纺纱机与棉花的年供应量相反，它们不仅使用一年，而是能够使用多年。因此，从机器转移到大宗商品的价值不是 80 000 英镑，而是 5 000 英镑的贬值。西尼尔在几年内重复计算机器的全部价值，这是计算的一个基本错误。

马克思对西尼尔"最后一小时"论证的批判

马克思批评西尼尔的"最后一小时"论证。他指出，西尼尔将原材料和工资笼统地算作 20 000 英镑的资本中。为了更准确地计算，应该将其分开。例如，原材料 = 10 000 英镑，工资 v = 10 000 英镑。根据这一假设，利润 p 和工资 v 的大小相同，为 10 000 英镑。如果工资和利润相等，那么剩余价值率必须是

100%，这意味着工作日的一半是必要劳动时间，另一半是剩余劳动时间。因此，每天5¾小时是必要劳动时间，在此期间，工人产生的货币工资相当于其劳动力的价值，而5¾小时是无报酬的剩余劳动时间。如果工作时间增加到每天13个小时且工资保持不变，那么必要劳动时间仍然是5¾小时，剩余劳动时间增加到7¼小时，以便剩余价值为7¼/5¾ = 126.1%。因此，在这个例子中，人们可以不像西尼耳那样预期利润会增加一倍，但它们的利润却增加了大约11.1%。如果相反，工作日减少到10小时，工资保持不变，正如工会和工人所期望的那样，那么必要劳动时间是5¾小时，剩余劳动时间是4¼小时。因此，剩余价值率为4¼/5¾ = 73.9%。利润并不会如西尼尔所假设的降至0%，而是会因剥削率从100%降至约73.9%而有所下降。

9.4 剩余产品

剩余产品

商品有使用价值和价值。剩余价值或利润 p 构成商品总价值的一部分，$C' = C + v + p$。鉴于商品的双重属性，利润代表了使用价值中的一个特定份额。如果总使用价值是7.4千克纱线，如马克思在第9.2节中所用的例子，利润 $p = 0.15$ 英镑，商品总价值 $C' = 1.5$ 英镑，则利润占总货币价值的10%，这对应于使用价值层面上的0.74千克纱线。

马克思在第9章结尾的一段话，引出了第10章，在这段话里，他把重点放在工作日上：

> 必要劳动和剩余劳动之和，工人仅仅再生产他的劳动力的价值的时间和生产剩余价值的时间之和决定他的劳动时间的绝对量——工作日。（339）

剩余的三个维度

马克思在《资本论》第1卷第1章中指出，商品具有使用价值、价值和交换价值。使用价值可以用特定商品的单位来衡量（例如，1张沙发），价值可以用生产该商品所需的平均小时数来衡量（例如，1个小时），以及交换价值可以用货币来衡量（例如，500英镑）。剩余在这三个层面上均有所体现：它表现为使用价值、价值和交换价值——即剩余产品、剩余劳动时间和货币剩余价值（利润）。图 9.1 直观地展示了这种联系。

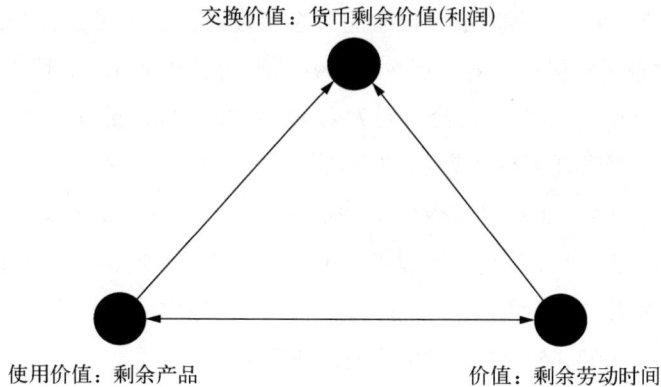

交换价值：货币剩余价值(利润)

使用价值：剩余产品　　　　　　　　价值：剩余劳动时间

图 9.1　剩余价值的三个维度

资本积累过程

鉴于马克思在第 8 章和第 9 章中明确指出，新生产的商品的价值为 $C' = c + v + p$。基于这些见解，我们可以将资本主义经济过程描述为图 9.2 所示。

马克思没有在《资本论》第 1 卷中引入资本积累的公式 $M-C$（Mp，L）..p..$C'-M'$，而是在《资本论》第 2 卷第 1 章开头"货币资本的循环"中首次介绍了资本积累公式（Marx 1885，109）。然而，这个公式的逻辑基础已经在第 1 卷中奠定。资本家投入货币资本 M（他们通常从银行获得，并支付贷款利息），以购买劳动力 L 和生产资料 Mp。劳动力的货币价值称为"可变资本"，生产资料的货币价值称为"不变资本"。马克思在《资本论》第 2 卷中区分了两种形式的不变资本：流动资本和固定资本。流动资本是指在生产过程中通过充分的生产性消耗而失去价值的资本，它包括原辅材料、运营资本和半成品。相比之下，固定资本在生产过程中停留的时间更长，并且只是逐渐地损耗并将价值转移到商品中去。人们可以把机器、厂房和设备算作这类资本。马克思在第 2 卷第 8 章中引入了"流动资本"和"固定资本"这两个概念，但他也回溯了第 1 卷第 8 章的内容，在那里这一区分已在逻辑上确立，只是未进行详细界定。

在生产过程中，工人进行劳动，以便将部分生产资料的价值转移到新的商品上，从而创造其劳动力价值和新的剩余价值。新商品的价值 $C' = c + v + s$，大于初始商品价值。商品价值因剩余价值（以劳动小时数计算）和剩余产品 Δc 而增加。新商品 C′以价格 M′出售，出售价格远大于初始资本 M，从而产生货币利润 p，即 M′ = M + p = M + Δm。利润的一部分用来扩大再生产，另一部分用于其他目的，比如：向银行归还利息和向股东发放股息。资本主义的主要目标和宗旨就是通过剥削人类劳动来实现资本的增殖，也即资本积累。

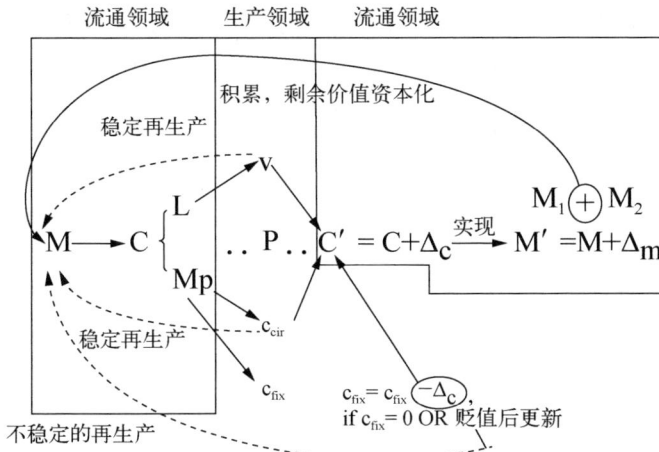

C_{cir}：原材料、辅料、经营用品、半成品

C_{fis}：机器、建筑、设备；流动资金：C_{cir}，v；固定资本：C_{fix}

图 9.2 资本积累

第 9 章练习

小组练习（G）

项目练习（P）

关键词：必要劳动，必要劳动时间，剩余劳动，剩余劳动时间，剩余劳动率，剥削程度，剥削，剩余产品

练习 9.1（P）

小组作业：思考一下自己在哪里可以获得关于自己所在地区的宏观经济统计数据。每个小组选择一个特定的媒体、文化或者信息行业，并查阅该行业在某个特定年份或某几个特定年份的总利润和总工资的数据，然后，计算出它们的剥削率。如果各小组关注的是同一年份不同行业的情况，那么可以对比一下各行业之间的剥削率。媒体、文化、信息行业哪一个的剥削率最高？为什么？

练习 9.2（G）

"剥削"一词对马克思来说既是一个分析术语，它把剩余价值率描述为影响公司创造利润的重要因素，又是批判资本主义的一个实际术语，认为资本主义是一个不公正的制度，应该被民主共产主义社会所代替。

小组讨论并比较各自得出的结论：什么是道德？伦理道德在资本主义中的作用是什么？为什么马克思认为剥削是不好的？资本主义信息经济中的剥削是如何运作的？怎么看待一个非扩张型的转型经济？

10 工作日

10.1 工作日的界限

延长工作日：举例

马克思通过考虑三种不同的工作条件，给出了一个关于延长工作日的例子（340）：

工作日 I：A —— B·C	必要劳动时间：6 小时， 剩余劳动时间：1 小时
工作日 II：A —— B—C	必要劳动时间：6 小时， 剩余劳动时间：3 小时
工作日 III：A —— B —— C	必要劳动时间：6 小时， 剩余劳动时间：6 小时

因此，剩余价值率（rs）＝剩余劳动时间/必要劳动时间，如下：

rs I：16.67%

rs II：50%

rs III：100%

绝对剩余价值生产

该例表明，绝对延长工作日是提高劳动剥削程度的一种方法，马克思把这种方法称为绝对剩余价值的生产方法：延长工作日的时长。第三部分（第7—

11章）的标题是"绝对剩余价值的生产"，所以在第10章马克思选择这一标题的原因就很明显了。在介绍了"不变资本""可变资本"和"剩余价值/利润"的概念之后，他在第9章定义了"剩余价值率"这一概念，并明确指出，资本家结构性地被迫提高这一比率，从而扩大或加强对劳动力的剥削。基于"劳动剥削"的概念，马克思在第10章转向了绝对剩余价值生产方法，这是增加劳动剥削的一种方法。

马克思认为，工作日是"可变的"且"流动的"，它可以有所调整（341）。它的最大值是由工人需要的睡觉、休息、社交和学习深造等时间所决定的。（341）

"资本的灵魂"在于它"只有一种生活本能，这就是增殖自身，创造剩余价值"（342）。"资本是死劳动，它像吸血鬼一样，只有吮吸活劳动才有生命，吮吸的活劳动越多，它的生命就越旺盛。"（342）资本家希望工人能以同样的工资尽可能多、尽可能快地工作。而工人则希望为所完成的工作获得尽可能多的工资，以过上更好的生活。工资和利润分别是工人和资本家的利益所在，这两者截然相反，成反比关系。这一阶级矛盾的结果是关于"工作日界限"的"全体资本家即资本家阶级和全体工人即工人阶级之间的斗争"（344）。

10.2 对剩余劳动的贪欲。工厂主和领主

对剩余劳动剥削的历史形式

马克思在9.1中指出，"社会的经济形态"彼此之间的区别在于"只是从直接生产者身上，劳动者身上，榨取这种剩余劳动的形式"（325）。他在10.2中更详细地讨论了这个主题：

> 资本并没有发明剩余劳动。凡是社会上一部分人享有生产资料垄断权的地方，劳动者，无论是自由的或不自由的，都必须在维持自身生活所必需的劳动时间以外，追加超额的劳动时间来为生产资料的所有者生产生活资料，不论这些所有者是雅典的贵族，伊特鲁里亚的神权政治首领，罗马

的市民，诺曼的男爵，美国的奴隶主，瓦拉几亚的领主，现代的地主，还是资本家。(344—345)

马克思描述说，在古代社会中，剩余劳动的生产往往采取强制加班甚至劳役至死的形式。在美国的奴隶制中，强迫加班是一项重要的原则，他还描述了役制，在役制中，为主工作的日子产生剩余劳动，其他日子形成必要劳动时间。马克思认为，作为一种纯粹的生产形式，役工存在于摩尔多瓦和瓦拉几亚，这两个地方后来成为罗马尼亚的一部分。他描述说，在瓦拉几亚，在每年总共140个工作日中，有56天是徭役。因此，根据马克思的理论，剩余价值的比率为 56/84 = 66.67%。

马克思引用了工厂视察员的公开报告，指出工厂老板让员工在正式开工前后以及缩短早餐和午餐休息时间加班。不论是剥削工人的资本家，还是剥削奴隶的贵族地主，都怀有"对剩余劳动的贪欲"(346)。

生产方式：《政治经济学批判大纲》和《德意志意识形态》

在《政治经济学批判大纲》的"资本主义生产以前的各种形式"一节(Marx 1867/1858) 和《德意志意识形态》的"费尔巴哈：唯物主义观点和唯心主义观点的对立"一节（Marx & Engels 1845）中，马克思讨论了阶级社会生产方式的历史顺序：

1. 以宗法家庭为基础的部落社区；
2. 古代城市公共财产（罗马、希腊）；
3. 农村的封建生产；
4. 资本主义

生产方式的类型学

表 10.1 根据所有制的主导形式（自主、部分自主和部分外来控制、完全外来控制）对生产方式进行了分类。

生产方式是生产力和生产关系的统一（同上，91）。①如果这些生产方式是以阶级（关系）作为其生产关系的，那么它们就有特定的矛盾，从而导致一种生产

①《马克思恩格斯全集》第 3 卷，人民出版社 1960 年版，第 33—34 页。

方式的扬弃和另一种新的生产方式的出现。一种新的生产方式的出现并不一定是
对旧的生产方式的废除，而是对旧的生产方式的扬弃。这意味着，在马克思看
来，历史是一个辩证的过程，这恰好符合黑格尔"扬弃"一词的三重含义：（1）
发扬，（2）废除，（3）保留，即（1）经济出现新的特质，（2）旧的生产方式的
统治地位消失了，（3）但这种旧的生产方式仍然以一种特定的形式和关系存在于
新的方式中。例如，资本主义的兴起并没有结束父权制和奴隶制，但后两者继续
以一种特定的家庭经济形式存在，并履行着再生产现代劳动力的职能。扬弃可能
是根本性的，也可能是非根本性的。从资本主义向共产主义的过渡，则需要从根
本上废除资本主义。废除和保留的程度可能有所不同。扬弃并非线性发展，（人
类）总是有创造出类似早期（社会）组织模式的可能性。

媒体和文化产业中的奴隶制生产方式

2014 年，阿尔卡特朗讯和谷歌等美国公司承认，它们的硬件产品可能含有
来自刚果战乱地区的锡、金、钨等矿物。包括华特·迪士尼在内的许多其他公
司表示，它们不知道自己的产品是否含有这种"冲突矿物"。

> 刚果民主共和国人民面临矿业和农业的强迫劳动、性剥削和家庭奴役
> 的危险，原因很复杂。1997 年爆发的数十年的政治动荡和暴力内战，使刚
> 果民主共和国成为世界上流离失所人数最多的国家之一。……刚果民主共
> 和国是一个矿产丰富的国家，但也是世界上最贫穷的国家之一。……产自
> 刚果民主共和国的锡、钨、金、钽或钴常被称为"冲突矿物"，被制造商用
> 于便携式消费电子产品、医疗设备和先进航空航天领域。……在刚果民主
> 共和国东部的矿场工作的男性中，绝大多数（高达 90%）被困在债务束缚
> 的体系中。新工人向他们的特遣队借钱购买必要的工具，以及食物、基本
> 用品和住宿。他们从工作中获得的最低报酬难以抵御支出、高利贷的不公
> 平，雇主利用了工人的文盲和对偿债计划缺乏了解（而使他们陷入债务
> 中——译者注）。

> 大多数工人意识到，债务是不可能还清的，他们被锁定在（债务）系

统中，任何反对意见都可能导致相关当局的严厉惩罚、暴力或逮捕。妇女和儿童经常被武装叛乱集团绑架，经常在村庄里遭到袭击，被迫在矿场工作，并在矿场周围执行其他任务。由于刚果民主共和国的性暴力程度很高，妇女和女童经常白天在矿山劳动，晚上受到性剥削。

表 10.1　各种生产方式的主要所有制形式

	劳动力的所有者	生产资料的所有者	产品的所有者
父权制	族长	族长	家庭
奴隶制	奴隶主	奴隶主	奴隶主
封建主义	部分自主，部分封建主	部分自主，部分封建主	部分自主，部分封建主
资本主义	工人	资本家	资本家
社会主义	自己	公有	部分集体所有，部分个人所有

奴隶制一直是资本主义世界的社会现实，电子产品、计算机、手机等硬件的生产在一定程度上是建立在（对工人的）奴役的基础上的。奴隶制使得剥削率居高不下。在全球劳动分工中，某些商品（包括媒体商品）的生产与奴隶制相关联，这表明这种阶级关系通过降低工资成本，使公司的利润最大化。

工厂视察员的报告作为实证数据

在 10.2 中，马克思介绍了一种引用工厂视察员报告的方法，他在后续多章节中都采用了这种方法。他指出，英国是一个非常好的案例研究对象，因为它是"资本主义生产的典型代表，而且对于我们所研究的对象来说，只有英国才有不断公布的官方统计材料"（349，脚注 15）。工厂视察员观察英国工厂的工作条件，并每六个月出版一次报告记录这些情况。马克思在《资本论》中的方法不仅是理论和逻辑的，也是历史和实证的。他使用了许多从系统观察中得出的例子，并从理论上对其进行解释。视察人员使用了当今称为结构化观察的定性社会科学方法，以收集有关英国社会状况的数据。马克思获得了这些数据，并在《资本论》中大量使用它们，以便从实证上支持他的理论。

企业监督者：当代工厂视察员

企业监督机构是非营利性的非政府组织，负责记录企业犯罪行为以及资本主义企业如何剥削工人。他们主要利用互联网发表研究报告和泄密文件。下面是一些例子：

公司观察报告（http：//www. corpwatch. org）

跨国道德评级（http：//www. transnationale. org）

企业观察项目（http：//www. corporatewatch. org）

跨国监测（http：//www. multinationalmonitor. org）

负责顾客（http：//www. greenamerica. org/programs/responsibleshopper）

企业罚款数据库（http：//www. endgame. org/corpfines. html）

企业罪案报告员（http：//www. corporatecrimereporter. com）

欧洲企业天文台（http：//www. corporateeurope. org）

企业评论数据库（http：//www. corporatecritic. org）

学生及学者反对企业不当行为（http：//sacom. hk）

中国劳工观察（http：//www. chinalaborwatch. org）

媒体与民主中心的公关观察（www. prwatch. org）

劳动泄露（https：//www. labourleaks. org）

企业观察项目是这样描述自己的：

> 我们调查企业的社会和环境影响，以及企业权力的运用。……我们的研究是那些针对特定公司的运动的重要资源，我们也是关于企业权力最新形式和表现的原创及前沿知识的可靠来源。我们认为，关注企业的结构特征及其运营的社会背景，对于解决企业权力根源问题至关重要。"企业观察"是一个小型工人合作组织，我们采用非层级化工作方式，共同承担组织运营的责任。从法律上讲，企业观察是一种非营利性的有限责任公司，它给予我们表达政治观点的自由。我们的工作包括新闻调查、出版和分析。企业观察致力于建设一个真正民主、公平、无剥削、生态可持续的社会。①

———————————

① http：//www. corporatewatch. org/pages/about-corporate-watch.（访问时间：2015 年 7 月 28 日）

反对企业不端行为的学生和学者对其工作的描述如下：

> 反对企业不端行为的学生和学者组织（SACOM）是 2005 年 6 月在香港成立的一个新的非营利性组织。SACOM 起源于一场学生运动，致力于改善外包政策下清洁工人和保安的劳动条件。该运动取得了一定成功，并为学生参与当地和全球劳工问题创造了机会。SACOM 的目标是将关注这一问题的学生、学者、劳工维权人士和消费者聚集在一起，监督企业行为，并倡导劳动者的权力。我们认为，最有效的监督方式是与工作场所密切合作。我们与劳工非政府组织合作，为华南地区的工人提供厂内培训。通过民主选举，我们支持能够代表大多数工人心声的工人委员会。①

这些组织堪称 21 世纪的工厂视察员。然而，他们只能记录正在发生的事情，这对研究人员来说有时是危险和困难的，并且没有法律权力强制执行工作标准。他们大量利用互联网传播关于恶劣工作条件的信息和报道。

互联网上的信息泄密记录了强大组织的行为，尤其是在 21 世纪，随着维基解密的出现而变得流行起来。维基解密将自己定义为"一个非营利的媒体组织"，其目标是将重要的信息带给公众。我们为向我们的记者泄露消息的人提供了一种创新、安全和匿名的方式（我们的电子信箱）。②

10.3　无法律限制剥削的英国工业分支

剥削不受限制

马克思指出，资本有一种"对剩余劳动的狼一般的贪欲"（353）。他还把资本描述为"吸血鬼般的"；它"只有吮吸活劳动才有生命，吮吸的活劳动越多，它的生命就越旺盛"（342）。资本有一种"吸血鬼对劳动的鲜血的渴望"（367）。马克思用了吸血鬼和狼人的隐喻，是为了指出资本主义作为剥削制度在道德上

---

① http：//sacom. hk/about-us/.（访问时间：2015 年 7 月 28 日）
② https：//wikileaks. org/About. html.（访问时间：2014 年 8 月 1 日）

是可憎的，是工人阶级所面临的丑闻，应该被废除。

马克思列举了工厂监督员报告中的一些例子，这些例子表明，在19世纪60年代，有些行业对工作日没有法律限制：诺丁汉的蕾丝贸易、斯塔福德郡的陶器业、火柴和墙纸制造业、面包店、铁路、制农业、铁匠铺。记录在案的工作条件包括童工、职业病、过度劳累；为节约成本，制作面包的面团常被脓肿（的脓液）、蛛网、腐物、明矾、酵母或蟑螂污染；（工人）在星期天工作，因过度劳累和房间通风不良而导致死亡。

互联网经济中未监管的劳动

19世纪初，英国工业中的劳动是完全不受监管的，因此工人完全受到资本的专制统治。不受管制的资本主义统治并不是过去的现象，像互联网这样的全球系统需要全球性的监管。然而，法律体系主要在国家层面上运作。因此，全球有组织的在线劳动形式难以规制。众包是一种在线劳动形式，它将知识工作任务外包给互联网上的用户。一个知名的众包平台是亚马逊的 Mechanical Turk，它自称为一个在线平台，可以"获取全球范围内的、按需的、全天候的劳动力"，雇主"只有在你对结果满意时才支付"，而众包工人（turkers）则"只有做好工作，才能得到报酬"。

如果你看一下具体工作的报酬，就会发现时薪往往非常低。众包是资本家用来最小化工作成本的一种方法。他们利用不受监管的劳动形式来实现这一目标。在撰写本书（2014年）时，还没有为众包劳动和在线劳动设定全球最低工资和生活工资，也没有众包劳动和在线劳动的工会。工资的降低导致剩余劳动时间的增加。降低工资是绝对剩余价值生产的一种方法。

童工

马克思分析了19世纪英国工业中的童工问题。童工不是过去才有的现象：在2014年，全球11%的儿童（5—17岁）从事童工劳动。全球5.4%的儿童从事危险劳动（国际劳工组织2013年数据）。童工数量最多的地区是亚洲和非洲（国际劳工组织2013年数据）。贫穷是助长童工的一个因素，使儿童容易受到剥削。58.8%的童工发生在农业领域，7.2%发生在工业领域，32.2%发生在服务业（国际劳工组织2013年数据）。一个政治问题是，是否应该完全禁止童工，抑或这样做贫困家庭是否会因此变得更穷，因此提出对童工进行监管是一个较好的要求。问题是，为了最大程度地剥削劳动力，某些资本家会雇用童工。劳动法规可以尝试减少童工，然而只要资本主义存在，这种形式的劳动就可能继续存在。

国际劳工组织（ILO）第 182 号公约（禁止各种形式的童工劳动公约）禁止最恶劣形式的童工劳动，即奴役、卖淫、贩毒和危险劳动。截至 2014 年，约有 180 个国家批准了该公约，国际劳工组织第 138 号公约（最低年龄公约）将允许的最低就业年龄规定为 15 岁，并规定未完成义务教育的人不得就业。危险劳动只能由 18 岁以上的人从事。到 2014 年，约 170 个国家批准了该公约。

沃尔特·迪士尼和童工：玩具劳工的恐怖故事

沃尔特·迪士尼因制作有关唐老鸭、米老鼠和高飞的动画片，迪士尼乐园主题公园，以及《狮子王》《玩具总动员》《森林王子》《爱丽丝梦游仙境》和《风中奇缘》等电影而闻名于世，为孩子们带来欢乐。

自 2005 年以来，总部位于香港的企业监督组织"大学师生监察无良企业行为"（SACOM）一直在监控为迪士尼生产玩具的工厂的工作条件，发现一家为迪士尼生产电子毛绒玩具的工厂内从事生产的工人包括了 12—17 岁的孩子，然而与消费迪士尼产品的孩子不同，他们一点不开心。SACOM 在报告中描述：

> 迪士尼和美泰等玩具品牌在向供应商下单时，只关心产品的质量和单价。……工厂里的玩具故事不是童话，过度加班、低工资、拖欠工资、危险的工作环境、拒绝发放养老金是玩具厂的现实。……在旅游旺季，公司的上班时间为早 8 点到晚 10 点。外派工人被发现工资过低，喷漆工人暴露在没有充分保护的化学用品中。流水线上的工人经常被不安全的生产装置弄伤，甚至工人要去上厕所的话，必须得到"休班许可"。（SACOM 2013）

报告还显示，在旺季，工厂会雇佣初中（12—14 岁）或者高中（15—17 岁）的员工，他们跟其他成年工人工作时间一样，但每小时的工资只有 6 元人民币（0.96 美元），而其他工人每小时收入为 6.32 元人民币。他们也没有加班费。

高强度的剥削和不受监管的工作条件不是 19 世纪才有的现象。它们没有被取代，只要资本主义存在，它们就有可能继续存在，因为资本的内在驱动力就是增加利润和最小化投资。即使是 21 世纪的信息经济也受到这种条件的影响。

新自由主义下缺乏保障的劳动者

2008 年国际金融危机及新自由主义（一种利用国家权力和法律支持资本对抗工人的阶级斗争，以通过降低工资、公共服务私有化和商品化、降低工作环境标准、削减工人权利等手段最大化利润的资本主义意识形态和调控模式）的盛行，导致劳动者生活条件恶化，尤其是年轻劳动者。全球失业人数从 2007 年的约 1.7 亿增加到 2014 年的 2.02 亿（本段及下段所有数据均来自国际劳工组织 2014 年报告）。这一数据预计 2018 年将进一步增至 2.15 亿。15 至 24 岁年轻人的全球失业率从 2007 年的 11.6% 上升到 2013 年的 13.1%。同时期，全球大多数国家 15 至 29 岁不工作、不接受培训、不上学的年轻人数量和比例均有所增加。

2014 年，非洲、亚洲、拉丁美洲和加勒比地区的非正式就业（指在非稳定条件下的自营就业或无合同、无社保的临时就业）比例非常高，跨国平均值为 40% 至 50%，年轻人和女性受影响尤为严重。发达国家青年平均失业率从 2009 年的 17.4% 上升到 2014 年的 18.0%。国际劳工组织将家庭帮工和自营劳动者定义为弱势雇员[①]，他们往往收入较低，面临不稳定的劳动条件，缺乏社保和工会代表，还会遭受歧视。据预测，2018 年全球将有 46.8% 的劳动者成为弱势雇员，约 15.7 亿人。

越来越多公司以经验不足为由，不愿正式聘用年轻员工，导致年轻人不得不长时间进行无薪或低薪实习，以增加就业机会。

---

① http://www.ilo.org/global/about-the-ilo/newsroom/features/WCMS ＿ 120470/lang—de/index.htm.（访问时间：2014 年 4 月 21 日）

实习是剥削

2013 年，英国一项针对已完成实习的年轻人进行的调查（样本量 200 人）显示，年轻实习生只有 27%收到了交通补助等费用，14%的人没有工资，每 10 个实习生中有 4 人拿不到最低工资。[①] 2011 年的一项调查（样本量 22000 人）显示，在接受调查的英国实习生中，有一半的实习生是没有拿到薪水的。[②]

美国 Intern Bridge 机构于 2012 年进行的全国实习与合作研究（样本量 11 000 人）显示，在艺术和娱乐行业完成实习的实习生中有 33.9%获得了报酬，而在信息服务（出版、广播、电信）行业实习的学生中有 42.6%获得了报酬。[③]在获得报酬的实习生中，艺术与娱乐行业的平均时薪最低，为 9.82 美元。数据表明，媒体行业对实习生的剥削程度较高。

无薪和低薪实习是公司降低工资成本、最大化利润的手段。无薪实习还会破坏有薪就业，使年轻人长期处于不稳定的工作压力之下。如果根本不给实习生发放工资，那么剩余劳动时间就是总劳动时间的 100%，剥削率（即剩余劳动时间除以必要劳动时间，或利润除以工资）趋于无穷大。资本家可以最大化他们的利润，而实习生则得到尽可能低的工资——也就是说，工资为零。唯一可以想象到的更糟糕的情况是，学生还得为实习倒贴钱。

10.4 日工和夜工。换班制度

换班制度

马克思认为，资本想让工人尽可能多地工作，尽可能少拿工资。但是，将每天的工作时间延长到一定的时间以外，在生理、心理、社会和法律上都有限制。这在历史上导致了轮班制的出现，即"白天被吸尽的劳动力和夜里被吸尽

---

① http：//info. monster. co. uk/UK-interns-still-being-exploited/article. aspx.（访问时间：2015 年 7 月 28 日）

② http：//www. theguardian. com/money/2011/sep/05/half-student-internships-unpaid. （访问时间：2015 年 7 月 28 日）

③ Intern Bridge. 2013. Intern Bridge 2012 internship salary report. Austin, TX：Intern Bridge.（访问时间：2015 年 7 月 28 日）

的劳动力换班工作"的劳动（367）。马克思提到，在他写作时，英国的"高炼铁厂、锻冶厂、压延厂以及其他金属工厂"（367）已实行轮班制。夜间工作往往对身体有害，因为它容易导致工人缺乏阳光照射和睡眠时间不规律。

全球软件产业的换班制：以印度为例

美国软件公司找到了让软件开发 24 小时不间断进行的方法：他们将部分编码工作外包给印度。当加州（许多软件公司所在地）是晚上 8 点时，印度是早上 8 点半。"虚拟迁移的概念强调，坐在印度为本地公司工作的程序员可以直接为美国提供服务"（Aneesh 2006, 2）。"这可能包括由印度员工实时操作美国的大型计算机和服务器，也可能采用分布式工作模式，使公司无需中央工作站即可在全球多个地点分散运营"（同上，69）。不同的时区以这种方式融合，使得信息和通信技术（ICT）公司成为全球分散的实体，员工 24 小时不间断运作。一位印度程序员解释说："基本上，当美国是晚上时，我们这里是清晨。……美国人下班时，只需把他们的问题和想要我们做的更改整理好，我们就可以在正常工作时间内及时修复，第二天早上他们到办公室时就能看到修复结果。"（同上，84）

在虚拟迁移中，空间灵活性意味着公司将业务扩展到印度，印度工人不必实际迁移到东道国，而是留在印度，为西方的信息通信技术（ICT）资本家完成任务。空间以这样一种方式组织：ICT 介导的通信和数据传输实现了一种特定的工作协作形式，使印度软件工程师能够为软件项目提供所需的代码部分。虚拟迁移通过向印度工人支付低于正常条件下工人的工资来降低工资成本。作为一名印度工人意味着遭受高度剥削。（这种情况下）出身被转变为更高程度的剥削和更不稳定的就业策略。当美国是夜晚时，软件公司在印度继续以远高于美国的剥削率创造价值。在软件行业，利用全球分工，形成了全球性的有组织的轮班工作。

10.5 争取正常工作日的斗争： 14 世纪中叶至 17 世纪末关于延长工作日的强制性法律

马克思说，资本"无限度地盲目追逐剩余劳动，像狼一般地贪求剩余劳动"

（375），这种驱动力不是单个资本家的道德缺失，而是源于竞争和其他资本主义原则，即"作为一种外部的强制力来面对单个资本家"（381）。"毫无疑问，资本是不管劳动力的寿命长短的。它唯一关心的是在一个工作日内最大限度地使用劳动力。"（376）马克思指出，如果因此导致劳动力供应减少，并且需要不断寻找新工人——这些新工人需要培训，且工作效率低于熟练工人——那么工人的死亡和过度劳累也会给资本家带来问题。

逃离土地

从历史来看，对高度可剥削的劳动力的需求是通过逃离土地来满足的，因为资本主义城市和大都市不仅吸引公司，促进基础设施的建设和供应，而且承诺为农村人口提供更好的生活条件，这些农村人口常常面临更沉重的劳务、贫穷、生活不稳定和基础设施缺乏。在这种背景下，马克思谈到了从农业地区向城市迁移的"过剩人口"（378）。

农村人口外流及相关的城市化进程不限于 19 世纪，而是一直塑造着全球资本主义。现代的城市化发生在新自由主义政治背景下，这种政治更偏向私人资本利益而非工人利益和公共服务。这导致了城市内部、城乡之间巨大的不平等以及收入和财富差距，还带来了空气污染、水资源短缺和污染、城市贫困、住房和交通问题、能源/水资源/土地供应挑战、移民在社会保障和住房方面面临的限制、公共资金缺乏、食品安全无保障以及城市污染等问题。

为争取工作日的时长努力

"资本是根本不关心工人的健康和寿命的，除非社会迫使它去关心。"（381）资本家想："既然这种痛苦会增加我们的快乐（利润），我们又何必为此苦恼呢?"（381）马克思认为，资本家根本就不会自愿缩短工作日的时长，因此，只有通过国家立法才可以使资本家去做这件事。工作日的长度取决于阶级斗争。"正常工作日的规定，是几个世纪以来资本家和工人之间斗争的结果。"（382）

马克思指出：从 14 世纪到 17 世纪末，法律被用来强制延长工作日。在英国，1349 年和 1496 年的《劳工法》规定了一天的工作时间为 14 至 15 小时，包括吃饭的 3 小时。（383）

纳粹的劳改营和灭绝营：资本主义的否定工厂

资本主义有一种内在的结构性法西斯主义倾向，这种倾向使得资本家不关心工人，只是把他们当作是一种可剥削的资源。如果资本家可以随心所欲，那么只要劳动力供应不断，他就会让工人工作到死。工人阶级运动的胜利使得许多国家已经建立了基本的劳动保护法，因此法律可以遏制资本的法西斯倾向。

民族社会主义是资本主义法西斯倾向的最终实现。它是一个政治计划，试图以极端暴力摧毁犹太人以及工人阶级及其政治代表，包括强迫劳动和灭绝营。它不仅仅是资本主义、福特主义或资本主义工厂制度的一种延伸或最高形式，更是一个消灭犹太人、政治反对者以及纳粹视为敌人的其他人的"否定工厂"。马克思主义历史学家和政治经济学家莫伊舍·普殊同用以下方式描述了这个系统：

> 一个资本工厂是生产价值的地方，而"不幸的是"，价值必须以生产商品和使用价值的形式出现。具体作为抽象的必要载体而被产生出来。灭绝营并不是这种工厂的可怕版本，相反，它应该被视为一种怪诞的、雅利安人的、反资本主义的"否定"。奥斯维辛是一个"摧毁价值"的工厂，也就是摧毁抽象物的人格化形式。它的组织方式如同一个恶魔般的工业过程，其目的是将具体物从抽象中"解放出来"。第一步是去人性化，即撕去人性的"面具"、质的特殊性，揭露犹太人"真正的本质"——影子、符号、编号的抽象物。第二步则是消灭这种抽象性，将其化为烟尘，在此过程中试图夺走具体物质的最后一点"使用价值"残余：衣物、黄金、头发、肥皂。（Postone 1980，114）

纳粹完全把劳动变成杀人灭种的工具。被压迫的劳动力被迫在军火工厂和其他需要劳动力的私营工厂工作。奥斯维辛和其他灭绝集中营在很大程度上都是"否定工厂"，这些工厂旨在杀死犹太人和其他少数族裔。

纳粹时期德国资本主义公司对强制劳工的剥削：以通信公司德律风根为例

互联网上公布了一份在纳粹时期使用强制劳工的 2500 家德国公司名单。[①]这些公司包括以下公司（括号内的信息是这些公司在纳粹时期的经济活动）：欧宝汽车公司（生产德国陆军的汽车、卡车、火箭发动机和战斗机）；法本公司（化学工业，包括生产用于德国灭绝营如奥斯维辛杀害犹太人等的齐克隆 B 毒气）；宝马（生产汽车、用于战斗机、摩托车和德国陆军汽车的发动机）；欧洲大陆（汽车零部件）；戴姆勒-奔驰公司（生产坦克、军用车辆、军用飞机和军舰发动机）；德国汉莎航空公司（维修德国军用战机）；密特 AG（生产战斗机）；德律风根公司（制造和销售电报、无线电通信、电视机、测向仪、电视机、无线电网络、扬声器）；大众汽车公司（生产汽车、巡航导弹）。

德律风根（Telefunken）公司[②]是一家制造和销售通信技术的德国公司，包括电报、扩音器和无线电。1941 年，德律风根成为 AEG 的子公司。第二次世界大战后，它再次成为一家独立的公司。1967 年该公司与 AEG 合并，由此诞生了 AEG－德律风根。德律风根为纳粹的集会、游行以及 1936 年柏林奥运会提供了扩音器。第二次世界大战期间，所有德国运输和通信公司都被纳入了军工产业。德律风根为纳粹军队提供雷达设备、后勤技术、追踪装置、机载雷达系统、无线电通信装置、无线电传输线路以及无线电系统中使用的管道。第二次世界大战后，德律风根专门生产供私人使用的电子管收音机和电视机。随着晶体管在收音机和电视机中取代了电子管，德律风根未能跟上这一发展，公司于 1979 年被出售。

"我们被迫劳动，我们是奴隶劳动者，我们成了装配工人。"

波兰的强制劳工梅拉尼娅·泽拉诺维奇回忆起纳粹时期在 AEG－德律风根工作的情景："只有非常少的面包，没有鸡蛋，没有牛奶，没有水果，没有洋葱。……冬天我们每天为飞机无线电设备制造小零件，工作 10 小时，夏天则是

---

① http：//www. schoah. org/shoah/zwangsarbeit/firmen. htm.（访问时间：2014 年 8 月 2 日）

② http：//de. wikipedia. org/wiki/Telefunkenand. http：//www. heise. de/ct/artikel/Synergien-zerbroeselt-289306. html.（访问时间：2015 年 7 月 28 日）

12 小时。如今，我们中大多数人已不在人世。……我们等不到赔偿金就会死去。"[1]

佩妮娜·皮罗斯卡·鲍曼 1927 年出生于罗马尼亚的克鲁日。纳粹杀了她的犹太家庭的 42 名成员。她曾是纳粹位于白水河畔马里斯（今捷克共和国）集中营的德律风根的一名强制劳工。在一次采访中，她讲述了如何成为德律风根的强迫劳工：

佩妮娜·皮罗斯卡·鲍曼：我们是被迫的劳工，我们是奴工，后来我们成了装配工人，他们监督我们，有大约六个法国人，还有四五个纳粹女看守守着我们。你知道的，每天早晨，我们焊接导线和电话，我当时还以为是对讲机和电话。所以，我们学会了如何用铅焊接电线，并在严格的德国人监督下工作，不能交谈。……

早上大概 6 点钟，我们会听到锣声，然后我们穿好衣服，排好队，步行去工厂。我不知道工厂在哪里，不过，它似乎挺远的，好像不在拐角周围。我们走到那儿，纳粹女看守看着我们，我们不被允许彼此交谈，只能安静地走路。我们到那儿后，被安排不同的工作。

……我学会了焊接电线。你知道，得用工具把铅熔化，然后连接电线。我能做好这个。后来，我甚至在做这本小日记时，还用铅做了个按钮，打孔后把它系在了日记本上。……我们不允许相互交流。……我们……工作了很久，我不记得具体多久了，但肯定是好几个小时，然后我们步行，排队回到营房。

---

[1] 译自德文，资料来源于："Sehr wenig Brot, keine Eier, keine Milch, kein Obst und keine Zwiebeln. …… Im Winter haben wir zehn, und im Sommer zwölf Stunden Kleinteile für Radioanlagen von Flugzeu-gen gebaut. …… Heute leben von uns nur noch ganz wenige. …… Wir werden sterben, ehe wir eine Entschä-digung bekommen."; Nach 55 Jahren besuchen ehemalige NS-Zwangsarbeiter erstmals Berlin："Wirwerden sterben, ehe wir eine Entschädigung bekommen." Berliner Zeitung Online. May 18, 2000. http：//www. berliner-zeitung. de/archiv/nach-55-jahren-besuchen-ehemalige-ns-zwangsarbeiter-erstmals-berlin——wir-werden-sterben——ehe-wir-eine-entschaedigung-bekommen-, 10810590, 9800252. html. （访问时间：2015 年 7 月 28 日）

但是，基本上，你知道，那是一种单调乏味的生活。我的意思是，每天我们几乎做着相同的事情：排队去工作，工作，再排队回来。……

记者： 你说其中一个警卫特别凶狠。

佩妮娜·皮罗斯卡·鲍曼： 如果你不走直，她会用……你知道，她有一根绳子，或者一根木棍之类的东西打你。如果你走得不够快，或者被她发现你在说话什么的，她就会打你。只要你做得稍慢，她就会一直用棍子打你。……

她最大的乐趣就是一次又一次地剪我们的头发，因为她知道，女性非常珍惜头发。你知道，6 个月之后，我们的头发又长回来了，一直在长，我们都因此感到自豪。惩罚就是把那个人的头发再剪一次，她就这样做。她是个极度的虐待狂，她喜欢打人，因为微不足道的事情就打我们，或者如果我们做错了什么事的话，她就拿走食物。

［解放时，大多数纳粹分子逃离了营地］，我们把她拖出来，你知道的，踢她。我们喊着要杀了她，因为她对我们最凶狠。……她们用双手杀死了那个留下来的纳粹女看守，因为其他人都逃跑了。[①]

"有一次他们无缘无故地向我开枪。"

谢尔盖·拉夫罗夫于 1926 年出生于明斯克（白俄罗斯）。他曾是明斯克隔都（犹太区）德律风根工厂的一名强制劳工，在那里，他和其他人都为纳粹人修理收音机和无线设备。他讲述了在隔都的生活以及在德律风根工厂做苦役的经历：

有一次他们无缘无故地向我开枪，但我活了下来，所有人都倒下了，因为一些原因我也倒下了，我失去了意识，然后他们所有人都死了，我还活着。……

一次又一次的枪击。除此之外，还有大规模的屠杀，每天都有人被杀死，

---

① Data source：Zwangsarbeit 1939 – 1945：Erinnerungen und Geschichte. Ein digitales Archiv für Bildung und Wissenschaft. Archive-ID：ZA563.

日复一日，一直如此。几乎没有任何希望。……我的表哥表姐们都被活埋在墙纸工厂附近。……不过，将人吊在柱子上这样的惩罚，是需要指挥官正式批准的。那真的很难熬：被吊在那里两三个小时，逐渐失去了意识。[1]

与数千家其他德国公司一样，德律风根公司在纳粹经济中发挥着不可或缺的作用。该公司像使用奴隶一样使用强制劳工，为德国军工产业和民用经济生产。这些劳工没有报酬，一旦工作效率和效果不达标，就会被视为可处决的资源。这些奴隶劳工的必要劳动时间为零，因为他们没有工资，仅仅只收到了维持他们生存的腐烂的食物，因此，剩余劳动时间被最大化了。在纳粹的强制奴隶劳动制度中，劳工被最大程度地剥削。剥削率/剩余价值率（sv）的计算公式为：sv = 剩余劳动时间/必要劳动时间。在德律风根公司，奴隶劳工的剩余劳动时间每天为 10 至 12 小时，而必要劳动时间为零。在数学分数中，如果分母为零，则整个分数趋向于无穷大。纳粹德国对奴隶劳工的剥削是一种无限度的剥削，实现了所有资本家梦寐以求的不支付工人任何报酬的梦想。这种以劳动致死为手段的恐怖劳动制度是纳粹德国经济和政治制度的重要组成部分。

新的"绝对命令"

在 21 世纪的头 10 年，德国政府的基金会曾尝试着让在纳粹期间雇佣过强制劳工的德国公司给幸存者或已故受害者家属支付一定的金额。2001—2007 年间，该基金会向约 160 万名幸存者和强制劳工家属支付了 45 亿欧元。[2]当时德律风根

---

[1] Data source：Zwangsarbeit 1939 – 1945：Erinnerungen und Geschichte. Ein digitales Archiv für Bildungund Wissenschaft. Archive-ID：ZA032. Translation into English. German version：„ Einmal wollten sie michauch erschießen, bei mir war auch so was, wegen nichts. Aber ich bin am Leben geblieben. Man schoss, alle fielen um und aus irgendeinem Grund fiel ich auch, oder ich verlor das Bewusstsein, und dann warenalle tot und ich lebendig. …… Immer wieder Erschießungen, außer diesen Pogromen, die Massenpogrome waren, wurde jeden Tag irgend jemand ermordet, am Tag und in der Nacht, immer. Das heißt, es gab fast keine Hoffnung. …… Und meine Vettern wurden unweit der Tapetenfabrik lebendig begraben …… Aber die Bestrafung, wenn man an eine Säule gehängt wurde, unternahmen sie offiziell, mit seiner Erlaubnis. Ich wurde nicht bestraft, aber das war sehr …… schwer, zwei bis drei Stunden zu hängen, das war sehr schwer. Die Menschen fielen danach ohnmächtig um".

[2] http：//de. wikipedia. org/wiki/Stiftung _ %E2%80%9EErinnerung, _ Verantwortung _ und _ Zukunft%E2%80%9C.（访问时间：2015 年 7 月 28 日）

公司已经不复存在，其继承公司拒绝承担责任，因此也拒绝支付任何费用。①

这些支付不能被视为赔偿，因为对于法西斯主义、奴隶劳动和种族灭绝，永远无法用金钱来补偿。每个受害者的赔偿金额很少，大约在 2 500—7 670 欧元之间。这可以被视为一种姗姗来迟的象征性表示，意为"我们对支持纳粹并构成纳粹体系的德国父辈、祖辈、母辈和祖母辈对你所做的事感到抱歉"。对于纳粹德国的罪行，不能也不应该有任何原谅或遗忘。人们也无法"克服"这些罪行，因为这种表述暗示着只要做一些忏悔，一切就可以被原谅和遗忘。我们只能铭记，并努力践行马克思主义哲学家特奥多尔·W. 阿多诺（1903—1969）所提出的"新的绝对命令"，即人类"必须安排好自己的思想和行动，以防止奥斯威辛集中营的悲剧重演，防止类似事件再次发生"（Adorno 1973，365）。

10.6 争取正常工作的斗争：强制限制工作时长的法律——1833—1864 年英国工厂立法

马克思指出，工业化导致英国制造业中劳动时间实际大幅增加，"道德和自然、年龄和性别、昼和夜的界限，统统被摧毁了"（390）。劳动者会通过争取正常的工作日来抵抗这些发展。

英国《工厂法》

马克思表示，1802—1833 年英国通过的五项劳动法并未得到执行，因此，"这些法令只是一纸空文"（390）。1833 年的《工厂法》适用于棉花、羊毛、丝织和亚麻织品等行业，并将 13—18 岁青少年的每日最长工作时间限制在 12 小时。禁止雇佣 9 岁以下的儿童，9—13 岁孩子每天的最长工作时间是 8 小时，禁止 18 岁以下的青少年在夜间劳动。工厂视察员在执行工厂规定时遇到了困难，因为违规行为无处不在。

---

① Zuwenig Milliarden für Zwangsarbeiter—Neue Ausreden der deutschen Industrie. ARD Online. 2000. 6. 8. http：//www. rbb-online. de/kontraste/ueber ＿ den ＿ tag ＿ hinaus/diktaturen/zu-wenig ＿ milliarden. html.（访问时间：2015 年 7 月 28 日）

马克思指出，英国的工业家开始了一场反对 1833 年的工厂法的政治运动，他们建议降低童工年龄下限。1833 年的《工厂法》规定，13—18 岁的青少年应在早上 5：30 至晚上 8：30 之间最多工作 12 小时。资本家们发明了一种换班制度，让年轻工人在不同工厂或同一工厂的不同部分之间轮转，从事不同形式的劳动，这样他们就能让机器在早上 5：30 至晚上 8：30 的 15 个小时内持续运转。马克思写道，这种做法使"1833 年的法令完全生效了"（393）。

1844 年的《工厂法》规定，女性每日工作时长不得超过 12 小时，并且禁止女性从事夜间劳动。此外，13 岁以下的儿童每日工作时长不得超过 6.5 小时，缩短了 1.5 小时。该法还规定，年轻人 12 个小时的工作时间需根据公共时钟统一为特定工时。该法的一个实际结果是，成年男性的工作时间也减少到了每日 12 小时。

"特别是从 1838 年以来，工厂工人把十小时工作日法案当做自己经济上的竞选口号，正像他们把宪章当做自己政治上的竞选口号一样。"（393）1847 年的《工厂法》规定了 10 小时工作制，因此，它也被称为"10 小时法案"。结果，资本家平均降低了 25% 的工资，并联合抵制该法律。许多资本家声称将无视新规定，而这些规定的目标之一就是废除换班制度。他们想尽一切办法让机器每天不间断地运转 12 至 15 个小时。由于换班制度、空闲时间以及从一个工厂车间到另一个车间所需的时间，许多工人每天在工厂里度过 15 个小时。工人阶级认为资本家的做法使"10 小时法案"成为一场骗局；这引发了抗议和阶级斗争的加剧。

1850 年的《工厂法》是资本家和工人阶级利益斗争妥协的产物。周一至周五，青年和女性的工作时间从 10 小时延长至 10.5 小时，周六则缩短至 7.5 小时。劳动必须在早上 6 点至下午 6 点进行，吃饭至少 1.5 小时，所有工人必须同时吃饭，由此，"换班制度就永远结束了"（405）。经过工人阶级的长期斗争，10 小时工作制终于完全确立了。

罗伯特·欧文和为了 8 小时工作日所作出的努力

罗伯特·欧文（Robert Owen，1771-1858）是威尔士的社会主义者，在合作社运动中发挥了重要作用，并在自己的工厂里实施了诸如 10 小时和 8 小时工作制等社会改革。罗伯特·欧文是 8 小时工作制的早期倡导者。国际工人协会（IWA，1864－1876）是第一个由社会主义者、无产主义者和无政府主义者组成的国际协会。1866 年，国际工人协会在日内瓦召开大会，会上提出了"将 8 小时工作制作为法定工作日时长"的要求。卡尔·马克思是国际工人协会委员会的一员。

在 1919 年，国际劳工组织通过了《工作时间（工业）公约》，在第二条中规定："受雇于任何公共或私人工业企业或其任何分支机构的人员，除只雇用同一家族成员的企业外，每日的工作时间不得超过 8 小时，每周不得超过 48 小时。"①1930 年，《工作时间（商业和办公室）公约》随之出台，其中第 3 条规定："本公约所适用的人的工作时间每周不得超过 48 小时，每天不得超过 8 小时。"②引入 8 小时工作制的国际公约得以确立。2014 年已有 52 个国家批准了 1919 年公约，30 个国家批准了 1930 年公约。

平均工作时间

在今天，每周的平均工作时长都不相同：例如，2014 年，奥地利、中国、芬兰、德国、意大利、日本、西班牙、瑞典和美国等国的标准工作周长度是 40 个小时；印度和泰国等国家为 48 小时；土耳其为 45 小时；以色列为 44 小时；英国为 35—40 小时；比利时为 38 小时；丹麦为 37 小时；法国为 35 小时。③ 2000 年，法国在社会主义政府④时期实行了（周）35 小时的周工作制。欧盟 2003 年的工作时间指令规定，欧盟成员国的平均每周工作时间不得超过 48 小时（包括加班）。

实际工作时间因国家不同而异，与加班、公共假日的数量、个人假日权益和兼职劳动的程度有关。表 10.2 提供了经合组织（OECD）国家平均每周工作

---

① http：//www.ilo.org/dyn/normlex/en/f？p＝NORMLEXPUB：12100：0：：NO：12100：P12100＿ILO＿CODE：C001.（访问时间：2014 年 8 月 1 日）

② http：//www.ilo.org/dyn/normlex/en/f？p＝NORMLEXPUB：12100：0：：NO：：P12100＿IN-STRUMENT＿ID：312175.（访问时间：2014 年 8 月 1 日）

③ http：//en.wikipedia.org/wiki/Workweek＿and＿weekend.（访问时间：2014 年 8 月 1 日）

④ 此处作者指的是当时在法国执政的左翼联盟政府。2000 年法国社会党与激进社会党等左翼政党组成了联合政府。——译者注

时间的概览。

表 10.2 2012 年各国和地区经济体每周平均工时（数据来源：国际劳工组织统计）

国家或地区	每周平均工作时间
奥地利	35.7
比利时	34.7
丹麦	34.3
埃及	46.4
芬兰	35.6
法国	35.5
德国	34.8
希腊	38.6
中国香港	45.0
爱尔兰	33.8
意大利	35.1
日本	40.3
韩国	43.8
马来西亚	48.0
荷兰	30.8
挪威	34.4
巴拿马	42.9
波兰	39.9
葡萄牙	38.8
卡塔尔	50.0
西班牙	36.1
瑞典	35.4
瑞士	36.6
土耳其	50.3
英国	35.5

从上述表格可以看出，平均每周工作时间最短的是荷兰，该国的兼职劳动比例很高。2012 年，在土耳其和卡塔尔，人们的平均工作时间非常长，每周超过了 50

小时。国际劳工组织统计数据显示，在全部63个国家中，周平均工作时间为41.2小时。因此，平均而言，这与国际劳工组织公约所建议的8小时工作制大致相符。

劳动时间一直是资本主义中一个极具对抗性的方面。资本主义推动自动化是为了提高生产率，但由此产生了人们失业的问题，这对消费乃至需求都产生了负面影响。此外，维护技术的成本也有增加的趋势。21世纪的资本主义正面临着加班与不稳定劳动之间的矛盾：一方面，像软件工程这样的职业需要工作很长时间；另一方面，有些人则处于不稳定的工作状态，难以找到工作，收入微薄，或者处于失业状态。劳动分配呈现出不对称性。唯一真正的解决办法是将劳动时间从平均标准的40小时减少到30小时或更少，同时保持全额工资补偿。然而，资本并不欢迎这样的改革，因为为更多工人支付较少标准工时下的生活工资，其利润不如为少数加班工人支付工资来得高。为了缓和利润最大化和劳动时间之间的对立，迫切需要实行20小时、25小时或30小时的工作周，同时保持40小时的工资水平。

工作日的历史是阶级斗争的历史，也是根本上与资本主义相对抗的历史。

10.7 争取正常工作日：英国《工厂法》对其他国家的影响

在英国资本主义发展过程中，关于工作日长度的斗争"先是造成了无限度的压榨，后来反而引起了社会的监督，由法律来限制、规定和划一工作日及休息时间"（411—412）。

因此，正常工作日的确立是资本家阶级和工人阶级之间长期的多少隐蔽的内战的产物。斗争是在现代工业范围内开始的，所以它最先发生在现代工业的发源地英国。英国的工厂工人不仅是英国工人阶级的先进战士，而且是整个现代工人阶级的先进战士，最先向资本的理论挑战的也正是他们的理论家。（412—413）

在法国，12小时的工作制是在1848年的革命之后引入的。与英国不同的是，法国所有行业的工作时间立即受到限制，而英国的立法过程是漫长而零碎的，并没有立即影响到所有行业。

在第 10 章中，马克思讨论了资本主义的一个根本矛盾，即必要劳动时间与剩余劳动时间之间的矛盾，这导致了关于工作日长度的阶级斗争。资本家试图不断增加剩余劳动时间，即无薪工作时间，而工人则天然希望增加工资。马克思在第 10 章中讨论了资本家用于延长工作日和必要劳动时间的方法。其中包括：

- 合法延长工作日
- 缩短休息时间
- 使用童工
- 实行轮班制：日夜不停的工作
- 使劳动者劳累至死
- 要求工人不间断地持续工作
- 开设组织强制劳动的工厂

第 10 章练习

小组练习（G）

项目练习（P）

关键词：工作日，延长工作日，围绕工作日长度的斗争

练习 10.1（P）

监管机构是 21 世纪的工厂视察员。小组作业：选择一家媒体、文化或信息技术公司，并在线搜索其是否有不当行为或公司犯罪的在线信息。在 10.2 条中列出的在线监管平台上查找信息，并在其他新闻媒体中进行搜索，记录并展示结果。

询问自己并讨论以下问题：公司监管机制的潜力是什么？在资本主义中，限制他们工作的困难是什么？你能想到一些方法来缓解这些问题吗？

练习 10.2（P）

众包是绝对剩余价值生产的一种方式，用户在网上以相当低的工资进行劳动。

分组讨论：分析你感兴趣且能够胜任（或已胜任）的一份工作中的 50 项工

作任务。在众包劳动平台或自由职业者提供服务的平台上搜索工资数据。在电子表格中记录每小时的工资并计算平均工资水平。

如果你做这项工作，你期望挣多少钱？去那些从事相同工作的专业人士的网站，看看他们的平均时薪是多少，比较并展示结果。

练习 10.3（G）

分组讨论：每个小组在线搜索报纸档案，查找媒体或文化行业中存在童工劳动的例子，并向其他小组展示所找到的例子。请思考并讨论以下问题：为什么存在童工劳动？可以采取哪些政治措施来反对童工劳动？如何才能制止童工劳动？在不废除资本主义的情况下制止童工劳动会面临哪些问题？应如何应对这些问题？

练习 10.4（G）

分组讨论并将以下问题的结论展示出来：

- 你做过实习生吗？如果是，你有什么工作经验呢？（如工作条件等）

- 你计划未来做实习生吗？你做过其他工作吗？如果有，你的经历是什么？（薪水、工作环境等等）

- 什么才算是好的实习？一份好的实习工作需要具备哪些特质？

- 实习应该有报酬吗？为什么有或为什么没有？如果有，薪酬水平应该如何设定？

- 可以采取什么措施来确保公司公平对待实习生？

- 为什么实习变得如此重要？这种发展趋势背后的结构性原因是什么？

练习 10.5（G）

分组讨论：在媒体和文化产业中搜索实习公告。哪些是付费的？哪些是没有付费的？哪些没有明说？实习职位公告应该具体说明哪些信息？

练习 10.6（P）

纳粹利用强制劳动来支持军火工业，并以此作为消灭犹太人和其他人群的一种手段。互联网上公布了一份在纳粹统治时期使用过强制劳动的 2500 家德国公司名单。①

---

① http：//www.schoah.org/shoah/zwangsarbeit/firmen.htm.（访问时间：2014 年 8 月 2 日）

分组讨论：每个小组从这些德国公司中挑选一家，通过互联网、学术数据库和书籍进行搜索，以查明这家公司在纳粹统治时期的确切角色。同时，尝试了解强制劳动在这种背景下所起的作用，以及该公司如何定位自己与这段历史的关系，以及在其自身历史记载中是否以及如何描述其与纳粹体系的牵连。

每个组展示所得结论。

11 剩余价值率和剩余价值量

剩余价值

在第11章中，马克思讨论了剩余价值率和剩余价值量之间的关系。剩余价值量可以用劳动时间来衡量，也可以用货币来衡量，即用特定货币的一定数量来表示。这里有三个特定的规律支配着剩余价值量和剩余价值率的关系。

第一个规律

第一个规律指出，"所生产的剩余价值量，等于预付的可变资本量乘以剩余价值率，或者说，是由同一个资本家同时剥削的劳动力的数目与单个劳动力受剥削的程度之间的复比决定的"（418）。剩余价值 S 的量与可变资本的数量和剩余价值率成正比。这在数学上可以用以下数字表达式表示（418）：

$$S = \frac{s}{v} \times V = P \times \frac{a'}{a} \times n,$$

其中：

S＝剩余价值量

s＝每个工人每天平均生产的剩余价值

v＝1 名工人每日劳动价值

V＝可变资本总和，即所用劳动力的总价值

P＝所用劳动力的平均价值

a′/a＝平均剩余价值率

n=工人数量

第一个等式表达了剩余价值量 S 是由平均剩余价值率和可变资本总量决定的。第二个等式则表明剩余价值量 S 是由平均剩余价值率、所使用劳动力的平均价值和工人总量共同决定的。

这里有个例子：v=30 英镑，V=300 英镑，s/v=100%

⇒S=100%×300 英镑=300 英镑

剩余价值量是 300 英镑，这个结果也可以用以下公式计算：

a'/a=100%，n=10，P=30 英镑；

S=30 英镑×100%×10=300 英镑．

第二个规律

第二个规律是"平均工作日（它天然总是小于 24 小时）的绝对界限，就是可变资本的减少可以由剩余价值率的提高来补偿的绝对界限，或者说，就是受剥削的工人人数的减少可以由劳动力受剥削的程度的提高来补偿的绝对界限"（419—420）。

让我们假设一个生产过程，它与例子中描述的过程相对应，不同的是为了节约成本，工人的数量从 n=10 减少到 n=1，在之前的情况下，工作日为 8 小时，这意味着剩余劳动 s 和必要劳动 v 各占 4 小时。资本家想通过延长工作时间来弥补雇佣工人数量的减少，这意味着他提高了剩余价值率。绝对最长工作时间为 24 小时，但想要让工人工作 24 小时是不现实的，因为这样工人将不能睡觉，很快就会死去。如果我们假设极端的工作条件，那么工作 20 个小时是有可能的，即比之前增加了 12 个小时，工资保持在 30 英镑不变。必要劳动时间仍然是 4 小时，所以剩余劳动时间是 16 小时，剩余价值率 = 16/4＝400%。

那么，日剩余价值量为 S = (s/v) × V = 400% × 30 英镑 = 120 英镑。由此，在新的工作条件下，剩余价值量为 120 英镑，而在旧的工作条件下的剩余价值量是 300 英镑。在这个例子当中，无论资本家如何延长工作时间，工作日的时长限制都不允许创造出与以前相同的剩余价值量。

第三个规律

第三个规律认为，如果剩余价值率保持不变，那么所产生的剩余价值量将不受马克思在第 25 章所提到的"资本有机构成"即不变资本和可变资本之间的关系（c/v）变化的影响。举个例子：

$$v = 30 \text{ 英镑，} n = 10, V = 300 \text{ 英镑，} s/v = 100\%, c_1 = 600 \text{ 英镑；}$$
$$S = (s/v) \times V = 100\% \times 300 \text{ 英镑} = 300 \text{ 英镑。}$$

让我们假设租用了新的建筑，但工人数量保持不变，则 c_2（新的不变资本）为 900 英镑。在第一个时间点，有机构成 $o = c_1/v = 600$ 英镑/300 英镑 = 200%。在第二个时间点，$o = c_2/v = 900$ 英镑/300 英镑 = 300%。资本的有机构成从 200% 增加到 300%，但考虑到剩余价值率和可变资本量保持不变，剩余价值量仍然是 $S = (s/v) \times V = 100\% \times 300$ 英镑 = 300 英镑。在这个例子中，马克思假设剩余价值率保持不变。如果不变资本增加，例如，例如通过投资机器，那么这很可能会对可变资本的量和剩余价值率产生影响：资本可能会解雇一些工人，生产率也可能会发生变化。

自由职业者

马克思指出，"人口规模和工作日的最大可能长度限制了可生产的剩余价值量"（422）。他进一步指出，如果资本家"直接参加生产过程，但这时他就不过成了介于资本家和工人之间的中间人物，成了'小业主'"（423）。在 21 世纪，自由职业现象已经变得普遍。自由职业者是单人的公司。在许多国家，自由职业尤其流行于媒体、文化和数字产业中。自由职业者同时也是公司里唯一的资本家和工人，他拥有全部的资本并且自我剥削，他是工人和资本家的混合体。

许多公司以外包的方式将部分劳动力剥离出来，要求所有为其工作的人都必须成为自由职业者。例如，一个拥有体育场馆的资本家经营的健身中心可能不再雇佣网球教练，而是要求他们为每小时使用网球场地进行授课而支付费用。于是，网球教练不得不成为自由职业者，每周在健身中心工作 60 小时，以赚取足够的生存费用。他既是工人又是资本家，自我剥削。但是与此同时，这种情况与健身中心全职雇佣他并没有太大区别，因此也可以说健身中心在剥削网球教练。

马克思认为，参与劳动的资本家往往倾向于将其资本增加到这样一种程度，即他们"能够把他作为资本家即人格化的资本执行职能的全部时间，都用来占有从而控制他人的劳动，用来出售这种劳动的产品"（423）。为了雇佣和剥削他人，需要一定数量的资本。马克思指出，存在某个数量的资本，它构成了一个"单纯的量的变化到一定点时就转变为质的区别"的临界点（423）。在生产过程中，资本发展成为对劳动，即对发挥作用的劳动力或工人本身的指挥权。人格化的资本即资本家，监督工人有规则地并以应有的强度工作（424）。资本家是"剩余劳动力的榨取者和剩余劳动的剥削者。"（425）

从量变到质变的辩证过渡

马克思在第 423 页的上述引文中运用了黑格尔的从量变到质变的概念：资本必须足够大，以至于使资本家不必再成为劳动的一部分，而是可以雇佣工人为其生产商品。如果这个资本太少，那么这样的职能分工就不可能实现。一旦资本超过某个阈值，这种分工就变得可能。黑格尔在讨论他所称的"度"（即量和质的统一）时，引入了从量变到质变的辩证关系。

> 但如果某一质量统一体或尺度中的量超出了某种界限，则和它相应的质也就随之被扬弃了。但这里所否定的并不是一般的质，而只是这种特定的质，这一特定的质立刻就被另一特定的质所代替。质量统一体【尺度】的这种变化的过程，即不断地交替着先由单纯的量变，然后由量变转化为质变的过程，我们可以用交错线（Knotenline）作为比喻来帮助了解。像这样的交错线，我们首先可以在自然里看见，它具有不同的形式。前面已经提到水由于温度的增减而表现出质的不同的聚合状态。金属的氧化程度不同，也表现出同样的情形。音调的差别也可认为是在尺度【质量统一体】变化过程中发生的，由最初单纯的量变到质变的转化过程的一个例证。（Hegel 1830a，§109）[1]

---

[1] 译文参见（德）黑格尔《小逻辑》，贺麟译，商务印书馆 2019 年版，第 238—239 页。

社会中的从量变到质变

黑格尔在这里用自然界的例子来解释从量变到质变的过渡。当然应该强调，自然辩证法不同于社会辩证法。在自然界中，我们发现了特定的自然规律，例如，水在零摄氏度会变成冰。社会也是辩证的，但是社会辩证法的自由度远高于自然辩证法，并且与之有质的不同。人类形成了社会。没有哪条法律规定的，在特定的压制或强制操纵下，人类就会开始反抗。危机、统治和剥削是集体行动的客观先决条件；然而，并不存在一条确定的自然法则来规定反抗、抗议或革命何时发生，甚至是否会发生，因为人类的主观性和群体行动非常复杂，涉及自然系统所不具备的做出有意识选择的能力。我们可以肯定的是，如果冬天外面的温度上升到零度以上，雪就会融化。但我们无法确定，如果一个法西斯政权监禁或杀害了特定数量的共产党人，在达到某个特定的杀害率时，是否会爆发革命，因为非共产主义者可能认为杀害共产党人是好事。

什么是管理者？

在 20 世纪的资本主义中，管理者的社会角色出现在工厂和办公室中。并非所有的资本家都亲自管理工人和组织劳动过程，随着公司规模扩大、分工细化及生产率的提高，这些任务交由特定职位负责。管理者的薪资通常比普通工人高得多。

管理者通常也持有公司的部分股权（如果是上市公司，则通常拥有一定股票期权）。尽管管理者也领取薪资，但是他们不能被视为工人阶级的一部分，因为他们在组织剥削工人方面发挥着重要作用。因此，资本主义公司的管理者应该被视为属于资产阶级。

技术与劳动之间的资本主义矛盾

马克思认为，技术在资本主义生产中起着特殊的作用。它是一种生产资料，但同时也是统治阶级剥削工人阶级的工具。因此，在技术与劳动之间存在着资本主义的矛盾。马克思是这样表达这种对立的：

> 不再是工人使用生产资料，而是生产资料使用工人了。不是工人把生

产资料当作自己生产活动的物质要素来消费，而是生产资料把工人当作自己的生活过程的酵母来消费，并且资本的生活过程只是资本作为自行增殖的价值的运动。（425）

在资本主义生产中，技术是一种资本形式。因此，它是资本家为了组织对工人的剥削而控制、拥有和使用的手段。技术由此变成了异化的技术，一种不为工人所有和控制的技术，而仅仅是由工人操作以生产资本和归资本家所有的商品。一切现代技术，无论是计算机还是铁锹，都是科学知识的物化和物化的结果。因此，所有技术都包含知识的成分。所有用于生产的技术都融入了知识。计算机和铁铲之间的区别在于前者处理信息，而后者不处理。所以，计算机是一种信息技术，而铲子则不是。

斯大林式辩证法：苏联对辩证哲学的意识形态滥用

在苏联，自然辩证法被用来论证社会发展遵循自然规律，因此资产阶级社会必然要被社会主义所取代。该论点认为，苏联依据自然规律超越了资产阶级社会，因此所有批判斯大林的人都是需要被消灭的资产阶级反革命分子。关键在于，社会辩证法与自然辩证法的运用并不同。将社会辩证法简化为自然辩证法是一种危险的意识形态。在阶级社会中，社会辩证法是阶级对抗的辩证法，使一个阶级与另一个阶级相对立。阶级斗争是否爆发以及其结果如何，取决于许多复杂因素，如客观的社会结构条件、意识形态、权力分配等。

第 11 章的主要结论

马克思在第 11 章末尾也即第三部分"绝对剩余价值的生产"的结尾提到了技术在资本主义中的作用，这并非偶然。他指出，延长工作日，即绝对剩余价值生产的方法，并不足以满足资本增加剩余价值的需求。技术在马克思所称的相对剩余价值生产的过程中扮演着一个重要的角色，这也成为他第四部分分析的重点。

图 11.1 直观展示了第 11 章的主要结论：剩余价值量取决于劳动力总量（即可变资本总量）及劳动被剥削的程度。劳动剥削程度越高，生产的剩余价值

量就越大。投入生产的劳动量越多，创造的剩余价值就越多。

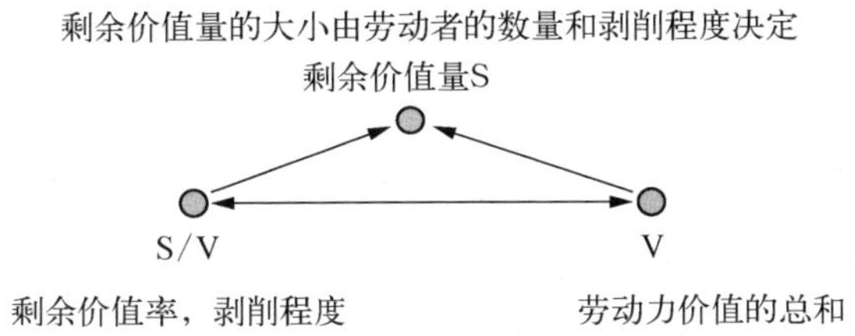

剩余价值量的大小由劳动者的数量和剥削程度决定
剩余价值量S

S/V   V

剩余价值率，剥削程度   劳动力价值的总和

图 11.1 剩余价值量的决定因素

第 11 章的练习

小组练习（G）

项目练习（P）

关键词：剩余价值量，剩余价值率

练习 11.1（G）

小组作业：每个小组选择一家媒体公司。搜集该公司某一年或连续几年的利润（货币剩余价值）及劳动力成本信息。计算剩余价值率，并比较劳动力总价值、剩余价值率和剩余价值量。接着，计算以下两种情况下的剩余价值量变化：（a）剩余价值率提高或降低 10%、20%或 60%；（b）可变资本总额增加或减少 10%、20%或 60%。展示你的结果。

练习 11.2（P）

在第 11 章中，马克思指出存在着既是资本家又是工人的混合体。自由职业者在媒体、文化和数字产业尤其普遍。试着查找某一国家的媒体、文化、数字、信息产业中自由职业者所占比例的统计数据，并将其与该经济体的其他行业进行比较。

设计一份调查问卷，重点分析媒体、文化、数字、信息行业自由职业者工作各个方面的特征。

对这些行业的自由职业者进行一对一访谈，展示结果并相互比较。

反思他们的阶级地位，你会如何对访谈中的自由职业者进行分类？他们属于工人阶级，还是属于资产阶级？或者两者兼具？还是他们属于不同的群体？

请为你的答案给出理由。

练习 11.3（G）

经理在公司中承担着特定的管理职能：他控制和组织工人的劳动。

小组作业：国际职业标准分类（SCO）对所有职业进行分类。国际劳工组织的统计数据库为许多采用此分类的国家提供了全面的经济数据。请查看国际劳工组织目前在数据库中使用的是哪个版本的 ISCO（例如 ISCO‐88）。在分类中找出管理职业。每一组查询一个国家中经理人的最新平均工资。将这些工资与特定的信息、媒体、文化职业的工资进行比较，有何差异？

展示你的结果。

最后，对管理者的阶级地位进行讨论和反思。

第四部分　相对剩余价值的生产

12 相对剩余价值的概念

相对剩余价值

在第三部分，马克思将绝对剩余价值生产作为资本家提高剩余价值率的一种方法加以论述。在第四部分，他介绍了另一种方法：相对剩余价值的生产。

> 我把通过延长工作日而生产的剩余价值，叫做绝对剩余价值；相反，我把通过缩短必要劳动时间、相应地改变工作日的两个组成部分的量的比例而生产的剩余价值，叫做相对剩余价值。(432)

马克思所描述的方法之所以被称为相对剩余价值，是因为工作日并没有完全延长，而是必要劳动和剩余劳动之间的关系发生了转变，前者减少，后者增加。马克思将这一变化形象化如下（429）：

工作日 I：A－－－－－－－－－B－－C	必要劳动时间 10 小时，剩余劳动时间 2 小时
工作日 II：A－－－－－－－－B－－－C	必要劳动时间 9 小时，剩余劳动时间 3 小时

劳动生产率的提高

相对剩余价值生产的主要形式是劳动生产率的增加，即由马克思所指出的"劳动生产力的提高，我们在这里一般是指劳动过程中的这样一种变化，这种变化能缩短生产某种商品的社会必需的劳动时间，从而使较小量的劳动获得生产较大量使用价值的能力"（431）。

要使劳动力的价值降低，生产力的提高必须扩展到这样一些产业部门，这些部门的产品决定劳动力的价值（432）。"那些为生产必要生活资料提供不变资本物质要素（劳动资料和劳动材料）的产业部门中生产力的提高，以及它们的商品相应的便宜，也会降低劳动力的价值。"（432）"必要生活资料的总和虽然是由个别商品、各个特殊产业部门的产品构成的，其中每种特殊商品的价值总是劳动力价值的一个相应部分。"（433）

马克思在第12章中给出了一些数学例子。对于当代读者来说，这些可能有点难以理解，因为他使用的是今天已经不再使用的英国货币单位：马克思时代的1英镑为20先令，1先令由12便士组成。为了简化，我把马克思在第433—436页提供的计算例子中使用的货币单位换算成现代的等价物。

价值与生产力的关系：超额剩余价值、超额利润

"因此分摊在每件产品上的不是这个总价值的1/12，而只是1/24……也就是说，在生产资料转化为产品时，就每件产品来说，现在加到生产资料上的，不像从前那样是整整一个劳动小时，而是半个劳动小时。"（434）如果平均生产率处于这样一种水平：平均每隔一段时间，该商品的一个样本的生产就需要1个小时，那么由于生产率水平较高，样本中的单个商品个别价值低于它的社会价值（434）。"但是商品的现实价值不取决于它的个别价值，而取决于它的社会价值，就是说，它的现实价值不取决于生产者在个别场合生产它所实际花费的劳动时间，而取决于生产它所必需的社会劳动时间。"（434）如果说拥有较高的生产力的资本家以商品的社会价值出售商品，那么他就可以获得"超额剩余价值"（434）和额外利润。

生产力特别高的劳动"起了自乘的劳动的作用，或者说，在同样的时间内，它所创造的价值比同种社会平均劳动要多"（435）。如果更高的生产率标准已被普遍化，并因此成为整个经济或行业的标准，那么先前生产效率更高的个体资本家的剩余价值就会消失，因为"比较便宜地生产出来的商品的个别价值和它的社会价值之间的差额消失的时候，这个超额剩余价值也就消失"（436）。

"商品的价值与劳动生产力成反比。"（436）这意味着生产率越高，个体商品的价值就越低，也就是说，生产它所花费的时间也就越少。如果生产率提高，那么每个小时或每一天生产的同类商品就会比以前更多。"提高劳动生产力来使

商品便宜，并通过商品便宜来使工人本身便宜，是资本的内在的冲动和经常的趋势。"（437）"在资本主义生产中，发展劳动生产力的目的，是为了缩短工人必须为自己劳动的工作日部分，以此来延长工人能够无偿地为资本家劳动的工作日的另一部分。"（438）

举例说明一家公司的生产率高于其他公司产生的影响

我们讨论一个公司拥有生产率优势的例子：

笔记本电脑的平均价格：$V_1 = 400$ 英镑

1 台笔记本电脑的平均生产时间：1 小时

笔记本电脑生产工人每小时的平均工资成本：$v_1 = 10$ 英镑

电脑的平均固定资本成本：$c_1 = 290$ 英镑

平均利润：$p_1 = 100$ 英镑

剩余价值率：$rs_1 = \dfrac{p_1}{v_1} = \dfrac{100}{10} = 10$

一家拥有更高的劳动生产率的公司：

生产 1 台笔记本电脑需要的时间：30 分钟

小时工资成本与平均工资保持一致：⇒每台笔记本电脑的工资成本：$v_2 = 5$ 英镑

固定资本一样：$c_2 = 290$ 英镑

每台笔记本电脑按照市场售价是 400 英镑，因此这个价值由以下几部分构成：$V_2 = 400$ 英镑 $= c_2 + v_2 + p_2 = 290 + 5 + 105 = 400$ 英镑

可变资本 V_1 和可变资本 V_2 的价格是相同的，但是必要劳动和剩余劳动之间的关系是不同的：

$$rs_1 = \frac{p_1}{v_1} = \frac{100 \text{ 英镑}}{10 \text{ 英镑}} = 10$$

$$rs_2 = \frac{p_2}{v_2} = \frac{105 \text{ 英镑}}{5 \text{ 英镑}} = 21$$

资本控制更有效地生产笔记本电脑的劳动力，每台笔记本电脑产生 5 英镑的额外剩余价值。由于生产率的提高，生产 1 台笔记本电脑的工资成本仅为平均工

资成本的一半。生产能力强的公司的剩余价值比率是平均水平的 2.1 倍。生产率的提高加剧了剥削：生产更多的剩余价值可以花比以前相同或者更少的时间。

世界体系理论：全球资本主义的不平衡发展

世界体系理论是一种把资本主义设想为一种固有的全球系统的方法，在这个系统中发达的、富裕的核心国家和区域，与发展中国家和贫困的外围区域和国家之间存在着差别。半外围是介于核心和外围之间的缓冲区。世界体系理论认为，生产力差异是全球资本主义不平等的一个重要原因。美国社会学家和历史学家伊曼纽斯·沃勒斯坦是世界体系理论的创始人之一。他认为核心地区在经济上比外围国家强，这导致了价值从外围到核心地区的流动。这种流动产生于不平等的贸易和/或对外围地区劳动力的剥削。"资本主义世界经济的特征是核心型生产过程和外围型生产过程的轴向分工，这导致了不平等的交换，使参与核心型生产过程的一方受益。"（Wallerstein 2004，17）

埃及经济学家萨米尔·阿明（Amin 1974，1976，1997，2010）尤其致力于研究外围国家的特征。他的主要观点是，核心与外围的发展不是相互独立的，而是相互联系的：外围贫穷是因为核心富裕，反之亦然。一方面之所以发展，正是因为另一方面的欠发展。阿明将资本主义世界体系描述为中心（核心）和外围之间的关系，这种关系由全球阶级结构、外围地区的低工资和相关生产、国际分工、不平等贸易、不平等经济结构、生产力差异和全球垄断结构等因素构成。

阿明（Amin 2010）提出了一个全球价值的法则，在这一法则中，价值从外围向核心转移。生产力差异和不平等竞争，是马克思在第 12 章中所关注的主题，它们在阿明的全球价值法则中起着重要的作用。阿明指出了生产力差异、不平等的经济结构和不平等的交换之间的内在联系。

全球生产力差异和发展不平等

在外围地区的不同经济部门，生产力往往有很大的差异，因此工资也有很大的差异（Amin 1976，215 - 218）。在城市和农村之间，以及受过较好和较差训练的劳动力之间，工资往往也有很大的差异（同上，221）。核心和外围的生产力也有差异，这种差异对外围地区是不利的。

与生产力的差异有关的是一种不平等的经济结构：外围区域的经济在其价

值和就业结构中往往有很高比例的农业和服务业，而最新的经济发展发生在核心地区（同上，239—246）。外围地区的工业往往难以与核心地区的企业竞争，这种现象导致的服务业往往生产率较低。自 1945 年以来，外围国家虽然已经实现更多的工业化，但相对于核心国家而言，这仍然是一种不平等的工业化。(Amin 1997，2)

核心与外围不平等的经济结构以不平等的贸易为特征：为了反映它们在资本主义世界体系中所处的地位，外围国家和地区往往具有很强的出口导向工业（Amin 1974；1976，203，206）。外围国家的贸易主要是与核心国家的贸易，核心国家的贸易主要是内部贸易和相互贸易（Amin 1976，247）。由于核心国家的生产率较高，从外围国家出口的产品比核心国家的产品包含更多的劳动时间，后者的生产率较高，因此劳动力较少。然而，这些产品是以全球价格支付的，而全球价格是在核心国家生产率较高的环境中设定的，从而以不平等的贸易形式造成价值从外围国家向核心国家的转移。(Amin 1974，13)

不平等发展的一个例子

这里有一个不平等发展的例子：让我们假设生产 1 辆汽车的平均生产时间是 20 小时，福特在欧洲的平均生产时间是 16 个小时，江铃汽车在中国的平均生产时间是 100 小时。如果福特支付每小时工资为 15 欧元，则每辆车的平均成本如下：$16 \times 15 = 240$ 欧元。如果江铃汽车的工资水平相同，则每辆车的工资成本为：$100 \times 15 = 1500$ 欧元。在选择的例子中，江铃汽车的生产率较低，为了在世界市场上与福特竞争，江铃汽车必须每辆车的工资成本减到 240 欧元甚至更少。每小时平均工资因此减至 $240/100 = 2.4$ 欧元的上限。这意味着劳动力在中国的售价远低于西方，全球资本主义结构将低工资结构强加于外围地区。

马克思在第 12 章中论述了生产率在资本主义中的重要性。在这种背景下，技术作为一种提高生产率的手段发挥着重要的作用。马克思描述了他所处的资本主义时代，特别是在当时蒸汽机对经济的影响。在经济理论领域，特别是熊彼特和新熊彼特主义对技术创新和革命的历史给予了重要关注。

康德拉季耶夫周期：长波理论

俄罗斯经济学家尼古拉·康德拉季耶夫（Nlkolai Kondratieff，1892－1938）

在 1925 年出版了关于商业周期长波的著作，1926 年就相同的问题又写了文章。熊彼特（1883—1950）后来对康德拉季耶夫的发现表示赞扬，并引入了长波周期的概念。熊彼特将资本主义的历史描述为一系列长康德拉季耶夫周期的连续：1787—1842，1843—1897，1897—　。每个长波包含更小的周期："我们现在假设每一个康德拉季耶夫周期应该包含一定数量的朱格拉周期，而每一个朱格拉周期都应包含一定数量的基钦周期。"（Schumpeter 1939，180）他写道，他的"构架"包括"谈论长波"（同上，292），甚至声称"经济活动中的长波分析……比其他任何事物都更能揭示资本主义过程的本质和机制"（Schumpeter 1943，67）。艾斯本·S. 安德森（Andersen 2009，193）以演化经济学家的身份对熊彼特进行了研究，他认为熊彼特"对长波有一定的偏好"。

约瑟夫·熊彼特的危机理论

熊彼特说，"有三个类别的周期，我们将它们简单地称为康德拉季耶夫周期、朱格拉周期和基钦周期，因为我们选择识别每个类别中个体的平均时间跨度，大约对应于这三个研究者分别'发现'的周期的跨度"（Schumpeter 1939，176）。他还将长波与技术创新/革命相提并论："从历史上看，我们所讨论的第一个康德拉季耶夫周期涵盖了工业革命及其后续的消化吸收过程，追溯到 18 世纪 80 年代到 1842 年。第二个周期是所谓的蒸汽和钢铁时代，它在 1842 年到 1897 年之间。第三个周期是电力、化学和机器的康德拉季耶夫周期，我们定为 1898 年至今。"（同上，178）"它们中的每一个（长波，CF）都包含一个'工业革命'和对其影响的吸收。"（Schumpeter 1943，67）"这些革命周期性地重塑现有的工业结构，通过引进新的生产方式——机械化工厂、电器化工厂、化学合成工厂等；新商品，如铁路服务、汽车、电器等；新的组织形式——合并运动；新的供应来源——拉普拉塔羊毛、美国棉花、加丹加铜；新的贸易路线和销售市场等等。"（同上，68）

新熊彼特危机理论

卡洛塔·佩雷兹（Carlota Perez）是新熊彼特主义的主要代表人物之一。她确定了由技术革命引发的五个连续的经济发展长波，技术革命也导致了技术和经济范式的出现。技术革命和相关的技术经济范式导致了"对已有产业的大规模重组和生产力的普遍提高"。其结果是经济增长："每一次技术革命及其技术经济范式的扩散过程……构成了连续的发展高潮。"（Perez 2010，190）

表 12.1 约瑟夫·熊彼特（1939），卡洛塔·佩雷兹（2010）及欧内斯特·曼德尔（1978）关于经济发展长波与相应的技术创新与革命的观点

约瑟夫·熊彼特	卡洛塔·佩雷兹	欧内斯特·曼德尔
第一个长波（1780—1842）：水能、收费公路、造船业	第一个长波：工业革命（1771 年的关键创新点：阿克莱特的纺纱机）	第一个长波（1793—1847）：手工制造或机器制造的蒸汽机
第二个长波（1842—1897）：蒸汽、钢铁、铁路	第二个长波：蒸汽与铁路时代（1829 年："火箭"号蒸汽机）	第二个长波（1848—1893）：第一次技术革命：机器制造的蒸汽机与机器、铁路
第三个长波（1898— ）：电力、化学、电机	第三个长波：钢铁、电力和重工业时代（1875 年：钢铁厂）	第三个长波（1894—1939）：第二次技术革命：电力与内燃机
	第四个长波：石油、汽车和大规模生产时代（1908 年：福特 T 型）	第四个长波（1940/1945— ）：第三次技术革命：电子设备、核能
	第五个长波：信息和电信时代（1971 年：英特尔微处理器）	

在马克思主义理论中，比利时经济学家欧内斯特·曼德尔把马克思利润率下降理论与康德拉季耶夫周期理论和熊彼特长波理论结合起来，认为技术创新导致了新的长波的开始，同时也加深了资本主义的矛盾，以至于在特定的时间之后，技术的利润率往往会下降，资本主义进入危机，就需要一场新的技术革命才能开始新的经济发展浪潮。

"然而，资本主义的生产方式特点是，每一个新的扩大再生产周期都始于不同于前一个周期的机器。在资本主义制度下，在竞争与不断追求超额利润的鞭笞下，人们不断努力通过技术改进来降低生产成本和商品价值。"（Mandel 1978，110‐111）在长波的第一阶段，促成利润率上升的因素可能是资本有机构成的下降（因为资本渗透到尚未大量技术化的新领域），剩余价值率的增加（由于工人阶级在阶级斗争中的失败），不变资本的贬值，以及流通资本周转时间的加速（由于新的通信和运输系统以及新的分配方式）。（同上，11）

在中期，根据曼德尔的理论，技术革命导致资本有机构成的增量，从而导致利润率下降的趋势和经济危机："生产技术的一般变革也将导致资本的有机构成显著上升，并根据具体情况，导致平均利润率迟早会下降……在引进任何新的基础技术的第二阶段，资本的价值增殖日益困难，会导致投资不足加剧和闲置资本的增加。"（同上，115）

对曼德尔来说，能源供应方面的技术创新与生产技术和通信以及运输技术的变化有关：

> 不难提供证据表明，能源和动力机器生产的三次基本革命，每一次都逐步改变了整个经济时代的生产技术，包括通信和运输系统的技术，例如，想想在电力和通信发动机时代的轮船、内燃机车、汽车和无线电通信；还有喷气式运输机、电视、无线电、雷达和卫星通信网络，以及电子和核时代的核动力集装箱货船。由动力机械和能源的基本生产技术革命而产生的技术变革，导致了在资本主义生产方式下一个又一个周期逐渐积累起来的过剩资本的新的价值取向。然而，通过完全相同的过程，对新能源和新动力机器的逐渐推广，必然导致在单独的阶段加速积累之后，进入一个长时间的减速积累阶段，即投资不足的情况再次出现，以及闲置资本的重新出现。（同上，119）

全球经济危机

经济史上公认的全球经济危机的重要年份有：1873 年（长时间衰退的开始），1929 年（大萧条的开始），1973 年（油价震荡、银行危机），2008/2009 年（全球金融危机）。图 12.1 和 12.2 显示了美国和英国国内生产总值（GDPs）年增长率的历史数据。

数据显示，19 世纪 80 年代、90 年代和 20 世纪的头 10 年总体增长率很高；20

英国1830—2010年间的经济发展。年GDP增长率（数据来源：麦迪逊GDP历史数据）

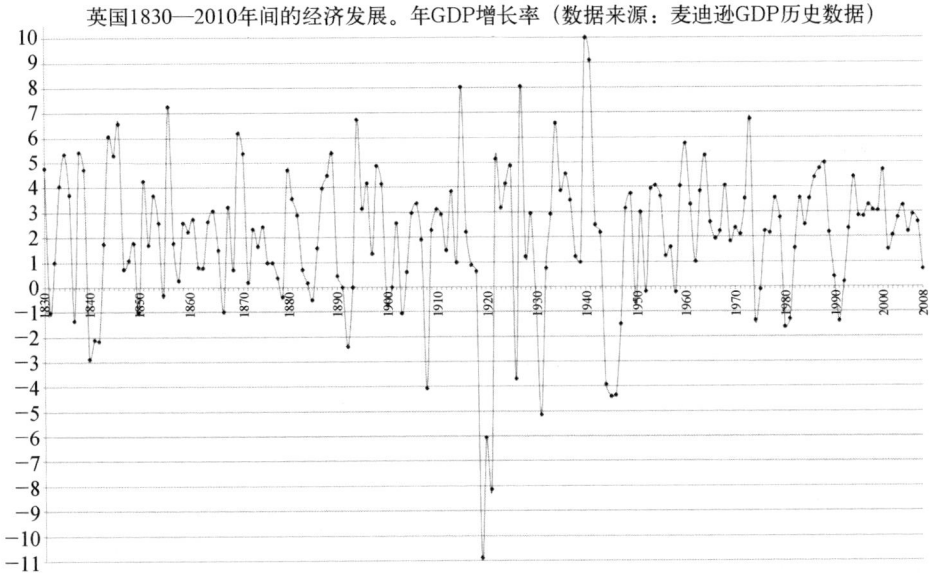

图 12.1 英国历史经济发展

美国1870—2010年间的经济发展。年GDP增长率（数据来源：麦迪逊GDP历史数据）

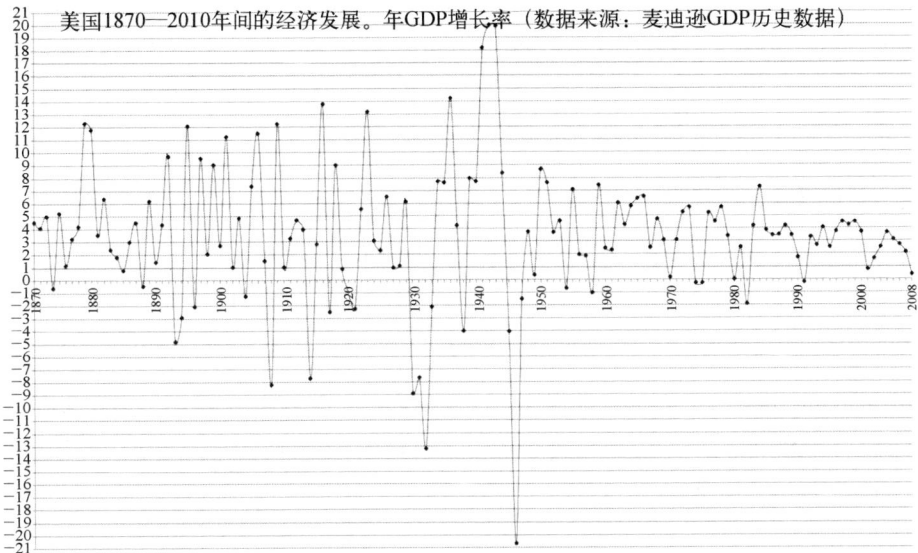

图 12.2 美国历史经济发展

世纪 30 年代和 40 年代经济不稳定，而 20 世纪 50 年代及 60 年代经济高速增长。一些新熊彼特主义理论的代表如卡洛塔·佩雷兹认为，在 20 世纪 70 年代中期，带来自动化进步的微电子革命、计算机、互联网和移动电话的兴起掀起了一股新的长波。然而，欧内斯特·曼德尔等其他人则认为，1945 年左右开始了一波新浪潮，这意味着对他们来说，20 世纪 70 年代中期的危机是之后 25 年下行周期的开始。

新自由资本主义的不稳定性

英国和美国的数据显示，增长的不断波动，包括负增长，这些迹象表明，自 20 世纪 70 年代以来，资本主义经济已经变得非常不稳定，容易出现持续的危机，并且未能引发人们本应在康德拉季耶夫周期上升阶段所期待的新的经济增长奇迹。卡洛塔·佩雷兹关于新一波长波始于 20 世纪 70 年代初的假设是错误的，因为 1970 年至 2010 年，英国和美国的经济都非常不稳定。曼德尔的假设更符合 1975 年至 2000 年期间的情况。然而，如果将 2000 年的互联网泡沫危机视为由互联网引发的新长波的开始，这显然不符事实，因为 2008 年的金融危机和经济衰退，是许多国家自大萧条以来最严重的危机，在 1929 年开始，根据曼德尔的假设，在 2000 年之后本应出现长期的经济上升期，但这并没有发生。

资本主义世界经济在 20 世纪 80 年代、90 年代和 21 世纪初不断受到危机的冲击：1987 年金融危机，20 世纪 90 年代初芬兰和瑞典的金融危机，1994 年墨西哥的货币危机，1997 年亚洲金融危机，2000 年互联网股票市场泡沫危机，2008 年金融危机和随后的新的世界经济危机。

长波理论的失败

根据长波理论的假设，1973 年至 1975 年的金融危机后，经济繁荣将持续 25 年，直到 2000 年。然而，在这 25 年里，许多国家的经济和世界经济都受到经济动荡、危机和不稳定的影响。2008 年之后的几年里，也就是第二次世界经济危机爆发的 35 年后，一场大危机接踵而至。而 1873 年和 1929 年之间的经济危机是 56 年，1929 年和 1973 年之间的经济危机是 44 年，这一些偏差仍然可以解释基于长波理论假设（即每 50 年会发生一次大危机，随后是 25 年的经济增长和 25 年的经济低迷）来解释。然而，35 年的时间跨度要短得多。自 20 世纪 70 年代以来，长波理论在历史上被证明是错误的，不能充分解释经济发展。考虑到自 20 世纪 70 年代以来的不稳定、脆弱性等问题，基于信息技术范式的新长波根本没有出现。长波理论显然是错误的，它不只是资产阶级的理论，也不仅仅是一个技术决定理论，这是一个错误的理论。

对于图 12.3，我重新整理了图 12.1 和图 12.2 的数据，计算了 GDP 的 5 年增长率。这张图展示了英国和美国在 5 年期间 GDP 增长的历史发展。人们可以清楚地看到 20 世纪 70 年代中期的经济衰退。1975 年至 2008 年，英国和美国的经济发展以 5 年为周期波动。微电子革命——计算机在经济和社会中的崛起——并没有如长波理论所预言的那样带来持续的经济增长。

英国与美国的经济发展，5年GDP增长率
（数据来源：麦迪逊GDP历史数据）

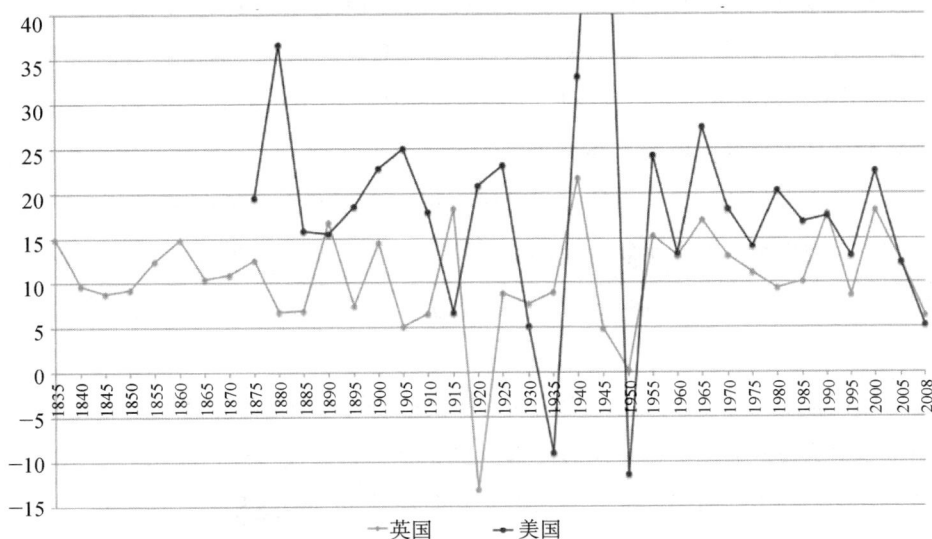

图 12.3 英国和美国 5 年来 GDP 增长的历史数据

英国与美国的经济发展，10年GDP增长率
（数据来源：麦迪逊GDP历史数据）

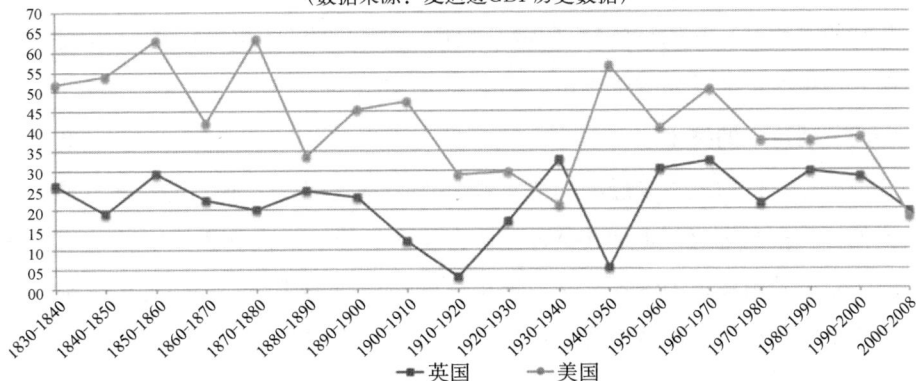

图 12.4 英国和美国 10 年来 GDP 增长的历史数据

图 12.4 显示了美国和英国在 10 年时间内的数据重组。

在宏观经济理论中，康德拉季耶夫周期约为 50 年左右，库兹涅茨周期约为 15—25 年，朱格拉周期约为 10 年左右，基钦周期为 4—5 年。图 12.4 以 10 年为周期的数据可视化展现了英美两国的经济增长在 19 世纪和 20 世纪历史上呈现出周期性发展。然而，这些周期的长度各不相同，根据图 12.4 中的假设，周期分别为 20 年、30 年、40 年和 60 年。这在康德拉季耶夫周期或库兹涅茨周期方面没有明显的模式，而是在库兹涅茨周期或稍长的周期以及比康德拉季耶夫周期稍短或稍长的周期之间摇摆。马克思在第 25 章中指出：这场危机既是一个周期的终点，也是另一个新周期的起点。直到现在，这种周期的延续时间是 10 年或 11 年，但绝不应该把这个数字看作是固定不变的（786）。因此，与长波理论不同，马克思并没有假设一个确定的经济周期或波长，而是认为它是相当可变且随历史变化的。马克思的危机理论是辩证法和唯物史观的统一，而长波理论则是确定性和形而上学的，他们似乎认为宇宙或无法解释的力决定了波长和周期长度。为什么一个复杂的人类系统在历史上和更长时间内表现出相同的模式，这是无法解释的。

马克思主义理论家托尼·史密斯将熊彼特的技术理论与马克思在《资本论》第 1 卷中的技术概念进行了比较。他的结论是，新熊彼特理论缺乏对技术如何被资本、劳动力、阶级、全球资本主义和阶级斗争所塑造和所关注的论述。他说新熊彼特的理论是针对"科学家、技术专家、投资者、经理、政治精英等等"（Smith 2004，237），而"马克思的理论则相反，是针对劳动人民和他们的社区"（同上，238），"资本主义的技术发展必然倾向于进一步形成一个世界工薪族及其盟友的世界共同体的物质先决条件，这种方式是完全封闭的。相反，这种世界历史的可能性是《资本论》的中心主题"（同上，238）。

调节理论中的技术

长波理论认为技术是经济的决定性外部因素。相比之下，法国调节理论代表罗伯特·布瓦耶（Robert Boyer）认为技术是经济的内在因素。调节理论认为经济发展是由被称为资本主义发展模式的阶段所形成的，每一种模式都包括一种积累制度和一种调节模式。积累制度包括盈余和商品生产的方式，涵盖技术、阶级关系、消费方式、市场关系、劳动分工和国际竞争等方面。调节模式包括调节货币和信贷关系、工资—劳动关系、竞争、国际关系和国家干预形式的政治和制度形式。

在调节理论中，资本主义的发展模式并不像长波理论所假设的那样持续50年。并且与长波理论不同，危机和增长并不由技术决定。一种发展模式发展着自身的内在矛盾，而技术又嵌入了这种矛盾之中。布瓦耶这样描述技术在资本主义发展模式中的矛盾作用：

> （技术）不能脱离经济和社会系统的其他部分来处理。因此，主要问题是，某一特定技术系统与积累模式的一致性和兼容性……在每一种发展模式中，成功和持久繁荣的因素也解释了经济动力从增长转向危机的原因。社会技术制度一旦完全成熟，就会产生新的经济不平衡和社会冲突。因此，在积累的过程中，本身就可能会出现障碍，导致重大的结构性危机，其特征是准停滞和大不稳定。因此，同样的正在进行的技术变革——粗略地用平均生产率增长来衡量——可能对就业产生负面影响，这与高增长和稳定增长时期的情况完全相反。（Boyer 1988，68）
>
> 我们的主旨是任何技术系统的命运都不能脱离社会（特别是工资—劳动关系）和经济决定因素（整个发展模式的演变）。（同上，89）

与长波理论不同，调节理论避免了技术决定论，以及资本主义发展周期、波动或模式固定的长度。然而，它的理论问题存在这样一种假设：一种发展模式的危机导致了一种新的积累体制，这种体制与新的调节形式相结合。调节理论将"调节"定义为国家对经济的积极干预和福利国家的创造与维持。它不认为福利国家的新自由主义放松调节、自由化、私有化本身就是一种调节形式（Fuchs 2002，2004）。因此，调节理论始终在寻求一种新的调节形式作为其理论发展的契机，但这种形式从未发展起来。相反，如果人们也将去调节化视为一种调节形式，那么就可以避免这种理论问题（同上）。调节理论的另一个问题是它相对忽视文化和意识形态领域，这可以通过假设资本主义发展模式中存在纪律和意识形态的政权（同上，2004）或采用文化政治经济学的方法（Jessop and Sum 2006）来解决。

技术资本主义

关于如何从理论上解释技术在资本主义中的作用，我个人的观点是，技术在资本主义中具有对抗性的潜力、现实性以及对经济和社会的影响力。辩证逻辑塑造了技术在资本主义中的作用。利润率与资本有机构成 c/v 成反比，与剩余价值率 s/v 成正比。新技术既能对有机构成产生影响，也能对超值率产生影响。问题是，技术发展带来的剩余价值率是高于有机构成还是相反？阶级斗争、国家监管等因素在这方面发挥着重要作用。马克思在《资本论》第 3 卷中指出了影响利润率的因素：降薪，使用绝对和相对剩余价值生产方法，固定资本贬值，外贸和商品销售高于其价值，殖民地劳动力的高开发率，固定不变资本的贬值，资本周转速度的加快，以及战争或危机导致资本的剧烈贬值。在资本主义中，技术既有危机，也有成长的培育潜力，它可以提高资本的剥削率和有机构成，这两个因素具有一定的应用效率。

技术在利润率中的作用

利润率是利润与投资的关系，或剩余价值的货币表达与生产资料价值（不变资本和可变资本）的关系。

$$ROP = \frac{s}{c+v}$$

如果分子分母同时除以 v，就得到：

$$POR = \frac{\dfrac{s}{v}}{\dfrac{c}{v}+1}$$

这个公示表明，利润率取决于（a）剩余价值率，马克思也称之为剥削率，因为它描述了无偿劳动和有偿劳动的关系；（b）资本有机构成，意味着死的和活的劳动力、不变资本和可变资本以及机器/资源和劳动力的价值之间的关系。利润率与剩余价值率成正比，与资本有机构成成反比。

资本家必须不断地努力提高生产率，以便在更短的时间内生产更多的商品并生存下去。因此，他们希望投资于更有效率的生产技术，并加快生产和流通。计算机在生产中的兴起，或者用某种术语来说，信息经济和信息社会的兴起，是建立在生产的技术化和生产力发展的基础上的。因此，生产和社会中的知识在历史上也变得越来越重要。提高生产力的技术化意味着资本有机构成得以提高，因为用于技术研究的资金往往比以往更多。然而，它也将提高剩余价值率，因为在马克思看来，生产中的技术是相对剩余价值生产的一种手段，它导致在更少的时间或同一时间内生产更多的价值。因此，以小时计算的同样数量的劳动突然间产生了比以往更多的剩余价值。

很明显，如果剩余价值率保持不变，而资本有机构成提高，利润率就会下降。在与利润率成正比的剩余价值率和与利润率成反比的资本有机构成之间存在着矛盾。在技术革新的情况下，许多公司采用了这种技术，从而使这些技术广泛地扩散到经济之中，往往需要进行额外持续的资本投资。如果技术不降价，就会导致有机构成的提高。问题在于，资本家们如何应对这种利润下降的压力？他们中的许多人很可能试图调动起反趋势的倾向，例如裁员、降薪、外包劳动力让员工以相同或者更低的工资来工作更长的时间等等。他们的目的是通过各种绝对剩余价值生产和相对剩余价值生产的方法来提高剩余价值率。技术化本身就是一种相对剩余价值生产的方法，所以提高资本有机构成可以提高剩余价值率，然而，不能保证这种提高大于资本有机构成的提高，因此资本家们会试图降低工资成本以提高利润率。不过，正如马克思所知，绝对剩余价值生产和相对剩余价值生产的方法是有争议的。工人们有能力抵抗资本家的攻击，以致剩余价值率也受到阶级斗争结果的影响。如果工人们的斗争是成功的，剩余价值率和他们的剥削就会下降；如果这种斗争没有成功，资本家就会胜利，剥削率就会提高。作为资本结构趋势的有机构成的提高与阶级斗争是矛盾的。这种矛盾的结果是不能提前预料的，要看历史情况而定。如果有机构成提高，并且没有工人斗争或工人斗争不成功，使得工资总额减少，那么利润率就能提高。然而如果工人们的斗争是成功的，并且他们抵制裁员、实现加薪，利润率更有可能下降。

由于阶级斗争和结构性对立的相互作用，资本主义呈现出上升和下降的态势。然而，没有定律可以决定波动、上升和下降持续多久。

绝对和相对剩余价值生产

图 12.5 和 12.6 展示了马克思在第 12 章中提出的绝对剩余价值生产和相对剩余价值生产之间的区别。

在绝对剩余价值生产中，在新的时间点 $t+1$，剩余劳动时间比必要劳动时间相对增加了，从而工作日被延长了。

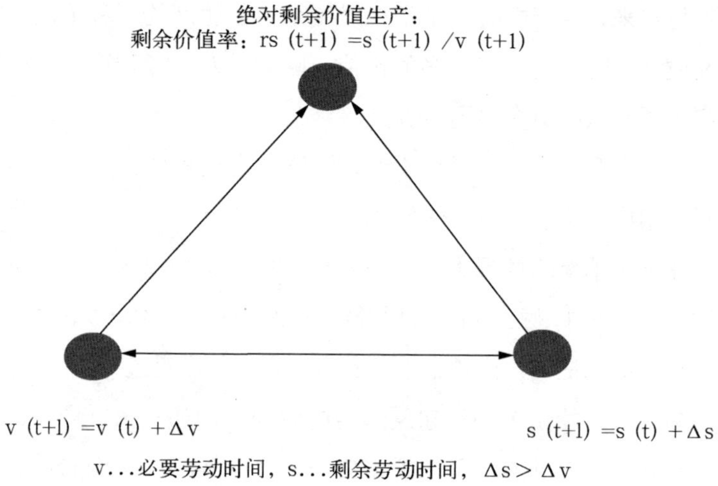

绝对剩余价值生产：

剩余价值率：rs $(t+1)$ =s $(t+1)$ /v $(t+1)$

v $(t+1)$ =v (t) +Δv   s $(t+1)$ =s (t) +Δs

v...必要劳动时间，s...剩余劳动时间，$\Delta s > \Delta v$

图 12.5　绝对剩余价值生产的方法

相对剩余值生产：

剩余价值率 rs $(t+1)$ =s $(t+1)$ /v $(t+1)$

v $(t+1)$ =v (t) −Δv   s $(t+1)$ =s (t) +Δs

v...必要劳动时间，s...剩余劳动时间，$\Delta v > \Delta s$

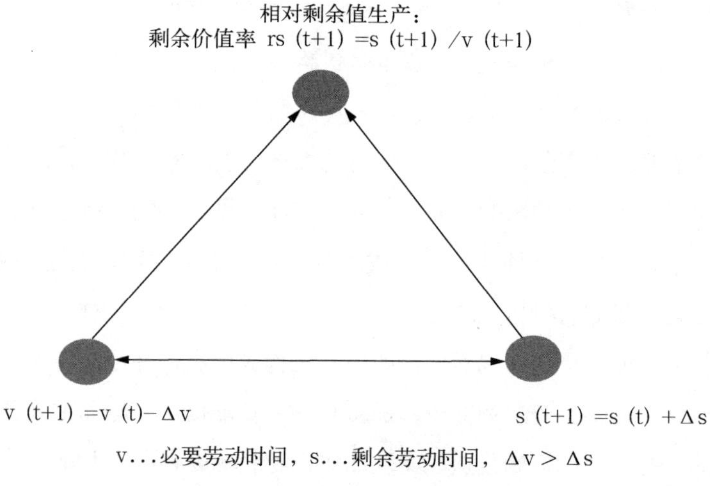

图 12.6　相对剩余价值生产的方法

在相对剩余价值的生产中，在一个新的时间点 t + 1，必要劳动时间减少，这种减少大于剩余劳动时间的任何增加，因此，剩余劳动时间和必要劳动时间之间的相对关系发生了变化，这种情况下，剩余劳动时间相对于必要劳动时间增加了。

第 12 章练习

小组练习（G）

项目练习（P）

关键词：相对剩余价值生产，生产力，超额剩余价值，超额利润

练习 12.1（P）

分组学习：每个小组选择一个特定的国家。在经济数据库（如经合组织统计、AMECO、世界银行、国际货币基金组织、联合国统计、国家统计局等）中搜索数据，以确定该国从 20 世纪 60 年代至今的绝对 GDP 数据或 GDP 增长数据。将数据复制或导入电子表格应用程序（如 Microsoft Excel，Libre Office 电子表格，Open Office 电子表格）。将 GDP 年增长率（单位为%）单独列示如下：GDP 增长率（t + 1）= ［GDP（t + 1）/GDP（t）×100］ − 100。

绘制一个显示 GDP 增长情况的发展图表（类似于图 12.1 和 12.2）。分析 20 世纪 60 年代以来的经济发展：是否存在长波的迹象？如果有，是哪些？如果没有，为什么没有呢？

展示你的结果。

讨论：马克思主义的经济发展理论和长波理论有什么区别？技术在这两种方法中都扮演了什么角色？

练习 12.2（G）

阅读以下文本：

Perez, Carolta. 2010. Technological revolutions and techno-economic paradigms. in *Cambridge Journal of Economics* 34（1）：185 - 202.

Mandel, Ernest. 1978. Chapter 4："Long Waves" in the History of Capitalism. in *Late capitalism*, London：Verso, pp. 108 - 146.

Boyer, Robert. 1988. Technical change and the theory of "regulation". in *Technical change and economic theory*, ed. Giovanni Dosi, Christopher Freeman, Richard Nelson, Gerald Silverberg, and Luc L. Soete, London: Pinter, pp. 67 - 94.

卡洛塔·佩雷兹是新熊彼特主义的代表人物。欧内斯特·曼德尔试图将马克思的危机理论和长波理论相结合。罗伯特·布瓦耶是调节理论的代表人物，他探讨了资本主义技术的各个方面。

讨论以下问题：

- 这三种方法是如何将资本主义的历史和发展概念化的？
- 技术在这三种方法中的作用是什么？
- 这三种方法的共同点和不同点是什么？关于技术在资本主义中所扮演的角色，有哪些共同点和不同点？
- 在马克思主义的经济发展理论中，技术作用的核心假设是什么？

13　协作

在第 13 至 15 章中，马克思讨论了三种相对剩余价值的生产形式：

协作：多个工人在一个空间，从而出现更有效的集体工人。（第 13 章）

工场手工业：基于低技术含量和体力劳动的协作。（第 14 章）

大工业：技术含量高的协作。（第 15 章）

协作

马克思认为资本主义的逻辑和历史起点是"人数较多的工人在同一时间、同一空间（或者说同一劳动场所），为了生产同种商品，在同一资本家的指挥下工作"（439）。

最简单的协作形式是，工人的劳动不是相互联系的，而是各自形成的，但是它们都位于同一车间。这种情况导致了"在劳动过程的物质条件上引起革命"（441）：它们一起消耗部分生产资料——例如原材料、基础设施或工具——这些都是廉价的生产资料（442），"建造一座容纳 20 个人的作坊比建造 10 座各容纳 2 个人的作坊所耗费的劳动要少"（442）。"生产资料使用方面的这种节约，只是由于许多人在劳动过程中共同消费它们。"（442）当固定资本以这种方式贬值时，总商品价值就会下降。

马克思定义了"协作"概念："许多人在同一生产过程中，或在不同的但互相联系的生产过程中，有计划地一起协同劳动，这种劳动形式叫做协作。"（443）

协作的协同效应

协作产生协同效应：结果是涌现性的，即 x 个个体的合作工作之和与单独进行的 x 个个体工作过程在质量上有较大差异。这种"结合劳动的效果要么是单个人劳动根本不可能达到的，要么只能在长得多的时间内，或者只能在很小的规模上达到"（443）。

> 12 个人在一个 144 小时的共同工作日中提供的总产品，比 12 个单干的劳动者每人劳动 12 小时或者一个劳动者连续劳动 12 天所提供的产品要多得多。……因为结合劳动者或总体劳动者前前后后都有眼睛和手，在一定程度上是全能的。这样，144 小时结合工作日完成总产品，比只能比较单方面地对劳动对象进行加工的、多少是单干的劳动者的 12 个十二小时工作日要快。产品的不同的空间部分同时成长。（445）

协作可以改变工作的时空组织：工作可以在很大的空间内组织起来——例如"排水、筑堤、灌溉、开凿运河、修筑道路、铺设铁路等等"中（446）——"在劳动的作用范围扩大的同时劳动空间范围的这种缩小，会节约非生产费用（faux frais），这种缩小是由劳动者的集结、不同劳动过程的靠拢和生产资料的积聚造成的"（446）。

协作与计算机

协作要求工人们聚在一起，以便在一个地方集结（447）。一方面，地点可能意味着人们面对面地聚集在同一个物理位置。网络计算机技术也允许人们在异地工作，这样人们即使不在同一个物理空间也可以一起工作。计算机支持协同工作（Computer-supported cooperative work，CSCW）意味着"协同活动和协调"是"由电脑系统支持的"（Carstensen and Schmidt 1999）以及在小组工作中使用"计算机"（Schmidt and Bannon 1992，9）。CSCW 可以同时或在不同时间点被执行。它可以是相同物理空间中工作人员由计算机支持的情况，但更常见的情况是，CSCW 涉及参与工作过程的人员之间的空间距离。

编辑维基百科上的一篇文章可能是当今最著名的 CSCW 形式。大多数参与编辑维基百科词条的维基人（Wikipedians）从未见过面。协作是通过文章的讨论页进行协调的，在讨论页中，贡献文章的用户讨论可能的更改和补充内容，并且需要遵循许多规则，这些规则对新的维基人来说通常难以理解和应用，因为这些撰写者是在业余时间自愿无偿贡献的，这使得他们很难找到时间来研究数百页的规则。维基百科是一个异步跨距离 CSCW 系统。维基百科的工作是时空分离的：贡献者不必在同一个物理空间工作，因为维基百科是一个在线空间；这使得协作超越距离，并且由于在线空间会存储编辑内容和通信信息，贡献者就不必同时工作。

作为社会动物的人类，作为社交媒体的媒体

马克思认为，协作现象表明，人类即使不像亚里士多德所假设的那样是一种政治动物，也天生是一种"社会动物"（444）。协作工人形成的这种生产力本身必然是集体力（443）。"劳动者在有计划地同别人共同工作中，摆脱了他的个人局限，并发挥出他的种属能力。"（447）

一些观察人士和学者已经把如脸书和推特，以及 Instagram，Pinterest，Flickr 和油管等互联网平台描绘成了"社交媒体"，因为他们使沟通、分享和社区化变得可能。然而，这些平台大多数关注的是那些展示自己和自己所做的事情的个人。这些都是给他人留下深刻印象、展示身份和培养个人主义的平台；这使得个体之间成为竞争对手，竞相积累朋友、提高关注度和知名度。因此，这样的媒体最好被称为个人主义的、新自由主义的媒体，而不是社交媒体。相比之下，维基百科并不关注个体的炫耀，而是关注百科全书的合作编辑，它是一种真正的社交媒体。

在第 13 章中，马克思使用了"类存在"概念，这是他在早期哲学著作中创造的一个术语。在第 13 章的这种用法表明，并不是如路易斯·阿尔都塞（1969）声称的那样，不存在一个青年马克思与老年马克思的认识论决裂，诸如"类存在"和"异化"等哲学概念对青年马克思和老年马克思都很重要。

人的类存在

马克思在《1844 年经济哲学手稿》中引入了"类存在"（类本质）①一词。

---

① 原文 Gattungswesen，类本质。——译者注

通过这个概念，他想表明，人类既然是自然的，因为他们与自然互动，那么也是社会的，因为他们在社会中共同行动：

> 个体是社会存在物。因此，他的生命表现，即使不采取共同的、同他人一起完成的生命表现这种直接形式，也是社会生活的表现和确证。人的个体生活和类生活不是各不相同的，尽管个体生活的存在方式是——必然是——类生活的较为特殊的或者较为普遍的方式，而类生活是较为特殊的或者较为普遍的个体生活。[1]（Marx 1844［English］，105）

协作作为社会的本质，在马克思和恩格斯看来是一种基本的人类能力。他们甚至把"社会"定义为协作：社会意味着"许多个人的共同活动，不管这种共同活动是在什么条件下、用什么方式和为了什么目的而进行的。由此可见，一定的生产方式或一定的工业阶段始终是与一定的共同活动方式或一定的社会阶段联系着的，而这种共同活动方式本身就是'生产力'"[2]（Marx and Engels 1845，49）。

协作是所有社会的一个方面，并呈现出具体的历史形态。马克思讨论了协作的历史形式，如建造金字塔和其他"巨大的建筑"（451）和狩猎（452），以及拥有共同生产资料的印度公社的农业中（452）。他在第 13 章中指出，在资本主义中，协作是为积累资本和私有财产服务的，因此是异化协作——这种协作不是为所有人服务，而是为资本服务。资本主义中的协作屈服于资本的规则。工人们组成"作为协作的人，作为一个工作机体的肢体，他们本身只不过是资本的一种特殊存在方式。因此，工人作为社会工人所发挥的生产力，是资本的生产力"（451）。协作是一种"资本的生产力"（453）。马克思把共产主义看作是一种生产方式和社会，这里，协作变得更为普遍，从而使人类和社会的协作本质得以充分和真正实现。他把共产主义称为"集体的、以生产资料公有为基

---

① 译文参照《马克思恩格斯全集》第三卷，人民出版社 2002 年版，第 302 页。
② 译文参照《马克思恩格斯选集》第一卷，人民出版社 2012 年版，第 160 页。

础的社会"①（Marx 1875），在这样的社会中"集体财富的一切源泉都充分涌流"②（同上）。

资本主义的监督、控制和监管

资本主义意味着大规模的协作，"以便使雇主本身摆脱体力劳动"（448）。协作的工人更有能力建立社会关系，以工会或政党的形式进行政治组织，发起抗议、拒绝劳动或罢工。为了设法控制这些潜在力量，并迫使工人尽可能多、尽可能密集地劳动，资本必须组织监督、监管、控制和管理的劳动。

> 现在，在生产场所不能缺少资本家的命令，就像在战场上不能缺少将军的命令一样。一切规模较大的直接社会劳动或共同劳动，都或多或少地需要指挥，以协调个人的活动，并执行生产总体的运动——不同于这一总体的独立器官的运动——所产生的各种一般职能。……一旦从属于资本的劳动成为协作劳动，这种管理、监督和调节的职能就成为资本的职能。这种管理的职能作为资本的特殊职能取得了特殊的性质。（448—449）

资本主义控制使资本主义成为"专制的"（450）。资本主义越趋于协作，就越需要对工人进行控制和监督——"监督工作"（450）。"正如军队需要军官和军士一样，在同一资本指挥下共同工作的大量工人也需要工业上的军官（经理）和军士（监工），在劳动过程中以资本的名义进行指挥。监督工作固定为他们的专职。"

监督研究

20世纪末，一个名为"监督研究"的学术领域出现了，该领域分析了监督实践、结构、意识形态和技术在社会中的作用。（Fuchs 2011，2012）

加拿大社会学家戴维·里昂（David Lyon）通过发表大量有关这一主题的出版物，成为监督研究领域的权威。监督研究往往徘徊在对监督的批评和将监督定义为系统信息处理之间，监督研究需要这样做以便将其研究领域的范围扩

---

① 译文参照《马克思恩格斯选集》第三卷，人民出版社2012年版，第363页。
② 同上书，第365页。

大，从而宣称自己具有类似学科的地位。新的跨学科和交叉学科，如监督研究、互联网研究、科学和技术研究等，声称超越了学科界限，但与此同时，当涉及它们自身的制度化时，它们的表现却很像正统学科。相反，对于马克思主义者来说，他们属于哪个学科并不重要，因为他们是普遍主义者，首先是批判理论家。作为一名批判理论家，比自称属于任何学科或自称是学科间的、反学科和跨学科的更重要，也是最具跨学科性的任务。

里昂认为监督是双面的，并表示他认为"某种形式的监督是固有的——并且不一定是邪恶的——是所有人类社会的特征"（Lyon 1994，19）。福柯关于圆形监狱和纪律权力的消极概念对监督的研究（the study of surveillance）产生了很大的影响，但对监督研究（surveillance studies）的影响并不大：在这一领域内部存在一种试图摆脱对监督的批判性定义的强烈趋势。例如，加拿大社会学家凯文·哈格蒂（Kevin Haggerty）认为，监督学者不希望看到监督的积极方面，如传染病控制或父母监督，因为他们"接受了批评传统的训练"（Haggerty 2006，36）。

戴维·里昂将"监督"定义为"出于影响、管理、保护或指导的目的，对个人细节进行集中、系统和常规的关注"（Lyon 2007，14）。这一定义使得监督和个人数据处理以及信息收集之间的界限成为开放的。它是如此普遍，以至于监督变成了信息处理，从而失去了它的批判理论潜力。挪威社会学家托马斯·马蒂森（Mathiesen 2013，17），是一名在废除监狱运动中非常活跃的社会主义者，因此他与戴维·里昂形成对比，区分了信息系统和监督系统。后者能够将信息置于前台，并针对个人和群体。信息系统可以变成监督系统：一个例子就是挪威人口普查局对犹太人的登记起初只是为了统计，但被纳粹用来"追踪并最终"在"1940—1945年德国占领挪威期间"消灭犹太人。（Mathiesen 2013，18）

米歇尔·福柯论监督

对法国哲学家米歇尔·福柯（1926—1984）来说，监督是一种惩戒权力。惩戒是"统治的一般公式"（Foucault 1977，137）。监督对于福柯来说是全景式的惩戒权力，一种"永久登记制度"（同上，196），其中"所有事件都被记录下来"（同上，197）——是一种"分离看见/被看见的二元对立关系的机器"（同上，202）。在监督中，"一个人完全处于被看之下，却永远无法看到"（同上，202）。福柯为监督的批判理论奠定了基础，但他从未给这个术语一个完整的定义。

在互联网时代，反对福柯观点的一个论据是，监督已经变得分散、自下而上、多样化和网络化。在互联网上，确实存在着反权力、反监视手段，如网络监督、泄露平台等。然而，爱德华·斯诺登2013年披露的，由特勤局与企业互联网平台合作运营的全球互联网监控系统显示，分散化的监控也由国家和资本主导。美国国家安全局和谷歌可以监视你在网上做什么，而你却不能确切地知道这些监视者。

资本主义和官僚机构的监督

日本经济学家小仓俊丸（Toshimaru Ogura 2006）和美国信息政治经济学家奥斯卡·甘迪（Oscar Gandy 1993）因此认为，监督的一个共同特征是基于资本主义和/或民族国家的人口管理。监督是一种负面的信息收集和使用形式，只存在于统治型社会中。监督可以定义为收集和使用个人或群体的数据，以便通过实际的暴力或以暴力为目标的威胁，或通过其他手段（更详细的讨论，见Fuchs 2011，2012b）来控制和规范行为。监督是工具理性和竞争的一种表现，因为它是建立在对他人进行监控的思想基础上的，收集他们的行为、想法、相貌等数据，以便对他们进行控制和约束，使他们选择某些行为，并避免其他被认为是不可取的行为，其中涉及竞争利益和行为。统治集团、阶级或个人试图强迫被监控者避免某些行为，他们向被监控者传达他们的信息，这些信息可能被用于对他们的生活有负面影响的行为。但是，监督也可以完全秘密地进行，这样人们在根本不知道的情况下就被监视了，他们可能会在以后的某个时间点才发现，或者根本就不会发现。监督经常伴随着威胁和恐惧，它是一种心理和结构性的暴力形式，可能转化为身体暴力。

现代社会是以民族国家和资本主义为基础的。由民族国家和企业进行的监督旨在控制个体和群体的行为——也就是说，他们应该被迫以某种方式行事或不行事，因为他们知道自己的外表、行动、位置或想法正在或可能被监督系统监视。民族国家需要内部和外部的防御机制——警察、特勤局和军队。因此，控制人口、平息骚乱、平息政治动荡、进行军事干预和自卫是民族国家的重要任务。因此，对公民和其他国家的国家监督是任何现代民族国家的一项必要任务。在政治监督中，如果个人的某些行为不受欢迎，他们就可能受到（在法律层面）有组织暴力的威胁。然后由特定的政治机构（如特勤局或警察）监视他们。

在经济监督方面，个人受到市场暴力的威胁。市场暴力想强迫他们购买或生产某些商品，并通过监控体系收集和利用有关其经济行为的信息，帮助资本主义关系的再生产。

小仓俊丸认为，监督在资本主义中有五种角色：（1）工作场所监督，（2）人口管理，（3）人类思维控制，（4）消费者监督，和（5）计算机监督。

表 13.1　监督在资本积累周期中所起的作用

资本积累过程的领域	监督目标	描述	方法（例子）
流通	潜在可变资本 (v)，M⇒C	申请人监督：监督潜在工人	查阅犯罪记录、卫生数据库、银行数据、就业记录和其他数据库；与前雇主及主管谈话；互联网信息检索
生产	可变资本（v）	工作地点及员工监督：在工作地点的劳动力监督；生产力的监督	经理；主管；工作地点监督技术；数据库；企业身份；综合管理策略；参与式管理；识别系统；电子工作流程系统；电子邮件监督；监督雇员的网上活动；将员工的知识、问题的答案和数据库中的最佳实践结合起来；泰勒主义，以提高生产力；收集、记录、测量、储存和分析工人活动的数据
生产	不变资本（c）	财产监督：私人财产的监督（商品、资本、生产资料）以规避盗窃和破坏	安保、报警系统、闭路电视、门禁系统、隐形安全标签或商品电子标签

续表

资本积累过程的领域	监督目标	描述	方法（例子）
流通	$C' \Rightarrow M'$	消费者监督：系统地观察和分析消费者的兴趣和过程，以确保尽可能多地销售商品和实现利润	市场研究、消费者研究、电子消费者监督（特别是在互联网上：网络跟踪器、定向广告机制、间谍软件、互联网使用行为剖析、智能网络蜘蛛收集数据、垃圾邮件数据库、数据挖掘、点击流监控、协同过滤）、会员卡、产品测试
流通	$C' \Rightarrow M'$	竞争对手的监督：为了最大化市场份额和利润，企业有兴趣通过收集和分析竞争对手的技术、劳动力、组织结构、大宗商品和经济表现等数据以减少其他公司的竞争	市场研究、工业间谍、互联网信息收集

对劳动过程和资本积累的监督

哈里·布雷弗曼（Harry Braverman，1920－1976）是一位美国政治经济学家和劳动过程理论创始人。他研究了控制和监督劳动的各种形式。布雷弗曼（Braverman 1974/1998，69）指出，装配线、管理、泰勒主义、机械化、自动化和计算机化作为一种手段在生产过程中起着破坏工人控制的作用，它们建立对资本"在每一步生产过程中的控制与指挥"。布雷弗曼运用的概念有"控制"和"去技能化"等，而他在《劳动与垄断资本》一书中只明确提到过一次"监督"的概念——即在引用托斯丹·邦德·凡勃伦（Thorsten Veblen，1857－1929）的话时。（同上，185）

表 13.1 讨论了监督在资本积累过程 $M - C. . P. . C' - M'$ 中各个环节的作用。该表确定了五种不同形式的经济监督。（见 Fuchs 2012）

该表显示，监督是资本在积累过程中用于实施控制和纪律的中心方法。公司系统地收集了申请人、雇员、劳动过程、私人财产、消费者和竞争对手的资料，以最小化经济风险，约束工人，提高生产力；规避盗窃、破坏和抗议活动；通过广告控制消费者；并适应不断变化的竞争环境。在资本积累过程中运用多种监督手段和技术的总体目标是实现利润的最大化和对剩余价值的进一步剥削。监督是资本用于控制生产和流通过程以及控制和约束劳动力的方法。经济监督是一种将亏损风险降到最低，并将盈利机会最大化的方法。

一与多的辩证法是协作过程中单个工人和许多工人的辩证法

在第 1 章中，我指出了黑格尔谈到了一种吸引和排斥的辩证法，这种辩证法将一与多之间的关系定性。每个"一"都是独立的，因此会排斥"他者"，但同时，它只是众多中的一个，只存在于通过他者而形成的相互吸引和相互构成之中。在第 1 章中，我用这种辩证法来描述马克思对价值形式的分析。它也可以用来理解协作的过程（见图 13.1）：每个工人都有自己的存在和独特的经历和技能。在协作过程中，不同的工人及其独特的历史和经历相遇并互相吸引。他们是不同的个体，但在共同的时间和空间里，为共同的目标，使用共同的生产手段共同工作。通过他们相互结合的作品的吸引力，协同效应被创造出来，这样他们的关系就被扬弃为多元统一体，形成了生产过程中的新物质：一种具有新物质的新产品出现了。它不仅仅是个人的作品的总和：一个人根本不可能，或只有付出巨大的努力才能创造出这个产品。

在资本主义中，协作是一种相对剩余价值的生产方式：通过协作，工人可以在更短的时间内创造更多的产品，节约固定资本，使资本家能够加快生产，商品的价值下降，在与之前相同的时间内完成更多的剩余劳动。协作在资本主义中具有对抗性：它发展生产力，使劳动和经济更具有社会性和生产性，这是资本主义社会的前提。社会联系也是劳动者抵抗资本的前提。但是随着协作的增加，资本想出了更新的控制手段，以使工人处于从属地位，并试图遏制对资本主义统治的潜在或实际的反抗，从而使协作被纳入监督权力的范畴。

吸引与排斥的辩证法，众多中的一个：
协同增效效应中新产品的出现

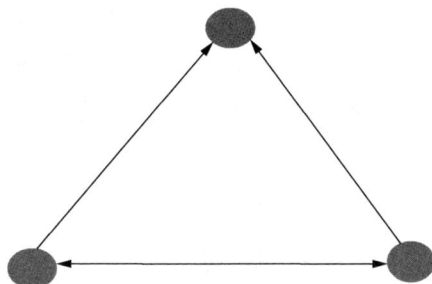

单一生产者(The One)　　　　　　许多生产者的协作(The Many)
　　　　　　　　　　　　　　　人数较多的工人在同一时间、同一空间（或者
　　　　　　　　　　　　　　　说同一劳动场所），为了生产同种商品，在同
　　　　　　　　　　　　　　　一资本家的指挥下工作。(Marx 1867, 439)

图 13.1　协作过程中单个工人与多个工人的辩证关系

抵抗性的、共产主义的潜力者 vs 监督和控制作为"纯粹的独裁"
(Marx 1867, 452)

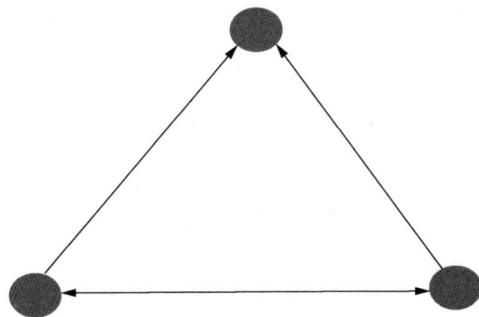

单一生产者(The One)　　　　　　许多生产者的协作(The Many)

13.2　协作与监督之间的资本主义对立关系

　　马克思在第 13 章所描述的资本主义在监督与协作之间存在对抗。协作具有
共产主义的潜在性，资本主义试图遏制这种协作，使协作转变成资本的生产力。
图 13.2 显现了协作与监督之间的资本主义的对抗性。

　　单一的生产者拥有独特的经历，使得他们成为不同于他人的独一无二的个
体（排斥），他们作为合作者在协作过程中相遇（吸引），共同构成了能够生产
使用价值的生产力。资本试图通过将生产者置于监督之下的方法控制协作，
并将其纳入自己的统治，以生产相对和/或绝对剩余价值。与此同时，协作

过程提供了会面和交流空间，进而构成了抵抗资本主义统治和政治组织的起点。协作本身也促进了生产资料社会化（Vergesellschaftung）的潜力，因此劳动过程变得更加社会化；这构成了在资本主义内部逐渐成熟、指向资本主义之外的共产主义潜力，但是资本家试图借助监督、管理和监控的方法对其进行控制。

第 13 章练习

小组练习（G）

项目练习（P）

关键词：协作，监督

练习 13.1（G）

小组作业：列出一个支持协作的软件和互联网应用程序的清单，即计算机支持的协作工作（CSCW）应用程序。

针对每个应用，反思以下问题：它是否能够培养所有制或工作方面的共产主义潜力？它是否由资本所控制？它是否被资本用于控制和监督工人？如果有共产主义的潜力，那么思考这些潜力的具体表现和组织形式，以及在资本主义内部制约它们的因素。在共产主义社会中，这些潜力会有什么不同？如果存在资本控制潜力，那么思考并描述资本是如何使用这些技术用于压制、控制和监督工人、消费者或其他人的。

练习 13.2（G）

阅读以下两篇关于监督的文章：

Fuchs, Christian. 2012. Political economy and surveillance theory. in *Critical Sociology* 39（5）：671 - 687.

Fuchs, Christian. 2011. How to define surveillance? in *MATRIZes* 5（1）：109 - 133.

分组讨论：你认为"监督"应该如何定义？福克斯和马克思的方法有什么相同和不同之处？如何将二者结合起来研究和批判资本主义社会的监督？监督的批判理论和批判政治经济学的基础是什么？

练习 13.3（G）

小组工作：在新闻媒体中搜索当代和历史上的经济监督的形式。利用表 13.1 所示的信息来描述这些监督形式的特征。

展示你的结果。讨论：识别技术的目的是什么？它们意味着哪些危险？为了规避这些危险需要进行什么改变？为了推进这些改变我们可以做什么？

14 分工和工场手工业

"工场手工业"一词来自拉丁语"manufactura",表示用手做一些东西。马克思在第14章中描述道,其中的产品是手工生产的,即所谓的手工制造者或手工场。他谈到了存在于16世纪中叶到18世纪最后30多年的资本主义的工场手工业时期(455)。马克思讨论了工场手工业的起源(14.1),工人在其中的角色(14.2),工场手工业的两种形式(14.3),工场手工业内部的分工和社会内部的分工(14.4),工场手工业的资本主义性质(14.5)。

14.1 分工和工场手工的

工场手工业的起源

马克思认为工场手工业有两个起源:

一种方式是:不同种的独立手工业的工人在同一个资本家的指挥下联合在一个工场里,产品必须经过这些工人之手才能最后制成;

另一种方式是:许多从事同一个或同一类工作的手工业者,同时在同一个工场里为同一个资本所雇佣。

一般来说,如果需要大量的商品,劳动力可能会被重组,不是每个工人单独地完成整个生产过程,而是"每一种操作都固定为一个工人的专门职能"(457),因此出现了一种"特殊的操作",这种操作"由这些局部工人联合体来完成"(458)。

14.2 局部工人及其工具

总体工人

马克思提出了"总体工人"概念。总体工人在工场手工业中以协作劳动的形式存在，每个人执行一个具体操作：

> 构成工场手工业活机构的结合总体工人，完全是由这些片面的局部工人组成的。因此，与独立的手工业比较，在较短时间内能生产出较多的东西，或者说，劳动生产力提高了。(458)

工场手工业是一种相对剩余价值生产的形式：在一个工厂内每个工人进行一个独立操作并将工人聚集起来，他们使用相同的生产资料，通过缩短产品从一个生产阶段向下一个生产阶段所花费的时间，加快获得原材料的速度，加快个人绩效，并使工具适应个别工人的特殊操作来加速生产。"工场手工业分工作为社会生产过程的特殊的资本主义形式……只是生产相对剩余价值即靠牺牲工人来加强资本自行增殖的一种特殊方法。"(486)

14.3 工场手工业的两种基本形式——混成的和有机的

混成的工场手工业和有机的工场手工业

马克思描述了两种产生于"制品本身的性质"的工场手工业形式（461）：

1. 在混成的工场手工业中，独立制造的部分产品是组装而成的。在这种混成的工场手工业生产中，工人倾向于在家里工作，而不是在工厂工作。(462—463)

2. 在有机的工场手工业中，产品被"不同的局部工人""经过相互联系的发展阶段，要顺序地经过一系列的阶段过程"（463）。

独立手工艺人的工作

图 14.1 展现了独立手工艺人的工作，马克思认为这是前资本主义的生产形

式的特征。

在独立手工艺人的工作中，一个工人拥有生产工具和资源去创造一种产品。图 14.1 中展现的生产过程是基于第 1 章尤其是第 7 章介绍的主客体的辩证法：人类主体使用生产资料（客体，工具）去改造自然和/或文化，通过这种方式创造出一个新的主客体，即一个新产品。

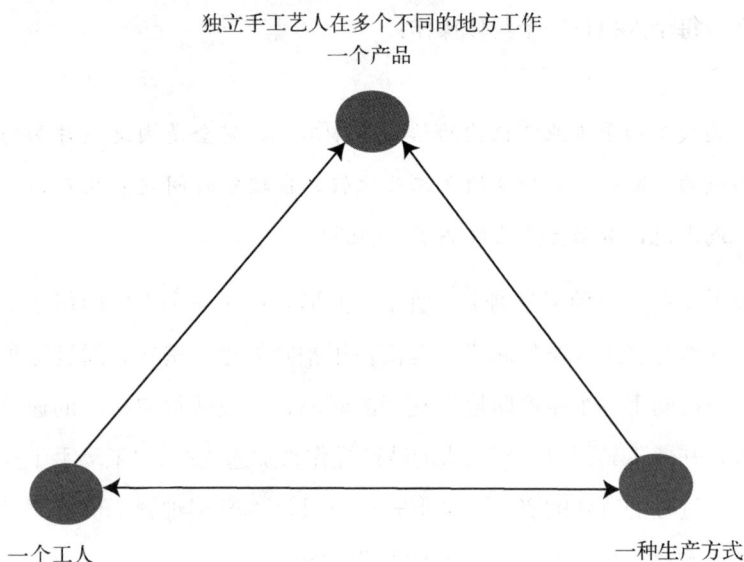

独立手工艺人在多个不同的地方工作
一个产品

一个工人   一种生产方式

图 14.1 手工艺人的工作过程

混成和有机工场手工业中的劳动

图 14.2 和 14.3 展现了混成和有机工场手工业中的劳动。

在各种各样的工场手工业中，独立的生产者创造不同部分的产品或者在不同的空间中独立完成劳动过程中的不同环节。在工场手工业中，这些分离的产品被组装在一起。在有机的工场手工业中，所有的单个产品生产过程在空间上被聚集到一个车间。生产过程被分成许多小的步骤由单个工人来执行。"不同的阶段过程由时间上的顺序进行转化为空间上的并存。"（464）

对于马克思来说，手工工场里的总体工人就像是机器的身体，每个肢体代表一个工人。"他使自己的所有器官个体化而成为特殊的工人或工人小组，各自担任一种专门的职能。"（469）

混成的工场手工业

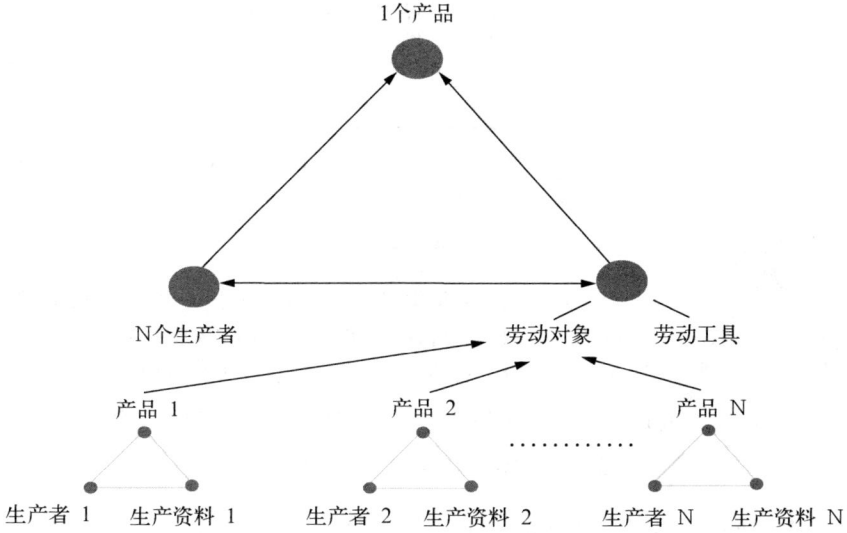

1个产品

N个生产者　　　　　　　　　　劳动对象　劳动工具

产品 1　　　　　　产品 2　　　　　　　　产品 N

生产者 1　生产资料 1　　生产者 2　生产资料 2　　生产者 N　生产资料 N

图 14.2　混成的工场手工业中的劳动

有机的工场手工业：
所有的工人和生产过程在一个地方

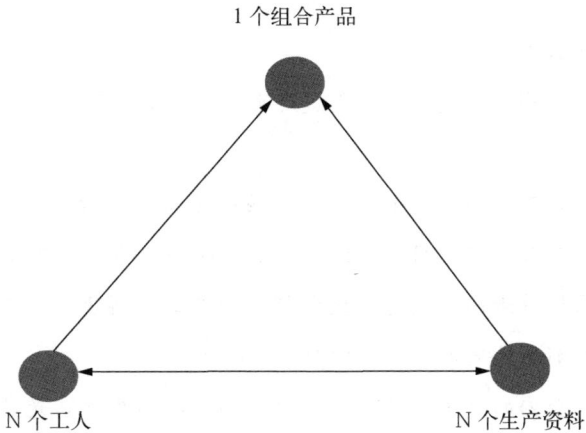

1 个组合产品

N 个工人　　　　　　　　　　　　　　N 个生产资料

图 14.3　有机的工场手工业中的劳动

有机的工场手工业中的生产过程

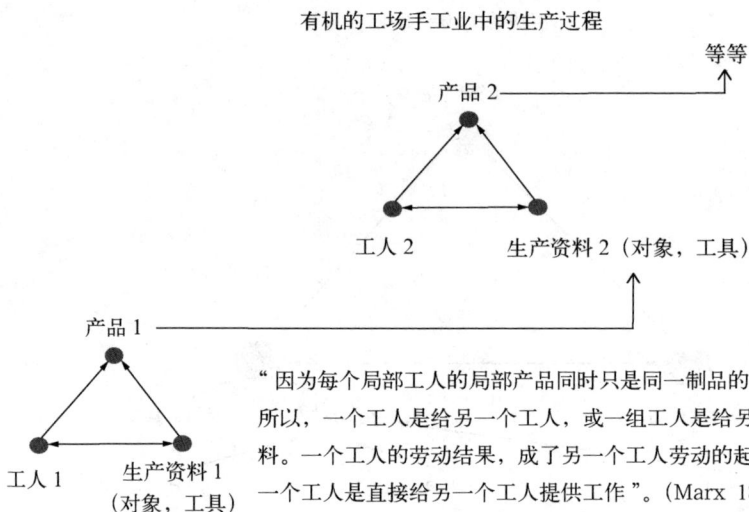

图 14.4   有机的工场手工业的生产过程

"因为每个局部工人的局部产品同时只是同一制品的特殊的发展阶段，所以，一个工人是给另一个工人，或一组工人是给另一组工人提供原料。一个工人的劳动结果，成了另一个工人劳动的起点。因此在这里，一个工人是直接给另一个工人提供工作"。(Marx 1867,464))

总体工人的"肢体"不是独立的，是与他人相联系的：一个工人的生产成果是另一个工人的劳动对象。这种内在联系在图 14.4 中有所体现。

14.4   工场手工业内部的分工和社会内部的分工

资本主义与分工

马克思表明，不同工人间的分工是资本主义的重要因素。

各种操作不再由同一个手工业者按照时间的先后顺序完成，而是分离开来，孤立起来，在空间上并列在一起，每一种操作分配给一个手工业者，全部操作由协作者同时进行。这种偶然的分工一再重复，显示出它特有的优越性，并渐渐地固定为系统的分工。(456)

整个社会内的分工，不论是否以商品交换为中介，是各种经济的社会形态所共有的，而工场手工业分工却完全是资本主义生产方式的独特创造。(480)

亚当·斯密的劳动分工观点

亚当·斯密在他的著作《国富论》中将第 1 章命名为"劳动分工",表明了他认为这种分工是现代经济的一个重要特征。他将劳动分工定义为被分散在众多人手中的劳动(Smith 1776,11)。他忽略了脑力劳动和体力劳动的区别;劳动也可以在手脑之间划分,或在不同大脑间划分。

斯密讨论了劳动分工形成的原因:

这是人类用相互交易、以物易物,用一件东西去换另一件东西的倾向形成的结果(同上,18)。这种倾向对人类来说是普遍的,而在其他种族的动物中是找不到的。(同上,18)

它随着经济的日益复杂而出现,尤其是在最发达的经济体中(同上,9—11):这种宏大的工场手工业……是注定要满足广大人民群众的巨大需求的……雇佣如此多的工人,不能将他们全部集中到同一个工厂……因此工作可能会被划分为许多部分。(同上,9)

他将这种分工的影响(同上,12)描述为劳动灵巧性的提高,劳动时间的节省,以及生产技术的发展导致了延伸到底层阶级的人民的普遍富裕。(同上,15)

亚当·斯密的劳动分工观念中的拜物教

人们可以用以下方式批判这种对劳动分工的理解:

斯密认为交换在任何社会中都是无所不在的,是人类的基本特征。可以肯定的是,在没有交换的情况下,自愿利他主义和团结取代了工具理性和交换逻辑,例如,在私人关系中关心他人。斯密物神化交换和劳动分工,认为它们是所有社会中无尽的、必要的组成部分。他对劳动分工的概念化正是马克思在1.4 中提出的"拜物教"的一个很好的例子。

斯密忽略了权力结构:劳动分工是权力获利的一种手段,它是权力者以被迫为了低薪而工作的工人为代价,去获取利益的一种手段。

斯密忽视了男女之间、发达国家和发展中国家之间、体力劳动和脑力劳动之间的劳动分工并没有带来普遍富裕,反而带来了不平等。

马克思在第 3 章中评论道:斯密以劳动分工的神圣化的正式方式开始了他

的工作（220，脚注29），从而批判了斯密拜物教式的理解。

马克思关于劳动分工的早期著作

马克思在他的早期著作中就将劳动分工定性为阶级社会所特有的："分工是关于异化范围内的劳动社会性的国民经济学用语。"① （Marx 1844，128）"其实，分工和私有制是两个同义语。"② （Marx and Engels 1845，52）劳动分工以阶级社会的存在为前提，在阶级社会中一个集体或者个人通过男性和女性之间的，城镇和乡村、地区、国家之间的，脑力和体力劳动之间的，政治家和公民之间的，立法和行政权力之间的，农业和工业之间的劳动分工，以牺牲他人为代价而获得利益。

马克思和恩格斯（1845）在《德意志意识形态》中将第一次劳动分工描述为发生在部落和家庭中的分工：性别分工，即父权制家庭的首领支配他们的家庭和奴隶。在家庭中，妻子和孩子是丈夫的奴隶（同上，52）。③马克思在第14章中认为，在商品生产社会，城乡之间的分工是基本的："一切发达的、以商品交换为中介的分工的基础，都是城乡的分离。"（472）

另一种劳动分工是"单就劳动本身来说，可以把社会生产分为农业、工业等大类，叫做一般的分工"（471）。从历史上看，雇员的数量和增加值的份额已经从农业转移到工业，再从工农业转移到服务和信息部门，在此的一个重要方面是农业和制造业的技术化、机械化和数字自动化，这增加了对于科学和知识生产的需求。

全球劳动分工

马克思还谈到了殖民时期的全球劳动分工："世界市场的扩大和殖民制度（二者属于工场手工业时期的一般存在条件），为社会内部的分工提供了丰富的材料。"（474）

他在这里描述了在马克思主义文献中被称为旧的或第一次的国际劳动分工，殖民地是大宗商品的市场，也是掠夺奴隶和原材料的来源。在20世纪下半叶出

---

① 译文参照《马克思恩格斯全集》第三卷，人民出版社2002年版，第353页。
② 译文参照《马克思恩格斯全集》第三卷，人民出版社1960年版，第37页。
③ 同上，第36页。

现的新的国际劳动分工中，边缘国家往往提供原材料和制造环节，而知识、研究和技术创新则位于资本主义的中心。在资本主义世界经济中，跨国公司已经变得非常重要，它们以一种灵活的方式将劳动力外包给那些能够将工资和其他投资成本降至最低以实现利润最大化的国家和地区。

新的国际劳动分工

弗洛贝尔、海因里希斯和克雷耶（1981）定义了"新的国际劳动分工"概念："世界经济的发展日益创造了条件（迫使新的国际劳动分工的发展），在这种条件下，越来越多的公司只能通过将生产转移到新的工业地点来保证生存，这些地点劳动力既廉价又丰富，并且纪律良好；简言之，就是通过跨国进行重组生产。"（Fröbel, Heinrichs, and Kreye 1981，15）进一步的发展趋势是"商品生产正日益细分为各个部分，这些部分可以分配给世界上任何一个能够提供最有利可图的资本和劳动力组合的地方"（同上，14）。在批判性媒体和文化研究中，托比·米勒等人（2004）用这个概念来解释新的国际文化劳动分工（NICL）。一个典型的例子是，为了节省成本，许多好莱坞电影不是在好莱坞拍摄的，而是在中国和其他低工资的国家拍摄的。

昆汀·塔伦蒂诺的电影《杀死比尔》和国际文化劳动分工

以昆汀·塔伦蒂诺的电影《杀死比尔》为例，该片由乌玛·瑟曼饰演比阿特丽克斯·基多（也被称为"新娘"或者"黑曼巴"），大卫·卡拉丁饰演比尔（也被称为"耍蛇人"），两人担任主演。

> 主角名叫"新娘"，是由她的情人"比尔"领导的毒蛇暗杀小组的一员，在意识到自己怀上了比尔的孩子后，"新娘"决定逃离杀手生涯。她逃到了得克萨斯州，遇到一个年轻人，但在他们婚礼彩排的那天，这个年轻人被愤怒而嫉妒的比尔（在毒蛇暗杀小组的协助下）枪杀了。4年后，"新娘"从昏迷中醒来，发现她的孩子没有了。于是，她决定要报复那5个毁了她的生活、杀死她孩子的人。[1]

---

[1] http://www.imdb.com/title/tt0266697/plotsummary? ref _ = ttql6.（访问时间：2014 年 8 月 9 日）

为了节省成本,《杀死比尔》的拍摄有部分是在北京的中国电影制片厂进行的。塔伦蒂诺正是利用了国际文化劳动分工:

> 《杀死比尔》的亚洲场景,包括那些在日本发生的场景,都是在北京……的工作室里拍摄的。塔伦蒂诺的长期合作伙伴,制片人劳伦斯·本德对《杀死比尔》的预算守口如瓶,但他承认更低的人员成本和没有工会的限制意味着在北京拍摄一天的成本只有在好莱坞拍摄的一半。(Blood Sport, *Time Magazine*, 2002.9.30)。

国际数字劳动分工

计算机、笔记本电脑、移动电话和计算机外围设备的生产基于国际数字劳动分工(International division of digital labour, IDDL)(详情见 Fuchs 2014a, 2015)。在 IDDL 中,可以遇到不同形式的异化和剥削。例如采矿的奴隶工人(例如,刚果所谓的冲突矿产的开采),泰勒式的硬件装配工(例如,富士康工厂中被高度剥削的装配工人),软件工程师、专业的在线内容创建者(例如,线上记者),呼叫中心客服和社交媒体产销合一者。IDDL 表明,具有资本主义不同阶段,以及资本主义与前资本主义生产方式特点的各种形式的劳动相互作用,因此不同形式的分离且被高度剥削的双重自由雇佣劳动、无偿的"自由"劳动、临时劳动、奴隶劳动形成了剥削劳动力的全球网络,为参与资本主义的信息和通信技术(ICT)行业的公司创造价值和利润。IDDL 还表明,资本主义发展的各个阶段和历史上的生产方式(如父权制家务劳动、古典奴隶制、封建主义、一般资本主义)以及生产力的组织模式(例如农业、工业主义、信息主义)不是简单的经济发展的连续阶段,不是一种形式取代旧的形式,而是辩证过渡的。资本主义并没有摧毁奴隶制度的可能性,相反,奴隶制一方面以工资奴隶制的新形式存在,另一方面传统和封建形式的奴隶制可能仍然保留。奴隶制在矿业的例子表明,它们今天仍以一种有利于西方信息通信技术(ICT)公司的方式存在。图 14.5 显示了 IDDL。

"数字劳动"不仅是描述数字内容生产的术语(同上,2015),它还描述了数字媒体技术和内容生产过程中相互联系的整个国际劳动分工,这些技术和内容涉及各种生产方式和生产力的不同组织形式（采掘/农业工作、工业工作、信息工作）。

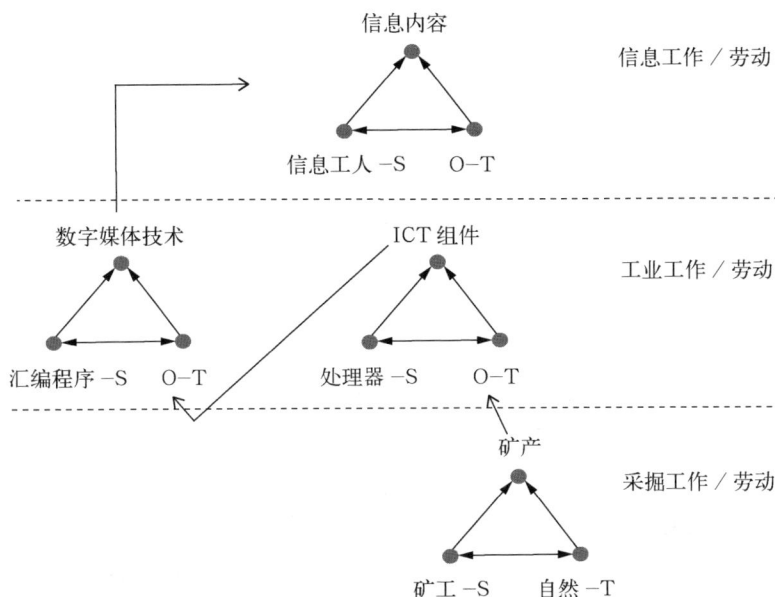

图 14.5　国际数字劳动分工

　　IDDL 包含农业/采掘、工业和信息形式的工作网络，支持数字媒体的存在和使用。数字生产模式中涉及的主体——矿工、加工工人、装配工、信息工人和相关工人——与生产处于特定的关系中，这些关系或是阶级性的，或是非阶级性的。所以在图 14.5 中指定的 S，实际上是一种在不同主体和主体组合中 S_1—S_2 的关系。在当代资本主义社会，大部分数字生产关系往往是由雇佣劳动、奴隶劳动、无偿劳动、不稳定劳动和自由劳动形成的。政治任务是让在这种阶级关系下工作的人们解放自己，从而形成一种既包含数字生产的共产主义方式又包含非数字生产的共产主义方式。

劳动分工的组织层级

　　劳动分工在以下层级运作：（a）工厂和办公室一级的劳动分工，（b）家庭一级的劳动分工，（c）城镇和农村之间的区域劳动分工，（d）经济一级的劳动分工，分为经济部门和产业，（e）全球劳动分工，分为核心、半边缘和边缘地区。

城乡之间的劳动分工和全球劳动分工都是"地域分工"的一种表现。(474)

图 14.6 展现了劳动分工的组织层级:它在单一的公司("一")运作,在整个经济的分支和部门(由此产生农业、制造业、金融业、服务业、信息产业等的划分)("多")运作,和在整个社会层级运作(性别劳动分工、国际劳动分工、城镇和农村之间的空间分工,核心/半边缘/边缘地区的划分)。

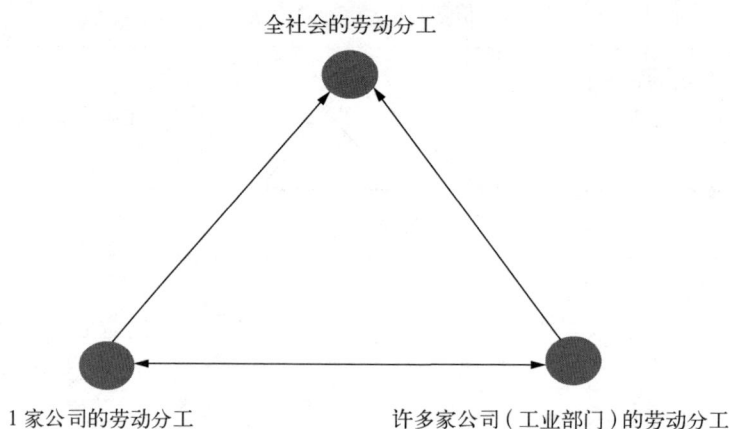

图 14.6　劳动分工的组织层级

公司和整个社会的劳动分工

马克思描述了车间的劳动分工和社会层面的劳动分工之间的矛盾:资本家颂扬在工厂和办公室的中央集权和所有权的控制,但在市场上(476—477)呼吁竞争和"一切反对一切的战争"(477):

> 资产阶级意识一方面称颂工场手工业分工,工人终生固定从事某种局部操作,局部工人绝对服从资本,把这些说成是为提高劳动生产力的劳动组织,同时又同样高声责骂对社会生产过程的任何有意识的社会监督和调节,把这说成是侵犯资本家个人的不可侵犯的财产权、自由和自决的"独创性"。(477)

马里奥·特隆蒂:社会工厂

马克思认为资本家会反对"把整个社会转化为一座工厂"(477)的想法,

他指的是共产主义社会，共产主义社会作为一个整体来控制整个经济。自主论马克思主义（Autonomist Marxism）①被视为马克思主义理论和阶级斗争的一种形式，其目的是通过阶级斗争扩大工人运动和社会运动相对于资本的自主性，并创造相对于资本主义的自主性空间，如果进一步扩大，就会变成共产主义。这种观点最初是在意大利发展起来的。在意大利自主论马克思主义中，"社会工厂"概念被赋予了某种不同的含义：马里奥·特隆蒂（1962）认为，资本主义的技术变革——即生产力的技术提高，或马克思所称的"相对剩余价值生产"——导致了社会工厂的出现。工厂将其业务范围扩展到社会的各个领域：

> 资本主义发展越深入，即相对剩余价值的生产越得利强化和扩展，生产—分配—交换的循环消费越不可避免地封闭自身，资本主义生产与资产阶级社会、工厂与社会、社会与国家之间的社会关系就会越来越有机地联系在一起。在资本主义发展的最高阶段，社会关系成为生产关系的一个环节，整个社会成为生产的原因和表现，即整个社会作为工厂的一个功能而存在，工厂将其独占的统治扩展到整个社会。……当工厂上升为整个社会的主宰时，整个社会的生产就变成了工业生产，工厂的具体特征就迷失在社会的一般特征之中。（Tronti 1962，30—31，译自德语）

安东尼奥·奈格里：社会工作者

安东尼奥·奈格里是自治主义马克思主义最著名的代表人物。他从劳动过程的层面考察了"社会工厂"概念，并首次引入了"社会工作者"概念。后来，考虑到网络信息经济的兴起及其重要性，他将这个概念发展为"诸众"的概念。奈格里用"社会工作者"一词来论证无产阶级正在扩大——"一个新的工人阶级"，"现在已经扩展到整个生产和再生产阶段"（Negri 1982/1988，209）。他在这里采纳了马克思关于总体工人的观点，即这些工人组成了一个聚集和联合的劳动力，他们虽各不相同，但作为一个整体被组织起来，这个整体是创造利润所必需的。奈格里（Negri 1971/1988）在阅读《政治经济学批判大纲》中马克

---

① 20世纪六七十年代意大利出现的一个新的马克思主义流派。——译者注

思的"机器论片断"时首次提出了这一概念。他认为，资本主义的主要矛盾是：货币是价值的具体尺度，而随着生产力的发展，劳动获得了越来越多的社会属性，从而对价值提出了质疑。劳动的社会化将导致大规模和社会化的工人阶级的出现。(同上，104)

"社会化工人阶级"的概念后来发展为"社会工作者"的概念（Negri 1982/1988），这一转变源于资本主义的重组，它解散了以泰勒主义、福特主义、凯恩斯主义和计划国家为特征的大众工作者。社会工作者意味着"对生产劳动和再生产劳动之间的相互联系关系的日益觉醒"（Negri 1982/1988，209），以及"分散劳动"（＝外包劳动，同上，214）和流动劳动（＝劳动灵活性，同上，218）的出现。

"社会工作者"这一概念是马克思关于"总体工人"的概念在信息资本主义和后福特主义资本主义背景下的重新阐述，它的优点在于它使我们将非正规和无报酬的工人（家庭工人、奴隶、临时工人、农民工、教育工作者，公共服务工作者、失业者等）也视为生产劳动者。然而，奈格里进一步指出，随着这一趋势的发展，"劳动时间在生产机器完全社会化的背景下变得越来越无关紧要"（Negri 1971/1988，100）。这实际上是在暗示价值法则不复存在，它"正在消亡"（同上，148）。因此，奈格里认为共产主义即将到来："共产主义是当今的趋势，是一种在当前发挥作用的积极力量。"（同上，112）

然而，只要资本主义存在，价值法则就一直在起作用：社会工作或知识工作的出现并没有阻止它的运行。事实上，自奈格里首次提出这一观点以来，这一法则一直在运行。社会工作者某一特定部分的劳动时间是完全可以被衡量的：它是指社会中某一特定群体或整个社会所从事的无报酬生产的平均小时数，其结果是生产出有助于资本积累的商品。由于生产力的提高，工作的社会化程度提高了，这意味着从历史的角度来看，生产某些商品所需的时间减少了。高生产力是共产主义的前提条件，但它不是共产主义本身，也不会自动导致共产主义的实现。资本主义内部有共产主义的潜力，但民主共产主义只能通过斗争来建立。

数字劳工和社会工作者

尽管奈格里的方法存在局限，但是"社会工作者"或"总体工人"的概念在逻辑上意味着，如果一个人是生产商品的总体工人中的一员，那么他就会被剥削，并且同时进行生产。脸书和其他企业数字媒体上的数字劳动，是由构成 ICT 产业的整个价值链和全球开发领域所支持并与之相连的。今天的信息通信技术之所以可以成为现实，是因为存在着大量被剥削的劳动力：非洲有色人种的奴隶劳动，他们开采矿产，用于生产信息通信技术所需要的硬件；在中国和其他国家，高度剥削组装硬件工具的工业工人；发展中国家低薪的软件工程师和知识工人的劳动；西方软件公司中由高薪但压力大的工程师组成的劳工贵族阶层的活动；知识产业中从事不稳定的服务工作的数据处理员工（如呼叫中心工作人员）的劳动；以及未付费用户的数字劳动。所有这些不同形式的被剥削劳动力相互依赖，对于信息通信技术产业创造利润来说都是必需的。因此，世界各地的知识工作者都因被资本剥削的这一境遇联系在一起。构成了社会信息通信技术和知识工作者组成的联合劳动力，构成了知识无产阶级。由此产生的问题是，世界上的社会知识无产阶级是否会在政治上组织起来，成为一个与资本主义作斗争的自为阶级。[①]

劳动分工对人类的影响

马克思认为劳动分工是人类活动和能力的贫瘠化：

- "社会分工使商品占有者的劳动成为单方面的，又使他的需要成为多方面的。"（201）

- 劳动分工是指一个人是以牺牲所有其他的能力为代价来发展一种能力。[②]（474）

- "但分工是自然形成的生产有机体，它的纤维在商品生产者的背后交织在一起，而且继续交织下去。"（201）

- "分工提高劳动的生产力，增加社会的财富，促使社会精致完善，同时却使工人陷于贫困直到变为机器。"[③]（Marx 1844，26）

- 劳动分工限制了创造力："原来，当分工一出现之后，任何人都有自己一

---

① 指进入自觉斗争阶段的无产阶级。——译者注

② 原文内容为"为人的细分奠定基础"，英文原版为"development in a man of one single faculty at the expense of all others"，直译为文中的内容表述更清晰。

③ 译文参照《马克思恩格斯全集》第三卷，人民出版社 2002 年版，第 231 页。

定的特殊的活动范围，这个范围是强加于他的，他不能超出这个范围：他是一个猎人、渔夫或牧人，或者是一个批判的批判者，只要他不想失去生活资料，他就始终应该是这样的人。"[1]（Marx and Engels 1845，53）

资本主义中总体工人与个体工人异化的辩证法

图 14.7 形象地描述了资本主义中劳动分工对工人造成的异化。资本利用工人的集体力量，工人作为总体工人共同行动，因此他们比任何一个工人单独行动或所有工人独立行动都更有力量、效率和效果。资本家控制、拥有、支配并剥削这一总体劳动力，从而也削弱了单个工人的能力，使其沦为资本主义机器上的一个齿轮，而这台机器却在不断积累更多的资本。资本主义社会中总体工人的异化与个体工人的异化是相互依存、相互促进的。

共产主义中劳动分工的废除：全面发展的个人

马克思用共产主义社会中全面发展的个人的思想和共产主义潜力来反对劳动分工的异化作用。在共产主义社会中，劳动分工的废除使每个人都能成为有创造力的工人。在共产主义社会中，"任何人都没有特殊的活动范围，而是都可以在任何部门内发展，社会调节着整个生产，因而使我有可能随自己的兴趣今天干这事，明天干那事，上午打猎，下午捕鱼，傍晚从事畜牧，晚饭后从事批判"[2]（Marx and Engels 1845，53）。

异化：在工场手工业中，总体工人从而资本在社会生产力上的富有，是以工人在个人生产力上的贫乏为条件的。(Marx 1867，483)

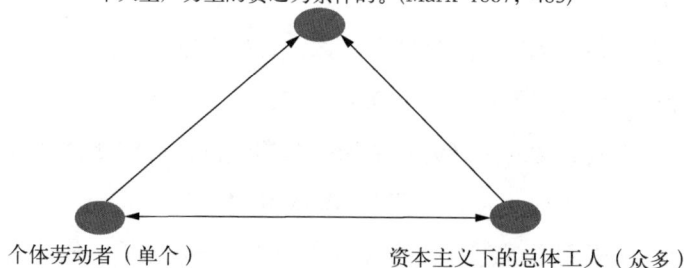

个体劳动者（单个）　　　　　资本主义下的总体工人（众多）

图 14.7　资本主义中总体工人和个体工人异化的辩证关系

---

[1]《马克思恩格斯文集》第一卷，人民出版社 2009 年版，第 537 页。
[2] 译文参照《马克思恩格斯选集》第一卷，人民出版社 2012 年版，第 165 页。

恩格斯指出，共产主义是一个生产力高度发达的后稀缺社会①，它使社会能够废除阶级划分和劳动分工："这样一来，社会将生产出足够的产品，可以组织分配以满足全体成员的需要。因此，社会划分为各个不同的相互敌对的阶级就是多余的了。这种划分不仅是多余的，甚至是和新的社会制度互不相容的。阶级的存在是由分工引起的，而迄今为止的分工方式将完全消失。"②（Engels 1847，353）

有能力、受过良好教育和熟练从事多种多样活动的全面发展的个人将会出现：

> 由整个社会共同地和有计划地来经营的工业，更加需要才能得到全面发展、能够通晓整个生产系统的人。因此，现在已被机器破坏了的分工，即把一个人变成农民、把另一个人变成鞋匠、把第三个人变成工厂工人、把第四个人变成交易所投机者的分工，将完全消失。教育将使年轻人能够很快熟悉整个生产系统，将使他们能够根据社会需要或者他们自己的爱好，轮流从一个生产部门转到另一个生产部门。因此，教育将使他们摆脱现在这种分工给每个人造成的片面性。这样一来，根据共产主义原则组织起来的社会，将使自己的成员能够全面发挥他们的得到全面发展的才能，于是各个不同的阶级也必然消失。因此，根据共产主义原则组织起来的社会一方面不容许阶级继续存在，另一方面这个社会的建立本身为消灭阶级差别提供了手段。③（Engels 1847，353）

14.5 工场手工业的资本主义性质

资本主义工场手工业

资本主义生产方式是资本主义控制大量工人和大量固定资本的一种特殊的

---

① 后稀缺社会（Post-scarcity）是一种迄今为止还未实现的社会。在这种社会里，商品、服务、信息都可以被人们无偿占有，货币也将不复存在。——译者注

② 译文参照《马克思恩格斯文集》第一卷，人民出版社 2009 年版，第 688 页。

③ 译文参见上书，第 688—689 页。

协作形式（480）。这种剥削形式限制了工人的能力：它使工人服从"指挥和纪律"（481），"把工人变成畸形物"，压抑"工人的多种多样的生产志趣和生产才能"（481），使工人成为资本家工场的附属物（482）。

马克思认为，资本主义的分工和生产方式也削弱了工人的智力能力：资本控制着"知识、判断力和意志""生产上的智力"和智力潜能（482）。资本主义导致一些人"畸形化"（484）。

体力劳动和脑力劳动的分工

历史上，体力劳动与脑力劳动、劳动与管理之间的分工，一直是资本通过限制工人在组织内的权力和影响力来维持对工人控制的方法。尽管信息工作的重要性日益增加，但这并没有消除决策与管理一方和劳动价值创造另一方之间的分工。将组织视作政治体系来看，资本主义公司在 21 世纪，就像 19 世纪一样，仍然是资本的独裁者。对于资本主义而言，一个奇特且构成其本质的特点是，许多现代社会虽然自认为实行民主，却把民主限制在投票和政治领域。当个人进入办公室或工厂时，他们不再是拥有主权的公民，而是极权主义经济体系中一个被剥削的对象。20 世纪末至 21 世纪，劳动分工发生了变化，以至于如今有比以往更多的活动都在产生信息。信息工作者与体力劳动者一样，既使用大脑也使用身体的其他部分，但他们的工作和产品主要是具有信息性质的。尽管信息工作与其他所有工作一样，其结果具有创造性，但它并不总是被直接感知为一项创造性的活动。如果我们想到呼出型呼叫中心的重复性劳动，就会发现，信息劳动也可以像流水线上的体力劳动一样单调、标准化且毫无意义。信息工作也与其他工作一样，容易受到自动化的影响。在资本主义信息公司中，决策（也是一种信息活动）和创造价值的劳动（包括信息劳动和体力劳动）之间存在着重要的界限。

迈克尔·哈特和安东尼奥·奈格里论信息工作

自治主义马克思主义者迈克尔·哈特和安东尼奥·奈格里的著作《帝国》是 21 世纪头 10 年阅读人数最多的马克思主义著作。将其誉为"21 世纪《共产党宣言》"（Žižek 2001）的重写或许有些言过其实，但它无疑是一本重要的著作，尤其是因为哈特和奈格里在书中讨论了信息经济在资本主义中的作用，这一探讨本身就意义重大，无论人们是否赞同他们的分析。在 3.4 "后现代化，或生产的信息化"（Hardt and Negri 2000，280 - 303）中，哈特和奈格里讨论了他们所称的"诸众"的出现，这是一种新的信息集体工作者和网络信息工作者的阶级，他们使用计算机，从事合作工作，并生产知识和其他社会公共资源。他们也谈到"非物质劳动"。"非物质劳动直接涉及社会互动与合作"（同上，294）。哈特和奈格里认为信息工作能够提高劳动者的能力，因此"它蕴含成为一种自发的、基本的共产主义的潜力"（同上，294）。

"非物质"劳动是一个相当奇怪的术语，因为在如马克思的唯物主义的理论中，整个世界以及思想都被认为是物质的。因此，"信息工作"作为人类经济中物质组织和转化的一种特定形式，是一个更合适的术语。信息工作和任何形式的合作工作，都是生产力社会化和高度发展的必然表现，是共产主义的前提。然而，信息工作者并非天生具有革命性，也并不比其他工作者拥有更强的革命能力。自由职业是 21 世纪许多信息工作者中普遍存在的经济活动形式，提到自由职业，不难发现许多这样的工作者处于孤立状态，他们独立工作，缺少工会支持，并且是一个分裂的阶级群体。已经有人倡议建立共享办公空间，让从事自由职业的知识工作者共享办公室，以便在工作中有更多的社交互动。这样的空间也可以成为工会、政治组织和斗争的发源地，因为人们在这里聚集，使他们能够摆脱孤立并进行交流，这正是形成政治组织的基础和首要步骤。自由职业者是他们自己的老板。他们同时是工作者、管理者和所有者，从而消除了价值创造者、所有者和管理者之间的分工。然而，问题在于他们中的许多人几乎一无所有，因此成为依赖大型资本主义公司而从事合同劳动的贫困劳动者。这样，他们实际上就依赖于大公司的资本，成了实质上的雇佣工人，只是形式上属于自由职业者，这引入了一种新的分工。

马克思认为，工场手工业是一个"经济上的艺术品"（490），它不能带来生产力的大规模增长。技术的局限性与资本主义的经济要求相矛盾，从而导致了技术化和马克思所说的机器和"大工业"的兴起。马克思在第 15 章中讨论了这一发展。

第 14 章练习

小组练习（G）

项目练习（P）

关键词：工场手工业，混成的工场手工业，有机的工场手工业，分工，国际分工，社会工厂，全面发展的个人

练习 14.1（P）

阅读以下章节：

克里斯蒂安：《数字劳动的理论分析：从全球价值链到生产模式》，载《传播政治经济学》2013，1（2）：3-27.

分组工作：每组选择一种类型的数字媒介（如手机、笔记本电脑、台式电脑、电子游戏、打印机等）。使用各种资源（新闻媒体、非主流媒体、企业监管平台、调查记者的报道、学术文章、采访等）搜索信息，以便深入了解在您所选择的媒介的生产过程中涉及的国际数字劳动分工。

讨论并呈现结果：

- 涉及哪些类型的劳动？

- 工作条件怎么样？

- 为什么国际数字劳动分工会发展起来？为什么在你所分析的媒介中会存在这种分工？

- 谁将从国际数字劳动分工中受益？如何受益？谁没有受益，反而受到了损失？

- 在你所分析的媒介生产过程中，马克思和恩格斯所讨论的全面发展的共产主义的替代方案是什么样？

练习 14.2（G）

迈克尔·哈特和安东尼奥·奈格里的《帝国》是 21 世纪头 10 年出版物中被最广泛阅读和引用的马克思主义书籍之一，它对马克思主义的信息工作分析具有重要意义。

阅读以下章节：

Hardt, Michael and Antonio, Negri. 2000. Postmodernization, or the informatization of production, in *Empire*, Cambridge, MA：Harvard University，Press，pp. 280－303.

讨论以下问题：

• 什么是"非物质劳动"？哈特和奈格里认为非物质劳动在 21 世纪资本主义中扮演什么角色？

• 21 世纪"非物质"劳动者的工作条件如何？这些劳动者今天面临什么问题？讨论一些例子。

• 信息工作者（哈特和奈格里将其称为"非物质劳动者"）在共产主义社会中扮演什么角色？

• 信息和信息工作有共产主义潜力吗？如果有，是哪些？资本主义信息工作的局限性、矛盾和问题是什么？

搜索关于哈特和奈格里的《帝国》的评论（已有整本书籍和汇编文集出版）。记录下这些评论，并阐述自己的看法。

练习 14.3（G）

思考你自己或你的朋友、认识的人做过的具体的信息工作。

讨论：这项工作积极和消极的方面分别是什么？在共产主义社会中，如何克服这些消极方面？在共产主义社会中，信息工作的作用是什么？在共产主义社会中，信息工作需要如何改变？

分组讨论，比较各自的经历。

马克思认为，工厂中的资本主义协作使人类的思想和身体，包括智力活动都异化了。如今，信息工作的重要性远超工厂时代。

知识工人在多大程度上面临异化？他们的劳动和异化与马克思在第 14 章中所描述的有何不同？哪些形式的异化塑造了今天的知识劳动？在当代资本主义中，我们的大脑认知活动是如何被异化的？

15　机器和大工业

第 15 章是《资本论》第 1 卷中篇幅最长的一章。马克思在这一章中分析了技术在资本主义中的作用，并强调了其重要性。本章由 10 节组成，展现了马克思的方法既是逻辑的又是历史的和经验的：他分析了技术在资本主义中的一般作用（资本主义中的技术逻辑），并以历史实例作为分析的基础，他借助工厂视察员报告中的实证数据佐证了这些历史实例，并对他们的工作深表敬意。例如，马克思写道，这些报告对英国社会的结构分析做出宝贵贡献（Marx 1857，21），"毋庸争辩地证明了：英国工厂制度的丑恶正随着这个制度的增长而增长"[1]（Marx 1857，253）。

《资本论》的逻辑与历史解读

马克思主义政治经济学家戴维·哈维（David Harvey）认为自己"虽然在考虑促进资本主义生产方式崛起的必要条件时，可能会从中获得重要的历史见解，但是更倾向于逻辑解读而不是历史解读"（Harvey 2010，86）。马克思主义哲学家沃尔夫冈·弗里茨·豪格（Haug 2013，183，188，223）认为，哈维声称他给出的是逻辑解读，但他的方法实际上更注重具有遗传或起源性质的重建或改造，并以人类实践为导向。豪格（同上，section 10.2）讨论了哈维在解读《资本论》第 15 章中如何对待逻辑和历史的问题。豪格（同上，section 10.2）批评哈维（2010，189）一方面认为章节是"逻辑有序的"，另一方面又强调这是一部"技术的批判史"。他说，哈维只是把逻辑理解为"一切非历史的"和"概念性的"

---

[1] 译文参照《马克思恩格斯全集》第 16 卷，人民出版社 2007 年版，第 116 页。

（同上，228）。然而，豪格本人也没有对《资本论》第 1 卷中最长的一章进行分析，以阐明辩证逻辑与历史的关系。第 15 章的英译本长达近 150 页，对于技术和媒体的批判社会学而言尤具价值。这也是第 1 卷中历史元素最丰富的章节之一。

第 15 章是历史元素与辩证逻辑元素的有机结合：马克思描述了从体力劳动占主导地位到机器和机器系统占主导地位转变的历史发展。与此同时，这一历史性的转变也改变了生产力组织的逻辑，马克思通过辩证推理对此进行了阐述。历史本身是辩证的，因为机器系统辩证地扬弃了体力劳动和简单的机器。在第 15 章中，马克思逻辑和辩证地对工作日的延长、劳动的强化、主客体的倒置、生产手段和目的的异化等现象进行了描述，详细展现了技术对社会的影响。马克思辩证地描述了这些现象并将其理论化，并根据工厂检查员的报告，展示了资本主义工业的这些现象如何塑造了 19 世纪英国工人的生活。历史维度详细分析了雇佣劳动者所面临的恶劣工作条件，并结合了对资本主义技术及其对日常生活影响的辩证分析。我个人的观点是，《资本论》是一部逻辑和历史相结合的著作，这两个维度相互关联，并努力与政治实践相联系。

15.1 机器的发展

什么是机器？

马克思认为约翰·怀特在 1735 年发明的纺纱机开启了工业革命（493）。与此同时，他警告，技术史不应该被写成单个伟人的历史，因为工作的组织和技术的发明一样重要。(493，脚注 4)

对马克思来说，机器包括三个部分（494）：

1. 发动机，它产生运动；

2. 传动机构，它把运动分配并传送到工具机上，使它们可以操作；

3. 工具机，它"抓住劳动对象，并按照一定的目的来改变它"（494）；18 世纪的工业革命是一场机器革命。（494）

马克思认为，在詹姆斯·瓦特于 1784 年发明双向蒸汽机之前，工厂不得不建在乡村，那里的动力机构由位于溪流旁的水轮和磨坊组成（499）。只有当蒸汽机使能源供应得以分散后,城市工厂才成为可能。在马克思描述的19世纪英国工业中,许多工厂都有自己的蒸汽机。因此,尽管马克思认为工具机是机器的核心部分,但他也将发动机和传动机构视为机器的重要组成部分,这并不奇怪。今天,诸如风能、水、阳光、煤、石油、核能、天然气、地热、潮汐和生物质能等能源往往只在单个家庭、公司或组织中部分地分散化使用。可再生能源呈现出一种新的发展趋势,即倾向于以分散化的方式进行组织和应用。然而,能源供应已经成为一个集中的资本主义产业。能源可以通过管道、电力线、电网、船舶、铁路、卡车、蓄电池、电池、水坝、储罐等进行储存和运输。2010年,能源生产占美国经济增加值的4.0%(数据来源:OECD STAN 数据库)。相比之下,信息和通信部门(定义为如出版、视听、广播、电信、IT、信息服务)占增加值的5.6%。(数据来源:OECD STAN 数据库)

我们看到在第12章(表12.1),受约瑟夫·熊彼特的启发,卡洛塔·佩雷兹(2010)认为,资本主义发展的第三个长波是基于电力,第四个长波是基于石油。根据她的说法,开始于20世纪70年代的第五个长波是基于信息和通信。其假设是,经济已经变得更加疲软和非物质化。然而,计算机和媒体仍需要电力驱动。上述数据显示,电力和信息行业对美国经济增加值的贡献几乎同等重要。因此,我们不能得出发达经济体已成为信息经济体的结论。相反,资本主义经济具有多重特征:它们是信息经济、金融经济和高度依赖能源的工业经济等等。化石燃料是帝国主义曾为之进行战争的重要资源。鉴于能源工业的存在和重要性,今天人们可能会把机器定义为一种工具机,而把发动机和传动机构排除在机器的定义之外。并非每家公司都需要运营自己的发动机,只需要将自己与一家能源供应商连接起来即可。

两种类型的机器

马克思区分了两种机器。第一种类型将整个生产过程整合在一个机制中。他提到的一个例子是一个信封制造机,它每小时能制成3 000个信封,依次执行所有的工作流程,如剪纸、粘贴、折叠、整理。"整个制品是由同一台工作机完成的。工作机完成各种不同的操作。"(500)信封厂是由许多信封制造机并排工作,它们使用相同的发动机和传动机构。

第二种类型是一个"真正的机器体系",在这个体系中,"劳动对象顺次通过一系列互相联结的不同的阶段过程，而这些过程是由一系列各不相同而又互相联系的工具机来完成"（501）。不同机器之间的分工，使每台机器在生产过程中都有其特殊的功能。正如马克思所描述的工场手工业中出现的总体工人一样，他所说的"结合工作机"，"形成一个大自动机"（502），这是一个由个体工人或工人团队操作的所有机器协同工作的体系。"每一台局部机器依次把原料供给下一台，由于所有局部机器都同时动作，产品就不断地处于自己形成过程的各个阶段，不断地从一个生产阶段转到另一个生产阶段。"（502）图 15.1 显示了集成的机器体系。

在马克思看来，生产意味着一个主体（劳动力）使用客体（生产资料）来创造一个产品（主体—客体）。每一台工作机器都是一个创造产品的辩证系统。在机器体系中，工作机器相互辩证地联系在一起，因此在一个阶段创造的劳动产品作为劳动对象进入下一个阶段的另一个工作机器的劳动过程中。图 15.1 显示了机器体系的辩证法，它展示了在 t1、t2、t3 三个生产时间段上，三台工作机器 WM1、WM2、WM3 的协作，从而创建了从一台工作机器到另一台工作机器的不断变化的产品 P1、P2、P3。马克思把这种机器体系称为自动化机器体系（503）或"有组织的机器体系"（503）。

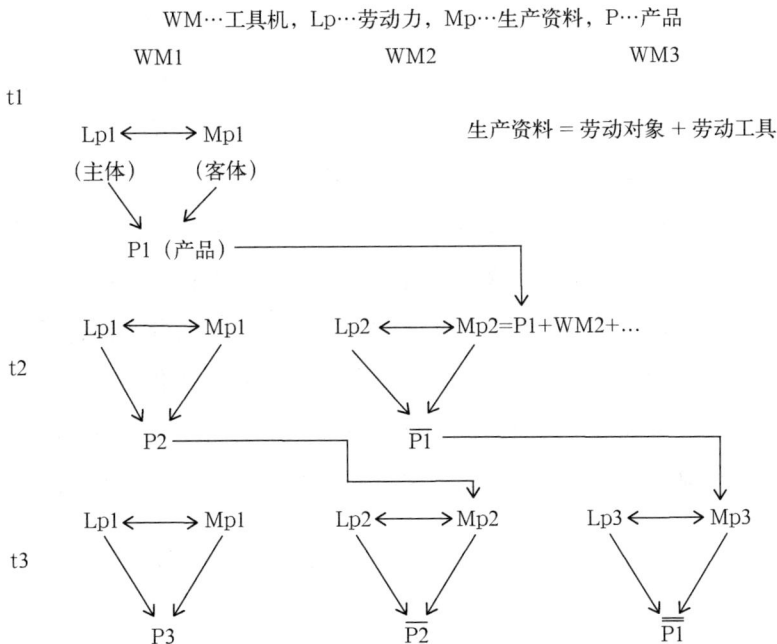

WM…工具机，Lp…劳动力，Mp…生产资料，P…产品

图 15.1 机器体系

机器体系对经济的影响和交通运输的作用

马克思认为一个行业生产方式的变化很可能与其他行业的变化相联系。因此，机器体系的出现也带来了"社会生产过程的一般条件即交通运输手段的革命"（506），"交通运输业是逐渐地靠内河轮船、铁路、远洋轮船和电报的体系而适应了大工业的生产方式"（506）。工业需要把商品和机器从一个地方运输到另一个地方，需要在更远的距离上协调生产，因此，必须使用新的交通运输方式。经济生产在不同程度上需要实物商品、人员和信息的运输。在 19 世纪，铁路和轮船是运输实物商品和人员的主要手段，而电报则是传输信息的主要手段。邮政系统则是两者的结合：它通过陆地、空中和海上运输书面信息（和包裹）。

通信工具

马克思指出，交通运输和通信工具是不变资本的组成部分，它们是帮助组织商品运输的手段。然而，计算机和计算机网络不仅仅是商品流通的组织者，还是信息产品生产的生产资料。此外，它们还是企业内部和外部沟通交流的平台。火车、公交车、汽车、轮船、卡车和飞机用于运输人员和实物商品，而计算机网络则用于运输信息、信息产品和通信流。实物和信息的运输方式的相似之处在于它们拥有一个共同的基础设施："作为生产资料来看，固定资本在这里与机器一类的东西不同，因为它同时被不同的资本当作它们共同的生产条件和流通条件来使用（我们在这里还没有涉及消费本身）。"[1]（Marx 1857/1858，725）

在资本主义社会中，运输和通信工具在组织实物和信息商品的交换中以及在组织生产和流通的交往中发挥着重要作用："生产越是以交换价值为基础，因而越是以交换为基础，交换的物质条件——交通运输工具——对生产来说就越是重要。"[2]（同上，524）交通运输工具"既决定彼此交换者即相互接触者的范围，又决定原料到达生产者手里和产品到达消费者手里的速度"[3]（同上，187）。在资本主义社会，交通运输工具的主要作用是加快生产和交换，从而能够使商品更快地生产和销售，进而使之在相同的时间里生产更多的商品或者用

---

① 译文参照《马克思恩格斯全集》第 31 卷，人民出版社 1998 年版，第 123 页。
② 译文参照《马克思恩格斯全集》第 30 卷，人民出版社 1995 年版，第 521 页。
③ 同上书，第 137 页。

更少的时间生产相同的商品。通信和交通技术是加速发展的手段："资本按其本性来说，力求超越一切空间界限。因此，创造交换的物质条件——交通运输工具——对资本来说是极其必要的：用时间去消灭空间。"①（同上，524）

计算机：信息生产、流通和消费的手段

除了烟雾信号，鼓、邮件、旗语（一种视觉电报）、电报、广播、电视、手机、计算机和网络计算机（如通过当地局域网、广域网或者互联网连接的众多计算机）不仅仅是通信工具，同时也是生产工具。

计算机是一种通用机器，同时也是生产、流通和消费的工具。计算机作为一种与网络相连接的通用机器催生了产消者（从事生产活动的消费者）的出现，他们既是信息消费者，也有潜力去生产和传播信息。在广播和电视中，消费者只是信息的接受者，而网络计算机使他们也能生产信息。

网络计算机是一种通用机器：它是一种集生产、储存、分配和消费于一体的技术。但在印刷、广播和电视领域，信息的生产、传播和消费需要不同的技术。

传统媒体是信息和通信系统，也是认知和传播的工具。网络计算机具备传统媒体的功能，但是它还增加了生产和合作作为第三层级，因此，它成为一个认知、通信和合作的系统。计算机既是一种生产工具，又是一种通信工具。它是一种信息和通信手段，同时也是一种经济生产和合作的工具。

计算机只能通过数字格式（即 0 和 1 的组合）存储、处理和传输信息，以此来承担它所具有的所有角色。文本、语音、图像、视频、动画等也可以变成一系列 0 和 1。计算机是一种数字媒介生产技术。因此，人们也经常把计算机和计算称为"数字媒体"。

马克思认为，机器体系"要求以自然力来代替人力"（508），是科学的发展（508），是一个"用机器生产机器"的工业（506）。在机器体系中，集合机器体系支配着总体工人（508）。"工具机是这样一种机构，它在取得适当的运动后，用自己的工具来完成过去工人用类似的工具所完成的那些操作。"（495）自动机器体系只需要"工人的辅助"（503）。

---

① 译文参照《马克思恩格斯全集》第 30 卷，人民出版社 1995 年版，第 521 页。

共产主义与技术

马克思在脚注中指出：在共产主义社会，机器的使用范围将和资产阶级社会完全不同（515）。在共产主义社会中，技术不能按其现有状态被使用，因为统治形态不仅影响了机器的应用，也塑造了机器的设计本身。然而，技术也不需要被完全重新发明。破坏性技术在共产主义社会中应该被消除。而其他那些本质上不伤害人类、社会和自然的技术可以重新设计和开发。举例来说，在共产主义社会中，互联网必须摒弃其商业化特征，以及资本主义文化借由广告、数据监控、复杂的隐私政策和使用条款等形式渗透进平台之内的方式。然而，互联网并不一定要被完全取代或者废除，因为它包含了许多促使公共通信的元素，即普遍可用、无访问限制的通信系统。在共产主义社会中，这些通信系统可能会摆脱其内在的矛盾，并呈现出新的特性。要超越资本主义社会的技术，需要对技术和社会进行重新设计。

15.2　机器的价值向产品的转移

技术作为不变资本

马克思认为，机器，或者一般的生产技术，是一种用来"使商品便宜"和生产相对剩余价值的手段（492）。一个使用电脑和数字录音机作为生产工具的记者，不只使用这些技术来写作一篇文章，而是写作许多文章。这个例子说明机器和技术是不变资本，在生产过程中长期保持自身固定的资本。机器的价值只有一部分会转移到单一的商品上。机器"像不变资本的任何其他组成部分一样，机器不创造价值，但它把自身的价值转移到由它的服务所生产的产品上……首先应当指出，机器总是全部地进入劳动过程，始终只是部分地进入价值增殖过程"（509）。机器以其全部使用价值投入到每一种商品的生产中，而"它加到产品上的价值，决不会大于它由于每天的磨损而平均丧失的价值"（509）。在单一商品中包含的平均不变资本就是机器的"每天的平均损耗"（510）。机器系统往往会被使用很长一段时间，因此它只能给单一商品增加很小的平均价值。（511）

机器和价值的转移

机器本身的价值越低，转移到产品上的价值就越少（512）。机器的生产率越高，劳动过程中转移到产品上的机器价值就越少（512）。这就意味着，例如，如果一台机器需要 1 分钟来刻录一张 DVD，而另一台只需要 30 秒，那么第二台机器转移到产品上的价值就比第一台机器小。在这方面起决定作用的当然还有每台机器的价格和平均机器寿命。让我们假设这两个 DVD 刻录机器的平均寿命为 2 年，并在 1 年的 50 周内每周使用 40 小时。第一台机器的价格是 30 英镑，第二台是 40 英镑。

DVD 刻录机 1：30 英镑

使用时间：40 小时×50 周×2 年＝4 000 小时；

每分钟刻录 1 张 DVD⇒每小时刻录 60 张 DVD，总共刻录 240 000 张 DVD；

这台刻录机转移到产品上的平均价值就是 30 英镑/240 000，约等于 0.000 1 英镑。

DVD 刻录机 2：40 英镑

使用时间：40 小时×50 周×2 年＝4 000 小时；

每分钟刻录 2 张 DVD⇒每小时刻录 120 张 DVD，总共刻录 480 000 张 DVD；

这台刻录机转移到每个产品上的平均价值就是 40 英镑/480 000，约等于 0.000 08 英镑。

因此，尽管第二种 DVD 刻录机更贵，但是考虑到它的生产率比较高，它转移到每个 DVD 上的平均价值却比更便宜的刻录机更少。如果资本家想要使用 2 年刻录机，那么购买第二台是更划算的选择。

技术和人类劳动的替代品

机器是在资本主义社会中发展起来的，并被用作代替人类劳动的手段。如果新技术总体上有助于降低商品生产所需的平均劳动力，资本家往往对使用新技术特别感兴趣。

只要机器所费的劳动，从而机器加到产品上的价值部分，小于工人用自己的工具加到劳动对象上的价值，这种差额就一直存在。因此，机器的生产率是由它代替人类劳动力的程度来衡量的。（513）

如果仅仅把机器看作使产品便宜的手段，那么使用机器的界限就在于：生产机器所耗费的劳动要少于使用机器所代替的劳动。（515）

这就意味着，例如，如果一台机器的成本是 100 000 英镑，可以使用 5 年的时间，并且在这段时间内可以抵消 50 000 英镑的劳动力成本，那么资本家预期总投资资本总共将增加 50 000 英镑。因此，他倾向于认为这台机器不太有利可图，并可能不会投资它。如果相比之下，100 000 英镑的新技术投资，可以节省 200 000 英镑的劳动力成本，那么成本就可以降低 100 000 英镑，这对于资本家来说是具有吸引力的投资。同时，这项技术会导致一批工人失业。马克思提到一个例子：一个劳动力用 1 台印花机器在 1 小时内印制的印花布数量，相当于 200 个劳动力用 1 台木版印花机印制的印花布数量。（514）

科技进步

资本家为他们购买来的机器付钱。然而，所有的机器一般都以技术和科学进步为基础，而这些进步仅以科学家和工程师的工资形式支付一次。科学技术一旦进步，就会作为一种免费资源被资本无偿消耗。"电流作用范围内的磁针偏离规律，或电流绕铁通过而使铁磁化的规律一经发现，就不费分文了。"（508）"科学根本不费资本家'分文'，但这丝毫不妨碍他们去利用科学。"（508，脚注 23）

马克思认为，科学、技术和自然——这些生产的一般条件——不需要资本家付费。当代许多大型资本主义企业都有自己的研发部门，所以他们会向科学家支付报酬，让其研究能够催生新技术和生产方式的科学知识。一般来说，一旦某项发明被制造出来或者某项科学知识被发表出来，其他科学家、个人和公司也可以不支付全部发明费用而从中受益。新知识只能从已有的知识中产生，并建立在已有知识的基础上。在科学领域，获得大量现有的知识是免费的，因此人们不必为消费这些知识或在此基础上提出自己的想法而付费。知识具有社会性和历史性。

知识共享

马克思在《资本论》第 2 卷和第 3 卷中提出了科学知识和进步是公共利益的观点：

> 撇开自然物质不说，各种不费分文的自然力，也可以作为要素，以或大或小的效能并入生产过程。它们发挥效能的程度，取决于不花费资本家分文的各种方法和科学进步。[①]（Marx 1885，431－432）
>
> 作为要素加入生产但无须付代价的自然要素，不论在生产中起什么作用，都不是作为资本的组成部分加入生产，而是作为资本的无偿的自然力，也就是，作为劳动的无偿的自然生产力加入生产的。（Marx 1894，879）

埃莉诺·奥斯特罗姆（Elinor Ostrom，1933－2012）是美国政治经济学家，2009 年凭借着对公共资源的分析获得诺贝尔经济学奖。她对公共资源的研究是从"共享的自然资源，如水资源、森林、渔场和野生动物"（Hess and Ostrom 2007，4）入手的，但是，后来她将公共资源概念进行了延展，使其他包括知识共享：

> 公共资源是一个通用术语，指由一个群体或人们共享的资源。在公共资源中，这种资源可以是规模较小且仅服务于一个很小的组织（如家庭冰箱），它也可以是社区级别的（如人行道、操场、图书馆等），甚至可以扩展到国际和全球层面（如深海、大气、互联网和科学知识）。公共资源可以有明确的边界（如社区公园或图书馆）；也可以跨界（如多瑙河、迁徙的野生动物、互联网），或者没有明确的边界（如知识、臭氧层）。（同上，4—5）

公共资源是由许多人或者所有人共同创造的社会要素，对社会、团体、组织和经济的存续至关重要。我们可以区分自然公共资源（自然力量和自然产品，如阳光、新鲜空气、水、土地等）、社会公共资源（教育、卫生保健、休闲、繁衍、其他社会服务和福利）和知识公共资源（科学知识、通信、通信手段、技

[①] 引文参照《马克思恩格斯全集》第 45 卷，人民出版社 2003 年版，第 394 页。

术）。鉴于公共资源的基础性和重要性，有人认为公共资源不应该是可以买卖的商品，而应该供所有人自由使用，由社会组织而非企业来组织和管理。

赫斯和奥斯特罗姆认为，知识是一种公共资源，因为"一旦有人发现了知识，就很难把其他人排除在知识之外"。一个人对知识的运用（如爱因斯坦的相对论）更不会进一步"从另一个人身上减弱使用它的能力"（同上，9）。知识是一种具有特殊性的公共资源，很难将他人排除在知识之外，且其具有非竞争性，一个人的使用不会减弱另一个人使用它的能力。

美国社会学家罗伯特·默顿（Robert Merton，1910－2003）强调学术界和学术知识共享性质的重要性："已经发展出制度化的安排，以激励科学家根据他们的专业能力，为公共知识财富做出贡献，就像他们可以从公共资源中获取他们所需要的一样……在科学的公共领域中，贡献和获取在本质上都是为了让大家都能获取的知识资源更加丰富。"（1988，620）因此，他将科学称为一种共产主义体系。

一般劳动

在社会中，信息只能在合作过程中产生，不能单独产生，它是一种社会资源。"一般劳动是一切科学劳动，一切发现，一切发明。它部分地以今人的协作为条件，部分地又以对前人劳动的利用为条件。"（Marx 1894，199）每当新的信息出现的时候，它就包含了整个社会的历史，也就是说，信息具有历史性。因此，似乎不言而喻的是，信息应该成为一种公共资源，所有人都可以免费获得。但在全球信息资本主义社会中，信息已经成为一种重要的生产力，有利于新形式的资本积累。今天，信息常常不被视为一种公共资源，而是被视为一种商品。信息作为公共资源和作为商品之间存在着对立。

然而，资本主义已经部分地将公共资源私有化，因此人们必须为其使用权付费，这是社会不平等的一个根源，公共资源已经成为一种商品。此外，不仅仅是个人在免费使用公共资源，资本也同样在无偿使用它们，通过这种方式，资本无须为创造和再创造社会公共资源的工作买单，从而提高了生产力，降低了投资成本。

左翼学者和政界人士建议，企业对员工社会保障金的缴纳不应基于工资总额，而应基于公司的增值额。一家公司使用的技术越多，它的工资总额就越少，因为劳动生产可以实现自动化。资本无偿地利用社会的技术进步（知识公共资源），但结果却是减少了资本对社会公共资源的贡献。这往往会导致人们失业，并减少公司的税款缴纳，这是一种根本性的错配和不公正。价值创造税（也称为"机器税"），是对公司的总收入征税。如果一家公司由于技术进步和机器投资降低其工资总额，从而提高其生产率和利润，那么它理应为社会公共资源（比如学校和大学系统、医疗、公共交通基础设施等等）提供更多而非更少的资金支持。价值创造税是对公司因无偿利用社会公共资源（如科技进步、自然资源、生育劳动以及教育体系等）所获得的利益进行征税。

15.3　机器生产对工人的直接影响

马克思描述了机器系统的引入对 19 世纪英国工作环境的三个相互关联的影响：

(a) 雇佣妇女和儿童；

(b) 工作日的延长；

(c) 劳动的强化。

童工

机器的兴起使生产越来越脱离繁重的体力劳动，这就促使资本家雇佣妇女和儿童（517）。资本家降低了工资，因此，整个家庭都必须投入生产环节成为工人才能够生存。男性工人被迫成为"奴隶贩子"，把他们的妻子和孩子卖给资本家（519）。由于《工厂法》规定年轻工人必须每天上够几个小时的学，资本家开始在他们的工厂里建立一些部分由文盲经营的假学校，学生们在那里什么也学不到。（523—526）

直到马克思出版《资本论》第 1 卷十多年以后，英国才引进了全日制义务教育。1878 年的《工厂和车间法》和 1880 年的《基础教育法》为所有 5 至 10 岁的儿童提供了义务教育，并规定不能雇佣 10 岁以下的儿童。1899 年，将离校年龄提高到了 12 岁，延长了义务教育。1918 年的《教育法》将其延长至 14

岁，1944年的《教育法》（于1947年生效）将其延长至15岁。1973年，离校年龄定为16岁。这些发展无疑对资本获得年轻劳动力形成了重要限制，有助于提高国民总体教育水平。

机器的有形损耗和无形损耗

机器无论使用还是不使用都会退化。"前一种损耗或多或少与机器的使用成正比，而后一种损耗在一定程度上同机器的使用成反比。"（528）此外，还有马克思所说的"无形损耗"（528）：机器失去了交换价值，"只要同样结构的机器能够更便宜地再生产出来，或者出现更好的机器同原有的机器相竞争"（528）。就像在所有的资本主义工业中一样，在机器制造业中也存在着生产更多生产性商品的竞争。这种进步与科技进步有关。

象征性贬值、文化符号意义和区分

消费社会中出现的一种特定形式的无形损耗是象征性的贬值：人们购买新技术，不仅是因为它们生产效率更高，还因为它们拥有一种更高的象征地位，它是由文化创造的，并使声誉和区分成为可能。法国社会学家皮埃尔·布迪厄（Pierre Bourdieu，1930－2002）在此背景下引入了"象征资本"和"文化差异"概念。象征资本是"荣誉和威望的资本"（Bourdieu 1977，179），它依赖于宣传和增值，它与声望、声誉、荣誉等有关。

象征性的阶级斗争是为了在意识形态上确保某些群体的统治地位而在象征性资本和品位上建立阶级区别的斗争（Bourdieu 1986a，1986b）。象征斗争是一种文化斗争，其意义在于，它们利用象征的意义来产生划界、建立社会等级制度和产生区别的符号。文化斗争是符号学意义上的斗争，因为在这些斗争中，意义是有争议的，也就是说，是关于谁定义和控制社会中的价值和知识的斗争。根据布迪厄的观点，现代社会的特征就是竞争，即不仅是为了积累经济（金钱），而且是为了积累文化（声誉）和政治（社会关系、政治影响力）资本而进行的斗争。（同上）

文化符号意义过程在资本主义社会中非常重要，因为它们构成了阶级斗争的象征维度，不仅是想象层面的，而且具有实际的物质结果。技术、语言、音乐、服装、艺术品、家具、造型、食品、饮料、化妆品、书籍、报纸、杂志、体育、唱片、玩具、身体护理、外观、礼仪等文化形态是现代社会阶级分化的标志，是阶级分化的一种表现形式。

区分是现代社会的对立文化发展的核心原则，它产生了文化阶级和象征斗争。

文化具有使"社会差异合法化的社会功能"（同上，7）。

文化、社会/政治和象征资本就像现代社会中分配不均的经济资本一样：占统治地位的阶级从这些象征资本中获取利润，而牺牲了其他阶级的利益——区别和合法性方面的利润以及货币利润（同上，228）。例如，想想苹果的计算工具，如 MacBook、iPhone 或者 iPad。今天，这些工具不仅是通信和娱乐的手段，而且是创造商品的劳动过程中的生产手段。苹果创造了一个独特的品牌形象，让许多人把它与现代、年轻、面向未来、城市、多元文化与跨国联系在一起。苹果和其他通信硬件生产商的成功是基于富士康和其他工厂对中国工人的高剥削（Sandoval and Bjurling 2013；Sandoval 2013，2014）。苹果的科技具有很高的象征性声誉，因此很快就出现了象征性的无形损耗。如果某种特定机器出现了新版本，那么许多人都会处于象征性目的购买它。2012 年到 2017 年，笔记本电脑的平均寿命约为 3 年。鉴于苹果公司的高度象征性地位，我们可以估算苹果笔记本电脑的平均寿命低于 3 年。

延长工作日

马克思认为，鉴于无形损耗的压力（在消费资本主义时代也具有象征性），在引进新机器后为了赶在无形损耗之前尽可能地使用它们，资本家就会积极地去延长工作日（528），并且因为在新技术使用的早期，生产力水平高于平均水平而产生较高的利润（530）。

> 在机器生产还被垄断的这个过渡时期，利润特别高，而资本家也就企图尽量延长工作日来彻底利用这个"初恋时期"。高额的利润激起对更多利润的贪欲。随着机器在同一生产部门内普遍应用，机器产品的社会价值就降低到它的个别价值的水平，于是下面这个规律就会发生作用：剩余价值不是来源于资本家用机器所代替的劳动力，恰恰相反，是来源于资本家雇来使用机器的劳动力。（530）

生产技术是以固定资本代替可变资本、以技术代替劳动的手段。因此，剩余价值率是不变资本和可变资本之间的矛盾决定的：

> 利用机器生产剩余价值包含着一个内在矛盾：在一定量资本所提供的剩余价值的两个因素中，机器要提高一个因素，要提高剩余价值率，就只有减少另一个因素，减少工人人数。（531）

马克思在第 10 章中分析了资本家如何试图延长工作时间，这导致了阶级斗争，并成功设定了法律限制。我在这本书的第 10 章讨论了英国《1844 年工厂法案》引入 12 小时工作日制度，《1847 年工厂法案》引入 10 小时工作日制度。在 15.3 章节中，马克思回到了工作时间的话题，法律的限制导致了"由外延量向强度量的转变"（533）。

资本家必须从延长工作日转向强化劳动，从绝对剩余价值向相对剩余价值转变。因此，资本家一方面试图提高机器的速度，一方面试图开发和使用生产率更高的机器以提高生产率。资本的趋势是，"力图不断提高劳动强度来补偿，并且把机器的每一改进变成一种加紧吮吸劳动力的手段。"（542）

黑格尔的量的辩证法

在描述绝对剩余价值生产如何辩证地转化为相对剩余价值生产时，马克思使用了非常黑格尔式的语言，并谈到了强度量、广延量和程度（533—534）。马克思在这里想到了黑格尔关于量的辩证法。黑格尔在《逻辑学》（Hegel 1830a，§§99‐106）中写道：纯量是一种可变的量，"可以增加或者减少"（§99）。它与黑格尔所说的"定量"是辩证关系，黑格尔所说的"定量"是指"有限的量"（§101）和"强度量"（§103）。当外延量转化到一定程度，即"强度量"时，这种辩证关系就被否定了（§103）。图 15.2 就显示了这个辩证过程：

绝对剩余价值生产与相对剩余价值生产的辩证关系

马克思借助黑格尔的量的辩证法，描述了 19 世纪英国绝对剩余价值生产与相对剩余价值生产的关系。绝对剩余价值生产的目标是尽可能地增加工作日。它专注于工作日的纯量、纯增量。19 世纪，阶级斗争和法律限制了社会的发

黑格尔：《逻辑学》1：量
程度：§103："强度量"

纯量：
§99：一个"能增加或减少"的量

定量：§100："有限的量"，
§103："广延量"

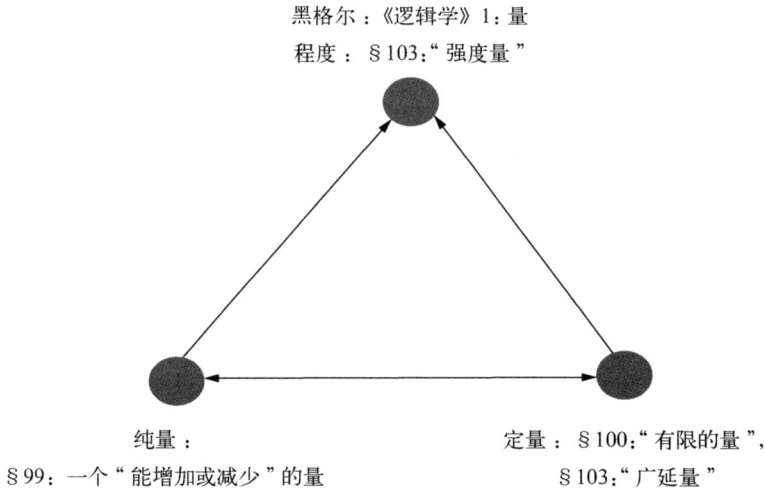

图 15.2 黑格尔的量的辩证法

展，因此出现了有限的量。由于法律措施的限制，工作日不能再延长。因此，资本努力扬弃纯量和有限的量之间的矛盾，它通过引进机械作为相对剩余价值生产的方法来扬弃这一矛盾，因此，按照马克思的理论，劳动时间现在获得了它的强度或密度的度量（534）。图15.3直观地展示了绝对剩余价值生产和相对剩余价值生产的辩证关系。

度：劳动的强化，在相同或更少的时间内产生更多的价值，通过提高劳动生产率和引进新机器，劳动时间变得更密集，单位时间产生更多的剩余价值和商品的集约化（相对剩余价值生产）

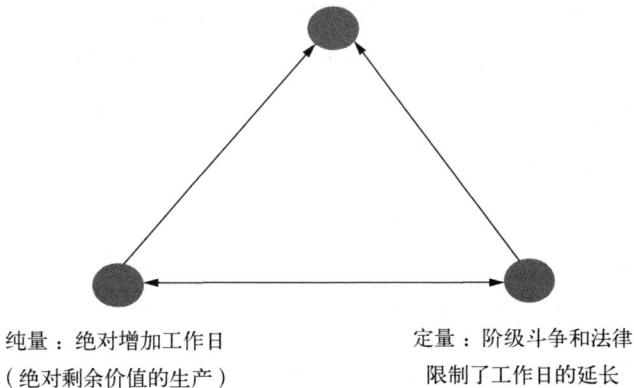

纯量：绝对增加工作日
（绝对剩余价值的生产）

定量：阶级斗争和法律
限制了工作日的延长

图 15.3 绝对剩余价值和相对剩余价值的辩证关系

15.4　工厂

手段与目的、主体与客体的倒置

第 15 章的一个重要理论是，马克思在 15.4 中提出，资本主义中的技术并不为人类的需要服务，而是作为一种支配手段并且其内在逻辑是一种把利润置于人类利益之上的相对剩余价值生产手段。马克思把这种情况表述为手段和目的以及主体和客体的倒置，即工人和技术之间的对立，这种对立是由阶级关系引起的，而阶级关系又把工人和技术都包含在其中。

> 这两种说法绝不是相同的。在前一种说法中，结合总体工人或社会劳动体表现为积极行动的主体，而机械自动机则表现为客体；在后一种说法中，自动机本身是主体，而工人只是作为有意识的器官与自动机的无意识的器官并列，而且和后者一同从属于中心动力。第一种说法适用于机器体系的一切可能的大规模应用，第二种说法表明了机器体系的资本主义应用，从而表明了现代工厂制度的特征。（Marx 1867，544 - 545）
>
> 机器劳动极度地损害了神经系统，同时它又压抑肌肉的多方面运动，夺去身体上和精神上的一切自由活动。甚至减轻劳动也成了折磨人的手段，因为机器不是使工人摆脱劳动，而是使工人的劳动毫无内容。一切资本主义生产既然不仅是劳动过程，而且同时是资本的增殖过程，就有一个共同点，即不是工人使用劳动条件，相反地，而是劳动条件使用工人，不过这种颠倒只是随着机器的采用才取得了在技术上很明显的现实性。由于劳动资料转化为自动机，它就在劳动过程本身中作为资本，作为支配和吮吸活劳动力的死劳动而同工人相对立。正如前面已经指出的那样，生产过程的智力同体力劳动相分离，智力转化为资本支配劳动的权力，是在以机器为基础的大工业中完成的。（同上，548—549）

在劳动剥削背景下作为积累工具的技术

技术本身是达到目的的手段：它是人类用来创造满足人类需要的商品的工

具。在资本主义中，技术作为一种生产工具，成为资本用来剥削劳动力和迫使工人生产剩余价值的工具。技术不再是达到目的的手段，而是服务于一个特定的工具目标，即资本积累，作为这一目标的一部分，工人将成为剥削的对象。不再是工人利用技术使之成为满足人类需求的手段，而是资本和资本家通过使用机器将工人变为实现资本积累这一目的的手段。"资本家滥用机器，把工人……变成局部机器的一部分。"（547）使工人成为工厂和机器的"活的附属物"（548）。

图 15.4 展示了马克思在 15.4 中分析的资本主义典型的主客体倒置。它辩证、逻辑地表现了这一过程，然而，也有历史层面：前资本主义经济中独立的工匠控制着他们的生产资料和劳动力，他们并没有被两者所异化。在资本主义中，有一种趋势，即劳动力商品化，生产资料的私人所有制形成了统治阶级，这个阶级使其他人为工资而工作。

资本主义中主体与客体、手段与目的的倒置：技术作为一种统治手段

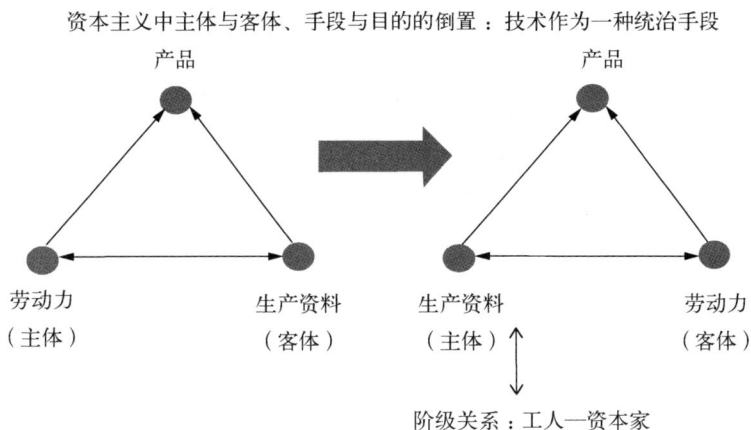

图 15.4 主体和客体的倒置：技术作为资本主义的统治手段

工厂及办公室劳动

马克思描述了 19 世纪工厂中与机械使用有关的恶劣工作条件。在 21 世纪，一定比例的劳动力已经从工厂转移到办公室，从工业劳动力转换为信息劳动力。一方面，部分办公室工作是像工厂工人一样组织的。一个例子是低技术要求的信息工作，例如，在呼叫中心或数据中心，这些从事电话和数据处理的信息工

作者就像在工厂流水线上工作一样。马克思提到了"兵营式的纪律"和一种控制系统，这种系统将工厂里的"体力劳动和监督者"的角色划分开来（549）。计算机提供了新的控制工人的可能性，因为它允许监视和测量工人们在工作场所究竟在做什么。资本主义控制下的计算机化工作场所，允许新形式的监视和控制。文化和数字领域的自由职业者拥有自己的生产资料和资本。他们是个体的公司，同时也是工人和资本家。他们所拥有的资本往往会减少到一台电脑，因此他们是低资本或无资本的公司。他们往往是处于不稳定境况中的工人，被迫依靠合同劳动生存。在他们的例子中，控制变成了对身体和精神的自我控制，所以他们不得不长时间工作以维持生计。

马克思在第15章中描述的古典工厂劳动并未停止存在，而且只要资本主义存在，就不太可能被废除。信息资本主义需要计算机、笔记本电脑、移动电话、消费电子产品和硬件外围设备，这些都是信息、通信、协作和生产的手段。这类设备的生产和装配是一个利润丰厚的行业，主要将劳动外包给低工资国家，尤其是中国。这个行业的装配工人在工作时面临着被系统地剥夺生存必需品，如空间、光、空气，还要保护自己以避免生产过程中所伴随着的危险或不健康，更不用说被盗安全用品了（553）。ICT 制造业工人经常面临恶劣的工作条件，如缺乏防护设备、健康危害、不稳定的短期合同、工资低、缺乏工会支持、黄色工会、不安全的工厂环境、拥挤的宿舍、强迫劳动、工作时间长、重复和单调的劳动、军事管理风格、法律保护不足。信息资本主义是建立在高度剥削的工厂劳动的基础上的，这是国际数字劳动分工的一部分。（Fuchs 2014a，2015；也见本书关于劳动分工的第14章）

15.5 工人和机器之间的斗争

捣毁机器

在 15.5 中，马克思描述了把资本主义技术变成支配工人的主体，并帮助资本家把工人当作剥削对象，构成了工人与资本主义技术的对立，而工人历来以毁灭机器作为对这种对立的回应。马克思认为，在资本主义中，工人和机器之间存在一种"完全对立"(558)。图15.5可视化了这种对抗性的这种扬弃。

马克思认为工人倾向于反抗资本主义技术,因为"资本主义生产方式的物质基础"(554)"成为工人本身的竞争者"(557)并破坏了工人的生存条件(557)。马克思认为,技术的自动化和机械化用资本代替了劳动力,这往往会导致裁员,从而导致技术上的失业。工人变得不受保护,"就像停止流通的纸币卖不出去"(557)。此外,机器也将是镇压……罢工……最强有力的武器(562),因为技术的进步将允许机器取代工人,一旦工人失业,工人就会为生存而挣扎,并且使生产停滞的力量也极大削弱了。

机器破坏者,卢德运动:劳工和机器之间的斗争

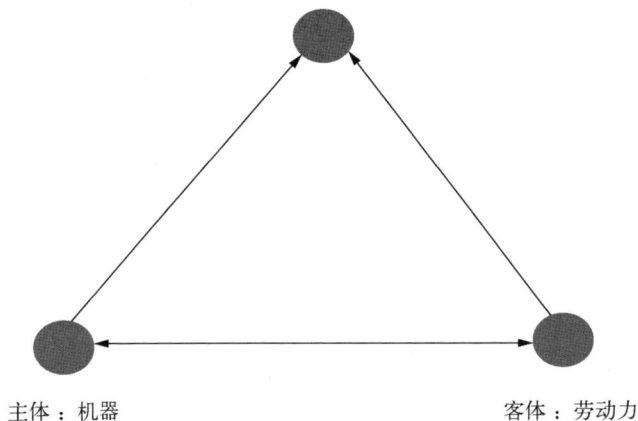

主体:机器   客体:劳动力

图15.5　机器的破坏是劳动和资本主义技术对立的扬弃

卢德运动

马克思指出,机械化历史上最可怕的例子之一是19世纪头40年(557—558)英国的手摇织机被动力织机取代。这使得许多工人失业。作为一种反应,在19世纪10年代,卢德运动出现在英国。它以一位名叫内德·卢德的织布工的名字命名。卢德是一名织布工,1770年,卢德为了报复受到的惩罚而破坏了他雇主的纺织机。该运动的成员摧毁了动力织布机,因为它使以前使用手摇织布机的工人失业。马克思认为,问题不在于技术本身,因此像卢德分子那样摧毁技术是不够的,抗议必须是对资本的攻击和反抗:

19 世纪最初 15 年，英国工场手工业区发生的对机器的大规模破坏，即所谓卢德运动，为西德茅斯、卡斯尔雷等反雅各宾派政府采取最反动的暴力行动提供了借口。工人要学会把机器和机器的资本主义应用区别开来，从而学会把自己的攻击从物质生产资料本身转向物质生产资料的社会使用形式，是需要时间和经验的。(554—555)

爱德华·P. 汤普森对卢德运动的分析

马克思没有详细分析卢德运动。咨询其他来源可以让我们更近距离地了解它。爱德华·P. 汤普森 (1924—1993) 是英国马克思主义历史学家，因《英国工人阶级的形成》(Thompson 1966) 一书而闻名于世。该书讲述了 18 世纪末 19 世纪初工人阶级斗争和工人阶级文化的历史。

汤普森对卢德运动进行了彻底研究，并用 130 页的篇幅来论述它（同上，第 14 章）。该运动存在于 1811 年至 1817 年之间，主要集中在兰开夏郡（破坏集中在动力织机上）、约克郡（破坏剪切机）和中部地区（针织工业）。（同上，484，521—522）

汤普森认为，这场运动是因为食物短缺、骚乱，以及作为英法战争 (1803—1815) 的一部分拿破仑在英法战争期间对英国贸易的禁运和封锁所导致的高物价而形成的；歉收推高了玉米价格；纺织业停滞不前；自由主义政治；和经济危机（同上，543）。在这种情况下，纺织业的许多资本家利用工人的弱点，推行机械化，目的是"压低工资""削弱……竞争对手，破坏工艺标准"（同上，549）。

汤普森将卢德主义解释为激进的工人阶级运动

汤普森认为卢德分子不是盲目抵抗机器（同上，552）的原始派（同上，543），而是创造了一个有组织和清晰表达的运动（同上，543），它有成为革命运动的趋势（同上，553），并彻底策划了攻击（同上，554）。它不是盲目地攻击机器，而是指向那些在新机器的帮助下降低工资和解雇工人的资本家（同上，564）。汤普森谈道，该运动遭到政府间谍和密探的监视，但他们很清楚如何通过密谋的方式组织起来和用成员宣誓来保护自己。

汤普森举了一个例子，约克郡哈德斯菲尔德（约克郡，西区）的一家制造商收到一封警示信：

> 刚刚得到消息，你有那可恶的剪羊毛机，有人要求我写信给你，给你一个公正的警告，让你把它们拆掉。……注意，如果在下周末之前未拆掉，我将派我的代理人，至少300人摧毁它们。另外，如果你给我们带来了麻烦，我们将烧毁你的房子来使你更加不幸，如果你厚颜无耻地向任何人开枪，他们会奉命谋杀你，烧毁你的所有住房。你要告诉你的邻居们，如果他们的相关设施不被迅速拆除，同样的命运在等着他们。（同上，558）

这封信的例子表明卢德运动是相当激进的。汤普森认为它既有革命的一面，也有主张宪法和议会改革的一面（同上，594，602）。1812 年的《破坏机器法案》将机器破坏定为重罪，并可能判处死刑（同上，535）。运动受到这一法案的限制，但它的要求，如加薪，也取得了部分的胜利（同上，556）。它不得不面对激烈的镇压（同上，556），最终成为宪法改革运动的一部分。（同上，556）

E. P. 汤普森将卢德主义解释为"反对不受约束的工业资本主义的感情的暴力爆发"（同上，550），争取"民主社会，这个社会中，工业增长应该根据伦理监管重点进行调节，对利润的追求服从于人类需求"（同上，552）。这是影响了卢德分子的暂时处于不断增长中的非法工会运动实践和成熟的工人阶级运动出现之间的过渡运动（同上，601）。他将其视为 19 世纪早期最先进的政治运动："人们可以将卢德主义视为工人阶级文化的一种表现，这种文化比 18 世纪所知的任何一种文化都更加独立和复杂。"（同上，601）

彼得·莱恩堡和埃里克·霍布斯鲍姆讨论卢德运动

马克思主义历史学家彼得·莱恩堡（Linebaugh 2012，13）认为，卢德运动的出现是对以下事实的一种回应："从公共领域的征用和劳动的机械化的相互作用形成了一个反馈循环"，以及工人们认为机器"伤害了公共性"（同上，16）。他说资本主义技术在 19 世纪 10 年代具有破坏性的潜力，200 年后依然如此。"福岛核事故不过是卢德分子反对机器的升级吗？……军工复合体的战争机

器和战争机器，源于试图通过 X^2 摧毁世界。"（同上，45）

马克思主义历史学家埃里克·霍布斯鲍姆（Eric Hobsbawm, 1917-2012），与汤普森相似，他用如下的方式来描述卢德分子：

> 诺丁汉郡、莱斯特郡和德比郡的卢德分子利用对机器的攻击，不管是新机器还是旧机器，作为迫使雇主在工资和其他问题上给予他们让步的手段。……这种破坏行为在国内和制造系统时期，以及在工矿生产初期，都是一种传统的、既定的工业冲突的一部分。它不仅针对机器，而且针对原材料、制成品，甚至是雇主的私有财产，这取决于这些企业对何种损害最为敏感。（Hobsbawm 1952，58-59）

对于霍布斯鲍姆来说，卢德运动因此是"通过暴乱进行集体谈判"。"在这些情况中——可能还会提到其他情况——对机器本身有敌意吗？在工业革命之前和早期，破坏只是工会主义的一种手段。"（同上，59）

互联网时代：21 世纪的卢德主义？

在 21 世纪，诸如"邮包的炸弹客"西奥多·卡钦斯基、深层生态学家和原始主义（一种倡导在没有科技的自给自足村庄生活的运动）等现象，有时被解读为 21 世纪的卢德主义的一种形式（例如参见 Jones 2006）。他们共同对现代社会和现代技术进行了激进的批判，同时也渴望人类生活在与自然的平衡中的乡村社区和前现代生活方式，当然，问题是这些是不是卢德主义的真正形式。

是拒绝技术而支持手工和体力劳动的卢德派浪漫主义者，还是反对资本主义的革命者？也许两者兼而有之。汤普森和埃里克·霍布斯鲍姆等马克思主义历史学家花了大量时间研究卢德派，他们认为，卢德运动首先是一场工人阶级运动。然而，对阶级和劳动的批判在邮包炸弹客、深层生态学家和无政府原始主义者的著作和实践中却相当缺乏。根据马克思主义历史学家的分析，卢德派首先关心的是美好生活、社会公地和让他们得以生存的工资。粉碎机器是他们的手段之一，但不是目的本身。反文明主义者渴望农业社会的前现代生活，他们浪漫地将体力劳动和农业劳动理想化，反对现代技术和电力。然而，这样的生活必须与辛勤的工作联系在一起，因此从本质上讲是不自由的。一个自由的社会需要从劳动中解放出来。

如果卡钦斯基、深层生态学和原始主义不是 21 世纪卢德主义的表现形式，那么当代会有类似的形式吗？

现代技术本身并不像反文明人士所认为的那样是邪恶的，而是像马克思所展示的那样，嵌入了资本主义的矛盾之中。但是仅仅摆脱资本主义的生产关系，然后在社会主义的框架内应用同样的现代技术是不够的。虽然核电站的工人可能会受到公平对待，但是核电站在社会主义社会中仍然是对人类、社会和自然的威胁。有些技术和使用价值是有害和破坏性的力量，它们应该被废除并被替代技术所取代。因此，尽管能源供应作为现代社会的一项至关重要的积极成就不应该被取消，但核能肯定是一种应该被取缔的危险存在。进步技术政治是卢德主义的，因为他们反对破坏性技术。但与此同时，这种政治并不是反现代的，而是想实现另一种现代性。例如，反现代性想要废除能源供应，而替代现代性想要用风能和太阳能等替代能源来替代核能和其他有害形式的能源供应。21 世纪的卢德主义反对破坏性的技术，并为另一种现代性而斗争，在这种现代性中，剥削被废除，技术服务于共享和人类利益当中。

为什么不退出互联网

那互联网呢？人们可以一遍又一遍地听到"我退出"的建议。例如，人们应该停止使用脸书，因为它利用用户并助长了监视；或者人们应该停止使用手机和无线互联网，因为它对健康的影响还未完全明了。如何停止使用网络？"Web 2.0 自杀机器"就是一个很好例子，它可以让用户删除脸书、我的空间、人际关系网和推特的个人资料。这个软件应用程序的开发者是这样描述它的目标的：

> 这台机器可以让你删除所有消耗精力的社交网络资料，消灭你虚假的虚拟朋友，彻底抛弃你的 Web 2.0 替身。……每个人都有权利断开连接。web 2.0 公司提供的无缝连接和丰富的社会体验是人类自由的对立面。用户被困在一个没有围墙的可以从世界任何地方进入的高分辨率全景监狱里。我们确实有一些偏执的想法，认为每个人都有权利在自动化机器的帮助下

放弃他的 2.0 版生活。……当我用 web 2.0 自杀机器自杀后，我该怎么办？试着给朋友打个电话，去公园散散步，或者买瓶酒，重新开始享受你的真实生活。①

并不是资本主义对社交媒体的应用和设计导致了对数字劳动力的监视和剥削，而是社交媒体本身被认为是不真实的，它孤立人类，破坏社会联系，疏远人类。尽管这一立场是反现代的，并针对在线交流本身——另类现代性认为在线交流是增强我们的生活和社会联系的一种可能性，但这一批判针对的是资本主义社会媒体的设计，即试图把互联网和我们的生活变成一个购物中心，将个人数据和社会关系商品化，并使人际交流成为企业和国家监视的对象。

另一种选择是不放弃社交媒体和互联网，但选择设计替代性的、非商业的平台并争取改革，遏制网络监控和网络剥削，使替代媒体获得权力、支持、能见度和关注。互联网不应该被废除，但应该从资本主义互联网变成社会主义互联网，这需要社会和互联网的质变。我们应该反对盲目相信技术决定论和技术能解决社会问题，但同时铭记为替代技术和使所有人过上美好生活的替代社会而斗争的重要性。因此，批判技术理论家和历史学家戴维·F. 诺布尔（David F. Noble，1945－2010）认为，反对"盲目信仰的霸权主义制度，理性要求抵抗的斗争不是为了救赎，而是为了生存"（Noble 1995，142）。

15.6 关于被机器排挤的工人会得到补偿的理论

萨伊定律

让·巴蒂斯特·萨伊（1767—1832）是法国古典政治经济学家，在其著作《政治经济学概论》中阐述了所谓的萨伊定律。萨伊定律的主要观点是，一种商品的供求总是相等的。萨伊认为，生产意味着需求，因为生产者会热衷于销售和把利润花在其他产品上，这样一来，一个行业的利润将惠及其他行业，一个行业的增长将导致其他行业的增长，而另一个行业的停滞将导致其他行业

---

① http：//suicidemachine.org/＃faq.（访问时间：2014 年 8 月 13 日）

的停滞。

值得注意的是，从一种产品被创造出来那一刻起，它就为其他产品提供了一个充分发挥其自身价值的市场。一旦生产者完成他的产品，他就迫不及待地想把它立即卖出去，免得它的价值在他手里降低。他也不急于处理他可能从中得到的钱，因为钱的价值也是易逝的。但摆脱金钱的唯一方法是购买某种产品。因此，仅仅创造了一种产品就立即为其他产品打开了一个出口。

因此，好收成不仅对农民有利，而且对所有商品的商人都有利。产量越大，种植者的购买量就越大。相反，歉收会影响大宗商品的整体销售。制造业和商业产品也是如此。一个分支机构的成功可以提供更多的购买手段，从而为其他分支机构的产品打开一个市场；另一方面，一个生产渠道或商业渠道的停滞，在其他所有领域都能感受到。(Say 1803，134 - 135)

萨伊的需求和供给理论

根据萨伊的观点，供给创造了需求，因此一种商品的供给和需求是相互对应的，也不可能出现生产过剩或消费不足的情况。萨伊认为，如果某一领域存在"大宗商品过剩"，那么这是因为其他大宗商品的产量不足（同上，135）。因此，生产一种商品过剩的资本会转移到另一种可以获得更高利润的行业是一种自然的趋势。此外，可以观察到，在一种商品造成损失的同时，另一种商品也在产生超额利润（同上，135）。如果一方面存在着亏损，同时另一方面产能过剩，那么这种政治分歧的根源就"被消除了"，因为"生产资料天然倾向于闲置的渠道，而这种渠道的补偿又使所有其他渠道恢复了活力"（同上，135）。

萨伊认为，如果一个行业采用新机器使人们失去工作，那么这在整个经济的层面上不会导致工作岗位的减少，因为这些工人可以在新机器带来需求增加的其他行业找到工作："把人类劳动和机器作为一个整体来看，在极端的假设情况下，即这种机器完全取代人类的劳动，但是人类的数量不会减少，因为产品的总数是一样的。"（同上，88）机器会使产品成倍增加。（同上，89）

马克思对萨伊定律的批判

马克思在 15.6 节中质疑萨伊定律。第一个论据与所涉劳动力的价值有关。他以地毯和机械工业为例（565—567）：如果工资为 1 500 英镑的劳动力被成本为 1 500 英镑的机器所取代，机械行业就会用这一销售价格来核算雇佣工人的工资、过程中使用的生产资料（包括原材料、生产机器的机器）和利润。因此，如果在机器生产工业中为机械师创造了新的工作岗位，那么就业劳动力的总价值可能少于那些使用新机器的行业所释放的劳动力的价值，这样就不可能补偿新的劳动力和失业的劳动力。

第二个论据是与失业率上升带来的负面反弹效应有关。马克思进一步指出，工人们往往用他们的工资购买消费品，以便生存和维持他们的劳动力。如果机器代替工人，那么这些工人就会从消费商品的"买者转化为非买者"（567）。另外，尽管现在许多国家有失业救济金，但是这些福利一般要少于失业者以前得到的工资，因此失业者会适当减少购买消费品，失业救济金往往不会阻碍人们对消费品需求的减少。需求的减少反过来会减少消费品行业的利润并造成此行业从业人员的失业："如果需求的这种减少没有由需求在其他方面的增加来补偿，商品的市场价格就会下降。如果这种情况延续的时间较长而且范围较广，生产这些商品所雇佣的工人就会被解雇……生产必要生活资料所雇佣的工人也从一部分工资中被'游离'出来。"（567）一个行业的失业率上升会对其他行业产生负面影响，并导致其他行业内工人的失业，因此自动化和机械化引发了失业的螺旋式增加和自我放大。

反对萨伊定律的第三个论据涉及技能差距：能够自动化的劳动力往往技能水平比较低，因为这些活动一般是相对标准化的，因此是机器最容易取代的。相比之下，从事机器开发和生产创造的劳动力往往需要具备失业工人不容易掌握的特殊技能。"这些因为分工而变得畸形的可怜的人，离开他们原来的劳动范围就不值钱了，只能在少数低级的因而始终是人员充斥和工资微薄的劳动部门去找出路。"（568）

举一个例子，许多国家已经开展了失业制造业工人的重新培训计划，向他们传授电脑操作技能。然而，问题是这些一直进行体力劳动的工人是否有兴趣和能力成为信息工作者。他们中的许多人不太可能在一夜之间成为软件工程师，因为这些知识专业需要特殊技能，而培训是复杂且耗时的。再培训是一个耗时的过程，不能快速解决因技术而导致的失业问题。

技术的本质与存在的辩证法

我在第1章中解释了黑格尔关于本质和存在的辩证法。为了解释资本主义中关于技术的辩证法，马克思在15.6中使用了这一逻辑。他认为技术在资本主义中具有对立性：

> 因为机器就其本身来说缩短劳动时间，而它的资本主义应用延长工作日；因为机器本身减轻劳动，而它的资本主义应用提高劳动强度；因为机器本身是人对自然力的胜利，而它的资本主义应用使人受自然力奴役；因为机器本身增加生产者的财富，而它的资本主义应用使生产者变成需要救济的贫民。（568—569）

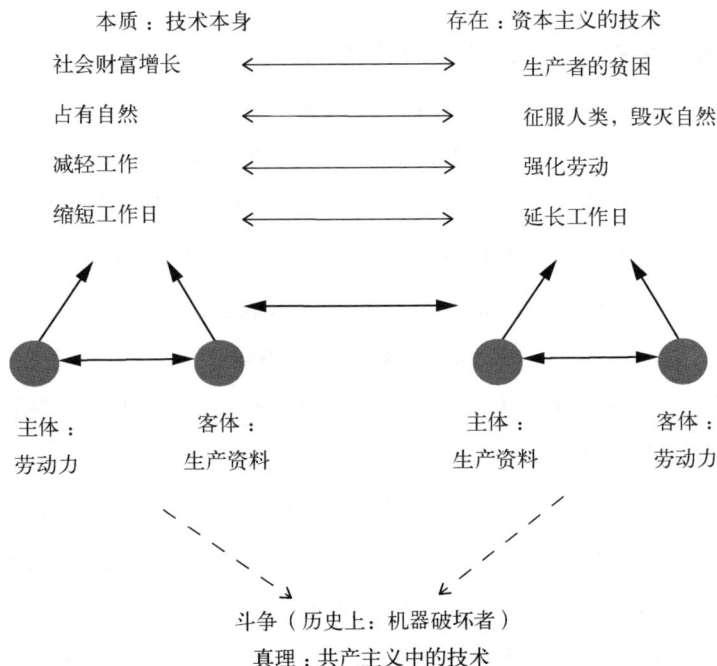

图15.6 资本主义技术的辩证法

在第15章中马克思也使用黑格尔关于本质和存在的辩证法来论证现代技术具有辩证性。他不反对现代技术，只反对阶级性，因此认为许多现代技术具有潜在的积极性，但是在阶级关系下变成了破坏性的力量，因此需要对现代技术和现代社会进行重建。图15.6描绘了现代技术的本质和存在的辩证法，它列出了马克思提出的现代技术最重要的矛盾。

马克思认为，许多现代技术本身具有改善人类生活的潜力，但在资本主义关系下，它们的形式和设计会导致社会问题，从而导致技术的本质和存在出现分歧。技术的手段—目的关系因此得到了反转，技术成为剥削和统治的工具。围绕技术的斗争是这种对抗的结果。马克思在15.5中分析的卢德分子运动就是一个例子。如果阶级关系和技术的阶级性被扬弃，那么现代技术的质的不同形式就会出现，这样技术的存在就可以与其本质和潜在的积极性相对应。某些固有的破坏性技术将不再存在，而其他技术则可以重新设计，新的技术也将出现。

资产阶级意识形态：技术作为一种拜物教

马克思认为，资产阶级经济学家和思想家将技术视为一种拜物教："对他们说来，机器除了资本主义的利用以外不可能有别的利用。"（569）技术拜物教将技术视为解决社会问题（技术决定论）的一种方式，要么本质是好的，要么本质是坏的，或者从工具的角度看技术只是为了增加货币利润。

作为最著名和被最广泛阅读的数字媒体出版物之一的《连线》杂志，其2014年9月英国版的主要特色集中在以下几个主题：

- "时尚前沿：费德里科·马尔凯蒂的公司Yoox（奢侈品电商）将奢侈品行业变为数字化"（86）
- "命运的召唤：《光环》（游戏软件）背后的游戏工作室Bungie（美国著名的电子游戏软件制作商）花了3亿英镑制造《命运》（游戏软件）。如果它不是有史以来最成功的游戏，那很可能被视为失败"（98）
- "一艘更大的船：Triple-E是马士基最新的，也是世界上最大的集装箱船型"（114）
- "灵感工厂：兴趣如何促进创造力"（122）

- "克雷格列表杀手：2011 年，3 名男子在俄亥俄州被谋杀，被看似无辜的克雷格列表广告诱骗而死"（128）
- "欧洲 100 家最热门的初创企业"——互联网行业，位于伊斯坦布尔、斯德哥尔摩、柏林、伦敦、阿姆斯特丹、特拉维夫、莫斯科、赫尔辛基、巴塞罗那和巴黎等地。——这是一个长达 34 页的特刊

其中一篇特刊关注的是一个经典的小报新闻（克雷格列表杀手），而其他几篇特刊只对新技术（奢侈服装在线零售商、商业计算机游戏、新船模型、兴趣的经济增长以及时装设计师和厨师等年轻专业人士的使用、新的互联网平台和移动应用程序）的生产和销售它们的资本主义公司（**Yoox, Bungie, Maersk, Pinterest**）表示倾慕。整体信息是资本主义很好，因为它带来了数字媒体世界和其他领域的技术创新。克雷格列表（网上大型免费分类广告网站）是一家资本主义公司，但它表示对利润不感兴趣，因此具有"相对非商业性"、"公共服务使命和非公司文化"。它设立的克雷格列表慈善基金为非营利组织、活动和组织提供补助金。据说，美国《连线》杂志报道了克雷格列表的一些负面消息：克雷格列表是一个至少对资本主义有疑虑的组织，而同一期的其他故事则在庆祝资本主义公司，这很能说明问题。媒体社会学家伊兰·费舍尔在对《连线》杂志意识形态和相关现象的深入研究中得出结论，它们是将网络技术"自然化、神学化和目的化"的数字话语和信息资本主义的表达（Fisher 2010，185）。《连线》中的意识形态和数字话语总体上是被马克思所批评的资本主义技术拜物教在 21 世纪的表现。

新技术的影响：数字化的例子

马克思认为，生产力的增长和扩展使知识和技术在生产中的重要性增加，导致新的经济部门的出现："一些全新的生产部门，从而一些新的劳动领域，或者直接在机器生产的基础上，或者在与机器生产相适应的一般工业变革的基础上形成起来。……目前（19 世纪 60 年代）这类工业主要是煤气厂、电报业、照相业、轮船业和铁路业。"（573）

英国印刷业是数字化影响的一个很好的例子。1986 年 1 月，伦敦的印

刷工人开始罢工，因为新闻国际公司想在沃平开设一家新的印刷厂，以印刷《时代》《太阳报》《世界新闻报》，它开始使用带有计算机排版的胶印而不是莱诺印刷。在莱诺印刷中排版是非数码的，并且用莱诺铸排机进行。印刷行业工会——国家图形协会（NGA）和图形及相关行业协会（SOGAT），担心新的印刷技术会使许多印刷工人失业。6 000 名罢工工人被解雇了。撒切尔政府已经将反工会立法（例如：雇主可以起诉工会以获得赔偿，引入无记名投票以进行工业行动，限制经营关闭的商店等），使默多克能够粉碎印刷行业工会，并采用替代方案在新的沃平工厂雇佣了以叛变的 EETPU（电气、电子、电信和管道工会——一个欢迎新自由主义政治的黄色工会）为代表的 600 名替代工人。EETPU 是一个电工工会，这意味着代替印刷工人工作的是电工。

自 20 世纪 80 年代以来，印刷业经历了进一步的巨变，如个人电脑特别是 Macintosh 电脑的影响、桌面排版和 QuarkXPress、Adobe Illustrator 和 Adobe InDesign 等专业的排版软件的出现，以及数字印刷机、网络出版、按需印刷、在线出版的开放、电子书、电子阅读器和平板电脑的兴起。表 15.1 显示，从 1981 年到 1990 年英国的印刷工人数量几乎减少了一半。同时计算机专业人员的数量增加了一倍，这表明新行业创造了新的员工，而其产品的应用降低了其他部门的就业率。

根据萨伊定律，如果一个行业在衰退而另一个行业在扩张，人们必须假设许多印刷工人已成为其他软件行业的工程师。然而，表 15.1 和 15.2 表明，不仅印刷工人的数量在急剧减少，而且诸如下水道工人、机床操作员、包装工、装瓶工、罐头厂工人和矿工等职业的工作岗位数量也大大减少。表 15.2 显示，英国制造业工人的数量从 1969 年的约 850 万下降到 2012 年的不足 290 万，这意味着该部门的就业人数在 45 年的时间内减少了 2/3。在同一时期内，制造业生产率增加了 2 倍以上，1/3 的工人生产的产量增加了 3 倍。根据马克思对萨伊定律的批判，大部分被解聘的工人不太可能已经提高了技能，并且找到了高技能的工作。

表 15.1　英国一些职业的员工数量的增长

	1981 年	**1990 年**	**2000 年**	**2014 年**
印刷机械管理员和助手	64 918	42 893		
排字工人、排字员、印前工人	21 303	20 235		
电子打字员和立体式打字员	10 086	8 861		
屏幕和块打印机	7 160	9 183		
印刷机	39 212	16 059		
打印后期处理和装订工人	14 989	9 073		
总印刷工人	142 679	88 370		
系统分析员和计算机程序员	96 113	212 892		
信息技术专业人员			451 000	847 000
缝纫工、刺绣工/缝纫机械师	187 494	166 244	74 000	32 000
机床操作员	275 289	109 982	N/A	N/A
包装工、罐装商、罐头制作者	253 808	192 532	157 000	152 000
煤矿工人	73 763	34 739	—	—
矿工（非煤炭）、采石场、钻井人员	13 236	15 518	15 000	9 000

（数据来源：1981、1990 年家庭调查；2000、2014 年劳动力调查）

表 15.2　英国制造业总就业人数和劳动生产率的发展

	1969 年	**1971 年**	**1979 年**	**1988 年**	**1998 年**	**2008 年**	**2012 年**
制造业	8 477 000		7 318 000	5 437 000	4 534 000	3 326 500	2 886 800
制造业的劳动生产率指数		42.1	49.8	70.9	90.3	133.6	

（数据来源：ILOSTAT［就业］，UNCTAD STAN［生产率］）

15.7　工人随机器生产的发展而被排斥和吸引。棉纺织业的危机

技术与就业/失业

在 15.7 中，马克思进一步讨论了新技术对就业和失业的影响。他认为，机器的引入可以在一个阶段扩大（吸引）就业，在另一个阶段减少（排斥）就业。

新机器的使用往往会增加工厂资本的有机构成，也就是说，不变资本的不断上升与可变资本的下降有关。如果采用新技术的行业有望繁荣，那么一个、几个或许多资本家可能会寻求投入比以前更多的资本；他们可能会倾向于从银行获得额外的贷款等方式用于这些投资。因此，工人和可变资本的绝对量可能会增加。与此同时，与以前的生产条件相比，不变资本份额相对于可变资本份额也会增加。当引入技术化、机械化和自动化时，可变资本的绝对上升伴随着可变资本相对不变资本的下降——即资本的有机构成的上升。在这种情况下，"工人人数不仅可能相对地减少，而且可能绝对地减少"（577）。

但是，这并不能保证是由于新技术而增加额外的资本和工人。马克思讨论了在兰开夏郡、柴郡和约克郡引入动力织机的例子，这导致工人从 1860 年的 94 199 人减少到 1865 年的 88 913 人。（576）

由于新技术的应用，工人总数可能会增加或减少。但无论如何，都存在这样一种趋势，即"随着机器体系的每一进步，由机器、原料等构成的不变资本部分不断增加，而用于劳动力的可变资本部分则不断减少"（578）。

帝国主义和通信技术

马克思认为，新机械往往增加对原材料的需求，因此资本帝国主义在全球寻找原材料的廉价来源。因此，大规模的工业将促进"外国的殖民地化"（579），并导致"国际分工"（579），"使地球的一部分转变为""服务于另一部分主要从事工业的生产地区"（580）。马克思在这里再次讨论了全球分工的话题，他在 14.4 中更加详细地讨论了这一话题。在本书的第 14 章中，我指出了新旧国际分工之间的区别：对于前者，殖民地充当了廉价原料来源和产品市场，至于后者，自 20 世纪 70 年代以来，部分生产过程被外包给发展中国家以节省劳动力成本。在这方面，人们可将前者称为"帝国主义"，将后者称为"新帝国主义"，这是一个比 20 世纪 90 年代流行的"经济全球化"这个积极概念更具有批判性的术语。马克思在关于 19 世纪劳动分工的论述中提到了这些，特别是印度成为大不列颠生产"棉花，羊毛，大麻，黄麻和靛蓝"的殖民地。（579）

在讨论 19 世纪的劳动分工时，马克思指出，运输和通信技术是组织帝国主义的重要工具："机器产品的便宜和交通运输业的变革是夺取国外市场的武器。"

（579）通信技术使全球信息传播成为可能，这是组织进出口（世界市场）、跨国公司商品生产和在国外劳动组织以及商品运输的必要手段。

技术和经济危机

马克思认为，技术在一个经济部门的增长和收缩——也就是说，在繁荣和萧条——中都发挥着作用：

工厂制度的巨大的跳跃式的扩展能力和它对世界市场的依赖，必然造成热病似的生产，并随之造成市场商品充斥，而当市场收缩时，就出现瘫痪状态。工业的生命按照正常活跃、繁荣、生产过剩、危机、停滞这几个时期的顺序而不断地转换。由于工业循环的这种周期变换，机器生产使工人在就业上并从而在生活状况上遭遇的没有保障和不稳定性，成为正常的现象。除了繁荣时期以外，资本家之间总是进行十分激烈的斗争，以争夺各自在市场上的份额。这个份额同产品的便宜程度成正比。除了由此造成的资本家竞相采用代替劳动力的改良机器和新的生产方法以外，每次都出现这样的时刻：为了追求商品便宜，强制地把工资压低到劳动力价值以下。

可见，工厂工人人数的增加以投入工厂的总资本在比例上更迅速得多的增加为条件。但是，这个过程只是在工业循环的退潮期和涨潮期内实现。它还经常被技术进步所打断，这种进步有时潜在地代替工人，有时实际地排挤工人。机器生产中这种质的变化，不断地把工人逐出工厂，或者把新的补充人员的队伍拒之门外，而工厂的单纯的量的扩大在把被逐出的工人吸收进来的同时，还把新的人员吸收进来。工人就这样不断被排斥又被吸引，被赶来赶去，而且被招募来的人的性别、年龄和熟练程度也不断变化。（580，582—583）

技术对就业具有不确定的影响，既有吸引劳动力的倾向，又有排斥劳动力的倾向。资本主义具有固有的危机倾向，这是影响就业和新技术使用的重要因素。总的来说，可以说资本家有提高利润的内在动因，他们利用更有效的节省劳动力的技术，降低工资、延长工作时间、把劳动力外包给低工资的地区和国家。鉴于资本主义技术的矛盾性和资本主义的扩张与收缩浪潮，劳动力面临着不同时期资本寻求额外劳动力和试图裁员的矛盾。

马克思以 1770 年至 1863 年（583—588）英国棉花产业的繁荣与萧条为例展开讨论。兰开夏郡是英国棉花产业的重镇。对于读者来说，应该知道埃德蒙·卡特赖特（Edmund Cartwright）在 1784 年发明的动力织机和由詹姆斯·布洛（James Bullough）和威廉·肯沃西（William Kenworthy）于 1842 年推出的兰开夏织机在一段时间内改变了棉花产业。兰开夏郡的棉花产业主要依靠进口美国奴隶在种植园采摘的棉花，成品布料则出口到印度、中国和非洲。美国内战（1861—1865）是一场关于扩张或废除奴隶制的战争，而南方各州的棉花工业是以奴隶劳动为基础的。因此，在战争期间，英国的进口陷入停滞，导致棉花危机。

欧内斯特·曼德尔谈新技术在经济增长和危机中的矛盾作用

欧内斯特·曼德尔以下列方式总结了新技术在经济增长和危机中的矛盾作用：

> 这些长时期中的每一个都可以再分为两个部分：一个初始阶段，在这个阶段中，技术确实在经历一次革命，并且，在这个阶段为新的生产手段所必需的生产基地必须首先要建立起来。这一阶段的特点是，利润率增长、加速积累、加速发展、以前滞胀资本的加速自我扩张，以及原来处于第 I 部类而现在已从技术上废弃的资本加速增值。紧接着是第二阶段。在这第二个阶段中，生产技术的实际变化已经发生了，也就是说，为新生产手段所需要的新的生产基地大部分都已经有了，只是要进一步扩大或从量的意义上说需要改进。现在的问题是使这些生产手段在所有工业和经济分支都普遍采用的这些新的生产基地上制造。决定在第 I 部类中资本积累以突飞猛进的速度扩大的那种力量，这时已经不复存在，相应地，这一阶段变成了利润退缩、积累逐渐减速、经济发展减速、整个已积累的资本尤其是新的额外积累的资本增殖越来越难、把自我再生产而慢慢增加的资本变为滞胀资本。（Mandel 1978，121）

作为长波理论的追随者，曼德尔认为资本主义经济的收缩和扩张是在大约50 年间一波接一波发生的。我在第 12 章中已经更详细地讨论了长波理论。这样的波动是不可能持续 50 年的。作出这样的假设几乎是宗教性的和玄学的，因为它会造成一种神秘的力量推动着资本主义的印象。人类行为和社会结构是复杂的，因此它们的发展在一定程度上是不可预测的。我们只能说，资本主义的历史就是经济危机的历史，资本主义的对立构成了它内在的危机倾向。资本主义没有危机是不可能存在的，但危机何时出现，扩张阶段持续多长时间，都不是预先确定的。也不能保证一定会出现经济回升。有迹象表明，资本主义即便经济刚刚回升，在一段持续的时间内仍然很容易受到持续的危机和波动的影响。

技术与利润率

马克思在 15.7 中指出，技术对资本主义经济具有双面的影响。因此，值得再次提及第 12 章中提出的一个观点：利润率是利润与投入成本之间的关系，或剩余价值与生产资料价值（不变资本和可变资本）的货币表达的关系：

$$ROP = \frac{s}{c+v}$$

如果我们将分子和分母除以 v，那么我们得到以下结果：

$$ROP = \frac{\frac{s}{v}}{\frac{c}{v}+1}$$

这个公式表明，利率取决于（a）剩余价值率，马克思也称之为剥削率，因为它描述了无偿和有偿劳动的关系，以及（b）资本有机构成，它代表了死劳动和活劳动的关系，不变资本和可变资本，以及机器/资源和劳动力的价值。利润率与剩余价值率成正比，与资本有机构成成反比。

新技术有可能提高剩余价值率和资本有机构成。新技术对利润率的影响取决于剩余价值率与资本有机构成之间的关系。如果资本有机构成的增长率增加超过剩余价值率的增长率，那么利率就会下降，反之，如果剩余价值的增长率超过有机构成，那么利润率就会增加。这方面的一个重要影响因素是阶级斗争，它影响可变资本（v）的绝对价值。无论如何，利润率的公式表明，技术的采用具有相矛盾的可能性：它既可以提高生产率，也可以剥削劳动力。马克思在15.7中也指出，由于新技术的影响，新兴或扩张的经济部门对劳动力的需求可能会增加，而技术也可能是那些自动化行业和增长潜力饱和的行业解雇工人的一个因素。

资本主义技术吸引和排斥工人的可能

图15.7总结了马克思在15.7中提出的要点之一：生产技术在资本主义中具有潜在的对抗性，它与资本主义经济的繁荣与萧条有关，并具有吸引和排斥工人的潜力，也就是说，在吸引与经济重组相一致的投资的新兴和扩张的产业中，会对劳动力出现临时性的需求，但在技术普及部门和创新技术广泛融入的经济中，会对先前扩张部门进行行业缩减。资本主义中的技术进步将工人转变为非工人，将非工人转变为工人；其对抗性质代表着工人和资本主义发展的不确定性。

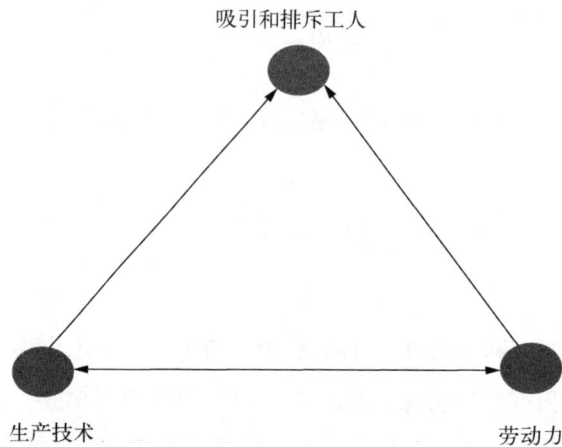

图 15.7 资本主义技术可以吸引和排斥工人

15.8 大型工业所引起的工场手工业、手工业和家庭劳动的革命

在本节中，马克思提供了机械如何推翻和改变国内工业中的工场手工业、

手工业和家庭劳动以及相关工作行业的例子。他指出了诸如对儿童和妇女的高度剥削、过度劳累和长时间工作；缺乏卫生设施、空间、光线和新鲜空气；职业健康危害、夜班工作、学校教育不足、工人死于饥饿、资本过度投资和商品过剩等问题。

举一个关于装订和印刷业的例子："伦敦的各家书报印刷厂由于让成年和未成年工人从事过度劳动而博得了'屠宰场'的美名。在订书业中也存在着这种过度劳动，这里的牺牲品主要是妇女、少女和儿童。"（592）

交往方式，时空湮灭与资本主义积累的加速

马克思认为，铁路和电报的兴起鼓励了需要在短时间内下达要求立即执行的大小订单的兴起（608）。这将会出现"劳动力耗费方面……毫无规则的情形"和"生产本身的无政府状态"（608）。海洋导航和通信手段将"打破了季节性劳动的固有的技术基础"（610）。马克思描述了交通运输技术如何加速了商品的生产和流通。在《政治经济学批判大纲》中，他将资本积累的加速描述为时间对空间的湮灭：

> 生产越是以交换价值为基础，因而越是以交换为基础，交换的物质条件——交通运输工具——对生产来说就越是重要。资本按其本性来说，力求超越一切空间界限。因此，创造交换的物质条件——交通运输工具——对资本来说是极其必要的：用时间去消灭空间。（Marx 1857/1858，524）

亚马逊的例子

亚马逊在 21 世纪已成为全球最大的零售商和网上商店。它销售音乐、书籍、电影、软件、婴儿用品、箱包、美容产品、汽车和摩托车配件、服装、电脑和笔记本电脑、外围电脑设备、工具、消费类电子产品、花园和户外用品、礼品卡、杂货、健康和个人护理产品、珠宝、厨房和家用电器、大型电子设备、灯具和灯具、音乐仪器、办公用品、宠物用品、鞋、运动用品、玩具、旅行配件、手表等商品。

对亚马逊的批评集中在军事监视和控制劳动力、零时和临时合同、低工资

率等问题上；降价使零售市场集中化，摧毁了当地的小商店，尤其是书店；避税、反对工会、泰勒式控制、设定绩效目标的高工作压力（这些目标由电子控制并由管理层通过纪律措施强制执行）、长时间的轮班或对仓库工人的高体力要求（他们每次轮班都要走很多英里）。

BBC记者亚当·里特在南威尔士的亚马逊斯旺西仓库卧底工作，制作完成了BBC全景纪录片《亚马逊：点击背后的真相》。他说："我昨晚行走了11英里（17.7公里）。……我从未做过这样的工作。压力令人难以置信。……那10个小时，我们基本上都是机器，我们是机器人。……我们不考虑自己。"麦可·马穆教授是英国著名的公共卫生学者之一，他在纪录片中对这段秘密拍摄的视频评论道："证据显示，这类工作的特点增加了患精神疾病和身体疾病的风险。……这是组织上的不公正。……组织结构的方式是不公平的，也是不公正的。"

马克思在15.8中描述了交通运输技术如何加速资本主义生产和流通。亚马逊是一个很好的例子，说明在21世纪，在互联网的帮助下，订购商品的速度是如何加快的，而这种加快的订购速度是如何伴随着仓库工人恶劣的工作条件和紧张的工作压力，以及这些工人面临的永久控制、威胁和健康危害。此外，这项工作收入低且不稳定。亚马逊将绝对剩余价值生产（工作时间长，工资低）与相对剩余价值生产相结合（通过以泰勒主义方式进行永久性评估，并通过一种试图提高劳动速度的压制性军事管理方式来评估和加速交付过程）。在亚马逊上订购书籍或其他商品会使分发流程不可见。相比之下，如果你在商店购买书籍或在超市购买杂货，你自己就会经历部分分销过程。在销售过程中，你也没有体验到商品如何进入货架，这是运输技术影响的结果。就亚马逊而言，分销过程几乎是隐形的，对消费者来说是匿名的。订购过程被认为是非物质的，没有人类接触，但实际上是由劳动力沉重的汗水和强烈的痛苦构成的。过一段时间，你可能需要签收你收到的包裹，但亚马逊已经考虑在无人机的帮助下通过空运提供所有包裹，这是商品流通自动化的进步。亚马逊所代表的商品分销的加速是以高程度的剥削为代价的。

15.9 工厂立法（卫生条款和教育条款）。它在英国的普遍实行

在 15.9 中，马克思讨论了 1867 年工厂法和 1867 年车间条例法所引入的教育和卫生方面的基本内容。他认为电报和工厂立法都是大规模工业的产物。(620)

资本主义与教育

马克思指出，资本主义剥夺了儿童的受教育机会，资本家和资产阶级知识分子认为教育对商业有害。由于工资微薄，19 世纪的父母被迫强迫他们的孩子在家里或工厂中工作。资产阶级思想家经常将这个问题作为道德问题，而不是将其视作一个涉及政治经济学、贫困工人以及由劳动剥削导致童工问题的议题。

马克思以印刷机对教育标准的影响为例进行了讨论：

> 例如，过去在英国的印刷业中，同旧的工场手工业和手工业制度相适应，学徒工是从比较简单的活过渡到比较复杂的活。他们经过一段学习时期，最终就成为熟练的印刷工人。凡从事这门手工业的人，都必须能读会写。随着印刷机的出现，一切都变了。印刷机使用两种工人：一种是成年工人，他们看管机器；另一种是少年，大多从 11 岁到 17 岁，他们的工作只是把纸铺开送到机器上，或者从机器上把印好的纸取下来。他们（特别是在伦敦）在一星期中有好几天要连续不断地从事这种苦工达 14、15、16 小时甚至往往一连劳动 36 小时，而中间只有两小时吃饭和睡觉的休息时间！他们当中大部分人不识字，他们通常都是非常粗野的、反常的人。

(615)

1870 年的《初等教育法》规定英格兰和威尔士所有 5 至 13 岁的儿童必须接受义务教育。童工在很大程度上被废除了。但资本主义在 21 世纪仍然对教育产生着负面影响。我们只需要考虑这样一个事实：许多国家的大学学费使来自工人阶级家庭的年轻人处于不利地位。一再有研究表明，来自工薪

阶层家庭的学生往往比来自中上层家庭的学生表现差。英国一项研究的结论如下：

> 数据显示，在普通中等教育证书（GCSE）考试中，有资格享受免费学校餐的白人英国学生中，有32%获得了5个及以上 A* - C 的成绩，而无资格享受的学生中这一比例达到了 65%……数据显示，在经济社会不利因素的影响下，白人英国学生成为分化程度最严重的族群。虽然贫困对某些民族在学校的成绩没有什么影响，但对享受免费学校餐的英国白人儿童却有巨大影响。综上所述，该研究认为，由于政府统计数据未能根据社会背景对白人英国族群进行区分，许多白人工人阶级学生的成绩令人担忧地偏低，这一情况被英国学校系统中白人中产阶级学生的成功所掩盖。实际上，将英国白人视为一个单一群体是极其误导人的。（Demie 2014，1）

共产主义社会的教育

马克思认为，共产主义社会摆脱了资本主义对教育的压力，因此有可能提高教育水平和成就。在这方面，他认同社会改革家和社会主义者罗伯特·欧文（Robert Owen，1771 - 1858）的观点：

> 正如我们在罗伯特·欧文那里可以详细看到的那样，从工厂制度中萌发出了未来教育的幼芽，未来教育对所有已满一定年龄的儿童来说，就是生产劳动同智育和体育相结合，它不仅是提高社会生产的一种方法，而且是造就全面发展的人的唯一方法。（614）

罗伯特·欧文是合作社运动的创始人之一。他创造了良好的工作条件下的工业经验，如新拉纳克工厂。欧文的思想、他的社会和福利计划，如儿童保育、通识教育和 8 小时工作制，就其进步的社会改革内容而言，是远远超过了时代的。关于教育标准，欧文表示：

> 按照这种分类和由此产生的社会安排，每一个人都将受到训练和教育，

使其所有才能和能力以已知最优的方式得到发展；同时，在新的外部事物组合下，这些才能和能力也会得到发展，这些外部事物组合是专门设计的，旨在不断激发人性中最美好、最可爱的品质……因此，他们的教育和条件都是平等的，除了年龄的区别，他们之间永远不会有人为的区别，也不会有任何其他区别。（Owen 1991，350）

生产力和生产关系的对立

马克思认为资本主义的技术是高度矛盾的：一方面它是资本主义剥削工人的手段，另一方面它将劳动力和生产资料社会化，并且不断提高生产力，这是一个没有匮乏和辛劳的社会的先决条件，在这种社会中，人类可以从事多种多样的、自己选择形式的创造性工作：

> 现代工业从来不把某一生产过程的现存形式看成和当做最后的形式。因此，现代工业的工艺基础是革命的，而所有以往的生产方式的工艺基础本质上是保守的……我们已经看到，这个绝对的矛盾怎样破坏着工人生活的一切安宁、稳定和保障，使工人面临这样的威胁：在劳动资料被夺走的同时，生活资料也不断被夺走，在他的局部职能变成过剩的同时，他本身也变成过剩的东西……这是消极的方面……用适应于不断变动的劳动需求而可以随意支配的人，来代替那些适应于资本的不断变动的剥削需要而处于后备状态的、可供支配的、大量的贫穷工人人口；用那种把各种社会职能当做不同的活动方式的全面发展的个人，来代替只是承担一种社会局部职能的局部个人。（617—618）

马克思指出，资本主义结构的负面引发了社会问题，而另一方面，它也蕴藏着巨大的潜力，是构建更加人道的社会的核心，然而这在阶级社会的框架内是无法实现的。"但是，一种历史生产形式的矛盾的发展，是这种形式瓦解和新形式形成的唯一的历史道路。"（619）

在第14章讨论劳动分工的时候，我指出，马克思恩格斯认为，共产主义使劳动分工得以扬弃，使一个全面发展的人，或者一个完全发展了的人，能够在共产主义中得到发展。这种发展的先决条件是经济高度发达，以便消除辛劳和匮乏。"人的自由全面发展"的概念是马克思一生都在使用的一个概念。它不仅出现在《资本论》第 1 卷的第 15 章，而且出现在《德意志意识形态》中，马克思和恩格斯（1845）指出，共产主义中，"任何人都没有特定的活动范围，每个人都可以在任何部门内发展，社会调节着整个生产，因而使我有可能随着自己的心愿今天干这事，明天干那事，上午打猎，下午捕鱼，傍晚从事畜牧，晚饭后从事批判"① （Marx and Engels 1845，53）。

马克思在 15.9 中指出了他所称的生产力和生产关系之间的对立：一方面，资本主义的技术为共产主义经济和社会的发展创造了潜力和基础，但在资本主义阶级关系下，却造成了危机、失业和社会问题。

信息技术和生产力与生产关系的对立

21 世纪的信息技术和互联网也是建立在阶级关系对立和当前的网络生产力基础上的。一个很好的例子就是，互联网通过点对点平台和其他技术实现了信息的自由共享，这一方面对文化的资本主义特性提出质疑，因此使音乐和电影行业动荡不安；但另一方面，在资本主义体系中，这也给那些要从文化产品中获取收入的资本主义艺术家带来问题。信息网络加剧了资本主义社会化生产与私人占有之间的矛盾：

> 由资本形成的一般的社会权力和资本家个人对这些社会生产条件拥有的私人权力之间的矛盾，越来越尖锐地发展起来，并且包含着这种关系的解体，因为它同时包含着把生产条件改造成为一般的、公共的、社会的生产条件。这种改造是由生产力在资本主义生产条件下的发展和实现这种发展的方式决定的。② （Marx 1894，373）

马克思在《政治经济学批判》的序言中说，"新的更高的生产关系"的"物

---

① 译文参照《马克思恩格斯全集》第 3 卷，人民出版社 1960 年版，第 37 页。
② 译文参照《马克思恩格斯全集》第 46 卷，人民出版社 2003 年版，第 294 页。

质存在条件"在旧社会的框架内"成熟"①，"在资产阶级社会的胎胞里发展的生产力，同时又创造着解决这种对抗的物质条件"②（MECW 29，263）。关于这种对抗的相似说法如下：

> 社会的物质生产力发展到一定阶段，便同它们一直在其中运动的现存生产关系或财产关系（这只是生产关系的法律用语）发生矛盾。于是这些关系便由生产力的发展形式变成生产力的桎梏。③（同上 29，263）

在《资本论》第1卷第32章中，马克思以如下方式阐述了生产力与生产关系之间的对立关系："它发展到一定的程度，就产生出消灭它自身的物质手段。从这时起，社会内部感到受它束缚的力量和激情就活动起来。"(928)

构成信息资本主义主要生产力的信息网络已经成为生产关系的枷锁。被现有关系所束缚的生产力不一定会自动地得到充分发展。个人能否获得自由还没有任何保证，只要他们允许自己被束缚，他们就可以并将继续被束缚。网络是自由交往的物质条件，但生产关系的协作网络不是网络生产力发展的自动结果。人们必须为构建真正的网络社会而奋斗——这是对网络资本主义的一种独特扬弃，由此网络共产主义成为"自由平等的生产者的联合体所构成的社会的全国性基础，这些生产者将按照共同的合理的计划自觉地从事社会劳动"④（MECW 23，136）和"每个人自由发展是一切人的自由发展的条件"⑤（同上 6，506），这种联合基于"各尽所能，按需分配"⑥ 这种原则（同上 24，87）。

这样一个社会的物质先决条件是存在的。然而，人类是否能够克服自身的奴役状态，并在足够程度上洞穿维持这种奴役状态的意识形态，从而打破束缚共产主义全面发展的资本主义枷锁，这一点尚不确定。网络预示了这样一个社

---

① 译文参照《马克思恩格斯全集》第 31 卷，人民出版社 1998 年版，第 413 页。
② 同上。
③ 同上书，第 412 页。
④ 译文参照《马克思恩格斯全集》第 18 卷，人民出版社 1964 年版，第 67 页。
⑤ 译文参照《马克思恩格斯全集》第 39 卷，人民出版社 1974 年版，第 189 页。
⑥ 译文参照《马克思恩格斯全集》第 25 卷，人民出版社 2001 年版，第 20 页。

会，在这个社会中，"脑力劳动和体力劳动的对立也随之消失"① （同上 24，87），"随着个人的全面发展，他们的生产力也增长起来"② （同上 24，87），"集体财富的一切源泉都充分涌流"③ （同上 24，87）。网络是发展的形式，也是资本主义的枷锁。从《资本论》第 1 卷第 32 章开始，我们可以说，在信息资本主义中，"生产资料的积聚和劳动的社会化，达到了同它们的资本主义外壳不能相容的地步"（929）。

马克思总结了 15.9 的摘要，他说工厂立法"在使生产过程的物质条件和社会结合成熟的同时，也使生产过程的资本主义形式的矛盾和对抗成熟起来，因此也同时使新社会的形成要素和旧社会的变革要素成熟起来"（635）。

15.10 大工业和工农业

现代科技与农业

现代工业和科技的兴起对农业农村地区产生了巨大的影响：

> 在农业领域内，就消灭旧社会的堡垒——"农民"，并代之以雇佣工人来说，大工业起了最革命的作用……资本主义生产使它汇集在各大中心的城市人口越来越占优势……（637）

在 10.5 节的讨论中，我指出城市化和农民失地问题并不局限于 19 世纪，例如中国的发展表明这种趋势持续到 21 世纪。

环境危机包括石油泄漏、臭氧层损耗、森林砍伐、沙漠化、核泄漏、全球变暖、物种灭绝、生物多样性丧失、大城市严重的空气污染和雾霾、水资源短缺和污染、致癌食品、土壤和水污染等现象。这是伴随着现代工业的发展而出现并加剧的。人类对环境的破坏在马克思生活的时代就已经显而易见，这就是

---

① 译文参照《马克思恩格斯全集》第 25 卷，人民出版社 2001 年版，第 20 页。
② 同上。
③ 同上。

为什么他认为"资本主义生产发展了社会生产过程的技术和结合，只是由于它同时破坏了一切财富的源泉——土地和工人"（638）。

15.11 如何避免将技术理论化：安德鲁·芬伯格的技术二元论

我在本章中已经论述过，马克思技术哲学的主要特征是他把技术和现代技术看作是内在辩证的。例如，我讨论了马克思如何在绝对剩余价值生产和相对剩余价值生产的辩证关系，本质和现象的辩证关系，技术和社会的辩证关系，生产力和生产关系的对立，主体和客体、手段和目的的辩证倒置，劳动和时间、必要劳动时间和剩余劳动时间的对立的背景下，把技术分析为一个辩证系统，以及他如何将技术置于社会斗争和危机的辩证现象的背景下来考察。

"技术批判理论"：操作自主性和技术规范

安德鲁·芬伯格（Andrew Feenberg）创造了一个技术理论，他称之为"技术批判理论"。然而，该理论却是一个展示了如何避免把技术理论化，以及如何未能充分理解和分析技术的辩证特征的恰当例子。在接下来的文段中，我提出我们需要一个辩证的技术批判理论，而芬伯格只是提出了一种技术二元论。

安德鲁·芬伯格在他的主要著作《技术转型：批判理论重思》（1991 年出版的《技术批判理论》的修订版）中，为批判技术理论奠定基础。

对芬伯格来说，两个关键词是"操作自主性"和"技术规范"：操作自主性是"管理者在其所监督组织的活动方面作出独立决定的自由"（Feenberg 2002，16/18），以及"在可替代的合理化方案之间作出战略选择的权力"（75）。技术规范是"在针对某一类普遍问题寻求技术上连贯的解决方案时所体现出的利益或目的的实现"（20）。

从马克思主义到"激进批判"

芬伯格对马克思的批评太过苛刻，甚至将他的主要著作第一部分标题定位"从马克思主义到激进批判"，正如他的主要著作的第一部分所提到的那样。他认为马克思有三种技术批评（同上，ch. 2）：

（a）一种实质主义产品批判，仅将技术的滥用视为问题所在，认为技术是中立的，并认为解决方案是场改变阶级关系的革命，而不是技术；

（b）一种对应用技术的生产过程进行批判的过程批判，并将理性规划视为解决方案；

（c）一种作为技术批判理论源泉的设计批判，该批判主张，"技术在其设计和发展过程中受到资本的社会目的的影响"（48），这意味着技术可以重新设计以摆脱资本主义利益的影响，"技术的社会影响取决于它的设计和使用方式"（同上，116）。

问题是，芬伯格并没有证实前两种观点（工具主义和决定论）是马克思著作中固有的观点。他忽略了这样一个事实：马克思技术概念的关键方面是辩证法。马克思认为，在资本主义中，技术是由阶级对立及生产力和生产关系、使用价值和交换价值、必要劳动和剩余劳动、不变资本和可变资本等对立面所塑造的。在资本主义社会和经济体系中，技术的存在伴随着各种对立和矛盾。

技术的设计批判

芬伯格认为，技术具有两面性，因为它可以由某种不同的"文明规划"（同上，53）来设计，即资本主义和社会主义。"阶级权力决定传统的双面潜能中哪一面将被实现。一种是像资产阶级权力这样的非民主权力，这种权力会消除威胁资产阶级统治的制度和技术创新。因为在社会主义下工人掌管技术，他们可以改变技术的本质，这样就在历史上第一次使统治阶级关注工场中的民主利益问题"（同上，53）。芬伯格当然不认为创造社会主义技术必须等到革命后的第二天，而是假设人们可以并应该现在就开始建立、设计和重新设计民主替代技术。这种选择总是在资本主义和社会主义之间："总之，现代技术开启了一个行为可以在社会体系中被职能化的空间，不管这种社会体系是资本主义的还是社会主义的。这是一个两重性的或'多元稳定'的体系，这一体系可以围绕着它所'偏向'的至少两极（即权力的两极）为中心来组织。"（同上，53）

对于芬伯格来说，社会主义和资本主义在技术的设计和应用之间存在着持续的斗争。技术是一种"处于不同可能性之间的'矛盾'发展过程"（同上，

15）。这是一个"斗争的舞台"和"一个社会的战场"（同上，15）。"技术发展是一个社会斗争的舞台，各种相互竞争的群体在这个舞台上都试图推进它们的利益和相对应的文明规划。"（同上，143）

芬伯格理论的困境

芬伯格理论的困境是多方面的：

- 芬伯格将辩证关系简化为社会主义技术和资本主义技术之间的不可避免的主观斗争，因此提出了技术斗争的决定论概念。"策略是被统治者对统治所作出的不可避免的回应。"（同上，84）"被统治者赢得了不同类型的自主性。"（同上，84）就像庆祝文化研究用米歇尔·德·塞尔托的作品来论证观众必然不断地抵制并颠覆性地解读意识形态和媒体产品一样，基于同样的影响，芬伯格最终对技术斗争产生了一种迷恋，没有意识到替代和斗争总是潜在的，但它们并不会自动且必然地出现，因为斗争可以被权力不对称、意识形态、压迫、暴力所遏制，批判理论家赫伯特·马尔库塞对此早有认识。芬伯格高估了黑客技术的力量，并为其披上了一层颠覆性的合理外衣。他是一个技术乐观主义者，就像技术悲观主义者一样，把分析建立在非辩证思维的基础上。

- 芬伯格低估了意识形态和压迫的作用，而这些因素正是芬伯格博士论文《理论与实践的辩证法》的导师赫伯特·马尔库塞在讨论社会运动时一直强调的。例如，马尔库塞警告说，由于外部压制和内部弱点，新左派在 20 世纪 70 年代初面临的问题如下：

> 大约在十年前，那些超越性的目标也变得明确起来：新道德观，感性的解放，"即刻自由"的要求，文化革命。统治集团对此并无准备。因此一个大规模的、公开的、进攻性更强的战略就有了可能。……今天制度已做好充分准备——以至于激进运动能不能作为一支政治力量存在下去都成问题了。……那么激进运动对这种新的状况作出什么反应呢？这一运动似乎已衰弱到了危险的程度，而且主要是由于权力结构方面法内和法外的高压镇压——这是一种严酷的暴力，而左派却没有相应的防御手段以对抗。这

种权力的动员凸显了新左派内部的种种弱点，主要的有两条：一是激进反
对派内部的意识形态冲突，二是缺乏组织性。（Marcuse 1972，36/108 -
109）

- 芬伯格在一种二元性和非辩证的态度中反对将资本主义和社会主义技术对立
  起来。首先，他因此忽略了资本主义技术及其背后的意识形态是如何吸纳并
  利用社会主义的概念、原则和语言的，从而使诸如馈赠、自由准入、参与和
  合作等原则长期以来成为资本主义进行劳动和技术管理的策略。其次，芬伯
  格的摩尼教式的（即激进的二元论）① 技术概念严格区分了善恶两种技术。
  他忽视了资本主义技术的某些方面可以解放，并应该继续在社会主义社会中
  使用，而另一些方面则需要重新设计，还有一些则不应该再使用，因为它们
  对人类和自然有害，同时，还需要发明新技术。与此同时，也不能保证社会
  主义技术不会沾上资本主义的特征，从而危害人类和自然，因此技术的重新
  设计始终是一个不断的挑战。资本主义技术可以包含社会主义的胚胎② （萌
  芽形式），社会主义技术也有转化为阶级技术的可能。芬伯格的二元论方法
  则无法把握这种辩证法。

- 马克思认为，例如，在《资本论》第 3 卷中，生产力的发展"为这样一些关
  系创造出物质手段和萌芽③，这些关系在一个更高级的社会形式中，使这种
  剩余劳动能够同物质劳动一般所占用的时间的更大的节制结合在一起"④
  （Marx 1894，958）。在社会中，一个核心不一定会催生新制度，这只是一种
  潜在可能。一个新的社会系统及其技术形态不是由核心本身决定的，而是由
  人类塑造和发展它的方式决定的。一项技术的真正形式和内容取决于人类实

---

① "摩尼教（即激进的二元论）"在原文中为 Manichean (i. e., radical dualist)，摩尼教是 3 世纪在
　巴比伦兴起的世界性宗教，它的主要教义是二宗三际论。其中，"二宗"指的是善与恶、光明与
　黑暗，摩尼教把光明和黑暗视为世界的本原。这种善恶二元论的宗教思想认为，光明与黑暗是两
　个互相对立的王国，谁也不生成谁，也不消灭谁。光明王国里充满善良、和平、光明等，而黑暗
　王国有烦恼、病痛、疾病等。善人死后可获幸福，恶人死后要进地狱。——译者注
② "胚胎"一词在原文中为"Keimformen"。——译者注
③ "萌芽"一词在企鹅版《资本论》中为"nucleus"，德文原版则为"Keim"。——译者注
④《马克思恩格斯全集》第 46 卷，人民出版社 2003 年版，第 928 页。

践是否以及如何将从旧社会系统中萌发的潜力转化为具体的事物。

- 芬伯格的技术理论也是二元论，因为它没有彻底分析资本主义技术与替代技术之间的对立关系。前者往往占据优势地位，因为它根植于资本积累过程和工具理性中，在积累资金、金钱、资源、人员、网络联系、影响力、声誉、知名度、关注度等方面，往往更容易。相反，替代性技术是基于某种非工具性的逻辑，它有利于民主、公共资源和公共利益，并倾向于对官僚主义、市场、资本、商品形式、私有制、广告等持怀疑态度。在资本主义世界里，这种立场处于战略劣势。在资本主义世界中替代性技术和媒体面临着政治与经济自主性同资源不稳定性以及自愿性、自我剥削性、不稳定性工作趋势之间的对立（Sandoval and Fuchs 2010；Fuchs 2010a，2014b；Fuchs and Sandoval 2015）。芬伯格的理论无法充分分析这一困境，也无法说明左翼政治可以如何克服这一困境。

机会与开放的拜物教

芬伯格认为技术的矛盾性在于"在被统治者和统治者的社会群体之间进行争论的可能性"（Feenberg 2002，79）。"然而，技术中介具有不可预测的结果。"（86）技术发展将是开放且未定的。芬伯格却忽视了这样一个观点：尽管技术始终对变革和争论保持开放态度，但技术斗争不是自动发生，也并非必然，因为资本主义社会中往往存在权力不对称。芬伯格倾向于迷信机会、非决定论和开放性。他最终提出了一种理论，该理论依赖于政治意志主义，以及对随机替代设计和使用以及技术占有的信任。

技术偏见

芬伯格引入了"技术偏见"概念，他的意思是"因为技术不是中立的，而是从根本上偏向于特定的霸权"（同上，63）。他所说的形式偏见是指"在引入由相对中立的元素构成的系统时，对时间、地点和方式所做的有偏见的选择"（81）。实质性偏见是指"应用不平等标准"，这些标准"看似公平"，但"往往与偏见相关联，包含对不同阶级、种族、性别或国籍的人进行区分的明确规范"（81）。

芬伯格在阐述这些复杂且晦涩的概念时，采用强调选择、成见和偏见的自由主义语言。相较于从根本上重新将权力分配给被统治者和被剥削者以及克服统治和剥削而言，通过增加多样性来提供更多选择、削弱成见和偏见则更为容易。因此，自由主义倾向于增加可选方案择的思路。"权力""统治""剥削"的概念比"选择""成见""偏见"更具有政治和规范色彩，在芬伯格试图将非对称性概念化的时候，靠前的这些概念就被忽视了。选择与行动不同：提供更多的选择并不意味着它们就会实现，因为只有行动才能将可能转化为现实。仅仅旨在增加和多样化选择是不够的；相反，替代性政治①应该要求并推进行动，确保社会主义项目得以实现，并有能力获得资源、影响力和声誉。

例如，像凯蒂·佩里（Katy Perry）或贾斯汀·比伯（Justin Bieber）这样的名人是拥有最多粉丝的推特用户，这并不是种族主义或民族主义等偏见的结果，而是反映了消费资本主义中一种根本的权力不对称，它为少数人提供名声、明星地位、金钱和声誉。社会主义技术和社会主义政治必须挑战这种权力不对称，并提供替代性的政策、技术设计、权力再分配方案，以及探索新的生产和所有权形式等，从而消除声誉、知名度、关注度、名望等的不对称积累。

芬伯格的技术二元论

芬伯格将整本书的一部分称为"技术辩证法"（Feenberg 2002，130-190）。通过技术辩证法，他理解了"技术导向"和"现实世界中的行动"（175）、初级和次级工具、技术和"一个更广泛的社会关系框架"之间的辩证法（177）。虽然芬伯格使用了"辩证法"一词，但他阐述了一种非辩证的、二元论的技术理论。技术理论只有批判性是不够的，我们需要一个辩证的技术批判理论。芬伯格未能提供一个可以充分分析技术辩证法的框架。这可能与他缺乏黑格尔的逻辑学和辩证法著作基础有关。芬伯格关于技术批判理论的主要著作（Feenberg 1995a，1999，2002，2010）的参考文献中没有黑格尔的任何作品。

当芬伯格试图将其理论应用于计算机技术时，他对技术的二元论观念显露无疑。他提出了"维护等级制度的原则"和"民主合理化原则"的对立（Feenberg 2002，92）。在某些情况下，计算机的设计和使用将以"加强监测和控制"的形式产生第一项原则，在另一些情况下产生第二项原则，以便"计算机化的

———————————

① "替代性政治"原文为"alternative politics"。——译者注

趋势激起了参与者的期望，而且有时也满足了这种期望"（92）。在这里，我们再次发现了一种非辩证的、摩尼教式的善恶计算机二元论，这种二元论不能充分理解资本主义媒体的复杂性和辩证对立：例如，YouTube（油管）、Facebook（脸书）、Pinterest、Instagram、Flicker 等资本主义社交媒体通过允许用户创建和分享内容，促进了用户的参与，从而增强了他们的文化能力。然而，同样的参与原则已经变成了持续监控的可能性，这是在线定向广告商业模式的核心，并已被美国国家安全局（NSA）和政府通信总部（GCHQ）等秘密机构所采用；作为像 Prism 和 XkeyScore 等大规模监控项目的一部分，这些秘密机构已获得对谷歌、脸书和其他通信平台上的用户数据的访问权限。参与原则并不像芬伯格想让我们相信的那样反对监控，相反，它已经成为监控本身的一部分。

参与式民主的前景无疑会因为国家和企业权力的交叉而受到损害，这种交集催生了辩证的两种原则，而芬伯格将这两种原则视为是对立的。在一个不对称的社会中，如果一个左翼政府为了揭露逃税、欺诈和犯罪行为，而对金融交易和涉嫌公司犯罪的公司进行监控，那么监控同样可以促进社会主义目标的实现。所以监控和社会主义不是对立的。一个社会主义社会当然会力求将监控的力度降至最低，但只要由于对立关系的存在而无法完全消除犯罪，它就可能不得不采用某些形式的治安手段，尽管这些对抗可能会以强度更低、范围更小的方式出现。

脸书和芬伯格的技术二元论

芬伯格的二元论方法在他对脸书网的分析中也很明显。他与金达勇认为，"尽管互联网上的社交网站商业化令人沮丧，企业和政府的监控也在剥夺我们仅存的隐私方面，但这个故事的另一面是鼓舞人心的。……显然，社交网络创建了一种具有相当大反抗潜力的新型民主公共领域"（Jin and Feenberg 2015，58-59）。这种观点是基于错误的技术决定论假设，即当代的抗议活动都是推特和脸书上的活动。他们认为，脸书既是商品化的领域，也是政治活动的场所，而后者更为重要。他们没有将这两种现象相互联系起来，最终得出了一种片面的技术乐观主义结论，认为技术存在的每一个地方都有斗争，而忽视了斗争所面临的矛盾。

以脸书为例，在世界许多地方，使用这个平台的活动家也受到了秘密机构、警察部队和威权政府的监控和暴力镇压。活动家的脸书群组已被暂时关闭（理由是脸书不允许匿名交流！），这种对立现象之所以存在，正是因为脸书作为资本主义组织往往不会同情活动家，且容易将控制权移交给国家权力等。相比之下，一个由活动家自己控制的以公共为基础的社交网络不太可能遭到此种吞并。金和芬伯格的技术决定论忽略了行动主义的这种辩证性。他们不加批判地颂扬脸书为行动主义带来的潜力。我自己对"占领运动"[①] 活动家使用社交媒体的研究（Fuchs 2014b）表明，（a）线上和线下沟通存在辩证关系（两者相互促进），（b）活动家看到了企业社交媒体接触公众方面的潜力与他们在使用这些平台时面临的商业和政治控制之间的矛盾。金和芬伯格的评估缺乏实证基础，是非辩证的且片面的。

在线教育和芬伯格的技术二元论

在谈论在线教育时，芬伯格同样无法理解当代技术辩证法的复杂性。他问道："以计算机为基础的新举措在对计算机作为教育技术的两种不同理解之间产生了分化。计算机是一种控制工具，还是一种传播媒介？"（Feenberg 2002，120）芬伯格再一次忽略了这样一种可能，即传播和控制不是二元对立的，而是在相互对立又相互渗透的辩证法中。所以，例如，传播已经成为企业社交媒体的经济控制原则，人们在网上交流越多，企业就可以获得更多的利润，从而可以投放和销售更多有针对性的广告。传播不是控制的二元对立面，社群不是商品的二元对立面。社会主义是一个由非工具性传播和社群统治的社会，但资本主义也可以吸纳进步原则。

国家：芬伯格理论的弱点和盲点

我并不是说替代方案不可实现，那将是一种失败主义的论调。我的观点是，我们应该辩证地思考替代媒体和技术，并讨论它们在资本主义中所面临的矛盾。替代的参与性设计和推动它们的社会运动是社会主义转型的必要组成部分，但它们并非万能，因为它们面临着资本主义结构中固有的矛盾。芬伯格理论的盲

---

① "占领运动"原文为"Ocuppy"。——译者注

点是国家在社会主义转型中的角色。当讨论生产资源的社会化、民主化和作为社会主义过渡过程一部分的替代创新时（同上，147—158），芬伯格没有提到国家可能扮演的潜在角色和问题，这给人一种印象，即他所说的要么是未来纯粹的乌托邦局面，要么是纯粹的唯意志论项目，而忽略了这些项目对法律变革和国家支持的迫切需求。

当芬伯格提到国家时，他是为了强调苏联存在的问题，因此左翼需要非中央集权的政治。"马克思认为，国家可以成为技术变革的主要推动者，但是共产主义运动的历史经验却表明马克思的这一观点是有局限性的。"（同上，ix）他谈到了"由国家推动文明变革的虚幻概念"（13），并说："我们需要的是自下而上的民主转型。"（同上，17/19）芬伯格着重强调了新社会运动的重要性（同上，62），以及工人阶级不是一个享有特权的政治主体（61）。他认为"技术的民主化""主要不在于"法律权利，"而在于主动性和参与度的问题"（Feenberg 1995b，18）。威权共产主义国家是一个问题，但它的存在并不意味着任何国家权力的使用对社会主义都是有害的。

芬伯格喜欢一再强调法国 Minitel 系统的例子（e. g.，Feenberg 2010，ch. 5；2002，118‑120），它被黑客从一个充当电子目录的信息系统转变为一个通信系统。"这个新颖炫酷的信息媒介摇身一变，成了一个热闹的电子交友场所。"（Feenberg 2012，7）芬伯格强调的是用户和社会公民如何使用和重新设计技术。他很少强调这样一个事实，即硬件和基础设施是由国有化非营利性的通信垄断公司 Poste、Téléphone 和 Télécommunications 引入的。因此，广告和商业并没有主宰这个系统，为用户开发和建立替代设计提供了更多便利。国家和民间社会相互作用，以便建立一个供其他交流用途的公共服务信息系统。

毫无疑问，任何国家都存在固有的权力不对称问题，且官僚机构往往倾向于集权并变得不再透明。但是，不能仅凭苏联的实际情况就错误地推断出，不可能存在一个能助力从资本主义过渡到社会主义的民主国家。问题在于资本主义国家和威权主义国家，而不是国家本身。社会主义政治如果不争取权利，不组建政府，不在议会民主框架内推动法律变革，就会处于战略劣势。例如，芬伯格谈到的"工作的民主化"（Feenberg 2002，17），但仅仅成立工人和消费者合作社是行不通的，也必须有法律来规范工作条件，并为自我管理的公司、企业税收、福利、最低工资和最长工作时间建立法律框架，以及维护和加强工会权利等。在当前条件下，活动家和政党不能逃避国家，他们至少必须向国家提出要求，否则，其政治理念将完全沦为空想。如果能维持左翼政党和运动、国家和公民社会之间的调和，那么在社会主义社会中，国家就可能不再是一个物化机构，而是能够在转型过程中转变为参与式民主。

芬伯格提出了一个纯粹消极的、无政府主义的国家的概念。但是，我也不认为社会主义政党治理的国家是解决问题的办法。左派需要建立社会主义运动和政党、非议会反对派和议反对派、公民社会和国家之间的联盟，作为激进的改良主义政治的一部分，而推进法律变革和制度改革，以改善社会斗争和社会运动的条件和资源。在社会主义过渡进程中，社会主义国家并不一定会自动发展。但如果社会运动和政党既能相互关联，又能保持独立，同时进行对话，这种可能性就会降低。

关键在于要在既定体制内外同时工作，并保持二者的持续沟通和紧密联系，以便在体制内部推动改革，同时增强外部力量，促使体制由内而外发生转变，为革命释放资源。政党与运动、组织与基层活动之间的互动虽不是充分条件，却是开展革命和创建一个充分实现民主政治和民主技术的社会所必不可少的。

社会运动的基层性质是其预兆性政治的一部分。鉴于社会运动往往缺乏资源和时间（同时活动者还需为生计奔波），基层民主和无休止的讨论也会限制、削弱运动，并导致宗派主义、新的控制形式和等级制度的出现。在资本主义不稳定性的现实下组织活动时，某种经过民主选举且负责任的层级结构，根据资源状况，也可能对社会运动起到支持作用。芬伯格未能详尽分析替代性项目和运动所遭遇的对抗性挑战，这对激进政治而言是一大遗憾。

赫伯特·马尔库塞：有组织的自发性

芬伯格的博士生导师赫伯特·马尔库塞比他的学生更了解运动和政党之间辩证关系的重要性。他认为，政治自发性只有成为组织的自发性时才能发挥作用。"内部的解体过程可能很大程度上呈现出去中心化的、弥散性的且主要为'自发性'的特征，在多个地点同时发生或通过'传染'扩散。然而，只有在赋予政治方向和得到组织的情况下，这些局部的功能失调和混乱点才能成为社会变革的核心。"（Marcuse 1972，42）对黑格尔和马克思的当代解读，可以启发我们避免囿于二元论的技术理论，并为构建辩证的技术批判理论提供帮助并奠定基础。

15.12　结论

第 15 章是《资本论》第 1 卷最长的一章。它的 10 个小节提供了丰富的信息和理论来源，分析了技术在资本主义生产方式中的所扮演的对立角色。

我们可以总结出马克思关于大工业对资本主义影响的一些主要观点。现代技术对资本积累循环（$M-C..P..C'-M'$）的各个环节都有影响。

技术对整个资本积累循环 $M-C..P-C'-M'$ 及阶级关系的影响

- 新经济部门：通信和交通运输业成为资本主义的重要经济部门。机器制造业应运而生。

- 阶级斗争：出现了资本和劳动之间的阶级斗争，如摧毁机器的卢德运动。

- 法律和议会的要求及变革：阶级斗争引发了对工作条件的法律规定和资本权利的限制要求。历史上，《工厂法》改善了资本主义经济中的工作、社会、教育和卫生条件，这些条件的改善是国家权力强制资本接受的。福利国家是工人阶级同资本斗争的历史性成果。

- 资本逃避限制其权力的法律：资本试图逃避限制其权力的法律，以减少工资和增加对劳动力的剥削，从而增加利润。

- 生产力和生产关系的对立：资本主义的技术是一种对立的手段：它既是剥削的工具，也是孕育共产主义潜力的手段。它是生产力与阶级关系对抗的核心。现代技术"使新社会的形成要素和旧社会的变革要素成熟起来"（635）。

- 帝国主义和国际分工：生产方式的变革催生了帝国主义和国际分工。殖民地成为廉价原材料的来源、廉价劳动力的供应地和商品的销售市场。

- 经济危机：现代技术嵌入资本主义危机周期中，它助推经济繁荣，也引发经济衰退，从而导致失业率的上下波动。现代技术既创造新的就业机会，又摧毁现有的工作岗位，使工人时而被雇佣、时而失业。

- 对利润率的矛盾影响：技术使用的增加对资本有机构成和剩余价值率有对抗性影响。两者都会提高，并且共同作用于利润率。
- 以体力劳动为基础的经济部门的颠覆：国内产业和制造厂中的家庭作业被大规模生产方式所取代，并带来了新的劳动分工，即人们操作与机器系统（机器协作）相连的不同机器。

技术对 M - C（购买劳动力和生产资料）的影响

- 就业：新技术可以暂时性地引起新兴和发展中行业对劳动力的需求增加。一旦增长潜力得到释放，这些行业就会停滞不前，经历成本削减、合理化调整和规模缩减。
- 萨伊定律的谬误：技术对就业和失业有矛盾影响。自动化劳动不太可能得到补偿（"萨伊定律"），因为新创造的劳动力价值往往低于失业的劳动力价值，存在负面反弹效应（失业导致的消费减少会损害消费品行业），并且存在技能不匹配的问题。
- 自然与科学：资本把自然力和科学作为生产手段。
- 机械代替劳动力，"因此，机器的生产率是由它代替人类劳动力的程度来衡量的"（513）。
- 儿童和妇女的劳动：机器降低了劳动对身体素质的要求，从而使更多的妇女和儿童被雇佣从事相对单调的劳动。
- 主客体、劳动力和机器的角色倒置：资本主义是"把工人转化为局部机器的有自我意识的附件"（614）。生产过程中主客体的角色发生了颠倒：人类成为资本通过技术控制的对象。技术如同一种使人与工作过程相异化的自动装置。
- 异化与去异化：大规模工业使劳动异化，同时也为"全面发展的个人"的实现（618）和劳动分工的消除孕育了可能。
- 农村生活和农业：大工业颠覆了乡村生活和农业模式，促使农民转变为雇佣工人；他们离开农村，搬到大都市，成为雇佣劳动者，因此城市化是资本主义发展的必然趋势。

技术对 P（商品生产）的影响

- 单调性：工厂劳动单调，在智力上造成异化。

- 从绝对剩余价值生产向相对剩余价值生产的转变：首先，机器的引进导致工作日大幅延长，直至达到了生理和经济的极限。其结果是人们对工作日法律限制的争取，从而促进了从绝对价值生产向相对剩余价值生产的转变，使得生产率的提升依赖于生产的技术化进程。

- 生产的加速和监管：资本家提高相对剩余价值率的另一种手段是通过加强监管、控制以及提高机器运转速度来加快劳动进程。

- 资本主义生产对健康的影响：生产的绝对和相对剩余价值对工人的健康有负面影响。

- 过度积累和生产过剩：资本过度投资和商品过度生产。

- 自然与劳动：资本主义和资本主义技术加剧了对工人的剥削和对自然的破坏，破坏了"一切财富的源泉——土地和工人"（638）。

技术对 $C' - M'$（商品销售）的影响

- 全球市场：大工业与现代技术推动了交通与通信手段的革新，从而开拓了新的全球及国际商品销售市场。

- 运输工具和销售加速：大工业催生了新的运输方式，使得商品能够更迅速地从一个地方运送到另一个地方，从而加速了销售进程。

- 传播手段和流通加速：大工业带来了新的传播手段，这些手段不仅加快了生产速度，还加速了销售和分销过程，亚马逊就是一个典型的例子。

生产力

生产力是一个系统，在这个系统中，主观生产力（人的劳动）利用技术生产力（客观生产力的一部分）来改造自然生产力（也是客观生产力的一部分），从而生产劳动产品。生产力系统发展的目标是提高劳动生产率，即提高单位时间内劳动所创造的产品数量（产品总量）。因此，马克思将生产力发展的概念定义为"劳动生产力的提高"。"劳动生产力的提高，我们在这里一般是指劳动过程中的这样一种变化，这种变化能缩短生产某种商品的社会必需的劳动时间，从而使较小量的劳动获得生产较大量使用价值的能力。"（431）

在资本主义生产关系中，生产力不只是生产人类财富和使用价值的手段，而且是剥削无产阶级劳动和加强这种剥削的手段，以便在单位时间内剥削更多的劳动，从而在相同的时间段内生产更多的商品，并创造出更多的剩余价值和利润。因此，马克思谈到了资本主义生产力与生产关系之间的对立。在"资本主义形式下，一切提高社会劳动生产力的方法都是靠牺牲工人个人来发展的；一切增加生产的手段都转变为统治和剥削生产者的手段"（799）。

我们是否生活在一个信息社会中？

马克思对生产力和生产关系的区分，有助于我们更好地理解关于信息社会的讨论。说到后工业社会，知识、网络或信息社会的出现，实际上是在描述生产力的变化：知识和信息技术已经变成了为资本积累而生产商品的重要工具。把这种转变定性为彻底的断裂或新社会的诞生是错误的，因为经济不仅由生产力构成，还包括生产力和生产关系的相互作用，或者如马克思所说的"生产方式"。

对信息社会假说（该假说认为信息社会将会出现）的一个主要反对意见是，我们仍然生活在一个阶级社会或资本主义社会中。这一反对意见提醒我们，一种将当代经济发展简单归结到生产力变化的解释，掩盖了资本主义阶级关系的持续存在且具有剥削性质的事实。论证认为，这种还原论构成了一种颂扬当代社会的意识形态，它掩盖并否认了生产力的变化是在剥削关系的内部发生、发展，并受其驱动的。

一般智力

资本主义与信息经济辩证地联系在一起：网络化生产力和信息化生产力是资本主义发展的产物，也是资本主义为提高生产力而不断驱动产生的结果。马克思知道，资本主义为了能够通过技术上加强对劳动的剥削来积累更多的资本，而总是试图颠覆现有生产力。在《政治经济学批判大纲》中，他预见了信息生产力的兴起，这是固定资本发展的必然结果，即资本的技术和有机组成不断提高，其特征是技术在生产中的作用日益增强，而活劳动的作用则相对减弱。在此背景下，马克思引入了"一般智力"的概念，用以描述知识在社会和经济中所起的作用：

> 固定资本的发展表明，一般社会知识，已经在多么大的程度上变成了

直接的生产力，从而社会生活过程的条件本身在多么大的程度上受到一般智力的控制并按照这种智力得到改造。它表明，社会生产力已经在多么大的程度上，不仅以知识的形式，而且作为社会实践的直接器官，作为实际生活过程的直接器官被生产出来。① （Marx 1857/1858，706）

马克思认为，通过技术发展，"整个生产过程"② 成为"科学在工艺上的应用"③ （同上，699）。"生产过程从简单的劳动过程向科学过程的转化……表现为同活劳动相对立的固定资本的属性"④ （同上，700）。因此，对于马克思来说，信息生产力的兴起与资本寻求技术途径以积累更多利润的需要有着内在的联系。社会在一定程度上已经信息化，正如对这一现象的讨论一样，都是资本主义发展的结果。

马克思在《政治经济学批判大纲》一书中强调，技术是科学知识的物化形式，因此，在生产力发展过程中，随着资本的有机构成的增加，经济和社会的知识特性也随之增强：

> 因此，知识和技能的积累，社会智力的一般生产力的积累，就同劳动相对立而被吸收在资本当中，从而表现为资本的属性，更明确些说，表现为固定资本的属性，只要后者是作为真正的生产资料而加入生产过程。因此，机器体系表现为固定资本的最适当的形式，而固定资本——就资本对自身的关系来看——则表现为资本一般的最适当的形式。……其次，从机器体系随着社会知识的积累、整个生产力的积累而发展来说，代表一般社会劳动的不是劳动，而是资本。社会的生产力是用固定资本来衡量的，它以物的形式存在于固定资本中，另一方面，资本的生产力又随着被资本无偿占有的这种普遍的进步而得到发展。⑤ （同上，694—695）

---

① 译文参照《马克思恩格斯全集》第31卷，人民出版社1998年版，第102页。
② 同上书，第94页。
③ 同上。
④ 同上书，第95页。
⑤ 同上书，第92—93页。

现代科学与技术的对立性

马克思在《政治经济学批判大纲》中也指出了现代科学与技术的对立性，这是他在《资本论》第 1 卷第 15 章中讨论的。一方面它提高了资本有机构成，使劳动变得更加多余，另一方面，资本主义又依赖于对劳动的剥削，因此现代技术引起了劳动和时间之间、必要劳动时间和剩余劳动时间之间的对立：

> 资本本身是处于过程中的矛盾，因为它竭力把劳动时间缩减到最低限度，另一方面又使劳动时间成为财富的唯一尺度和源泉。因此，资本缩减必要劳动时间形式的劳动时间，以便增加剩余劳动时间形式的劳动时间；因此，越来越使剩余劳动时间成为必要劳动时间的条件——生死攸关的问题。一方面，资本唤起科学和自然界的一切力量，同样也唤起社会结合和社会交往的一切力量，以便使财富的创造不取决于（相对地）耗费在这种创造上的劳动时间。另一方面，资本想用劳动时间去衡量这样造出来的巨大的社会力量，并把这些力量限制在为了把已经创造的价值作为价值来保存所需要的限度之内。生产力和社会关系——这二者是社会的个人发展的不同方面——对于资本来说仅仅表现为手段，仅仅是资本用来从它的有限的基础出发进行生产的手段。但是，实际上它们是炸毁这个基础的物质条件。[①]（同上，706）

这种生产资料与资本主义阶级关系的矛盾，孕育了共产主义的潜力。马克思设想了共产主义的面貌，并强调了技术在其中的重要性：

> 群众的剩余劳动不再是一般财富发展的条件，同样，少数人的非劳动不再是人类头脑的一般能力发展的条件。于是，以交换价值为基础的生产便会崩溃，直接的物质生产过程本身也就摆脱了贫困和对抗性的形式。个性得到自由发展，因此，并不是为了获得剩余劳动而缩减必要劳动时间，而是直接把社会必要劳动缩减到最低限度，那时，与此相适应，由于给所

[①] 译文参照《马克思恩格斯全集》第 31 卷，人民出版社 1998 年版，第 101 页。

有的人腾出了时间和创造了手段，个人会在艺术、科学等等方面得到发展。[①]（同上，705—706）

当他们已经这样做的时候，——这样一来，可以自由支配的时间就不再是对立的存在物了，——那时，一方面，社会的个人的需要将成为必要劳动时间的尺度，另一方面，社会生产力的发展将如此迅速，以致尽管生产将以所有的人富裕为目的，所有的人可以自由支配的时间还是会增加。因为真正的财富就是所有个人的发达的生产力。那时，财富的尺度决不再是劳动时间，而是可以自由支配的时间。[②]（同上，708）

马克思在《资本论》第1卷第15章中的一个主要观点（这一观点在1857/1858年的《政治经济学批判大纲》中已有阐述）是，资本主义中的现代技术延长和加强了劳动，同时它也孕育了共产主义的潜力，即有可能使所有人的劳动时间减少到最低限度。然而，在资本主义中，资本关系下的技术变革导致了一种趋势：一些人工作时间更长，而另一些人则面临工作不稳定或失业的风险。这反映了劳动分配上的错配问题。

拉多万·里什塔：科学技术革命

拉多万·里什塔（Radovan Richta，1924－1983）是一位来自捷克共和国的马克思主义哲学家。他编写了报告《面临抉择的文明》（Richta 1969），分析了信息化在现代社会中的矛盾作用，并引入了"科学技术革命"的概念。因此，里什塔引入了一个马克思主义版本的信息社会假说，这很大程度上受到了马克思《政治经济学批判大纲》的影响：

根据这些现实，资本本身呈现为一种持久的矛盾——一方面它把工作扩展到各个方面；另一方面，它竭力将必要劳动减少到最低限度。它调动科学力量、社会组织等，"使财富的创造不再依赖于劳动时间"，同时"却想用劳动时间来衡量由此创造出的巨大社会力量"。生产力的结构变革越

[①] 译文参照《马克思恩格斯全集》第31卷，人民出版社1998年版，第101页。
[②] 同上书，第104页。

快，财富的进一步创造就越不直接依赖于投入的劳动量，而越取决于在此过程中被激活的因素的力量，"这些因素的强大作用与它们生产所需的实际劳动时间无关，而更多地取决于科学的整体水平和技术的进步程度"（同上，82）。

科技革命在阶级社会中会产生负面影响，而要使其产生积极影响并朝着正确方向发展，就必须以人道主义的社会主义社会为基础：

> 科技革命按其内在逻辑，预示着有可能超越旧的工业分工，并以一种自觉的人类合作组织形式取而代之。在这种新形式下，经营与管理活动之间的冲突将不复存在，所有人的首要且普遍任务是应用科学。生产与劳动中的智力要素之间、体力劳动与脑力劳动之间的分裂也将消失。简而言之，在这种形式下，每个人都能通过创造性活动（无论形式如何）实现自我价值。（同上，127）

> 只有当每个人的生活都达到这样的水平，即每个人的创造性自我实现和自身发展也成为促进他人发展的手段时，社会才能克服手段与目的之间的矛盾，摆脱单纯的相互依赖，最终将人与人之间的普遍联系与合作转化为一种关系：每个人的自由发展是所有人自由发展的前提。唯有这样的关系，才能赋予社会真正的共产主义内涵。（同上，164）

> 根据现代人类学和心理学的发现，当人们的可支配时间增加到每周约30小时，即达到现在的三倍时（未来甚至可能更多），大众才有可能广泛参与科技革命（将工作与教育等紧密结合）。这意味着需要实行每周工作30小时、每年工作40周左右的制度，并大幅减少用于劳动力再生产的时间（降至每周约15小时）。据各种预测，这种情况有望在世纪末实现。届时，可支配时间将成为人类生活的核心；个人与社区的新力量将从闲暇时间中迸发，标志着人类潜能边界和生活需求的根本性转变。（同上，174）

讨论表明，马克思在第15章中描述的现代技术的对抗性特征，在生产力发展及由此带来的资本有机构成提高所催生的信息化/计算机化/网络化生产力的出现过程中，具有至关重要的历史意义。

第15章练习

小组练习（G）

项目练习（P）

关键词：机器体系，发动机，传动机，工具机，共享，无形损耗，绝对剩余价值生产与相对剩余价值生产的辩证关系，手段和目的的倒置，卢德主义，捣毁机器，技术拜物教，国际分工，殖民地，作为加速手段的交流方式，资本主义和共产主义教育，全面发展/全方位的独立人格，生产力与生产关系的对立，环境破坏

练习15.1（15.1）（G）

马克思在15.1中介绍了"机器体系"这个术语，并谈到了在大工业时代新通信手段的出现。

小组作业：搜集计算机在社会中的不同应用案例，并记录计算机的不同用途。列出清单后，对每个用途/应用进行分类，以明确计算机是作为信息、通信、合作、使用价值生产的工具，还是这些功能的组合而被使用。

查阅相关文献，为计算机下一个简洁明了的定义。思考你日常生活中使用的设备——哪些属于计算机？它们为何被视为计算机？计算机的必要元素有哪些？

练习15.2（15.2）（G）

在15.2中，马克思指出知识、科学和自然是资本家几乎不花成本就能无偿利用的公共资源。

讨论题：

• 当今社会，公共资源的重要性如何？请尝试对公共资源进行分类，并为每种类型举出实例。科学和技术在社会的公共资源中发挥着什么作用？公共资源与资本之间存在怎样的联系？

• 是否存在超越资本主义潜力的知识公共资源？如果能，能否给出一

些例子？在资本主义中，知识面临哪些矛盾？

· 互联网上的知识公共资源起着什么作用？维基百科上公开发布的百科知识是否使维基百科成了一个共产主义项目？如果是，那么在哪方面如此？如果不是，那又是为什么？共产主义知识规划具有哪些特征？

练习 15.3（15.3）（G）

在 15.3 中，马克思引入了技术和商品的"无形损耗"的概念。

分组工作：每组选择一种具有较高象征意义的通信技术。分析和记录其最新版本在广告（印刷、文字、图片、视频、网络等）中是如何表现出前瞻性、现代感和未来导向的？这些广告使用了什么样的意识形态和符号，它们有什么隐含的意义？商品如何表现为不同于旧版本或类似商品并优于旧版本或类似商品？

思考商品的象征性声誉和广告意识形态如何导致技术和商品的无形贬值。

练习 15.4（15.4）（G）

在 15.4 中，马克思指出，在资本主义体系下，技术不再仅仅是达成目标的工具，而是作为资本积累过程的一部分，将工人转变为资本和机器的附庸。计算机使得工作场所的控制和监视出现了新形式。

小组作业：请搜索一款能够监控员工电脑和网络活动的软件。访问该软件生产商的官方网站，记录下其宣传方式，并分析其如何运用意识形态语言将对员工的监控描绘成一件积极的事情。最后，请展示你们的研究成果。

练习 15.5（15.4）（P）

马克思在第 15 章中指出，19 世纪工厂的工作条件非常恶劣。被高度剥削的工厂劳动力在 21 世纪仍然存在，也同样存在于通信技术的制造和装配中。

请阅读以下文章，它提出了一种工作条件分类方法，并应用此方法研究了中国富士康工厂（负责组装苹果电脑和手机）的劳动状况：

Sandoval, Marisol. 2013. Foxconned labour as the dark side of the information age：Working conditions at Apple's contract manufacturers in China. in *Triple C：Communication，Capitalism & Critique*，11（2）：318‐347.

请个人或分组阅读此文章，并展示你们的研究成果。

福布斯 2000 富豪榜每年发布一次，这是对全球最大公司的排名。请查阅主要生产计算机硬件、消费电子产品和电子产品的跨国企业，然后列出这些企业的名单。

"中国劳工观察"是一个独立的非营利组织，"它与工会、劳工组织和媒体合作，对一些美国大公司在华生产玩具、自行车、鞋子、家具、服装和电子产品的工厂进行了一系列深入的评估"[①]。

"大学师生监察无良企业行动"（SACOM）"旨在将相关的学生、学者、劳工维权人士和消费者聚集在一起，监督企业行为，并倡导工人的权利……我们认为，最有效的监督手段是在工作场所与工人密切合作。我们与劳工的非政府组织合作，为华南地区的工人提供工厂内培训"[②]。

中国劳工观察与 SACOM 均发布了有关在华经营的大型资本主义公司工作条件的报告。在这两个网站上搜索有关福布斯 2000 年排行榜中发现的 ICT、硬件和电子公司的报告和分析。列出你所发现的工作条件差的公司，利用马里索尔·桑多瓦尔（Marisol Sandoval）的类型学对每个公司的工作条件进行分类。

练习 15.6（15.5）（G）

在 15.5 中，马克思讨论了卢德运动。

阅读爱德华·P. 汤普森对英国卢德主义的历史分析：

Thompson, Edward P. 1966. Chapter XIV：An Army of Redressers, in *The Making of the Englishworking Class*, New York：Vintage Books, pp.472‐602.

小组作业：每组确定一个当代政治运动或群体，现代通信技术在其中

---

① http：//www.chinalaborwatch.org/aboutus.html.（访问时间：2014 年 8 月 12 日）
② http：//sacom.hk/about-us/.（访问时间：2014 年 8 月 12 日）

扮演着重要的角色，且旨在推动技术变革。

请思考并讨论以下问题：

• 该运动指出了现代通信技术的哪些具体问题？

• 这些问题的根源是什么？

• 该运动提出了哪些解决这些问题的方案或建议？

• 所分析的运动/团体所倡导的技术政策与卢德运动有何相似之处和不同之处？

• 21 世纪的卢德主义可能具备哪些特征和品质？它与工人阶级运动有何联系？

最后，每个小组需展示其研究成果。

练习 15.7（15.6）（P）

马克思在 15.6 中引入了对技术拜物教的批判，并借助技术的辩证概念予以反对。

小组作业：每个小组分析一份特定的商业出版物（如彭博社、英国《金融时报》、《国际商业时报》、《经济时报》、《经济学人》、《华尔街日报》）。花一周时间观察出版物技术/计算/数字媒体/在线板块，数一数有多少文章表现出技术拜物教倾向，分析为什么会这样。讨论如何对这些媒体现象进行辩证分析，以及为了消除技术潜能与现实之间的对立，需要采取哪些措施。

练习 15.8（15.9）（G）

马克思在 15.9 中指出资本主义是如何对教育机会产生负面影响的。资本主义教育在 21 世纪仍然是一个阶级问题。

搜索你目前居住的国家或其他国家的教育系统（小学、中学、高等教育）的统计数据和分析。记录不同的家庭社会阶层背景的年轻人受教育程度是否存在差异。讨论这些差异从何而来，为什么存在，以及如何克服它们。

练习 15.9（15.9）（G）

在 15.9 中，马克思讨论了现代技术是如何成为"全面发展的人"和废除劳动分工的基础（618）。

讨论：如何让所有人都过上美好的生活？

技术的作用是什么？

一个"全面发展"的人今天会是什么样子？

是什么阻碍了人类在资本主义中成为完整的人？有哪些结构性障碍限制了人类的全面成长与繁荣？

技术在设置和实施这些限制方面的作用是什么？

在共产主义社会中，全面发展的个人与现代技术和自动化有什么关系？

练习 15.10（15.9）（G）

马克思在 15.9 中讨论了资本主义内部的现代技术时代是如何"同时使形成新社会的因素和变革旧社会的因素成熟起来"（635）。

讨论：当代资本主义内部存在并孕育着哪些共产主义力量和萌芽？技术在这些力量的发展中扮演了什么角色？又有哪些因素限制了它们的发展？如何克服这些限制？在共产主义社会中，这些力量的全面发展将会是怎样的景象？

练习 15.11（15.9）（P）

在 15.9 中，马克思论述了生产力与阶级关系之间的对立关系。

21 世纪这种对立表现在一方认为文化应是全民共享的免费公共资源，因此互联网上的点对点共享应合法且免费；而另一方面，即音乐和电影行业，则希望将文化商品化，并试图起诉如纳普斯特（Napster）和海盗湾（Pirate Bay）等共享平台。艺术家在这场冲突中处于矛盾地位，因为他们既是被行业剥削的雇佣劳动者，又依赖资本主义体系下其艺术形式带来的收入。

调查并记录四个集团的代表对这一问题的立场：

（a）音乐和唱片业；

（b）点对点和 Torrent 共享平台；

（c）不同政党和团体（包括海盗党、左翼/社会主义党等）；

（d）艺术家和艺术家协会。

分析并讨论这些观点之间的差异。对于互联网生产力与资本主义阶级关系之间的对立，有哪些解决方案？为何这一问题在资本主义体系内无法得到解决？在所记录的观点中，哪些全面捕捉到了对立的复杂性，哪些没有？

练习 15.12（15.10）（G 或 P）

小组作业：对跨国公司污染环境的环境犯罪进行调查和记录。

讨论这些犯罪的来源是什么，环境犯罪和资本主义是如何相关的，以及为了克服环境恶化需要做些什么。

第五部分　绝对剩余价值的生产和相对剩余价值的生产

马克思在第三部分关注绝对剩余价值的生产，第四部分分析相对剩余价值的生产。第五部分是第三部分和第四部分的辩证统一：论述了绝对剩余价值生产和相对剩余价值生产的统一、相互关系和结合。

16　绝对剩余价值和相对剩余价值

绝对剩余价值和相对剩余价值

在第 16 章中，马克思分析了绝对剩余价值生产与相对剩余价值生产的关系。绝对剩余价值生产指的是"把工作日延长，使之超出工人只生产自己劳动力价值的等价物的那个点"[①] (645)。相对剩余价值是指"通过以较少的时间生产出工资的等价物的各种方法来缩短必要劳动"(645)。第一种方法是关注工作日的长度；第二种方法"使劳动的技术过程和社会组织发生彻底的革命"(645)。马克思称"绝对剩余价值的生产"为"资本对劳动形式上的占有"，相对剩余价值的生产是"资本对劳动力的实际剥削"(645)。

劳动对资本的形式从属和实际从属

在形式从属中，不受资本控制的领域或活动变成了资本主义控制的领域或活动，但其内容不变。在实际从属中，已经从属于资本的活动或空间发生了本质上的变化，从而使劳动生产率和劳动强度发生了变化。

马克思在《直接生产过程的结果》一文中详细地论述了"形式从属"和"实际从属"的概念。该文作为附录印刷在英文企鹅版的《资本论》上。我建议读者参考它，也请参阅我在本书 27.2 中对它的讨论。

"相对剩余价值是绝对的，因为它以工作日超过工人本身生存所必要的劳动

[①]《资本论》第 1 卷第五部分的引文除了特别加注说明外，均参照《马克思恩格斯全集》第 44 卷，人民出版社 2001 年版。

时间的绝对延长为前提。绝对剩余价值是相对的，因为它以劳动生产率发展到能够把必要劳动时间限制为工作日的一个部分为前提。"①（646）虽然剩余价值的绝对维度和相对维度存在辩证关系，但绝对剩余价值的生产和相对剩余价值的生产是提高剩余价值增长率的两种截然不同的方法（646）。绝对剩余价值的生产构成资本主义制度的一般基础，是"相对剩余价值生产的起点"（645）。在第15章中，马克思指出，从历史上看，通过提高生产力来增加相对剩余价值生产的大规模工业的引入导致了工作日的延长，因为资本家希望在生产力更高的部门获得尽可能多的剩余劳动力，因此延长了工作日。只有阶级斗争和国家立法才限制工作日的延长。

自然与生产力

马克思区分了自然生产力的两个维度：（a）生活资料的自然富源，例如土壤的肥力，鱼产丰富的水域等等；（b）"劳动资料的自然富源，如奔腾的瀑布、可以航行的河流、森林、金属、煤炭等等"（648）。他认为，一个地区的自然条件越好，生产力就越高；但他也指出，工业化进程越快，这种自然影响发挥的作用就越小。

马克思指出，不同类型的经济有不同的财富来源："在文化初期，第一类自然富源具有决定性的意义；在较高的发展阶段，第二类自然富源具有决定性的意义。"（648/586）在生产力以农业（农业经济）为主的社会中，自然的作用比工业或信息的作用更为重要。在许多21世纪的社会中，信息工作已经成为经济的重要组成部分和部门。自然、工业和信息是21世纪财富的三种重要形式。

生产劳动的三个层次

马克思在第16章中也讨论了"生产劳动"的概念。他讨论了生产劳动的三个层次或形式。他还在《直接生产过程的结果》一文中指出了这一概念，该文收录在《资本论》第1卷英文企鹅版附录中。因此，我建议读者参考《直接生产过程的结果》以及我在本书27.3中对此的讨论。

生产劳动（1）：生产劳动的第一个定义是所有创造使用价值的工作都是生

---

① 译文参照《马克思恩格斯全集》第42卷，人民出版社2016年版，第525页。

产性的:"如果整个过程从其结果的角度,从产品的角度加以考察,那么劳动资料和劳动对象二者表现为生产资料,劳动本身则表现为生产劳动。" (Marx 1867,287)

生产劳动(2):马克思的第二个定义是,如果劳动为资本家创造剩余价值,那么它就是生产性的:

> 但是,另一方面,生产劳动的概念缩小了。资本主义生产不仅是商品的生产,它实质上是剩余价值的生产。工人不是为自己生产,而是为资本生产。因此,工人单是进行生产已经不够了,他必须生产剩余价值。只有为资本家生产剩余价值或者为资本的自行增殖服务的工人,才是生产工人。(644)

马克思举了一个生产劳动的例子(2):"一个教员只有当他不仅训练孩子的头脑,而且还为校董的发财致富劳碌时,他才是生产工人。校董不把他的资本投入香肠工厂,而投入教育工厂,这并不使事情有任何改变。"(644)在由税收资助的公立学校工作的教师,对马克思来说是生产工人(1),而不是生产劳动者(2),因为他没有为资本家创造利润。生产劳动者(2)是"资本增殖的直接手段"(644)。

我们不应忘记,马克思在第15章关于生产劳动(2)的讨论中并没有说雇佣劳动是生产劳动(2)的必要条件,这也意味着,如果结果是剩余价值和利润,阶级关系中的无偿劳动也可以是生产劳动(2)。例如,资本家在奴隶阶级的关系中运作,也就是说,他拥有奴隶的身体和思想,却不支付任何工资。另一个例子是无报酬假设(生产性消费),消费者为资本家创造价值,比如宜家家具,消费者自己组装家具;自助加油站,消费者取代加油站服务员的劳动;快餐店,如麦当劳,顾客是他们自己的服务员。所有这些劳动都有助于创造价值和利润,而且是完全无偿的。

生产劳动和总体工人

生产劳动(3)是指协作的或集体的劳动者的劳动(马克思在德语中称之为

Gesamtarbeiter），它包括所有有助于生产剩余价值和资本的劳动。马克思强调工作不是一个单独的过程。随着资本主义的技术化和生产知识的提高，工作变得越来越具有合作性和网络化，马克思对生产劳动的第三种理解也越有意义。劳动过程和经济越合作，劳动分工越扩大，就越需要更多不同形式的劳动来生产一种特定的商品。马克思用"总体工人"的概念分析了现代劳动的这种网络化、合作化的维度：

> 单个人如果不在自己的头脑的支配下使自己的肌肉活动起来，就不能对自然发生作用。正如在自然机体中头和手组成一体一样，劳动过程把脑力劳动和体力劳动结合在一起了。后来它们分离开来，直到处于敌对的对立状态。[①] 产品从个体生产者的直接产品转化为社会产品，转化为总体工人即结合劳动人员的共同产品。总体工人的各个成员较直接地或者较间接地作用于劳动对象。因此，随着劳动过程的协作性质本身的发展，生产劳动和它的承担者即生产工人的概念也就必然扩大。为了从事生产劳动，现在不一定要亲自动手；只要成为总体工人的一个器官，完成他所属的某一种职能就够了。上面从物质生产性质本身中得出的关于生产劳动的最初的定义，对于作为整体来看的总体工人始终是正确的。但是，对于总体工人的每一单个成员来说，它就不再适用了。（643—644）

现在出现的问题是总体工人的作用范围或界限在哪里。边界可以在单个工厂、行业或整个社会的级别上划定。自治主义马克思主义者强调在整个社会级别上划定其边界的观点，他们谈到了"社会工厂"的出现，这个概念最初是由马里奥·特隆蒂提出的。（1962）

总体工人和《政治经济学批判大纲》

随着固定资本和生产力的发展，"总体工人"概念越来越重要。随着生产力

---

① 马克思在这里强调了一点，我在前几章的讨论中已经多次强调过：所有的工作者都需要大脑和身体的结合。然而，作为资本主义分工的一部分的质的差异，在控制、拥有和指挥生产的人与必须遵循既定秩序的人之间创造了等级，以便阶级关系塑造所有权和资本主义公司的管理。

的提高，越来越多的"部分生产时间就足以满足直接生产的需要"①　（Marx 1857/1858，707）。因此，社会有可能"以便（在物质生产过程本身内部）把这一部分财富用到非直接生产的劳动上去。这就要求已经达到的生产率和相对的富裕程度都有高度水平，而且这种高度水平是同流动资本转变为固定资本成正比的"②（同上）。剩余劳动力可以用于生产固定资本和流动资本，如"修建铁路、运河、自来水、电报等"③（同上）。

劳动社会化表现在总体工人身上，表现在生产力和生产关系的对立中，这预示着共产主义的出现，在共产主义中，可支配时间是衡量财富的标准。一旦"工人群众……占有自己的剩余劳动"④，"所有的人的可以自由支配的时间还是会增加。因为真正的财富就是所有个人的发达的生产力。那时，财富的尺度决不再是劳动时间，而是可以自由支配的时间"⑤（同上，708）。只有人类的实践才能实现共产主义的前景。历史不会自动发展，因为资本的"不变趋势一方面是创造可以自由支配的时间，另一方面是把这些可以自由支配的时间变为剩余劳动"⑥（同上）。

如果有生产劳动，那么一定也有非生产劳动。生产劳动和非生产劳动之间的区别不仅是一种分析工具，而且是一种政治工具，它可以确定阶级斗争中能够带来社会变革的重要和不重要的角色。"非生产劳动"概念的含义是，在克服资本主义所必需的政治变革过程中，那些被指为从事非生产劳动的人是不重要的、次要的甚至是寄生的因素。

马克思主义女权主义、再生产劳动和生产劳动

长期以来，马克思主义女性主义者一直反对将家务劳动贬低到次要或非生产劳动。她们认为，在资本主义社会，再生产劳动是生产劳动。有几个例子可

---

① 译文参照《马克思恩格斯全集》第 31 卷，人民出版社 1998 年版，第 102 页。

② 同上。

③ 同上书，第 103 页。

④ 同上书，第 104 页。

⑤ 同上。

⑥ 译文参照《马克思恩格斯全集》第 46 卷，人民出版社 1980 年版，第 221 页。

以说明这种情况，尽管本章没有详细讨论的空间。马克思主义女权主义者玛利亚罗莎·达拉·科斯特和谢尔玛·詹姆斯（Dalla Costa and James 1972，30）挑战了正统马克思主义关于再生产劳动被排除在"社会生产力之外"的假设。与此相反，社会主义女权主义者的立场则认为："家务劳动不仅生产使用价值，而且对剩余价值的生产也至关重要"，"雇佣奴役的生产力"是基于"无工资的奴役"，"资本主义将规模巨大的社会服务变成了私人活动，并放在了家庭主妇的肩上"（同上，31）。马克思主义女权主义者齐拉·爱森斯坦（Eisenstein 1979，31）认为，性别分工保证了自由的劳动力资源和廉价的劳动力资源。

马克思主义女权主义者玛利亚·米斯（Mies 1986，37）指出，女性被剥削有三层含义："她们遭受着男性的剥削，同时作为家庭主妇也被资本剥削。如果她们是雇佣工人，那么还会以雇佣工人的身份被剥削。"资本主义生产将建立在"对非雇佣劳动者（如女性、殖民地居民、农民）的过度剥削基础之上，而雇佣劳动的剥削则是以此为基础的。我之所以将这种剥削称为过度剥削，是因为它不仅仅基于资本家对超出'必要'劳动时间之外的时间和劳动的占有（即剩余劳动），而是直接剥夺了人们为自身生存或维持生产所必需的时间和劳动，且这种剥削并未通过工资来补偿"（同上，48）。

米斯还提醒我们，女性的生产力是男性生产力的前提。因为"女性始终都是新的女性和男性的生产者……没有这种生产，所有其他形式和生产模式的生产都会失去意义"（同上，58）。维持生计的生产将创造人类生存的基本使用价值——生产生命本身，在很大程度上，正是女性的非雇佣劳动创造生命，从而为资本创造生产力。（同上，50）

福图纳蒂（Fortunati 1995）认为，再生产劳动是有生产力的，因为"它通过生产和再生产劳动力"（同上，70）和"劳动力的使用价值"（同上，69），"以商品的形式生产和再生产个人"（同上，70）。

"总体工人"概念［生产劳动（3）］强调再生产劳动和其他无偿劳动对资本主义存在的重要性。再生产劳动产生劳动力，如果资本必须支付家庭中所有的劳动并由国家提供资金（即在大多数国家主要是由工资税而不是利润提供资金），那么它的利润就会低得多。无报酬的再生产劳动提高了资本的利润；这是资本利用的一种免费资源，但它没有或几乎不为之付出代价。

再生产劳动的作用：一个例子

价值是指生产一种商品所需的平均时间。劳动力是价值、商品、利润存在的必要成分，它不是单纯地存在，而是需要由再生产劳动永久地再生产出来。因此，在计算一种商品的价值时必须考虑到劳动力再生产所需的平均小时数。例如：生产一辆汽车平均需要每小时 10 个工人工作。我们假设他们的平均时薪是 10 英镑，每辆车的平均利润是 900 英镑，因此，剩余与必要劳动时间的关系是 900/100＝9。这表明，在这种情况下，无酬劳动是有酬劳动的 9 倍。从价格回到价值层面，这意味着在本例中每小时只有 6 分钟是付酬的，54 分钟没有报酬。考虑到生产一辆车需要 10 名工人的共同劳动，那么我们生产一辆车总共需要 540 分钟的无偿劳动。我们还认为，他们都有家庭，而家中的妇女负责所有的家务劳动。资本家生产一辆车不仅要消耗 540 分钟的无酬劳动，还要消耗 10×1 小时＝10 小时的无酬再生产劳动，后者构成并再生产了 10 个工人的劳动力。因此一辆车的总生产时间不是 10 小时的工作时间，而是 20 小时或 1 200 分钟。在这 1 200 分钟中，只有 60 分钟是有酬工作时间，而 1 140 分钟是有薪工人和再生产工人的无酬劳动时间。

然而，存在这样的可能性，即在一个家庭中，总的再生产劳动不仅支撑着一位，而是多位有酬工人的生活。在这种情况下，再生产劳动时数的总数需要除以家庭中有酬工人的人数。

无偿信息劳动与生产性劳动：达拉斯·斯麦兹的方法

那么在资本主义媒体环境下进行的无偿信息劳动呢？是生产劳动（1）（2）（3），或什么都不是，还是其中一些？一个很好的例子就是资本主义社交媒体平台的使用，如脸书、推特、谷歌/油管、百度、新浪微博（详见 Fuchs 2014a、2014c、2015）。

达拉斯·W. 斯麦兹（1907—1992）是加拿大媒体与传播学的政治经济学家。他也是该领域的奠基人之一，因此在该领域的发展中发挥了至关重要的作用。斯麦兹（Smythe 1977，1981）引入了"受众商品"的概念，用于分析媒体广告模式中受众作为一种商品出售给广告商的情况："因为受众的力量是被生产、销售、购买和消费的，它有其价值，是一种商品。……受众贡献你们的无偿工作时间，作为交换，你们将获得节目材料和明确的广告。"（Smythe 1981，26，233）受众"通过市场……为自己推销商品"（同上，4）。"大众传媒的主要功能……是要让受众做好成为忠实消费者的准备。"（Smythe 1994，250）工作不一定是雇佣劳动，而是一个一般的范畴——"做一些创造性的事情"（Smythe 1981，26）。

斯麦兹提出了这样一个问题：谁生产商业广告资助媒体的商品？

> 从唯物主义的角度出发，我现在回答"在垄断资本主义下，什么构成了可以大规模生产且由广告商承担的传播商品的形式？"关于这一问题，我给出的答案是：受众和读者（下文简称为"受众"）。在垄断资本主义制度下，现实情况是：大多数人除了睡眠时间，所有时间都是工作时间。这种工作时间，被用于一般商品的生产，即人们通过工作获得报酬以及成为受众的一员），以及，用于劳动力的生产和再生产（报酬包含在他们的收入中）。在非工作时间，受众的绝大部分时间被卖给了广告商。①（Smythe 1977，3）

> 受众的工作就是要学会相应地花费他们的收入去购买特定"品牌"的消费品。简而言之，受众努力创造对广告中商品的需求，而这也是垄断资本主义条件下广告商的目的。与此同时，受众们也在再生产着自己的劳动力。（同上，6）

斯麦兹强调了再生产劳动对于资本主义的重要性，并指出在消费资本主义中参与商业媒体和文化活动是再生产劳动的一种重要形式："在垄断资本主义制度下，现实情况是：大多数人除了睡眠时间，所有时间都是工作时间……在非工作时间，受众的绝大部分时间被卖给了广告商……受众出售给广告商的时间，包含着两个部分：（1）为商品生产者履行必要的营销职能；（2）劳动力的生产以及再生产。"（同上）

---

① 译文参照达拉斯·W. 斯麦兹、杨嵘均、操远芃《大众传播系统：西方马克思主义研究的盲点》，《国外社会科学前沿》2021（09）：50-65。

商业大众传媒的四个目的是：

1. 消费者供给；

2. 占有性个人主义意识形态的传播；

3. 试图为国家政治争取支持；

4. 试图使大众传媒自身有利可图。（同上，20）

斯麦兹的方法在媒体和传播的关键政治学领域内引起了对商业媒体性质的持续辩论，这种辩论也被称为"盲点辩论"（见 Smythe 1977；Murdock 1978；Smythe 1978；Livant 1979；Meehan 1984；Jhally and Livant 1986/2006；Fuchs 2012；McGuigan and Manzerolle 2014）。

格雷厄姆·默多克（Murdock 1978）在"盲点辩论"中指出，观众商品只是媒体政治经济中的几个要素之一，除此之外，还有内容的销售和欧洲强大的公共服务系统。他还强调，企业媒体在资本主义中具有意识形态作用。在 2014 年的一篇投稿中，他回顾了自己与斯麦兹的辩论。他指出，他在英国长大，那里的每个人都习惯了把 BBC 视为一个强大的公共服务机构。然而，在北美，公共服务并不是理所当然的，斯麦兹参与了加强其在媒体领域作用的斗争。"受众商品"概念对于理解数字时代的剥削具有至关重要的意义。然而，数字媒体环境不仅受到商品化的影响，而且具有出现数字公共资源的巨大潜力。格雷厄姆·默多克指出，在数字媒体的背景下，重新考虑"受众商品"和"受众劳动"的概念是非常重要的。

批判斯麦兹

正统马克思主义理论家迈克尔·莱博维茨（Michael Lebowitz）批评了斯麦兹的方法。莱博维茨（Lebowitz 1986，165）认为斯麦兹的方法只是一种"听起来像马克思主义的传播理论"。马克思主义认为，"资本主义的剩余价值是在直接生产过程中产生的，在这个过程中，工人（放弃了对其劳动力的支配权）被迫工作的时间超过了生产与其工资相当的产品所需的时间。也许正是因为这个原因，人们在接受'受众工作''被剥削'和'产生剩余价值'等概念时犹豫不决，因为它是一个与马克思范式截然不同的范式"（同上，167）。媒体资本家为"争取产业资本家的支出"而竞争，有助于"增加产业资本家的商品销售量"，他们的利润是"产业资本剩余价值的一部分"（同上，169）。斯麦兹的受众商品方法提出了一种"完全非马克思主义的论点并得出了非马克思主义的结论"（同上，170）。

劳动价值论的一个具体版本认为，只有工厂里有工资的工人才是有生产力的工人，这意味着他们是资本主义中唯一被剥削的人，也是唯一有能力进行革命的人。斯麦兹在他的文章《传播：西方马克思主义的盲点》中也批评了这种忽视传播的方式。这是显而易见的，当他提到保罗·A. 巴兰和保罗·M. 斯威齐这两位垄断资本主义方法的提出者以一种理想主义的方式将广告简化为销售中的一种操纵手段时，这一点就显而易见；同时，斯麦兹还批评他们"将流通费用视为不生产剩余而拒绝"①，这也进一步认证了这一点。（Smythe 1977，14）巴兰和斯威齐主要关注的是垄断，而不是对劳动力的剥削。因此，它们将广告简化为垄断的一种无益属性——"垄断资本主义的产物"（Baran and Sweezy 1966，122），这是"食利者"的一种形式（127），并且"仅仅是一种剩余吸收形式"（141）。斯麦兹的结论是"否定广告的生产性是不必要的，也是一种转移注意力的行为：这是一个起源于前垄断资本主义发展阶段的死胡同，是试图与《资本论》中观点保持一致的尝试，虽是尽职尽责，却不必要、不合时宜"②（Smythe 1977，16）。

莱博维茨对斯麦兹的批评基于三个具体的假设：

1. 产业资本是资本的核心形式；

2. 只有在产业资本指挥下进行的劳动才是生产性劳动，并创造剩余价值；

3. 只有雇佣劳动才能被剥削。

这种论证逻辑的直接理论和政治后果如下：

1. 商业媒体被归入产业资本；

---

① 译文参照达拉斯·W. 斯麦兹、杨嵘均、操远芃《大众传播系统：西方马克思主义研究的盲点》，《国外社会科学前沿》2021（09）：50-65。

② 同上。

2. 奴隶、家务劳动者和其他无偿工人没有受到剥削；

3. 在媒体资本的操纵下进行的工资和非工资劳动是非生产性的。媒体公司不能剥削工人，因为他们创造的产品和服务是资本主义流通领域的一部分。

莱博维茨的观点提出的政治问题是，如果有人认同以工资为中心的价值理论，那么无偿工人就无法被剥削。

企业互联网平台

在"盲点辩论"40年后，斯麦兹的"受众商品"概念被用来解释使用定向广告作为资本积累模型的社交媒体平台的政治经济学。（见 McGuigan and Manzerolle 2014；Fuchs 2009，2012a，2014a，2015）

蒂齐亚纳·泰拉诺瓦（Terranova 2000）使用"免费劳动"(free labor)[①] 一词来表征在互联网平台上进行的无偿的价值创造劳动。为了理解脸书和其他类似在线平台的政治经济学，一些学者发现引入"数字劳动"概念很有用（见 the contribution in Scholz 2013）。斯麦兹的"受众劳动"概念和"数字劳动"概念之间的联系部分源于这场辩论，但"数字劳动"概念具有更普遍的意义，它涵盖了所有参与数字技术和数字内容生产的劳动形式。（Fuchs 2014a，2015）

"受众商品"概念与由广告资助的资本主义媒体相关。考虑到像脸书、谷歌、推特等这样的大型资本主义互联网公司，在很大程度上都是借助定向广告来盈利的，斯麦兹的概念适合于分析以商业和广告为基础的互联网中部分的政治经济学。

斯麦兹认为，受众"努力向自己……推销事物"是受众劳动的一个特征(Smythe 1981，4)。脸书用户不断努力，不断向自己推销产品。他们的使用行为会不断生成用于定位广告的数据。除了用户使用广告屏蔽软件屏蔽广告的情况外，所有的脸书使用行为都是生产劳动。脸书的用户劳动使用劳动力为脸书的广告客户销售的商品增加了价值。实际上，这意味着许多公司希望在脸书上做广告，并将社交媒体广告成本计入商品价格。脸书的使用和类似的社交媒体

---

① 译文参照蒂齐亚纳·泰拉诺瓦、杨嵘均、曹秀娟《免费劳动：为数字经济生产文化》，《国外社会科学前沿》2023（01）：53-69。

平台创造了一种使用价值，即沟通和社交关系，因此，这是生产劳动（1）；它还创造了一种销售给广告商的数据商品，广告商可以向用户提供有针对性的广告，因此，它是生产劳动（2）；脸书的资本积累涉及不同形式的劳动：无偿用户劳动以及脸书上的软件工程师、广告工作者、秘书等的有偿劳动。这些工作者共同构成了一个集体劳动者，他们的劳动是生产性的（3）。脸书和其他通信手段被嵌入资本主义经济、家庭、政治制度、公共生活等不同的社会系统。沟通是组织经济、政治和文化生活的一种手段。脸书、推特和其他社交媒体已成为员工之间、员工和经理之间、公司和为他们工作的自由职业者之间、公司和客户之间、公司和公众之间进行企业沟通的重要工具。因此，在公司使用社交媒体进行内部和外部组织沟通的情况下，使用脸书也成了集体劳动的一部分，并且在这方面也是生产劳动（3）。

商业广播中受众劳动与商业互联网平台上数字劳动的差异

社交媒体用户部分是阅读文本、评论或电子邮件，观看视频或图像、听音乐等的受众。然而，他们也倾向于成为产消者，因为他们创作文本、评论、电子邮件、视频、图像或音乐。社交媒体上的消费者劳动在许多方面与广播中的受众劳动不同：

- 创造力和社会关系：广播受众创造节目的意义，但社交媒体产消者不仅创造意义，而且创造内容、与其他用户进行交流并建立社会关系。社交媒体的用户并不总是创造内容，而是在特定程度上表现为观看内容的受众。

- 监控：广播需要通过近似值进行受众测量，以便将受众作为商品出售。社交媒体公司在其平台和其他平台上监控、存储和评估用户的所有在线活动。他们对于用户的活动和兴趣、交流和社会关系有非常详细的资料。对用户的持续实时监控是资本主义社交媒体产消者劳动的固有特征。个人数据作为商品出售。传统的广播和印刷中的受众群体的测量是基于小型观众样本的研究。但衡量和监控社交媒体上的用户行为是持续的、全面的，且通过算法进行。

- 有针对性和个性化的广告：资本主义社交媒体上的广告可以更容易地针对用户兴趣并个性化投放，而这在商业广播中更加困难。

- 算法拍卖：算法以特定数量用户在屏幕上的在线广告空间的拍卖形式，组织用户数据商品的定价。社交媒体上的广告价格取决于拍卖者的数量，而报纸、广播和电视的广告价格则以相对固定的方式设定并公开宣传。用户测量使用预测算法（如果你喜欢 A，你可能也喜欢 B，因为 10 万喜欢 A 的人也喜欢 B）。

家务劳动者、奴隶和脸书用户的共同点是，他们是被资本剥削的无酬工人（1，2，3）。无酬劳动形式有质的区别：如果他们停止工作，奴隶就会面临死亡威胁；在家长制关系中的家务劳动者部分受到身体暴力，部分受到承诺的胁迫；脸书用户工作者受到失去社会优势（例如被邀请参加朋友聚会）和垄断力量的威胁而被迫就范。

苏联制度的父权制特点

我认为不应将脸书用户、奴隶和家务劳动者描述为非生产或次要的生产力，这是有历史原因的：苏联马克思主义。在苏联，生产劳动和非生产劳动的概念是计算国家财富的核心。物质生产体系（MPS）是苏联国内生产总值（GDP）的等价品。物质生产体系是 20 世纪 20 年代被斯大林引入的（Árvay 1994），它只将农业、工业、建筑、运输、供应和贸易方面的实际工作视为生产劳动，而服务、行政、公共服务、教育、文化和家务劳动被视为非生产劳动形式，因为它们不增加国民收入，反而消耗国民收入（Noah 1965）。妇女在医疗（医生、护士）、学校、轻工业（如纺织品）、儿童保育、文化、零售和餐饮业中的就业率特别高。（Katz 1997）

苏联的工资制度使重工业、建筑业、能源、金属制品和采矿等领域享有特权，因为物质生产体系认为它们对国家财富和生产力有很大贡献（同上）。刚才提到的女性化就业部门被认为是次要的和非生产的，因此工资水平较低。性别偏见"被纳入对生产力的认知中"（同上，446）。劳动的性别分工和工资"隐藏在官方宣称的'平等参与国民经济'的幌子背后"（同上，446）。现实情况是"苏联的工资结构……本身就是男性偏见的"（同上，446）。

"非生产劳动"概念在历史上被用来表示再生产工作、服务工作和女性化的工作，这些工作是外围的和次要的，因此，它起到了歧视妇女的意识形态支持机制的作用。这种情况应当引起我们的警惕，让我们在分析将哪些人界定为

"非生产"，即在资本主义生产过程中不创造剩余价值的劳动者时务必谨慎。

（非）生产劳动和权力

将某人概念化为"非生产"不仅仅是一个分析性术语，也是一种诽谤而且极具煽动性。没有人希望被称为"非生产"，因为它带有无用和寄生的含义。说脸书用户或家务劳动者不会创造价值，或说脸书是一家剥削其他公司雇佣的劳动者创造的价值以供自己享用的食利公司，在政治上意味着用户在数字时代的阶级斗争中并不重要。非数字经济中的工薪阶层被视为真正的权力中心，因此建议采取的政治措施主要集中在如何将这些工人组织起来，加入工会、政党或其他组织，以及如何提高工资和改善劳动条件的斗争上。脸书及其用户并不被视为阶级斗争的焦点，或者只被视作工会和政党在雇佣劳动斗争中可以利用的某种资源。

以脸书为例，它具有付费员工负责生产和维护软件平台、存储数据的服务器、公共关系等工作。然而，这些工作人员的影响力远远小于用户：如果他们罢工并离开工作岗位，该平台可能仍然在线，并通过销售定向广告来产生利润，因为实际的销售过程是基于用户生成的数据和算法组织广告位拍卖的。然而，如果用户罢工并停止使用该平台，则脸书无法再赚取任何利润，因为没有新数据生成且没有人观看和点击定向广告。在企业社交媒体上，用户拥有巨大的力量来终止盈利，这表明他们的消费工作在价值创造过程中至关重要。

脸书用户是生产劳动者（1，2，3）意味着他们有能力让企业社交媒体陷入停滞状态。如果用户罢工，脸书立即就会亏钱。如果脸书的雇佣工人罢工，该平台仍然在线，可以进一步操作以利用用户。用户之所以具有经济权力，是因为他们创造了经济价值。他们组织脸书集体罢工或转向其他非商业平台是拒绝数字劳动的表现。

马克思在第15章中介绍的"总体工人"概念具有政治意义。它表明，阶级斗争需要从工厂和办公室扩展到家庭、发展中国家和媒体空间。存在许多资本主义剥削的空间和领域，在这些空间和领域中，人们经历着不同的阶级关系。如果他们能够作为一个阶级联合起来，共同对抗资本，那么资本主义就有可能走到尽头。

第 16 章练习

小组练习（G）

项目练习（P）

关键词：绝对剩余价值的生产，相对剩余价值的生产，生产劳动，总体工人，自然财富

练习 16.1（G）

在第 16 章中，马克思引入了"总体工人"概念，以强调资本主义中劳动和剥削的联系和合作形式。

在阅读了马克思的第 16 章之后，请阅读以下两个文本：

Smythe, Dallas W. 1977. Communications：Blindspot of Western Marxism, in *Canadian Journal of Political and Social Theory*, 1（3）：1-27.

Costa, Mariarosa Dalla & James, Selma. 1972. *The Power of Women and the Subversion of Community*, Bristol：Falling Wall Press.

讨论如下问题：

• 家庭中的再生产劳动与受众劳动有什么异同点？

• 在马克思的"总体工人"概念的帮助下，如何解释两种形式的劳动在资本主义中的作用？

• 鉴于资本利用了总体工人，为克服资本主义可以做些什么呢？在这种背景下，工人和媒体用户在阶级斗争中可以发挥什么作用？如何最好地抵制资本统治？

练习 16.2（G）

阅读以下文本，其中讨论了达拉斯·W. 斯麦兹的理论在理解无偿数字劳动在资本主义社交媒体中的作用的重要性：

Fuchs, Christian. 2012. Dallas Smythe today：The audience commodity, the digital labour debate, Marxist political economy and critical theory, Prolegomena to a digital labour theory of value. in *Triple C：Communication, Capitalism & Critique*, 10（2）：692-740.

讨论如下问题：

• "受众劳动"和"数字劳动"之间有什么区别？这两个概念如何与马克思关于"总体工人"概念联系起来？

• 广告和商业文化在资本主义中的作用是什么？

• 广告有哪些问题和危险？

• 针对广告斗争最有效的策略是什么？寻找示例并讨论它们。

练习 16.3（G）

马克思在第 16 章第 648 页中介绍了"自然财富"的概念。讨论如下问题：

• 农业、工业和信息经济有何不同？什么是社会财富？

• 在马克思主义理论框架内，区分农业、工业和信息经济是否可行？为什么以及如何可行？或者为什么不可行呢？

• 人类是否更加依赖或独立于自然？具体体现在哪些方面？

在《政治经济学批判大纲》中，马克思讨论了共产主义社会中财富的转变：

> 工人群众自己应当占有自己的剩余劳动。当他们已经这样做的时候，——这样一来，可以自由支配的时间就不再是对立的存在物了，——那时，一方面，社会的个人的需要将成为必要劳动时间的尺度，另一方面，社会生产力的发展将如此迅速，以致尽管生产将以所有的人富裕为目的，所有的人的可以自由支配的时间还是会增加。因为真正的财富就是所有个人的发达的生产力。那时，财富的尺度决不再是劳动时间，而是可以自由支配的时间。[①]（Marx1857/1858，708）

讨论：资本主义和共产主义的财富来源有何不同？在资本主义和共产主义中，信息和技术在财富方面的作用是什么？

---

① 译文参照《马克思恩格斯全集》第 31 卷，人民出版社 1998 年版，第 104 页。

17 劳动力价格和剩余价值的量的变化

在第 17 章中，马克思讨论了影响剩余价值率的三个因素之间的关系：

(a) 工作日的长度；

(b) 劳动强度（工人一定时间内耗费一定量的劳动）；

(c) 劳动生产力（每单位时间生产特定数量的商品）。

剩余价值与可变资本的变化

如果一个工人每小时耗费比以前更多的劳动量，或者如果更少的工人要与过去更多的工人每小时耗费相同数量的劳动，则劳动强度会增加。生产力没有技术上的提高，不变资本和可变资本之间的比例关系保持不变。但正如生产力提高的情况一样，如果工人能够跟上劳动力需求的增加，那么每小时生产的商品量就会增加。泰勒制是一种研究工人活动，并试图提升他们的工作速度的方法。

马克思分析了导致剩余价值和可变资本变化的四个场景：

1. 工作日的长度和劳动强度不变，生产力可变；

2. 工作日的长度和生产力不变，劳动强度可变；

3. 生产力和劳动强度不变，工作日的长度可变；

4. 劳动力的持续时间、生产力和强度同时发生变化。

利润率

马克思在第 17 章中也正式引入了"利润率"的概念，它被定义为利润 p 与预付资本的比率（660）：

$$利润率\ rp = \frac{p}{c+v}$$

预付资本是不变资本 c 和可变资本 v 的总和。利润率可以为公司或经济的一个分支、一个行业、一个部门（例如农业部门、制造业、信息部门）所计算，也可以为国民经济或全球经济所计算。使用的数据必须在特定的时间段，通常是一年或一季度。马克思在《资本论》第 3 卷（Marx 1894）第 2 章中专门讨论了利润率问题。

马克思举了一个例子（660）：

$$c = 400\ 英镑，\quad v = 100\ 英镑，\quad p = 100\ 英镑$$

$$利润率\ rp = \frac{p}{c+v} = \frac{100\ 英镑}{400\ 英镑 + 100\ 英镑} = \frac{100\ 英镑}{500\ 英镑} = 20\%$$

资本有机构成与剩余价值率：影响利润率的两种矛盾力量

可以通过将分子和分母除以可变资本 v 来转换利润率，从而产生以下公式：

$$利润率\ rp = \frac{p}{c+v} = \frac{\dfrac{p}{v}}{\dfrac{c}{v} + 1}$$

转化后的公式表明，利润率 rp 受剩余价值率 rs = p/v 和资本有机构成的水平 oc = c/v 的影响。剩余价值率与利润率成正比；有机构成与利润率成反比。剩余价值率越高，利润率越高；有机构成越高，利润率越低。

剩余价值率和有机构成对利润率产生相互矛盾的上下压力。技术在设定剩余价值率和有机构成方面起着重要作用，因为它影响生产力和生产中技术的使用。因此，它嵌入资本主义的矛盾经济结构中，不仅仅是产生剩余价值和实现劳动自动化的手段，而且是资本主义条件下反映和加强导致资本主义固有危机倾向的对立关系的手段。

基于现有宏观经济数据的利润率、有机构成和剩余价值率的计算

在许多国家，在股票市场上市的公司（所谓的上市公司，不代表公有，而是在股票市场上市）必须公布年度财务报告。在美国，这些报告的标准化格式已提交给美国证券交易委员会（SEC），并作为所谓的美国证券交易委员会文件发布。美国证券交易委员会提交的 10 - K 是年度财务报告，10 - Q 是季度财务报告。年度委托书包含董事会和最大股东及其投票权的信息。《福布斯》2000世界最大跨国公司年度排行榜和《财富》全球 500 强、世界 500 强公司排行榜提供了大型资本主义公司的财务信息。

此类数据源往往包含收入/销售额和净收入/利润方面的信息。净收入是公司扣除税款和其他项目后的利润，而毛收入是扣除税款和其他项目前的利润。工资总成本的数据往往不易获得。然而，仍然可以通过计算总投资成本（销售额减去利润）来获得利润率。

宏观经济学关注的是对整个经济体进行高度聚合的分析。宏观经济统计为整个国家提供数据。

这类宏观经济数据对于各个国家而言都是可获取的。例如，经合组织（OCED）统计结构分析（STAN）数据库和欧盟年度宏观经济数据库（AME-CO）中可以找到各国的宏观经济数据。图 17.1 显示了英国经济中利润率、剩余价值率和资本有机构成的发展趋势的近似值。我从 AMECO[1] 数据库获得了这些数据。在 1960 年至 2015 年期间，列出以下变量并下载其值：

净营业盈余：经济总量（UOND）

净营业盈余＝总增加值－固定资本消耗－员工报酬－间接税（增值税）＋补贴

员工报酬：经济总量（UWCD）

与进口和生产相关的税收减去补贴：经济总量（UTVN）

以现行价格计算的固定资本消耗：经济总量（UKCT）

我计算了以下变量：

总增加值 GVA ＝ UOND ＋ UWCD ＋ UTVN ＋ UKCT

---

[1] 经合组织 Stat STAN 数据库中也有类似的变量。VALU：按现价计算的增加值（＝总增加值）；NOPS：净经营盈余；CFCC：固定资本消耗（或 GFCC：固定资本形成总额）；LABR：劳动力成本、员工报酬；OTXS：其他税项减生产补贴。

$$利润率\ rp = \frac{UOND}{GVA}$$

$$剩余价值率\ rs = \frac{UOND}{UWCD}$$

$$有机构成\ oc = \frac{UKCT}{UWCD}$$

第一个统计案例：英国经济中利润率、有机构成和剩余价值率的发展

数据显示，在 20 世纪 60 年代初，有机构成相对较低，剩余价值率较高，导致 1960 年的利润率达到 31.7%。直到 20 世纪 70 年代中期，有机构成持续增加，而剩余价值率持续下降，导致利润率下降。有机构成进一步上升至 25%，然后直到 20 世纪 90 年代中期稳定在这个水平。与此同时，剩余价值率从 1975 年的最低点 23.2% 急剧上升到 35% 至 50% 之间。在 20 世纪 80 年代，由于有机构成持续增加，利润率出现波动。20 世纪 90 年代初至 2015 年期间，有机构成略微下降至 20% 左右，剩余价值率急剧上升，此日期结束时利润率上升至 25% 至 35% 之间。

在过去的 55 年中，有两个非常重要的变化：一是资本有机构成从 20 世纪 60 年代初的 15% 左右增加到 20%—25% 的水平；二是剩余价值率的提高。资本有机构成的提高很可能是微电子革命的结果——也就是计算机和网络计算机在资本主义经济中的崛起。第二种趋势是由于生产率提高和工资的压制。工资压制意味着工资总额在总经济中的份额下降。工资份额（员工薪酬在总增加值中的份额）在 1960 年至 1976 年间处于 57%—65% 的水平之间。在 1983 年至 2015 年期间，这一比例显著下降至 50%—55%。虽然剩余价值率的提高对利润率有正面影响，但资本有机构成的提高会产生负面影响。这两种倾向彼此矛盾，并对利润率施加相反的压力。结果，英国的利润率以相当不可预测和波动的方式发展。

第二个统计案例：1992—2004 年英国计算机行业的发展

图 17.2 显示了 1992—2004 年英国计算机产业的经济发展状况。这些数据来源于经合组织（OECD）STAND 数据库，但是在这个数据库中无法得到 1992

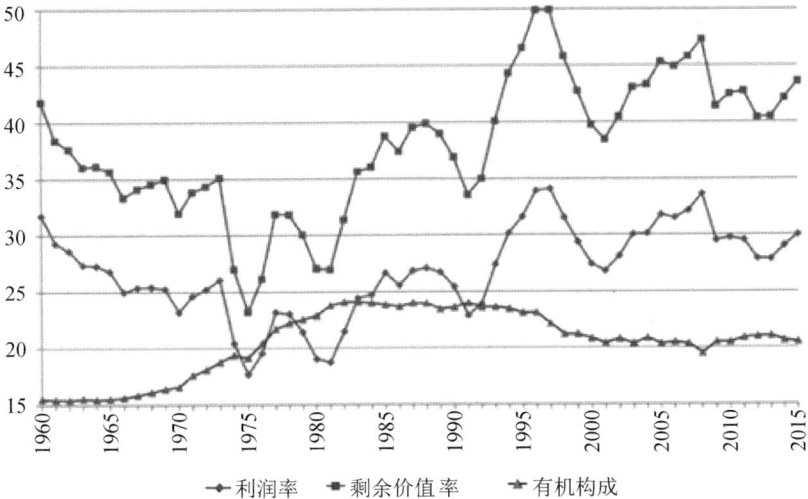

图 17.1 英国经济 1960—2015 年的发展情况（%，数据来源 AMECO）

年以前和 2004 年以后的数据。这个被称作为"计算机和相关活动"的经济部门，其定义可以参见《所有经济活动的国际标准产业分类》（ISIC）第 3.1 版。按照这样的行业分类，第 72 项的"计算机及相关活动"包括以下经济服务和产品的生产和销售：721 项为硬件咨询；722 项为软件出版、咨询和供应；723 项为数据处理；724 项为数据库活动和在线分销电子内容；725 项为办公软件、会计和计算机设备的维护和修理；729 项为其他与计算机相关的活动。

我从经合组织（OECD）STAND 获得了英国计算机产业的以下变量：

价值总增加值（VALU）；

员工工资（LABR）；

固定资本形成总额（GFCF）；

扣除补贴的生产税（OTXS）；

营业盈余总额（GOPS）。

英国计算机行业无法获得净营业盈余（NOPS）数据，但盈余净额可计算如下：

净营业盈余（NOPS）＝营业盈余总额（GOPS）－固定资本形成总额（GFCF）

我计算了以下变量，如图 17.2 所示：

$$利润率 = \frac{净营业盈余（NOPS）}{价值总附加值（VALU）}$$

$$剩余价值率 = \frac{净营业盈余（NOPS）}{员工工资（LABR）}$$

$$有机构成 = \frac{固定资本形成总额（GFCF）}{员工工资（LABR）}$$

$$工资份额 = \frac{员工工资（LABR）}{价值总附加值（VALU）}$$

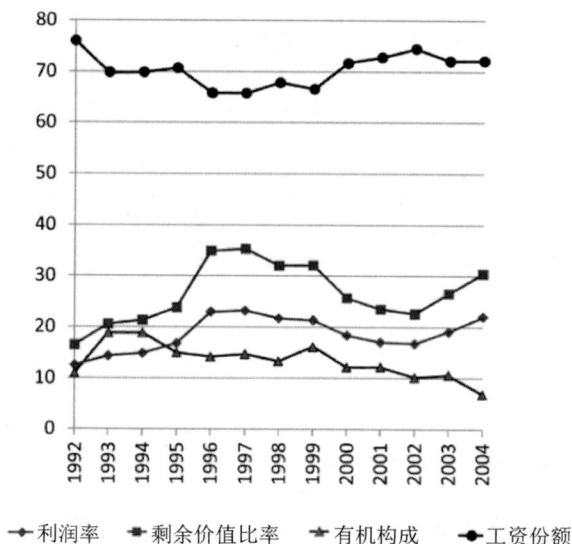

图 17.2 英国计算机行业 1992—2004 年的发展情况（%，数据来源：OCED STAND)

数据显示，在分析的时间段内，英国软件和计算机产业中资本有机构成所占的比重相对来说较低，约为 10%，工资所占比重较高，约为 70%。软件工程师的工资往往相当高。他们形成了一种劳动贵族阶层（详见 Fuchs 2014a，第 9 章）。

恩格斯在 1982 年《英国工人阶级状况》英文版的前言中写道："谈到广大

工人群众，他们的穷困和生活无保障的情况现在至少和过去一样严重。"①
（MECW 27，266）但是也存在着一个"工人阶级中的贵族"②（机械工、粗细木
工、泥瓦工），他们"为自己争到了比较舒适的地位"③（同上）。图 17.2 中显示
英国的软件和计算机产业在 1992—2004 年有着相对稳定的利润率，约为 15%—
20%。

第三个统计案例：美国计算机产业的发展

图 17.3 和图 17.4 展示了 1987—2009 年美国计算机行业的发展提供了类似
的经济数据。

在 1987—2009 年间，美国计算机行业的资本有机构成平均为 16.2%。同
期，工资占比为 80.5%。因此可以看出，美国计算机行业呈现出与英国相同的
趋势。美国计算机行业在 2000 年和 2001 年遭受了严重的危机，整个行业都经
历了非常大的损失。

互联网经济中的网络危机

上述原因是所谓的网络危机，这是互联网经济金融化的结果。风险投资公
司的运作方式是：他们将大量的资金投进初创公司，由此获得这些公司的特定
职位、影响和股份。作为投资人，他们迫使公司为了盈利而寻找商品化策略。
通常风险资本的涌入会导致公司在股票市场上市，因为它们已经获得了上市所
必需的资本。然而，如果人们预期一家公司在未来将会变得极具盈利潜力，那
么金融化可以在货币利润没有实际增长的情况下推高股市市值。股票价值和利
润之间的差异作为一种总体现象，可能会催生金融泡沫，当投资者失去信心时，
这些泡沫就会破裂，而这种情况通常发生在特定公司倒闭之后，从而在金融经
济中引发并传播大规模的疑虑和不确定性。

eToys. com 是一家成立于 1997 年的在线玩具零售网站，在诸如 Highland
Entrepreneurs' Fund III Limited Partnership, DynaFund L. P., idealab! Capital
Partners, Bessemer Venture Partners, Sequoia Capital Moore Global Investments

---

① 译文参照《马克思恩格斯全集》第 28 卷，人民出版社 2018 年版，第 253 页。
② 同上。
③ 同上。

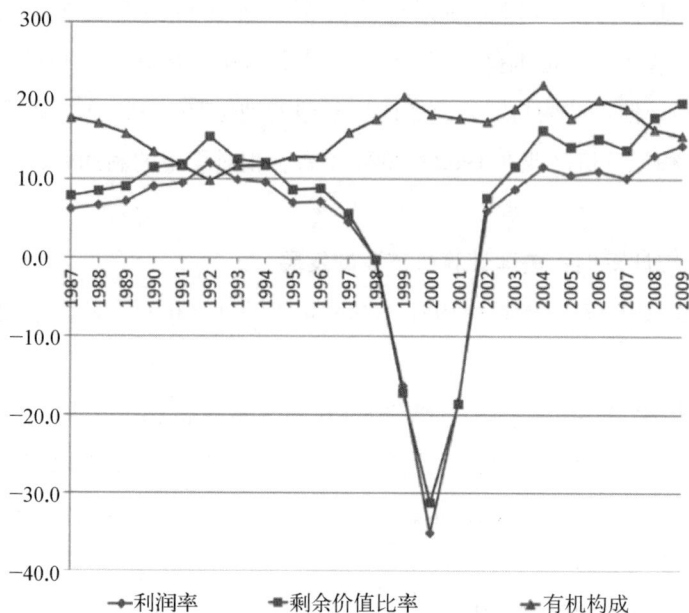

图 17.3　美国计算机行业 1987—2009 年的发展情况（%，数据资源：OECD STAND）

Ltd., Remington Investment Strategies L. P., Multi-Strategies Fund 等投资者的大额风险投资资金注入下，该公司于 1999 年在美国股市首次进行了公开募股（IPO）[①]。然而，它在 2001 年遭受了高达 2 亿美元的巨大亏损，不得不申请破产保护。[②] 而它只是在 2000 年网络危机时期倒闭的众多互联网公司之一。

　　2000 年、2001 年的新经济危机使得金融资本家不愿意投资新的互联网公司。Web 2.0[③] 以及后来的社交媒体都是意识形态层面的策略，旨在营造一种互联网已被重新改造、焕然一新的印象，从而表明新的商业机会已经出现。社交媒体作为一种意识形态而创立，其目的在于说服金融资本家投资互联网公司，并吸引广告客户。

　　在 20 世纪 80 年代末和 90 年代的大部分时间里，美国计算机行业的利

---

① IPO 全称为 "Initial Public Offering"，一般指首次公开募股。首次公开募股是指一家企业第一次将它的股份向公众出售。——译者注

②"破产保护"英文原文为 "Chapter 11 bankruptcy"，指美国联邦破产法第十一章。——译者注

③ Web 2.0 是互联网发展的第二阶段，它涉及从基本的静态网页向包含用户生成内容的日益动态化的网页的演变。此外，它还包括作为重要互联网交流形式之一的社会媒体的兴起。——译者注

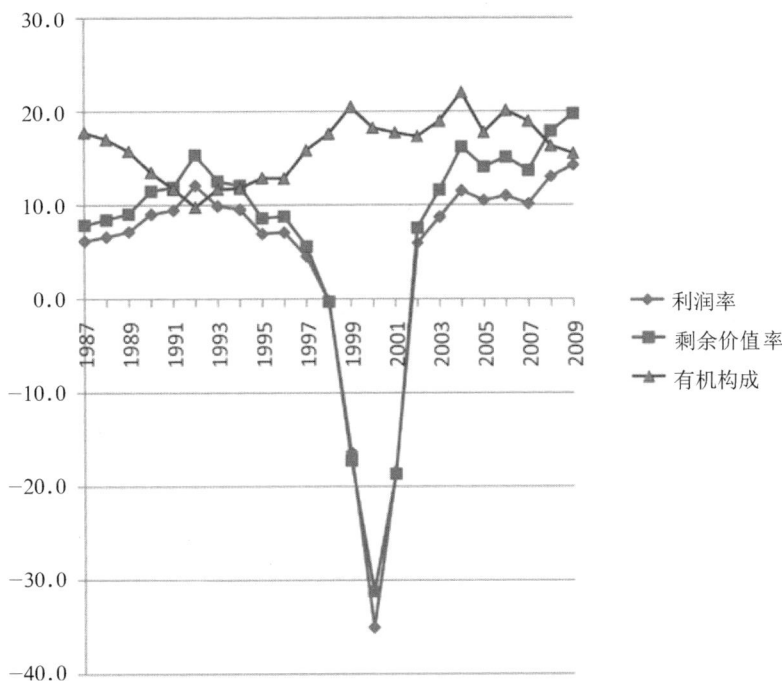

图 17.4　美国计算机行业 1987—2009 年的工资份额（%）

润率相对稳定在 10% 左右。此后，由于网络危机期间整个行业的大规模亏损，利润率急剧下降，甚至出现了负值，尔后在 2003 年至 2010 年期间再次稳定在 10% 左右。美国计算机行业的例子表明，即使是那些人们认为具有高增长潜力并带来技术创新以改变整个经济的行业，在资本主义条件下也容易发生危机。

什么是金融化？

金融化是资本主义的一种现象，马克思在《资本论》第 3 卷（Marx 1894）中详细论述了这一现象，并在第 26 至 32 章中引入了"虚拟资本"① 概念。

即使在债券——有价证券——不像国债那样代表纯粹幻想的资本的地方，这种证券的资本价值也纯粹是幻想的。……这种证券被当作代表这种

———————————

① "虚拟资本"英文原文为 fictitious capital。——译者注

资本的所有权证书。铁路、采矿、轮船等公司的股票代表现实资本，也就是代表在这些企业中投入的并执行职能的资本，或者说，代表股东所预付的、在这些企业中作为资本来用的货币额。这里决不排除股票也只是一种欺诈的东西。但是，这个资本不能有双重存在：一次是作为所有权证书即股票的资本价值，另一次是作为在这些企业中实际已经投入或将要投入的资本。它只存在于后一种形式，股票不过是对这个资本所实现的剩余价值的一个相应部分的所有权证书。A 可以把这个证书卖给 B，B 可以把它卖给 C。这样的交易并不会改变事物的性质。这时，A 或 B 把他的证书转化为资本，而 C 把他的资本转化为一张对股份资本预期可得的剩余价值的单纯所有权证书。[1]（同上，597—598）

对股票和金融衍生品的金融投资被转化为营运资本，但它们本身不是资本，只是对未来可能产生的部分剩余价值的所有权证明。所有这些证券实际上都只是代表已积累的对于未来生产的索取权或权利证书[2]（同上，599）。如果公司倒闭或者利率下降，投资资金将覆水难收，投资者就会亏损。因此，股票价值是投机性的，与公司实际利润无关；决定股票投资者买卖决策的只是对未来利润的预期。

> 这种证券的市场价值部分地有投机的性质，因为它不是由现实的收入决定的，而是由预期得到的、预先计算的收入决定的。……这种证券的贬值或增值同它们所代表的现实资本的价值变动无关。[3]（同上，597—598，同见 608，641）

虚拟资本与危机

其结果是一种高风险的投机制度，类似于赌博："由这种所有权证书的价格

---

① 译文参照《马克思恩格斯全集》第 46 卷，人民出版社 2003 年版，第 529 页。
② 同上书，第 531 页。
③ 同上书，第 530—531 页。

变动而造成的盈亏……就其本质来说，越来越成为赌博的结果。"① （同上，609）在马克思看来，虚拟资本制度使股票价值和利润产生了相对独立性，这种制度本身就容易引发危机：

> 在再生产过程的全部联系都是以信用为基础的生产制度中，只要信用突然停止，只有现金支付才有效，危机显然就会发生，对支付手段的激烈追求必然会出现。所以乍看起来，好像整个危机只表现为信用危机和货币危机。而且，事实上问题只是在于汇票能否兑换为货币。但是这种汇票多数是代表现实买卖的，而这种现实买卖的扩大远远超过社会需要的限度这一事实，归根到底是整个危机的基础。不过，除此以外，这种汇票中也有惊人巨大的数额，代表那种现在已经败露和垮台的纯粹投机营业；其次，代表利用别人的资本进行的已告失败的投机；最后，还代表已经跌价或根本卖不出去的商品资本，或者永远不会实现的资本回流。② （同上，621）

马克思认为，这是一种"强行扩大再生产过程的全部人为体系"（621），最终必将陷入经济危机。在资本主义下"货币危机——与现实危机相独立的货币危机，或作为现实危机尖锐化表现的货币危机——就是不可避免的"③ （同上，649）。他是这样描述货币危机的，"这种危机的运动中心是货币资本，因此它的直接范围是银行、交易所和金融"（Marx 1867，236）。

马克思写道："信用又使买和卖的行为可以互相分离较长的时间，因而成为投机的基础。"④ （Marx 1894，567）对于股市方面，他谈道："在创立公司、发行股票和进行股票交易方面再生产出了一整套投机和欺诈活动。"⑤ （同上，569）投机被内置于信用制度，"因为很大一部分社会资本为社会资本的非所有者所使用，这种人办起事来和那种亲自执行职能、小心谨慎地权衡其私人资本

---

① 译文参照《马克思恩格斯全集》第 46 卷，人民出版社 2003 年版，第 541 页。
② 同上书，第 555 页。
③ 同上书，第 585 页。
④ 同上书，第 494 页。
⑤ 同上书，第 497 页。

的界限的所有者完全不同"① (同上，572)。因此，信用"加速了这种矛盾的暴力的爆发，即危机，因而促进了旧生产方式解体的各要素"② (同上，572)。

在马克思看来，金融危机不能通过受监管的金融市场或限制贪婪的道德规则来避免，因为他认为贪婪是资本主义的一个必要的结构性特征，它源于资本家积累更多资本、提高利润率的必要性，否则就会灭亡。资本之间的竞争以及扩大资本积累的需求会驱使他们进行"金融创新"，这有着很高的短期收益率，但也有很高的风险。商业票据的虚拟价值与企业创造的实际价值没有直接关系。虚拟价值代表实际价值，但可能与实际价值相差很大。金融泡沫就是这样一种结果，即股票价格没有反映实际的盈利能力，一旦某些事件破坏了投资者对于未来高收入的预期，金融泡沫就会破裂，进而导致股价大幅下跌。马克思认为，金融危机的爆发并不是需要更多监管的信号，而是资本主义内在缺陷的表现。金融危机证明了社会主义相对于资本主义的优越性。

不平等权力条件下生产率提高

马克思还在第17章中指出，从历史上看，劳动生产率的提高，这在原则上意味着"用于个人的自由活动，脑力活动和社会活动的时间部分"③ (667) 增加了。在资本主义中，尽管权力分配不均，但生产率的提高不会自动导致工作日的缩短和劳动在所有人之间的平均分配。占统治地位的阶级拥有"转移劳动的自然必然性"的权力。"一个社会阶层把劳动的自然必然性从自身上解脱下来并转嫁给另一个社会阶层……在资本主义社会里，一个阶级享有自由时间，是由于群众的全部生活时间都转化为劳动时间了。"④ (同上，667)

资本主义倾向于将生产率增长转换为不平等的结果，因此导致一些人失去了工作，另一些人工作时间更长，还有一些人面临着不稳定和危险的工作条件。在保持工资不变的情况下，资本家不倾向于减少所有人的正常工作周数，他们更愿意在生产率提高的标准下，让更少或相同数量的工人每周工作一样的小时

---

① 译文参照《马克思恩格斯全集》第46卷，人民出版社2003年版，第500页。
② 同上。
③ 译文参照《马克思恩格斯全集》第42卷，人民出版社2016年版，第543页。
④ 同上。

数，从而带来更大的利润增长。

第 17 章练习

小组练习（G）

项目练习（P）

关键词：利润率

练习 17.1（P）

在 17 章中，马克思引入了"利润率"概念。利润率是由剩余价值率和资本的有机构成决定的。我已经举例说明了如何计算这三个决定资本主义经济发展的比率。（图 17.1）

分组工作：每组计算特定股价在特定时期内的利润率、资本有机构成、剩余价值率和工资份额。查阅 AMECO、OECD STAN 等数据库，以获取数据。

展示你们的结果。

练习 17.2（P）

在第 17 章中，马克思介绍了"利润率"的概念。为了说明如何计算决定资本主义经济发展的三个比率，我举了两个信息经济的例子，即美国和英国的计算机行业。（图 17.2，17.3，17.4）

分组工作：每组计算特定国家的媒体和信息部门在特定时期内的利润率、有机构成、剩余价值以及工资份额。可查阅经合组织 STAND 等数据库以获取数据。你需要查阅这个数据库中使用的所有经济活动的国际标准产业分类体系（ISIC）的不同版本，以便找出哪些行业是媒体和信息行业，并确认是否有这些行业的数据。

展示你们的结果。

18 剩余价值率的各种公式

古典政治经济学的剩余价值率公式

马克思批判了古典政治经济学的剩余价值率的数学公式，并给出了自己的版本。古典政治经济学是这样定义剩余价值率的：

$$剩余价值率 = \frac{剩余劳动}{工作时间} = \frac{剩余价值}{总产品} = \frac{剩余产品}{总产品}$$

马克思的剩余价值率公式

$$剩余价值率 = \frac{剩余价值}{可变资本} = \frac{剩余价值}{劳动力价值} = \frac{剩余劳动}{必要劳动} = \frac{无酬劳动}{有酬劳动}$$

马克思指出，在他的公式中，前两个版本是"价值"的比率，而第三个是"生产这些价值所需要的时间的比率"[①]（668）。在资本主义社会，工人被迫在特定的劳动时间内生产商品。资本家拥有这些商品。他们在市场上出售商品以积累资本，并拥有这些商品。

在生产过程中，商品是一种实物或非实物产品，它体现了生产资料的组成部分和工人创造它所花费的劳动时间。商品在流通领域中出售，因而资本从商品形式转化为货币形式。因此，价值表现为劳动时间和金钱。可以想象得到，在摇滚音乐会、理发或者戏剧表演中，很明显有些商品是同时被生产和消费的，

[①] 译文参照《马克思恩格斯选集》第42卷，人民出版社2016年版，第544页。

所以商品的生产、流通和销售是在时间同步和空间共存的条件下组织起来的。

然而，如果一种商品由于公司、行业或者经济的危机没有出售，但是工人们已经花费了劳动时间，那么他们就已经被剥削了。也就是说商品存在但没有出售。马克思计算剩余价值的方式表明，他是在劳动、时间和货币的层面来思考价值的。这一点在《资本论》第18章和整个《资本论》中都表现得很明显，他经常使用一些例子，其中他同时提及了货币单位和劳动时间。

劳动时间和价格层次的价值

马克思将"剩余价值"一词与"无偿劳动时间"和"货币利润"互换使用，这种用法有点令人困惑，但它表明，对马克思来说，价值既有劳动时间的层次，也有货币的层次。

单个商品与公司生产的平均商品相关，公司生产的平均商品与整个行业或经济部门生产的平均商品相关，整个行业或经济部门生产的平均商品又与国民经济生产的平均商品相关，而国民经济生产的平均商品与世界范围内生产的平均商品相关。商品生产是在不同的层次上组织的：个体商品、公司、行业/部门、国民经济和全球经济。除单个商品层次外，每个更高级别的层次都是许多不同生产者和商品的集合，从而产生了平均生产时间、平均价格、平均利润、平均工资、平均不变资本、平均剩余价值率、平均有机构成和平均利润率。这些平均值不是恒定的，而是随着生产条件的变化而变化的，因为资本主义经济是一个建立在资本积累和劳动力剥削基础上的复杂而动态的系统。每一层次的平均商品价值都可以等于、高于或低于下一级的平均水平。考虑到各层次之间的相互联系，我们可以用货币单位和劳动时间单位来计算每一层次的商品价值。例如，在公司的层面上，年产量有一个平均值，这个平均值是通过计算生产每件商品的平均工时和产生的平均货币利润得出的。

如果知道行业层面的总利润和总工作时间，就可以计算出每小时平均生产多少货币利润。一些马克思主义的政治经济学家称这种方法为劳动时间的货币表示（MELT）（Freeman, Kliman, and Wells 2004；Kliman 2007, Freeman 2010）。整个行业范围内的 MELT 使公司的利润、不变资本和可变资本以及商品价值、剩余价值率、有机构成和从公司平均水平转化为基于整个行业水平计算的单位。通过这个过程，可以将以货币单位/价格衡量的商品价值与整个行业的平均水平进行比较，从而确定该公司的产量是否等于、低于或高于平均水平。MELT 还可以用于计算国民经济和全球经济，并且可以应用同样的计算方法。

计算案例：古典政治经济学与马克思主义的剩余价值率

通过一个例子可以看出这两种算法的差额：

剩余劳动时间＝每天 4 小时，必要劳动时间＝每天 4 小时，利润＝300 英镑，工资＝300 英镑

马克思主义剩余价值率：

$$剩余价值率 = \frac{300 \text{ 英镑}}{300 \text{ 英镑}} = \frac{4 \text{ 小时}}{4 \text{ 小时}} = 100\%$$

古典政治经济学剩余价值率：

$$剩余价值率 = \frac{300 \text{ 英镑}}{600 \text{ 英镑}} = \frac{4 \text{ 小时}}{8 \text{ 小时}} = 50\%$$

马克思的批判是，古典政治经济学对剩余价值的理解低估了剥削的程度，"实际的劳动剥削程度或剩余价值率是虚假地被表现出来的"[①] （668）。因此，古典政治经济学家"掩盖了资本关系的特殊性质，即掩盖了可变资本与活劳动力的交换，以及与此相适应的工人与产品的分离"[②] （670）。

剥削和异化

相比之下，马克思的公式使我们得出，剩余劳动率反映的是无偿劳动和有偿劳动之间的关系，也使我们得出，资本主义是建立在资本"剥削工人无偿劳动时间"的基础上的，这种剥削产生了剩余价值和利润。

> 在一个时期，工人只生产一个等于他的劳动力价值的价值，因而只生产一个等价物。……而在剩余劳动期间，劳动力的利用为资本家创造出无须他付出代价的价值。……因此，资本不仅像亚·斯密所说的那样，是对

---

① 译文参照《马克思恩格斯选集》第 42 卷，人民出版社 2016 年版，第 544 页。
② 同上书，第 546 页。

劳动的支配权。按其本质来说，它是对无酬劳动的支配权。一切剩余价值，不论它后来在利润、利息、地租等等哪种特殊形态上结晶起来，实质上都是无酬劳动时间的化身。资本自行增殖的秘密归结为资本对别人的一定数量的无酬劳动的支配权。[①]（671—672）

马克思在这里总结了他在 18 章中的一个主要观点，即资本积累是建立在对工人的无偿劳动的剥削之上的，由于资本家拥有了产品（剩余价值、货币利润、商品），所以工人的无偿劳动被异化了。劳动和产品因此成为异化劳动和异化产品。资本主义是建立在资本剥削工人无偿劳动的基础上。这对马克思而言不仅揭示了资本主义的结构性特征，也触及了一个政治问题：剥削和无偿劳动是资本主义制度中根深蒂固的不公；这就要求推翻资本主义，代之以公平公正的社会，在这个社会中，所有人共同控制和塑造经济体系和政治体系。

脸书和剩余价值率

阶级社会的所有劳动都涉及无偿劳动，因此都是剥削性的。剥削程度因情况而异。我在前面的章节中已经讨论过，在资本主义商业模式中，消费者成为价值和剩余价值的生产者（产消者）。在这些模式中，产消合一的模式是完全无偿的。脸书就是一个典型案例：

2014 年 7 月脸书提交了 10 - Q 表格：

2014 年 1 月至 6 月：净收入 14 330 亿美元；

每个月 13 亿活跃用户；

所有收入来自广告。

据统计，平均每个用户每月花在脸书上的时间约为 8.3 小时。[②]

2014 年 1 月至 6 月，脸书用户平均在该平台上花费的总时间：13 亿×83 ＝ 108 亿小时。

马克思主义剩余价值率的计算方式是剩余劳动时间除以必要劳动时间。如

---

① 译文参照《马克思恩格斯选集》第 42 卷，人民出版社 2016 年版，第 547—548 页。

② http://www.dazeinfo.com/2014/01/03/facebook-inc-fb-users-vital-marketers-average-8-3hrsmonth-spent-per-user-total-number-connections-exceed-150-billion-infographic/.（访问时间：2014 年 9 月 8 日）

果劳动力是完全无偿的，那么剩余劳动时间将最大化到 100%，必要劳动时间最小化为 0%。

$$剩余价值 = \frac{剩余劳动时间}{必要劳动时间} = \frac{10.8 \times 10^9}{0} Ⓡ \quad ¥$$

所有资本主义或其他阶级关系下进行的劳动，至少有一部分是无偿的，因此都存在剥削。如果剩余劳动的劳动力时间被最大化，以至于占用所有的劳动时间，那么剥削就会趋于无穷大（Fuchs 2014，2015）。有人会反对这一观点，认为脸书用户是通过免费访问该平台获得报酬的，这种逻辑忽视了金钱是一种能够买其他所有商品的通用商品这一事实。一个人可以用钱买食物、衣服和电脑，但一个人不能通过访问脸书购买任何东西。因此，脸书的访问权限不是工资的一种形式。工资是劳动力价格的货币表现。

第 18 章练习

小组练习（G）

项目练习（P）

关键词：剩余价值率，有偿劳动，无偿劳动

练习 18.1（G）

马克思在 18 章中讨论了关于剩余价值率的不同公式。关键问题是这个比率可以用货币单位表示，或者用劳动时间来表示，而资本主义建立在剥削无偿劳动的基础上，从而获得剩余价值和利润。

以小组为单位，每组选择一个特定的媒体公司，并尝试找到用于计算特定时间段（例如 1 个月、6 个月、1 年）剩余价值率的统计数据（利润、劳动时间、使用时间、用户数量、工资等）。请注意，在广告资助的媒体中，用户或者观众创造了特定的一部分剩余价值和利润。因此，在寻找统计数据前，讨论并分类不同的公司选用的资本积累模型，它所出售的商品以及到底是谁创造了这件商品的价值。

计算剩余价值率并将结果展示出来。

第六部分　工资

在第六部分（第 19—22 章）中，马克思讨论了"工资"概念。

19　劳动力的价值或价格转化为工资

劳动的价值和价格

马克思认为，古典政治经济学家如塞缪尔·贝利（Samuel Bailey, 1791 -
1870）、韦克菲尔德（Edward Gibbon Wakefield, 1796 - 1862）、德·西斯蒙第
（Jean Charles Léonard de Sismondi, 1773 - 1842）和萨伊（Jean-Baptiste Say,
1762 - 1832）都谈到了"劳动的价值"和"劳动的价格"。这个术语是"虚幻的"
（677）、"毫无批判"的（679）和"不合理的"（679）：

> 实际上，在商品市场上同货币占有者直接对立的不是劳动，而是工人。
> 工人出卖的是他的劳动力。当工人的劳动实际上开始了的时候，它就不再属
> 于工人了，因而也就不再能被工人出卖了。劳动是价值的实体和内在尺度，
> 但是它本身没有价值。（677）

什么是工资？

因此，在马克思看来，正确的术语是"劳动力的价值"和"劳动力的价格"。
劳动力的价值是生产维持劳动力所需的手段所需要的平均劳动量。工资是劳动力
的货币价格。1849 年，马克思发表了一篇名为《雇佣劳动与资本》的文章。在这
篇文章中，他已经提出了"工资是什么"（Marx 1849）的问题，并回答如下：
"工资是资本家为一定的劳动时间或一定的劳动付出而偿付的一笔货币。"因此，
"工资只是劳动力价格的一个特殊名称"，它是"只能存在于人的血肉中的这种特

殊商品价格的特种名称"(同上)。所以马克思在这里澄清了工资是用货币表示的劳动力的价格。

1865 年 6 月,马克思在国际劳动人民协会会议上发表了题为"价值、价格和利润"的讲话。他在讲话中指出"不存在劳动的价值",只有"劳动力的价值"(Marx 1865)。"但是劳动力的价值或价格却具有劳动本身的价格或价值的外观。尽管严格地说,劳动的价值和价格是无意义的"(Marx 1865)。马克思(1865)认为"劳动的价值"和"劳动的价格"是"劳动力的价值"和"劳动力的价格"的通俗说法。

商品的价值不是由"实际物化后的劳动量决定的,而是由生产商品所需的必要的活劳动的量决定的"(677)。如果一种商品平均在 6 小时内能够生产,但在市场上出售之前储存了 10 年,在这 10 年中,平均生产力提高到了平均 3 小时可以生产出同一种商品的程度,它的价值就下降到"3 小时社会必要劳动,而不是原先 6 小时社会必要劳动了"(677)。

劳动力的价值与价格

假设一个工人每天劳动 8 小时,工资是 80 英镑。在马克思的理论中,如果一个人每天平均要花 4 个小时来生产他生存所需要的一切生活资料,那么必要的劳动和剩余的劳动都是 4 个小时。因此劳动的价值是 4 小时。如果假设一个工人每天生产一种商品,以 180 英镑的价格出售(不变资本 c = 20 英镑),那么很明显,这个工人在 8 个劳动时间内再生产了他的劳动的价值,转换出了必要生产资料的价值,并创造了剩余价值。劳动力的价格是 80 英镑,利润是 80 英镑,劳动力的价值是 4 小时。4 小时的剩余劳动代表 80 英镑的利润。马克思指出,劳动力的价值可以不等同于它的价格(679)。如果整个经济环境中的平均工资是每个工作日 100 英镑,生产维持劳动力的资料需要 4 个小时,那么在我们的例子中,劳动力就被以低于其价值 20 英镑的价格出售。劳动力的价格则低于它的价值,商品的价值和价格不一定一致。

在我们的例子中,按常理来说,8 小时劳动的工资是 80 英镑。马克思指出,这种印象是由工资这一形式创造的拜物教,而这种拜物教"消灭了工作日分为必要劳动和剩余劳动、分为有酬劳动和无酬劳动的一切痕迹。全部劳动都表现为有酬劳动"（680）。甚至"剩余劳动力或无偿劳动也表现为有偿劳动"（680）。

设想两种情况：

S1. 世界上只有一家公司生产计算机，而且对这类产品有很大的需求。劳动力供应几乎是无限的，并且以军事手段来确保工作能够正常进行：拒绝工作的工人将会遭到枪击。没有劳动立法，计算机公司的拥有者可自由选择标准工作时间、工资、休息时间等。组装一台计算机平均需要 15 分钟，一台计算机的价格是 500 英镑。不变资本成本为 100 英镑。价格取决于投资成本。在劳动力供应受限的情况下，资本家会设法将劳动力成本减至最低，以达到利润最大化的目的。在这个例子中，他们可以通过极端的生产条件奴役工人，不支付工资，从而将利润最大化到最大值 400 英镑。

S2. 政权改变了，实行了劳动立法，现在有了法定最低工资。这就要求我们这个例子中的资本家要为生产一台电脑支付 200 英镑的工资。生产条件保持不变，不变资本的成本仍然是 100 英镑。资本家习惯于每台电脑获利 400 英镑；这一计算是基于每台电脑可获取 400% 的利润，这能够使资本家拥有无法抗拒的奢华生活。然而，如果每台电脑的价格仍保持一样，那么每台电脑的利润将从 400 英镑减少到 200 英镑。假设市场上没有竞争，但计算机的需求很大，他决定把一台计算机的价格从 500 英镑提高到 700 英镑，这就可以让他获得 400 英镑的利润。

阶级斗争、劳动力价格与工资的社会政治观

这个例子旨在说明，劳动力的价格（工资）不能简单地从劳动力的价值中推导和计算，而取决于阶级斗争的政治。法国马克思主义哲学家雅克·比岱（Jacques Bidet）在这里谈到了价值的社会政治概念，它与价值的政治经济概念息息相关。在资本主义中，劳动作为价值的实质，与"资产阶级对劳动者行使的"劳动支出的"社会强制"相结合（Bidet 2009，51）。因此，劳动是一个阶级概念，价值与劳动的阶级关系和资本联系在一起。资本必须确保对劳动力的控制，这是一项政治任务。工党可以试图通过反抗这一命令以展现对这一命令的政治回答。如果"价值的实质是抽象的劳动、支出，那么它在生产方式中与其相关的、对这种支出的社会强制力（资产阶级对工人行使的市场强制力）相耦合，与此相结合，形成概念上的统一的社会和阶级关系（同上，51）。因此，价值和抽象劳动的概念同时也是政治经济学和社会政治阶级斗争的表现。

马克思在劳动力的价值和价格方面也强调了这种联系：

> 在反雅各宾战争时期——正如那位不可救药的吞食赋税、尸位素餐的老乔治·罗斯经常说的那样，发动这场战争是为了挽救我们神圣宗教的福利免遭渎神的法国人的侵犯——我们在前次会议上曾谨慎地谈到的那些仁慈的英国农场主，竟把农业工人的工资降到这种纯粹生理上的最低界限以下，而维持生命和延续种族所需要的不足之数却由济贫法来填补。这是把雇佣工人变成奴隶，把莎士比亚笔下比岱的骄傲的自耕农变成贫民的一种高明手法。（Marx 1865）

阶级和工资的社会政治概念使得比岱（Bidet 2007）强调资本主义"这两种调和（彼此之间的市场和众多之中的组织）——在它们与批判话语的关系中，它们结合在一起，形成我们共同的社会理解——实际上构成两种现代'阶级因素'，这两种因素结合成现代阶级关系"。尽管坚持另一种理论的指导，即自治主义马克思主义，哈里·克里弗（Cleaver 2000）与比岱一样主张对马克思的《资本论》进行政治解读。和比岱一样，克里弗也认为阶级关系是价值的一个重要方面。

正如我们所看到的，劳动力的交换价值是工人阶级出售其劳动能力所得到的酬劳。然而，对于工人阶级来说，这种交换价值既是收入，又是同资本作斗争的力量源泉；作为斗争的力量源泉，它是一种成本，是从总价值中被扣除的部分，是对剩余价值的威胁，也是对资本力量的威胁。因此，人们的斗争常常是为了工人阶级获得劳动力的交换价值：货币工资、实物工资、社会服务、福利、失业津贴、养老金等等（同上，101）。

劳动力价值

劳动力的价值是什么？在《资本论》第1卷的第六部分中，马克思认为它"同任何其他商品的价值一样，也是由生产继而再生产这种独特物品所必要的劳动时间决定的……劳动力的价值，就是维持劳动力占有者所必要的生活资料的价值"（Marx 1867，274）。工人的再生产方式包括他自己的生活费用，他的家庭费用，获得技能的教育费用，以及维持身心健康的保健费用。哈里·克里弗强调自治主义马克思主义者是"社会工厂中的社会工人"的概念："家务和学业都是为了保持劳动力的低价值。"（Cleaver 2000，123）劳动力再生产中的无报酬劳动时间越多，"工人阶级再生产所需的可变资本量"就减少得越多，因此社会工厂中的社会工人"对剩余价值的扩大作出了贡献"（同上，123）。

　　劳动力（工资）的价格取决于政治规定的劳动条件，这是资本与劳动力之间阶级斗争的实际的、暂时的和动态变化的结果。马克思在《资本论》第 1 卷的附录《直接生产过程的结果》中指出，工人阶级的组织，例如工联，"目的无非是阻止工资水平降低到各行业中既定的传统水平以下，无非是阻止劳动能力的价格降低到劳动能力的价值以下"（1069）。

　　在第一个例子 S1 中，工资被阶级斗争中的资本力量操纵从而降至最低水平，低于劳动力的生存水平，即低于它本身的价值。在第二个例子中，阶级斗争赋予了工人组织权力，允许他们提高劳动力的价格。这些例子表明，"价值建立在由劳动力价格问题所决定的阶级斗争之中"（Bidet 2009，101）。"如果你们把各个不同国家中或同一国家各个不同历史时代的工资水平或劳动的价值水平比较一下，你们就会发现，劳动的价值本身不是一个固定的量，而是一个变化的量，即使假定其他一切商品的价值不变，它也是变化的。"（Marx 1865）

第 19 章练习

小组练习（G）

项目练习（P）

关键词：工资，劳动力价值，劳动力价格

练习 19.1（P）

马克思在 19 章中讨论了"工资"概念。这项练习的任务是比较各国的各种信息和服务工作的工资。

　　国家劳动力调查[①]和国际劳工组织的统计数据库（2009 年以前的数据称为

---

① 有关链接，请参见 http://www.ilo.org/dyn/lfsurvey/lfsurvey.home.（访问时间：2014 年 8 月 21 日）

劳动统计数据库）提供了各行业和行业的周工资或月平均工资数据以及流动职业的数据。

小组作业：每个小组选择一个国家。在数据库中搜索各种媒体、信息、文化和通信行业和职业的可获得的最新平均工资。互相比较工资水平，提出并解释结果。不同国家类似行业的工资水平可以解释结果。

这类数据库采用国际标准行业分类，如所有经济活动的国际标准行业分类，它有不同的版本（称为修订版；例如，ISIC 修订版 4、ISIC 修订版 3），也有不同版本的国际标准职业分类（ISCO）（如 ISCO‐88、ISCO‐08）。因此，举例来说，作为定期劳动力调查的一部分，英国国家统计局公布了不同行业和职业的平均工资。

2014 年，行业分类包括以下部门：

J：信息和通信

M：专业、科学和法律活动

N：行政及支助服务活动

P：教育

R：艺术、娱乐和休闲

这些分类基于英国标准产业分类法 2007 年（SIC07），与国际标准行业分类第 4 修订版相对应。2014 年的职业包括以下劳动活动：

- 经理和高级官员职业；

- 专业性职位；

- 助理专业和技术职业；

- 行政和文秘职业（高级辅助人员）；

这些分类基于英国标准职业分类 2000，该分类与 ISCO‐08 相对应。

练习 19.2（P）

在 Glassdoor.com 平台上，员工可以匿名查看各个公司的工作条件。2014年，它这样描述自己："Glassdoor 拥有不断增长的数据库，其中包含 600 万份公司评估、首席执行官支持率、薪资报告、面试评估和问题、福利评估以及办公室照片等。与其他招聘网站不同，所有这些信息完全由最了解公司的人（即员工）共享。再加上数以百万计的最新工作机会——没有其他社区能让你看到哪些雇主在招聘，还有根据员工的说法，在哪里工作或面试是什么样子，以及你能挣多少钱"（资料来源：http：//www.glassdoor.com）。

要获得访问权，你必须提交一份评估报告。

分组工作：每个小组选择一项信息工作。注意每个群体关注的是不同的职业。不同的职业范围很广，包括低技能、中等技能和高技能的劳动岗位。每个小组列出 20 家大型公司的名单，这些公司雇佣的正是它所分析的那类信息工作者。访问 Glassdoor.com 并使用"薪资"功能，允许您搜索这些公司的平均薪资。注意为正确类型的信息工作选择数据（每个公司可能会列出不同的数据），比较不同公司的平均工资。

展示结果，并比较不同小组所分析的各种工作的平均工资水平，解释这种比较的结果。

20 计时工资

什么是计时工资？

马克思在第20章中讨论了工资的"两种基本形式"（682）之一：计时工资。他在第21章分析了第二个工资：计件工资。

> 我们记得，劳动力总是按一定时期来出卖的。因此，直接表现劳动力的日价值、周价值等等的转化形式，就是"计时工资"的形式，也就是日工资等等。（683）

在同一行业中，每周或每月的计时工资可能因公司而异。因此，为了能够比较工资水平，我们可以计算一个行业和整个国民经济中的平均薪资水平。

平均工资

平均每小时工资可计算如下：

$$平均每小时工资 = \frac{日工资}{每日工作时数}$$

平均每周、每月和每年工资的数量也可以作同样的计算：

$$每周工资 = \frac{月工资}{每月工作周数}$$

$$每月工资 = \frac{年工资}{每年工作月数}$$

马克思认为，工资与工作小时数成反比，与平均时薪成正比。例如，如果绝对工资保持不变，但绝对剩余价值生产延长了工作时间，那么平均时薪就会下降。例如，如果每周工资是 600 英镑并且对应于每周工作 30 小时，那么平均时薪是 600/30＝20 英镑。如果工作时间增加到每周 40 小时而工资不增加，那么平均时薪就下降到 600/40＝15 英镑。"如果没有任何补偿，单是工作日的延长就会降低劳动价格。"（689）

马克思认为，资本家试图在伦敦的建筑业引入可变周工作时间的时薪支付，这导致了 1859—1860 年的罢工。（686）

加班

马克思还引入了"加班"概念：每天或每周加班超过规定的小时数被认为是不正常的，因此超过标准工作时间的所有时间都应该以"更高的小时工资（额外工资）"（687）作为报酬。马克思解释说，在 19 世纪中叶，英国相当普遍的现象是"正常时间"得到了很低的报酬，因此，各个行业的工人，如漂白工和装订工（687），为了生存被迫加班。

软件业：拥有大量加班任务的劳动力贵族

软件业是一个因工作时间长而著名的行业（见 Fuchs 2014a，第 9 章）：软件工程师往往收入很高，压力也很大。他们从事的软件项目往往都设定了截止期限，这使得他们经常进行长时间的工作。在美国，信息技术专业人员无偿加班是合法的：美国的《公平劳动标准法》[第 13（a）17 条] 规定如果计算机系统分析师、软件工程师或其他类似职业的员工每小时至少赚 27.63 美元或每周至少赚 455 美元，则可免除超时加班费。

第 19 章统计数据支持了我的观点，即软件/信息和通信技术专业人员构成了一个劳动贵族，他们的小时工资和年工资总额相对较高。然而，这种收入财富也伴随着特定形式的贫困：长时间的工作、高度的压力使他们缺乏闲暇；软件业较大的劳动力流动率意味着生活缺乏稳定性；失衡的工作与生活使他们的休闲和社会关系贫乏。

恩格斯在 1892 年出版的《英国工人阶级状况》一书的序言中描述道，1885年，英国有一些工人"穷困和生活无保障的情况现在至少和过去一样严重"

(MECW 27，666)，但也有"工人阶级中的贵族"（机械工、粗细木工、泥瓦工）"成功地抵制采用机器"（同上 27，266）。在 21 世纪，软件和计算机专业人士组成了这样一个劳动贵族。列宁（1920）在恩格斯的基础上，也谈到了由"工人转变成的资产阶级"组成的高级劳动力，"他们在生活方式、收入规模和整个观点上都非常庸俗"，并且是"工人阶级运动中资产阶级的真正代理人，是资产阶级的劳动帮手"。许多软件和计算机工人的工资比其他工人高得多，得到的特权也比其他工人多，这也使得他们更不可能反抗资本主义的统治。恩格斯认为，缺乏抵抗是劳动贵族的典型特征："对每个懂事的资本家和整个资本家阶级来说，他们现在的确是非常可爱、非常随和的人。"（同上 27，266）

马克思在《政治经济学批判大纲》中描述了生产条件，如此高需求的劳动特定的产业，某些工人获得的"剩余工资"，代表了"剩余劳动力"的一小部分（Marx 1857/1858，438）。因此，马丁·尼古劳斯（Martin Nicolaus）在前言中写道，马克思认为"从理论上讲，除了经济周期问题，通过不同资本家之间的利润分配机制，一部分工人阶级（而不是整个工人阶级），他们以工资盈余的形式创造剩余价值的极小部分"（同上，48）。与之相反，软件和计算机专业人员的工资相对较高，但压力也很大。

马克思在《资本论》第 1 卷中写道，在英国资本主义早期，工作日的延长是通过控制、监视、惩罚措施和国家法律的合法化来实现的。其代价是与要求减少工作时间的工人阶级间的阶级斗争的加剧。信息和通信技术产业增加剩余价值生产的主要途径也是绝对剩余价值生产，即延长工作时间，但它采取不同的方式：强制使用法律，但也是意识形态和社会的：体现在公司的娱乐文化、员工服务和同辈压力等方面。其结果是，每个雇员的总平均工作时间和无偿工作时间趋于增加。马克思把这种情况描述为绝对和相对剩余价值生产的一种具体方法，在这种方法中，劳动的生产率和强度保持不变，而工作日的长度是可变的：如果工作日延长，劳动力的价格（工资）保持不变："剩余价值的相对量就随同它的绝对量一同增加。虽然劳动力价值按其绝对量来说没有变化，但按其相对量来说却降低了。……在这里，劳动力价值的相对量的变化，是剩余价值的绝对量的变化的结果。"（663）

马克思在这篇文章中解释的是，工资往往会随着员工无偿加班时间的增加而相对减少，因为这样做可以创造额外的剩余价值和利润。如今，在信息和通信技术行业中，不支付加班费的劳动合同并不少见，促成此类做法的美国劳工立法便是一例。在拥有全包合同的信息和通信技术公司中，加班没有额外报酬，被迫使长时间的工作拉低了平均时薪，员工加班时间越长，他们产生的绝对剩余价值就越多，剩余价值率就越高。

第 20 章练习

小组练习（G）

项目练习（P）

关键词：计时工资，加班

练习 20.1（G，P）

小组作业：搜索记录特定数字媒体/软件/互联网公司或整个信息和通信技术行业工作条件的统计数据、研究报告、学术研究、期刊文章、书籍、书刊篇章和新闻报道。分析、解释并呈现结果。特别注意单位时间的工资水平，是否工作时间超过每周35至40小时的正常工作时间，是否支付加班费、只付部分工资或根本没有报酬。

项目练习：你也可以考虑对居住在你所在地区的信息和通信技术行业的工人进行一次调查或采访，了解他们的工作条件。

21　计件工资

计件工资是多少？

在第 21 章中，马克思讨论了资本主义中计时工资以外的主要工资形式。在计时工资关系中，工人按小时、日、周或月获得报酬，而在计件工资制中，他们按生产的商品获得工资。

> 计件工资实际上不直接表现价值关系。在这里，不是一件商品的价值由体现在其中的劳动时间来计量，相反地，工人耗费的劳动是由他们生产的产品的件数来计量。在实行计时工资的情况下，劳动由劳动的直接的持续时间来计量；在实行计件工资的情况下，则由一定时间内劳动所凝结成的产品的数量来计量。劳动时间本身的价格最终决定于这个等式：日劳动价值＝劳动力的日价值。因此，计件工资只是计时工资的转化形式。（694）

马克思认为，计时工资和计件工资"并存"，不仅存在于资本主义，还存在于"同一些行业"（692）。例如，他提到了伦敦的印刷工人、造船工人和马鞍工人，他们就有两种工资形式。

计件工资是"克扣工资和进行资本主义欺诈的最丰富的源泉"（694）。在计件工资制下，那些生产效率不高、速度不够快的人往往很快就会被解雇。劳动速度决定劳动绩效，因此在计件劳动中受到的监督比计时劳动的更少（695）。劳动速度控制绩效，因为低速度导致低工资，所以这种控制会直接建立在工资制度中。计件工资往往会生产出相对和绝对剩余价值：工人们往往尽可能快地工作，他们倾向于延长工作时间以增加他们的工资收入：

> 实行了计件工资，很自然，工人的个人利益就会使他尽可能紧张地发挥自己的劳动力，而这使资本家容易提高劳动强度的正常程度。同样，延长工作日也是工人的个人利益之所在，因为这样可以提高他的日工资或周工资。（695—696）

计件工资和剩余价值率

如果绝对剩余价值生产和相对剩余价值生产同时发生，那么剩余价值率往往会显著增加。因此，计件工资是一种大幅增加对劳动力剥削的尝试。

马克思认为计件工资可以追溯到 14 世纪的法国和英国经济，但到了工厂时代才得到广泛应用，特别是从 1797 年到 1815 年，当时"成了延长劳动时间和降低工资的手段"（698）。但是计件工资并不局限于 19 世纪和制造业的时代，它仍然是资本主义工资制度的一个重要组成部分，也仍然存在于 21 世纪的信息资本主义中。

网上自由职业：21 世纪计件工资制度

在 21 世纪，诸如 Amazon Mechanical Turk、PeoplePerHour、Upwork（eLance-oDesk）和 Freelancer. com 等在线平台已经出现，自由信息工作者在这些平台上提供服务。在英国，PeoplePerHour 在一段时间以来一直是使用最广泛的在线自由职业平台。它在网站上自称为一个希望"帮助人们开始和建立自己的企业，实现他们独立的梦想"的平台，"赋予［公民企业家］权力"。"我们坚信，在不久的将来，会有更多的人在 PeoplePerHour 工作，而不是为世界上最大的政府或最大的富时指数（FTSE）公司工作，就像我开始职业生涯的那家公司一样，并以一种非常讽刺的方式'解放自己'。"PeoplePerHour 提供设计、写作和翻译、视频、照片和音频等自由职业；业务支持、社交媒体、销售和营销、软件开发、移动和网络开发，所以它是一个主要专注于信息工作的平台。

　　自由职业者可以发布工作邀请，有需求的人可以发布准许自由职业者申请的工作。工资可以按固定价格（计件工资）支付，也可以按小时支付（计时工资）。据统计，2012 年英国有 156 万自由职业者，约占总劳动力的 6%（Kitching and Smallbone 2012）。最大的自由职业者群体约有 26.5 万人（17%），他们从事艺术、文学和媒体工作（同上 2012）。这类自由职业者占英国该行业所有从业人员的 64.4%。2011 年有 93 300 名（6%）IT 和电信自由职业者（同上2012）。自由职业者创造了大约 8%的私营部门营业额（同上 2012）。38%的英国自由职业者在家或其他地方工作，26%只在家里工作，33%只在外工作（同上 2012）。64%的英国自由职业者长期或短期在家工作。他们的家既是自由时间的生活场所，又是劳动时间的工作场所，是一个流动的空间。2012 年，Broadcast Now 在媒体和文化行业进行了一项英国自由职业者调查（N = 656）。[①] 21%的受访者每周工作超过 60 小时，近 50%的人工作超过 50 小时，56%的人每天工作 10 小时或以上，47%的人收入不到 2.5 万英镑。

　　这些数据表明，自由职业者往往工作时间较长。家庭和工作场所之间以及工作时间和休闲时间之间的界限是流动的，而劳动往往占据更多的时间。然而，这并没有为大多数自由职业者带来高收入。与自由职业者经济相关联的是众包经济，在这种经济中，公司试图通过 Amazon Mechanical Turk、eLance、oDesk 或 PeoplePerHour 等平台的帮助，在互联网上找到廉价或无偿劳动力。

　　PeoplePerHour 和类似的平台将在线自由职业宣传为自由和公民创业。事实表明，信息行业的自由职业者往往不是富有的企业家，而是 21 世纪无产阶级中年轻的、阶层不稳定的一部分。

　　以下是 PeoplePerHour 网站上自由职业者提供的计件工资劳动的一些例子[②]：
- "我可以设计和建造 WordPress 网站，只需 48 英镑。"
- "我可以为你写 SQL 程序，只需 10 英镑。"
- "我可以提供最好的 PHP 编程，只需 6 英镑。"

---

① http：//www. broadcastnow. co. uk/freelancer/freelancer-survey-2012-i-cant-do-this-much-longer/5043075. article.（访问时间：2013 年 12 月 12 日）
② 访问时间：2014 年 8 月 22 日。

- "我可以为你安装 WordPress 网站，只需 21 英镑。"
- "我可以为你设计 Logo，只需 24 英镑。"
- "我可以用编程语言为你做数据分析，只需 18 英镑。"
- "我可以设计引人注目的杂志封面，只需 6 英镑。"
- "我可以给 50 个潜在客户/客户打电话，只需 20 英镑。"
- "我可以写 2 首个性化的情诗并拍摄 1 张鲜花的照片，只需 6 英镑。"
- "我可以写一篇 450—600 字的高质量文章，涉及各种各样的主题，只需 6 英镑。"
- "我可以将 1 000 个单词从德语翻译成英语，或将英语译为德语，只需 6 英镑。"
- "我可以给你的 YouTube 视频点 100 个赞，只需 6 英镑。"
- "我可以给你增加 3 000 个 instagram 粉丝，只要 6 英镑。"
- "我可以为你的粉丝页面提供 1 000 + Facebook 点赞和 50 + Daily 点赞，只需 6 英镑。"
- "我可以提供 2 000 次 Youtube 观看量，只需 6 英镑。"
- "我可以在不到 24 小时内为你的推文提供 200 次转发，只需 6 英镑。"
- "我可以为你的视频提供 250 个高质量的 Youtube 点赞，只需 6 英镑。"
- "我可以在 24 小时内给你 Facebook 涨 500 个粉丝，只需 6 英镑。"
- "我可以在不到 24 小时内为你的网站提供 10 000 次点击量，只需 6 英镑"。

  PeoplePerHour 和其他类似的网络平台把剥削关系建立在计件工资的基础上。计件工资关系既是一种绝对剩余价值生产方法，也是一种相对剩余价值生产方法：工人可能必须长时间工作才能获得能保证他们生存的工资。PeoplePer-Hour 或 Amazon Mechanical Turk 等平台的情况尤其如此，这些平台旨在众包劳动力，以降低投资成本。同时，在线自由职业者会尽可能快地工作，因为他们没有受保障的时薪。众包平台的结果是工作机会减少，工资降低。正如马克思指出的那样，计件工资是"克扣工资和进行资本主义欺诈的最丰富的源泉"（694）。

呼叫中心基于绩效考核的薪酬体系

  全球呼叫中心项目研究了 17 个国家呼叫中心的工作条件（关于呼叫中心政

治经济的分析，见 Fuchs 2014a，第 10 章）。汇总结果（N = 17 个国家的 2 477 家公司）显示，15.3% 的人工操作是基于绩效的（Holman, Batt, and Holtgrewe 2007）。在荷兰，按个人绩效付费的比例特别高，研究中 41% 的呼叫中心使用了这种方式（同上 2007）。在韩国，60% 的员工有兼职合同，这一比例在以色列为48%，荷兰为 46%，西班牙为 44%。在英国（N = 100），21% 的呼叫中心采用个人绩效工资，18% 采用团队绩效工资。（Holman, Wood, and Stride 2005）

绩效工资是计件工资的一种形式：员工按销售商品或成功进行对话（例如，参与调查等），获得报酬。这种绩效评估给呼叫中心的代理商带来了压力，使得他们采用了如下策略：谎报自己是谁、销售的是什么、人们实际购买的是什么以及所销售商品的质量。

冈特·瓦尔拉夫：在呼叫中心卧底工作

冈特·瓦尔拉夫（Günter Wallraff）是一名德国调查记者，他在 20 世纪 70 年代以德国主流小报《图片报》记者 "Hans Esser" 的身份进行卧底工作，他记录了故事是如何被片面地捏造出来的，从而声名鹊起。为了调查报道他多次伪装自己，比如以土耳其移民工人的身份为麦当劳和其他公司工作，以一个黑人的身份在巴伐利亚呼叫中心做代理，最终他公开报道了他的经历。

为了撰写关于劳工呼叫中心的调查报告，瓦尔拉夫在呼叫中心 ZIU-International 做卧底，该中心向不太了解德国法律的小餐馆和小吃摊的移民业主出售展示《德国青年保护法》的广告牌。为此，呼叫中心的工作人员不得不谎称他们是代表青少年保护部门打电话的。如果店主不想买招牌，他们便表示会派检查人员去检查。瓦尔拉夫在报告中谈到了绩效评估的使用情况："为了不被立即解雇，我必须完成我的目标：每天至少卖出 5 个。"[1]

瓦尔拉夫在书中描述了他工作过的呼叫中心的劳动条件：

> 60 台电脑工作站安装在一个有限的空间里。设置：一个平板屏幕，一

---

[1] Translation from German："Um nicht sofort entlassen zu werden, muss ich mein Soll erfüllen: mindestens fünf Abschlüsse am Tag."

个头戴式耳机，以及在鼠标点击后调用存储号码的软件。一旦建立连接，就会显示参与者的地址和地址的来源。我问自己：为什么这些工人要屈尊做这种事？是谁强迫他们的？CallOn 公司的那位离开 ZIU 的女士曾为她的前同事辩护：他们经常是长时间失业的绝望之人，会抓住最后一根稻草。他们现在必须在电话中传递能量和良好的精神，尽管他们目前过得很艰难。但是这种劳动对雇员有什么影响呢？办公室的布置已经给出了答案：墙上挂着一块牌子，上面按名字记录着销售情况。如果有人带来了一项新的交易，他/她会走到前面去记录下来。这就自然而然地产生了成功和竞争的压力。[①]

这些例子表明，计件工资仍然存在，并且是信息时代资本主义高剥削率的一个来源。传播领域的女权主义政治经济学家凯瑟琳·麦克尔彻（Catherine McKercher）在对文化产业中的自由职业者进行分析时得出结论，女性自由职业者尤其受到计件工作和不稳定劳动的影响。

"计件作品允许所有者保留对创作者作品的道德权利，除了一次性支付产品，免除所有者对创作者的任何责任，并允许所有者鼓励工人之间就'谁将接受最低工资'的竞争。"（McKercher 2014，227）

第 21 章练习

小组练习（G）

项目练习（P）

关键词：计件工资

马克思在第 21 章分析了计件工资。

小组作业：搜索媒体、文化、数字和信息行业的计件工资报告和分析。特别注意计件工资给信息工作者带来的压力，以及他们如何报告这些压力。

项目练习：你也可以考虑采访信息产业的计件工人。讨论资本主义信息经济中计件工资的具体特征是什么？

---

① 从德语翻译而来。

22 工资的国民差异

在第 22 章中，马克思讨论了国际上工资如何比较的问题。他指出，影响工资水平的重要因素是生产的自然条件、生产资料的价格、教育成本、廉价劳动力的作用、劳动生产率以及绝对和相对剩余价值生产的作用。(701)

普遍劳动

马克思把"普遍劳动"（702）称为国际平均劳动标准，即工资、生产力、密集性、广泛性等国际平均水平的劳动。"因此，强度较大的国民劳动比强度较小的国民劳动，会在同一时间内生产出更多的价值，从而表现为更多的货币。"（702）

马克思说，价值规律在国际层面和世界市场上以一种修正后的形式运作，在世界市场上，"生产率较高的国家"（702）享有优势："因此，不同国家在同一劳动时间内所生产的同种商品的不同量，有不同的国际价值，从而表现为不同的价格，即表现为按各自的国际价值而不同的货币额。"（702）生产率较高的国家以较低的价值生产，并能够以较低的价格销售，从而获得竞争优势。马克思认为，这些国家的工资水平往往更高，而生产率较低的国家的剥削率/剩余价值率往往更高。

萨米尔·阿明：世界价值法则

马克思主义理论分析了国际政治经济关系，尤其是帝国主义理论，如世界体系理论。我在第 12 章中指出，在世界体系中，萨米尔·阿明描述了世界范围的价值规律，这导致价值从外围国家向核心国家和地区转移。（见第 12 章）

在外围地区的各个经济部门，生产率往往存在很大差异，因此工资也存在很大差异（Amin 1976，215‑218）。在城市和农村地区之间，以及受过较好和较差培训的劳动力之间，工资往往存在很大的差异（同上，221）。核心国家与外围国家生产率也存在差异，外围国家生产率较低。生产率较低的国家的商品往往具有更高的价值；生产这些商品需要更多的劳动力。更具竞争力和生产力的国家的商品往往价值更低，这就使得价格更低，这决定了它们在世界市场上的水平。它们迫使生产率较低国家的生产商按照生产率较高的公司设定的国际市场水平销售产品。因此，生产率较低的国家必须降低工资水平以保持竞争力。

与生产率差异相关的是不平等的经济结构：在边缘地区经济的价值和就业结构中，农业和服务业往往占有很高的比例，而最新的经济发展发生在中心地区（同上，239—246）。外围地区的工业往往难以与中心地区的企业竞争，外围业务的生产率往往较低。自1945年以来，外围国家的工业化程度有所提高，但相对于核心国家而言，这仍然是一种不平等的工业化。（Amin 1997，2）

世界范围的价值法则（Amin 2010）通过五种垄断使价值从外围转移到中心：技术垄断、金融市场垄断、自然资源垄断、媒体和通信垄断以及大规模毁灭性武器垄断（同上，4—5）。全球商品和劳动力的平均价值发挥着关键作用，因为通过这些价值，外围国家的劣势和中心国家的优势得以凸显（Amin 2010，83‑86）。来自边缘地区的商品比中心地区的商品需要更多的劳动力，但其售价往往低于全球平均价格，而全球平均价格是由拥有着较高生产率的中心地区所设定的。

全球生产率差异

在第22章中，马克思认为，生产率较高的国家往往有较高的利润和工资，而生产率较低的国家则有更高的剥削率。在马克思所处的时代，详细的国际宏观经济统计数据还不存在，所以他引用了一些轶事作为他的分析依据。如今，有更多的国际比较宏观经济统计数据可供参考。然而，宏观经济学并没有根据马克思的理论调整数据，因为经济学总体上并非被马克思主义的方法所主导。因此，马克思主义计算所需要的一些数据根本就不存在。

联合国世界生产率数据库提供了一些国家的全要素生产率数据。全要素生产率是一种考量技术创新对生产率影响的指标。在联合国数据库中，给出了各国相对于美国的测量值。例如，0.900 的值意味着生产率比美国低 10%。

衡量国家财富的一个指标是人均国内生产总值（GDP）。它将利润、工资和固定资本组合在一个变量中，对财富分配只字不提。尽管如此，出于统计目的，它仍可以被用作衡量一般财富的指标。

尽管目前仍然没有一个适用于所有国家的衡量剩余价值率的指标。然而，国际劳工组织依然提供了许多国家的工资份额数据。工资份额是指工资总额在GDP 中所占的份额。它是一种衡量劳动力与整体价值关系的指标。低工资份额并不能证明高剩余价值率，因为利润和不变资本也在分母中起作用。不过，工资份额可以衡量劳动力的相对权力和财富。

全要素生产率数据

表 22.1 列出了 66 个国家或地区的这三个变量（全要素生产率、人均 GDP 排名、未经调整的工资份额）。这些数据来自三个不同的数据库。这 66 个国家或地区的数据是综合所有三个数据库的数据得出的，只留下那些三个数据项都可用的条目。

表 22.1　66 个国家或地区的生产率、GDP 排名和工资占比

国家或地区	全要素生产率	人均 GDP 排名	未调整的工资比例
爱尔兰	1.280	28	45.9
比利时	1.092	22	52.9
美国	1.000	11	55.7
中国香港	0.840	10	51.6
奥地利	0.809	15	55.0
荷兰	0.801	17	52.1
挪威	0.800	6	46.7
毛里求斯	0.793	66	33.8
加拿大	0.785	19	53.6
丹麦	0.782	16	58.7
英国	0.776	27	55.5
法国	0.775	25	52.7

国家或地区	全要素生产率	人均GDP排名	未调整的工资比例
意大利	0.745	29	42.9
芬兰	0.740	23	50.6
塞浦路斯	0.726	37	46.1
以色列	0.726	34	48.7
瑞士	0.723	9	65.9
瑞典	0.718	13	53.7
新西兰	0.681	30	43.7
西班牙	0.676	32	49.0
日本	0.640	24	53.2
韩国	0.637	33	49.9
希腊	0.632	40	37.7
葡萄牙	0.612	43	51.1
特立尼达和多巴哥	0.585	39	43.2
智利	0.577	54	40.6
伊朗，伊斯兰共和国	0.572	79	20.7
阿根廷	0.554	63	42.9
博茨瓦纳	0.539	74	23.4
乌拉圭	0.537	61	34.4
南非	0.529	84	45.2
加蓬	0.526	65	21.1
多米尼加共和国	0.491	92	30.6
墨西哥	0.486	70	29.2
埃及	0.460	94	24.9
委内瑞拉	0.448	64	32.3
突尼斯	0.428	93	36.1
纳米比亚	0.408	106	40.7
危地马拉	0.406	117	30.6
哥斯达黎加	0.398	81	50.5
斐济	0.396	114	38.0

续表

国家或地区	全要素生产率	人均 GDP 排名	未调整的工资比例
约旦	0.395	89	40.4
哥伦比亚	0.382	87	32.2
巴拿马	0.365	68	30.0
斯里兰卡	0.292	103	53.7
喀麦隆	0.283	157	19.9
菲律宾	0.275	119	28.6
玻利维亚，多民族国家	0.275	124	26.5

数据来源：全要素生产率：联合国世界生产率数据库，2010 年；人均 GDP 排名：2014 年人力发展报告；工资占比来自国际劳工组织 2012/2013 年全球工资报告。每个国家或地区都为最新的可用数据。

表 22.2　相关性分析

	工资份额	人均 GDP 排名
生产力	0.69，显著性＜0.001	−0.90，显著性＜0.001

我们可以通过相关分析得出生产率和其他两个变量之间是否存在统计关系。表 22.2 显示了用 SPSS 软件进行分析后的相关性结果。

在被分析的 66 个国家或地区中，生产率与工资份额之间存在很强的正相关关系，而生产率与人均国内生产总值之间存在很强的负相关关系。这 66 个国家或地区是一个很好的样本，因为它们约占世界国家或地区的 1/3。统计结果表明，一个国家或地区的生产率越高，其工资份额越高，其 GDP 排名越低（这意味着人均 GDP 越高）。

这些数据为证实马克思在第 22 章中的分析提供了一些数学依据，即生产率较高的国家往往工资水平较高、剥削率较低，而生产率较低的国家往往工资水平较低、剥削率较高。当然，剥削率并不与工资份额相对应，但我们至少可以说，一个国家较高的生产率往往会使工人在阶级斗争中要求加薪，而在生产率较低的国家，工人的权力会被剥夺。生产率低的贫穷国家的资本家被迫通过降低工资来增加利润，这样他们就可以在世界市场上与生产大国和公司制定的商品价格竞争。

在 20 世纪的最后 25 年和 21 世纪，计算机在经济中发挥了重要作用，成为经济和社会信息化的一部分。因此，我们可以认为，在生产力水平最高的国家，生产的计算机化是最先进的。表 22.1 显示，在 21 世纪的前 10 年，爱尔兰、比利时和美国的全要素生产率最高。通过查看联合国世界生产力数据库（UN World Productivity Database）的现有数据，我们可以发现，在同一时期，卢森堡、巴巴多斯和毛里求斯的全要素生产率也非常高。

数据显示，似乎有一种趋势，即西方国家的生产率普遍较高，而世界其他地区的国家生产率则较低。这种相关性并不意味着在西方国家高生产率带来了非常高的工资份额，而是体现了西方国家和非西方国家之间的差异。例如，爱尔兰的生产率很高，但与此同时，作为一个西方国家，它的工资水平相对较低，因此工人阶级相当薄弱。高生产率也并不意味着无休止的经济增长。在爱尔兰，高生产率和高剥削所带来的高利润似乎被用于投机性融资，特别是房地产市场。与此同时，相对较低的工资迫使工人贷款和抵押贷款以维持生计。爱尔兰的信贷和房地产泡沫逐渐形成。它在 2008 年爆发，使爱尔兰陷入了严重的危机。

第 22 章练习

小组练习（G）

项目练习（P）

关键词：工资的国民差异，国际价值规律

练习 22.1（g）

小组作业：列出 10 个不同地点和一般财富的国家。每个小组在信息、媒体、文化、数字行业中选择一个行业。收集这些行业的平均工资率数据并进行国际比较。可能的数据来源包括这些国家的个人联系、统计数据、研究报告、学术出版物、对专家和工人的采访等。

展示并比较结果。

第七部分　资本的积累过程

资本积累的整个过程

在第七部分（第23—25章），马克思综合了前面几章的分析，把资本积累过程作为一个整体来关注：

$$M-C \ (c, \ v) \ . \ . \ P \ . \ . \ C' \ (s) \ -M' \ (p) \ .$$

马克思认为资本积累的过程包括三个部分（709）：

1. 购买生产资料和劳动力（$M-C$）；

2. 生产一种含有剩余价值的新商品（$P \ . \ . \ C'$）；

3. 这种商品销售以后能够产生利润 p（$C'-M'$）。

在资本积累过程中最重要的是，货币 M 需要转化为资本 M'。此外，货币 M 中的一部分资金还需要进行再投资。

剩余价值分成利润、利息和租金三个部分。马克思（1894）在《资本论》的第3卷中已经讨论了三者之间的区别。

23　简单再生产

生产和再生产

马克思认为，经济生产和消费作为经济存在的一部分，必须在所有社会中不断重复进行。因此，经济生产是人类和社会生存再生产的重要组成部分 (711)：即"每一个社会生产过程，从经常的联系和它不断更新来看，同时也就是再生产过程"[1] (711)。我们可以补充说，基本使用价值的经济生产不仅包括住房和食物，还包括维持社会关系、道德和规范的信息产品，如教育和通信。

在资本主义中，经济生产不仅需要生产生活资料，还需要生产资本和增加资本。资本主义以及所有资本主义的企业都必须要不断地再生产和重复"资本价值的周期性增加额" (712)。

简单再生产

马克思认为，简单再生产意味着资本家要使用全部剩余价值或者利润 p $(M' = M + p)$ "只是充当资本家的消费基金" (712)。在这种情况下，最初的投资总额 $m = c + v$ 不会增加，而是保持不变，也就是"原来规模上的重复" (712)。资本能够进行再生产，但是不能增加和积累。"扩大再生产"是马克思在论述资本积累时所使用的术语 (Marx 1885，ch. 17)。在第 n 期投入的资本总额 M_n 超过了前一期 $n-1$ 投入的资本总额 M_{n-1}。资本实现了扩张。

---

[1] 第七部分的译文除了特别标注出处外，均参照《马克思恩格斯文集》第 5 卷，人民出版社 2009 年版。

马克思认为，"工人只是在自己的劳动力发挥了作用，把它的价值和剩余价值实现在商品上以后，才得到报酬"（712）。工人的工资是由他们之前创造的资本所支付的，也就是"工人今天的劳动或下半年的劳动是用他上星期的劳动或上半年的劳动来支付的"（713）。因此，认为资本家支付工人工资是一种资产阶级的意识形态幻觉；实际上是工人生产了资本，而他们的劳动力价值则是从这些资本中支付的。在德国语言中，有一种相关的意识形态认为，雇主提供劳动（"雇主"在德语中是 Arbeitgeber，字面翻译为"劳动给予者"），而雇员接受劳动（Arbeitnehmer 即"劳动接受者"）。然而，实际情况是，雇员向雇主提供了无偿的劳动时间，雇主则无偿地占有并窃取这些时间，从而从中获利。

原始积累

马克思在第 23 章中引入了"原始资本积累"概念，他指的是"资本家曾经一度依靠某种与无酬的他人劳动无关的原始积累而成为货币占有者"（714）和生产资料的方式。他在第八部分详细分析了"原始积累"，但值得注意的是，他首次在第 23 章中提出了这个概念。在这个起点上，资本家成为生产资料的所有者，而工人则被迫出卖自己的劳动力以维持生存。再生产也意味着这种阶级关系的不断更新和永久化："可见，资本主义生产过程，在联系中加以考察，或作为再生产过程加以考察时，不仅生产商品，不仅生产剩余价值，而且还生产和再生产资本关系本身：一方面是资本家，另一方面是雇佣工人。"（724）

异化再生产

资本主义还永久地再生产了工人的异化——他们不拥有生产资料和所创造的产品。我在第 7 章中已经引用了《资本论》第 23 章（716）中的一段重要内容，马克思在其中更详细地讨论了异化的再生产，因此我在这里不再重复引用，但建议读者现在回到本书的第 7 章，看看我关于马克思如何讨论异化的论述。

个人消费和生产性消费

马克思指出，工人主要涉及两种形式的消费：一种是为了生产商品和剩余价值而进行的生产资料消费（即生产性消费）；另一种是为了生存和维护劳动权利，工人用自己的工资购买生活资料的消费（即个人消费）。（717）

可见，工人的生产消费和个人消费是完全不同的。在前一种消费下，工人起资本动力的作用，属于资本家；在后一种消费下，他属于自己，在生产过程以外执行生活职能。前一种消费的结果是资本家的生存，后一种消费的结果是工人自己的生存。(717)

但是，工人的个人消费和生产性消费都处于资本的控制之下，并且帮助了资本进行积累——后者通过生产商品帮助资本进行积累，前者通过生产劳动力帮助资本进行积累。工人在生产中扮演着"创造他人财富的力量"(719)，即为资本家创造财富。为了生存，工人必须重新购买生活资料，这迫使他不断地进入雇佣劳动关系。"罗马的奴隶是由锁链，雇佣工人则由看不见的线系在自己的所有者手里。"(719) 不是亚当·斯密的"看不见的手"协调了利己主义资本主义实践中普遍财富的出现，而是马克思对阶级结构的无形威胁，迫使工人被资本家剥削，从而使得资本能够不断得到积累。然而，"因此，资本主义生产过程在本身的进行中，再生产出劳动力和劳动条件的分离。这样，它就再生产出剥削工人的条件，并使之永久化"(723)。

资本主义再生产的维度

我已经在第6章和第16章中指出了家庭中再生产劳动的重要性，因为它有助于维持劳动力。再生产劳动包括例如家务劳动、教育、公共服务、照护、性活动、提供公共交通工具和通信方式等。马克思说，生存资料"用来交换劳动力的资本转化为生活资料，这种生活资料的消费是为了再生产现有工人的肌肉、神经、骨髓、脑髓和生出新的工人"(717)。需要补充的是，生存资料只有部分是在市场上购买的。未获得报酬的家庭劳动者和由税收支持的公共服务工作者生产了其余部分。

马克思在第23章中表明，资本主义的基础是生产性消费、个人消费、商品生产和资本增加的不断再生产，这是通过对非资本所有者施加的结构性暴力实现的，从而再生产了资本与劳动之间的阶级关系。资本主义生产在多重意义上都是再生产：

- 它涉及商品 C 和 C′的持续生产和消费。

- 它涉及通过再生产劳动对劳动力的再生产。
- 它是更大规模上 $M - C .. P .. C - M'$ 资本积累的不断重复。
- 它是对劳动剥削以及资本与劳动之间阶级关系的再生产。

"鉴于资本家靠剥削劳动和工人的生产性消费继续生存"（717），工人拥有强大的影响力：如果他们集体罢工、拒绝工作，或占领工厂、办公室、土地以及通信和交通工具，那么资本的生命之息就会受到严重扰乱。工人在再生产过程中的重要作用不仅使他们成为"资本的附属物"（719），而且从本质上赋予了他们推翻资本主义，并以工人控制的经济和公民控制的社会取而代之的权力。

第 23 章练习

小组练习（G）

项目练习（P）

关键词：再生产，资本的简单再生产，资本的扩大再生产，原始积累

练习 23.1（P）

马克思在第 23 章中认为，资本主义所有制的原始状态和资本主义各种结构的不断产生使得资本得以再生产，马克思把这些都称为资本主义的再生产。

《福布斯》每年都会发布全球亿万富豪榜，记录世界上最富有的人及其财富的数据。

小组作业：在当前《福布斯》榜单中找出媒体行业的亿万富豪。每个小组选择一位媒体亿万富豪，通过回溯往年《福布斯》榜单中的数据，追溯其财富在过去几年的增长情况，并搜索关于其如何致富的信息和批判性报道。这些个人财富的故事往往与公司历史相关，所以也要查看一下媒体亿万富豪创立或担任董事/经理的公司，其初始资本是由谁提供的。

讨论：为什么"美国梦"——每个人都可以从洗碗工变成百万富翁——的想法是错误的且具有意识形态色彩？在资本主义中，财富是如何产生和分配的？

24 剩余价值转化为资本

资本积累

马克思将资本积累（或资本的扩大再生产）定义为"把剩余价值再转化为资本"（725），或者说，剩余价值的资本化。也就是"要积累，就必须把一部分剩余产品转化为资本"（726）。

剩余劳动力创造了剩余产品和剩余价值。然而，当商品被出售时，剩余劳动力便转化为利润。将一部分的利润（扣除利息、经理和资本家的工资、股息后）重新进行投资，以便将利润用于额外的固定资本和可变资本，可以"生产追加的生产资料和生活资料"（727）。因此，积累就是逐步扩大"资本生产"的规模（727）。同时，积累也是建立在"财产分离"的基础之上（730）。

资本积累是指资本家被迫增加资本：

$M - M' (>M) - M'' (>M') - M''' (>M'') - ..$

$M - M'$只是 $M - C (c, v) .. P .. C' - M'$的缩写。

资本积累周期的可视化分析

马克思在 24.1 中对资本积累的过程进行了总结，我在图 24.1 中对其作了可视化的分析。

为了购买两种商品，资本家投资了货币 M：一种商品是生产资料（不变资本 c），另一种商品是劳动力（可变资本）。在生产过程 P 中，工人把生产资料的价值转移到产品的价值上，创造了他们的劳动力价值和剩余价值。这些价值在新产品 C′中具体化，同时这个新产品的价值比资本家购买并投入生产过程的最初商品组合的价值还要大。新商品 C′"以大于 M 的金额 M'出售",其中包含了利润。因此,为了生产更多的商品,需要重新投资新的资本,从而产生更多的利润。

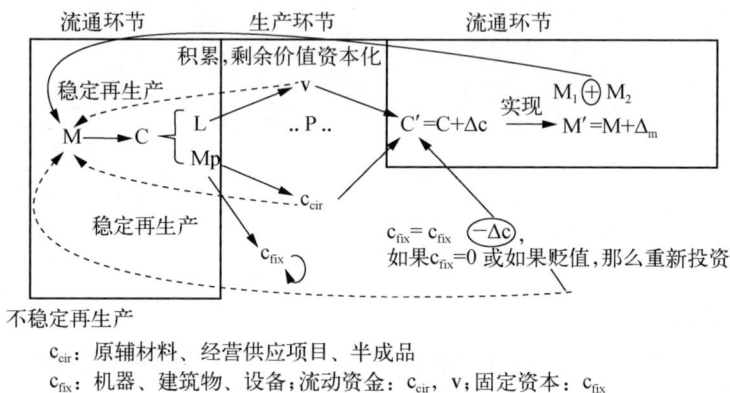

图 24.1 资本积累的过程

货币转化为资本的三大结果

马克思认为,货币转化为资本包括三个结果:

1. 产品属于资本家,而不属于工人;

2. 这一产品的价值除包含预付资本的价值外,还包含剩余价值,后者要工人耗费劳动,而不要资本家耗费任何东西,但它却成为资本家的合法财产;

3. 工人保持了自己的劳动力,只要找到买者就可以重新出卖。(731)

因此,这三个特征体现了劳动者的非所有权问题(也就是异化)、剩余价值和双重"免费"工资劳动问题。所以说,财富是"那些能不断地重新占有别人无酬劳动的人的财产"(733)。剥削是所有阶级社会中固有的,是其社会结构的组成原则。

利润的构成要素

马克思批判(734—738)亚当·斯密、大卫·李嘉图、约翰·斯图尔特·穆勒和其他政治经济学家们的假设和前提——所有的利润都会被转化为工资。

马克思认为他们的观点是错误的，因为资本家拥有更多的可变资本，并想通过这些可变资本去生产更多的商品，从而获得更多的利润，而这不仅需要更多的劳动力，还需要更多的生产资料。

马克思把资本家为了自己的生活以及购买奢侈品的那部分收入与作为资本积累的那部分收入进行了区分（738—746）。准确地说，股息作为公司收入的一部分，如果公司必须向银行偿还贷款，那么利息也会从资本中扣除。然而，马克思用"收入"一词来表示剩余价值（738，脚注21）。即利润被分成不同的部分：资本的再投资、支付利息、所有者和股东的股息收入、奖金支付以及薪酬。

资本积累的绝对性

资本家"同货币贮藏者一样，具有绝对的致富欲"（739）。这种驱动力源于一种"社会机制"，在这个社会机制里，资本家不过是"一个主动轮"（739）。虽然货币贮藏者希望尽可能地从经济流通中取走更多的资金，但是资本家必须要努力使更多的资本在经济领域中保持流通。

马克思用以下几句话总结了资本家的使命和信念："积累啊，积累！这就是摩西和先知们！……因此，节俭啊，节俭啊，也就是把剩余价值或剩余产品中尽可能大的部分重新转化为资本！为积累而积累，为生产而生产——古典经济学用这个公式表达了资产阶级时期的历史使命。"（742）资本积累势在必行。马克思在这里有意将资本暗指为摩西，因为他认为资本积累就像宗教一样，是一种让现实以一种扭曲的形式出现的拜物教。

影响资本积累的四大要素

马克思指出，影响资本积累总量的四大要素是（747—757）：

1. 对劳动力的剥削程度，即通过延长工作时间和克扣工资来增加资本积累的总量，从而使得劳动力的报酬低于其自身的价值；

2. 科技进步提高了劳动生产率；

3. 资本主义的科技越发达，就越能利用"免费劳动服务"（757）来促进科学知识和技术的进步与发展，同时也能免费使用自然资源以及重新生产劳动；

4. 就业的总人数随着资本的增长而增加。

第 24 章练习

小组练习（G）

项目练习（P）

关键词：资本积累，收入

练习 24.1（G）

通过识别媒体、数字和文化产业中的各种形式的资本积累（它们通常被称为"商业模式"），讨论每种形式的资本积累是如何运转的？每种形式的资本积累涉及哪些类型的劳动以及它们如何组织这些劳动？商品是什么？这种商品又是如何销售的？媒体、数字和文化产业中的资本积累有哪些特点，它们与其他资本积累的模式有何不同？

25 资本主义积累的一般规律

资本的技术构成和有机构成

马克思在第 25 章中提出了"资本有机构成"的概念以及不变资本与可变资本的关系。

> 资本的构成要从双重的意义上来理解。从价值方面来看，资本的构成是由资本分为不变资本和可变资本的比例，或者说，分为生产资料的价值和劳动力的价值即工资总额的比例来决定的。从在生产过程中发挥作用的物质方面来看，每一个资本都分为生产资料和活的劳动力；这种构成是由所使用的生产资料量和为使用这些生产资料而必需的劳动量之间的比例来决定的。我把前一种构成叫做资本的价值构成，把后一种构成叫做资本的技术构成。二者之间有密切的相互关系。为了表达这种关系，我把由资本技术构成决定并且反映技术构成变化的资本价值构成，叫做资本的有机构成。凡是简单地说资本构成的地方，始终应当理解为资本的有机构成。(762)

计算资本有机构成：案例分析

马克思对资本的技术构成和资本的有机构成进行区分。例如，假设一家软件公司拥有 10 名员工，并且每位员工都使用一台计算机作为他们的生产手段。由于该公司的 10 名员工都使用 Microsoft Visual Studio 作为软件开发工具包，所以该公司需要支付这 10 个开发人员的许可证，并且每年更新一次。同时这 10 名员工都在公司租用的办公室里工作。在软件生产过程中，资本的技术构成包括了 10 台计算机，而且每台计算机运行一个授权版本的 Visual Studio。另外，公司租用的办公室是固定资本中的一部分，而 10 名工人的劳动力则构成了可变资本。假设每台新电脑都是这两年买的，每台电脑的价格是 1 000 英镑，每台电脑的年损耗是 500 英镑，同时软件许可证必须每年更新一次，即每台售价是 500 英镑，办公室租金为每月 10 000 英镑或每年 120 000 英镑，每个人的平均年薪为 4 万英镑。

资本有机构成的计算必须与特定时期有关，比如一年。在上面的例子中，如果给定一年的时间，即资本平均有机构成的计算方式为：

$$oc = \frac{c}{v} = \frac{500\text{ 英镑} \times 10 + 500\text{ 英镑} \times 10 + 120\,000\text{ 英镑}}{40\,000\text{ 英镑} \times 10}$$

$$= \frac{5\,000\text{ 英镑} + 5\,000\text{ 英镑} + 120\,000\text{ 英镑}}{400\,000\text{ 英镑}} = \frac{130\,000\text{ 英镑}}{400\,000\text{ 英镑}} = 32.5\%$$

我已经在第 12 章（在相对剩余价值的背景下）、第 15 章（在组织运转的背景下）、第 17 章（在利润率的背景下）以及第 18 章（在剩余价值率的背景下）讨论了有机构成的各个方面。在第 17 章中，我以英国经济、英国计算机软件产业为例，阐释了如何借助宏观经济统计数据来计算资本的有机构成。

关于资本有机构成如何发展的两个不同案例：案例 1

关于资本有机构成是如何发展的，马克思举了两个完全不同的案例。

首先，他对劳动力需求的增加进行了研究（第 25.1 节）。

在这个案例中，如果雇佣一个额外的工人作为自由职业者，并且他支付自己的生产资料以及在家工作，但获得相同的年薪；那么固定资本的成本将保持不变，但是可变资本的成本将会增加，在这种情况下，资本有机构成将会下降：

$$oc = \frac{c}{v} = \frac{500\text{ 英镑} \times 10 + 500\text{ 英镑} \times 10 + 120\,000\text{ 英镑}}{40\,000\text{ 英镑} \times 11} =$$

$$\frac{5\,000\text{ 英镑} + 5\,000\text{ 英镑} + 120\,000\text{ 英镑}}{440\,000\text{ 英镑}} = \frac{130\,000\text{ 英镑}}{440\,000\text{ 英镑}} = 29.5\%$$

工资总额增加了。马克思认为工资总额增加可能源于工资的需求增加。例如，如果有一个强大的工会能够将这 10 名工人的年薪从 4 万英镑提高到 4.4 万英镑，那么这种增长也可能是工资增长需求的结果。但是如果没有雇佣额外的工人，那么资本有机构成也会下降到 29.5%。如果剩余价值 s 和利润 p 不是绝对的增加，那么工资总额的增加将会导致利润率的下降。因此，可以得出利润率与资本有机构成成正比，与剩余价值率成反比：[①]

$$利润率\ rp = \frac{p}{c+v} = \frac{\dfrac{p}{v}}{\dfrac{c}{v}+1} = \frac{资本有机构成}{剩余价值率+1}$$

假设案例中的 10 名工人每年创造 10 万英镑的年利润，他们的工会在协商之后将他们的平均工资从 4 万英镑增加到 4.4 万英镑，但是固定资本不变。那我们可以得出：

$$资本有机构成\ oc1 = 32.5\%, 剩余价值率\ rs1 = \frac{p}{v} = \frac{100\ 000\ 英镑}{400\ 000\ 英镑} = 25\%,$$

$$利润率\ rp1 = \frac{p}{c+v} = \frac{100\ 000\ 英镑}{130\ 000\ 英镑 + 400\ 000\ 英镑} = 18.9\%$$

在第二个时间点，如果可变资本增加到 $v = 440\ 000$ 英镑，而固定资本 c 和利润 p 保持不变：

$$oc2 = 29.5\%, \quad rs2 = \frac{p}{v} = \frac{100\ 000\ 英镑}{440\ 000\ 英镑} = 22.7\%,$$

$$rp2 = \frac{p}{c+v} = \frac{100\ 000\ 英镑}{130\ 000\ 英镑 + 440\ 000\ 英镑} = 17.5\%$$

在案例 1 中，剩余价值率和资本的有机构成均有所下降，但是资本有机构成的下降不能抵消剩余价值率的下降，因此利润率从 18.9% 下降到 17.5%。

考虑到这种发展会严重威胁到获利情况，马克思认为，工资总额的增加或

[①] 此处与下述公式为原书如此，当有讹误。c/v 为有机构成，p/v 为剩余价值率利润率与有机构成成反比，与剩余价值率成正比。——译者注

者剥削率的降低有可能导致资本发生反应，且这种反应可能会削弱工人及其工会的权力。(771)

关于资本有机构成如何发展的两个不同案例：案例 2

第二，马克思就可变资本 v 的相对减少进行讨论（第25.2节）。他在文中谈到，与可变部分相比，固定资本部分呈现出逐渐增长的规律（773）。"只要生产资料的量比并入生产资料的劳动力相对增长，这就表示劳动生产率的增长。"（773）因此，马克思认为，随着科学技术的进步，资本的有机构成呈现一种上升的趋势。

以软件公司为例，假设有一个新的软件工程开发商的工具包可以提高劳动生产率，使得公司老板解雇了一名工人。并且该工具的年许可证价格是 Visual Studio 的两倍，即 1 000 英镑。鉴于现在只有 9 名工人，因此只有 9 台计算机（每台每年 500 英镑）和 9 个许可证可以作为生产工具。在这种情况下，如果年生产利润保持不变，即 p = 100 000 英镑；办公室租金保持不变，即 120 000 英镑，那让我们来看看资本有机构成、剩余价值率以及利润率是如何发展的：

$$oc = \frac{c}{v} = \frac{9 \times 1\,000\,英镑 + 9 \times 500\,英镑 + 120\,000\,英镑}{9 \times 40\,000} = \frac{133\,500\,英镑}{360\,000\,英镑} = 37.1\%$$

$$rs = \frac{p}{v} = \frac{100\,000\,英镑}{360\,000\,英镑} = 27.8\%$$

$$rp = \frac{p}{c+v} = \frac{100\,000\,英镑}{133\,500\,英镑 + 360\,000\,英镑} = 20.3\%$$

可见，资本有机构成 *oc* 从 32.5% 增加到 37.1%，与此同时，剩余价值率 *rs* 也从 25% 攀升至 27.8%。综合作用下，利润率 *rp* 从 18.9% 增长至 20.3%。

资本吸引和排斥的辩证法

马克思还谈到了资本排斥与资本吸引的辩证关系。新的资本在积累过程中不断涌现，使得"社会总资本这样分散为许多单个资本，或它的各部分间的互相排斥"（777）。竞争斗争是通过使商品便宜来进行的。在其他条件不变时，商品的便宜取决于劳动生产率，而劳动生产率又取决于生产规模。（777）。信贷系统倾向于支持特定资本，从而有助于购买更多的生产技术（777—778）。竞争和信贷是两个"集中的最强有力的杠杆"（779）。然而，资本的集中意味着"是资本家剥夺资本家，是许多小资本转化为少数大资本"（777）。因此，资本集中的实质是"吸引资本"，"个体独立性的消灭"（777）。

我在第 1 章中介绍了黑格尔对吸引与排斥辩证法的理解，并在第 1 章（1.3 节）、第 13 章（13.1 节）和第 15 章（15.7 节）中介绍了马克思对这一辩证法的应用。如我在第 13 章（第 13.1 节）中论述了单一工人和许多工人在合作过程中的辩证关系，在第 15 章（第 15.7 节）中论述了技术对工人的吸引和排斥。在第 25 章（第 25.2 节）中，马克思为这种辩证法添加了另一个例子：资本吸引和排斥的辩证法。即资本的增长将会排斥资本，使得更多的资本进入市场，从而产生许许多多的资本。因此，资本不仅是资本本身，还与其他的资本处于竞争关系，它是许多资本中的一个。

然而，由于竞争、价值创造、科学技术以及信用体系的独特架构，单个资本与众多资本间的矛盾呈现出一种被扬弃的趋势，进而促使资本集中成为对这一矛盾进行否定之否定的结果。众多资本因相互竞争而彼此排斥，但同时作为均受资本主义法则支配的资本，它们又相互吸引。当某个（或某些）资本通过集中生产和市场力量来摧毁其他资本时，这种矛盾便得到了扬弃。于是，一种特殊的吸引与排斥机制——资本集中——应运而生：一个资本通过摧毁其他资本来吸引并排斥它们，从而增强自身实力。图 25.1 直观地展现了资本间吸引与排斥的辩证法。

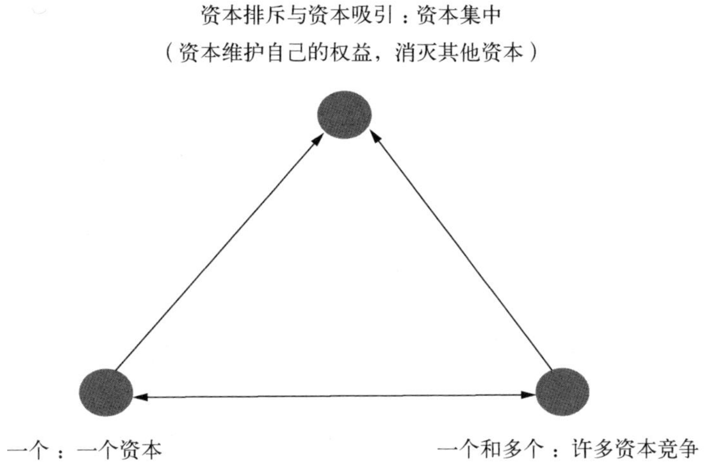

资本排斥与资本吸引：资本集中
（资本维护自己的权益，消灭其他资本）

一个：一个资本　　　　　　　　一个和多个：许多资本竞争

图 25.1　资本的吸引和排斥的辩证关系

失业趋势

马克思在 25.3 中认为，资本有机构成的提高导致了失业率的上升，同时固定资本的增加以及可变资本的减少也会导致失业。然而，马克思把这些失业人群称为"剩余人口"和"产业后备军"（784），因为这部分人口是随时准备被资本剥削的人力资源（784）。"因此工人人口本身在生产出资本积累的同时，也以日益扩大的规模生产出使他们自身成为相对过剩人口的手段。"（783）

马克思从以下几个方面论述了资本主义的发展周期（785，790—791）：

- 存在一种提高生产力的驱动力。

⇒新技术的出现使得新兴产业增加了对劳动力的需求，并且改变了现有产业的需求。

⇒生产力提高。

⇒生产力的提高使得在更短的时间内生产相同或更多的商品成为可能。

⇒生产力的提高，只需要更少的工人来生产商品，因此在某些行业，员工被解雇，成为失业者。

- 生产力的增长达到极限时，商品和资本就会出现生产过剩的趋势。而失业对消费行业和特定行业也会产生负面反弹影响。

⇒出现了导致平均利润率下降的危机。

⇒提高生产力和盈利能力的压力越来越大。

⇒采用新技术来提高生产力也面临压力。

这个发展周期包括"吸收……以及产业后备军的改革"（785），这意味着失业率是一个取决于资本主义发展的变量。由于资本主义本质上是一种剥削制度，因此危机四伏，失业率上升是资本主义社会的常态。然而，资本主义社会的危机也意味着更多的灾难（如失业），所以说资本主义本质上也是一种制造灾难和痛苦的制度。这种痛苦可以影响到任何人，不仅有工人，也有资本家。而且由于资本的集中，使得资本家不得不关闭他们的工厂。到那个时候，我们是无法预测出工人和资本家会在何时变成过剩人口。鉴于人类不想生活在那样的痛苦之中，因而资本主义带来的不确定性和潜在的灾难使我们有充分的理由相信，资本主义应该被一种能够培育全人类财富的制度所取代。

流动的过剩人口、潜在的过剩人口和停滞的过剩人口

马克思对流动的过剩人口、潜在的过剩人口和停滞的过剩人口作了区分（794—797）。流动的过剩人口指的是，在特定行业中，失业率会随经济周期的波动而上升或下降。潜在的过剩人口揭示了资本主义体系下的一种固有趋势：乡村居民的生活水平通常低于大城市居民。因此，失业对农村人口的影响更为显著，始终对他们构成潜在的威胁。为了摆脱这种困境，其中一部分人会寻求迁往大城市的机遇，进而推动了城市化的进程。至于停滞的过剩人口，它描述的是这样一部分失业者：他们虽然能短暂地找到工作，但随后往往又会重新陷入失业状态。此外，马克思还提及了一个特殊的失业群体——流氓无产阶级（797），他们生活在极度的困苦与贫穷之中，因此常常被驱使着走向犯罪、卖淫或因病陷入困境的道路。

资本主义积累的一般规律

在 25.4 中，马克思阐述了资本主义积累的一般规律。这条规律表示，"在一极是财富的积累，同时在另一极，即在把自己的产品作为资本来生产的阶级方面，是贫困、劳动折磨、受奴役、无知、粗野和道德堕落的积累"，"由此可见，不管工人的报酬高低如何，工人的状况必然随着资本的积累而恶化"（799）。

有关资本主义积累一般规律的最为权威的表述是：

> 社会的财富即执行职能的资本越大，它的增长的规模和能力越大，从而无产阶级的绝对数量和他们的劳动生产力越大，产业后备军也就越大。可供支配的劳动力同资本的膨胀力一样，是由同一些原因发展起来的。因此，产业后备军的相对量和财富的力量一同增长。但是同现役劳动军相比，这种后备军越大，常备的过剩人口也就越多，他们的贫困同他们所受的劳动折磨成反比。最后，工人阶级中贫苦阶层和产业后备军越大，官方认为需要救济的贫民也就越多。这就是资本主义积累的绝对的、一般的规律。（798）

科技与资本主义积累的一般规律

马克思强调，科技作为"生产剩余价值的方法"（799），在资本主义积累的一般规律中发挥着重要的作用：科技是一种"统治和剥削生产者的手段"，同时它把工人与他自身的本质相分离，"把工人贬低为机器的附属品"（799）。

生产技术，例如计算机在计算机化生产中的应用，是促进资本有机构成不断提高的手段。因此，美国马克思主义政治经济学家哈里·布雷弗曼于20世纪70年代发现，"计算机系统提供的经济发展情况［即生产力的提高］导致许多劳动力被迫下岗"（Braverman 1974/1998，231）。技术批判理论家和历史学家戴维·F. 诺布尔也分析并总结了计算机对资本主义的影响：

> 计算机辅助制造技术、机器人、计算机库存、自动化交换机和出纳员、电信技术……所有这些都可以取代人类，并且这些技术还能使雇主降低劳动成本，外包，搬迁业务。可以说，从工厂到农场，从炼油厂到办公室，没有一个工作场所能够免于这些技术的冲击。（Noble 1995，XIII）

在25.5中，马克思运用历史分析法，阐明了英国和爱尔兰的失业问题，从而为他的理论分析提供了实证依据。

为什么资本主义积累的一般规律并非贫困化与崩溃的理论

马克思主义的批评者认为，马克思在《资本论》第1卷的第七和第八部分，包括第25章中，构建了一个关于贫困化（绝对贫困的持续增加）和崩溃的理论。例如，奥地利裔英国哲学家卡尔·波普尔（1902—1994）在他所著的《开放社会及其敌人》一书中对马克思进行了批评，并直接引用和提及了第25章的内容（Popper 1945，490‐391）。他写道："马克思无疑相信，苦难在范围和程度上都在增长。"（同上，375）波普尔表示，马克思对剥削和失业的分析值得尊重（同上，383—384），但其作品存在缺陷：

> 马克思关于苦难必随积累而增加的规律并不成立。自他那时代以来，生产资料已大量积累，劳动生产率也提高到了连他自己都难以想象的程度。然而，童工劳动、工作时间、劳动的艰辛以及工人生活的不稳定性并没有增加；相反，它们都有所下降。……经验表明，马克思的预言是错误的。（同上，391—392）

波兰哲学家莱谢克·柯拉柯夫斯基（Leszek Kolakowski，1927‐2009）从马克思主义人文主义者转变为对马克思主义的批判，他在《马克思主义的主要流派》一书中强调了技术在有机构成的兴起中的重要作用，与波普尔相似，他认同马克思所说的"技术进步和不断增加资本的数量"的过程必然导致"资本主义不可避免的崩溃"（Kolakowski 2005，244）。他说，马克思"希望资本主义会被自身的不一致所摧毁"（同上，245）。

在上面引用的段落的第一句（见《资本论》第 1 卷第 798 页）"社会的财富即执行职能的资本越大，它的增长的规模和能力越大，从而无产阶级的绝对数量和他们的劳动生产力越大，产业后备军也就越大"，马克思只是在资本扩张中说，就业增加的阶段（"无产阶级的绝对数量"）和失业率上升的阶段（"产业后备军也就越大"），就业和失业是辩证关联的。马克思认为，产业后备军的相对质量……随着财富的潜在能量而增加。他在这里强调的是，如果由不变资本 c、可变资本 v 和利润 p 组成的总资本增长，那么可变资本在时间 t2 点的总和往往大于前一个时间 t1 点。因此，如果资本主义危机出现在 t2，更多的可变资本可能会在 t1 时间点失业。

在第 25 章中，马克思的以下表述应该怎样理解？

- "劳动生产力越高，工人对他们就业手段的压力就越大。"（798）
- "由此可见，不管工人的报酬高低如何，工人的状况必然随着资本的积累而恶化。"（799）
- "因此，在一极是财富的积累，同时在另一极，即在把自己的产品作为资本来生产的阶级方面，是贫困、劳动折磨、受奴役、无知、粗野和道德堕落的积累。"（799）
- "［A］苦难的累积"是"对应于财富积累的必要条件。"（799）

资本主义是一种增长，是资本条件必要条件的制度。资本的停滞或下降不太可能存活下来，并且会被更具生产力和更强大的资本所吞噬和压垮。劳动力生产资本，但不拥有资本。因此，生产的资本越多，工人阶级的非资本所有权绝对增加。马克思通过论证资本积累推动了工人阶级的不稳定和苦难来表达这种情况。他的表述并未排除危机中资本绝对衰落的逻辑可能性。然而，大多数情况下，这种下降也导致失业率上升。

用这种方式解释，马克思没有制定资本主义的细分法，而是表明资本积累需要永久再现资本与劳动之间的阶级关系，使工人成为资本的非所有者。

贫困：所有权和非所有权的辩证法

马克思在《政治经济学批判大纲》中最有力地将资本家对资本所有权和工人非所有权的这种辩证法作为工人阶级贫困的概念：

> 财富与劳动相分离是资本和劳动进行交换的必要规律。作为非资本本身的劳动是：（1）从否定方面看的非对象化劳动（本身还是对象的东西；在客体形式上是非对象的东西）。作为这样的东西，劳动是非原料，非劳动工具，非原产品：是同一切劳动资料和劳动对象相分离的，同劳动的全部客观性相分离的劳动。是抽掉了劳动的真正现实性（reale Wirklichkeit）的这些要素而存在的活劳动（同样是非价值）；这是劳动的完全被剥夺，缺乏任何客体的、纯粹主体的生存（rein subjektive Existenz）。作为绝对的贫穷的劳动：这种贫穷不是指缺少对象的财富，而是指完全被排除在对象的财富之外。或者也可以说是作为现存的非价值，因而是未经中介而存在的纯粹对象的使用价值，这种对象性只能是不脱离人身的，只能是同人的直接肉体结合在一起的对象性。因为这种对象性是纯粹直接的，它也就同样直接是非对象性。换句话说，不是处于个人本身的直接存在之外的对象性。（2）从肯定方面看的非对象化劳动，非价值，或者说，自己对自己的否定性，劳动是劳动本身的非对象化的存在，因而是劳动本身的非对象的，也就是主体的生存（subjektive Existenz）。劳动不是作为对象，而是作为活动存在；不是作为价值本身，而是作为价值的活的源泉（lebendige Quelle）存在……一方面，劳动作为对象是绝对的贫穷，另一方面，劳动作为主体，作为活动是财富的一般可能性，这两点决不是矛盾的，或者不如说，这个在每个说法下都是自相矛盾的命题是互为条件的，并且是从劳动的下述本质中产生出来的：劳动作为资本的对立物，作为与资本对立的存在，被资本当作前提，另一方面，劳动又以资本为前提。（Marx 1857/1858，295 - 296）

资本主义积累的一般规律恰恰说劳动是"绝对贫困"＝"完全排斥客观财富"（同上，296）。与此同时，马克思指出，工人阶级劳动的贫困不仅仅是"绝对贫困作为客体"，而且是另一方面"劳动作为主体，作为活动是财富的一般可能性"（同上，296）。资本主义的绝对法则是每一个积累过程都会加深工人阶级的绝对贫困，但也构成了推翻资本的权力，因为资本依赖于剥削劳动力，劳动力可以在集体行动中拒绝剥削，使积累陷入停滞。

资本有机构成上升的趋势是马克思在《资本论》第3卷（第13—15章）中所说的利润率下降倾向的重要因素。因此，我想请读者参阅第3卷的这些章节，并建议研究它们。马克思的基本论点是，如果资本有机构成因技术进步而上升，并且这种增长不会被增长的剩余价值率所抵消，那么利润率就会下降。然而，这项规律不是资本主义的崩溃，因为可能有反规律的趋势，特别是工资的降低，绝对和相对剩余价值生产方法的使用，不变资本的减少，对外贸易，出售高于价值的商品，殖民地劳动力的高开发率，不变资本的贬值，资本周转速度的加快，以及战争或危机导致的资本暴力贬值。

剩余价值率和资本有机构成在利润率中的作用（ROP）

利润率是利润和投资或剩余价值的货币表达，与生产资料和劳动力（不变资本和可变资本）的价值之间的关系：

$$ROP = \frac{s}{c+v}$$

如果我们将分子和分母除以 v，那么我们得到以下结果：

$$ROP = \frac{\dfrac{s}{v}}{\dfrac{c}{v}+1}$$

这个公式表明，利润率取决于（a）剩余价值率，马克思也称之为"剥削率"，因为它描述了无偿和有偿劳动的关系，以及（b）资本有机构成，代表死与活劳动，不变资本与可变资本，机械/资源价值与劳动力之间的关系。利润率与剩余价值率成正比，与资本有机构成成反比。

技术与利润率

新技术具备同时提升剩余价值率和资本有机构成的潜力。然而，新技术对利润率的具体影响，则取决于剩余价值率与资本有机构成之间的相对变化。当资本有机构成的增长超过剩余价值率的增长时，利润率将会下降；反之，若剩余价值率的增长超越资本有机构成的提升，则利润率将呈现上升趋势。在此过程中，阶级斗争作为一个关键因素，对可变资本的绝对值产生了深远影响。综上所述，利润率的计算公式揭示了技术化所蕴含的矛盾潜能：它既能促进生产率的飞跃、技术强度的增强，同时也可能加剧对劳动的剥削。

技术化是实现相对剩余价值生产的一种途径，通过提升资本有机构成，理论上能够推动剩余价值率的增长。但值得注意的是，这种增长并不必然超越有机构成的提升幅度，因此，资本家往往倾向于削减工资成本，以寻求更高的利润率。然而，马克思早已指出，绝对与相对剩余价值生产的方法并非毫无争议。工人拥有抵抗资本家剥削的力量，这意味着剩余价值率同样受到阶级斗争结果的影响。当工人斗争取得胜利时，剥削率将下降，进而降低剩余价值率；反之，若斗争失败，资本家将占据上风，剥削率则会上升。资本的有机构成增长作为一种结构性趋势，与阶级斗争形成了鲜明的对立。这一对立的结果并非预设可知，而是深受历史条件的影响。当有机构成提升，且工人斗争缺失或失败，导致工资总额下降时，利润率可能会上扬。然而，若工人斗争取得成效，成功抵制裁员并争取到工资增长，那么利润率则更可能呈现下降趋势。

美国和欧盟的利润率、有机构成和剩余价值率的发展

让我们以美国和欧盟15国（奥地利、比利时、丹麦、芬兰、法国、德国、希腊、爱尔兰、意大利、卢森堡、荷兰、葡萄牙、西班牙、瑞典、英国）的经济总体为例，来看一看有机构成以及其他一些宏观经济变量的发展情况。

我从 AMECO 数据库中获取了以下变量在 1960 年至 2015 年期间的数据：

净营业盈余：经济总体（UOND）

雇员报酬：经济总体（UWCD）

与进口和生产相关的税收减去补贴：经济总体（UTVN）

按现价计算的固定资本消耗：经济总体（UKCT）

失业率（ZUTN）

我计算了以下变量：

增加值总额 GVA＝UOND＋UWCD＋UTVN＋UKCT

利润率 $rp = \dfrac{UOND}{GV}$

剩余价值率 $rs = \dfrac{UOND}{UWCD}$

有机成分 $oc = \dfrac{UKCT}{UWCD}$

工资份额 $= \dfrac{UWCD}{GVA}$

资本份额 $= \dfrac{(UOND + UKCT)}{GVA}$

图 25.2 和 25.3 显示了美国和欧盟 15 国家的利润率、有机构成和剩余价值率的发展。

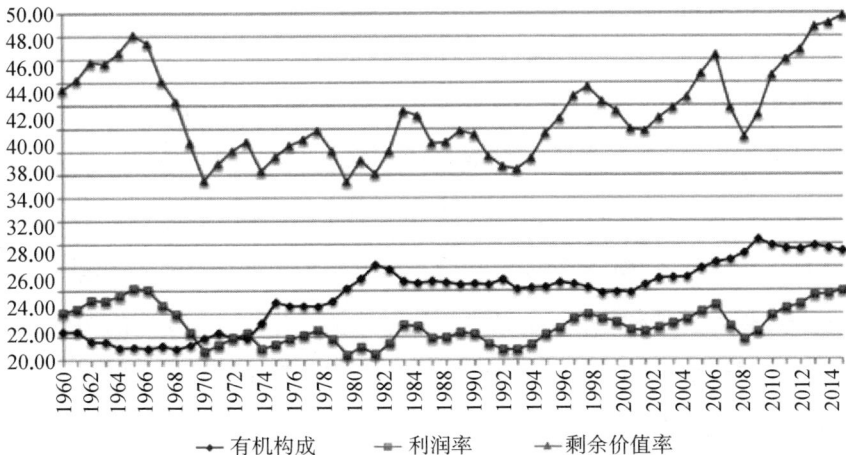

图 25.2　美国的利润率、有机构成和剩余价值率（%，数据来源：AMECO）

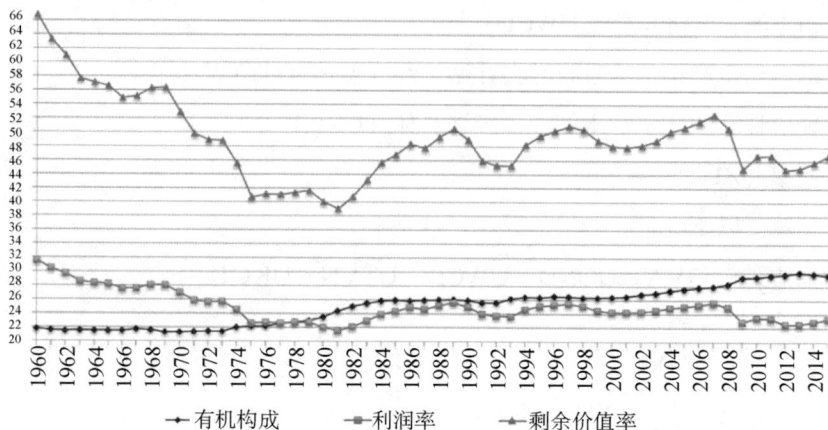

图 25.3 欧盟 15 国的利润率、有机构成和剩余价值率（%，数据来源：AMECO)

在 20 世纪 60 年代，剩余价值率（即剥削程度）在美国和欧盟 15 国均有所下降，70 年代则维持在相对较低的水平。这一现象反映出，当时工人阶级的斗争取得了相对成功，从而推动了相对工资的增长。然而，到了 20 世纪 80 年代初，随着里根经济学和撒切尔主义等新自由主义政治理念的兴起，工资受到压制，剥削程度开始长期攀升。

1960 年至 2015 年间，计算机技术的崛起、发展与变革对资本主义经济产生了深远影响。在这长达 55 年的时间里，美国和欧盟 15 国的有机构成均从约 20% 上升至近 30%，这有力地印证了马克思的论断：生产的技术化与科学化会推动有机构成的上升。在 20 世纪 60 年代至 70 年代中期，由于工资上涨和工人阶级的斗争，加之全球范围内的经济危机，美国和欧盟国家的利润率均有所下降。然而，自 70 年代中期以来的数十年间，有机构成的不断上升对利润率构成了下行压力，而剩余价值率的提升则对利润率产生了上行推力。微电子革命的推进进一步强化了技术在资本主义中的核心地位，计算机化所需的融资在总资本中的占比持续增长。因此，欧盟和美国的利润率在此期间波动频繁，始终未能恢复到 20 世纪 60 年代的水平。

美国和欧盟工资份额的发展

2008 年，一场新的资本主义世界经济危机开始，导致美国和欧盟的利润率大幅下降。在美国，其影响是资产阶级大大加剧了剥削，以提高利润率。在欧盟，2008 年危机爆发后的几年里，经济停滞不前，利润率维持在低水平。

工资份额是国内生产总值中工资总额的份额，而资本份额是 GDP 中的资本份额（利润和不变资本），这两个份额是劳动力和资本力量的指标。图 25.4 和 25.5 显示了这两个变量在美国和欧盟的发展。

从 20 世纪 60 年代初到 70 年代中期，美国和欧盟的工资份额均有所增加，这表明工人阶级的力量在此期间有所增强，阶级斗争相对成功，迫使资本提高工资。然而，在 70 年代中期，欧盟和美国都开始了一段工资压制的时期，导致工资份额大幅下降。与此同时，资本在整个经济中的份额增加。这些数据从实证角度验证了马克思资本积累一般规律的核心内容——工人阶级创造了所有资本，却被剥夺了对其的所有权。阶级斗争决定了工人阶级被剥削的程度和其贫困（即不拥有财产）的程度，以及他们能够控制的经济份额。从 70 年代中期开始的这一时期，见证了工人阶级的失败，并因此导致他们被剥夺的程度不断加剧。马克思在他的资本积累一般规律中强调，资产阶级必须不断寻求剥夺工人阶级，以便能够积累资本。工人阶级有力量进行抵抗，但并不会自动地组织起来，也不会自动地赢得斗争。

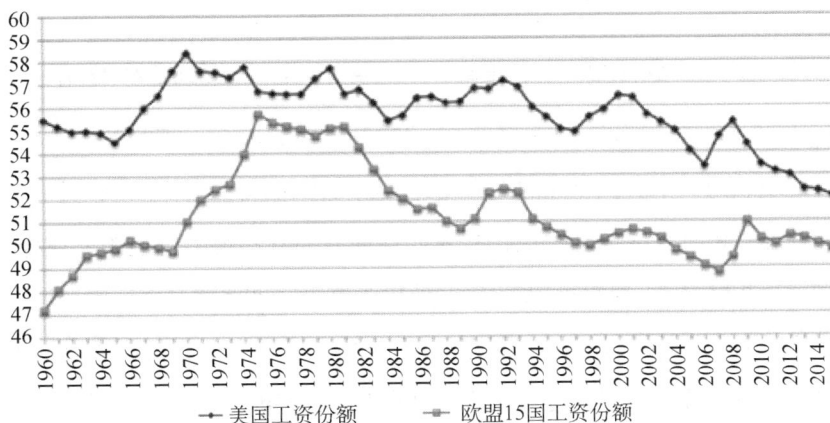

图 25.4 美国和欧盟 15 国工资份额（%）的变化趋势（数据来源：AMECO）

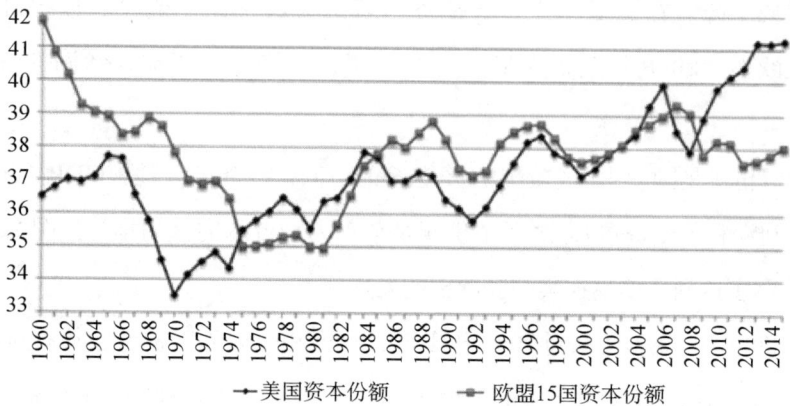

图 25.5　美国和欧盟 15 国资本份额（％）的变化趋势（数据来源：AMECO）

美国与欧盟的失业率发展情况

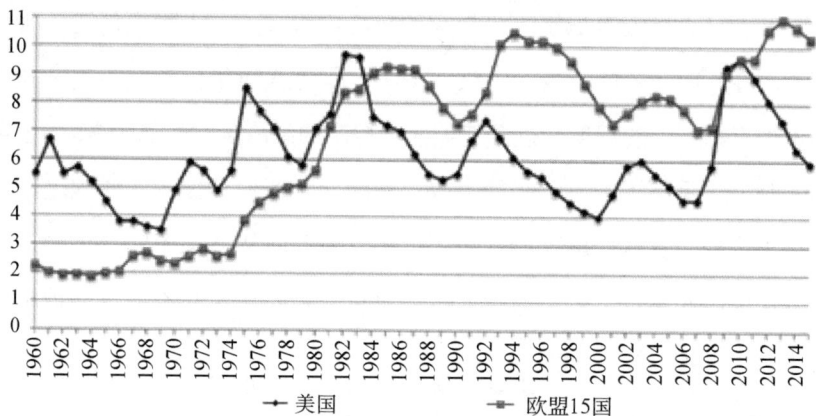

图 25.6　美国和欧盟 15 国失业率（％）的演变趋势（数据来源：AMECO）

在欧盟地区，长期以来失业率的持续攀升已成为一个显著趋势。马克思曾指出，此现象与资本有机构成的提升及经济的技术化程度加深紧密相关。然而，所谓的计算机化时代或信息时代，并未如预期般为欧洲带来普遍的就业稳定与机会均等。相比之下，美国的失业率波动更为剧烈：20 世纪 70 年代经历上升，80 年代至 90 年代则整体下降，但进入 21 世纪的第一个十年再度攀升。不过，这些数据背后隐藏着一定误导性，因为在此期间，美国"工作贫困"人群以及兼职、多职工作的人数显著增加。

不稳定无产阶级

2014 年，美国有 4.6% 的劳动力身兼多职，同时，19.2% 的劳动力从事兼职工作。据美国劳工统计局数据显示，2012 年，单人家庭（即"独居个体"）的在业贫困率高达 11.1%，而雇员家庭的在业贫困率也达到了 8.2%。因此，尽管图 25.6 中统计数据显示 1997 年至 2007 年间美国失业率维持在 4% 至 5% 的较低水平，但这一数据却具有误导性，因为它掩盖了同期工作贫困者和不稳定无产阶级人数激增的事实。将低失业率等同于工人生活状况良好的观念是片面的。这一时期不稳定无产阶级的增长也体现在工资份额的下降上。（见图 25.4）

在欧盟，不稳定无产阶级同样占据了重要地位。2012 年，欧盟 28 国中有 9.1% 的劳动力面临贫困风险。同年，24.8% 的个体也处于贫困风险之中。到了 2013 年，欧盟有 20.3% 的劳动力从事兼职工作。（数据来源：欧盟统计局）

"受够了！"

在《资本论》的第 25 章中，马克思深入剖析了资本的有机构成及其随科学技术进步而上升的趋势，同时阐述了资本主义积累的一般规律。他指出，资本主义的根基在于工人阶级的贫困，即他们不拥有生产资料。资本的积累，实质上是对工人劳动成果的剥夺。众多统计数据揭示，工人阶级与资产阶级在经济主导权上存在着持续的对抗。唯有当资本成功压制工人阶级的力量与利益时，它才能持续增长。

然而，工人阶级同样拥有强大的反击力量。他们通过罢工、拒绝工作甚至接管企业来展现自己的影响力，因为正是他们创造了资本、价值与商品。当工人阶级齐声高呼"Ya Basta!"（"受够了！"）时，他们便有可能击败资本，消灭资产阶级，进而消除阶级差异，为一个无阶级社会的诞生铺平道路。

这一观点得到了萨帕塔民族解放军发言人、副司令马科斯的深刻诠释。他所在的军队一直在为墨西哥恰帕斯州（一个贫困的土著聚居区）争取和平、民主、自由、土地与正义。马科斯以辩证的视角，精准地描绘了工人阶级力量的崛起与资本主义终结之间的内在联系。

强者之所以强大，是因为他们汲取了弱者的生命之血。如此，弱者日渐衰微，而强者愈发强盛。但总有那么一些弱者，他们会挺身而出，高呼"受够了！"他们奋起反抗强者，不惜献血，并非为了滋养那些权贵，而是为了滋养那些微小而脆弱的生命。　（Subcomandante Insurgente Marcos 2001，359）

第 25 章练习

小组练习（G）

项目练习（P）

关键词：资本构成，资本的有机构成，资本的技术构成，资本集中，剩余人口，工业储备军，无产阶级，资本主义积累的一般规律

练习 25.1（G）

搜索显示不同国家的媒体、数字、文化行业的雇员和自由职业者是如何受到失业、工作贫困、兼职劳动力、临时劳动力和不稳定劳动力的影响的统计数据。如果您参与小组工作，每个小组都可以专注于一个国家或地区。了解现有的数据在过去的几年里是如何发展的。

提出并解释结果。不稳定的生活和不稳定的劳动与马克思所谓的"资本主义积累的一般规律"有何关联？原因是什么？他们如何克服？

练习 25.2（P）

马克思在第 25 章讨论了资本在资本主义中的作用的有机构成。我在讨论中已经说明了如何借助宏观经济数据计算这个变量，并且它与利润率和剩余价值率有关。

小组作业：每个小组选择一个国家，以提供计算有机成分、剩余价值率和利润率所需的宏观经济数据。查看经合组织 STAN 和 AMECO 等数据库以及国家统计机构的数据库，用于获取所需信息。可以参考作者在第 25 章中提供的例子来计算份额。

展示并解释你的结果。有机构成如何与剩余价值率和利润率相关？这些份

额及其关系在你的案例中是如何发展以及为什么它们以特定方式发展？在所分析的国家案例中，微电子革命和计算机的兴起在国家经济发展中扮演了什么角色？

第八部分　所谓原始积累

26　原始积累的秘密

　　第八部分由 8 个较短的章节组成，重点是原始积累、资本主义的历史发展和殖民主义。在德文版中，马克思将第 26 章到第 32 章总结为一个整体章节，称为"24：所谓的原始积累"，共有 7 个部分。第 33 章在德文版（第 25 章）中形成了一个单独的小章。因此，本节将介绍德语版的第 24 章和第 25 章以及第 1 卷英文企鹅版的第 26 至 33 章。

　　以下章节构成了《资本论》第 1 卷第八部分的英文企鹅版：

　　第 26 章：原始积累的秘密

　　第 27 章：对农村居民土地的剥夺

　　第 28 章：15 世纪末以来惩治被剥夺者的血腥立法。压低工资的法律

　　第 29 章：资本主义租地农场主的产生

　　第 30 章：农业革命对工业的反作用。工业资本的国内市场的形成

　　第 31 章：工业资本家的产生

　　第 32 章：资本主义积累的历史趋势

　　第 33 章：现代殖民理论

　　鉴于这些章节是相互关联的，它们相当短，并且马克思把它们中的 7 个组合在一起形成原始德语版的第 1 卷的第 24 章，所以一起讨论它们是可行的。

　　马克思如何概念化原始积累？

　　马克思认为原始积累是一个"资本主义积累之前"① 的阶段（873）。"资产

---

① 第八部分的译文除了专门注明出处，均参照《马克思恩格斯全集》第 42 卷，人民出版社 2016 年版。

阶级经济的史前时期"① （875），以及后者的"起点"（873），其中"征服、奴役、劫掠、杀戮，总之，暴力起着巨大的作用"② （874）。在这个阶段，资源被转化为资本，人类转变为无产阶级，通过依靠资本家被剥削而生存。原始积累是"将生产者和生产资料分离的历史过程"③ （875）。

双重自由劳动

马克思认为，历史上这个阶段涉及资本主义和雇佣工人的出现。后者将是双重自由劳动。

> 自由劳动者具有双重意义：他们本身既不像奴隶、农奴等等那样，直接属于生产资料之列，也不像自耕农等等那样，有生产资料属于他们，相反地，他们脱离生产资料而自由了，同生产资料分离了，失去了生产资料。④ （874）

无产阶级的思想和身体并不像奴隶那样是统治阶级的私有财产，他们被"经济关系的无声的强制"⑤ （899）所强迫，即市场的暴力，如果普通人得不到钱购买商品，就会死亡，这迫使许多人成为雇佣工人。马克思在"双重自由劳动"一词中使用了"自由"概念，这种概念是一种相当模糊和愤世嫉俗的方式。他并不认为雇佣劳动和资本主义是自由的形式，而是资产阶级革命使人民摆脱了贵族、君主和教会的统治，但又安装了新的统治和剥削形式，一种形式的不自由被另一种形式所取代。

从封建主义到资本主义：血与火的历程

马克思描述了小土地所有者如何被剥夺土地以及公共土地如何变成私有财产，使封建主义变成资本主义。人民征收的历史"用血与火的文字载入人类编年史"（875）。"在分离过程的历史中，以下要素在历史上都有划时代的意义：大量的人突然被强制地同自己的生存资料和生产资料分离，被当做不受法律保

---

① 译文参照《马克思恩格斯全集》第30卷，人民出版社1995年版，第504页。
② 译文参照《马克思恩格斯全集》第44卷，人民出版社2001年版，第821页。
③ 同上书，第822页。
④ 同上书，第821页。
⑤ 译文参照《马克思恩格斯选集》第2卷，人民出版社1972年版，第242页。

护的无产者抛向劳动市场。对劳动者的土地的剥夺形成全部过程的基础。"
(876) 马克思认为资本主义时代是从 16 世纪开始的，并以英国为例进行了论述。(876)

马克思表明，自 14 世纪后期以来，许多英国农民拥有少量耕地，并有权利用共同土地作为牧场和木材来源等（877）。15 世纪末和 16 世纪，许多农民被征用，共同土地变成了私有财产（有人也提到了公地的圈占），他们失去了土地的所有权。许多天主教会的修道院在宗教改革时期被解散，其土地私有化，通过廉价出售给农民和城镇居民，使以前耕种这片土地的人变成了无产阶级（881—882）。在查尔斯二世（1660—1665）、詹姆斯二世（1685—1688）和奥兰治的威廉三世（1689—1702）的统治下征用和私有化得到了极大的进步，他们以"光荣革命"结束了天主教在英国的统治。(883—884)

圈地

从 17 世纪初到 20 世纪初，各种圈地法案使土地所有者能够将公共土地和田地变成私有财产。他们是"剥夺人民的法令"[①]（885）。因此，平民被排除在使用土地之外，他们必须找到另一种活动才能生存，其中许多人因此变成了工资劳动者。

因此，例如，1773 年的"圈地法"允许土地所有者通过在当地教堂的门上张贴告示并在公共土地周围建造围栏以便将其私有化来封闭公地。该法案的决定性段落如下：

> 耕地应如何围栏：在王国的每一个教区或地方，只要有空地或公用田地，所有位于上述空地或公用田地中的耕地或可耕地，应由各自的占用者以这样的方式安排、围栏、耕种和改良，并应保持、安排和继续这样的耕作方式：在每个教区或地方的露天或公用田地的占有者人数和价值的四分之三，以下述方式耕种和收割露天或公用田地的作物，并征得其所有者的同意后，按照上述规则、规章和限制耕种露天或公用田地以及牧师、征用

---

① 译文参照《马克思恩格斯全集》第 43 卷，人民出版社 2016 年版，第 781 页。

人或什一税所有者或他们中任何一方的承租人的书面同意，应在会议上
（根据三分之一的这些占用人手中为此目的的书面通知）贴在教区教堂的一
个正门上、在该教区或地方通常分别举行会议的教堂、小教堂或地方的一
个主要门上张贴，并至少在该会议前二十一天张贴，指明该会议的时间和
地点），以其亲笔书写的书面通知构成、指示和指定，任何该等占用人在此
被授权和有权发出该通知。①

圈地通过所谓的"清扫领地"进行军事执行，其中平民被暴力驱赶出土地
（889—893）：

> 至于19世纪盛行的方法，在这里以萨瑟兰公爵夫人进行的"清扫"作
> 例子就够了。这位懂得经济学的女人一当权，就决定对经济进行彻底的治
> 疗，并且把全郡——郡内人口通过以前的类似过程已经减少到15 000
> 人——转化为牧羊场。从1811年到1820年，这15 000个居民，大约3 000
> 户，陆续地遭到驱逐和灭绝。他们居住的所有村庄都被破坏和烧毁，他们
> 的所有田地都被变为牧场。不列颠的士兵被派来执行这种暴行，同当地居
> 民发生了搏斗。一个老太太因拒绝离开小屋而被烧死在里面。②（891）

许多被剥夺的农民变得贫穷，沦为乞丐、罪犯或流浪汉。马克思在第28章
中记载了亨利八世（1509—1547）、爱德华六世（1547—1553）、伊丽莎白一世
（1558—1603）和詹姆斯一世（1603—1625）统治下通过的压制性法律措施。反
对拒绝工作和反对乞讨和流浪的法律措施包括监禁、鞭打、割断肢体（如耳朵
和四肢）、处死、在前额或胸部烙印。"这样，被暴力剥夺了土地、被驱逐出来
而变成了流浪者的农村居民，由于这些古怪的恐怖的法律，通过鞭打、烙印、
酷刑，被迫习惯于雇佣劳动制度所必需的纪律。"（899）

法律和秩序政治与右翼意识形态

马克思的论述表明，法治政治将犯罪分子和穷人视为社会问题的根源，而

---

① http：//www. legislation. gov. uk/apgb/Geo3/13/81.（访问日期：2014年8月28日）
② 译文参照《马克思恩格斯全集》第43卷，人民出版社2016年版，第796页。

不是社会问题的结果，因此对他们采取严厉的惩罚，这并不是什么新鲜事。右翼意识形态伴随着阶级统治。《汉谟拉比法典》是来自巴比伦的法律文本，写于公元前 1750 年左右。例如，它包括对盗窃的死刑："如果任何人实施抢劫并被捕，那么他将被处死。"①（§22）巴比伦是一个古老的阶级社会，由上层阶级、下层阶级和奴隶组成。在古代，阶级统治伴随着右翼意识形态，如法律和秩序政治。

这种意识形态在 21 世纪并未消失。右翼政客、媒体、评论员和公民经常将移民、黑人青年、失业者、下层阶级人士（"chavs"②）、福利受益者视为其他社会问题的来源，并要求完善，包括对公共空间和交通系统进行大规模监控，对互联网和其他通信进行审查、控制和监视，实施包括死刑在内的严厉刑罚以及无处不在的重武装警察等在内的法律和秩序立法。法律与秩序政治③错误地把社会问题的后果当作其原因，并提出无关痛痒的对策。财产犯罪有包括阶级关系和资本主义造成的不平等和剥削在内的成因和根源。法律与秩序政治是一种意识形态，它分散了人们对社会问题的复杂社会和政治经济原因的关注，合法化地捍卫和巩固了资本主义、阶级统治、剥削和不平等。法律和秩序意识形态通常反对诸如对资本征税、将财富从富人那里重新分配给穷人、废除资本主义等左翼思想。

电视真人秀中的右翼意识形态：福利街

2014 年，英国电视台第四频道播出了真人秀纪录片《福利街》第一季。它展示了伯明翰一个贫困社区詹姆斯·特纳街的生活。住在街道上的很多居民都是领取福利的人。这些居民被描绘成罪犯、失败者、酗酒者、毒贩和社会"寄生虫"，他们不想工作，由纳税人资助。当地居民表示，第四频道用虚假的节目

① http://eawc.evansville.edu/anthology/hammurabi.htm.（访问日期：2014 年 8 月 28 日）
② "Chav" 是一个具有特定社会和文化含义的词汇，它在英国俚语中通常用来指代那些穿着夸张、品牌标识明显的服装，但被认为社会地位较低、缺乏品味的年轻人，带有特定的刻板印象，并且使用时往往带有贬义。——译者注
③ "Law-and-order politics"（法律与秩序政治）是指一种政治策略或政策导向，强调通过强化法律和秩序来解决社会问题。这种政治立场通常与保守派或右翼政治力量相关联，主张采取强硬措施来维护社会稳定和公共安全。——译者注

欺骗了他们。其中一名居民说："他们告诉我，这是关于作为一个社区生活以及我们如何相处的问题，但实际的节目并没有展示这些。如果他们说这是关于福利和为了让街道看起来很糟糕，我就不会参加了。他们欺骗了我们。"[①]

第四频道和英国通信管理局收到了成千上万的投诉。成千上万的人在change. org上签署了一份在线请愿书，呼吁"第四频道停止播出这个可怕的节目，并为造成的危害向相关慈善机构捐款"，并辩称："福利街把领福利的人描绘成乞丐，这是错误的。第四频道……正在塑造一个社会阶层的扭曲形象，并煽动仇恨。"以下是第一集的解说节选：

> 位于伯明翰的詹姆斯·特纳街（James Turner Street）不是一个普通的街区：这里有99幢房子，住着来自13个国家的居民，其中大多数居民都在领取福利。在詹姆斯·特纳街上，只要你不违反规则，就能赚到钱。……丰吉的最好伴侣丹尼才出狱，就已经出去"购物"了。……丹尼正准备与丰吉去"工作"。……针对市中心入店行窃的反社会行为令（AS-BO）也无法阻止他。丹尼在购物中心呆了一个小时，而丰吉有自己的快速赚钱计划了，丹尼和丰吉加起来已经赚了200英镑，是时候给当地的经销商打电话了。……丰吉和商店扒手丹尼已经破产了。出售偷来的夹克获得的200英镑已经花完了（画面为丰吉正在喝啤酒）。

这种扭曲的节目和报道只关注社会问题的表面，而忽视其原因，这不仅是意识形态本身，也是国家和右翼政客推进法治政治的机会。例如，英国就业和养老金大臣伊恩·邓肯·史密斯（保守党）向公众分享了他对福利街的看法，并利用这个机会引入了福利上限："许多人对他们看到的情况感到震惊。……现实是，这就是为什么公众支持我们的福利改革方案，让更多的人重返工作岗位，结束这些弊端。"[②]

---

① "Benefits Street": Channel 4 documentary sparks anger and threats of violence. The Independent Online January 7, 2014.

② Iain Duncan Smith suggests hit show Benefits Street justifies savage welfare cuts. Daily Mirror Onlin January 13, 2014.

此外，极右翼英国独立党领袖奈杰尔·法拉奇（Nigel Farage）呼吁禁止移民在 5 年内领取福利，并传达了移民抢走英国工人工作的种族主义刻板印象："作为一个国家，我们真的是全疯了，才会给东欧人提供工作福利。……有些事情比钱更重要，那就是我们的社会形态和给我们自己的年轻人一个工作的机会。"①

资本主义与现代国家

法律与秩序政治以及意识形态上让穷人和移民做替罪羊的做法，总是相伴而行，尤其是社会和经济危机时期，他们把公众的注意力从讨论诸如资本主义的错误、不平等、社会正义或者再分配问题上转移开。现代国家深深根植于资本主义。

在《法兰西内战》一书中，马克思将现代国家描述为"为进行社会奴役而组织起来的社会力量"②（MECW 22，329），是阶级专制的机器，是作为阶级专制的工具，通过其掠夺者强行维持社会奴役的政治引擎，是资本对劳动的经济统治③（同上 22，535）。在《资本论》第 1 卷第 8 节中，他展示了历史上国家法律是如何被用来实施和支持资本主义的。

资产阶级不一定直接统治国家，它的利益以一种复杂的方式与那些为统治国家而竞争的政治精英的利益纠缠在一起。国家是权力力量的场域，而不是统治阶级单一化和同质化的机器。第一，资本主义有不同的派别（如：跨国公司、中小企业、金融资本、商业资本、制造业资本和文化产业资本等），它们为资本和权利的共享而竞争，因而存在一定的利益冲突。第二，虽然资产阶级和政治精英之间存在着重叠（如：当管理者成为政客或官僚成为公司的顾问，或当公私伙伴关系作为新自由主义治理体系的一部分而建立时），他们的活动、人员和利益并不是共同且宽泛的。第三，国家的阶级权利可能会受到左翼政治运动的挑战，这些政治运动希望建立一个暂时的国家，击退资本主义利益从而提高所有人的福利。当然有人怀疑在这种背景下，一个社会主义国家可以存在于资本主

---

① Nigel Farage calls for five-year ban on migrant benefits. BBC Online. January 7, 201.
② 译文参照《马克思恩格斯选集》第 3 卷，人民出版社 2012 年版，第 96 页。
③ 同上书，第 96 页。

义社会。在各种形式的社会中，国家权力是必要的，但同时进步运动的目标是征服国家权力，不一定是一个社会的民主改革主义的策略，但可以基于一个激进的政治改良主义，这个政治改良主义同时是内在的和先验的。然而这个国家不仅受到政党的挑战和恶意借鉴，也受到公民社会组织的社会运动的挑战和恶意借鉴。

国家是权力集团

由于国家的复杂性和矛盾性，它只能被看作是一种具有时代性统一的矛盾力场，一种权力集团，一种形成政治统一的利益冲突场。根据希腊—法国马克思主义国家理论家尼科斯·普兰查斯（Nicos Poulantzas，1936－1979）的观点，国家是"制度的结晶""立场关系的物质凝结""交叉权力网的战略场域和过程，它们既阐明又表现出相互的冲突和位移"（Poulantzas 1980，136）。国家并不直接反映资产阶级的内部利益，而是以矛盾的方式使阶级结构的复杂性具体化。通过复杂的派系和对立的衔接，利益主宰者由经济权力向国家权力转化，并从国家权力辩证地转变为经济权力，国家使得生产关系和阶级关系具体化。现代政治国家不是在政治层面上转化统治阶级的"利益"，而是转化了这些利益与统治阶级利益之间的关系——这意味着它恰恰构成了统治阶级利益的"政治"表达。（同上 2008，80）

英国马克思主义思想家拉尔夫·米利班德（Ralph Miliband，1924－1994）以类似于普兰查斯的方式指出："'国家'不是一个东西，它本身并不存在。'国家'代表的是一些特殊的机构，它们构成了国家的实体，并且作为一种可能被叫作国家体系的部分互相作用。"（Miliband 1969，46）根据马克斯·韦伯（Max Weber）的观点，国家包括"在特定领土内合法使用武力垄断"（同上，47）。米利班德引用卡尔·考茨基（Karl Kautsky）的说法：公司的精英"'统治，但不治理'，虽然他立即补充说，'其本身满足于政府统治'"（同上，51）。

公司是"不同的集团和利益集团，它们的竞争极大地影响政治进程"（同上 1969，44—45）。然而，这种竞争并没有"阻止资本主义社会中独立的精英组成一个占统治地位的经济阶级，具有高度的团结和凝聚力，具有远远超越其个性差异和分歧的共同利益和共同目标"（同上，44—45）。

国家的角色在现代社会包括经济和社会的监管（通过法律和税收），用垄断的方式控制和操作内外暴力。为了使这种垄断合法化，以公民管理和治安为目的，将信息收集作为行政管理的手段。可以将人类的法律划定为特定的角色（如工人、选民、消费者、所有权人等），来定义或控制社会成员的边界，以"国家身份"（与民族主义、爱国主义和种族主义意识形态有关）这一富有想象力的叙事形式对社会进行自我描述，并促进公民和劳动力再生产的人口政策的出台。(Fuchs 2008，76–89)

马克思把巴黎公社从1871年3月18日持续到5月28日的巴黎革命社会主义统治看作是一场"反对国家本身的革命"（MECW 22，486）和一场摧毁阶级统治的可怕的机器的革命（同上 22，486）。恩格斯认为，对马克思来说，公社是前国家政权的粉碎，是一种新的、真正的政权的取代。(同上 27，190)

殖民地和原始积累

马克思认为对殖民地或来自殖民地的人的奴役以及对殖民地的抢劫也是原始积累的一部分：

> 美洲金银产地的发现，土著居民的被剿灭、被奴役和被埋葬于矿井，对东印度开始进行的政府和掠夺，非洲变成商业性地猎取黑人的场所——这一切标志着资本主义时代的曙光。[1]（915）

暴力被用来抢劫殖民地。"在欧洲以外直接靠掠夺、奴役和杀人越货而夺得的财宝，源源流入宗主国，在这里转化为资本。"（918）殖民地同时也是商品销售市场[2]（918）。殖民主义认为资本"从头到脚，每一个毛孔都滴着血和肮脏的东西"[3]（926）。

原始积累：英国对印度的统治

马克思把英国对印度的统治作为原始积累的例子。批判理论家爱德华·萨义德（Edward Wadie Said，1935–2003）认为，卡尔·马克思在他关于印度的

---

① 译文参照《马克思恩格斯选集》第2卷，人民出版社1995年版，第265页。
② 同上。
③ 同上书，第266页。

著作中写道："英国在印度要完成双重的使命：一个是破坏的使命，即消灭旧的亚洲式的社会"，因此他将东方人在社会被暴力改造时所遭受的苦难视为"历史的必然"（Said 1978，153）。凯文·安德森（Kevin Anderson 2010，20）承认，马克思的观点有问题，所有社会都可能有相同的发展道路，就如西方人的观点，后者的途径是终极的发展模式，但这"绝不意味着缺乏同情人类所受痛苦同情心"。马克思在他关于印度的文章中确实写道："英国的干涉"摧毁了印度的社区和他们的经济，从而"在亚洲造成了一场前所未闻的最大的、老实说也是唯一的一次社会革命"（MECW 12，131‐132）。马克思还认为："英国在印度完成双重使命：一个是破坏性的使命，即消灭旧的亚洲式的社会；另一个是建设性的使命，即在亚洲为西方式的社会奠定物质基础。"（同上 12，217）

但这不是马克思 1837 年关于印度的文章的全部。他说资产阶级在印度和它活跃的地方，"使个人和整个民族遭受流血与污秽、穷困与屈辱"（同上 12，221）。同时他总结道："在大不列颠本国现在的统治阶级还没有被工业无产阶级取代以前，或者在印度人自己还没有强大到能够完全摆脱英国的枷锁以前，印度人是不会收获到不列颠资产阶级在他们中间播下的新的社会因素所结的果实的。"（同上 12，221）这篇文章表明，马克思预见并支持"印度解放运动的兴起"（Anderson 2010，24），他对这种观点表示同情。他不认为印度人民是消极的、不能革命的，而是认为一切资产阶级的统治都会造成苦难、流血、肮脏和堕落。这一点从印度的情况就可以看出来。他还说，印度人不会从印度、英国和世界的这种资本主义和殖民主义中受益，从而建立一个人道社会。鉴于资本主义的剥削和帝国主义性质，社会革命将是需要的。这是马克思关于印度的著作的最终结论。

原始积累的方式

马克思所讨论的原始积累方法包括"盗窃公有地，用剥夺方法、用残暴的恐怖手段把封建财产和克兰财产转化为现代私有财产"（895），对个人或财产进行血腥的国家立法、反对对其使用法律和秩序政治以及殖民主义。

罗莎·卢森堡：原始和持续的原始积累

马克思主义理论和政治的传统理论，可以追溯到德国马克思主义理论家和社会活动家罗莎·卢森堡对马克思原始积累的阐释，她认为原始积累并没有结束，而是资本主义创造环境并高度利用的一个持续过程。这个过程可以分为两种形式：原始积累和持续原始积累。原始积累创造了资本主义的基础，而持续的原始积累则是资本寻找新的积累和利用新的领域以抵消或克服危机的一种方法。卢森堡认为，资本积累依赖于资本主义制度对环境的剥削："资本以这些组织的废墟为食，尽管这种非资本主义环境对于积累是必不可少的，但后者却以这种媒介为代价，将其吞噬。"（Luxembrug 1913/2003，363）资本主义"需要非资本主义社会组织作为其发展的动力，它只能通过同化的方式确保其生存的条件才能发展"（同上，346）。因此，"资本必须全力以赴才能获得对……的优势"（同上，346）。如果这样的环境只是商品销售的市场，那么人们最终会得出一种消费不足的危机理论。然而，殖民地也是剥削劳动力的领域，因此它们可以同时是商品生产和销售的领域。

父权制，原始积累环境以及资本主义的内部殖民地

马克思主义女权主义者运用卢森堡的理论，认为无报酬的生育劳动可以被视为资本主义原始积累的内部殖民地和环境（Mies 1986；Mies，Bennholdt-Thomsen，and Werlhof 1988；Werlhof 1991）。非工资劳动"确保劳动力和生活条件的恢复"（Mies，Bennholdt-Thomsen，and Werlhof 1988，18），它是用于"生产生活或维持生计的生产"（同上，70）。原始积累"是一种公开的暴力行为，其目的是在任何地方、任何时间、任何'经济上'必要、政治上可行且技术上可行的情况下对任何人进行抢劫"（同上，102）。"妇女、殖民地和自然"是"这一持续进行的原始积累过程的主要目标。"（同上，6）

在新自由主义资本主义中，资本主义的内部殖民地得到了扩张，通过创造低薪和无薪的劳动环境，促进了利润增长。这些殖民地的形成是一种正在进行的原始积累的形式，这种积累利用暴力剥夺劳动力。这种现象被称为"家庭劳动妇女"（Mies 1986；Mies，Bennholdt-Thomsen Werlhof 1988）：越来越多的人生活和工作在不稳定的条件下，这是传统的父权关系的特点。在这种关系中工作的人就像家庭主妇一样失控和无限地被剥削。把家庭劳动妇女变成劳动力，她们有承担家务的先天特点，这种劳动力不受工会和劳工法的保护，可以在任何时候、任何价格下被使用，不被认为是"劳动"，而不过是一种"活动"，如"收入生成活动"，意思是孤立的和无组织的（同上，10）。家庭劳动妇女的特点是"她们的工作没有稳定性，工资低，一般是耗时最长的工作，且单调，没有工会，没有机会获得更高的资格，没有晋升，没有权利和社会保障"（同上，169）。这种非正式的工作是"不受约束的、无限剥削的源泉"（Mies 1986，16）。家庭劳动妇女是"对无酬劳工的过度剥削"（同上，48），因为它涉及"成本的外部化，或非属地化，否则必须由资本家来支付"（Mies 198，110）。

戴维·哈维：新帝国主义与原始积累

马克思主义地理学家戴维·哈维对他所称的"新帝国主义"的理解，是以罗莎·卢森堡和汉娜·阿伦特（Hannah Arendt）的作品为基础的。

> 这些假设的不足之处在于，它们将基于掠夺（Raub）、欺诈（Betrug）和暴力的积累贬斥为一种"原始阶段"，这种"原始阶段"不再相关，也不像卢森堡理解的那样，以某种方式将资本主义视为一个封闭系统的"外部"。因此，对"初始"或"原始"积累的掠夺性做法，在长期资本积累的历史地理中所起的持续作用和持久性进行全面的重新评价，正如若干评论家近期所观察到的那样，十分有必要。虽然把正在进行的过程称为"初始的"或"原始的"似乎有些奇怪，我将在下文用"通过剥夺来积累"的概念来代替这些术语。（Harvey 2003，144）

哈维认为，克服资本主义过度积累的危机，需要在殖民空间基础上形成各种形式的原始持续积累。这表现为时空固定的形式，即"时间延迟和地理扩张"（同上，115）。过度积累产生资本盈余，不能投资于现有的边界；因此，"必须找到有利可图的方式来吸收资本盈余"（Harvey 2005，88）"来暂时替代通过长期资本投资项目或社会支出（如未来教育和研究推迟资本价值的重新循环）"或者"通过开辟新的市场，发展新的生产能力、新资源和可能会开发的社会劳动力转移阵地"（Harvey 2003，109）。因此，资本积累在寻找有利可图的领域时，产生了空间，从而造成了不均衡的地理发展。对哈维来说，新帝国主义是发达国家在 1970 年之后一个特定形式的原始积累：新自由主义帝国主义（Harvey 2003，184、188、190），即"帝国主义是通过剥夺而所积累的"（Harvey 2003，137‑182）。

剥夺积累的四种策略

对于哈维来说，新帝国主义是对 19 世纪旧的、以抢劫为基础的帝国主义在不同的时间和地点的再现（Harvey 2005，182）。通过剥夺来积累，运用了四种策略将资产转化为可盈利的用途，即将一切商品化（同上，ch. 6）：

1. 公共资产的私有化及商业化、社会福利、知识、自然、文化形式、历史和知识创造力（公共圈地）；

2. 金融化，允许通过投机、欺诈、掠夺和偷窃来侵占资产；

3. 危机的产生、管理和操纵（例如，产生债务危机，使国际货币基金组织通过结构调整计划进行干预，从而出现新的投资机会、解除管制、自由化和私有化）；

4. 国家再分配，以牺牲劳动力为代价支持资本。（同上，160—165；2006，44—50）

传媒、传播、文化产业的原始积累

媒体和文化公共领域同其他领域一样，都是战场，原始积累在那些领域得到了实施和挑战。例如在媒体和文化产业中创造低薪并且不稳定的自由职业者的模式；基于无偿用户或受众劳动的资本积累模型；创建特定媒体公司的资本积累模型，通过互联网外包劳动以减少工资成本，这造成不稳定和不受监管的劳动形式；使用国家法律进行判决文件共享平台（如 Napster、Pirate Bay、Megaupload、library. nu/ gigapedia. com、LimeWireir 等），试图将文化变成一个共同利益，从而质疑文化产业及其利益的资本主义利益组织，如美国唱片工业协会和美国电影协会；前国有媒体行业的私有化（如许多欧洲国家的电信和广播）；公共价值测试，评估公共服务媒体技术和网络平台"扭曲式"竞争（如果是这样，那么这样的服务是不允许被启动和必须被废除的，例如，BBC Video Nation 以及 BBC Jam 的困境）；或者万维网由发明者蒂姆·伯纳斯·李在 1989 年发布的公共交流资源免费向公众转变为一个由商业、公司、购物、营销以及经济和政治监控主导的领域。

在 20 世纪，许多欧洲国家垄断了电信和广播。其基本理念是，应该对所有公民都进行大众通信服务；为所有公民都进行同质量的服务，不论他们住哪里，收入财富如何。1998 年，欧盟的 98/10/EC 指令放开了所有成员国的电信市场，它试图创造"一个开放和竞争的市场环境"。欧盟指令 89/552/EEC 要做无国界的电视，放宽了欧盟成员国的电视规定，实施"社区内广播的自由流动"，从而"不会扭曲共同市场的竞争"。

这些模式暗示市场和资本主义代表着自由，市场保证了竞争和信息的多样性。在现实中，媒体市场和其他市场往往导致垄断，把权力交给大型资本主义公司，这就涉及媒体不仅意味着私营企业的财务优势，还意味着部分利益的意识形态优势。

在英国，国家对电信的所有权在 1981 年结束，当时邮局电信变成了英国电信。1984 年的《电信法》使英国电信市场自由化。英国广播公司（BBC）在其历史上基本上一直没有广告，而商业电视始于 1955 年独立电视台（ITV）开播时的英国。1955 年 9 月 22 日，英国独立电视台播出了第一个电视广告，是吉布斯牙膏公司的广告。①

这些例子揭示了国家如何利用法律来摧毁真正的普遍服务，并创造原始积累的环境，通过商业、广告、商品逻辑、受众劳动的剥削、快节奏的消费文化逻辑，将部分通信领域变成盈利的业务。

公共资源商品化：一个不断原始积累的过程

所有人为了生存所需的商品和服务，或所有人共同生产的产品和服务，例如自然、空气、教育、知识、通信、文化和社会福利，都应该是共同的，所有人都可以免费获得。主要的公共资源是自然资源、传播与文化和社会资源。如果这些产品变成商品，那么经济实力较强的国家就能获得较好的机会，这将导致不平等，同时会破坏个人和家庭中相当一部分人的生存能力。每一种商品都可以变成共享商品，在共产主义社会中，所有的生产和消费手段都是可以免费获得的共享商品。我已经探讨过"共享"的概念，在第 15 章有更详细的描述。

---

① http：//en. wikipedia. org/wiki/Television _ advertisement. （访问时间：2014 年 8 月 28 日）

我们可以在这里补充一点：公共资源私有化是一种正在进行的原始积累。

雷蒙德·威廉斯（William 1983，70-72）指出"commons"一词源于拉丁语单词 communis，意思是某物被许多人或所有人共享。这一概念与人类的普遍性有关，即某些东西是共同的。威廉斯（同上，73）认为"共产主义"和"共享"这两个词之间存在相似性和重叠。"共享"的概念也与"传播"一词相联系，因为传播意味着使某物"为许多人所共有"（同上，72）。

交流是人类社会的基本特征。没有交流就没有社会，人类通过交流创造和维持社会关系，从而不断地复制自己的社会存在。媒体，如互联网，是沟通的手段，它们是使交流和人类社会性得以产生的工具。因此，沟通手段是人类社会必不可少的基本特征，就像自然、教育、爱、关怀、知识、技术、影响、娱乐、语言、交通、住房、食物、城市、文化商品和传统等。沟通和沟通的手段是社会公共资源的一部分。为了生存，所有人都在不断地创造、繁殖和使用它们。否认人类的社区和交流就像否认人类呼吸新鲜空气一样。拒绝社交的新鲜空气破坏了人类的生存条件。因此，社会公共资源应该对所有人免费提供（没有付款或其他准入限制），而不应由一个阶层私有。公共资源的私有化使拥有公共资源的阶层能够限制社会其他成员对社会本质的了解，从而严重限制了人类的生活质量。马克思、恩格斯强调，用于生产满足人类需要的商品（使用价值）的经济生产资料也是社会公共物品的一部分，但在资本主义社会中属于资产阶级私有。从那时起，资本主义就建立在部分公共资源私有化的基础上。近几十年来，新自由主义导致了部分公共资源的进一步商品化和私有化。在原始的、持续的原始积累过程中，公共资源一再被封闭和剥夺。

资本主义积累的历史趋势

马克思在第32章中论述了他所谓的"资本主义积累的历史趋势"。他认为，资本主义的发展必然导致资本的集中，但同时也带来了社会和合作生产形式、经济的国际化以及资本主义内部成熟的共产主义社会的萌芽：

> 它发展到一定的程度，就产生出消灭自身的物质手段。从这时起，社会内部感受到它束缚的力量和激情就活动起来。这种生产方式必然要被消

灭，而且已经在消灭。它的消灭，个人的分散的生产资料转化为社会积聚的生产资料，从而多数人的小财产转化为少数人的大财产，广大人民群众被剥夺土地、生活资料、劳动工具，——人民群众遭受的这种可怕的残酷的剥夺，形成资本的前史。[①]（928）

资本的集中化对资本主义来说是固有的：

> 现在要剥夺的已经不再是独立经营的劳动者，而是剥削许多工人的资本家了。这种剥夺是通过资本主义生产本身的内在规律的作用，即通过资本的集中进行的。一个资本家打倒许多资本家。（928—929）

马克思（1894）在《资本论》第 3 卷中指出，一方面信贷和金融化"在一定部门造成了垄断，因而引起国家干预"，再生产出了"一种新的金融贵族"，"并在创立公司、发行股票和进行股票交易方面再生产出了一整套投机和欺诈活动"（Marx 1894，569），另一方面"加速了这种矛盾的暴力的爆发，即危机"（同上，572）。

资本集中

媒体相关的资本集中经常被认为是媒体垄断和媒体集中。媒体集中意味着"在任何市场上一个或几个媒体公司影响力的增加，它们为此使用各种可能的手段：收购、兼并、与其他公司的交易，甚至是竞争对手的消失"（Sánchez-Tabernero 1993，7）。

资本集中是资本积累的内在特征和结果。竞争具有垄断倾向；竞争市场交易的逻辑促使企业寻找能够降低资本成本的办法，并提高生产效率，这样他们就可以产生比竞争对手更便宜的产品。这将导致生产力较低的企业破产，从而出现资本集中趋势。

马克思在《资本论》第 1 卷中指出，资本集中的原因是资本固有的竞争的特点和不得不降低和加快生产的驱动力：

[①] 译文参见《马克思恩格斯全集》第 44 卷，人民出版社 2001 年版，第 873 页。

竞争斗争是通过商品便宜来进行的。在其他条件不变时，商品的便宜取决于劳动生产率，而劳动生产率又取决于生产规模。因此，较大的资本战胜较小的资本。其次，我们记得，随着资本主义生产方式的发展，在正常条件下经营某种行业所需要的单个资本的最低限量提高了。因此，较小的资本挤到那些大工业还只是零散地或不完全地占领的生产领域中去。在那里，竞争的激烈程度同互相竞争的资本的多少成正比，同互相竞争的资本的大小成反比。竞争的结果总是许多较小的资本家垮台，他们的资本一部分转入胜利者手中，一部分归于消灭。除此而外，一种崭新的力量——信用事业，随同资本主义的生产而形成起来。起初，它作为积累的小小助手不声不响地挤了进来，通过一根根无形的线把那些分散在社会表面上的大大小小的货币资金吸引到单个的或联合的资本家手中；但是很快它就成了竞争斗争中的一个新的可怕的武器；最后，它转化为一个实现资本集中的庞大的社会机构。[①]（777—778）

自由主义和马克思主义对资本集中的批判

马克思主义对资本主义集中化倾向的批判，其目的与自由主义的批判形成鲜明对比，并不主张多元市场，因为从长远来看，市场总会带来集中化和垄断。相反，我们的任务要表明：资本主义本质上是一种对抗系统，给工人和许多资本家带来不利条件，他们不得不永远担心激烈竞争的影响和破产的潜在威胁。在这种背景下，美国政治经济学家罗伯特·麦克切斯尼认为在这种情况下"市场监管的问题不仅仅是经济集中度的问题——甚至竞争的市场也有问题。或许我们根本就不应该期望市场成为媒体的适当监管者系统"（McChesney 2004，175）

马克思主义对资本集中的批判表明，资本主义存在着一种内在的倾向，即一小群所有者控制着越来越多的资本和财富，并在其中占有越来越大的资本和财富份额；这样，阶级分化得以维持、复制和深化。马克思主义对资本集中的批判旨在展示资本主义的矛盾，比如竞争和集中化之间的对抗，为了给自我管理的公司以理性的理由（工人所有）。这是常见的和公共的生产资料的所有权一

[①] 译文参照《马克思恩格斯全集》第 44 卷，人民出版社 2001 年版，第 722 页。

般和特定的通信手段。反对媒体集中的自由派甚至保守派批评者认为，媒体的权力和集中可以被拆分，通过注入拆分、资产剥离、公共服务和政府对小型供应商的援助等措施。相比之下，马克思主义者则认为，必须克服竞争和利润的原则。

媒介竞争的辩护性规范理论和媒介集中的批判性经验理论

马克思主义媒体政治经济学家曼弗雷德·诺奇（Knoche 2005）区分了媒体竞争的辩护性规范理论和媒体集中的批判性经验理论。前者认为竞争是一个规范的目标，而集中是一个例外的竞争规则，是可以避免的；第二，他将"与利润最大化相联系的实际经济竞争"视为"集中过程的系统性、有规律的原因，这种集中过程对信息和媒体表达的自由和多元化产生了负面影响"（同上，125）。资本集中和市场集中将是资本主义的运作规则，而不是例外。（同上，125；也参见 Knoche 2013）

政治经济学家尼古拉斯·加纳姆（Garnham 2000，57-58）认为，资本主义中的媒体垄断产生于这样一种情况：媒体是公共产品，需要人为地转化为商品。该法律有助于建立"人为的消费壁垒"，从而将"公众产品转化为私人物品"（同上，58）。媒体"在市场条件下的经济生存依赖于垄断的剥削"（同上，58）。媒体的公益性（非竞争性和消费的非排他性，需要不断创新和低复制成本）导致了"最大化驱动观众"（Garnham 1990，160），让传媒机构致力于建立"寡头管制分销渠道"（160），这反过来促进了"高水平的集中的倾向"（159—160）。"就质量本质而言，媒体无论好坏，都是规模经济和范围经济的产物。因此，就其本质而言，集中的多样性和大众传媒只是矛盾的术语。"（Garnham 2004，100）

媒体集中度：广告—发行量—螺旋

媒体的资本集中有一个独特的特征：广告—发行量—螺旋（Furhoff 1973）。拥有更多受众的媒体往往会吸引更多的广告客户。更多的广告对他们来说，意味着更多的利润以及进行资本再投资的可能性，然后拥有更大的发行量，这也可以吸引更多的广告商等。

经济学家爱德华·赫尔曼和政治分析师诺姆·乔姆斯基在他们的著作《制

造共识：大众传媒的政治经济学》一书中描述了令人炫目的循环螺旋：

> 一家报纸或电视台的市场份额和广告优势将为其带来额外的收入，以便更有效地竞争——更积极地推广，购买更多可销售的节目和节目——而处于不利地位的竞争对手必须增加它无法承受的费用，以试图阻止市场（和收入）份额不断下降的累积过程。（Herman and Chomsky 1994，15）

曼弗雷德·诺切（Knoche 2013）在他研究媒体集中度的方法中，区分了资本和市场集中度（绝对：公司数量；相对：营业额、利润的比例）与新闻集中度（绝对：新闻单位的数量；相对而言：发行量，观众数量）。

为什么媒体集中是个问题？

媒体垄断和媒体集中过程可能产生以下影响：

- 意识形态力量：生产或组织内容的公司有能力提供材料，旨在影响人们对现实的正确和有价值的看法。因此，企业垄断具有意识形态功能，它们可能导致复杂现实的简单化。

- 劳动标准：垄断企业可以在其所在行业制定较低的劳动标准（特别是有关工资的标准）。

- 政治权力：在资本主义中，金钱与政治权力纠缠在一起，因此垄断使少数人拥有控制价格的巨大政治影响力。

- 价格控制：垄断者拥有控制商品价格和服务的经济力量。

- 技术标准的控制：垄断企业有权定义和控制技术标准。

- 客户的依赖性：控制技术标准的定义权也意味着客户需要购买更多的媒体技术以保持最新的需求。因此，一个潜在的结果是，对一家公司生产的商品的依赖度越大，垄断利润就越高。

- 经济集中化：垄断资本剥夺了他人的经济机会。

- 质量：垄断者可能不太在意质量，因为消费者别无选择。

- 消费者监督和审查：如果内容和应用程序被垄断——也就是说，大多数用户不得不依赖单一媒体公司的某些产品——那么监控和记录受众和用户行为

（比如监控、统计评估、他们创建和消费哪些内容，以及他们如何交流、交流什么）和审查制度的操作可以比在几家竞争公司的情况下更容易、更彻底地进行，这尤其涉及电话和互联网等通信技术。

衡量集中度：C4 指数和赫芬达尔-赫希曼（Herfindah-Hirschman）指数

常用的衡量集中度的指标是 C4 指数，它可以测量四大公司的市场份额以及赫芬达尔-赫希曼指数。

C4 比率：

$$C4_j = \overset{4}{\underset{i=1}{\text{å}}} S_{ij}$$

S_{ij} = 该公司 i 在被给定的产业 j 中所占市场份额

赫芬达尔-赫希曼指数：

$$HHI_j = \overset{f}{\underset{i=1}{\text{å}}} S_{ij}^2$$

f = 参与某一行业的企业数量

S_{ij} = 每家公司 i 在行业 j 中所占市场份额

解释（Noam 2009，48）如下：

HHI<1 000：低集中度

1 000<HHI<1 800：中集中度

HHI>1 800：高集中度

媒体集中度：计算示例

下面是一个使用 C4 比值和赫芬达尔-赫希曼指数计算媒体集中度的例子。

表 26.1 英国报纸的平均每日读者数（1 000 人）

报纸	所有人	类型	平均每日读者	市场占有率
太阳报	英国新闻	小报	5 508	30.0%
每日邮报	每日邮报和普通信托基金	小报	3 866	21.0%
每日镜报	镜报集团	严肃	2 893	15.8%
每日电讯报	电讯传媒集团	严肃	1 261	6.9%
泰晤士报	英国新闻	严肃	1 110	6.0%

报纸	所有人	类型	平均每日读者	市场占有率
每日星报	北方＆壳牌传媒	小报	1 039	5.7%
每日快报	北方＆壳牌传媒	小报	1 097	6.0%
卫报	卫报传媒集团	严肃	748	4.1%
i	亚历山大和叶夫根尼·列别捷夫	严肃	584	3.2%
独立报	亚历山大和叶夫根尼·列别捷夫	严肃	261	1.4%
			总计：18 367	100%

（数据来源：全国读者调查，2013 年 7 月—2014 年 6 月）

表 26.2 英国报业集团吸引的平均每日读者数（1 000 人）

所有人	读者	市场占有率
英国新闻	6 618	36.0%
每日邮报和普通信托基金	3 866	21.0%
镜报集团	2 893	15.8%
北方＆壳牌传媒	2 136	11.6%
电讯传媒集团	1 261	6.9%
亚历山大和叶夫根尼·列别捷夫	845	4.6%
卫报传媒集团	748	4.1%
	总计：18 367	100.0%

（数据来源：全国读者调查，2013 年 7 月—2014 年 6 月）

为了计算市场集中度，需要对数据进行排序和组织，考虑到所有权，表 26.2 给出了重组数据的概述。

赫芬达尔-赫希曼指数：$36.0^2 + 21.0^2 + 15.8^2 + 11.6^2 + 6.9^2 + 4.6^2 + 4.1^2 = 2 209.6$

英国报业的 C4 比率：$36.0\% + 21.0\% + 15.8\% + 11.6\% = 84.5\%$

2014 年四大最大业主控制了 84.5% 的英国报纸市场。赫芬达尔-赫希曼指数为 1 800.6，大于 1 800，这表明英国报纸市场非常集中。以保守和右翼小报媒体闻名的默多克集团旗下的英国新闻以 36.0% 的份额占据最大的受众份额。

这表明，以金融力量为后盾的右翼意识形态在英国媒体领域发挥着至关重要的作用。

社会化与共产主义经济的基础：生产力与生产关系的对立

马克思认为，中央集权将伴随着生产的社会化、科学化、技术化和全球化，这些构成了共产主义经济——没有匮乏和劳役，只有自由活动和免费供给，而不是强迫劳动和商品——的基础。但是阶级关系会阻碍这种社会的实现，导致生产力与生产关系的对立，这是资本主义危机的根源之一。

> 随着这种集中或少数资本家对多数资本家的剥夺，规模不断扩大的劳动过程的协作形式日益发展，科学日益被自觉地应用于技术方面，土地日益被有计划地利用，劳动资料日益转化为只能共同使用的劳动资料，一切生产资料因作为结合的、社会的劳动的生产资料使用而日益节省，各国人民日益被卷入世界市场网，从而资本主义制度日益具有国际的性质。随着那些掠夺和垄断这一转化过程的全部利益的资本巨头不断减少，贫困、压迫、奴役、退化和剥削的程度不断加深，而日益壮大的、由资本主义生产过程本身的机制所训练、联合和组织起来的工人阶级的反抗也不断增长。资本的垄断成了与这种垄断一起并在这种垄断之下繁盛起来的生产方式的桎梏。生产资料的集中和劳动的社会化，达到了同它们的资本主义外壳不能相容的地步。这个外壳就要被炸毁了。资本主义私有制的丧钟就要响了。剥夺者就要被剥夺了。① （929）

资本主义的历史趋势是，它是一种精神分裂的体系，同时培育了由科学和技术支持的不断更新的剥削和集中形式，而在私有财产关系中，这种形式与它们所带来的合作和社会潜力相矛盾。这种私人财产与阶级关系的对立，社会生产与合作生产的对立，导致了资本主义的危机倾向。马克思认为，剥削和危机表明了资本主义的问题本质，可以激励人们进行创造共产主义社会的革命。要做到这一点，必须以人民群众剥夺少数掠夺者。

---

① 译文参照《马克思恩格斯全集》第 44 卷，人民出版社 2001 年版，第 874 页。

资本主义积累的历史趋势：马克思是否制定了资本主义的崩溃规律？不！

第32章的段落是否意味着马克思认为资本主义会由于其自身的矛盾而通过"自然过程"（929）自动瓦解，因为工人必然会被驱使进行革命？马克思对历史有一个线性和机械的概念吗？

马克思主义文学和文化理论家特里·伊格尔顿（Terry Eagleton）对经常听到的对马克思历史观的批评进行了总结，其方式如下：

> 马克思主义是决定论的一种形式。它把男人和女人仅仅看作是历史的工具，因此剥夺了他们的自由和个性。马克思相信历史的某些铁律，这些铁律以不可阻挡的力量自行产生，任何人类的行动都无法抗拒。封建主义注定要产生资本主义，资本主义必然要让位给社会主义。因此，马克思的历史理论只是天意或命运的世俗版本。就像马克思主义国家一样，这是对人类自由和尊严的冒犯。（Eagleton 2011，30）

伊格尔顿自己的观点是，马克思并不认为"男人和女人是历史的无助玩具"（同上，238），这种批评歪曲了马克思的理念。

马克思和恩格斯区分了不同的生产方式，如奴隶制、封建主义、资本主义和共产主义。只有共产主义是一个没有阶级的社会。表26.3概述了各种生产方式。

但是生产方式是如何相互联系的呢？它们以一种历史的方式，互相取代；或者以一种历史逻辑的方式，在一种特定的社会形态中，扬弃旧的形态，但其本身却包含着旧的生产方式？马克思主义理论家杰鲁斯·巴纳吉（Banaji 2011）认为，斯大林主义和庸俗的马克思主义基于这样的假设概念化了生产方式的概念。

表 26.3　各种生产方式的主要所有制形式

	劳动力的所有者	生产资料的所有者	劳动产品的所有者
父权制	家长	家长	家庭
奴隶制	奴隶主	奴隶主	奴隶主
封建制	部分自我控制	部分领主，部分自我控制	部分领主，部分自我控制
资本主义制度	工人	资本家	资本家
共产主义制度	自己所有	全部	部分全部，部分个人

假设特定模式只包含一种特定的历史形式的劳动和剩余价值占用，并消除了以前的模式，使历史以线性演化的形式发展：奴隶制⇒封建主义⇒资本主义⇒共产主义。例如，阿尔都塞和巴利巴（1970）在他们的《阅读〈资本论〉》中认为，社会的历史发展是非辩证的，不涉及扬弃，而是"从一种生产方式过渡到另一种生产方式"（Althusser and Balibar 1970，307），这样一种生产方式就成就了另一种生产方式。这种历史观是马克思主义历史学家汤普森（Thompson 1978，131）将阿尔都塞的方法描述为"理论层面的斯大林主义"的原因之一。斯大林主义的"经院的形而上学形式主义"（Banaji 2011，61）在自由主义理论的假设中被复制，即从农业社会到工业社会再到信息社会都有一个进化的历史发展，因此每一个阶段都消除了前一个阶段（Bell 1974 and Toffer 1980），这表明，在理论领域，今天的自由主义者是当代的斯大林主义者。　（Fuchs 2014a，ch. 5）

马克思在第32章和第25章讨论了他的历史观的各个方面（见本书第25章）。必须记住，在这些章节中，马克思想呼吁那些反对资本主义并在资本主义下受苦的人进行革命。这些章节包含了规范性、结构性和以主体性为中心的公式的组合。例如，他认为，资本主义中存在着超越资本主义的结构，并且"被那个社会所束缚"[1]（928），因此私有制和社会化结构之间存在着结构性对抗。马克思在这里运用了一种结构逻辑。当他写到资本主义"必须被消灭"[2]（928）时，提出了规范性的说法，即必须被消灭。因此，他表示资本主义存在着根本性的错误，人们应该摆脱它，取而代之的是共产主义社会。当他说资本主义"被消灭"时，他站在革命者的立场上，想象和描述了人类通过革命行动打倒资本主义的情景。马克思《资本论》第1卷的结束语和章节也是对工人进行阶级斗争的政治呼吁，这种斗争挑战了资本主义。

马克思在另一篇文章中说，随着资本主义的发展，苦难也在增加[3]（929）。我在第25章中已经讨论过，苦难和贫穷意味着积累的资本越多，工人阶级

---

[1] 译文参照《马克思恩格斯全集》第44卷，人民出版社2001年版，第873页。
[2] 同上。
[3] 同上书，第874页。

被剥夺的绝对财富就越多，从而使其"作为客体的绝对贫困"被理解为非所有权的存在者，同时"劳动作为主体，作为活动是财富的一般可能性"①（Marx 1857/1858，296），因为工人阶级创造了所有的财富，因此有权终结并取代资本主义。

鉴于意识形态的存在和各种形式的镇压，斗争是可以被遏制的，因此总是可能的，但并不总是现实的。因此，不能保证随着资本主义的发展，"工人阶级的反抗也不断增长"②（929）。在接下来的几句话中，马克思首先使用了一种结构逻辑来强调，"资本的垄断成了与这种垄断一起并在这种垄断之下繁盛起来的生产方式的桎梏。生产资料的集中和劳动的社会化，达到了同它们的资本主义外壳不能相容的地步"③（929）。然而，他在这里并不认为资本主义会自动崩溃，因为他没有写出资本主义的爆发，而是说资本主义"炸毁了"并且"剥夺者被剥夺了"④（929）。在这些表述中使用被动形式，意味着在社会革命的过程中对剥夺者的剥夺存在着一个积极的主体——无产阶级的资本主义分裂。由于人的能动性不是程序化的或预先决定的，马克思在这里使用的逻辑意味着他想象被剥削阶级集体决定进行革命。马克思描述了这一情况，并在第32章结尾处写了一句积极而充满希望的话，即这样的革命意味着人民群众剥夺少数掠夺者⑤（930），他提醒人们变革是可能的，资本主义不是历史的终结，不是无止境的必然，而是可以通过实行民主的共产主义制度来实现社会人性化的变革。在这种制度中，人人都有财富，废除劳役，个人素质全面发展，"社会中的个人自由自愿结合进行生产生活的真正共同体"（MECW 23，136），并按照"各尽所能，按需分配"的原则生产。（同上 24，87）

维拉·查苏利奇致马克思的信：资本主义积累的历史趋势和俄国

俄国社会主义者维拉·查苏利奇（Vera Zasulich，1849-1919）于1881年

---

① 译文参照《马克思恩格斯全集》第31卷，人民出版社1998年版，第387页。
② 译文参照《马克思恩格斯全集》第44卷，人民出版社2001年版，第874页。
③ 同上。
④ 同上。
⑤ 同上，第875页。

写信给马克思，并问应如何应用他在第 32 章中提出的"资本主义积累的历史趋势"解释俄国这样的农业社会：

> 如果你能就我们农村公社的可能命运，以及世界上每个国家在历史上都必须经历资本主义生产的所有阶段，阐述你的观点，那将是帮了我们很大的忙……
>
> 您可能没有意识到您的"资本"在我们关于俄国和农村公社的农业问题的讨论中所扮演的角色。你比任何人都清楚这个问题在俄国有多紧迫……在某种程度上，甚至我们革命社会主义者的个人命运也取决于你对这个问题的回答。因为只有两种可能。无论是农村公社，摆脱了苛捐杂税、贵族赋税和专制统治，都有能力向社会主义方向发展，即在集体主义的基础上逐步组织生产和分配。在这种情况下，革命的社会主义者必须把他的全部力量都用来解放和发展公社。
>
> 然而，如果公社注定要灭亡，那么社会主义者所剩下的一切，或多或少是毫无根据的计算，即俄国农民的土地需要多少年才能传递到资产阶级手中，而俄国的资本主义需要经过多少世纪才能达到西欧已经达到的发展水平。他们的任务将是在城市工人中进行宣传，而这些工人将继续被淹没在农民群众中，随着公社的解散，他们将被扔到大城镇的街道上寻找工资。
>
> (Zasulich 1881)

维拉·查苏利奇问马克思，农业社会是否首先需要引入资本主义才能实现共产主义，或者它是否能立即引入共产主义并能跨越资本主义。鉴于她是在俄国的背景下提出这个问题的，而 20 世纪最大规模的共产主义革命正是在俄国发生的，马克思的回答尤其令人感兴趣。回答这个问题对他来说并不容易。他先写了三份回信的草稿，然后又写了第四份简短的回信。

马克思给维拉·查苏利奇的回信

马克思在他写给查苏利奇的信中写道，他在第 32 章描述从封建主义到资本主义到共产主义的历史发展时曾说过，靠自己劳动挣得的私有制，即以各个独立劳动者与其劳动条件相结合为基础的私有制，被资本主义私有制，即以剥削他人的但形式上是自由的劳动为基础的私有制所取代。① (928)

这种发展将"明确限于西欧国家"（MECW 24, 370），因为欧洲的发展是从封建私有财产到资本主义私有财产，而在俄国，公共财产占主导地位（同上，371），这构成了不同的背景。

在这封信的三个草稿中（同上，346—369），马克思更详细地解释了他的分析。除了公共财产被完全摧毁的欧洲以外，俄国在这类财产方面有着悠久的历史。"俄国是在全国范围内把'农业公社'保存到今天的欧洲唯一的国家"②（同上，352）。俄国农民早就熟悉集体劳动了。此外，与欧洲的近距离、当代性和贸易关系将使俄国能够将科学和技术进步以及现代机械应用于俄国农业。俄国土壤的优良品质将有助于引进现代机械。"俄国土地的自然状况促使农业开发借助机器大规模组织起来，并由合作劳动力管理。"③（同上，356）印度的情况与俄国不同，因为英国征服并统治了它。至于比如说东印度，那么，大概除了亨·梅恩爵士及其同流人物之外，谁都知道，那里的土地公有制是由于英国的野蛮行为才被消灭的，这种行为不是使当地人民前进，而是使他们后退④（同上，365）。马克思看到的一个问题是，俄国的村庄相对孤立，彼此之间没有联系。

马克思认为，俄国面临的危险是资本家已经侵占了农业，并得到了国家的支持。为了拯救俄国公社，需要俄国革命。（同上，359）

因此，马克思认为，通过资本主义和资本主义工业建立共产主义没有历史的必要性。在特定的前提下，也可以从其他社会形式直接发展为共产主义。马克思给维拉·查苏利奇的信及其三篇草稿进一步表明，他没有决定论和机械论的历史观，但他的唯物史观是动态的、复杂的、符合语境的，并以客体和主体的辩证法为基础。

---

① 译文参照《马克思恩格斯全集》第 44 卷，人民出版社 2001 年版，第 873 页。
② 译文参照《马克思恩格斯全集》第 25 卷，人民出版社 2001 年版，第 461 页。
③ 同上书，第 476 页。
④ 同上。

生产方式的辩证表述

根据杰鲁斯·巴纳吉（Jairus Banaji）的观点，资本主义经常强化封建或半封建的生产关系。在欧洲部分地区及其外部，封建主义只是作为一种"商品生产企业"发展起来的（Banaji 2011，88）。在伊斯兰世界，资本主义在没有奴隶制度和封建制度的情况下发展起来。(同上，6)

与形式主义的解释相反，巴纳吉的进步是对马克思理论的一种复杂解读，在这种解读中，一种生产方式"能够包含通常要早得多的形式"（同上，1），"在非常不同的生产方式中可以发现类似的劳动使用形式"（6）；此外，资本主义是"多种剥削形式的产物"（145），是一种综合发展形式（358），融合了"多种剥削形式和组织劳动力的方式，以创造剩余价值"（359）。

生产方式是生产力和生产关系的统一（Marx and Engels 1845，91）。如果这些模式是以阶级为基础的生产关系，那么它们就有特定的矛盾导致一种生产方式的扬弃和一种新的生产方式的出现。新的生产方式的出现并不一定取消，而是推翻（aufheben）较旧的生产方式。这意味着历史对于马克思来说是一个辩证的过程，正是在黑格尔的"Aufhebung"（扬弃）一词的三重含义中：(1) 发扬，(2) 消除，(3) 保留：① 经济有新的品质，② 旧的生产方式的主导地位消失了，③ 但是这种旧模式在新模式中继续以特定形式存在并与新模式相关。我在本章前面讨论过的持续原始积累的概念强调，资本主义内部可以建立非资本主义和资本主义阶级关系，以便将劳动力外包给它们，这样资本家就可以降低工资成本，增加利润。资本主义的兴起并没有终结父权制，但父权制以一种特殊的家庭经济形式继续存在，这种家庭经济充分发挥了现代劳动力再生产的作用。此外，各种形式的奴隶制在资本主义内部继续存在。① 扬弃可以或多或少是根本的，从资本主义到共产主义的过渡需要彻底消除阶级；但问题是，是否可以立即实现。消除和保存可以在不同程度上进行，扬弃也没有线性进展。始终有可能创建类似于早期组织模式的关系。

资本主义是在一方资本所有者与另一方有酬/无酬劳动力和失业者之间的生

---

① The Global Slavery Index report has estimated that in 2014 there were 30 million slaves in the world. http://www.globalslaveryindex.org.

产关系层面上组织起来的。在生产力水平上，由工业生产力向信息化生产力发展。信息生产力不是消灭，而是扬弃（aufheben）其他生产力（Adorno 1968/2003, ch. 5 in Fuchs 2014a）：为了使信息产品存在，需要大量的实物生产，包括农业生产、矿业生产和工业生产。信息资本主义的出现并没有将生产虚拟化，也没有让生产变得无足轻重，而是建立在物质生产的基础上。资本主义是一种生产方式，而"农业社会""工业社会"和"信息社会"则是生产力组织的具体形式。（Adorno 1968/2003；Fuchs 2014a，ch. 5）

结构与能动、必然与自由、客体与主体的辩证关系

"必然"是德语 Notwendigkeit 的翻译，意思是需要转向。当马克思谈到"必然"时，他并不是说某些东西会自动瓦解，而是说人类有一种规范和政治上的需要，即为了创造一个公平和公正的社会而集体行动。马克思在《资本论》中指出，资本主义存在着结构性的对立，这种对立一次又一次地导致危机和苦难，人类有能力通过抗议、反抗和革命来战胜资本主义。

马克思主义哲学家、批判理论家赫伯特·马尔库塞在《理性与革命》一书中总结了马克思关于结构与能动、必然与自由、客体与主体的辩证关系：

> 否定性与否定是同一历史进程的两个不同阶段，被人的历史行为所跨越。"新"态是旧态的真理，但旧态的真理不能稳定地、自动地发展出来；只有通过人的自主行动，才能使它得到解放，从而消除现存的全部消极状态。……从资本主义到社会主义的过渡，不是任何一种自然的必然或自动的必然性所能保证的。……革命需要多种力量的成熟，其中最大的是主观力量，即革命阶级本身。自由与理性的实现需要实现者的自由理性。因此，马克思主义理论与宿命论决定论是不相容的。（Marcuse 1941，315，318‑319）

第 26 章练习

小组练习（G）

项目练习（P）

关键词：原始积累，国家权力，殖民主义，资本集中，资本主义积累的历史趋势

练习 26.1（G）

马克思在 26.8 中讨论的一个问题是国家和法律在资本主义中的作用。

小组作业：每个小组搜索、记录和分析一个例子，在这个例子中，媒体和政客都将社会中的某些群体作为替罪羊，将社会问题归咎于他们，并暗示需要法治政治。

陈述并讨论结果。问问你自己：什么是法治政治？有什么问题吗？马克思会怎么看你的例子？他今天会提出什么社会问题的解决方案？

练习 26.2（G）

马克思在 26.8 中讨论了"原始积累"概念。罗莎·卢森堡、玛丽亚·米斯和戴维·哈维等马克思主义者认为，原始积累并非资本主义初期一个历史上独特的阶段，而是一个通过剥夺而持续积累的过程。

小组作业：记录媒体和通信已经转变为资本积累领域的案例。观察用于推进自由化、私有化、商品化和资本化的论点。

举例。反思并讨论：这些例子在哪些方面形成了持续的原始积累？有哪些意识形态被用来证明原始积累的合理性以及如何批评它们？资本主义媒体有哪些替代方案，它们如何实现和维持？

练习 26.3（G）

马克思在 26.8 中指出，在英国，圈地法案导致土地私有化，这是原始积累过程的一部分。

知识、文化、技术、媒体和通信也是被商品化和资本化的社会共有资源。

小组作业：寻找交流和文化共有资源商业化的例子，并举例说明。

讨论：沟通和文化共有资源商品化的具体特征是什么？是否所有知识、文化、技术和媒体都可以免费提供给所有人？为什么不呢？如果在资本主义内部进行这种尝试，会出现什么问题和对抗？共有资源特别是沟通共有资源，在民主共产主义社会的作用是什么？资本主义制度下的共有资源和社会民主福利资本主义制度中的角色有什么鲜明对比？

练习 26.4（P）

马克思在第 32 章和第 25 章讨论了资本的集中化。作者已经展示了赫芬达尔-赫希曼指数（HHI）和 C4 比率如何用于计算市场集中度。

小组作业：每组选择一个特定国家的特定媒体市场，搜索可用的利润和受众数据，并计算 HHI 和 C4 比率。展示结果。

讨论：马克思主义和非马克思主义媒体集中的方法有什么区别？为什么马克思认为竞争市场是一种幻觉？对马克思来说，市场的替代品是什么？在媒体界，资本主义的替代品会是什么样子？如何实现这些目标？

27 附录：《直接生产过程的结果》

什么是《直接生产过程的结果》？

《直接生产过程的结果》不是德文版《资本论》第 1 卷的一部分，而是英文企鹅版的附录。

马克思为《资本论》第 1 卷进行并撰写了几篇前期研究，包括《政治经济学批判大纲》《政治经济学批判》与《剩余价值学说史》。《直接生产过程的结果》也是一项前期研究。马克思在编写它时并不完全清楚。欧内斯特·曼德尔在 1863 年 6 月至 1866 年 12 月（944）的介绍中对此进行了描述。《直接生产过程的结果》于 1933 年首次以德语和俄语出版。

《直接生产过程的结果》是一篇 130 多页的文本，部分重复、部分补充了《资本论》第 1 卷，因此非常值得一读。我特别关注马克思在《直接生产过程的结果》中提出的四个方面：

- 意识形态与拜物教
- 资本下劳动的形式的和实际的从属
- 生产劳动
- 工会

连续和离散商品

马克思认为商品既是资本产生的前提，也是资本的产物（949）。商品、货币和市场比资本主义更古老，但在资本主义中，它们被融合成一个新的统一体，因此商品生产成为"财富的元素形式"（951）。"只有资本主义生产

才使商品成为一切产品的一般形式。"① (951)

马克思区分连续商品和离散商品。他认为,有"个别商品,例如铁路、巨大建筑物等等,它们一方面按其性质不可分割,另一方面规模又如此之大,以致预付资本的全部产品都表现为一个单一的商品"② (955)。他称这些商品为不可分的商品。想想软件:你电脑上的商业软件(例如 Microsoft Office, Microsoft Windows, Macintosh OS X, SPSS, Adobe Photoshop 等等)似乎是一种单独的商品,你要为它支付单独的价格。然而,你所支付的只是一个主要版本的单独副本,每年投入数千工时。软件是按版本开发的,所以它永远不会是完整的和最终的,而是会随着每年额外的劳动而改变。软件似乎只是以许多单一商品的形式出现,但实际上是一种不可分的、全面的商品。因此,对于软件,计算所需的工时、利润、工资等不应针对单个副本,而应针对整个版本或超过一年的时间。

我已经指出,马克思在 15.4 中讨论了在资本主义中主体和客体是如何颠倒的,这样就不是工人控制了技术,而是资本家手中的技术控制了工人。在《直接生产过程的结果》中,马克思明确地将这一过程称为"主客颠倒",并说"同样的情况"可以在意识形态层面的宗教 (990) 中找到。

异化

"异化"概念在《直接生产过程的结果》中相当普遍。例如,马克思提出异化合作,异化自然,异化劳动产品,异化机器 (1054),异化劳动 (1016),产品异化 (951),异化的主观和客观条件 (1056),异化价值 (988),异化世界 (1062),异化财产 (1003,1006,1026),劳动力异化 (1066),商品异化 (1066),劳动力与资本疏远 (1025),人与劳动的异化 (990),异化的机械/科学/发明 (1058)。《直接生产过程的结果》中"异化"概念的普遍使用,证实了路易斯·阿尔都塞 (Althusser 1969,34) 等人关于马克思早期和晚期著作之间存在"认识论断裂"的假设是错误的。"异化"概念并不像阿尔都塞所设想的那

---

① 本段译文参照《马克思恩格斯全集》第 38 卷,人民出版社 2019 年版。
② 译文参照《马克思恩格斯全集》第 49 卷,人民出版社 1982 年版,第 11 页。

样局限于早期的作品，而是在马克思后期的作品中发挥了突出的作用。"异化"这个概念对马克思一生都很重要。我分析了"异化"概念在《资本论》第 1 卷中的作用，并在第 7 章详细分析了为什么阿尔都塞是错误的。

27.1 意识形态与拜物教

说明商品拜物教的例子

马克思关于商品拜物教的章节（第 1.4 节）相当简短（14 页）和抽象。许多第一次读这本书的人觉得很难理解。在《直接生产过程的结果》中，马克思讨论了一些有助于说明商品拜物教的具体例子。

马克思认为，由于生产资料是资本主义生产方式下的资本，因此，许多古典政治经济学家将资本视为"人类一般劳动过程的必要要素"，"撇开劳动过程的一切历史形式不谈"（981）。假设因为钱是黄金，所以所有的黄金都是钱，这是错误的逻辑。或者假定"因为雇佣劳动是劳动，所以一切劳动都必然是雇佣劳动"（982）。古典政治经济学家会把资本视为一种东西（982），而不是两种阶级之间的历史社会关系。马克思还说，鉴于工人是古代的奴隶，人们不能从这个事实推断出"劳动者天生就是奴隶"[①]（997）。

古典政治经济学中的资本崇拜

马克思举出了一些论证资本是所有社会的一种特质的例子，如李嘉图、罗伯特·托伦斯、西尼尔、斯托奇（Heinrich Friedrich von Storch，1766 – 1835）、佩莱格里诺·罗西（Pellegrino Rossi，1787 – 1848）、切尔布列兹（Antoine-Elisée Cherbuliez，1797 – 1869）、约翰·斯图亚特·穆勒、弗雷德里克·巴师夏和蒲鲁东（Pierre Joseph Proudhon，1809 – 1865）。

因此，例如，李嘉图（1819，95）在他的著作《政治经济学及赋税原理》中提出，资本"是生产中使用的国家财富的一部分，包括食物、衣服、实施劳动所必需的工具、原材料、机械等促进劳动的必需因素"。

---

① 本段译文参照《马克思格斯全集》第 38 卷，人民出版社 2019 年版。

约翰·斯图亚特·穆勒在他的《政治经济学原理》这本书中也提出了一个相似的概念:

> 在前面的章节中,我们已经看到,除了生产、劳动和自然更替因素的基本和普遍的要求外,其他的必要条件是,没有这些条件,就不可能有原始工业粗暴和微薄的开端以外的生产活动,也就是说,此前积累的劳动产品的储存量。劳动产品的累积存量称为资本。资本为生产所做的是提供工作所需的住房、保护、工具和材料,并在生产过程中为工人提供食物供给和其他维护。这些是现在劳动所需要的过去的服务,是过去劳动的产物。无论什么东西注定要用于这种用途,注定要为生产性劳动提供这些不同的先决条件,都是资本。(Mill 1884,65)

亚当·斯密立场有所不同:他在他的著作《国富论》中写道:"没有劳动分工的社会不存在资本。"(Smith 1776,267)他把资本定义为事物存量的特定部分。"他〔一个拥有比个人生存所需更多股票的人〕希望能给他带来这笔收入的那部分叫做资本。另一个是提供他直接消费的东西。"(同上,270)

到目前为止,李嘉图和穆勒认为,资本是一个可以积累如机器、工具、住房、食物、衣服和能够利用原材料生产的事物。亚当·斯密也认为,资本是一种积累,但只能通过雇佣方式来产生效益。因此亚当·斯密将"资本"概念与资本主义联系起来,而李嘉图和穆勒则通过定义资本使其完全自然化,这是所有社会中全部经济形式的一个方面。然而对于亚当·斯密而言,资本就是一个事物。

相比之下,马克思把资本看作是资本家和工人之间的一种社会关系,需要通过剥削劳动力获得资本积累。剩余价值的生产,并且因此对劳动力的剥削,是"资本主义生产过程的决定目的、推动性利益和最终结果"(976)。资本主义中的劳动力是资本自我价值化过程中的一种"创造流数的流动量"①(994)。

劳动拜物教

马克思认为,许多资产阶级经济学家把"资本占有劳动的过程和劳动〔劳

---

① 本段译文《马克思恩格斯全集》第38卷,人民出版社2019年版。

动最初的含义] 过程本身" 混为一谈。他们在分析中再生产了资本的拜物教式，亦即自然化的外观。其结果是一种将资本主义视作社会的自然状态和人类生存条件的意识形态。问题在于，资本主义的局限性，如危机倾向和内在的不平等，由此在理论上变得合理且合法。

马克思指出，他的政治经济学分析与资产阶级政治经济学不同，一方面，"一些劳动过程的要素，同它们在一定历史发展阶段上所具有的特殊社会性质混淆在一起"；另一方面，这种经济要素属于同 "所有一定社会形式无关的、作为人与自然之间的永恒过程的劳动过程"。①

本质和历史的范畴

马克思指出，他的方法不仅发展了批判性分析资本主义的范畴，而且将这些范畴与资本主义中具有特定表现形式的其他范畴联系起来，同时也反映了所有社会的本质社会关系特征。

表 27.1　马克思对资本主义和社会理论的二重性描述

本质范畴	历史范畴
工作	劳动
使用价值	交换价值
具体劳动	抽象劳动
生产过程	价值增殖过程
必要劳动	剩余劳动

马克思在同一本书中写下了对于资本主义的批判和经济理论。这两个层次的分析带来的两类范畴都是资本主义的组成部分，但它们一方面代表了资本主义特有的内容，另一方面又构成了所有经济的本质（因此也存在于资本主义之中），并且与资本主义的历史现实性辩证地相互作用。其中一些范畴如表 27.1 所示，对马克思来说，这些范畴构成了资本主义的二重性。拜物教思想的问题，正如许多资产阶级政治经济学家的著作中所呈现的那样，是它把历史范畴还原为本质范畴。

马克思主义哲学家马尔库塞认为，马克思的两种范畴表达了本质与表象的

---

① 译文参见《马克思恩格斯全集》第 38 卷，人民出版社 2019 年版，第 83 页。

辩证关系。他说:

> 对对抗性现实的理解同样需要概念群,然而,它们并不处于同一水平。从辩证理论的角度看,第二组概念是由社会的动态性所衍生出来的,它倾向于把第一组概念所描述的表现形式的本质和真正内容展现出来。(Marcuse 1936/1988,85-86)

马尔库塞认为,马克思范畴内的这种本质与表象的辩证观具有政治目的:马克思指出无产阶级社会的可能性。

> 辩证概念超越了特定的社会现实,向着另一种代表现实倾向的历史结构的方向发展。……例如,如果根据工资、劳动力价值和企业家利益等概念,这只是隐藏在第二组"本质关系"概念后描述的范畴,它也是在这个范围内代表这个描述的真实性的这些本质关系,因为理解这些概念已经包含它们自身的否定和超越——没有剩余价值的社会组织的形象。一切唯物主义的概念都包含着一种指责和一种使命。(同上,86)

27.2 劳动对资本的形式上的从属和实际上的从属

马克思在《直接生产过程的结果》中引入了"劳动对资本的形式从属"和"劳动对资本的实际从属"两个概念。这些范畴与《资本论》第1卷第3、4、5章所论述的"绝对剩余价值"和"相对剩余价值"概念有关。

劳动对资本的形式上的从属

形式上的从属是"资本主义生产过程的一般形式"[1],也是资本主义的一种特殊形式 (1019)。其中,"劳动过程从属于资本"[2] (1019),即工人与资本家之间存在阶级关系,构成了劳动剥削的过程。劳动对资本的形式上的从属意味着

---

① 译文参照《马克思恩格斯全集》第38卷,人民出版社2019年版,第104页。
② 同上书,第119页。

生产过程以持续的原始积累的形式融入资本主义关系中（详见本书第 26 章和《资本论》第 1 卷第 8 章）。这是"在资本关系发生以前就已经发展的劳动方式对资本的从属"①（1021）。"剩余价值只有通过延长劳动时间才能生产出来，从而只有以绝对剩余价值的方式才能生产出来。因此，与这种生产剩余价值的唯一形式相适应的是劳动对资本的形式上的从属。"②（1021）

马克思谈到形式上的从属是因为这种生产

> 只是在形式上不同于以前的、作为它的直接产生（被采用）的基础的生产方式……生产方式本身还没有发生什么差别。从工艺上来看，劳动过程完全同以前一样，只不过现在是作为从属于资本的劳动过程罢了。③（1025—1026）

劳动对资本的实际上的从属

劳动对资本的实际上的从属，会经历一场"生产方式"④ 的革命。（1023）在技术、科学知识的帮助下，劳动分工、合作（1024）会发生生产方式的革命、劳动生产率的革命、工人与资本家的关系的革命。为了提高劳动生产率，技术、自然和科学力量从属于资本，于是劳动过程发生了质的变化。"正如绝对剩余价值的生产被看做是劳动对资本的形式上的从属的物质表现一样，相对剩余价值的生产也可以被看做是劳动对资本的实际上的从属的物质表现。"⑤（1025）

马克思认为，一种特定的主导实际上的从属模式倾向于改变其他行业，使它们也以同样的方式被从属（1036）。微电子革命是一个具体的例子：计算机的概念可以追溯到 19 世纪英国工程师查尔斯·巴贝奇（马克思在《资本论》第 1 卷讨论机器和大工业的概念时曾多次提到他），他称他的概念为微分长度和分析引擎。

---

① 译文参照《马克思恩格斯全集》第 49 卷，人民出版社 1982 年版，第 81 页。
② 同上书，第 80—81 页。
③ 同上书，第 86 页。
④ 同上书，第 83 页。
⑤ 译文参照《马克思恩格斯全集》第 38 卷，人民出版社 2019 年版，第 109 页。

第一台计算机是在 20 世纪 30 年代末由德国的康拉德·楚泽（Konrad Zuse）制造的。第一次世界大战期间，计算机被用作加密和解密机器，例如在英国（"巨人"）和纳粹德国（"谜"）。第一台电子计算机是 1945 年在美国（ENIAC）建成的，UNIVAC 是第一台商用计算机。它的销售始于 20 世纪 50 年代初，为计算机在军事领域的应用增加了经济作用。与此同时，IBM 推出了 IBM701，这是第一个商用计算机和软件生产作为一个新的产业出现，随后改变了其他资本主义产业。

第一个以计算机为基础的实际从属发生的行业可能是汽车行业，20 世纪 60 年代，计算机辅助制造（首先在法国的雷诺）被引进。计算机自动化和理性化随后影响了许多制造业，如化工、机械生产、食品工业和食品工业、食品和饮料工业、纺织业等，所有的制造业都有自己独特的计算机引进的历史进程及影响。计算机化不仅限于制造业，在第二阶段也影响了服务和信息部门。如今，在发达经济体中几乎找不到不使用计算机的部门，而未曾就使用计算机的影响进行过重大争辩的部门也是几乎不存在的。

27.3 生产劳动

在《直接生产过程的结果》中，马克思还谈到了生产劳动，他详细地论述了生产劳动的行为。（第 1 卷第 16 章，见本书第 16 章）

《直接生产过程的结果》中的"生产劳动"概念

马克思说，"直接创造剩余价值"（1038），"创造剩余价值"（1039）的劳动就是生产劳动。这种剩余劳动出现在"直接创造剩余价值的劳动，也就是使资本增殖价值的劳动"[①] 中（1039），马克思还指出生产劳动创造商品（1039）。从事生产工作的工人是生产工人，而其所从事的工作如果直接创造剩余价值，即创造价值（1039），则是生产性的。"只要劳动在商品中客观化，即作为交换价值和使用价值的单位，它就保持生产性。"（1039）

生产劳动的这个定义并不意味着一个人必须是雇佣工人才能成为生产工人。

---

① 译文参照《马克思恩格斯全集》第 38 卷，人民出版社 2019 年版，第 124 页。

商业媒体的消费者和脸书用户在没有工资的情况下分别生产一种商品，即受众商品（Smythe 1977，1981）和数据商品（Fucho 2014a，2014c，2015）。同时，家中的再生产工作者也在生产和再生产商品，即劳动力，因此，在马克思所提出的生产工人理解范围内。

总体工人

马克思同样在第 16 章讨论了"总体工人"的概念。他强调说，这种工人来自劳动对资本的实际上的从属（1039）：

> 劳动能力的越来越多的职能被列在生产劳动的直接概念下，这些职能的承担者也被列在生产工人的概念下，即直接被资本剥削的和从属于资本价值增殖过程与生产过程本身的工人的概念下。如果考察组成工场的总体工人，那么他们结合起来的活动在物质上就直接实现在同时是商品总量的总产品中，而单个工人作为这个总体工人的单纯成员的职能距直接体力劳动是远还是近，那都完全没有关系。但这样一来就变成：这种总劳动能力的活动就是资本对总劳动能力的直接生产消费，因而也就是资本的自行增殖过程，是剩余价值的直接生产，从而——我们以后还要进一步阐述这一点——是剩余价值直接转化为资本。[①]

随之而来的问题是，总体工人的终点在哪里。边界可以在单个工厂、行业或整个社会的层面上划定。自治主义马克思主义强调后者。总体工人或社会联合劳动者的概念，使我们能够区分不同层次的劳动组织。资本主义中的劳动经历了一个日益增长的社会化过程，这个过程是随着生产的科学化、技术化和信息化而发展起来的。

有酬和无酬劳动

马克思认为，每一个生产劳动者都是雇佣工人，但并非每一个雇佣工人都是生产劳动者（1041）。他举了一个例子，即国家资助的公共服务中的雇佣工人不是生产劳动者。(1041)

---

① 译文参照《马克思恩格斯全集》第 38 卷，人民出版社 2019 年版，第 125 页。

问题是，一个人是否需要为了成为一名生产工人而必须赚取工资。马克思对生产劳动的大多数定义更为笼统，包括有酬劳动和无酬劳动。马克思主义女性主义者认为资本同样在剥削无酬的家务劳动者，而不仅仅是雇佣劳动。

然而，刚刚的引述只针对了雇佣劳动。在当代资本主义中有一种趋势，即部分工资劳动被外包给无酬的产消者劳动。例如自助加油站、自选的宜家家具、快餐店（顾客是他们自己的服务员）和企业社交媒体的使用。这里的无酬劳动创造了商品的使用价值和价值的一部分。这些现象属于马克思对生产劳动的一般定义（2），如果我们假设在这些情况下工资为零，那么剩余劳动时间占总劳动时间的100%，则这些现象与刚才提到的现象并不矛盾。在结构上力求降低投资成本，以实现利润最大化，并逃离竞争。因此，将工资成本降至零，是所有资本家的梦想。它出现在生产劳动中，是生产劳动的一种形式。

马克思讨论了作家（米尔顿，《失乐园》的作者）、歌手以及教师如果生产商品就会成为生产工人（1044）。他说，在写作的时候，这类工作（信息工作）还没有达到劳动对资本的实际上的从属阶段，基本上属于一个过渡阶段（1044）。在互联网、计算机和知识工作的时代，情况当然有了相当深刻的变化。

知识工作的两种形式

马克思还区分了知识工作的两种形式：

1. "非物质生产"（1047）："这种商品脱离生产者而存在，因而可以在生产与消费当中作为商品来流通，如书籍、绘画，以及所有与艺术家所进行的艺术活动相分离的艺术品。"① （1049）

2. "产品同生产行为不可分离。"（1048）

马克思认识到了生产性知识劳动的潜力，但强调在他所处的时代，其范围是有限的。150年后的今天，在发达的资本主义社会中，两种形式的知识劳动都变得非常重要。

---

① 译文参照《马克思恩格斯全集》第49卷，人民出版社1982年版，第109页。

27.4　工联

什么是工联？

马克思在《直接生产过程的结果》中明确地论述了工联："工联的目的无非是阻止工资水平降低到各行业中既定的传统水平以下，无非是阻止劳动能力的价格降低到劳动能力的价值以下。"① （1069）

在工联中，"工人联合起来，是为了在出售自身劳动的契约中在一定程度上同资本家处于平等地位"② （1070）。工联是工人本身为此目的而建立起来的保险团体。③ （1070）

非典型劳动、自由职业者和工联

20 世纪和 21 世纪的资本主义由许多不同形式的非典型劳动构成，例如，媒体/文化/数字产业及其他行业朝不保夕的自由职业者。他们收入微薄，个人风险高，为了生存，他们往往从事长时间的非典型劳动。

国际工会联合会（ITUC）是一个大型的国际工会联合会，截至 2014 年，它对于自由职业者的情况都没有什么特别的评价，反而将他们与其他工作者相类比："无论是兼职者、全职者、实习生、临时工、自由职业者、学生、白领、蓝领，穿 T 恤的还是穿高领衫的，其实并不重要——如今，无论是正在找工作的人还是努力保住工作的人，他们很可能都有一个共同点——那就是他们感到压力很大。"（ITUC 2010，3）

自由职业者并非传统意义上的工人，也不倾向于将自己的身份定义为工人。因此，像国际工会联合会这样自称为"全球劳动者的代言人"的组织，对自由职业者并不具有天然的吸引力。此外，如今有许多形式无偿劳动，如家务劳动和生产性消费等，它们也是非典型且无广泛组织的劳动。许多自由职业者拥有自己的生产资料，但几乎没有资本，是非常特殊的劳动者，这也是许多工会在

---

① 译文参照《马克思恩格斯全集》第 38 卷，人民出版社 2019 年版，第 12 页。
② 同上书，第 13 页。
③ 同上。

组织他们时总会遇到问题的原因。许多自由职业者并不认为自己是传统意义上的工人，因此组织自由职业工会需要明智的策略。

重要的进展例如国际和欧洲新闻工作者联合会的《自由职业者权利宪章》，它呼吁加强对自由职业者的法律保护。此外，还出现了如美国的自由职业者联盟和加拿大的自由职业者联盟等完全专注于自由职业者的工会。

然而，也存在一些无酬劳动者，如家庭劳动者、受众劳动者①和数字劳动者，他们同样是被资本剥削的劳动者，也需要工会来代表他们的利益。

第 27 章练习

小组练习（G）

项目练习（P）

关键词：劳动对资本的形式上的从属、劳动对资本的实际上的从属、生产劳动、工会。

练习 27.1（p）

马克思在《直接生产过程的结果》中引入了劳动对资本的形式上的从属和实际上的从属的概念，论述了实际上的从属的新模式倾向于对各种产业和整个资本主义经济进行再从属。我讨论了微电子革命的例子。

小组作业：每个小组选择一个行业，记录计算机是如何转变这个行业的，出现了哪些问题，工会是如何讨论这个转变的。问自己：在这个行业中，电脑行业的具体矛盾是什么？如何克服相关的问题？

练习 27.2（G）

马克思讨论了工联在《生产过程的直接结果》中的相关性，确定了一份涉及各国媒体/文化/信息/数字劳动力的重要工联名单。

---

① 在英文中，"audience labor"指的是观众或用户在消费媒体内容时所投入的劳动，主要包括内容消费、数据生成、内容创作等形式，强调了在数字经济和社交媒体时代，观众不仅仅是被动的内容接收者，他们的参与和互动在某种程度上构成了一种劳动形式，对媒体产业的运作和发展起到了重要作用。这种劳动通常是无偿的，但它对于平台的商业价值和内容生态有着不可忽视的影响。——译者注

　　小组作业：每组分析其中一个工会如何分析自由职业者、受众劳工、数字劳工、家庭工人和其他无酬或不稳定劳动力的角色。

　　展示结果。问问你自己：自由职业者、数字劳动力、观众劳动力和家庭工人的工会有什么意义，以及组织这些人的利益与资本利益冲突的最佳策略是什么？

28 结论

马克思的成就

1883 年 3 月 17 日，在卡尔·马克思的葬礼上，他的老朋友恩格斯同志指出了两个特别重要的方面：

• 马克思还发现了现代资本主义生产方式和它所产生的资产阶级社会的特殊的运动规律。由于剩余价值的发现，这里就豁然开朗了，而先前无论资产阶级经济学家或者社会主义批评家所做的一切研究都只是在黑暗中摸索。[①]（MECW24，468）

• 因为马克思首先是一个革命家。以某种方式参加推翻资本主义社会及其所建立的国家制度的事业，参加赖有他才第一次意识到本身地位和要求，意识到本身解放条件的现代无产阶级的解放事业，——这实际上就是他毕生的使命。斗争是他得心应手的事情。而他进行斗争的热烈、顽强和卓有成效，是很少见的。最早的《莱茵报》（1842），巴黎的《前进报》（1844），《德意志—布鲁塞尔报》（1847），《新莱茵报》（1848—1849），《纽约每日论坛报》（1852—1861），以及许多富有战斗性的小册子，在巴黎、布鲁塞尔和伦敦各组织中的工作，最后是创立伟大的国际工人协会，作为这一切工作的完成——老实说，协会的这位创始人即使别的什么也没有做，

---

① 译文参照《马克思恩格斯全集》第 25 卷，人民出版社 2001 年版，第 597 页。

也可以拿这一成果引以自豪。（同上）

马克思的成就在于他揭示了资本主义中剥削的运行机制，并且他高度关注如何推翻资本主义这一政治问题。重要的是要看到，恩格斯在这篇演说中指出，新闻评论写作对马克思来说也是斗争的一部分。科学、理论和新闻对马克思主义来说至关重要，因为它们能够谴责和解构资本主义。

马克思的深远影响

马克思的葬礼并不代表终结，因为他的作品继续吸引着那些思考如何理解和废除资本主义的人。同时，还有许多人试图颠覆马克思，指责他的作品是过时的或者错误的。正如恩格斯在这篇演讲中所说，马克思的确是"当代最遭嫉恨和最受诬蔑的人"[1]，不仅限于"他的大部分政治生活"[2]（同上，469）。

本书的目的是启发人们聚焦于马克思的著作去思考传播在资本主义和社会主义中的作用，以及如何创造民主的、信息的共产主义。这本书想引导人们，特别是年轻人和学生，从媒体和传播学的角度来阅读《资本论》第1卷。

我希望对这本书的许多读者来说以下这点是显而易见的：马克思分析了他那个时代的传播，他的方法是前瞻性的和预见性的，因此对当今批判性地理解传播有很大的帮助。

马克思与媒体

法国后现代主义主要思想家之一让·鲍德里亚认为，"马克思主义生产理论是不可分割的局部，不能扩展"到文化和媒体，他说："生产理论（与生产力发展相联系的矛盾的辩证链条）与其对象——物质生产是严格同质的，作为假设或理论框架，它不可转变成一开始就从未为它提供过的内容"（Baudrillard 1981，214），这是错误的。此外，加拿大媒体哲学家麦克卢汉（Mcluhan 1964/2001，41）也错误地认为，马克思及其追随者"不了解新传播媒介的动态。马克思的分析最不合时宜地建立在机器上，就像电报和其他内爆形式开始逆转机械动力一样"。

传播与商品（第一部分）、货币（第四部分）、资本（第一部分）、绝对剩余

---

① 译文参照《马克思恩格斯全集》第25卷，人民出版社2001年版，第598页。
② 同上。

价值（第三部分、第五部分）、相对剩余价值（第四部分、第五部分）、工资（第六部分）、积累（第六部分）和原始积累（第七部分）的关系有很多方面。马克思书中的具体章节及其在手边工作中的讨论都一一呈现在此。在结论中，我想介绍一个模型，以此指出资本主义中传播的一些方面。（关于这个模型的详细信息，请参阅 Fuchs 2009b）

图 28.1 中的模型将资本主义信息经济可视化。本文总结了媒介在资本主义经济中的四种作用：（1）媒介的形态；（2）媒体的意识形态；（3）媒体的接收；（4）另类媒体。它关注的是媒体在经济的生产、流通和消费过程中的作用，而不是与政治制度（国家、公民社会、法律等）和文化机构（教育、家庭、宗教等）的关系。媒体领域内的资本积累既存在于媒体内容领域，也存在于媒体技术领域。这两个领域共同构成了媒体资本的领域。这两个领域中的每一个都显示了马克思主义的资本循环，这表明它们是以资本积累为导向的。

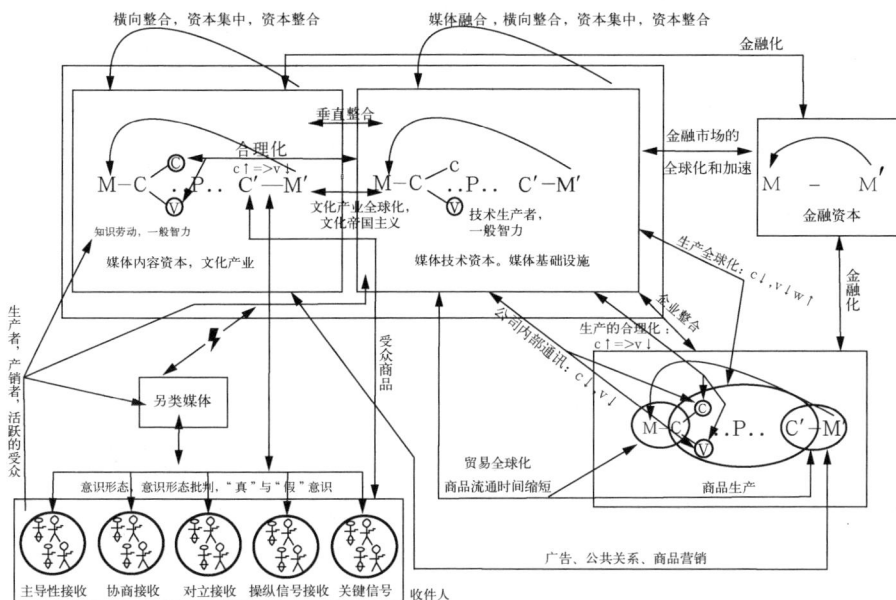

图 28.1　资本主义信息经济＝资本主义经济和社会中媒体生产、流通和消费的过程

媒体与商品形态

媒体的商品方面可视化为以下过程（如图 28.1 所示）：纵向和横向整合，

媒体集中、媒体融合、媒体全球化、媒体资本和其他类型资本的整合，生产的合理化、生产、流通和贸易的全球化、公司内部通信、广告和营销。纵向整合过程使两个系统之间的边界模糊。集中和资本集中的过程和横向整合是资本积累的内在特征，它们塑造了这两个领域。媒体融合是媒体基础设施资本的特征。而这两个领域是影响文化产业全球化的因素。

媒体产业

图 28.1 右下角显示的经济领域是非媒体行业和服务业的资本积累。由于公司一体化进程，它与媒体部门部分融合。媒体技术推动了这一领域以及媒体内容产业的生产合理化。此外，它们还促进了生产、流通和贸易的全球化。这些全球化进程也是推动新媒体技术发展的因素。媒体技术也用于公司内部通信。合理化、全球化和公司内部沟通是旨在通过降低资本投资成本（固定资本和可变资本）和提高相对剩余价值生产（在较短时间内生产更多产品）来实现利润最大化的过程。媒介内容产业是商品流通过程中广告和营销商品的重要组成部分，同时也是资本的实现过程，在这个过程中，剩余价值转化为货币利润。

媒体和意识形态

媒体的意识形态方面可以通过媒体内容资本及其与受众的关系在图 28.1 中看到。制造虚假意识的媒体内容被视为意识形态内容。媒体内容取决于接收情况。接收假说在图的左下角可见，接收是意识形态复制和潜在挑战的领域。

另类媒体

另类媒体是一个挑战资本主义媒体产业的领域。在图 28.1 中，另类媒体是由一个独立领域可视化的，该领域代表了组织和生产媒体的替代方式，旨在创建关键的和替代组织的技术和内容。另类媒体是一个挑战资本主义媒体产业的领域。这些都是组织和制作媒体的另一种方式，旨在创造挑战资本主义的关键内容。媒体内容取决于接收情况。图 28.1 左下角区分了五种接收形式（详见 Fuchs 2009b）。接收是意识形态复制和潜在挑战的领域。在媒体内容资本的某些类型和部分中，资本是通过将受众作为商品出售给广告客户而积累起来的。达拉斯·斯麦兹（Smythe 1977，1981）就是为这种背景下的受众商品代言的。由于广告利润并非所有媒体资本的一般特征，图 28.1 中有一条线表示受众商品。近年来，受众越来越成为制作内容和技术的活跃受众。在这种情况下，可以使用生产者（生产者＋用户）和生产者（生产者＋消费者）的概念。产品化和消费化既可以促进媒体资本积累，又可以促进可替代媒体的生产。

媒体的多层次政治经济

媒体和媒体技术的使用价值在于，它们使人类能够了解自己并进行交流。在资本主义社会，使用价值是由产品的交换价值所支配的，产品成为商品。媒体采取了商品化的形式；它们的使用价值只有通过在资本家手中积累货币资本的交易所才能为消费者所获得。媒体和技术作为具体产品代表信息和通信的使用价值方面，而媒体的货币价格代表信息和通信的交换价值方面。商品假说讨论媒介的交换价值方面。意识形态假说揭示了媒体的使用价值以交换价值为主导，在媒体主导的合法化和再生产过程中如何产生媒体的作用。这两种假说通过媒体作为使用价值和交换价值的矛盾双重性而联系在一起。作为商品的媒体与货币的使用有关，货币的使用价值可以实现媒体的交换价值，即媒体的价格以货币的形式体现出来。货币是与媒体相关的一种交换价值，它实现了自己在媒体商品中的使用价值。消费者感兴趣的是媒体和技术的使用价值方面，而资本家感兴趣的是帮助他们积累货币资本的交换价值方面。媒体和技术的使用价值只有通过资本家用货币交换他们控制的商品的复杂过程才能提供给消费者。这意味着媒体和技术的使用价值只能通过它们与货币的交换价值来实现。商品化是资本主义媒体和技术的基本过程。使用价值和交换价值是资本主义社会媒体和技术的双极对立面（MECW 29，326）。媒体和技术一旦到达消费者手中，就呈现出商品形态，因而可能具有意识形态特征。另类媒体的范围对媒体的商品性提出了挑战，它旨在通过对媒体和技术的交换价值的扬弃，使使用价值成为媒体和技术的主导特征。另类接收的过程也可以是社会运动、另类政党和抗议活动的一部分，可以超越媒体的意识形态特征——接受者有权质疑他们所生活的世界的拜物教特征。

当今的资本问题

1868 年，恩格斯发表了《资本论》第 1 卷的评论，其中他说了一些在信息和数字媒体时代仍然至关重要的话：

自从世界上有资本家和工人以来，没有一本书像我们面前这本书那样，对于工人具有如此重要的意义。……把现代社会关系的全部领域看得明白且一览无余，就像一个观察者站在最高的山巅俯视下面的山景一样。①（MECW 20，231）

---

① 译文参照《马克思恩格斯全集》第 21 卷，人民出版社 2003 年版，第 362—363 页。

附录 1 托马斯·皮凯蒂的《21 世纪资本论》，卡尔·马克思和互联网政治经济学

致谢：本章最初以文章的形式发表在《共产主义，资本主义和批判》杂志（http：//www. triple-c. at）上，2014 年在克里斯蒂安·福克斯的授权下再次印刷。

> 日复一日地为改革而斗争，为在现有秩序框架下改善工人状况而斗争，为民主制度而斗争，是社会民主党参与无产阶级斗争的唯一手段，也是朝着最终目标——夺取政治权力和废除雇佣劳动——努力的方向。对社会民主党而言，社会改革和革命之间存在着不可分割的联系。争取改革是其手段，社会革命是其目标。（Luxemburg 1899，41）

1. 对托马斯·皮凯蒂的书的三种反馈

在针对托马斯·皮凯蒂（Piketty 2014）专著《21 世纪资本论》的反馈和讨论中，我们可以看到评论家们将其与卡尔·马克思的著作相关联时所展现的三种立场：(1) 对其高度评价，(2) 质疑其整体性，(3) 认为其与马克思的著作没有任何相似之处。

对皮凯蒂的推崇

第一组评论家高度推崇皮凯蒂的著作，认为他赋予了马克思著作以时代性，

乃至创作了可以与马克思《资本论》（1867）相媲美的 21 世纪的新作。詹姆斯·佩托库基斯（Pethokoukis 2014）将这本书称为"新马克思主义"的一种版本，它揭示了"如今马克思主义的基本真理"——"私人资本积累不可避免地导致财富集中在越来越少的人手中……这一真理正以猛烈之势重新得到确认"。丹尼尔·肖克曼（Shuchman 2014 年）则写道，皮凯蒂"让马克思的思想在 21 世纪重获新生"。

《纽约时报》发表了一篇评论，认为皮凯蒂的书表明"卡尔·马克思的思想复苏了。皮凯蒂本人是一位社会民主党人，他拒绝马克思主义标签。但正如他的书名所表明的那样，他试图恢复和重塑马克思的一个关键思想：所谓的'自由市场'，就其本质而言，都倾向于以资本较少者的利益为代价来使资本占有者变得更加富有"（Douth 2014）。《纽约时报》的一篇专栏文章总结道："与马克思一样，他激烈地批判了无节制的资本主义造成经济和社会不平等的现象，并总结道，这种不平等将继续恶化。"（Erlanger 2014）大约在皮凯蒂的书的英文版出版的同时，《纽约时报》发表了一篇专题文章，问道："马克思是正确的吗？"（*New York Times* 2014）。在这篇文章中，道格·亨伍德（Doug Henwood，《左翼商业观察家》的编辑），迈克尔·斯特兰（Michael R. Strain，美国企业研究所），伊夫·史密斯（Yves Smith，《裸露的资本主义》博客的作者），泰勒·考恩（Tyler Cowen，加州大学伯克利分校的教授）就马克思的著作是否仍具有时效性进行了讨论。

托马斯·申克（Shenk 2014）在《国家》一书中指出，皮凯蒂展示了对资本主义批判的时事性："尽管不是马克思主义者，但皮凯蒂却是坚定的左派。"皮凯蒂对马克思（主义）的敌意是没有必要的：

> 这种敌意与 20 世纪 70 年代法国知识分子普遍转向反对马克思主义之后的脾气相吻合，但在平等倡导者面临的挑战如此巨大之际，看着他对未来的盟友咆哮，令人不安。马克思主义和皮凯蒂的著作有很强的相似之处：马克思主义是一种社会主义，但历史表明了一系列更加丰富的可能性，以及一些希望的基础。像《21 世纪资本论》这样的著作也是如此，这表明另

一个失去的传统——自 20 世纪 70 年代以来一直被搁置的后资本主义愿景——可能即将卷土重来。（Shenk 2014）

保罗·克鲁格曼（Krugman 2014b）在一篇评论中写道："这个标题之所以如此令人震惊，并不仅仅是因为它明显地针对了马克思。通过从一开始就直接引入资本，皮凯蒂打破了当今大多数关于不平等讨论的常规框架，追溯并回归到了更为传统的观点。"他总结道："皮凯蒂改变了我们的经济话语体系；我们再也不会像过去那样谈论财富和不平等了。"

对皮凯蒂的新自由主义批评

第二组评论家认为，皮凯蒂就像马克思一样错误，他的思想也同样危险。他们试图诋毁这本书的正当性。《经济学人》写道，皮凯蒂"比马克思走得更深"（《经济学人》2014 年版），他就像马克思一样"粉饰了财富再分配是否会削弱增长的问题"。《观察家》承认，"皮凯蒂通过证明马克思的中心论点——资本主义制度被操纵，使富人变得越来越富，而普通阶级陷入贫困——是正确的，从而将马克思从历史的尘埃中拉回人们的视野"（Mount 2014）。然而，它的结论是，皮凯蒂的政治愿景正如马克思所想象的那样具有压制性："这种愚蠢的马克思主义将像旧的马克思主义一样具有压迫性和侵略性。"（同上）

英国《金融时报》发起了最精明的攻击（Giles and Giugliano 2014）。它之所以精明，是因为它不是在政治层面上挑战皮凯蒂，而是在学术层面上。其意图显然是政治性的——捍卫资本主义利益，反对增加财富和资本税的想法——尽管隐藏得很好。英国《金融时报》宣称，它发现了"皮凯蒂教授工作中的许多错误：简单的笔误；不恰当的平均技术：对数字进行多重解释性调整；数据输入没有来源；无故使用不同时间段的数据；以及所使用的数据源不一致"（同上，5）。修正后的数据将表明，"欧洲的结果没有显示出 1970 年后财富不平等加剧的任何趋势"，而美国的数据也不支持"收入最高的 1% 人群的财富份额在过去几十年里有所增加的观点"，尽管"有一些证据表明，收入最高的 10% 人群的财富份额自 1970 年以来有所增加"（同上，5）。

英国《金融时报》的批评涉及英国（Piketty 2014，344，图 10.3）和美国

（同上，348，图 10.5）被皮凯蒂称为"财富不平等"的数据。皮凯蒂将"财富"一词与"资本"（同上，47）互换使用，并以此包括"假设所有物品都可以在某些市场上交易，我将'国民财富'或者'国民资本'定义为在某个时点某个国家的居民与政府所拥有的可交易物品的市场价值之和"①（同上，48）。因此，该资本包括"非金融资产（土地、住宅、商业存货、其他建筑、机械、基础设施、专利和其他直接拥有的专业资产）和金融资产（银行账户、共同基金、债券、股票、各种金融投资、保险单、养老基金等），减去金融负债总额（债务）"（同上，48）。

尽管资本是一种存量还是一种社会关系的问题尚未解决，但英国《金融时报》提出的两个问题显然关注的是拥有财产的阶层内部所拥有资产的分配。由于劳动力被排除在这些特定统计数据之外，因此并不涉及剩余产品在资本和劳动力之间如何分配的问题。皮凯蒂（Piketty）著作中的第 10 章，也就是《金融时报》批评的那两个数据所在的章节，如章节标题所示，聚焦于"资本所有权的不平等"。这一章讨论的是资本集中程度的发展情况。因此，我们谈论的是资本集中问题，而非收入不平等或资本与劳动之间的关系。无论资本是更加集中还是相对分散，资本作为一个整体，即总体资本家，都在剥削劳动并将劳动排除在所有权之外。劳动并非资本：它创造资本，但并不拥有资本。马克思强调，劳动是"非对象化""非资本""非原料""非劳动工具""非原产品"②（Marx 1857/1858，295）：它是"绝对的贫困"，意味着"被客观财富所排斥"（同上，296），同时，劳动又是"价值的活的源泉""财富的一般可能性"（同上）。

皮凯蒂在第 6 章中讨论了资本与劳动关系的问题，并指出由资本剥削劳动所导致的持续不平等的现象。英国《金融时报》在 2014 年 5 月 24—25 日出版的周末版头版头条之一指出"皮凯蒂在其畅销著作中对于相关数据的计算存在误差，然而这部作品却精准地捕捉到了当下社会对于不平等问题的普遍关注"。

---

① （法）托马斯·皮凯蒂《21 世纪资本论》，巴曙松、陈剑、余江、周大昕、李清彬、汤铎铎译，中信出版社 2014 年版，第 48—49 页。
② 译文参照《马克思恩格斯全集》第 46 卷，人民出版社 1979 年版，第 252 页。

该报想传达的是，皮凯蒂的观点完全错误，不平等并非仅限当代的问题。皮凯蒂的财富概念有些误导，因为它没有关注到资本—劳动关系和马克思的观点，即劳动创造资本，劳动是财富的来源。不过，他提供了有关资本与劳动力关系的重要数据，英国《金融时报》没有对此予以反驳。保罗·克鲁格曼（Krugman 2014a）评论称，英国《金融时报》关于"美国财富稳定集中的说法，与许多证据来源相悖"。托马斯·皮凯蒂认为："英国《金融时报》不诚实的地方在于，它暗示这会改变我在结论中的看法，但它实际上并未产生任何影响。最新的研究只是运用了不同的资料对我的结论进行佐证。"（Rankin 2014a）

马克思主义对皮凯蒂的批评

第三类评论家主张，皮凯蒂的分析与马克思主义相去甚远，而且马克思及马克思主义理论提供了更为出色的分析框架。他们否认皮凯蒂与马克思有相似之处。皮凯蒂本人在一定程度上是站在马克思的对立面来定位自己的作品的，尤其是当他把马克思关于废除私有制和建立生产资料集体所有制的思想，与"苏联模式""极权主义模式"（Piketty 2014，531）和"苏联式计划经济所导致的人类灾难"相联系时。（同上，532）

> 我属于这样一代人：1989 年我 18 周岁，那一年不仅仅是法国革命的二百周年，还是柏林墙倒塌的一年。我们这一代见证了苏联体，并且对于这种政治制度或者对于苏联没有丝毫的喜爱和怀念。我一向对"反资本主义"那些传统而粗糙的论调免疫，有些论调直接忽略了共产主义运动在历史上的失败，很多则与超越它所必需的理性手段背道而驰。我没有兴趣去谴责不平等和资本主义本身——特别是只要是合乎情理的，社会不平等本身并不是一个问题。[①]（同上，31）

我们不能因为斯大林而责怪马克思。马克思 1883 年去世时，斯大林只有 4 岁，让马克思对斯大林作为苏维埃独裁者所做的事情进行负责和评论，这是不

---

① （法）托马斯·皮凯蒂《21 世纪资本论》，巴曙松、陈剑、余江、周大昕、李清彬、汤铎铎译，中信出版社 2014 年版，第 32 页。

切实际的。马克思进一步强调共产主义是"争取民主的斗争"①（Marx and En-
gels 1848b，481）。马克思会反对斯大林将苏联的国家资本主义当作正在向共产
主义迈进的社会主义社会，原因就在于在那个背景下，工人并未掌握生产的控
制权，而是处于官僚主义的统治之下。

皮凯蒂对马克思的怀疑解释了为什么马克思主义作家对皮凯蒂倾向于持怀
疑态度。安德鲁·克莱曼（Kliman 2014）评论道："（在皮凯蒂的书中）对不平
等的过度关注，可能让人忽略了诸如经济从大衰退中难以复苏等重大经济问题
以及这些问题的解决路径。"戴维·哈维（Harvey 2014）批评皮凯蒂的书"没有
告诉我们为什么 2008 年会爆发金融危机"，而且，尽管他的实证数据很有价值，
他对财富、继承和资本的累进税收的建议是有价值的，但他不会提供 21 世纪的
资本主义理论，因此"我们仍然需要马克思或可以和马克思相提并论的人物"。

马克思的价值观涵盖了资本的哲学、道德、社会学、心理学、政治经济学
以及货币和金融方面。在这个定义中，资本是建立生产关系的社会关系。这就
把马克思的论点有目的地放在了生产领域。皮凯蒂的定义把他的论点留在了分
配领域。这本书并非直接关于资本，至少不是马克思主义意义上的资本。相反，
这本书关注的是财富和金融资产的积累。

哈维（2014）也质疑皮凯蒂对资本的定义过于宽泛："没有有效使用的资
金、土地、房地产以及未被有效利用的厂房和设备均不构成资本。"汉斯·迪斯
潘（Despain 2014）强调：

> 皮凯蒂对资本的定义存在很大问题。皮凯蒂将资本定义为所有实物设
> 备、土地、住房、货币、金融资产和其他有价值的东西。值得赞扬的是，
> 他排除了所谓的"人力资本"。为了统计和汇总这些异质资本，皮凯蒂估算
> 了市场价格。因此，对于皮凯蒂来说，资本是严格意义上的货币和金
> 融。……马克思尝试从更为哲学的角度对资本进行了定义，将其视为价值，
> 涵盖了资本的哲学、道德、社会学、心理学、政治经济学以及货币和金融

---

① 译文参照《马克思恩格斯选集》第 1 卷，人民出版社 2012 年版，第 896 页。

等各个方面。在这个定义中，资本是一种建立生产关系的社会关系。马克思有意将他的论点置于生产领域。而皮凯蒂的定义则使他的论点停留在分配领域。这本书并非直接讨论资本，至少不是马克思意义上的资本。相反，它关注的是财富和金融资产的积累。

詹姆斯·加尔布雷思（Galbraith 2014）从新凯恩斯主义的角度提出了类似的观点：他认为，皮凯蒂"将实物资本设备与所有形式的货币价值财富混为一谈（包括土地和住房），无论这些财富是否用于生产"。加尔布雷思得出结论，"就书名、篇幅和（迄今为止的）接受度而言，这本书并不是一部成熟的理论著作"。

对于马克思（Marx 1885, ch. 8）来说，设备、土地和房屋等资源如果在资本积累过程中被用作生产商品的生产资料，那么它们就成为资本。在这种背景下，他谈到了生产过程中存续时间更长的固定不变资本。如果一个人拥有一所房子和一个私人生活的花园，那么这些资产对马克思而言不是资本。如果他把房子租出去，那么他赚取的租金是从工资或利润中支付的。如果承租人是一家把花园和房屋变成办公室或生产商品的工厂的公司，那么土地和房屋都成为生产资料和不变资本。资本意味着资本与劳动、资本家与资本家、资本家与银行、食利者与租赁者之间的社会关系。因此，如果土地成为资本，这意味着处于阶级关系中的劳动力将其作为生产资料，用于生产资本，而且土地必须是由一家公司购买或租赁的，这意味着销售关系。马克思精确地指出了作为物的资本与社会关系之间的区别：

> 但资本不是物，而是一定的、社会的、属于一定历史社会形态的生产关系，后者体现在一个物上，并赋予这个物以独有的社会性质。资本不是物质的和生产出来的生产资料的总和。资本是已经转化为资本的生产资料，这种生产资料本身不是资本，就像金和银本身不是货币一样。它是社会某一部分人所垄断的生产资料，是同活劳动力相对立而独立化的这种劳动力的产品和活动条件，通过这种对立在资本上被人格化了。① （Marx 1894，

---

① 译文参照《马克思恩格斯全集》第 25 卷，人民出版社 2003 年版，第 922 页。

953）

保罗·梅森（Paul Mason）拒绝将皮凯蒂与马克思作比较：

> 皮凯蒂是新的卡尔·马克思吗？读过马克思的书的人都会知道他不是。马克思对资本主义的批判是关于生产的而非分配：对他而言，真正驱动体系走向终结的，并非日益加剧的不平等现象，而是利润机制的瓦解。马克思看到的是社会关系——劳动者与管理者之间、工厂主与土地贵族之间的关系——而皮凯蒂只看到社会类别：财富和收入。马克思主义经济学立足于一个资本主义内在趋势与其表象相悖离的复杂世界。相比之下，皮凯蒂的研究则完全基于具体的历史数据。所以将其指控为温和的马克思主义完全是错误的。（Mason 2014）

一些马克思主义学者也对皮凯蒂的政治结论质疑。哈维（Harvey 2014）表示，他"对不平等现象的解释即使不是乌托邦式的，也是幼稚的"。肖恩·柯林斯总结说，皮凯蒂的书是一本"没有任何进步内容、只顾自己的书"（Collins 2014）。

迪斯潘（Despain 2014）甚至认为它们是反动的：

> 皮凯蒂的政策建议令人惊讶地苍白无力并且其使经济上的弱势群体继续受到剥削。最终，皮凯蒂希望去掉"过度剥削"中的"过度"，通过提高最低工资、征收资本税、累进所得税和限制继承权来重新建立传统意义上的剥削。……皮凯蒂的政策建议可被描述为极端自由主义。……然而，他没有承认民主应该扩展到资本主义的极权工作场所中。他用整整一章的篇幅来阐述作为一种"乌托邦"式的观念的、累进的"全球"资本税的理论，将其作为更实用政策的一个参考点。为什么不提出一种将工作场所民主化以进行收入分配的建议呢？为什么不承认如西班牙的蒙德拉贡公司这样的自主管理工人企业已经成功地减少了员工之间的不平等呢？

在我看来，推崇或是否认似乎并不足以回应皮凯蒂的作品。第一种立场是相当纯粹的肯定和庆祝，后两种往往是纯粹的轻蔑。相比之下，我认为皮凯蒂的著作与马克思的方法既非法截然不同，也非毫无联系。

2. 皮凯蒂和马克思

不平等

皮凯蒂的主要假设是，当"资本收益率超过产出和收入的增长率"时，资本主义中就会出现不平等现象，并试图用经验来证明他的假设[1]（Piketty 2014，1）。皮凯蒂（同上，9）认为，马克思预言了资本主义终将面临两种可能的极端情境：一是资本的回报率呈现持续下滑的趋势，这一变化将削弱资本积累的动力源泉，进而可能引发资本家群体内部的激烈冲突与对抗；二是资本在国民收入分配中所占的比重无限制地攀升，这种极端的不均衡状态迟早会激起工人阶级的广泛不满与联合反抗，从而对资本主义体系构成根本性的挑战。他在此将马克思关于利润率下降倾向定理的具体阐释与马克思关于资本主义必然导致工人绝对贫困化的假设相结合。皮凯蒂（同上，9）认为，到 19 世纪末，工资水平开始上升，生产率的提高和技术进步可以对资本集中起到反作用。然而，他忽略了马克思的第一种倾向（指利润率下降）并非一种决定性的规律，因为马克思还指出了与之相对抗的倾向（Marx 1894，ch. 14），同时，马克思也认为资本与劳动之间的财富差距并不一定会在绝对意义上持续扩大。马克思没有预见到资本主义的崩溃。说马克思的"无限积累原则"暗示着末日来临，这根本不正确，因为他"建立在一个长期生产率增长为零的严格假设之上"[2]（Piketty 2014，27）。

资本主义积累的一般规律

在《资本论》第 1 卷第 23 章中，马克思（1867）描述了他所称的"资本积累的一般规律"："但是，一切生产剩余价值的方法同时就是积累的方法，而积

---

① （法）托马斯·皮凯蒂《21 世纪资本论》，巴曙松、陈剑、余江、周大昕、李清彬、汤铎铎译，中信出版社 2014 年版，第 2 页。

② 同上书，第 28 页。

累的每一次扩大又反过来成为发展这些方法的手段。由此可见，不管工人的报酬高低如何，工人的状况必然随着资本的积累而恶化。"① （Marx 1867，799）

这个关键段落很容易被误解为暗示绝对的资本积累。然而，马克思强调，无论资本积累是"高还是低"，工人的处境"必然恶化"②。这种表述意味着，积累不一定导致工资或工资总额的绝对降低，但即使在 t + 1 点的资本家因利润增加而支付比 t 点更高的工资，工人也不拥有他们生产的货币利润和商品。如果一家公司或经济部门没有受到危机的冲击，它就成功地增加了资本。只有在工人不拥有资本利润的情况下，这种持续增长和再投资才有可能进一步增加资本。随着资本的增长，工人们的处境会越来越糟，因为他们不拥有的资本的绝对数量会增加。

皮凯蒂以相对价值衡量资本与劳动力之间的不平等。他指出，资本主义的历史就是资本家以牺牲劳动力为代价来增加利润的历史。马克思关于资本主义积累的一般规律描述了所有的资本积累剥夺了工人的剩余价值和利润，因此所有权的不平等是资本主义固有的。对于马克思来说，不可能有公正的资本主义形式。然而，皮凯蒂的表述存在误导，马克思并未认为不平等会必然引发资本主义的瓦解。在马克思看来，资本主义是否会崩溃是一个社会行动的问题，即阶级斗争和革命的问题。

危机和资本主义矛盾为工人阶级斗争的可能性提供了条件，然而，推翻这一制度只能是一种主动的行为。例如，当马克思强调说"最强大的一种生产力是革命阶级本身"③ （MECW 6，211）时，"全部社会生活在本质上是实践的"④ （MECW 5，5），"环境的改变和人的活动或自我改变的一致，只能被看做是并合理地理解为革命的实践"⑤ （同上，4）。决定性的是被统治阶级的"历史的自我主动性（'自我'在英文译本中缺失，尽管它可以在德文原文中找到）"

---

① 译文参照《马克思恩格斯全集》第 44 卷，人民出版社 2001 年版，第 743 页。
② 同上。
③ 译文参照《马克思恩格斯选集》第一卷，人民出版社 2012 年版，第 274 页。
④ 同上书，第 135 页。
⑤ 同上书，第 134 页。

(Marx and Engels 1848b，490)，而历史是"阶级斗争的历史"①（同上，462）。

在《资本论》第 1 卷中那段著名的论述革命的篇章中，马克思并没有把革命描述为一种系统性的必然，而是一种结构性的发展，这种发展促成无产阶级积极行动的过程："资本的垄断成了与这种垄断一起并在这种垄断之下繁盛起来的生产方式的桎梏。生产资料的集中和劳动的社会化，达到了同它们的资本主义外壳不能相容的地步。这个外壳就要炸毁了。资本主义私有制的丧钟就要响了。剥夺者就要被剥夺了。"②（Marx 1867，929）

马克思在这里并没有说资本主义"分崩离析"，而是说它要"炸毁了"。他并没有说资本主义制度通过自身的崩溃剥夺了资本家，而是说他们被无产阶级"剥夺"了。这意味着无产阶级革命的能动性。马克思设想并生动地描述了这种情况的发生，但他并没有假定这是必然会发生的。皮凯蒂低估了马克思的著作中结构与能动性、资本主义矛盾与阶级斗争的辩证关系。

然而，皮凯蒂也承认，马克思正确地认识到了积累与工人的剥夺以及由此产生的不平等是辩证关联的。他说，当代资本主义中相对日益加剧的不平等"直接佐证了马克思主义理论"③（Piketty 2014，11）。因此，皮凯蒂并没有否定马克思，而是曲解了他，这并不奇怪，因为当被问及卡尔·马克思时，皮凯蒂说："我从来没有真正读过他的著作。"（Chotiner 2014）

当代不平等的根源

皮凯蒂（2014）认为，当代不平等的根源是管理者的高薪酬（24，314—315）；利润、股息、利息和租金的高增长（25）；长期缓慢增长与高储蓄并存（173）；公共资产私有化（173）；技能差距（304—307，315）；利润和收入的低税收（355）；以及继承性财富（424—429）。皮凯蒂研究不平等现象及其现实影响时，主要关注的是资本/收入份额（第 5 章）、资本/劳动力分配（第 6 章）、劳动力收入分配（第 9 章）以及资本和财富的集中和分配（第 10 章）。他由此

---

① 译文参照《马克思恩格斯选集》第一卷，人民出版社 2012 年版，第 400 页。
② 译文参照《马克思恩格斯全集》第 44 卷，人民出版社 2001 年版，第 874 页。
③ （法）托马斯·皮凯蒂《21 世纪资本论》，巴曙松、陈剑、余江、周大昕、李清彬、汤铎铎译，中信出版社 2014 年版，第 11 页。

说明了资本与劳动力不平等以及资本集中的历史现实。资本-劳动力分配、劳动收入和资本集中的典型发展趋势呈 U 型曲线，在 19 世纪和 20 世纪初以及自 20 世纪 70 年代或 80 年代以来，不平等程度尤其高。

利润率下降的趋势

皮凯蒂讨论了马克思关于利润率下降趋势的定律："马克思主义分析强调利润率下降——一个被证明是完全错误的历史预测。"（Piketty 2014，52）长期来看，利润率会相对稳定，但会从 18 世纪和 19 世纪的 4%至 5%下降到今天的 3%至 4%（同上，206）。皮凯蒂认为，马克思的利润率下降趋势规律意味着"资产阶级在自掘坟墓"（227），因为马克思曾假设平均利润率会不断下降，然而马克思可能忽略了生产力和人口的增长（228）与知识的传播（234）。

在这里，皮凯蒂对马克思的解读还是不够彻底。马克思谈到了利润率下降的"趋势"，而不是一种无意识的行为。这种趋势源于不变资本，特别是技术在生产中的作用日益增加，因此资本 c/v（不变资本和可变资本的关系，即生产资料的货币价值和劳动力）的有机构成增加。马克思（Marx 1894，ch.14）进一步指出了相反的趋势，如降低工资，采用绝对和相对剩余价值生产的方法，不变资本的贬值，对外贸易和商品以高于其价值的价格出售，殖民地劳动力的高剥削率，固定不变资本的贬值，资本周转的速度加快，以及战争或危机导致的资本的剧烈贬值。[①] 欧内斯特·曼德尔在《资本论》第 3 卷的引言中评论道："可以肯定的是，马克思明确地谈到了一种趋势，而不是一种不间断的线性发展。他强调，在资本主义制度下，存在着强大的对抗力量。最重要的抵消力量是资本主义制度提高剩余价值率的可能性。"（参见 Marx 1894，31）马克思（同上，339—342）强调，绝对剩余价值生产方法和相对剩余价值生产方法提高了剥削率，因此"它不如说会使一般的规律作为一种趋势来发生作用，即成为这样一种规律，它的绝对的实现被起反作用的各种情况所阻碍、延缓和减弱"[②]（同上，341）。

---

① 译文参见《马克思恩格斯全集》，人民出版社 1974 年版，第 258—268 页。
② 同上书，第 261 页。

教条主义、正统主义和宗派主义

在马克思主义理论中，对于马克思的利润率下降趋势的有效性或缺陷性有过激烈的争论（见 Ebermann, Heinrich, Kurz, and Vogl 2011；Carchedi and Roberts 2013；Heinrich 2013a，2013b；Kliman, Freeman, Potts, Gusev, and Cooney 2013；Mage 2013，Moseley 2013）。参与这些学术争论的学者当然总是拒绝和否认这些辩论倾向于宗派主义和教条主义的说法，因为他们总是将对方视为宗派主义者，而从不认为自己也是。其中的问题不仅在于这些辩论中所使用的攻击性语言，还在于参与者们往往只见树木不见森林。他们过于热衷于强调差异，认为其他马克思主义者是错误的，对马克思的解读是歪曲的，等等，并声称自己对马克思的解读是唯一正确的，以至于忽视了他们最大的共同点——对马克思理论的兴趣和对资本主义的政治的批判立场。他们忽视了在理论和政治上共同对付敌人的重要性。在当前资本主义危机的过程中，保守派、右翼和法西斯阵营肯定会对这种马克思主义阵营内的理论和政治斗争沾沾自喜。

所有这些都是教条主义、正统主义和宗派主义，当然，那些牵涉其中的人永远不会承认。希望有一天，他们至少能改变策略，如果真是这样，那么他们很可能不会承认自己的宗派主义。戴维·哈维可以说是当今最著名的马克思主义理论家。当然宗派主义者会否认这个事实，他们会强调哈维的错误之处，声称他们才是正确的，他们对哈维的解读才是准确的，等等。然而，他们的主张只是无趣且浪费时间罢了。当哈维说我们仍然需要能够比肩马克思的存在而不是皮凯蒂时，那么他可能会从精神分析的角度将自己投射到这个位置上。但是，除了马克思主义者在资本主义社会中不得不面对的所有压制、制度和结构性歧视（这在很大程度上限制了他们获得的关注和知名度）之外，导致马克思主义者没有像皮凯蒂那样拥有同样的媒体和公众形象的一个因素可能是他们将太多时间投入了内部斗争，而不是外向型斗争。

关于马克思利润率趋向下降规律的讨论，常常聚焦于这样一个核心议题：马克思的危机理论究竟更倾向于是一种结构理论，还是一种以行为主体为中心、由结构性矛盾或阶级斗争所决定的理论。具体而言，问题的关键在于，利润率的波动是源于资本有机构成的历史性结构上升，还是源于资本与劳动之间斗争的结果在利润与工资分配关系中的体现。

马克思的利润率

利润率（ROP）是指利润与投资的关系，或者是剩余价值与生产资料（不变资本和可变资本）价值的货币表达关系。

$$ROP = \frac{s}{c+v}$$

如果我们给分子和分母同时除以 v，那么我们会得到：

$$ROP = \frac{\dfrac{s}{v}}{\dfrac{c}{v}+1}$$

这个公式表明，利润率取决于（a）剩余价值率，马克思也称之为"剥削率"，因为它描述了无偿劳动和有偿劳动之间的关系；（b）资本有机构成，它代表了物化劳动和活劳动，不变资本和可变资本，以及机器/资源和劳动力的价值之间的关系。利润率与剩余价值率成正比，与资本有机构成成反比。

资本家必须不断努力提高生产率，以求生存，并在更短的时间内生产出更多的商品。因此，他们努力投资于更高效的生产技术，并加快生产和流通。计算机在生产中的兴起，或者用一些术语来说，"信息经济"和"信息社会"是建立在生产技术和生产力发展的基础上的。由此，生产和社会中的科学与知识的重要性在历史上不断提升。作为提高生产力的手段，技术化可能会导致资本有机构成的提高，因为更多的资金往往被投入到技术上。然而，它也倾向于提高剩余价值率，因为根据马克思的观点，生产中的技术是一种相对剩余价值生产的手段，导致在较少或同一时间内生产更多的价值生产中的技术是相对剩余价值生产的一种手段，能够在更少或相同的时间内生产出更多的价值。因此，以小时计算的同样数量的劳动突然能够产生比以前更多的剩余价值。很明显，如果剩余价值率保持不变，有机构成上升，利润率就会下降。

剩余价值率和资本有机构成之间的矛盾

剩余价值率与利润率成正比，而资本有机构成与资产的增值率成反比。在资本主义经济中，当新技术被众多公司广泛采纳并深入应用到生产过程中时，往往会导致对诸如机器设备、生产设施等不变资本的投资增加。如果技术水平没有降低，资本有机构成就会增加。而问题在于，资本家将如何应对利润下降的压力。他们很可能会尝试采取一些例如裁员、降低工资、外包劳动力、让员工以相同或更低的工资工作更长时间等措施。他们总是试图通过各种绝对和相对剩余价值生产的方法来进一步提高剩余价值率。技术革新作为一种提高相对剩余价值生产的手段，其带来的资本有机构成的提升有助于提高剩余价值率。然而，没有人能保证这种增长会大于有机构成的增长，因此资本家倾向于不断降低工资成本，以提高盈利能力。

阶级斗争

然而，马克思深知，绝对剩余价值与相对剩余价值生产的方法存在争议。工人的抗争并非必然，而是一种潜在可能。工人有能力抗衡资本家的剥削，这意味着剩余价值率也会受到斗争结果的影响。如果工人的斗争是成功的，他们所受的剥削程度下降，那么剩余价值率也会随之下降。如果工人的斗争没有成功，资本家占据上风，剥削会加剧，剩余价值率也将随之提升。资本有机构成的提高作为资本的结构性趋势，与阶级斗争形成了对立关系。这一矛盾的结果取决于历史环境，无法预知。如果有机构成提高，且工人斗争不存在或未取得成功，导致工资总额下降，那么利润率可能会上升。然而，如果工人斗争取得成功，他们抵制了裁员并实现了工资增长，那么利润率就更有可能下降。

马克思认为资本主义是一个像吸血鬼一样的机器，吸取劳动力："资本是死劳动，它像吸血鬼一样，只有吮吸活劳动才有生命，吮吸的活劳动越多，它的生命就越旺盛。"（Marx 1867，342）资本主义的本质结构迫使资本家尽可能多地剥削劳动力，以便在竞争中生存并增加利润。因此，在资本主义的内部必然存在阶级斗争。如果资本家可以的话，他们会尽可能地将工资降至接近于零的水平来增加利润。如果资本家能够无限制地获取劳动力资源，并对其进行全面掌控与强制，他们将倾向于彻底剥夺工资，迫使工人全天候劳作，以期实现利润的最大化。资本本身就具有法西斯主义的潜力。资本家为增加剥削而进行的阶级斗争有两种手段，即绝对剩余价值生产和相对剩余价值生产。而问题在于，劳动力是会对剥削做出反抗，还是被意识形态所蒙蔽。

有时可闻及这样一种观点：马克思在早期更多地展现人道主义者的特质，着重于探讨人的能动性；而晚年的马克思则转变为功能主义者，专注于剖析资本的结构性矛盾。然而，这一假设颇为奇特，就如同声称年轻的"思辨的"马克思与老年的"科学的"马克思在著作中存在认识论上的断裂一样。相比之下，马克思在《资本论》第1卷中详细描述了工人们如何与绝对剩余价值生产和相对剩余价值生产进行斗争和抵制。资本家延长工作日的企图导致了无产阶级的反抗斗争。"在资本主义生产的历史上，工作日的正常化过程表现为规定工作日界限的斗争，这是全体资本家即资本家阶级和全体工人即工人阶级之间的斗争。"（同上，344）"正常工作日的确立是资本家阶级和工人阶级之间长期的多少隐蔽的内战的产物。"（同上，412—413）

技术化作为相对剩余价值生产的方法，与加强控制、监视以及提高生产速度等相似方法一样，可能会引起工人们的反抗，他们担忧裁员、工作与生活质量下降以及工资绝对或相对减少。"一般地说，生产相对剩余价值的方法是：提高劳动生产力，使工人能够在同样的时间内以同样的劳动消耗生产出更多的东西。"（同上，534）工人们反对相对剩余价值生产的斗争往往涉及对新技术引入所带来的影响进行抗争，如裁员、工作节奏加快、工作程序的标准化、技能去专业化等。"资本家和雇佣工人之间的斗争是同资本关系本身一起开始的。在整个工场手工业时期，这场斗争一直如火如荼地进行着。但只是在采用机器以后，工人才开始反对劳动资料本身，即反对资本的物质存在方式。工人奋起反对作为资本主义生产方式的物质基础的这种一定形式的生产资料。"（同上，553—554）

马克思主义危机理论

一些马克思主义者倾向于认为，只有基于资本主义发展受一条结构性规律支配、这一规律必然引发危机并随着时间的推移使我们接近资本主义终结的假设，革命性的方法才有可能实现。他们经常提出这样的论点：用阶级斗争来解释危机是消费不足论、分配论和改良主义的，这些解释忽略了资本主义的结构性矛盾，旨在让资本主义更好地运作，并假设在资本主义内部可以实现平等分配。消费不足也可以被表述为生产过剩。围绕剩余价值分配的阶级冲突和斗争是资本主义本身的结构性矛盾。只要资本主义存在，这种矛盾就无法克服。资本家一再试图降低工资成本以增加利润，从而加剧了资本主义的矛盾。然而，如果这种自上而下的阶级斗争是结构性的，那么在资本主义内部就不可能实现资本和财富的公平分配。资本家必须剥削工人，因此造成了作为资本主义结构性特征的生产资料所有者与工人阶级贫困（马克思在《政治经济学批判大纲》中将其理解为无产状态）之间的对立。

假设资本主义只有一种对立、总是同一个矛盾引发危机是不可行的，因为资本主义是一个复杂的、动态的系统（Fuchs 2002，2004）。决定论和单一危机论无法解释资本主义的这种性质。更可行的假设是，资本主义具有一系列围绕资本与劳动力辩证关系的内在对抗，而一场特定的危机是几种对抗相互作用的表现（同上；Fuchs and Sandoval 2014b）。在马克思看来，资本主义的对立包括：阶级之间的对立；生产者与生产资料之间的对立；必要劳动与剩余劳动之间的对立；使用价值与交换价值之间的对立；生产力与生产关系之间的对立；个别生产与社会需要之间的对立；社会化生产与资本主义私人占有之间的对立；金融资本的虚拟价值与资本在商品市场上获得的实际利润之间的对立等等。任务在于分析资本主义的对抗是如何在历史上和特定的危机情况下相互作用和发展的。

马克思是一个共产主义战士，而非天启骑士

回到皮凯蒂的著作，我们可以基于前面的讨论认为，他没有看到马克思危机理论和资本主义结构与代理辩证法的复杂性和多样性。马克思并非预示末日的骑士，而是与资本主义作战的共产主义战士。皮凯蒂的一个基本论点是，历史上"资本数次遭到冲击"[①]，但资本往往通过长期的扩大不平等来实现增长。

[①] （法）托马斯·皮凯蒂《21 世纪资本论》，巴曙松、陈剑、余江、周大昕、李清彬、汤铎铎译，中信出版社 2014 年版，第 210 页。

马克思认为，不平等是阶级社会固有的结构特性，在资本主义体制下具体体现为资本的私人所有制与对劳动力的剥削形式。皮凯蒂揭示了资本主义发展的起伏，它不仅显示了资本通过增加和扩大对劳动力的剥削来恢复增长的能力，而且还显示了资本本身固有的危机倾向。马克思指出，资本具有固有的危机倾向，这些倾向一再导致危机爆发，而资本的增长、停滞和衰落则受到结构性对立和阶级斗争的制约。

马克思指出，资本集中是资本主义运行中的一个必然趋势，它根植于资本家对生产率持续提高的追求之中。由于技术进步和生产率提升在行业内的分布并不均衡，部分企业能够以更低的成本进行生产活动。在资本主义的竞争机制下，这种不均衡进一步强化了资本集中的趋势。

> 这种剥夺是通过资本主义生产本身的内在规律的作用，即通过资本的集中进行的。一个资本家打倒许多资本家。随着这种集中或少数资本家对多数资本家的剥夺，规模不断扩大的劳动过程的协作形式日益发展，科学日益被自觉地应用于技术方面，土地日益被有计划地利用，劳动资料日益转化为只能共同使用的劳动资料，一切生产资料因作为结合的、社会的劳动的生产资料使用而日益节省，各国人民日益被卷入世界市场网，从而资本主义制度日益具有国际的性质。[1]（Marx 1867，929）

资本所有权的不平等：集中和资本的集中

马克思对皮凯蒂（Piketty 2014，ch. 10 ）所谓的"资本所有权的不平等"[2] 的倾向曾有所阐释并在其中谈到了资本的积聚和集中。

皮凯蒂与马克思在资本主义不平等问题上的共识，其深度和广度远远超出了皮凯蒂与当代马克思主义者、自由派以及保守派评论者之间的普遍认知共识。然而，他们的观点也存在着显著的差异，因为皮凯蒂侧重于实证分析，而马克

---

[1]《马克思恩格斯全集》第 44 卷，人民出版社 2001 年版，第 873 页。
[2] 参见（法）托马斯·皮凯蒂《21 世纪资本论》，巴曙松、陈剑、余江、周大昕、李清彬、汤铎铎译，中信出版社 2014 年版，第 345—386 页。

思更侧重于理论分析；皮凯蒂认为，资本主义中的不平等无法被彻底消除，只能加以控制和合理化；而马克思则主张，资本主义的内在矛盾不断引发危机、给人类带来苦难，因此，克服资本主义是左翼政治的主要目标。

3. 资本主义和互联网

托马斯·皮凯蒂和互联网

托马斯·皮凯蒂对互联网和数字媒体鲜有提及。一方面，这个行业当然只是众多行业之一，其规模不应被高估；另一方面，世界最大的公司中又不乏信息技术与电信企业。在皮凯蒂的书中，主要提到了关于数字媒体的三个方面：他讨论了互联网资本主义的拜物教，技术进步带来的变化，以及 2000 年新经济危机的例子。

首先，皮凯蒂讨论了一种对富人的盲目崇拜，这种盲目崇拜忽视了这种富裕背后的社会关系，以及微软、苹果、脸书和谷歌等公司的成功和声誉。"而比尔·盖茨则被塑造成白手起家的企业家模样。有时人们甚至会有这样的错误印象，好像是盖茨本人发明了全部的计算机和微处理器。……毫无疑问，这种对盖茨的顶礼膜拜反映了现代民主社会要将贫富差距合理化的不可遏制的需求，对盖茨的膜拜仅仅是这种需求的副产品。"[1]（同上，444）"史蒂夫·乔布斯，这位伟大的创业者所获得的崇拜和追捧与比尔·盖茨相比有过之而无不及，他的财富当之无愧。"[2]（同上，440）

> 然而在我看来，盖茨实际上也在通过对操作系统的实质垄断获利（其他许多高科技创业者，从电信到"脸谱网"也在通过垄断租金获取暴利）。此外我还认为，盖茨的贡献也要依靠成千上万的工程师和科学家在电子和计算机领域的基础性研究工作，如果没有这些人所做的铺垫，盖茨的创新

---

[1]（法）托马斯·皮凯蒂《21世纪资本论》，巴曙松、陈剑、余江、周大昕、李清彬、汤铎铎译，中信出版社 2014 年版，第 458 页。
[2] 同上书，第 454 页。

也就无从而生。①（同上，444）

其次，皮凯蒂强调，技术进步会改变生活方式、社会形态和消费模式，互联网和手机的兴起就是明证。年增长率达到 1% 就会带来重大变化，"1980 年没有互联网和移动通信网"② 就是明证（同上，95）。

第三，皮凯蒂以 2000 年的新经济危机为例，探讨了金融泡沫的破灭（同上，49，172，190，295f）。"诚然，在某一时点，一个公司甚至是一个行业的非物质资产在不同金融市场上的价格是变化无常的。在 2000 年互联网泡沫破裂时 2007—2008 年金融危机时，尤其是在波动极大的股票市场上，我们都可以看到这样的情况。"③（同上，49）"互联网投机泡沫在 2000—2001 年走向破裂，导致美国和英国的资本/收入比率急速下挫。"④（同上，172）

互联网的政治经济

互联网的政治经济是复杂的，涉及多方面的维度和问题，如数字劳动力的剥削；监控产业综合体；围绕知识产权的斗争；知识共享和知识商品之间的对立；互联网在社会斗争中的作用；在线关注、声音和可见性的政治经济；公共和私人之间的复杂关系；网络公共领域的建立、限制和破坏；新型协作形式的兴起等等。（见 Fuchs, Boersma, Albrechtslund, and Sandoval 2012；Fuchs and Mosco 2012；Fuchs 2008, 2014a, 2014c；Fuchs and Sandoval 2014a）

诚然，人们不应该指望像皮凯蒂这样的宏观经济学家能够解决互联网的政治经济问题。更有意义的是，我们应当探讨他的方法中是否有能帮助我们更好地理解当代资本主义中数字媒体经济的元素。

资本税收及通信和信息技术

在欧盟的 28 个国家中，资本税在 2014 年仅占 GDP 的 0.3%。在美国，这个数字是 0.2%。欧盟和美国对 2015 年的预测均为 0.2%（数据都来自 AME-

---

① （法）托马斯·皮凯蒂《21 世纪资本论》，巴曙松、陈剑、余江、周大昕、李清彬、汤铎铎译，中信出版社 2014 年版，第 458 页。
② 同上书，第 96 页。
③ 同上书，第 50 页。
④ 同上书，第 176 页。

CO)。这意味着，作为总体资本家，公司几乎不纳税。正如皮凯蒂在他的书中所表明的那样，自 20 世纪 70 年代以来，资本税几乎降至零，大多数资本主义经济体的资本份额不断增加，工资份额不断下降。如果工资下降而利润继续增加，劳动力的剥削就会加剧。资本税原则上是一种利用国家权力将财富从资本分配给普通公众的方式，即投资于所有人都能获得的公共服务。降低资本税有助于进一步提高利润，从而加剧资本主义固有的资本与劳动力之间的不平等程度。

> 同时，在当前资本自由流动的世界中，国家间的税收竞争开始增强，这让许多国家免除了累进所得税中对资本收入的征税。欧洲的情况尤其如此，那些相对较小的国家早已被证实无力达成协调的税收政策。其结果就是无休止的竞次（race to the bottom），导致降低公司税的税率，免除对利息、红利和其他金融收入的征税等，而其后果都要由劳动收入来承担。[1]（Piketty 2014，496）

跨国公司往往利用财务外包、避税天堂和税收漏洞来逃避纳税。

> 目前单独课税体系的问题是跨国公司的最终支付经常少得可笑，因为它们可以人为地把所有利润分配给位于非常低税率地区的子公司；这种操作并不违法，并且在很多公司经理的思想中甚至也并非不道德。[2]（同上，561）

2012 年，亚马逊在英国有 1.5 万名员工，但其位于卢森堡的总部同年仅有 500 名员工。[3] 2011 年，该公司在英国创造了 33 亿美元的收入，但只缴纳了

---

① (法) 托马斯·皮凯蒂《21 世纪资本论》，巴曙松、陈剑、余江、周大昕、李清彬、汤铎铎译，中信出版社 2014 年版，第 510 页。

② 同上书，第 578 页。

③ Starbucks, Google and Amazon grilled over tax avoidance. BBC Online. November 12, 2012. http://www.bbc.co.uk/news/business-20288077. (访问时间：2015 年 7 月 28 日)

180 万美元的企业所得税（税率为 0.05%）。① 2013 年，该公司为 43 亿美元的销售额②缴纳了 420 万美元的企业所得税（税率为 0.1%）。2011 年，Facebook 在英国的收入为 1.75 亿英镑（0.1%）③，缴纳了 23.8 万英镑的企业所得税。2011 年谷歌在英国的营业额为 3.95 亿英镑，但只缴纳了 600 万英镑的税款（1.5%）。④ 2012 年，英国下议院主席玛格丽特·霍奇（Margaret Hodge）领导的公共账户委员会开始对企业避税行为展开调查。避税不仅涉及互联网公司，还牵涉星巴克等其他跨国公司。因此，在线销售商品（服务、内容、平台访问权限、用户）的公司自然会在全球范围内运营，并可能拥有总部所在国家以外的客户，并辩称由于其平台的知识产权和/或总部注册在避税天堂，他们无须在用户或客户所在国家纳税，因为在这些避税天堂，他们要么不用缴纳资本税，要么只需缴纳很低的资本税。公共账目委员会在其调查中得出了以下结论：

> 谷歌为自己的税收立场进行了辩护，声称其向英国客户销售广告空间的活动是在爱尔兰进行的。我们认为这一论点极不可信，因为有证据表明，尽管销售收入来自爱尔兰，但大部分销售收入是由英国员工创造的。我们非常清楚，对英国客户的销售是其英国业务的主要目的、责任和结果，而通过谷歌爱尔兰（Google Ireland）处理销售只是为了避免英国公司税。英国税务及海关总署（HMRC）需要更加有效地挑战跨国公司创造的人为公司结构，这些公司只是为了避税。……国际税收规则很复杂，没有跟上企

---

① Amazon：£7bn sales, no UK corporation tax. The Guardian Online. 2012.4.4. http：//www. guardian. co. uk/technology/2012/apr/04/amazon-british-operation-corporation-tax. Google, Amazon, Starbucks：The rise of "tax sharing". BBC Online. 2012.12.4. http：//www. bbc. co. uk/news/magazine－20560359.（访问时间：2015 年 7 月 28 日）

② Amazon boycott urged after retailer pays just £4.2m in tax. The Guardian Online. 2014.5.9. http：//www. theguardian. com/business/2014/may/09/margaret-hodge-urges-boycott-amazon-uk-tax-starbucks.（访问时间：2015 年 7 月 28 日）

③ Should we boycott the tax-avoiding companies? The Guardian Online. Shortcuts Blog. 2012.10.17. http：//www. guardian. co. uk/business/shortcuts/2012/oct/17/boycotting-tax-a-voiding-companies.（访问时间：2015 年 7 月 28 日）

④ Starbucks, Google and Amazon grilled over tax avoidance. BBC Online. 2012.11.12. http：//www. bbc. co. uk/news/business－20288077.（访问时间：2015 年 7 月 28 日）

业在全球范围内和通过互联网运营的步伐。……对于企业来说，利用这些规则，在低税收地区建立结构，而不是在实际经营业务、销售商品和服务的地方纳税，实在是太容易了。我们也特别关注过时的税务架构，这些架构涵盖依赖全面自动化程序的国际互联网商业活动。……英国税务及海关总署（HMRC）和英国财政部（HMT）应推动国际社会承诺提高税收透明度，包括提出具体建议，提高有关公司税务事务的公开信息的质量和可信度，并利用这些信息从每个国家产生的利润中收取公平的税收份额。这些数据应该包括来自避税天堂公司的全部信息。（House of Commons Committee of Public Accounts 2013，5-6）

福利国家

托马斯·皮凯蒂认为，福利国家对公共服务的资助意味着，至少在原则上，每个人，无论收入多少（或父母收入多少），都能"真正平等地获得"教育和医疗等服务（Piketty 2014，479）。福利国家自然肩负着劳动力再生产的职责，以确保劳动力能够更有效地服务于资本运作。然而，它也是工人阶级长期斗争的结果，因此是一个工人阶级的成就，但是在过去几十年里，福利国家越来越私有化、商品化并遭破坏。福利国家所提供的不依赖于收入而普遍可及的服务，是资本主义内部共产主义的要素。现代社会同时包含着共产主义和资本主义的要素，这两者之间存在着辩证矛盾的关系。因此，共产主义并非遥不可及，而是已经在当今现实中有了自身的体现和萌芽形式。政治左翼的职责在于挑战共产主义要素被削弱及被资本主义要素取代的现状。

对资本和收入征收的全球累进税

托马斯·皮凯蒂认为，像消费税这样的统一税"常常为大众所痛恨"，因为它们"更是底层民众最沉重的负担"[①]（同上，494）。他建议对资本和收入征收全球累进税，以实现 21 世纪的社会国家目标。"我所建议的资本税是一个对全球财富的年度累进税。最大的财富将被征收到重的税，并且所有形式的资产都

[①]（法）托马斯·皮凯蒂《21 世纪资本论》，巴曙松、陈剑、余江、周大昕、李清彬、汤铎铎译，中信出版社 2014 年版，第 508 页。

将被包括在内：不动产、金融资产和商业资产——没有例外。"[1]（同上，517）问题当然是如何实施这样的税收和避免资本外逃。问题在于，税收往往是国家性的，而资本往往是全球性的。然而，将皮凯蒂的建议斥为乌托邦式和不切实际是不恰当的（Harvey 2014；Žižek 2014）。人们更应该思考的是，在实施全球统一的资本累进税的同时，需要进行哪些制度改革。

皮凯蒂建议的税率实在是太低了：对财富低于 100 万的人征收 0% 或 0.1% 或 0.5% 的税；100 万至 500 万欧元之间 1%，500 万欧元以上 2%（Piketty 2014，528，572）。他还指出，全球对利润的累进税应该有多高，目前尚无定论。如果运用相同的利率 0%、1% 和 2%，那么这将为许多公司提供进一步的税收减免，并且不会产生任何负面再分配效应，从而进一步支持资本家的利益。公司税税率应该设定在更高水平，并且对于超过特定数额的年度利润部分，可以设定 100% 的税率，即没收性税率。皮凯蒂（2014，505 - 508）本人指出，没收性税收在历史上发挥了重要作用，这尤其体现在美国和英国。

"对集体行动来说，最重要的是私人公司（还有政府机构）公布详细账目"[2]（同上，570）。皮凯蒂暗示，实施全球资本累进税不仅需要建立一个全球税收体系，还需要一个让全球资金流动和企业收入对公众透明的体系。这需要废除世界上所有公司的银行保密制度，或者某种术语"财务隐私"。皮凯蒂（同上，521—524）建议设立一个系统，自动向公共税务机关传输银行信息。全球计算机网络是金融跟踪和监测不可或缺的工具。对资本征税的一个问题确实是收入和资本流动的不透明性。因此，人们可以提出更激进的建议，即所有资本流动和公司收入都应对世界上的每个人透明。我想象中的是一个开放的互联网系统，它能让每个人追踪世界上每家公司的年度收入、利润和税收并按地理区域进行细分。

---

① (法) 托马斯·皮凯蒂《21 世纪资本论》，巴曙松、陈剑、余江、周大昕、李清彬、汤铎铎译，中信出版社 2014 年版，第 533 页。
② 同上书，第 587 页。

替代性媒体，替代性互联网

非商业性的互联网和媒体平台面临的问题是，占主导地位的媒体和互联网公司往往事实上垄断了受众、用户、注意力、可见度和发言权。因此，在资本主义制度下的公共领域必然是不民主和不自由的（Fuchs 2014d）。在另一篇论文中，我提出，加强数字和媒体时代的民主关键在于提供并组织替代性、非商业性、非营利性互联网平台和媒体的资源基础、可见度、反馈声音以及注意力（同上）。如今，互联网被资本主义公司高度控制，这些公司剥削用户的数字劳动。同时，国家机构利用如爱德华·斯诺登（Edward Snowden）所披露的Prism 和 XKeyScore 等监控系统对互联网进行控制。当今世界，互联网被高度控制，既不自由也不民主。因此，我们迫切需要一个替代性的互联网。要使互联网摆脱资本主义，无疑需要并构成一场互联网革命。但问题在于如何启动以及如何支持基于工人-用户合作社的项目，这些项目不追求积累资本，但仍需要一个资源基础才能存在。

皮凯蒂主张在 21 世纪对社会国家进行扩张和现代化。他建议公共部门应该包括"分散型和参与型"组织形式（Piketty 2014，482）及基金会和组织协会等介于公私部门之间的媒介机构的组织形式[①]。文化和媒体部门将是这种形式的一个很好的领域[②]（同上，483）。我曾针对媒体和互联网领域提出过类似的改革建议（Fuchs 2014d）：一项政治上的进步举措是，基于全球公司税对大型媒体和其他公司进行征税，并将这部分税收投入到非商业媒体中，同时结合参与式预算的要素，允许每位公民每年都能接收并向非商业媒体项目捐赠一定数额的资金（同上）。国家行动与公民社会行动的要素可以相结合：国家权力将确保对大公司进行征税；然而，这笔税收分配给媒体项目的方式将是由公民来掌控的，并且是去中心化的。

在许多国家，谷歌、脸书和其他大型在线媒体公司几乎不纳税。认识到其用户是通过广告为企业社交媒体创造经济价值的数字工作者，这一见解促使全

[①]（法）托马斯·皮凯蒂《21 世纪资本论》，巴曙松、陈剑、余江、周大昕、李清彬、汤铎铎译，中信出版社 2014 年版，第 587 页。

[②] 同上。

球税收政策发生变化：企业社交媒体平台应在其用户或广告点击量/浏览量所在国家对该部分收入征税。这一措施反映了皮凯蒂的见解，即"放弃利润可以固定在某个特定国家或地区的这一想法更为明智；作为替代，可以基于在每个国家的销售和工资来分配公司税收入"①（Piketty 2014，561）。正如皮凯蒂所建议的那样，实施这样一个税收制度需要对公司收入及其资金流动进行全球监控和透明化，正如上文所建议的那样，计算机网络和互联网可以在其中发挥重要的作用。

参与性媒体费

许可费（广播时代的一种工具）可以发展成由公民和企业支付的媒体费用。采用与薪资和收入水平挂钩的累进费用机制，可以使得这一费用制度比许可费更加公平合理。毕竟，收入较高者理应承担更多的社会责任，为共同利益和公共利益做出更大的贡献，这既是义务也是公平的体现。

媒体费用可以部分用于直接资助公共服务媒体的在线业务，部分用于以参与式预算的形式向每位市民提供年度代金券，要求其必须投入非营利、非商业性媒体组织。因此，参与性的萌芽培育不应该被用来决定 BBC 是否得到其运营所需的全部资金。然而，在参与式预算的帮助下，媒体费用所产生的额外收入可以分配给其他替代性媒体项目。基于此模式，由民间社会组织和公共机构运营的非营利版推特、油管和脸书等服务，可以服务于公共领域，并增强通信的民主特性。

资本税和左派

对资本征税的建议总是可能引起马克思主义者的反应，他们认为此类措施不过是社会民主主义的改良主义，非但不能废除资本主义，反而会使之更加稳固。毫无疑问，皮凯蒂并不想废除资本主义，而是想实现"资本的民主控制"②（同上，532），"管理资本主义制度"（同上，518），以及"终止无限增加

---

① （法）托马斯·皮凯蒂《21世纪资本论》，巴曙松、陈剑、余江、周大昕、李清彬、汤铎铎译，中信出版社2014年版，第578页。
② 同上书，第587页。

的财富不平等"① （同上，518）。然而，这并不意味着，对资本征收全球累进税不能成为左翼激进改革派政治议程的一部分，而左翼试图为克服资本主义创造更好的条件。他们认为我们现在唯一能做的就是进行革命运动，并在革命后等待民主共产主义的到来，这是政治理想主义。我们应当从当下出发，深耕民主共产主义的土壤，即参与式民主。这片土壤需要资源的滋养，并蕴含着独特的政治经济学内涵。为了推动替代方案的落地生根，我们需要国家的强力支持、国家的积极行动，以及进步政党、社会运动与国家、公民社会之间的紧密协作。将全球性的资本累进税作为新左翼战略的重要组成部分，通过削弱资本主义的势力及其利益链条，来切实改善工人、消费者和用户的生活状况。若能与相关措施有效结合、科学实施，它将为争取非资本主义互联网的阶级斗争注入强大动力。

对谷歌、脸书、苹果、亚马逊等公司征收更有效、更高效、更透明的税，的确不会消除对工人、消费者和用户的剥削。重要的步骤在于建立非资本主义的数字媒体，要实现这一目标就需要资源。这些资源应该从大型企业那里获取。因此，对谷歌、脸书、苹果等企业进行有效、高效、透明的征税，并非是对替代方案的替代，而可以成为培育、创造、建设和扩大非资本主义数字媒体、通往非资本主义互联网之路的一种手段。

马克思和恩格斯：共产主义与累进税制

共产主义联盟的第二次代表大会于 1847 年 11 月 29 日至 12 月 8 日在伦敦的红狮酒吧举行（Briggs and Callow 2008，35）。作为其结果，"马克思和恩格斯被赋予了撰写宣言的任务，以宣传联盟的学说"（McLellan 2006，161）。共产党宣言倡导的 10 项具体措施之一是"累进税制"②（Marx and Engels 1968，51）。一份题为《共产党信条草案》的宣言草案呼吁"通过累进税制限制私有制"③（Engels 1847，350）。由马克思和恩格斯撰写并由马克思、恩格斯、卡

---

① （法）托马斯·皮凯蒂《21 世纪资本论》，巴曙松、陈剑、余江、周大昕、李清彬、汤铎铎译，中信出版社 2014 年版，第 535 页。
② 《马克思恩格斯全集》第 12 卷，人民出版社 1998 年版，第 657 页。
③ 译文参见《马克思恩格斯全集》第 42 卷，人民出版社 1979 年版，第 379 页。

尔·沙佩尔、海因里希·鲍威尔、约瑟夫·莫尔和威廉·沃尔弗书名的德国共产党传单中列出了 17 项要求，其中包括征收高额累进税和废除消费税。① (Marx and Engels 1848a)

恩格斯早在 1845 年就建议引进由累进税资助的公共服务。为了筹集公共服务资金，同时为了改变到现在为止一切分担得不公平的赋税，在现在提出的改革计划中就应该建设采取普遍的资本累进税，其税率随资本额的增大而递增。这样，每一个人就按照自己的能力来负担社会的管理费用，这些费用的重担就不会像一切国家中以往的情形那样，主要落在那些最没有力量负担的人们的肩上。纳税原则本质上是纯共产主义的原则，因为一切国家的征税的权利都是从所谓国家所有制来的。② (Engels 1845)

正如 1891 年恩格斯对德国社会民主党的计划草案评论的那样，累进税应该"为了支付国家、专区和市镇的一切靠征税支付的开支，征收累进的……税。取消国家和地方的一切间接税、关税等"③ (Engels 1891)。这一事实证明，累进税制的思想对马克思和恩格斯来说仍然很重要。马克思和恩格斯并没有拒绝议会民主、选举和国家权力，而是将它们视为通过针对私有财产的措施和确保无产阶级生计的手段 (Engels 1847)。他们提出工人的候选人与资产阶级民主派的候选人相并列④ (Marx and Engels 1850)。选举和议会民主对于马克思和恩格斯（同上）来说是无产阶级"战斗口号……永久革命"的一部分。他们认为

> 工人应当极力将那些肯定不会采取革命手段而只会采取改良手段的民主派所提出的主张加以扩展，把这些主张变成对私有制的直接攻击。例如，假若小资产者主张赎买铁路和工厂，工人就应该要求把这些铁路和工厂作为反动派财产干脆由国家没收，不给任何补偿。假若民主派主张施行比例税，工人就应该要求施行累进税。假若民主派自己提议施行适度的累进税，

---

① 参见《马克思恩格斯选集》第一卷，人民出版社 2012 年版，第 399—435 页。
②《马克思恩格斯全集》第 2 卷，人民出版社 1957 年版，第 615 页。
③《马克思恩格斯全集》第 29 卷，人民出版社 2020 年版，第 292 页。
④《马克思恩格斯全集》第 7 卷，人民出版社 1959 年版，第 294 页。

工人就应该坚持征收税率逐级大幅度提高的捐税，从而使大资本走向覆灭。假若民主派要求调整国债，工人就应该要求宣布国家破产。这就是说，工人的要求到处都必须针对民主派的让步和措施来决定。[①]（同上）

马克思和恩格斯今天非但不会拒绝，反而会拥护并强化全球资本累进税这一理念。他们认为累进税制是一种共产主义措施。如果我们想要建立一个作为公共资源、惠及所有人的非资本主义的互联网，那么扶植替代性互联网平台，利用选举、国家、政府、议会、体制改革和累进税制是就显得尤为重要。

罗莎·卢森堡和托马斯·皮凯蒂

托马斯·皮凯蒂的著作《21世纪资本论》既不应被过分拔高，也不应被贬低，其重要性更不应被否认。那些对创建新左翼感兴趣的人应该建设性地、批判性地吸收书中的思想，这有助于推动关于当今左翼政治面貌的讨论。皮凯蒂的《21世纪资本论》等著作是一种值得肯定的介入。为替代性互联网而奋斗的活动家、学者、用户和公民可以从中获得深刻的启发，并进一步发展这些思想，使其更加激进。这正是马克思和恩格斯会做的事。互联网的激进改革是当今的一项关键任务。我们迫切需要一个新的左翼，也需要一个替代性的互联网。没有前者，后者无法实现；而前者应当认真对待那些有助于建立后者的政治活动和斗争。（Luxemburg 1899，41）

罗莎·卢森堡的话语在互联网时代比以往更具力量，不应被我们遗忘：

> 日复一日地为改革而斗争，为在现有秩序框架下改善工人状况而斗争，为民主制度而斗争，是社会民主党参与无产阶级斗争的唯一手段，也是朝着最终目标——夺取政治权力和废除雇佣劳动——努力的方向。对社会民主党而言，社会改革和革命之间存在着不可分割的联系。争取改革是其手段，社会革命是其目标。

[①]《马克思恩格斯全集》第10卷，人民出版社1998年版，第395—396页。

附录 1 练习

小组练习（G）

项目练习（P）

练习附录 1.1（P）

搜索马克思主义者和自由主义者或保守主义者对托马斯·皮凯蒂的《21 世纪资本论》的评论。

问自己以下问题：

- 这些类型的评论有什么共同点和不同点？
- 他们如何讨论皮凯蒂与马克思的关系？
- 你如何评价皮凯蒂的书与马克思的《资本论》的关系？

练习附录 1.2（G）

在托马斯·皮凯蒂的《21 世纪资本论》一书中搜索关于技术、媒体和互联网方面的文章。将这些段落与马克思讨论技术方面的《资本论》第 1 卷的引用进行比较（例如，在第 15 章）

讨论以下问题：

- 皮凯蒂和马克思分析技术在资本主义中的作用之间的共同点和区别是什么？
- 马克思技术分析的政治含义是什么？
- 皮凯蒂对技术的分析有哪些政治含义？这些分析有哪些共性和差异？你自己对它们的评价是什么？

附录 2　知识、技术和《政治经济学批判大纲》中的一般智力及《机器论片断》

1. 简介

多媒体公司

在全球 2 000 家最大的跨国公司中，有 232 家（占 11.6%）在 2014 年位于通信和数字媒体领域，包括广告、广播、通信设备、计算机和电子零售、计算机硬件、计算机服务、计算机存储设备、消费电子产品、电子产品、互联网购物和分销、印刷和出版、半导体、软件和编程、电信（数据来源：2014 年《福布斯》全球企业 2000 强榜单）。数字和信息资本主义是当代资本主义的一个方面，它反映了科学、通信、知识、计算机、互联网和信息劳动在生产中日益增长的重要性。近年来，学术界一直强调，马克思在《政治经济学批判大纲》中，特别是在所谓的"机器论片断"和"一般智力"范畴中，预见到了这种发展。

《政治经济学批判大纲》

本章是对《政治经济学批判大纲》中数字资本主义和数字劳动时代的反思。它有助于对《政治经济学批判大纲》的最近的基础研究，这些研究很大程度上忽略，如广告、互联网和数字世界等问题。例如，在总共 736 页的著作中，《马克思的思维实验：对〈政治经济学批判大纲〉的批判性解释》（Bellofiore, Starosta and Thomas 2014b）和《卡尔·马克思的〈政治经济学批判大纲〉：150 年后政治经济学批判的基础》（Musto 2008）没有一次提到"数字""脸书"或"推特"这些术语，而且"互联网"和"广告"这些术语只出现了两次。尽管这些著作对马克思的哲学提供了非常有趣的见解，但与其他一些最近的出版物（例如，Fuchs and Mosco 2012，2015a，2015b）相比，在将马克思应用于大众文化和传播方面，它们仍然完全是空想的、无知的和抽象的。

本章将通过讨论社交媒体背景下的广告和生产劳动（第 2 节）以及关注"机器论片断"（第 3 节）及其与马克思的《政治经济学批判大纲》其他部分的联系（第 4 节），并将文化和数字劳动置于马克思主义关于"片断"和"一般智力"的讨论（第 5 节）的背景下，阐发对马克思的《政治经济学批判大纲》的理解。

马克思在 1857 年 10 月至 1858 年 5 月（MEW 42，V）期间写了《政治经济学批判大纲》。对于一些人来说，《政治经济学批判大纲》是一个有趣而重要的《资本论》草本，这有助于对《资本论》起源的研究（Rosdolsky 1977）。而对另一些人来说，它是"马克思理论发展的中心点"（Negri 1988，87）和"一部独立于《资本论》之外的原创作品"（同上，86），并且"代表了马克思革命思想的高点"（同上，88）。在苏联时期被区分开的《资本论》和《政治经济学批判大纲》往往是出于维护正统和解决对斯大林主义的质疑的目的。今天，我们更容易看到这两部著作之间的互补性和连续性，也就是说，从统一性而非对立性的角度看待马克思著作之间的关系。《政治经济学批判大纲》是"一个名副其实的'实验室'，在这里我们可以观察到马克思对资本主义社会和经济形式运动进行辩证研究的展开过程"（Bellofiore，Starosta and Thomas 2014b，3）。马克思的一切著作和范畴都是辩证的。《政治经济学批判大纲》受黑格尔逻辑的影响比《资本论》更加明确，尽管两者都采用了同样的分析和发展的辩证方法。

2. 社交媒体时代的广告、流通和生产劳动

达拉斯·W. 斯麦兹论广告

加拿大马克思主义政治经济学家达拉斯·W. 斯麦兹在他的文章《传播：西方马克思主义的盲点》（1977）中指出，在广告资助的媒体中，观众的劳动产

生了作为受众商品的注意力，这种商品被卖给了广告客户。他写道，存在一个理论上和政治上的错误，就像受众劳动理论的批评者所做的那样（一个典型的例子，参见 Lebowitz 1986），认为广告和受众劳动是流通领域的非生产性属性，它们吞噬了经济其他部分创造的剩余价值。那些最知名的在线和社交媒体，如谷歌、油管、博客、脸书、推特、微博和百度，都使用基于定向广告的资本积累模式。在这种情况下，受众劳动就是用户的数字劳动，它创造数据和元数据，这些数据作为商品被出售给平台的广告客户。谷歌、脸书等是世界上最大的广告公司。(Fuchs 2014a，2015)

　　商业广播中的受众商品化和社交媒体中的用户商品化之间的不同之处在于，后一种情况下，在线活动产生的数据可以实时监控；数据通过互联网联通；广告可以根据兴趣和个人资料、受众规模、组成成分进行独立定位；这种行为不是对用户的模糊估计，而是基于实时监控的切实计算。《政治经济学批判大纲》能帮助我们更好地理解在线广告的政治经济学吗？

马克思在《政治经济学批判大纲》中对生产劳动的论述

　　马克思认为，生产劳动"只是生产资本的劳动"[1]（Marx 1857/1858［English］，305）。"演员所以是生产劳动者，并不是因为他们生产戏剧，而是因为他们增加自己老板的财富。但是，进行的是何种劳动，从而劳动以什么形式物化，对这种关系是无关紧要的。"[2]（同上，328—329）"亚·斯密关于生产劳动和非生产劳动的见解在本质上是正确的……资本家换来劳动本身，这种劳动是创造价值的活动，是生产劳动；也就是说，资本家换来这样一种生产力，这种生产力使资本得以保存和倍增，从而变成了资本的生产力和再生产力，一种属于资本本身的力。"[3]（同上，273—274）

　　反对受众和数字劳动理论的一个论点是，只有带薪劳动才是生产的、创造剩余价值的劳动（参见，例如，Lebowitz 1986）。马克思在《政治经济学批判大纲》中的"生产劳动"概念（就像《资本论》第 1 卷第 16 章中的概念一样）

---

① 《马克思恩格斯全集》第 30 卷，人民出版社 1995 年版，第 264 页。
② 同上书，第 290 页。
③ 同上书，第 231—232 页。

并没有证实这样一个假设。相反，他把生产劳动理解为生产资本的劳动，而这在逻辑上并不是以雇佣劳动关系为前提的。脸书和谷歌的工薪阶层并没有创造出一种商品，而是创造出一个平台，让用户以"免费午餐"的形式访问，而用户的活动创造出一种数据商品，这种商品被出售是为了产生利润，并使资本积累成为可能。

运输成本

马克思（Marx 1885，225-229）讨论了运输成本，特别是在《资本论》第2卷第3章第3节中。同样在《政治经济学批判大纲》中，他也提出了类似的观点，即运输成本和运输劳动力产生剩余价值。因此，尽管适当的流通成本（以及它们在货币贸易中取得的重大独立发展）不能简化为生产劳动时间（Marx 1857/1858［English］，624-625），但运输成本的性质是不同的：

> 运输到市场（流通的空间条件）属于生产过程，循环在时空中进行。从经济学的角度来看，空间条件，即产品进入市场的条件，属于生产过程本身。这个产品只有在市场上才真正完成。它到达那里的运输仍然需要制造它的成本。它不会形成一个必要的流通时刻，被视为一个特殊的价值过程，因为产品可以在其生产点购买甚至消费。但是，只要市场的扩张和产品的可交换性与之相关，这个空间时刻就是重要的。①（Marx 1857/1858，533-534）
>
> ［运输］商业使产品获得新的使用价值（这一点一直到零售商人都适用，他们秤、量、包装，从而使产品获得适于消费的形式），这种新的使用价值花费劳动时间，因而同时是交换价值。运到市场属于生产过程本身。产品只有到了市场，才是商品，才处于流通中。②（Marx 1857/1858，635）

媒体与意识形态传播

商业媒体将商品意识形态与消费者联系在一起——它们将意识形态"传递"给消费者——尽管目前尚不清楚也不确定后者如何反应，以及他们与商品意识

---

① 《马克思恩格斯全集》第30卷，人民出版社1995年版，第532页。
② 《马克思恩格斯全集》第31卷，人民出版社1998年版，第24页。

形态的对抗是否会促成实际的购买行为。作为广告公司，脸书和其他企业社交媒体将广告空间和用户数据作为商品出售给客户，这些客户希望向用户展示商品意识形态，并希望后者购买他们的商品。

　　大多数商品独立于其物质成分或信息性质，具有广告部门和主体的文化劳动所创造的文化成分。文化维度是商品在意识形态方面的必要维度：它激发了消费者的想象力，并希望让他们将商品消费这一想法与积极的感受相联系起来。沃尔夫冈·弗里茨·豪格（1986）在这个背景下谈到了商品的使用价值承诺：与商品相关的销售和广告意识形态承诺了商品带来的特定的积极的生活增强功能，从而在承诺背后隐藏了商品的交换价值。象征性的商品意识形态承诺超越实际消费的使用价值，这是一种存在于想象中的超越。这些承诺与实际使用价值分离，因此是使用价值的一种虚构形式。资本主义在使用价值和交换价值之间的对立，在商品美学的领域中表现为使用价值和使用价值表象之间的对立：只要消费者没有购买商品，他就只能想象它实际上是如何使用的。广告使使用价值呈现出特定的形式，承诺特定的品质——传达商品审美。商品的外观变得比它的存在更重要，它是资本积累的工具。"商品的美学，在其最广泛的意义上——感官的外观和它的使用价值的概念——成为脱离对象本身。"（Haug 1986，16‑17）

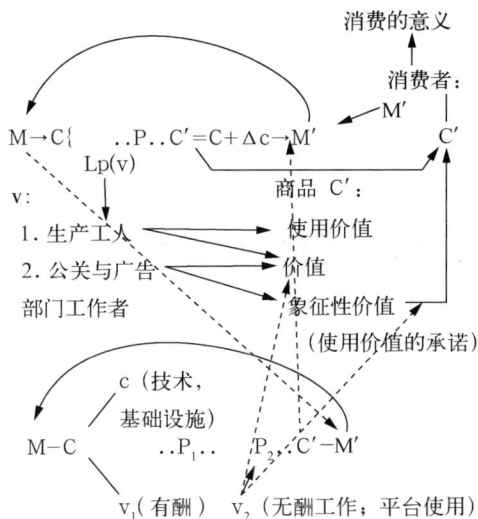

图 A2.1　脸书与其广告客户的经济关系

商业媒体将商品意识形态与消费者联系在一起；它们将意识形态"传输"给消费者。脸书和其他企业社交媒体可以算是广告公司，它们将广告位和用户数据作为商品出售给客户，这些客户希望向用户展示商品意识形态，并希望用户购买它们的商品。用户持续不断的在线活动是意识形态的传输工作，是进行算法推荐，进而让广告中的商品使用价值承诺被目标群体注意到所必需的。他们不是在物理空间中将商品从 A 运输到 B，而是组织一个交流空间，允许广告商向潜在客户传达他们的使用价值承诺。图 A2.1 展示了脸书及其广告客户等目标广告平台之间的经济关系。

商品运输

商品运输有两部分：

1. 商品的物理运输：在信息领域，这意味着通过电缆、电信网络、无线电信号、卫星传输等进行数据传输。

2. 信息传输：商品内存信息的传输以及消费者的购买理由。广告在这种交通方式中起着至关重要的作用。

1890 年左右，作为"新'垄断'（公司）资本主义"（Williams 1960/1969，177）出现的一部分，现代广告业开始出现，并在 20 世纪随着文化产业、大众传媒、大众生产和大众消费的兴起而全面发挥作用。在马克思所处的时代，广告在资本主义中没有发挥中心作用，这就是他很少讨论广告的原因。然而，鉴于这一事实，也意味着为了理解广告文化，我们必须与马克思一起思考这一现象。受众劳动作为思想传播劳动的观念就是这样一种事业。

3. 《机器论片断》中的机器和一般智力

什么是"机器论片断"？

被一些马克思主义学者称为马克思的"机器论片断"的是《政治经济学批判大纲》的《笔记本Ⅵ》和《笔记本Ⅶ》中的《固定资本和社会生产力的发展》一节（Marx 1857/1858 [German]，590 - 609；[English]，690 - 714）。《机器论片断》写于 1858 年上半年（Marx 1857/1858 [English]，697，555）。我在英国著作中可以追溯的最早使用"机器论片断"一词的是皮埃尔·阿尔多·罗瓦蒂（Pier Aldo Rovatti）在 1973 年发表的文章《马克思〈政治经济学批判大纲〉中的拜物教批判》，《机器论片断》的意大利语翻译版，于 1964 年以标题"Frammento sulle Macchine"出版。（Marx 1964）

知识与一般工作（general work）

马克思将《机器论片断》中的"技术"解释为不变资本，即对工人来说是一种"异己的力量"（Marx 1857/1858［English］，693）。他将生产中的"科学""知识"和"技术"称为不变资本的一部分，即"知识和技能的积累，社会智力的一般生产力的积累"[①]（［English］，694；德语为："Akkumulation des Wissens und des Geschicks, der allgemeinen Produktivkräfte des gesellschaftlichen Hirns"，594；"gesellschaftliches Hirn"被翻译为"social brain"，但是它更精确的翻译应当是"societal brain"，其具有更微观的社会学内涵）和"一般社会劳动"（［English］，694）。"生产过程从简单的劳动过程向科学过程的转化……，表现为同活劳动相对立的固定资本的属性。"[②]（Marx 1857/1858［English］，700）

马克思在这里将知识和科学工作视为一般工作，他在《政治经济学批判》（Marx 1859，278）和《资本论》第 1 卷（Marx 1867，667）与第 3 卷（Marx 1894，199；MEW 25，113-114）中也进行了讨论（同上）。一般工作之所以具有一般性，是因为其结果不仅仅是在一个特定的公司或行业分支中消费，而是在整个经济过程中消费。一般工作具有"科学性和同时性的一般性"（Marx 1857/1858［English］，612）。马克思在德文版《政治经济学批判大纲》中写道，"物质生产"具有"科学性的同时也是一般性的特点"（Marx 1857/1858［English］，612）。这个表述具有误导性，因为它将科学工作和一般工作呈现为两种不同的活动，而马克思在德文原版中写道，当"物质生产"具有"科学性"时，它"同时就是一般工作"。

---

① 《马克思恩格斯全集》第 31 卷，人民出版社 1998 年版，第 92 页。
② 同上书，第 95 页。

马克思预见了信息经济的产生

马克思认为，资本对发展生产力的内在需求不仅使生产中的技术变得更加重要，而且导致了生产的科学化和知识劳动的重要性日益增长："从机器体系随着社会知识的积累、整个生产力的积累而发展来说"[①]（[English]，694），从而预见了知识、科学和高生产力技术（如计算机）在生产中的重要作用的出现。沃尔夫冈·弗里茨·豪格认为，在这种背景下，马克思关于"一般智力"（general intellect）的概念是对计算机化和高科技资本主义出现的"预言性描述"（Haug 2010，211）。

拉多万·里什塔：科技革命

拉多万·里什塔根据马克思称之为"一般劳动"（general labour）的科学技术革命，指出"科学现在正渗透到生产的所有阶段，并逐渐承担起人类社会生产力的中心作用，实际上，科学是生产力发展的'决定性因素'"（Richta 1969，28）。"那么，从逻辑上来说——从模型更深层次的联系来看——完成科学技术革命的机会完全取决于一个向共产主义迈进的社会。"（同上，53—54）里什塔在布拉格之春的背景下，出于对民主形式共产主义的希望，提出了"科学技术革命"的概念。科学与计算机在生产中重要作用的崛起，将为资本主义向共产主义的过渡以及从威权主义向以人为本的共产主义的过渡构成科学技术基础。

科学技术革命的思想已经可以在《政治经济学批判大纲》上找到。"随着大工业的发展，现实财富的创造较少地取决于劳动时间和已耗费的劳动量，较多地取决于在劳动时间内所运用的作用物的力量，而这种作用物自身——它们的巨大效率——又和生产它们所花费的直接劳动时间不成比例，而是取决于科学的一般水平和技术进步，或者说取决于这种科学在生产上的应用。"[②]（Marx 1857/1858，704‑705）作为技术发展的结果，"整个生产过程"[③] 转变为了"科学在工艺上的应用"[④]（同上，699）。

---

① 《马克思恩格斯全集》第31卷，人民出版社1998年版，第93页。
② 同上书，第100页。
③ 同上书，第94页。
④ 同上。

《机器论片断》中的生产力和生产关系的对抗

《机器论片断》展示了现代技术如何减少必要劳动时间，从而为共产主义、自由个性和以自由时间作为财富来源的生活创造条件，但这同时也嵌入了资本主义阶级关系，这种关系必须将劳动时间作为财富来源，因此，越来越社会化的生产力与生产关系之间的对立加深了资本主义发生危机的可能性、劳动的奴役性以及工作的不稳定性：

> ［在资本主义技术的条件下，］工人不再是生产过程的主要作用者，而是站在生产过程的旁边。……在这个转变中，表现为生产和财富的宏大基石的，既不是人本身成的直接劳动，也不是人从事劳动的时间，而是对人本身的一般生产力的占有，是人对自然界的了解和通过人作为社会体的存在来对自然界的统治，总之，是社会个人的发展。现今财富的基础是盗窃他人的劳动时间，这同新发展起来的由大工业本身创造的基础相比，显得太可怜了。一旦直接形式的劳动不再是财富的巨大源泉，劳动时间就不再是，而且必然不再是财富的尺度，因而交换价值也不再是使用价值的尺度。群众的剩余劳动不再是一般财富发展的条件，同样，少数人的非劳动不再是人类头脑的一般能力发展的条件。于是，以交换价值为基础的生产便会崩溃，直接的物质生产过程本身也就摆脱了贫困和对立的形式。个性得到自由发展，因此，并不是为了获得剩余劳动而缩减必要劳动时间，而是直接把社会必要劳动缩减到最低限度，那时，与此相适应，由于给所有的人腾出了时间和创造了手段，个人会在艺术、科学等等方面得到发展。①
>
> (Marx 1857/1858，705-706)

必要劳动与剩余劳动的对立

马克思延续着他的分析，描述了必要劳动（随着技术进步不断减少）和剩余劳动（资本试图不断增加）之间的对抗：

---

①《马克思恩格斯全集》第31卷，人民出版社1998年版，第100—101页。

资本本身是处于过程中的矛盾，因为它竭力把劳动时间缩减到最低限度，另一方面又使劳动时间成为财富的唯一尺度和源泉。因此，资本缩减必要劳动时间形式的劳动时间，以便增加剩余劳动时间形式的劳动时间；因此，越来越使剩余劳动时间成为必要劳动时间的条件——生死攸关的问题。一方面，资本唤起科学和自然界的一切力量，同样也唤起社会结合和社会交往的一切力量，以便使财富的创造不取决于（相对地）耗费在这种创造上的劳动时间。另一方面，资本想用劳动时间去衡量这样创造出来的巨大的社会力量，并把这些力量限制在为了把已经创造的价值作为价值来保存所需要的限度之内。生产力和社会关系——这二者是社会个人的发展的不同方面——对于资本来说仅仅表现为手段，仅仅是资本用来从它的有限的基础出发进行生产的手段。但是，实际上它们是炸毁这个基础的物质条件。[1]（同上，706）

技术、时代、资本主义、共产主义

马克思确定了技术导致必要劳动时间减少的趋势与资本主义将所有劳动时间转化为剩余劳动时间的趋势之间的资本主义对立，并认为现代技术创造了一个共产主义社会的基础，在这个社会中，超越必要的自由时间和自由活动被最大化，财富源自：

于是，资本就违背自己的意志，成了为社会可以自由支配的时间创造条件的工具，使整个社会的劳动时间缩减到不断下降的最低限度，从而为全体［社会成员］本身的发展腾出时间。但是，资本的趋势始终是一方面创造可以自由支配的时间，另一方面把这些可以自由支配的时间变为剩余劳动。这个矛盾越发展，下述情况就越明显：生产力的增长再也不能被占有他人的剩余劳动所束缚了，工人群众自己应当占有自己的剩余劳动。当他们已经这样做的时候——这样一来，可以自由支配的时间就不再是对立的存在物了——那时，一方面，社会的个人的需要将成为必要劳动时间的

---

[1]《马克思恩格斯全集》第31卷，人民出版社1998年版，第101页。

尺度，另一方面，社会生产力的发展将如此迅速，以致尽管生产将以所有的人富裕为目的，所有的人的可以自由支配的时间还是会增加。因为真正的财富就是所有个人的发达的生产力。那时，财富的尺度 [VII-4] 决不再是劳动时间，而是可以自由支配的时间。[①]（Marx 1857/1858 [English], 708)

马克思补充说："真正的经济……节约劳动时间"[②]，这样就可以"等于增加自由时间，即增加使个人得到充分发展的时间"（同上，711）。马克思在《政治经济学批判大纲》中确定，共产主义需要一个技术基础，这样社会才能建立在"各尽所能，按需分配"[③] 的原则之上（Marx 1875, 87）；1875 年，他在《哥达纲领批判》中阐述了这一点。

罗曼·罗斯多尔斯基（Rosdolsky 1977, 427-428）在他关于《政治经济学批判大纲》的研究中评论：

> 如今，在新工业革命的过程中，几乎没有必要强调这一极具活力、本质上乐观的概念的预言意义。因为这位 1858 年流亡伦敦的德国革命者的梦想，现在第一次进入了立即可能实现的领域。今天，由于现代技术的发展，最终和完全废除"异化劳动时间的窃取"的先决条件在历史上第一次实际存在；此外，现阶段是第一个生产力的发展可以达到如此程度，在不太遥远的将来，将不再用劳动时间，而是用可支配的时间来衡量社会财富。

一般智力

一般智力是《机器论片断》中的关键概念

> 自然界没有造出任何机器，没有造出机车、铁路、电报、自动走锭精纺机等等。它们是人的产业劳动的产物，是转化为人的意志驾驭自然界的

---

① 《马克思恩格斯全集》第 31 卷，人民出版社 1998 年版，第 104 页。
② 同上书，第 107 页。
③ 《马克思恩格斯文集》第三卷，人民出版社 2009 年版，第 436 页。

器官或者说在自然界实现人的意志的器官的自然物质。它们是人的手创造出来的人脑的器官，是对象化的知识力量。固定资本的发展表明，一般社会知识，已经在多么大的程度上变成了直接的生产力，从而社会生活过程的条件本身在多么大的程度上受到一般智力的控制并按照这种智力得到改造。它表明，社会生产力已经在多么大的程度上，不仅以知识的形式，而且作为社会实践的直接器官，作为实际生活过程的直接器官被生产出来。[1]（Marx 1857/1858［English］，706）

罗斯多尔斯基在他 1968 年出版的著作《马克思的〈资本论〉》中写道，一般的知识分子文章表明，"机器的发展——尽管在资本主义制度下只会导致工人受到压迫——实际上，通过促进工作时间的大幅缩短，为工人未来的解放提供了最可靠的前景，如果没有这种前景，阶级社会的废除将只是空谈"（Rosdolsky 1977，243）。

《机器论片断》预示了马克思在《资本论》第 1 卷第 15 章"机器和大工业"中提出的许多观点：技术作为不变资本；机器系统的概念；技术作为资本主义和共产主义物质基础的异化和合理化的手段；现代技术的辩证法；在生产力和生产、技术和危机关系对立的背景下的技术。（Marx 1867，492 - 639）

4. 《政治经济学批判大纲》中《机器论片断》与其他章节的联系

在《政治经济学批判大纲》中知识和技术的各个方面不仅仅局限于《机器论片断》中的内容，在《机器论片断》之外也有所提及。本节讨论一些示例。

马克思第一次提到机器和劳动时间的对立关系不是在《机器论片断》（即《笔记本Ⅵ》和《笔记本Ⅶ》中的内容中），而是在《笔记本Ⅳ》的《关于剩余价值和利润的理论》部分（Marx 1857/1858［English］，389，398 - 401；Marx 1857/1858［German］，303，312 - 315）。

在《笔记本Ⅴ》中关于《资本的流通过程》的章节中，马克思引入了"一

---

[1]《马克思恩格斯全集》第 31 卷，人民出版社 1998 年版，第 102 页。

般生产条件"① (530) 的概念，认为资本只有在有利可图的情况下才会组织它们，否则"资本就把这些开支转嫁到国家肩上"② (531)。它们包括"交通工具"③，即"流通的物质条件"④ (533)。马克思在这里基本上介绍了公共的思想，包括公共交通，以及公共物的商品化⑤。(531)

在《笔记本Ⅳ》中，马克思介绍了资本自身发现的辩证思想，并为自己设置了必须努力克服的障碍 (Marx 1857/1858 [English]，405 - 423；[German]，318 - 338)。资本面临诸如必要劳动时间和剩余劳动时间、国界和法规、流通时间、消费能力以及限制使用价值的货币和交换价值之间的转化等障碍。这些都是资本试图克服的危机，在这个过程中它们又为新的危机创造了界限和条件。资本"生产是在矛盾中运动的，这些矛盾不断地被克服，但又不断地产生出来"⑥。它驱动着"人们利用资本本身来消灭资本"和"在资本本身的性质上遇到了限制"⑦ (Marx 1857/1858 [English]，410)。在《笔记本Ⅴ》中，马克思认为，资本主义的边界辩证法也涉及生产力，包括知识的生产："资本把财富本身的生产，从而也把生产力的全面的发展，把自己的现有前提的不断变革，设定为它自己再生产的前提。价值并不排斥使用价值，因而不把特殊种类的消费等等，特殊种类的交往等等当作绝对条件包括进来；同样，社会生产力、交往、知识等等的任何发展程度，对资本来说都只是表现为它力求加以克服的限制。"⑧ (Marx 1857/1858 [English]，541；[German]，447)

马克思还在 (Marx 1857/1858 [English]，410) (Marx 1857/1858 [德语]，637 - 669；[英语]，745 - 778)"资本作为是结果实的东西"一节中讨论了技术的对抗性，他说，生产力的技术发展与资本主义生产关系之间的对抗导致了

---

① 《马克思恩格斯全集》第 30 卷，人民出版社 1995 年版，第 523 页。
② 同上书，第 529 页。
③ 同上书，第 532 页。
④ 同上。
⑤ 同上书，第 529 页。
⑥ 同上书，第 390 页。
⑦ 同上书，第 390—391 页。
⑧ 同上书，第 540 页。

"爆发，灾变，危机"① （［English］，750），"尖锐的矛盾、危机、痉挛"②
（［English］，749）。在下一节中，我将反思关于《机器论片断》的辩论。

5. 文化和数字劳动：马克思关于《机器论片断》与一般智力的论战

关于《机器论片断》和一般智力的辩论特别集中在（a）非物质劳动的概念，（b）对非物质概念的批判，(c）关于技术与人类社会实践的关系的问题，(d）精英和穷困的工人，以及（e）价值规律。在本节中，我将探讨这一讨论与数字劳动的政治经济学之间的联系。

非物质劳动

安东尼奥·奈格里（1991）在他关于《政治经济学批判大纲》（1991）的著作中并没有讨论"一般智力"的概念，但是他在其他一些出版物中却有所讨论。他将其定义为"日益非物质化和智力化的生产性表达方式"（Negri 2008，116）。哈特和奈格里（2000，29‑30，364‑367）将信息资本主义的兴起与马克思的"一般智力"概念联系起来，并将其与他们所称的"非物质劳动"的兴起联系起来，后者是毛里齐奥·拉扎拉托提出的一个术语，他将其定义为"生产商品的信息和文化内容的劳动"。"一般智力是由积累的知识、技术和诀窍创造的集体的社会智力。因此，劳动的价值是通过新生产力的占有和自由使用，由一种新的普遍而具体的劳动力来实现的。"（Hardt and Negri 2000，364）

保罗·维尔诺（Virno 1996a，21）认为一般智力从科学技术延伸到通信、语言和媒体（另见 Virno 2007）。这将是"社会合作"的基础（Virno 1996b，194），在当代资本主义中，导致"所有工资劳动者"都有"一些'表演艺术家'的特质"（195）。"一般智力体现着活生生的主体的交往、抽象思考和自我反思"（Virno 2004，65），对于维尔诺而言，它不是凝固在固定资本中。克里斯蒂安·马拉齐（Christian Marazzi）也提出了同样的观点："在后福特主义时代，

---

① 《马克思恩格斯全集》第 31 卷，人民出版社 1998 年版，第 150 页。
② 同上书，第 149 页。

一般智力不是固定在机器上，而是在工人的身体里。如果你愿意的话，身体已经成为脑力劳动的工具箱。"（Marazzi 2008，44）

（A）非物质劳动的概念及其含义

作为非物质劳动概念的第一个重要维度，"一般智力"的概念含义是：由于这种劳动的网络化和合作性组织方式以及知识所特有的支持融合、剥削、价值创造和生产性劳动的特性，这些活动和过程并不局限于雇佣劳动。这一分析与马克思主义女性主义以及新国际劳动分工理论的论点相似，后者在 20 世纪 70 年代和 80 年代就已提出，全球南方地区的劳动和家庭劳动对全球价值创造至关重要。这使我们能够将这一理论与受众理论和数字劳动理论联系起来。

由广告资助的广播媒体和企业社交媒体（如脸书、油管、推特、微博、Pinterest、Blogspot 和 Instagram）的用户是无薪受众和数字工作者，他们创造的热点和数据被当作商品出售。他们是生产性劳动者，这种理解基于马克思的《政治经济学批判大纲》和《资本论》第 1 卷第 16 章：他们的劳动创造了自己的对立面，即商业媒体公司的资本。[①] 他们与有偿雇员一起构成了商业媒体的集体劳动力，这些劳动力被剥削以产生这些公司的价值和利润。脸书及其他类似公司是一种社会工厂，社会工作者在其中从事无报酬的信息劳动。社交媒体和移动媒体推动了当代资本主义的发展趋势，即在生产/消费、劳动时间/休闲时间、劳动/娱乐、办公室和工厂/家庭、私人/公共、生产/再生产之间建立界限，这些界限在资本主义的统治下变得模糊和融合，因此我们在办公室和工厂之外的许多地方从事创造价值的劳动，在不规则的时间里，这种情况促进了不稳定、非正式。

受众和数字劳动力处于对立状态：公司的广告支出在 2009 年至 2013 年期间增长了 25.8%；在线广告的年复合增长率为 18.9%，而报纸广告的复合增长率为 1.35%（数据来源：Ofcom 2014）。在危机时期，公司似乎认为定向在线广告是比传统广告更安全的投资，这导致了对受众劳动的剥削转变为对数字劳

---

① 英文企鹅版的《资本论》第 1 卷第 16 章对应中文版第 14 章。——译者注

动的剥削的趋势。然而，尽管脸书和谷歌是高利润公司，但推特和新浪微博等其他平台迄今只是亏损。数字劳动的开发创造了价值，但这种价值只有在用户关注并点击网络广告的情况下才能转化为利润，这并不是网络广告能自动实现的。目前，公司的营销部门对投资有针对性的在线广告持乐观态度，但这种信心可能会迅速改变，以防某家社交媒体公司因为利润低于股市估值而倒闭。

(B) 非物质概念批判：唯物主义与唯心主义

关于一般智力的第二个重要问题涉及哲学唯物主义和唯心主义。在唯物主义哲学中，物质是世界的过程-实体（Fuchs 2003）：这个系统是由永久的再生产和从现有结构中涌现的新颖性创造所构成的。生产是人类生存和繁衍的保障。世界是物质的，因为它有能力生产自己和新的组织形式。社会之所以是物质的，是因为人类产生了结构，他们自己的社会性，并以不断更新的人类实践使得社会能够自我复制并随着时间的推移而存在。谈到非物质劳动，就引入了二元本体论，将世界分为物质的和非物质的。

如果存在两种实体，那么世界的本原就无法得到充分的界定，然而，任何一致的哲学体系都需要一个明确的本原作为依据。如果存在两种实体，那么就无法从根本上解释世界的统一性、基础和本原究竟是什么。此时，人们要么选择让世界保持未解之谜，要么假设某种外部力量（如上帝）创造了世界。为了避免这种二元论和唯心主义，我们需要一种唯物主义的世界观，将整个世界及其所有系统都视为物质的，并将物质视为一种自我指涉和自我生产的实体。物质是自因的：它是其自身的原因，并使世界得以自我组织。非物质劳动的概念本身就是哲学上的唯心主义。观念是非物质的，但又是依托于物质的。它们由作为物理系统的大脑产生，并在人类的社会关系中形成，人类作为社会性生物，通过工作和交流创造出社会世界。

乔治·卡芬特齐斯（Caffentzis 2013，176-200）在这个背景下认为，没有任何劳动是非物质的，因为所有的劳动都需要一个物质基础。因此，哈特和奈格里"使机器精神化"（同上，200）。社交媒体上的数字劳动不是非物质劳动，而是信息劳动，它作为一种物质性形式，创造出信息这一非实体商品。这种商品只能借助计算机、手机和光纤电缆等物理技术，在能源消耗的支持下进行生产、传播和消费。

(C) 科技和人类实践

第三，一般智力作为非物质劳动的概念面临着具有历史性和革命性的技术决定论概念的危险，这种概念认为共产主义是技术生产力发展的自动结果。费德里奇（Federici 2012，95）认为，《机器论片断》承受着"革命的技术概念，由机器带来的自由"的威胁，随之而来的是对工资劳动作为一个革命主题的关注，而忽视了"再生产劳动的重要性"。此外，罗瓦蒂（Pier Aldo Rovatti）警告说，不要用技术决定论和拜物教的方式来解释《机器论片断》，这种方式会将生产关系简化为"生产力动态中的瞬间"（Rovatti 1973，60；关于这种批评的最新表述，参见 Tomba and Bellofiore 2014）。由一般智力组成的集体工作者不会自动成为"集体主体"（62）。在这种情况下，我们必须看到马克思写道："以交换价值为基础的生产便会崩溃。"[1]（Marx 1857/1858 [English]，705）

这种说法一再引起争议。海因里希（Michael Heinrich）将其解释为马克思在《政治经济学批判大纲》中有一个"片面的危机概念"（197），并预言资本主义中机器的使用"应该导致资本主义生产……崩溃"（207）。但是，我们必须看到，马克思用"于是"这个表述，意味着回到前一句话，"群众的剩余劳动不再是一般财富发展的条件"[2]（705）。因此，当他谈到"片断"的崩溃时，他指的不是资本主义的自动崩溃，而是共产主义内部的交换价值崩溃。然而，共产主义的建立是以对资本主义有意识的革命扬弃为前提的。"片断"并不能形成资本主义的自动崩溃。

诚然，当马克思写《政治经济学批判大纲》时，他乐观地认为，资本主义可以在始于 1857 年的危机过程中走向终结，这从 1857 年 12 月 8 日写给恩格斯的一封信中可以明显看出："我现在发狂似地通宵总结我的经济学研究，为的是在洪水之前至少把一些基本问题搞清楚。"[3]（MECW 40，217）然而，他并没有假设资本主义的崩溃是结构性矛盾的结果，而是假设资本主义只能在应对危机

---

① 《马克思恩格斯全集》第 31 卷，人民出版社 1998 年版，第 101 页。
② 同上。
③ 《马克思恩格斯文集》第 10 卷，人民出版社 2009 年版，第 140 页。

的阶级斗争过程中崩溃，但不会自动地、必然地崩溃。意识和行动是至关重要的，因此，马克思不仅谈到了生产力，还把"生产力和社会关系的力量"说成是把这个基础（资本主义）炸上天的物质条件（Marx 1857/1858 706）。请注意，一个客观的物质条件是一个先决条件，但不是自动的。意识和实践是决定性的。因此，马克思强调，"认识到产品是劳动能力自身的产品，并断定劳动同自己的实现条件的分离是不公平的、强制的，这是了不起的觉悟"，"是以资本为基础的生产方式的产物，而且也正是为这种生产方式送葬的丧钟"[1]（463）。马克思在这里将灭亡的丧钟的隐喻与主体性（认识、意识、意识）联系起来，这表明他将基于物质基础的有意识的政治行为视为革命的相互作用方面。

普殊同正确地强调，马克思既不浪漫地肯定也不排斥现代技术，而是假定"在资本主义制度下发展起来的生产系统的潜力可以用来改变这个系统本身"（Postone 2008，134）。只有通过社会斗争，才能克服物质潜力与危机中表现出来的现实之间日益加深的鸿沟。社交媒体上的数字化劳动显示了交流生产手段的高度社会化，在资本主义阶级关系中促进了人类的剥削，深化了阶级社会，但同时也为数字化共产主义社会带来了希望和潜力，这种社会只能通过政治实践来创造，而政治实践也不是无意识的，可以通过意识形态、暴力和压迫来进行阻止。

（D）精英和贫困工人

第四，关于普通知识分子的特权劳动和不平等劳动的讨论。乔治·卡芬特齐斯（Caffentzis 2013）和"午夜笔记"（Midnight Notes Collective）组织等自治主义马克思主义者批评奈格里和他的同伴们关于一般智力是非物质劳动的说法，认为这种说法往往只关注享有特权的西方高科技工人，而忽视了全球血汗工厂经济中对家政工人、奴隶和其他受超级剥削工人的劳动剥削。卡芬特齐斯说，计算机化和机器人化需要"第三世界的工厂、土地和妓院"，以"增加剩余劳动力总量"，抵消利润率下降的趋势。"计算机需要血汗工厂，而机器人的存

---

[1]《马克思恩格斯全集》第30卷，人民出版社1995年版，第455页。

在是以奴隶为前提的。"（同上，79）

尼克·迪尔-维斯福特根据对奈格里和卡芬特齐斯的解读，提出了一种"超越奈格里的网络—奈格里"视角，认为"'非物质的''物质的'[①] 和'不受重视的'工作是'普遍劳动'更广泛的种类构成的部门"（Dyer-Witheford 2005，157），从而形成一个有潜力在数字前线反对资本（Dyer-Witheford，2014）的全球员工。建立在奈格里和卡芬特齐斯基础上的文化和数字劳动的唯物主义概念避免了理想主义和以西方为中心的狭隘性。这种方法也可以建立在雷蒙·威廉斯文化唯物主义（人类学）的方法之上，该方法认为"文化工作和活动不是上层建筑"（1977，111），文化和脑力劳动是"社会的和物质的"（1989，206）（见 Fuchs 2015）。

文化需要意义的生产、流通和消费，以及使这些过程成为可能的制度和技术。因此，作为唯物主义概念的文化劳动既包括生产文化基础设施的劳动，也包括生产文化内容的劳动。

"文化工作"是一个术语，涵盖了工作的组织层面，这些层面既相互独立又辩证相连（见图 A2.2）：文化工作有一个新兴的特质——信息工作——它创造的内容以有形文化工作为基础并根植于此，通过农业和工业工作过程创造信息技术。有形劳动同时发生在文化内部和外部：它创造了信息技术及其组成部分（文化有形劳动），以及其他产品（非文化有形劳动），这些产品在社会中主要不具有象征性的功能（如汽车、牙刷或杯子）。

数字作品是创造和使用数字媒体的一种特定形式的文化工作。数字化劳动是数字化工作的一种异化形式。就像文化工作一样，数字工作包括有形工作和信息工作（图 A2.3）。

每个工作过程都由主体借助工作对象和技术来创造产品。数字劳动是以国际数字分工（IDDL）的形式组织起来的，它包含了一个复杂的、相互关联的生产循环网络（见图 A2.4），在这个网络中，第一步由刚果矿山中身为奴隶的矿

[①] 在我看来，如果一个人想根据其产品来描述人类活动的特征，那么最好区分有形（physical）劳动和非有形（non-physical）劳动，而不是物质劳动和非物质劳动。

工开采矿物；第二步是由工业装配工人，比如中国富士康与和硕联合工厂中受到高度剥削的工人，组装成零部件和数字媒体技术；接下来由信息工人，比如谷歌的劳工贵族、印度的低薪软件工程师、不稳定的自由职业者和无报酬的社交媒体用户，用来创建内容和数据（详见 Fuchs 2014a，2015）。数字劳动是在国际数字分工中组织起来的，它包括不同的生产模式（如工资劳动、无报酬劳动、不稳定劳动、奴隶劳动等）和不同的生产力组织模式（农业、工业、信息工作）。在互联网上和通过数字媒体传播的一般智力需要一种总体数字工作者，同时也是全球工作者。数字资本剥削着多种形式的数字劳动者，而如果全世界的数字劳动者能够团结起来，他们就有潜力反抗自身的剥削。（Mosco and McKercher 2009）

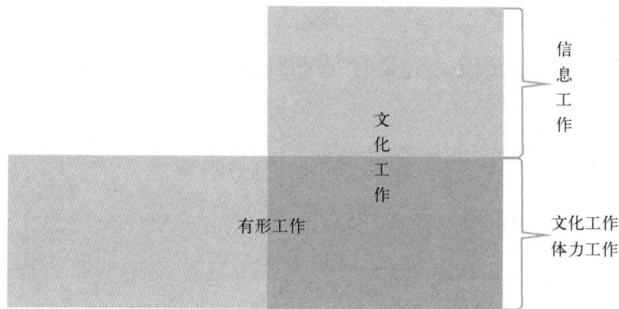

图 A2.2　文化工作有形劳动的模型

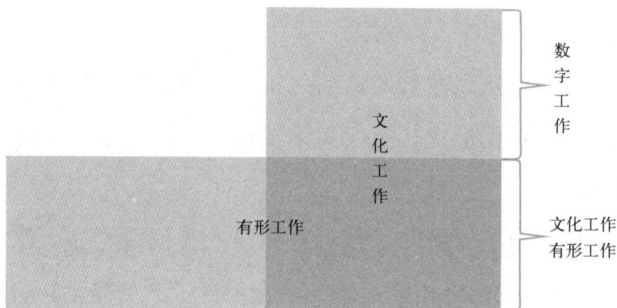

图 A2.3　数字工作阶段的模型

数字劳工

信
息
工
作

信息内容

信息工人 -S　　O-T

数字媒体技术　　　　信息组件

工
业
工
作

装配工 -S　　O-T　　处理器 -S　　O-T

矿物

农
业
工
作

矿工 -S　　自然 -T

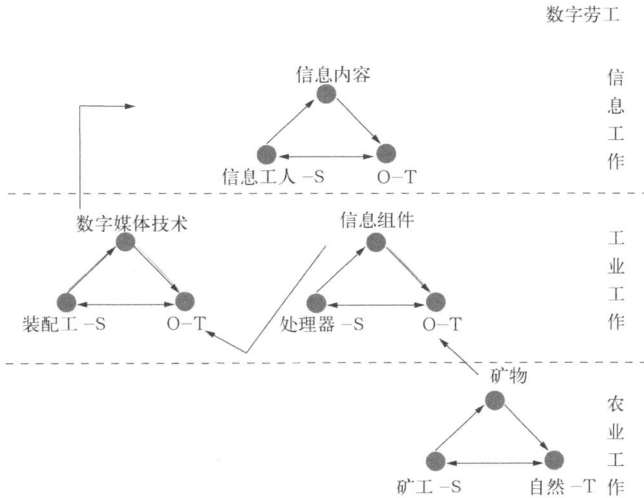

图 A2.4　数字劳动循环的网络

（E）价值规律

第五，将价值规律对于一般智力的适用性进行了讨论。奈格里认为，在基础理论中，"价值规律消亡了"（Negri 1991，172）。维尔诺说，价值规律"被资本主义发展本身粉碎和驳斥"（Virno 2004，100）。哈特和奈格里认为，"劳动的时间统一性作为基本的价值衡量今天没有意义"（Hardt and Negri 2004，145）。韦尔切洛内写道，"认知资本主义"已经导致了"价值法则的危机"和"衡量的危机，这种危机动摇了政治经济的基本范畴：劳动、资本，还有价值"（Vercellone 2010，90）。他确信，一般智力已经带来了"直接过渡到共产主义的可能性"（Vercellone 2007，15）和需要"从劳动的时间价值理论到知识价值理论的过渡"（31）。阿维德松和科莱奥尼说，价值法则不适用于"非物质/无形财富"，因为这种形式的财富将通过合作产生，其价值将由情感和主体间的判断决定，从而出现一个"基于情感的价值法则"（Arvidsson and Colleoni 2012，142）。

罗斯多尔斯基与这些作者形成了对比，他在关于《政治经济学批判大纲》的书中写道，在《机器论片断》中，马克思想到的是"社会主义价值规律的消亡"，而不是资本主义价值规律的消亡（Rosdolsky 1977，428）。普殊同强调资本主义的价值危机"不是被一种新的财富形式所取代",而是价值"仍然是资本主义社会必要的结构性前提"。"资本主义确实产生了否定自身的可能性,但它不会自动演变成其他东西"(Postone 2008,127)。马西莫·德·安杰利斯反驳哈特和奈格里的观点,认为假设今天价值规律不再适用的观点,忽视了资本本身"是通过衡量生活活动的特定模式构成的"(Massimo De Angelis,2007,167)。这也是为什么商品化的过程导致了"一系列巨大的测试和考验"的出现(Harvey 2005,149)。因此,举例来说,在信息产业中流行的"具有时间期限的特定任务合同"表明,信息劳动是"一个可以(并且正在)被衡量的时间过程"(Caffentzis 2013,111;参见 Caffentzis 2005 对哈特和奈格里的价值已经变得无法衡量的假设的批评)。托尼·史密斯(Tony Smith,2014b)在一次关于维塞隆和维尔诺方法的讨论中指出,尽管有非营利性的数字媒体项目在价值法则之外运作,但数字媒体世界仍存在许多被剥削的劳动力。他还写道,在一个"大众智能"的时代,"马克思的价值理论将保持描述的准确性和解释力",只要仍存在诸如通过"出售商品换取金钱"来调节社会再生产的特征(222)。

认为价值规律在今天不再适用的假设是不可行的,因为这个规律是资本主义存在的基础。有关规律正在消亡的说法是基于对马克思《政治经济学批判大纲》中一段话的具体解释,在这段话中,马克思说"劳动时间就不再是,而且必然不再是财富的尺度"[①](Marx 1857/1858,705)。他在同一段话中明确表示,他所谈论的情况是,"群众"自己应当占有自己的"剩余劳动"(同上,708),即共产主义社会。相比之下,价值规律终结论的先知们将《机器论片断》中的这一段解释为资本主义内部的价值规律已经终结,技术已经创造了资本的共产主义(Virno 2004,110‑111;Boutang 2011,7),因此它只需要披上资本主义的外衣,就可以建立一个完全的共产主义社会。马克思谈到了一个社会,在这个社会中"以交换价值为基础的生产便会崩溃"[②](Marx 1857/1858,705)——一个共产主义社会。他描述了资本主义中技术和知识的兴起如何促进

---

① 《马克思恩格斯全集》第31卷,人民出版社1998年版,第101页。
② 同上。

了必要劳动时间和剩余劳动时间之间以及生产力和生产关系之间的对立，这种对立为共产主义社会奠定了基础，在这个社会中，自由时间是财富的衡量标准，并且在最大程度上为所有人提供。

莫里尼和福马加里（Morini and Fumagalli 2010）认为，工作时间/生活时间、工作场所/生活场所、生产/再生产和生产/消费之间的模糊需要一个生命价值理论，因为当代资本主义把生命放在工作上。然而，他们留下了一个悬而未决的问题，即平均生命价值是否取决于可测量的时间。鉴于世界上所有的人类活动和人类数量总是有限的，工作发生在具体的时空中，人们可以认为，即使二元性之间的界限是模糊的，也仍然需要一个劳动价值论。（Fuchs 2014a，2015）

在脸书和其他商业社交媒体上，价值定律意味着，某个群体在平台上花费的时间越多，相应的数据商品平均得到的价值就越高。一个平均每天在脸书上花费大量时间的群体（例如，15—25 岁的群体）与另一个群体（例如，75—85 岁的群体）相比构成了一个更有价值的数据商品，因为（a）它每天有更高的平均劳动时间/在线时间，从而产生更多可以出售的数据；（b）它在网上花费更多的时间，在此期间，有针对性的广告被呈现给这个群体。

6. 结论

《政治经济学批判大纲》作为理解数字劳动和数字资本主义的理论基础具有重要意义。马克思在《政治经济学批判大纲》中提出的生产劳动和运输劳动的概念，有助于我们理解有针对性的在线广告的政治经济学。对《政治经济学批判大纲》中的《机器论片断》最好不要孤立地阅读，而是作为对《资本论》和《政治经济学批判大纲》其他手稿的补充。

《政治经济学批判大纲》对我们的帮助尤其体现在数字化劳动的五个方面：

1. 社交媒体上的数字劳动是当代资本主义社会工厂存在的一般智力的表现。

2. 数字劳动不是非物质的，而是生产的物质方面。

3. 数字劳动是一般智力对抗性的一种表现，这种对抗创造了共产主义的基础，加深了剥削，但并不自动扬弃资本主义，这表明需要有意识的政治实践。

4. 数字劳动是以国际分工的形式组织起来的。

5. 价值规律并没有在社交媒体上消失，而是在网络世界中表现出了它的对抗性。

理解数字劳动需要借助卡尔·海因茨·罗斯（Karl Heinz Roth）和马塞尔·范德林登（Marcel van der Linden）（2014）所说的动态劳动价值理论，其中所有"发现自己处于征用、管教和就业/劳动能力评估的困境中的人，构成全球无产阶级，被剥削者的多元宇宙"（478）。网络媒体导致了资本主义商品化的新形式也孕育了"信息技术反向利用"的潜力（Dyer-Witheford 1999，228）。数字媒体改变了人类这个物种——人类正朝着一般智力的方向发展，并指出"帝国空前的强化，但也有可能从中产生逃离它的契机"（Dyer-Witheford and de Peuter 2009，229）。《政治经济学批判大纲》与《资本论》的结合可以帮助我们认清数字资本主义的矛盾，并且是从数字资本主义向数字共产主义过渡的斗争中的优秀思想工具。

数字化劳动者是"总体工人"[①]（Marx 1867，644），从事"共同劳动或结合劳动"[②]（Marx 1857/1858，470）。按照资本主义的规则，他们的地位仅限于"单个工人"和"他人的客体性"。他们被资本和机器所主宰，形成了一个"有灵性的怪物"[③]（470）。但是，由于资本的内在障碍，数字劳动也有助于增强"政治经济的对立面——社会主义和共产主义"[④]（884）的潜力。数字资本主义的消极性只能在阶级斗争中或通过阶级斗争被否定为一种新的存在形式。

---

① 《马克思恩格斯全集》第38卷，人民出版社2019年版，第125页。
② 《马克思恩格斯全集》第30卷，人民出版社1995年版，第464页。
③ 同上。
④ 同上书，第4页。

附录 2 的练习

小组练习（G）

项目练习（P）

关键词：一般智力，机器

练习附录 2.1（G）

阅读下面的内容并讨论下面的问题：

Marx, Karl. 1857/1858. Fragment on machines, In *Grundrisse*, London：Penguin，690 - 714.

- 马克思到底如何定义"一般智力"？

- 讨论一般智力的范畴在当今社会如何发挥作用，数字媒体、计算机、互联网和知识工作已经在这个社会中发挥了重要作用。

- 马克思在《机器论片断》中描述的劳动时间的对立面是什么？在这种情况下，技术和一般智力发挥什么作用？

- 在当代信息资本主义中，我们可以观察到劳动时间的哪种对立？它们如何表达自己？如何在政治上克服这些障碍？

练习附录 2.2（P）

小组作业：对过去 10 年发表的有关马克思"一般智力"概念的文章进行文献检索。

比较一下这些文章的作者如何论证这个概念？在今天是否重要？列出他们使用的论据的共性和差异。评估不同的意见和观点。

参考文献

Adorno, Theodor W. 1968/2003. Late capitalism or industrial society? The fundamental question of the present structure of society. In *Can one live after Auschwitz?*, ed. Rolf Tiedemann, 111–125. Stanford, CA: Stanford University Press.

Adorno, Theodor W. 1973. *Negative dialectics*. London: Routledge.

Althusser, Louis. 1969. *For Marx*. London: Verso.

Althusser, Louis. 1993. *The future lasts forever: A memoir*. New York: The New Press.

Althusser, Louis and Étienne Balibar. 1970. *Reading Capital*. London: NLB.

Amin, Samir. 1974. Accumulation and development: A theoretical model. *Review of African Political Economy* 1 (1): 9–26.

Amin, Samir. 1976. *Unequal development: An essay on the social formations of peripheral capitalism*. New York: Monthly Review Press.

Amin, Samir. 1997. *Capitalism in the age of globalization: The management of contemporary society*. London: Zed Books.

Amin, Samir. 2010. *The law of worldwide value*. New York: Monthly Review Press.

Andersen, Esben Sloth. 2009. *Schumpeter's evolutionary economics: A theoretical, historical and statistical analysis of the engine of capitalism*. London: Anthem Press.

Anderson, Kevin B. 2010. *Marx at the margins: On nationalism, ethnicity, and non-Western societies*. Chicago: University of Chicago Press.

Aneesh, A. 2006. *Virtual migration: The programming of globalization*. Durham: Duke University Press.

Arendt, Hannah. 1958. *The human condition*, 2nd edition. Chicago: University of Chicago Press.

Arthur, Christopher J. 2004. *The new dialectic and Marx's Capital*. Leiden: Brill.

Árvay, János. 1994. *The Material Product System (MPS): A retrospective*. In *The accounts of nations*, ed. Z. Kenessey, 218–236. Amsterdam: IOS Press.

Arvidsson, Adam and Eleanor Colleoni. 2012. Value in informational capitalism and on the Internet. *The Information Society* 28 (3): 135–150.

Banaji, Jairus. 2011. *Theory as history: Essays on modes of production and exploitation*. Chicago: Haymarket Books.

Baran, Paul A. and Paul M. Sweezy. 1966. *Monopoly capital: An essay on the American economic and social order*. New York: Monthly Review Press.

Baudrillard, Jean. 1981. *For a critique of the political economy of the sign*. St. Louis, MO: Telos Press.

Bell, Daniel. 1974. *The coming of post-industrial society*. London: Heinemann.

Bellofiore, Ricardo, Guido Starosta, and Peter D. Thomas, eds. 2014a. *In Marx's laboratory: Critical interpretations of the Grundrisse*. Chicago: Haymarket Books.

Bellofiore, Ricardo, Guido Starosta, and Peter D. Thomas. 2014b. Introduction: In Marx's laboratory. In *In Marx's laboratory: Critical interpretations of the Grundrisse*, ed. Ricardo Bellofiore, Guido Starosta, and Peter D. Thomas, 1–14. Chicago: Haymarket Books.

Bentham, Jeremy. 1781. *An introduction to the principles of morals and legislation*. Kitchener: Batoche.

Bidet, Jacques. 2005. The dialectician's interpretation of Capital. *Historical Materialism* 13 (2): 121–146.

Bidet, Jacques. 2007. *A reconstruction project of the Marxian theory: From Exploring Marx's Capital (1985) to Alter-marxisme (2007), via Théorie Générale (1999) and Explication et reconstruction du Capital (2004).* http://jacques.bidet.pagesperso-orange.fr/londongla.htm (accessed July 28, 2015).

Bidet, Jacques. 2009. *Exploring Marx's Capital: Philosophical, economic, and political dimensions.* Chicago: Haymarket Books.

Bourdieu, Pierre. 1977. *Outline of a theory of practice.* Cambridge: Cambridge University Press.

Bourdieu, Pierre. 1986a. *Distinction: A social critique of the judgement of taste.* New York: Routledge.

Bourdieu, Pierre. 1986b. The (three) forms of capital. In *Handbook of theory and research in the sociology of education,* ed. John G. Richardson, 241–258. New York: Greenwood Press.

Boutang, Yann Moulier. 2011. *Cognitive capitalism.* Cambridge: Polity.

Boyer, Robert. 1988. Technical change and the theory of "regulation". In *Technical change and economic theory,* ed. Giovanni Dosi, Christopher Freeman, Richard Nelson, Gerald Silverberg, and Luc L. Soete, 67–94. London: Pinter.

Braverman, Harry. 1974/1998. *Labor and monopoly capital.* New York: Monthly Review Press.

Briggs, Asa and John Callow. 2008. *Marx in London.* London: Lawrence and Wishart.

Caffentzis, George. 2005. Immeasurable value? An essay on Marx's legacy. *The Commoner* 5: 87–114.

Caffentzis, George. 2013. *In letters of blood and fire: Work, machines, and the crisis of capitalism.* Oakland, CA: PM Press.

Callinicos, Alex. 2014. *Deciphering capital. Marx's Capital and its destiny.* London: Bookmarks.

Carchedi, Guglielmo and Michael Roberts. 2013. A critique of Heinrich's "Crisis theory, the law of the tendency of the profit rate to fall, and Marx's studies in the 1870s". Monthly Review Online. http://monthlyreview.org/commentary/critique-heinrichs-crisis-theory-law-tendency-profit-rate-fall-marxs-studies-1870s#en1 (accessed on July 28, 2015).

Carstensen, Peter H. and Kjeld Schmidt. 1999. *Computer supported cooperative work: New challenges to systems design.* http://www.cscw.dk/schmidt/papers/cscw_intro.pdf (accessed on August 7, 2014).

Chotiner, Isaac. 2014. "Marx? I never really managed to read it"—an interview with Thomas Piketty. New Statesman Online, May 6. http://www.newstatesman.com/politics/2014/05/marx-i-never-really-managed-read-it-interview-thomas-piketty (accessed on July 28, 2015).

Cleaver, Harry. 2000. *Reading Capital politically.* Leeds: Anti/Theses.

Collins, Sean. 2014. Pricking the Piketty bubble. Spiked, May 9. http://www.spiked-online.com/review_of_books/article/pricking-the-Piketty-bubble/14997#.U4KWPy8UYWE (accessed on July 28, 2015).

Dalla Costa, Mariarosa and Selma James. 1972. *The power of women and the subversion of community.* Bristol: Falling Wall Press.

De Angelis, Massimo. 2007. *The beginning of history: Value struggles and global capital.* London: Pluto.

Demie, Feyisa. 2014. *The educational attainment of white working class pupils.* London: Lambeth Research and Statistics Unit.

Despain, Hans G. 2014. Review of Thomas Piketty's "Capital in the twenty-first century". *Marx & Philosophy Review of Books.* http://marxandphilosophy.org.uk/reviewofbooks/reviews/2014/1005 (accessed on July 28, 2015).

Douthat, Rose. 2014. *Marx rises again.* New York Times Online, April 19. http://www.nytimes.com/2014/04/20/opinion/sunday/douthat-marx-rises-again.html?_r=0 (accessed on July 28, 2015).

Dussel, Enrique. 2008. The discovery of the category of surplus value. In *Karl Marx's Grundrisse: Foundations of the critique of the political economy 150 years later,* ed. Marcello Musto, 67–78. New York: Routledge.

Dyer-Witheford, Nick. 1999. *Cyber-Marx.* Urbana: University of Illinois Press.

Dyer-Witheford, Nick. 2005. Cyber-Negri: General intellect and immaterial labor. In *The philosophy of Antonio Negri,* ed. Timothy S. Murphy and Abdul-Karim Mustapha, 136–162. London: Pluto.

Dyer-Witheford, Nick. 2014. The global worker and the digital front. In *Critique, social media and the information society,* ed. Christian Fuchs and Marisol Sandoval, 165–178. New York: Routledge.

Dyer-Witheford, Nick and Greig de Peuter. 2009. *Games of empire.* Minneapolis: University of Minnesota Press.

Ebermann, Thomas, Michael Heinrich, Robert Kurz, and Joseph Vogl. 2011. No way out? Kapital kaputt? Krisengipfel-Gespräch. *Konkret* 12: 12–16.

Dyson, Esther, George Gilder, George Keyworth, and Alvin Toffler. 1996/2004. Cyberspace and the American dream. In *The information society reader,* ed. Frank Webster, 31–41. Oxon: Routledge.

Eagleton, Terry. 1991. *Ideology: An introduction.* London: Verso.

Eagleton, Terry. 2011. *Why Marx was right*. New Haven, CT: Yale University Press.

Eisenstein, Zillah, ed. 1979. *Capitalist patriarchy and the case for socialist feminism*. New York: Monthly Review Press.

Engels, Friedrich. 1845. Speeches in Elberfeld. http://marxists.anu.edu.au/archive/marx/works/1845/02/15.htm (accessed on July 28, 2015).

Engels, Friedrich. 1847. Principles of communism. In *MECW*, Volume 6, 341–357. New York: International Publishers.

Engels, Friedrich. 1878. Anti-Dühring. Herr Eugen Dühring's revolution in science. In *MECW*, Volume 25, 1–311. New York: International Publishers.

Engels, Friedrich. 1891. A critique of the draft Social-Democratic Programme of 1891. http://marxists.anu.edu.au/archive/marx/works/1891/06/29.htm (accessed on July 28, 2015).

Erlanger, Steven. 2014. Taking on Adam Smith (and Karl Marx). New York Times Online, April 19. http://www.nytimes.com/2014/04/20/business/international/taking-on-adam-smith-and-karl-marx.html (accessed on July 28, 2015).

Federici, Sylvia. 2012. *Revolution at point zero: Housework, reproduction, and feminist struggle*. Oakland, CA: PM Press.

Feenberg, Andrew. 1995a. *Alternative modernity*. Berkeley: University of California Press.

Feenberg, Andrew. 1995b. Subversive rationalization: Technology, power, and democracy. In *Technology and the politics of knowledge*, ed. Andrew Feenberg and Alastair Hannay, 3–22. Bloomington: Indiana University Press.

Feenberg, Andrew. 1999. *Questioning technology*. London: Routledge.

Feenberg, Andrew. 2002. *Transforming technology: A critical theory revisited*. Oxford: Oxford University Press.

Feenberg, Andrew. 2010. *Between reason and experience*. Cambridge, MA: The MIT Press.

Feenberg, Andrew. 2012. Introduction: Toward a critical theory of the Internet. In *(Re)Inventing the Internet*, ed. Andrew Feenberg and Norm Friesen, 3–17. Rotterdam: Sense Publishers.

Fisher, Eran. 2010. *Media and new capitalism in the digital age: The spirit of networks*. New York: Palgrave Macmillan.

Fortunati, Leopoldina. 1995. *The arcane of reproduction: Housework, prostitution, labor and capital*. New York: Autonomedia.

Foucault, Michel. 1977. *Discipline & punish*. New York: Vintage.

Freeman, Alan. 2010. Trends in value theory since 1881. *World Review of Political Economy* 1 (4): 567–606.

Freeman, Alan, Andrew Kliman, and Julian Wells, eds. 2004. *The new value controversy and the foundation of economics*. Cheltenham: Edward Elgar.

Fröbel, Folker, Jürgen Heinrichs, and Otto Kreye. 1981. *The new international division of labour*. Cambridge: Cambridge University Press.

Fuchs, Christian. 2002. *Krise und Kritik in der Informationsgesellschaft*. Norderstedt: Libri BOD.

Fuchs, Christian. 2003. The self-organization of matter. *Nature, Society, and Thought* 16 (3): 281–313.

Fuchs, Christian. 2004. The antagonistic self-organization of modern society. *Studies in Political Economy* 73: 183–209.

Fuchs, Christian. 2008. *Internet and society: Social theory in the information age*. New York: Routledge.

Fuchs, Christian. 2009a. Information and communication technologies and society: A contribution to the critique of the political economy of the Internet. *European Journal of Communication* 24 (1): 69–87.

Fuchs, Christian. 2009b. Some theoretical foundations of critical media studies: Reflections on Karl Marx and the media. *International Journal of Communication* 3: 369–402.

Fuchs, Christian. 2010a. Alternative media as critical media. *European Journal of Social Theory* 13 (2): 173–192.

Fuchs, Christian. 2010b. Labor in informational capitalism and on the Internet. *The Information Society* 26 (3): 179–196.

Fuchs, Christian. 2011. How to define surveillance? *MATRIZes* 5 (1): 109–133.

Fuchs, Christian. 2012a. Dallas Smythe today—The audience commodity, the digital labour debate, Marxist political economy and critical theory: Prolegomena to a digital labour theory of value. *tripleC: Communication, Capitalism & Critique* 10 (2): 692–740.

Fuchs, Christian. 2012b. Political economy and surveillance theory. *Critical Sociology* 39 (5): 671–687.

Fuchs, Christian. 2014a. *Digital labour and Karl Marx*. New York: Routledge.

Fuchs, Christian. 2014b. *OccupyMedia! The Occupy movement and social media in crisis capitalism*. Winchester: Zero Books.

Fuchs, Christian. 2014c. *Social media: A critical introduction*. London: Sage.

Fuchs, Christian. 2014d. Social media and the public sphere. Inaugural lecture. *tripleC: Communication, Capitalism & Critique* 12 (1): 57–101.

Fuchs, Christian. 2015. *Culture and economy in the age of social media*. New York: Routledge.

Fuchs, Christian, Kees Boersma, Anders Albrechtslund, and Marisol Sandoval, eds. 2012. *Internet and surveillance: The challenges of web 2.0 and social media*. New York: Routledge.

Fuchs, Christian and Vincent Mosco, eds. 2012. Marx is back: The importance of Marxist theory and research for critical communication studies today. *tripleC: Communication, Capitalism & Critique* 10 (2): 127–632.

Fuchs, Christian and Vincent Mosco, eds. 2015a. *Marx and the political economy of the media*. Leiden: Brill.

Fuchs, Christian and Vincent Mosco, eds. 2015b. *Marx in the age of digital capitalism*. Leiden: Brill.

Fuchs, Christian and Marisol Sandoval, eds. 2014a. *Critique, social media and the information society*. New York: Routledge.

Fuchs, Christian and Marisol Sandoval. 2014b. Introduction: Critique, social media and the information society in the age of capitalist crisis. In *Critique, social media and the information society*, ed. Christian Fuchs and Marisol Sandoval, 1–47. New York: Routledge.

Fuchs, Christian and Marisol Sandoval. 2015. The political economy of capitalist and alternative social media. In *The Routledge companion to alternative and community media*, ed. Chris Atton, 165-175. London: Routledge.

Fuchs-Kittowski, Klaus. 2014. The influence of philosophy on the understanding of computing and information. In *Philosophy, computing and information* science, ed. Ruth Hagengruber and Uwe V. Riss, 45–56. London: Pickering & Chatto.

Furhoff, Lars. 1973. Some reflections on newspaper concentration. *Scandinavian Economic History Review* 21 (1): 1–27.

Galbraith, James K. 2014. Kapital for the twenty-first century? Dissent Magazine Online, Spring. http://www.dissentmagazine.org/article/kapital-for-the-twenty-first-century (accessed on July 28, 2015).

Gandy, Oscar. H. 1993. *The panoptic sort: A political economy of personal information*. Boulder, CO: Westview Press.

Garnham, Nicholas. 1990. *Capitalism and communication*. London: Sage.

Garnham, Nicholas. 2000. *Emancipation, the media, and modernity*. Oxford: Oxford University Press.

Garnham, Nicholas. 2004. Class analysis and the information society as mode of production. *Javnost* 11 (3): 93–104.

Giles, Chris and Ferdinando Giugliano. 2014. Flawed data on rich weaken Piketty's main argument. *Financial Times*, May 24/25: 5.

Golding, Peter and Graham Murdock, eds. 1997. *The political economy of the media: 2 volumes*. Cheltenham: Edward Elgar.

Habermas, Jürgen. 2008. *Ach, Europa*. Frankfurt am Main: Suhrkamp.

Habermas, Jürgen. 2011. *Zur Verfassung Europas. Ein Essay*. Frankfurt am Main: Suhrkamp.

Haggerty, Kevin. 2006. The new politics of surveillance and visibility. In *Surveillance and visibility*, ed. Kevin Haggerty and Richard Ericson, 3–33. Toronto: University of Toronto Press.

Hardt, Michael and Antonio Negri. 2000. *Empire*. Cambridge, MA: Harvard University Press.

Hardt, Michael and Antonio Negri. 2004. *Multitude*. New York: Penguin.

Hardy, Jonathan. 2014. *Critical political economy of the media: An introduction*. London: Routledge.

Harvey, David. 2003. *The new imperialism*. Oxford: Oxford University Press.

Harvey, David. 2005. *A brief history of neoliberalism*. Oxford: Oxford University Press.

Harvey, David. 2006. *Spaces of global capitalism. Towards a theory of uneven geographical development*. London: Verso.

Harvey, David. 2010. *A companion to Marx's Capital*. London: Verso.

Harvey, David. 2014. Afterthoughts on Piketty's Capital. http://davidharvey.org/2014/05/afterthoughts-pikettys-capital (accessed on July 28, 2015).

Harvie, David. 2005. All labour produces value for capital and we struggle against value. *The Commoner* 10: 132–171.

Haug, Wolfgang Fritz. 1986. *Critique of commodity aesthetics*. Cambridge: Polity Press.

Haug, Wolfgang Fritz. 2010. Historical-critical dictionary of Marxism: General intellect. *Historical Materialism* 18 (2): 209–216.

Haug, Wolfgang Fritz. 2013. *Das „Kapital" lesen—aber wie? Materialien*. Hamburg: Argument.

Hegel, Georg Wilhelm Friedrich. 1812/1833. *The science of logic*. Ed. and trans. George di Giovanni. Cambridge: Cambridge University Press.

Hegel, Georg Willhelm Friedrich. 1830a. *Encyclopaedia of the philosophical sciences, part 1: The encyclopaedia logic*. Indianapolis, IN: Hackett.

Hegel, Georg Wilhelm Friedrich. 1830b. *Encyclopaedia of the philosophical sciences, part 3: Philosophy of mind.* http://www.hegel.net/en/pdf/Hegel-Enc3.pdf (accessed on July 28, 2015).

Heinrich, Michael. 2013a. Crisis theory, the law of the tendency of the profit rate to fall, and Marx's studies in the 1870s. *Monthly Review* 64 (11): 15–31.

Heinrich, Michael. 2013b. Heinrich answers critics. Monthly Review Online. http://monthlyreview.org/commentary/heinrich-answers-critics%20%20/ (accessed on July 28, 2015).

Heinrich, Michael. 2014. The "fragment on machines": A Marxian misconception in the *Grundrisse* and its overcoming in *Capital*. In *In Marx's laboratory: Critical interpretations of the Grundrisse*, ed. Ricardo Bellofiore, Guido Starosta, and Peter D. Thomas, 197–212. Chicago: Haymarket Books.

Herman, Edward and Noam Chomsky. 1994. *Manufacturing consent: The political economy of the mass media.* London: Vintage Books.

Herodotus. 1920. *In four volumes: Books I and II.* Trans. A. D. Godley. Cambridge, MA: Harvard University Press.

Hess, Charlotte and Elinor Ostrom. 2007. Introduction: An overview of the knowledge commons. In *Understanding knowledge as a commons: From theory to practice*, ed. Charlotte Hess and Elinor Ostrom, 3–26. Cambridge, MA: The MIT Press.

Hobsbawm, Eric J. 1952. The machine breakers. *Past and Present* 1 (1): 57–70.

Hofkirchner, Wolfgang. 2013. *Emergent information: A unified theory of information framework.* Singapore: World Scientific.

Holman, David, Rosemary Batt and Ursula Holtgrewe. 2007. *The global call centre report: International perspectives on management and employment.* http://www.ilr.cornell.edu/globalcallcenter/upload/GCC-Intl-Rept-UK-Version.pdf (accessed on September 23, 2015).

Holman, David, David Wood, and Chris Stride. 2005. *Human resource management in call centres.* http://www.ilr.cornell.edu/globalcallcenter/research/upload/UK-CC-report.pdf (accessed on July 28, 2015).

House of Commons Committee of Public Accounts. 2013. *Tax avoidance—Google: Ninth report of session 2013–2014.* London: The Stationery Office Limited.

International Labour Organization (ILO). 2013. *Making progress against child labour: Global estimates and trends 2000–2012.* Geneva: International Labour Office.

International Labour Organization (ILO). 2014. *Global employment trends 2014.* Geneva: International Labour Office.

International Trade Union Confederation (ITUC). 2010. *On the job for a better future: A best practice on organising young people.* Brussels: ITUC.

International Working Men's Association. 1868. *Resolutions of the Congress of Geneva, 1866, and the Congress of Brussels, 1868.* London: Westminster Printing Company.

Jessop, Bob and Ngai-Ling Sum. 2006. *Beyond the regulation approach.* Cheltenham: Edward Elgar.

Jhally, Sut. 1987. *The codes of advertising.* New York: Routledge.

Jhally, Sut and Bill Livant. 1986/2006. Watching as working: The valorization of audience consciousness. In *The spectacle of accumulation. Essays in culture, media, & politics*, ed. Sut Jhally, 24–43. New York: Peter Lang.

Jin, Dal Yong and Andrew Feenberg. 2015. Commodity and community in social networking: Marx and the monetization of user-generated content. *The Information Society* 31 (1): 52–60.

Jones, Steven E. 2006. *Against technology: From the Luddites to Neo-Luddism.* New York: Routledge.

Kant, Immanuel. 1785. *Groundworks of the metaphysics of morals: A German-English edition.* Cambridge: Cambridge University Press.

Katz, Elihu, Jay G. Blumler, and Michael Gurevitch. 1973. Uses and gratifications research. *Public Opinion Quarterly* 73 (4): 509–523.

Katz, Elihu, Michael Gurevitch, and Hadassah Haas. 1973 On the use of the mass media for important things. *American Sociological Review* 38 (2): 164–181.

Katz, Katarina. 1997. Gender, wages and discrimination in the USSR: A study of a Russian industrial town. *Cambridge Journal of Economics* 21 (1): 431–452.

Kitching, John and David Smallbone. 2012. *UK freelance workforce, 2011.* Kingston upon Thames: Kingston University.

Kliman, Andrew. 2007. *Reclaiming Marx's "Capital": A refutation of the myth of inconsistency.* Lanham, MD: Lexington Books.

Kliman, Andrew. 2012. *The failure of capitalist production: Underlying causes of the great recession.* New York: Pluto.

Kliman, Andrew. 2014. "The 99%" and "the 1%" . . . of what? http://www.marxisthumanistinitiative.org/economic-crisis/%E2%80%9Cthe-99%E2%80%9D-and-%E2%80%9Cthe-1%E2%80%9D-%E2%80%A6-of-what.html (accessed on July 28, 2015).

Kliman, Andrew, Alan Freeman, Nick Potts, Alexes Gusey, and Brendan Cooney. 2013. *The unmaking of Marx's Capital: Heinrich's attempt to eliminate Marx's crisis theory*. SSRN Working Papers Series (22 July 2013). http://mpra.ub.uni-muenchen.de/48535/1/MPRA_paper_48535.pdf (accessed on July 28, 2015).

Knoche, Manfred. 2005. Medienkonzentration als Macht- und Legitimationsproblem für Politik und Wissenschaft. Kritisch-empirische Konzentrationstheorie versus apologetisch-normative Wettbewerbstheorie. In *Internationale partizipatorische Kommunikationspolitik*, ed. Petra Ahrweiler and Barbara Thomaß, 117–140. Münster: LIT.

Knoche, Manfred. 2013. Medienkonzentration. In *Mediensysteme im internationalen Vergleich*, ed. Barbara Thomaß, 2nd edition, 135–160. Konstanz: UVK.

Kołakowski, Leszek. 2005. *Main currents of Marxism: The founders, the golden age, the breakdown*. New York: W.W. Norton.

Kondratieff, Nikolai D. 1925. *The long wave cycle*. New York: Richardson & Snyder.

Kondratieff, Nikolai D. 1926. Die langen Wellen der Konjunktur. *Archiv für Sozialwissenschaft und Sozialpolitik* 56: 573–609.

Krugman, Paul. 2014a. Is Piketty all wrong? New York Times Online, May 24. http://mpra.ub.uni-muenchen.de/48535/1/MPRA_paper_48535.pdf (accessed on September 23, 2015).

Krugman, Paul. 2014b. Why we're in a new gilded age. *The New York Review of Books*, May 8, http://mpra.ub.uni-muenchen.de/48535/1/MPRA_paper_48535.pdf (accessed on September 23, 2015).

Lazzarato, Maurizio. 1996. Immaterial labor. In *Radical thought in Italy*, ed. Paolo Virno and Michael Hardt, 132–146. Minneapolis: University of Minnesota Press.

Lebowitz, Michael A. 1986. Too many blindspots on the media. *Studies in Political Economy* 21: 165–173.

Lenin, Vladimir Ilyich. 1920. *Preface to the French and German editions of "Imperialism, the highest stage of capitalism"*. http://www.marxists.org/archive/lenin/works/1916/imp-hsc/pref02.htm#fwV22E081 (accessed on September 23, 2015).

Linebaugh, Peter. 2012. *Nedd Ludd & Queen Mab: Machine-breaking, romanticism, and the several commons of 1811–12*. Oakland: PM Press.

Livant, Bill. 1979. The audience commodity: on the "blindspot" debate. *Canadian Journal of Political and Social Theory* 3 (1): 91–106.

Lukács, Georg. 1986. *Werke. Band 14: Zur Ontologie des gesellschaftlichen Seins. 2. Halbband*. Darmstadt: Luchterhand.

Luxemburg, Rosa. 1899. Reform or revolution. In *The essential Rosa Luxemburg*, ed. Helen Scot, 41–104. Chicago: Haymarket Books.

Luxemburg, Rosa. 1913/2003. *The accumulation of capital*. New York: Routledge.

Lyon, David. 1994. *The electronic eye: The rise of surveillance society*. Minneapolis: University of Minnesota Press.

Lyon, David. 2007. *Surveillance studies: An overview*. Cambridge: Polity Press.

Mage, Shane. 2013. Response to Heinrich—in defense of Marx's law. Monthly Review Online. http://monthlyreview.org/commentary/response-heinrich-defense-marxs-law/ (accessed on July 28, 2015).

Mandel, Ernest. 1978. *Late capitalism*. London: Verso.

Marazzi, Christian. 2008. *Capital and language*. Los Angeles: Semiotext(e).

Marcuse, Herbert. 1936/1988. The concept of essence. In *Negations*, 43–87. London: Free Association Books.

Marcuse, Herbert. 1941. *Reason and revolution: Hegel and the rise of social theory*. London: Routledge.

Marcuse, Herbert. 1972. *Counterrevolution and revolt*. Boston: Beacon Press.

Marx, Karl. 1843a. On the Jewish question. In W*ritings of the young Marx on philosophy and society*, ed. Loyd D. Easton and Kurt H. Guddat, 216–248. Indianapolis, IN: Hackett.

Marx, Karl. 1843b. Toward the critique of Hegel's philosophy of law: Introduction. In *Writings of the young Marx on philosophy and society*, ed. Loyd D. Easton and Kurt H. Guddat, 249–265. Indianapolis, IN: Hackett.

Marx, Karl. 1844 [English]. *Economic and philosophic manuscripts of 1844 and* The Communist Manifesto. Amherst, NY: Prometheus.

Marx, Karl. 1844 [German]. Ökonomisch-philosophische Manuskripte. In *MEW*, Band 40, 465–588. Berlin: Dietz.

Marx, Karl. 1849. *Wage labour and capital*. https://www.marxists.org/archive/marx/works/1847/wage-labour/ch02.htm (accessed on July 28, 2015).

Marx, Karl. 1857. Condition of factory laborers. In *MECW*, Volume 15, 251–255. New York: International Publishers.

Marx, Karl. 1857/1858 [English]. *Grundrisse: Foundations of the Critique of Political Economy (Rough Draft)*. London: Penguin.

Marx, Karl. 1857/1858 [German]. *Grundrisse der Kritik der politischen Ökonomie*. MEW, Band 42. Berlin: Dietz.

Marx, Karl. 1859. A contribution to the critique of political economy. In *MECW*, Volume 29, 257–417. New York: International Publishers.

Marx, Karl. 1861–1863. *Economic manuscript of 1861–63: MECW*, Volume 30. New York: International Publishers.

Marx, Karl. 1862/1863. *Theories of surplus value: Parts 1, 2, 3*. London: Lawrence & Wishart.

Marx, Karl. 1863/1864. *Resultate des unmittelbaren Produktionsprozesses. Sechstes Kapitel des ersten Bandes des „Kapitals": Entwurf von 1863/1864*. Berlin: Dietz.

Marx, Karl. 1863–1865. Results of the immediate process of production. In *Capital Volume I*, 941–1084. London: Penguin.

Marx, Karl. 1865. *Value, price and profit*. http://www.marxists.org/archive/marx/works/1865/value-price-profit/ (accessed on July 28, 2015).

Marx, Karl. 1867/1976. *Capital: A critique of political economy*, Volume 1. Trans. by Ben Fowkes. London: Penguin.

Marx, Karl. 1875. Critique of the Gotha Programme. In *MECW*, Volume 24, 80–99. New York: International Publishers.

Marx, Karl. 1885. *Capital: A critique of political economy*, Volume 2. London: Penguin.

Marx, Karl. 1894. *Capital: A critique of political economy*, Volume 3. London: Penguin.

Marx, Karl. 1964. *Frammento sulle macchine*. Trans. Renato Solmi. *Quaderni Rossi* 4: 289–300.

Marx, Karl and Friedrich Engels. 1845. *The German ideology*. Amherst, NY: Prometheus.

Marx, Karl and Friedrich Engels. 1848a. *Demands of the Communist Party in Germany*. http://marxists.org/archive/marx/works/1848/03/24.htm (accessed on July 28, 2015).

Marx, Karl and Friedrich Engels. 1848b. Manifest der Kommunistischen Partei. In *MEW, Band 3*, 459–493. Berlin: Dietz.

Marx, Karl and Friedrich Engels. 1850. Addresses of the Central Committee to the Communist League. http://www.marxists.org/archive/marx/works/1847/communist-league/1850-ad1.htm (accessed on July 28, 2015).

Marx, Karl and Friedrich Engels. 1956–1990. *Marx Engels Werke (MEW)*. Berlin: Dietz.

Marx, Karl and Friedrich Engels. 1968. *Selected works in one volume*. London: Lawrence & Wishart.

Marx, Karl and Friedrich Engels. 1975–2005. *Marx Engels Collected Works (MECW)*. New York: International Publishers.

Mason, Paul. 2014. Thomas Piketty's *Capital*: Everything you need to know about the surprise bestseller. *The Guardian Online*, April 28. http://www.theguardian.com/books/2014/apr/28/thomas-piketty-capital-surprise-bestseller (accessed on July 28, 2015).

Mathiesen, Thomas. 2013. *Towards a surveillant society: The rise of surveillance systems in Europe*. Sherfield on London: Waterside Press.

Mattelart, Armand and Seth Siegelaub, eds. 1979. *Communication and class struggle, volume 1: Capitalism, imperialism*. New York: International Mass Media Research Center.

Mattelart, Armand and Seth Siegelaub, eds. 1983. *Communication and class struggle, volume 2: Liberation, socialism*. New York: International Mass Media Research Center.

McChesney, Robert W. 2004. *The problem of the media*. New York: Monthly Review Press.

McGuigan, Lee and Vince Manzerolle, eds. 2014. *The audience commodity in a digital age: Revisiting a critical theory of commercial media*. New York: Peter Lang.

McKercher, Catherine. 2014. Precarious times, precarious work: A feminist political economy of freelance journalists in Canada and the United States. In *Critique, social media and the information society*, ed. Christian Fuchs and Marisol Sandoval, 219–230. New York: Routledge.

McLellan, David. 2006. *Karl Marx: A biography*. Basingstoke: Palgrave Macmillan.

McLuhan, Marshall. 1964/2001. *Understanding media: The extensions of man*. New York: Routledge.

McQuail, Denis. 2010. *McQuail's mass communication theory*, 6th edition. Los Angeles: Sage.

Meehan, Eileen. 1984. Ratings and the institutional approach: A third answer to the commodity question. *Critical Studies in Mass Communication* 1 (2): 216–225.

Merton, Robert K. 1988. The Matthew effect in science, II: Cumulative advantage and the symbolism of intellectual property. *ISIS* 79 (4): 606–623.

Mies, Maria. 1986. *Patriarchy & accumulation on a world scale: Women in the international division of labour*. London: Zed Books.

Mies, Maria, Veronika Bennholdt-Thomsen, and Claudia von Werlhof. 1988. *Women: The last colony*. London: Zed Books.

Miliband, Ralph. 1969. *The state in capitalist society*. New York: Basic Books.

Mill, John Stuart. 1859. On liberty. In *On liberty and other essays*, ed. John Gray, 5–128. Oxford: Oxford University Press.

Mill, John Stuart. 1884. *Principles of political economy*. New York: D. Appleton & Company.

Miller, Toby, Nitin Govil, John McMurria, Richard Maxwell, and Ting Wang. 2004. *Global Hollywood 2*. London: British Film Institute.

Morini, Cristina and Andrea Fumagalli. 2010. Life put to work: Towards a life theory of value. *Ephemera* 10 (3/4): 234–252.

Morris, William. 1884. Useful work versus useless toil. In *The collected works of William Morris, volume 23: Signs of changes: Lectures on socialism*, 98–120. Cambridge: Cambridge University Press.

Morris, William. 1885. How we live and how we might live. In *The collected works of William Morris, volume 23: Signs of changes: Lectures on socialism*, 3–26. Cambridge: Cambridge University Press.

Morris, William. 1893. Communism. In *The collected works of William Morris, volume 23: Signs of changes: Lectures on socialism*, 264–276. Cambridge: Cambridge University Press.

Mosco, Vincent. 2009. *The political economy of communication*, 2nd edition. London: Sage.

Mosco, Vincent and Catherine McKercher. 2009. *The laboring of communication: Will knowledge workers of the world unite?* Lanham, MD: Lexington.

Moseley, Fred. 2013. Critique of Heinrich: Marx did not abandon the logical structure. Monthly Review Online. http://monthlyreview.org/commentary/critique-heinrich-marx-abandon-logical-structure/ (accessed on July 28, 2015).

Mount, Ferdinand. 2014. Piketty's decaff Marxism would be just oppressive and intrusive as the old variety. The Spectator Online, May 24. http://www.spectator.co.uk/books/9210671/capital-in-the-twenty-first-century-by-thomas-piketty-review/ (accessed on July 28, 2015).

Murdock, Graham. 1978. Blindspots about Western Marxism: A reply to Dallas Smythe. *Canadian Journal of Political and Social Theory* 2 (2): 109–119.

Murdock, Graham. 2006. Marx on commodities, contradictions and globalisations: Resources for a critique of marketised culture. *ecompós* 7: 1–23.

Murdock, Graham. 2011. Political economies as moral economies: Commodities, gifts, and public goods. In *The handbook of political economy of communications*, ed. Janet Wasko, Graham Murdock, and Helena Sousa, 13–40. Malden, MA: Wiley-Blackwell.

Murdock, Graham. 2014a. Commodities and commons. In *The audience commodity in a digital age: Revisiting a critical theory of commercial media*, ed. Lee McGuigan and Vincent Manzerolle, 229–244. New York: Peter Lang.

Murdock, Graham. 2014b. Producing consumerism: Commodities, ideologies, practices. In *Critique, social media, and the information society*, ed. Christian Fuchs and Marisol Sandoval, 125–143. New York: Routledge.

Murdock, Graham and Peter Golding. 1973. For a political economy of mass communications. *Socialist Register* 1973: 205–234.

Murdock, Graham and Peter Golding. 2005. Culture, communications and political economy. In *Mass media and society*, ed. James Curran and Michael Gurevitch, 60–83. London: Hodder Arnold.

Musto, Marcello, ed. 2008. *Karl Marx's Grundrisse: Foundations of the critique of political economy 150 years later*. London: Routledge.

Negri, Antonio. 1971/1988. Crisis of the planner-state: Communism and revolutionary organisation. In *Revolution retrieved: Selected writings on Marx, Keynes, capitalist crisis, & new social subjects 1967–83*, 91–148. London: Red Notes.

Negri, Antonio. 1982/1988. Archaeology and project: The mass worker and the social worker. In *Revolution retrieved: Selected writings on Marx, Keynes, capitalist crisis, & new social subjects 1967–83*, 199–228. London: Red Notes.

Negri, Antonio. 1988. *Revolution retrieved*. London: Red Notes.

Negri, Antonio. 1991. *Marx beyond Marx: Lessons on the* Grundrisse. New York: Autonomedia.

Negri, Antonio. 2008. *Reflections on Empire*. Cambridge: Polity.

New York Times. 2014. Was Marx right? New York Times Online, March 30. http://www.nytimes.com/roomfordebate/2014/03/30/was-marx-right (accessed on July 28, 2015).

Noah, Harold J. 1965. The "unproductive" labour of Soviet teachers. *Soviet Studies* 17 (2): 238–244.

Noam, Eli. 2009. *Media ownership and concentration in America*. Oxford: Oxford University Press.

Noble, David F. 1995. *Progress without people: New technology, unemployment, and the message of resistance*. Toronto: Between the Lines.

Ofcom. 2014. *International Communications Market Report 2014*. London: Ofcom.

Ogura, Toshimaru. 2006. Electronic government and surveillance-oriented society. In *Theorizing surveillance*, ed. David Lyon, 270–295. Portland, OR: Willan.

Owen, Robert. 1991. *A new view of society and other writings*. London: Penguin.

Perez, Carolta. 2010. Technological revolutions and techno-economic paradigms. *Cambridge Journal of Economics* 34 (1): 185–202.

Pethokoukis, James. 2014. The new Marxism. National Review Online, March 24. http://www.nationalreview.com/article/374009/new-marxism-james-pethokoukis (accessed on July 28, 2015).

Piketty, Thomas. 2014. *Capital in the twenty-first century*. Cambridge, MA: Belknap Press.

Popper, Karl. 1945. *The open society and its enemies*. London: Routledge.

Postone, Moishe. 1980. Anti-semitism and National Socialism: Notes on the German reaction to "Holocaust". *New German Critique* 19: 97–115.

Postone, Moishe. 1993. *Time, labor, and social domination: A reinterpretation of Marx's critical theory*. Cambridge: Cambridge University Press.

Postone, Moishe. 2008. Rethinking *Capital* in the light of the *Grundrisse*. In *Karl Marx's* Grundrisse, ed. Marcello Musto, 120–137. London: Routledge.

Poulantzas, Nicos. 1980. *State, power, socialism*. London: Verso.

Poulantazs, Nicos. 2008. *The Poulantzas reader*. London: Verso.

Rankin, Jennifer. 2014. Thomas Piketty accuses *Financial Times* of dishonest criticism. The Guardian Online, May 26. http://www.theguardian.com/business/2014/may/26/thomas-piketty-financial-times-dishonest-criticism-economics-book-inequality (accessed on July 28, 2015).

Ricardo, David. 1819. *On the principles of political economy and taxation*. Indianapolis, IN: Liberty Fund.

Richta, Radovan. 1969. *Civilization at the crossroads: Social and human implications of the scientific and technological revolution*. White Plains, NY: International Arts and Sciences Press.

Rosdolsky, Roman. 1977. *The making of Marx's "Capital"*. London: Pluto.

Rossi-Landi, Ferruccio. 1983. *Language as work & trade: A semiotic homology for linguistics & economics*. South Hadley, MA: Bergin & Garvey.

Roth, Karl Heinz and Marcel van der Linden. 2014. Results and prospects. In *Beyond Marx*, ed. Marcel van der Linden and Karl Heinz Roth, 445–487. Leiden: Brill.

Rovatti, Pier Aldo. 1973. The critique of fetishism in Marx's *Grundrisse*. *Telos* 17: 56–69.

Said, Edward. 1978. *Orientalism: Western conceptions of the Orient*. New Delhi: Penguin.

Sánchez-Tabernero, Alfonso. 1993. *Media concentration in Europe*. London: John Libbey.

Sandoval, Marisol. 2013. Foxconned labour as the dark side of the information age: Working conditions at Apple's contract manufacturers in China. *tripleC: Communication, Capitalism & Critique* 11 (2): 318–347.

Sandoval, Marisol. 2014. *From corporate to social media: Critical perspectives on corporate social responsibility in media and communication industries*. Abingdon: Routledge.

Sandoval, Marisol and Christian Fuchs. 2010. Towards a critical theory of alternative media. *Telematics and Informatics* 27 (2): 141–150.

Sandoval, Marisol and Kristina Areskog Bjurling. 2013. Challenging labor: Working conditions in the electronics industry. In *Lessons for social change in the global economy: Voices from the field*, ed. Shae Garwood, Sky Croeser, and Christalla Yakinthou, 99–124. Lanham, MD: Lexington Books.

Say, Jean-Baptiste. 1803. *A treatise on political economy: Or the production, distribution and consumption of wealth*. New York: Augustus M. Kelley.

Schmidt, Kjeld and Liam Bannon. 1992. Taking CSCW seriously: Supporting articulation work. *Computer Supported Cooperative Work (CSCW)* 1 (1): 7–40.

Scholz, Trebor, ed. 2013. *Digital labor: The Internet as playground and factory*. New York: Routledge.

Schumpeter, Joseph A. 1939. *Business cycles: A theoretical, historical and statistical analysis of the capitalist process*. New York: McGraw-Hill.

Schumpeter, Joseph A. 1943. *Capitalism, socialism & democracy*. London: Routledge.

Sekine, Thomas T. 1998. The dialectic of capital: An Unoist interpretation. *Science & Society* 62 (3): 434–445.

Shenk, Timothy. 2014. Thomas Piketty and millennial Marxists on the scourge of inequality. The Nation Online, April 14. http://www.thenation.com/article/179337/thomas-piketty-and-millennial-marxists-scourge-inequality (accessed on July 28, 2015).

Shuchman, Daniel. 2014. Thomas Piketty revives Marx for the 21st century. The Wall Street Journal Online, April 21. http://online.wsj.com/news/articles/SB10001424052702303825604579515452952131592. (accessed on July 28, 2015).

Shuster, Sam. 2008. The nature and consequence of Karl Marx's skin disease. *British Journal of Dermatology* 158 (1): 1–3.

Smith, Adam. 1776. *An inquiry into the nature and causes of the wealth of nations*. Ware: Wordsworth.

Smith, Adam. 1790. *The theory of moral sentiments*. London: Penguin.

Smith, Tony. 1990. *The logic of Marx's Capital. Replies to Hegelian criticisms.* Albany: State University of New York Press.

Smith, Tony. 2004. Technology and history in capitalism: Marxian and neo-Schumpeterian perspectives. In *The constitution of capital: Essays on Volume 1 of Marx's Capital*, ed. Riccardo Bellofiore and Nicola Taylor, 217–242. Basingstoke: Palgrave Macmillan.

Smith, Tony. 2014a. Hegel, Marx, and the comprehension of capitalism. In *Marx's Capital and Hegel's Logic*, ed. Fred Moseley and Tony Smith, 17–40. Leiden: Brill.

Smith, Tony. 2014b. The "general intellect" in the *Grundrisse* and beyond. In *In Marx's laboratory: Critical interpretations of the Grundrisse*, ed. Ricardo Bellofiore, Guido Starosta, and Peter D. Thomas, 213–231. Chicago: Haymarket Books.

Smythe, Dallas W. 1954. Reality as presented by television. In *Counterclockwise. Perspectives on communication*, ed. Thomas Guback, 61–74. Boulder, CO: Westview Press.

Smythe, Dallas W. 1977. Communications: Blindspot of Western Marxism. *Canadian Journal of Political and Social Theory* 1 (3): 1–27.

Smythe, Dallas W. 1978. Rejoinder to Graham Murdock. *Canadian Journal of Political and Social Theory* 2 (2): 120–129.

Smythe, Dallas W. 1981. The audience commodity and its work. In *Dependency road: Communications, capitalism, consciousness, and Canada*, 22–51. Norwood, NJ: Ablex.

Smythe, Dallas W. 1994. *Counterclockwise.* Boulder, CO: Westview Press.

Students & Scholars against Corporate Misbehaviour (SACOM). 2013. *Widespread labour abuses at Disney and Mattel Factories: ICTI doesn't care about labour rights standards.* Hong Kong: SACOM.

Subcomandante Insurgente Marcos. 2001. *Our word is our weapon.* New York: Seven Stories Press.

Terranova, Tiziana. 2000. Free labor: Producing culture for the digital economy. *Social Text* 18 (2): 33–58.

The Economist. 2014. Piketty fever: Bigger than Marx. The Economist Online, May 3. http://www.economist.com/news/finance-and-economics/21601567-wonky-book-inequality-becomes-blockbuster-bigger-marx (accessed on July 28, 2015).

Thompson, Edward P. 1966. *The making of the English working class.* New York: Vintage Books.

Thompson, Edward P. 1978. The poverty of theory, or An orrery of errors. In *The poverty of theory and other essays*, 1–210. New York: Monthly Review Press.

Toffler, Alvin. 1980. *The third wave.* New York: Bantam.

Tomba, Massimiliano and Riccardo Bellofiore. 2014. The "Fragment on machines" and the *Grundrisse*: The workerist reading in question. In *Beyond Marx*, ed. Marcel van der Linden and Karl Heinz Roth, 345–368. Leiden: Brill.

Tronti, Mario. 1962. Fabrik und Gesellschaft. In *Arbeiter und Kapital*, 16–29. Frankfurt: Verlag Neue Kritik.

United Nations Development Programme (UNDP). 2013. *China Human Development Report 2013: Sustainable and liveable cities: Toward ecological urbanization.* Beijing: China Translation and Publishing Corporation.

Vercellone, Carlo. 2007. From formal subsumption to general intellect: Elements for a Marxist reading of the thesis of cognitive capitalism. *Historical Materialism* 15 (1): 13–36.

Vercellone, Carlo. 2010. The crisis of the law of value and the becoming-rent of profit. In *Crisis in the global economy*, ed. Andrea Fumagalli and Sandro Mezzadra, 85–118. Los Angeles: Semiotext(e).

Virno, Paolo. 1996a. The ambivalence of disenchantment. In *Radical thought in Italy*, ed. Paolo Virno and Michael Hardt, 13–33. Minneapolis: University of Minnesota Press.

Virno, Paolo. 1996b. Virtuosity and revolution: The political theory of exodus. In *Radical thought in Italy*, ed. Paolo Virno and Michael Hardt, 189–212. Minneapolis: University of Minnesota Press.

Virno, Paolo. 2004. *A grammar of the multitude.* New York: Semiotext(e).

Virno, Paolo. 2007. General intellect. *Historical Materialism* 15 (3): 3–8.

Wallraff, Günter. 2007. Undercover. *Die Zeit* 22. http://www.zeit.de/2007/22/Guenter-Wallraff (accessed on July 28, 2015).

Wallerstein, Immanuel. 2004. *World-systems analysis: An introduction.* Durham: Duke University Press.

Wasko, Janet. 2011. The study of the political economy of the media in the twenty-first century. *International Journal of Media & Cultural Politics* 10 (3): 259–271.

Wasko, Janet. 2014. The study of political economy of the media in the twenty-first century. *International Journal of Media & Cultural Politics* 10 (3): 259–271.

Wasko, Janet, Graham Murdock, and Helena Sousa, eds. 2011. *The handbook of political economy of communications.* Malden, MA: Wiley-Blackwell.

Weingart, Brigitte. 1997. *Arbeit—ein Wort mit langer Geschichte*. http://www.ethikprojekte.ch/texte/arbeit.htm (accessed on July 6, 2014).

Weinmann, Martin, Ursula Krause-Schmitt, and Anne Kaiser. 2001. *Das nationalsozialistische Lagersystem*, 4th edition. Frankfurt am Main: Zweitausendeins.

Wheen, Francis. 1999. *Karl Marx*. London: Fourth Estate.

Wheen, Francis. 2006. *Marx's Das Kapital: A Biography*. London: Atlantic.

Williams, Raymond. 1960/1969. Advertising: The magic system. In *Culture and materialism*, 170–195. London: Verso.

Williams, Raymond. 1974/1990. *Television*. New York: Routledge.

Williams, Raymond. 1977. *Marxism and literature*. Oxford: Oxford University Press.

Williams, Raymond. 1979. *Politics and letters. Interviews with* New Left Review. London: Verso.

Williams, Raymond. 1983. *Keywords*. New York: Oxford University Press.

Williams, Raymond. 1989. *What I came to say*. London: Hutchinson Radius.

Zasulich, Vera. 1881. *Letter to Marx*. http://www.marxists.org/archive/marx/works/1881/zasulich/zasulich.htm (accessed on July 28, 2015).

Žižek, Slavoj. 2001. Have Michael Hardt and Antonio Negri rewritten the *Communist Manifesto* for the twenty-first century?" *Rethinking Marxism* 13 (3/4): 190–198.

Žižek, Slavoj. 2014. *Towards a materialist theory of subjectivity: Talk at the Birkbeck Institute of Humanities*. May 22. http://simongros.com/audio/recordings/slavoj-zizek/towards-materialist-theory-subjectivity/ (accessed on July 28, 2015).

译后记

本书作者克里斯蒂安·福克斯（Christian Fuchs）是传播政治经济学的后起之秀，在本书中，他从媒体和传播的视角对马克思的《资本论》第 1 卷进行了逐章解读，其观点颇受学术界关注。

作者怀揣执着的学术追求，期望本书能具备长久的学术生命力，在未来很长时间中，依旧能为学界提供有价值的思考。为此，书中既有跨越数千年历史长河的例证作为深厚底蕴，又巧妙融合 20、21 世纪的社会现实案例，引导读者去思考当今时代的媒体、信息、通信、计算机和互联网在资本主义社会中所扮演的角色。作者深知理解马克思理论的复杂性，故而选择将精力聚焦于清晰阐释自身论点，力求为读者搭建一条相对简洁明晰的理解路径。此外，本书中还设置了章节练习，旨在助力读者更深入地领会马克思思想的精髓。

本书在西安交通大学马克思主义学院燕连福教授的指导下翻译完成。参与本书翻译校对的有：燕连福、赵莹、赵慧、周祎、赖禹文、王景怡、崔萌、樊雨菡、贾晗菁、任肖敏、李霞、田璐、李雨欣、姬梅荣、李翔、周子煜、马紫依、张思思、张雅婷以及西安交通大学马克思主义学院硕 8102 班的同学等。由燕连福、赵莹审定了译稿。由于译者水平有限，翻译中错误和拙劣之处在所难免，敬请读者批评指正。

另外，特别感谢责任编辑汪意云老师。在本书的出版过程中，汪意云老师投入了大量的时间与精力，每一个环节都离不开她的专业指导与辛勤付出。同时，也要诚挚感谢浙江大学中国特色社会主义研究中心研究员、马克思主义理论创新与传播研究中心研究员田佳禾老师。田佳禾老师对本书提出了诸多极具建设性的修改意见，这些宝贵意见使得最终呈现给读者的译本更加精准、完善。

翻译本书的过程，是一场艰苦但收获满满的学术之旅。我们竭力精准还原作者原意，期望能将这本著作如实地呈现给读者。希望读者在阅读过程中，能深刻感受到作者阐释的理论世界并有所启迪。

燕连福